〖明文 中國正史 大系〗

原文 譯註

後漢書(九)

(南朝)宋 范　曄 著
唐 李　賢 註
陶硯　陳起煥 譯註

明文堂

禰衡(예형)
80권,〈文苑列傳 下〉참고.

蔡倫(채륜)
78권,〈宦者列傳〉참고.

許愼(허신)
79권,〈儒林列傳 下〉참고.

許愼의 《說文解字(설문해자)》
說文解字 十五卷(八冊), 30cm×17.5cm.

後漢 青銅持矛騎士俑(청동 창을 가진 기사용)

青銅錯銀牛燈(청동에 錯銀한 소 모양의 등)
높이 46cm, 길이 36.4cm, 南京市 博物館 소장.

〖明文 中國正史 大系〗

原文 譯註

後漢書(九)

(南朝)宋 范　曄 著

唐　李　賢 註

陶硯　陳起煥 譯註

明文堂

[차례]

원문 역주
후한서 (九)

74 袁紹劉表列傳(上)
〔원소,유표열전(상)〕

❶ 袁紹

|原文|

袁紹字本初, 汝南汝陽人, 司徒湯之孫. 父成, 五官中郎將. 壯健好交結, 大將軍梁冀以下莫不善之. 紹少爲郎, 除濮陽長, 遭母憂去官. 三年禮竟, 追感幼孤, 又行父服. 服闋, 徙居洛陽. 紹有姿貌威容, 愛士養名. 旣累世台司, 賓客所歸, 加傾心折節, 莫不爭赴其庭, 士無貴賤, 與之抗禮, 輜軿柴轂, 塡接街陌. 內官皆惡之. 中常侍趙忠言於省內曰, "袁本初坐作聲價, 好養死士, 不知此兒終欲何作." 叔父太傅隗聞而呼紹, 以忠言責之, 紹終不改.

| 註釋 | ○ 袁紹(원소, 153-202) – 전성기에 冀州, 幽州, 幷州, 靑州 등을 장악. 한때 가장 강성했으나 官渡之戰에서 曹操(조조)에게 패배 후 곧 울분으로 사망. 사람이 優柔寡斷하고 外寬內忌한 작은 그릇이었다. ○ 汝南汝陽 – 汝南郡의 治所는 平輿縣, 今 河南省 중남부 駐馬店市 관할 平輿縣. 汝陽縣은 今 河南省 동부 周口市 관할의 商水縣. ○ 司徒 袁湯 – 袁紹(원소)와 袁術(원술)은 모두 袁安의 玄孫이었다. 45권, 〈袁張韓周列傳〉 참고. ○ 大將軍 梁冀(양기) – 34권, 〈梁統列傳〉에 立傳. ○ 輜軿柴轂 – 輜는 짐수레 치. 軿은 가벼운 수레 병. 衣車也, 휘장을 둘러친 수레. 柴轂(시곡)은 미천한 자의 수레.

【國譯】

袁紹(원소)의 字는 本初(본초)로 汝南郡 汝陽縣 사람으로 司徒 袁湯(원탕)의 손자이다. 부친 袁成(원성)은 五官中郞將이었다. 원소는 신체가 건장하고 사람 사귀기를 좋아하였는데 大將軍 梁冀(양기) 이하 모두가 원소를 좋아하였다. 원소는 젊어 낭관이 되었고 濮陽(복양) 縣長으로 재직 중에 모친상을 당해 사임하였다. 3년 복상을 마치고 나자, 어려서 부친을 여읜 슬픔을 생각하여 부친 상을 다시 服喪하였다. 복상이 모두 끝나자 洛陽으로 이사하였다.

원소는 용모가 걸출하고 위엄이 있으며 士人을 존중하고 명성을 중시하였다. 그 선조가 여러 대에 걸쳐 재상을 역임했기에 의지하려는 빈객이 많았는데, 원소는 자신을 낮추며 성심으로 대우하여 모두가 원소를 만나려 했기에 원소는 士人의 귀천을 묻지 않고 대등한 예로 접대하였다. 원소를 찾아오는 많은 수레가 거리를 메우자 궁궐의 內官은 이를 싫어하였다. 中常侍인 趙忠(조충)이 궁내에서 말했다. "袁本初(袁紹)는 앉아서 명성이나 얻으려고 쓸모없는 사인까지 접대하는데 이 사람이 나중에 무엇을 하려는가?"

원소의 숙부인 太傅 袁隗(원외)가 이를 듣고서는 원소를 불러 조충의 말을 빌려 질책하였지만, 원소는 끝까지 바꾸지 않았다.

原文

後辟大將軍何進掾, 爲侍御史, 虎賁中郎將. 中平五年, 初置西園八校尉, 以紹爲佐軍校尉.

靈帝崩, 紹勸何進徵董卓等衆軍, 脅太后誅諸宦官, 轉紹司隷校尉. 語已見〈何進傳〉. 及卓將兵至, 騎都尉太山鮑信說紹曰, "董卓擁制强兵, 將有異志, 今不早圖, 必爲所制. 及其新至疲勞, 襲之可禽也." 紹畏卓, 不敢發. 頃之, 卓議欲廢立, 謂紹曰, "天下之主, 宜得賢明, 每念靈帝, 令人憤毒. 董侯似可, 今當立之." 紹曰, "今上富於春秋, 未有不善宣於天下. 若公違禮任情, 廢嫡立庶, 恐衆議未安." 卓案劍叱紹曰, "豎子敢然! 天下之事, 豈不在我? 我欲爲之, 誰敢不從!" 紹詭對曰, "此國之大事, 請出與太傅議之." 卓復言 "劉氏種不足復遺." 紹勃然曰, "天下健者, 豈惟董公!" 橫刀長揖徑出. 懸節於上東門, 而奔冀州.

| 註釋 | ○西園八校尉 - 기존 北軍 5軍營을 증원, 보충하여 재편한 군영, 上軍校尉, 中軍校尉, 下軍校尉, 典軍校尉, 助軍左校尉, 助軍右校尉, 左校尉, 右校尉. 총지휘는 上軍校尉인 小黃門 蹇碩(건석)이었다. ○〈何進傳〉

- 69권, 〈竇何列傳〉에 立傳. ○令人憤毒 – 憤毒은 憤恨. 매우 통탄하다.
○董侯似可 – 董侯(동후)는 즉위 전의 陳留王(獻帝). 祖母 董太后가 양육했
다. ○冀州 – 기주자사부의 치소는 본래 常山國 高邑縣(今 河北省 서남부
石家莊市 高邑縣)이었으나 後漢 말기에는 鄴縣(업현)이었다. 鄴縣(업현)은
魏郡의 치소, 今 河北省 邯鄲市 관할 臨漳縣.

[國譯]

원소는 나중에 大將軍 何進(하진)의 속관이 되었다가 侍御史와 虎
賁中郎將을 역임하였다. (靈帝) 中平 5년에, 西園 8校尉를 설치하였
는데 원소는 佐軍校尉가 되었다.

靈帝가 붕어하자(서기 189), 원소는 何進에게 董卓의 군사를 불
러들여 太后를 협박하여 宦官을 주살해야 한다고 건의하였고 원소
는 司隷校尉로 전근되었다. 이는 〈何進傳〉에 기록했다. 동탁이 군
사를 거느리고 들어오자 騎都尉인 泰山郡 출신 鮑信(포신)이 원소에
게 말했다.

"동탁은 막강한 군사를 거느리고 있어 다른 뜻을 가질 것이니, 지
금 일찍 제거하지 않는다면 틀림없이 제압당할 것입니다. 지금 막
들어와 피로할 것이니 급습하여 처치하여야 합니다."

그러나 원소는 동탁이 무서워 감히 움직이지 못했다. 얼마 뒤 동
탁은 황제(少帝, 弘農王)를 폐위하고 싶어 원소에게 말했다.

"天下의 主君은 응당 현명해야 하는데 靈帝를 생각할 때마다 분
통이 터집니다. 董侯(劉協. 陳留王, 獻帝)가 더 나으니 이번에 옹립
해야 합니다."

이에 원소가 말했다.

"지금 황상은 나이도 어리지만 백성에게 잘못한 것도 없습니다. 만약 公께서 예법을 어기고 정에 끌려 적자를 폐하고 서자를 세운다면 아마 많은 사람들이 동의하지 않을 것입니다."

그러자 동탁을 칼을 뽑아들고 원소를 질책하였다. "젊은 사람이 감히! 천하의 권력이 나에게 있지 않은가? 내가 하려는데, 감히 누가 안 따르는가!"

원소는 이에 거짓으로 대답하였다. "이는 나라의 大事이니 나가서 太傅와 함께 의논합시다." 이에 동탁이 다시 말했다. "劉氏 후손을 더 남겨둘 수 없다."

이에 원소가 발끈하였다.

"天下에 힘센 자가 어찌 董公뿐이겠는가!"

원소는 칼을 비껴 잡고 길게 읍을 한 뒤에 지름길로 달려 나가 上東門에 符節을 걸어놓고 冀州로 도주하였다.

原文

董卓購募求紹. 時侍中周珌, 城門校尉伍瓊爲卓所信待, 瓊等陰爲紹說卓曰,

"夫廢立大事, 非常人所及. 袁紹不達大體, 恐懼出奔, 非有它志. 今急購之, 勢必爲變. 袁氏樹恩四世, 門生故吏徧於天下, 若收豪傑以聚徒衆, 英雄因之而起, 則山東非公之有也. 不如赦之, 拜一郡守, 紹喜於免罪, 必無患矣."

卓以爲然, 乃遣授紹勃海太守, 封邟鄉侯. 紹猶稱兼司隸.

| 註釋 | ○邟鄉侯 – 邟鄉은 潁川郡의 지명. 邟은 고을 이름 항.

[國譯]

　동탁은 현상금을 걸고 원소를 잡으려 했다. 그때 侍中인 周珌(주필), 城門校尉 伍瓊(오경)은 동탁의 신임을 받았는데 오경 등은 은밀히 원소를 위해 동탁을 설득하였다.

　"황제의 폐립과 같은 큰일은 보통 사람이 참예할 일이 아닙니다. 원소는 정사의 대체를 알지 못하기에 두려워서 도망쳤을 뿐 다른 뜻은 없을 것입니다. 지금 급히 원소를 잡으려 한다면 틀림없이 변란이 일어날 것입니다. 袁氏는 때에 걸쳐 은덕을 베풀었기에 門生과 옛 관리가 천하에 널렸으니, 만약 호걸이 이를 기회로 무리를 모으고 영웅이 기병한다면 山東은 公의 소유가 아닐 것입니다. 원소를 사면하면서 군수 자리를 내린다면 원소는 면죄를 기뻐할 것이니 아무 일도 없을 것입니다."

　동탁도 그렇게 생각하여 사람을 보내 원소에게 勃海太守를 제수하고 邟鄉侯(항향후)에 봉했는데, 원소는 여전히 司隷校尉 명칭을 겸해서 사용하였다.

原文

　初平元年, 紹遂以勃海起兵, 與從弟後將軍術,冀州牧韓馥,豫州刺史孔伷,兗州刺史劉岱,陳留太守張邈,廣陵太守張超,河內太守王匡,山陽太守袁遺,東郡太守橋瑁,濟北相鮑信等同時俱起, 衆各數萬, 以討卓爲名. 紹與王匡屯河內, 伷

屯潁川, 馥屯鄴, 餘軍咸屯酸棗, 約盟, 遙推紹爲盟主. 紹自
號車騎將軍, 領司隸校尉.

董卓聞紹起山東, 乃誅紹叔父隗, 及宗族在京師者, 盡滅
之. 卓乃遣大鴻臚韓融,少府陰循,執金吾胡母班,將作大匠
吳循,越騎校尉王瓌譬解紹等諸軍. 紹使王匡殺班,瓌,吳循
等, 袁術亦執殺陰循, 惟韓融以名德免.

| 註釋 | ○韓馥(한복) ─ 字는 文節, 潁川郡人. ○孔伷(공주) ─ 字 公緖,
陳留郡人. ○橋瑁(교모) ─ 字 符瑋(부위), 橋玄의 族子. ○酸棗(산조) ─ 陳留
郡의 현명. 今 河南省 북부 新鄕市 관할 延津縣.

【國譯】

(獻帝) 初平 원년(서기 190), 원소는 마침내 발해군에서 기병했는
데, 사촌동생인 後將軍 袁術(원술), 冀州牧인 韓馥(한복), 豫州刺史 孔
伷(공주), 兗州(연주)刺史 劉岱(유대), 陳留太守 張邈(장막), 廣陵太守
張超(장초), 河內太守 王匡(왕광), 山陽太守 袁遺(원유), 東郡太守 橋瑁
(교모), 濟北相 鮑信(포신) 등이 모두 동시에 기병하였고 각 군사는 수
만 명이었으며 동탁 토벌을 명분으로 내세웠다. 원소와 왕광은 河內
郡, 공주는 潁川郡, 한복은 鄴縣(업현)에 주둔하였고, 나머지 군사는
모두 (陳留郡의) 酸棗縣(산조현)에 주둔하면서 결맹을 약속하였으
며, 명의상 원소를 盟主로 추대하였다. 원소는 車騎將軍에 領司隸校
尉를 자칭했다.

동탁은 원소가 山東에서 기병했다는 소식을 듣고 원소의 숙부인
袁隗(원외)와 그 宗族으로 京師에 남아있는 자를 모두 죽였다. 동시

에 동탁은 大鴻臚(대홍려)인 韓融(한융), 少府인 陰循(음순), 執金吾 胡母班(호모반), 將作大匠 吳循(오순), 越騎校尉 王瓖(왕영) 등을 보내 원소와 각 봉기군을 해산토록 종용하였다. 이에 원소는 王匡(왕광)을 보내 호모반, 왕영, 오순 등을 죽였으며, 원술은 음순을 잡아 죽였는데 한융 만은 덕망이 높아 죽음을 면했다.

原文

是時豪傑旣多附紹, 且感其家禍, 人思爲報, 州郡蜂起, 莫不以袁氏爲名. 韓馥見人情歸紹, 忌其得衆, 恐將圖己, 常遣從事守紹門, 不聽發兵. 橋瑁乃詐作三公移書, 傳驛州郡, 說董卓罪惡, 天子危逼, 企望義兵, 以釋國難. 馥於是方聽紹擧兵. 乃謀於衆曰, "助袁氏乎? 助董氏乎?" 治中劉惠勃然曰, "興兵爲國, 安問袁, 董?" 馥意猶深疑於紹, 每貶節軍糧, 欲使離散.

| 註釋 | ○治中 – 자사의 속리인 治中從事. 인사 및 문서관리 담당, 자사의 심복. 別駕從事와 함께 군현을 나눠 감독.

[國譯]

이때 여러 호걸들이 원소 편이 되었고, 또 원소 가문이 당한 화를 생각하여 모두가 보복을 생각하며 州郡에서 봉기할 때 원씨를 내세우지 않는 사람이 없었다. (冀州牧인) 한복은 인정이 원소에게 쏠렸고, 원소가 무리를 모으는 것이 장차 자신에게 해가 될 것이라 생각하며, 늘 從事를 보내 원소의 출입을 감시하게 하면서 發兵을 수락하지 않았다. (東郡太守) 교모는 거짓으로 三公 이름의 문서를 역전을 통해 州郡에 보내어 동탁이 황제를 핍박한 죄상을 설명하고, 의병을 일으켜 국난을 타개하기를 바란다고 하였다. 한복은 이에 원소의 거병을 수락하였다. 그러면서 여러 사람을 모아놓고 물었다. "袁氏를 도와야 하는가? 아니면 동탁편이 되어야 하는가?"

그러자 治中從事인 劉惠(유혜)가 발끈하며 물었다.

"興兵하여 爲國한다면서 어찌 원씨와 동씨를 묻습니까?"

한복은 여전히 원소를 심히 기피하면서 늘 군량을 적게 지급하여 군사가 흩어지기를 기대하였다.

原文

明年, 馥將麴義反畔, 馥與戰失利. 紹旣恨馥, 乃與義相結. 紹客逢紀謂紹曰, "夫擧大事, 非據一州, 無以自立. 今冀部强實, 而韓馥庸才, 可密要公孫瓚將兵南下, 馥聞必駭懼. 並遣辯士爲陳禍福, 馥迫於倉卒, 必可因據其位."

紹然之, 益親紀, 卽以書與瓚. 瓚遂引兵而至, 外托討董卓, 而陰謀襲馥.

紹乃使外甥陳留高幹及潁川荀諶等說馥曰, "公孫瓚乘勝來南, 而諸郡應之. 袁車騎引軍東向, 其意未可量也. 竊爲將軍危之." 馥懼曰, "然則爲之奈何?" 諶曰, "君自料寬仁容衆, 爲天下所附, 孰與袁氏?" 馥曰, "不如也." "臨危吐決, 智勇邁於人, 又孰與袁氏?" 馥曰, "不如也." "世布恩德, 天下家受其惠, 又孰與袁氏?" 馥曰, "不如也." 諶曰, "勃海雖郡, 其實州也. 今將軍資三不如之勢, 久處其上, 袁氏一時之傑, 必不爲將軍下也. 且公孫提燕, 代之卒, 其鋒不可當. 夫冀州天下之重資, 若兩軍並力, 兵交城下, 危亡可立而待也. 夫袁氏將軍之舊, 且爲同盟. 當今之計, 莫若舉冀州以讓袁氏, 必厚德將軍, 公孫瓚不能復與之爭矣. 是將軍有讓賢之名, 而身安於太山也. 願勿有疑."

馥素性恇怯, 因然其計. 馥長史耿武, 別駕閔純, 騎都尉沮授聞而諫曰, "冀州雖鄙, 帶甲百萬, 穀支十年. 袁紹孤客窮軍, 仰我鼻息, 譬如嬰兒在股掌之上, 絕其哺乳, 立可餓殺. 柰何欲以州與之?" 馥曰, "吾袁氏故吏, 且才不如本初. 度德而讓, 古人所貴, 諸君獨何病焉?" 先是, 馥從事趙浮, 程渙將强弩萬人屯孟津, 聞之, 率兵馳還, 請以拒紹, 馥又不聽. 乃避位, 出居中常侍趙忠故舍, 遣子送印綬以讓紹.

| 註釋 | ○逢紀(봉기) − 字 符圖. 원소가 동탁을 떠나올 때 봉기와 許攸(허유)는 원소를 따라왔다. ○潁川 荀諶(순심) − 荀彧(순욱)의 아우. ○孰與袁氏? − 孰은 누구 숙. 누가 더 나은가? ○其實州也 − 실제로 州만큼 땅이 넓고 인구도 많다는 뜻. ○恇怯 − 겁이 많다. 恇은 겁낼 광. 怯은 겁낼 겁. ○沮授(저수) − 人名. 鉅鹿郡 廣平縣人. 젊어서부터 大志에 謀略이 많았다.

[國譯]

그 다음 해, 한복의 부장인 鞠義(국의)가 반기를 들었는데 한복은 국의와 싸웠지만 패배하였다. 원소는 전부터 한복에게 원한이 있었기에 국의를 도와주었다. 원소의 門客인 逢紀(봉기)가 원소에게 말했다.

"큰일을 하려면 一州를 가지고서는 자립할 수 없습니다. 지금 冀州는 막강한 군사에 충실하지만 韓馥(한복)은 용렬한 사람이니, 은밀히 공손찬에게 군사를 거느려 남하하게 한다면 한복은 틀림없이 두려워 떨 것입니다. 동시에 辯士를 한복에게 보내 禍福(화복)으로 설득한다면 한복은 갑작스런 위협에 떨게 되니, 우리가 기주를 차지할 수도 있습니다."

원소도 그리 생각하며 봉기를 더욱 신임하였고 서신을 공손찬에게 보냈다. 공손찬은 군사를 이끌고 남하하며 동탁을 토벌한다면서 은밀히 한복을 습격할 계획이었다. 원소는 곧 생질인 陳留郡 출신 高幹(고간)과 潁川郡 사람 荀諶(순심) 등을 보내 한복을 설득하였다.

"공손찬이 승세를 몰아 남하하고 거기에 여러 郡이 호응하고 있습니다. 거기장군 원소는 군사를 인솔하여 동쪽을 향하고 있는데 그 뜻을 알 수가 없습니다. 아마 장군을 위협할 듯 같습니다."

그러자 한복이 겁을 먹고 물었다. "그러하니 어쩌면 좋겠는가?" 이에 순심이 말했다. "장군의 생각으로 너그러운 인덕으로 여럿을 포용하며 천하의 기대를 받는 것을 원씨와 비교하면 누가 더 낫습니까?" 한복이 말했다. "원씨보다 못합니다." "위기에 처하여 기책을 써서 승기를 잡을 수 있고 지혜와 용기가 보통 사람보다 뛰어나기는 원씨에 비해 어떻습니까?" "나는 그보다 못합니다." "대대로 은덕을 베풀어 천하 사람이 은덕을 입은 것은 어떻습니까?" "원씨와 같지 않습니다." 이에 순심이 말했다.

"勃海(발해)가 비로 郡이지만 사실은 州와 같습니다. 지금 장군께서는 3가지 방면에서 원씨보다 못한 처지이나 오랫동안 상관이었으며 원씨는 이 시대의 인물이기에 틀림없이 장군의 아래에 있지는 않을 것입니다. 또 공손찬이 燕과 代郡의 군졸을 거느리고 내려오니 그 예봉을 감당할 수도 없습니다. 사실 冀州는 천하의 보배 같은 땅이지만, 만약 양쪽 군사가 힘을 모아 기주성에서 싸운다면 멸망은 곧바로 닥칠 것입니다. 장군은 袁氏 장군의 옛 관리였고 또 함께 동탁 제거를 맹서하였습니다. 지금으로서 가장 현명한 방책은 기주를 들어 원씨에게 양보하는 것이고, 그러면 원씨는 장군을 후덕으로 예우할 것이며 공손찬과 싸울 필요도 다시는 없을 것입니다. 그리고 장군은 현인에게 사양했다는 훌륭한 명성을 누릴 것이며 몸은 태산보다도 더 안전할 것입니다. 장군께서는 의심치 마십시오."

한복은 천성적으로 겁이 많은 사람이라 그 계책을 따랐다. 한복의 長史인 耿武(경무)와 別駕인 閔純(민순), 騎都尉인 沮授(저수) 등이 이를 알고 한복을 제지하였다.

"冀州가 비록 협소하다지만 군사가 백만이며 군량은 10년을 버틸 수 있습니다. 원소는 외로운 나그네이고 궁색한 군대로 우리에 의지하여 겨우 숨 쉬고 있으니 마치 팔에 안긴 어린아이와 같아 젖을 뗀다면 즉시 굶어 죽을 것입니다. 그런데 어찌 이 기주를 그 사람에게 넘겨야 합니까?"

그러자 한복이 말했다. "나는 본래 원씨의 옛 관리였고 또 재능이 本初(袁紹)만 못하다. 古人이 귀하게 생각한 사양을 제군들은 어찌 나쁘다고 하는가?"

　이보다 앞서 한복의 從事인 趙浮(조부), 程奐(정환) 등은 强弩兵(강노병) 1만 인을 거느리고 孟津(맹진)에 주둔하고 있었는데 이런 소식을 듣고서 부대를 인솔하고 달려와 거절해야 한다고 간청했지만 한복은 따르지 않았다 한복은 지위에서 물러나 中常侍 趙忠(조충)의 옛집에 거처하면서 아들을 보내 인수를 원소에게 전달하였다.

原文

　紹遂領冀州牧, 承制以馥爲奮威將軍, 而無所將御. 引沮授爲別駕, 因謂授曰, "今賊臣作亂, 朝廷遷移. 吾歷世受寵, 志竭力命, 興復漢室. 然齊桓非夷吾不能成霸, 句踐非范蠡無以存國. 今欲與卿戮力同心, 共安社稷, 將何以匡濟之乎?" 授進曰, "將軍弱冠登朝, 播名海內. 値廢立之際, 忠義奮發, 單騎出奔, 董卓懷懼. 濟河而北, 勃海稽服, 擁一郡之卒, 撮冀州之衆, 威陵河朔, 名重天下. 若擧軍東向, 則黃巾可埽, 還討黑山, 則張燕可滅, 回師北首, 則公孫必禽, 震脅戎狄, 則匈奴立定. 橫大河之北, 合四州之地, 收英雄之士, 擁百萬之衆, 迎大駕於長安, 復宗廟於洛邑, 號令天下, 誅討未服. 以此爭鋒, 誰能御之! 比及數年, 其功不難."

　紹喜曰, "此吾心也." 卽表授爲奮武將軍, 使監護諸將.

| 註釋 | ○勃海稽服 - 稽는 머무를 계. 머리를 조아리다. ○撮冀州~ -

撮은 손으로 잡을 촬. 장악하다. ○張燕可滅 – 본래 흑산적의 우두머리는 博陵 사람 張牛角(장우각)이었는데, 장우각이 전사하면서 張燕(本姓은 褚)을 후계자로 지명하자 張氏를 칭하며 흑산적을 이끌었다. 장연은 '飛燕'이라는 별명으로 통하면서 常山國, 趙郡, 中山國, 上黨郡, 河內郡 山谷의 무리와 相通하면서 '黑山賊'으로 불렸다. ○四州 – 冀州, 靑州, 幽州, 幷州.

[國譯]

원소는 冀州牧을 물려받고서, 천자의 명의로 韓馥(한복)을 奮威將軍(분위장군)에 임명하였으나 거느릴 군사는 없었다. 원소는 沮授(저수)를 선발하여 別駕從事(별가종사)로 임명한 뒤 저수에게 말했다.

"지금 賊臣이 作亂하고 황제는 옮겨갔소. 나는 여러 대에 걸쳐 황실의 신임을 받았으니 모든 지혜와 힘과 목숨을 바쳐 漢室을 부흥해야 하오. 그러나 齊 桓公은 夷吾(管仲)이 없었으면 패업을 이룰 수 없었고, (越王) 句踐(구천)은 范蠡(범려)가 없었으면 나라를 보전할 수 없었소. 지금 卿과 함께 온 힘을 다해 한마음으로 사직을 안정시켜야 하거늘 경은 어떤 계책으로 나를 도와주겠소?"

이에 저수가 진언하였다.

"장군께서는 弱冠에 조정에 출사하시면서 海內에 명성을 날렸습니다. 황제를 폐하고 옹립할 때 忠義로 분발하시어 單騎로 빠져나오자 동탁은 두려워하였습니다. 장군께서 황하를 건너오자 勃海郡은 복속하였고 一郡의 군졸로 一州의 군사를 장악하시니 위세는 황하와 북방에 떨쳤고 명성은 천하에 알려졌습니다. 이제 군사를 거느리고 東으로 진격하여 황건적을 소탕하고 돌아오면서 黑山賊의 張燕(장연)을 박멸하고 군사를 북쪽으로 돌려 공손찬을 필히 잡아야 하며, 북쪽의 戎狄(융적)에 위세를 가하면 흉노도 즉시 안정될 것입니다. 大河의 북쪽 四州의 땅을 가로질러 영웅을 끌어 모으고 백만 군사를 거느린 뒤에 長安에서 황제를 영입하여 낙양의 宗廟를 다시 수복하고 천하를 호령하며 남은 잔당을 토벌해야 합니다. 이렇게 정벌한다면 누가 장군을 막을 수 있겠습니까! 여기까지 몇 년이 걸리겠지만 그 성공은 어렵지 않습니다."

이에 원소는 기뻐하며 말했다. "그것이 바로 내 뜻이요." 원소는 즉시 표문을 올려 저수를 奮武將軍으로 삼아 여러 장수를 감독케 하였다.

原文

　魏郡審配, 鉅鹿田豐, 並以正直不得志於韓馥. 紹乃以豐爲別駕, 配爲治中, 甚見器任. 馥自懷猜懼, 辭紹索去, 往依張邈. 後紹遣使詣邈, 有所計議, 因共耳語. 馥時在坐, 謂見圖謀, 無何, 如廁自殺.

| 註釋 | ○審配(심배) — 字 正南. 원소의 심복이 되었다. ○田豐(전풍) — 字 符皓(부호). 원소군이 패배하여 흩어질 때 여러 장졸들이 무릎을 껴안고 '만약 田豐이 있었다면 우리가 이 지경이 되지는 않았을 것이다.' 라며 울었다고 한다.

[國譯]

　魏郡의 審配(심배)와 鉅鹿郡의 田豐(전풍)은 모두 정직한 사람이었으나 한복에게 인정을 받지 못했었다. 원소는 전풍을 별가종사에, 심배를 治中從事에 임명하고 크게 신임하며 능력을 중시하였다. 한복은 원소가 두려워서 원소를 떠나 張邈(장막)을 찾아가 의지하였다. 뒷날 원소의 사자가 장막에게 왔는데 함께 업무를 논의하면서 귓속말을 하였다. 한복은 그때 곁에 있었는데 자신에 대한 모의라는 것을 알았지만 어찌 할 방법이 없어 측간에 가서 자살하였다.

原文

其冬, 公孫瓚大破黃巾, 還屯盤河, 威震河北, 冀州諸城無不望風響應. 紹乃自擊之. 瓚兵三萬, 列爲方陳, 分突騎萬匹, 翼軍左右, 其鋒甚銳. 紹先令鞠義領精兵八百, 强弩千張, 以爲前登. 瓚輕其兵少, 縱騎騰之, 義兵伏楯下, 一時同發, 瓚軍大敗, 斬其所置冀州刺史嚴綱, 獲甲首千餘級. 鞠義追至界橋, 瓚斂兵還戰, 義復破之, 遂到瓚營, 拔其牙門, 餘衆皆走. 紹在後十數里, 聞瓚已破, 發鞍息馬, 唯衛帳下强弩數十張, 大戟士百許人. 瓚散兵二千餘騎卒至, 圍紹數重, 射矢雨下. 田豐扶紹, 使却入空垣. 紹脫兜鍪抵地, 曰, "大丈夫當前鬪死, 而反逃垣牆間邪?" 促使諸弩競發, 多傷瓚騎. 衆不知是紹, 頗稍引却. 會鞠義來迎, 騎乃散退.

三年, 瓚又遣兵至龍湊挑戰, 紹復擊破之. 瓚遂還幽州, 不敢復出.

○追至界橋 - 당시 鉅鹿郡 廣宗縣 界城橋, 今 河北省 남부 邢台市 관할 威縣 북쪽. 袁紹와 公孫瓚 冀州의 패권을 다툰 전투. ○牙門(아문) - 군기를 매다는 큰 기둥(牙門旗竿) 있는 곳으로 부대의 정문과도 같고 가장 상징적인 곳. 관청의 정문도 牙門이라고 하였는데 衙門(아문)으로 와전되어 통용되었다. ○紹脫兜鍪抵地 - 兜鍪(두무)는 투구. 兜는 투구 두. 鍪는 투구 무. 抵는 막을 저. 밀어젖히다.

[國譯]

그해 겨울, 공손찬은 황건적을 대파하고 盤河(반하)란 곳에 주둔하면서 그 위세가 河北을 진동하자, 冀州의 여러 성이 모두 바람에 쏠리듯 향응하였다. 이에 원소는 직접 공손찬을 공격하였다. 공손찬은 3만 군사를 거느리고 4각 군진에 1만여 돌격 기병을 좌우에 배치하였는데 그 군세가 매우 당당하였다. 원소는 먼저 鞠義(국의)에게 精兵 8백과 강한 쇠뇌를 쏘는 군사 1천 명을 주어 선봉에서 공격케 하였다. 공손찬은 원소의 군사가 적은 것을 보고 기병을 보내 맞서게 하였는데 국의의 군사가 방패 아래 엎드려 있다가 일시에 쇠뇌를 발사하자 공손찬의 군사는 대패하였고, 국의는 공손찬이 임명한 冀州刺史 嚴綱(엄강)을 참수하고 무장한 군사 1천여 명을 죽였다. 국의는 적을 界橋(계교)까지 추격했고 공손찬은 군사를 수습하여 되돌아와 싸웠는데, 국의의 군사가 다시 격파하면서 공손찬의 군영 정문을 점령하자 다른 군사는 모두 도주하였다.

그때 원소는 10여 리 떨어진 후방에서 공손찬이 격파되었다는 소식을 듣고 말안장을 풀어 쉬고 있었으며, 휘장 주변에는 강한 쇠뇌 궁사 10여 명에 큰 창을 가진 군사 1백여 명뿐이었다. 그런데 공손찬의 2천여 패잔병이 갑자기 닥쳐 원소를 여러 겹으로 포위하고 비오듯 활을 쏘아댔다. 田豐이 원소를 도와 일단 담 안의 공터로 들어갔다. 이에 원소는 투구를 벗어 던지며 말했다.

"大丈夫가 앞서 싸우다 죽어야 하거늘 담장 사이에 숨어야 되겠는가?"

그러면서 쇠뇌를 일제히 쏘아 공손찬의 기병을 많이 죽이고 다치게 했다. 적은 원소가 거기 있는 줄을 모르고 차츰 퇴각하였다. 마침 국의가 원소를 맞이하러 오자 적은 흩어졌다.

(初平) 3년, 공손찬의 군사가 다시 龍湊(용주)에서 도전하였지만 격파되었다. 결국 공손찬은 幽州로 되돌아갔고 다시는 군사를 출동시키지 못했다.

原文

四年初, 天子遣太僕趙岐和解關東, 使各罷兵. 瓚因此以書譬紹曰,

「趙太僕以周,邵之德, 銜命來徵, 宣揚朝恩, 示以和睦, 曠若開雲見日, 何喜如之! 昔賈復,寇恂爭相危害, 遇世祖解紛, 遂同輿並出. 釁難旣釋, 時人美之. 自惟邊鄙, 得與將軍共同斯好, 此誠將軍之眷, 而瓚之願也.」

紹於是引軍南還.

註釋 ○太僕趙岐 - 趙岐(조기)는 經學者로 유명. 조기는 30대에 7년

간이나 병석에 누워있으며 유언까지 남겼지만 90여 세를 살아 天壽를 누렸다. 64권, 〈吳延史盧趙列傳〉에 立傳. ㅇ 賈復(가복), 寇恂(구순) − 賈復(가복)은 17권, 〈馮岑賈列傳〉에, 寇恂(구순)은 16권, 〈鄧寇列傳〉에 立傳.

[國譯]

(初平) 4년 초, 헌제는 太僕인 趙岐(조기)를 보내 관동 여러 세력의 화해와 해산을 권장하였다. 이에 공손찬은 화해하고자 서신을 원소에게 보냈다.

「趙 太僕은 周公과 邵公(소공)의 덕망을 가진 분으로, 황제의 명을 받아 여기에 와서 황제의 은택을 선양하며 서로가 화목하게 지내라 말씀하시니, 마치 구름을 헤치고 해를 보는 것과 같아 어찌 기쁘지 않겠습니까! 옛날 (光武帝의) 賈復(가복)과 寇恂(구순)은 서로 다투었지만 世祖(光武帝)의 화해를 받아들여 같이 출사하였습니다. 서로의 감정을 풀어버리자 당시 모두가 칭송하였습니다. 우리가 변방에 있지만 장군과 함께 우호를 맺을 수 있을 것이니, 이는 장군이 서운할지 모르지만 공손찬의 간절한 소원입니다.」

원소는 이에 군사를 이끌고 남으로 내려갔다.

原文

三月上巳, 大會賓徒於薄落津. 聞魏郡兵反, 與黑山賊于毒等數萬人共覆鄴城, 殺郡守. 坐中客家在鄴者, 皆憂怖失色, 或起而啼泣, 紹容貌自若, 不改常度. 賊有陶升者, 自號 '平漢將軍', 獨反諸賊, 將部衆踰西城入, 閉府門, 具車重,載紹家及諸衣冠在州內者, 身自扞衛, 送到斥丘. 紹還, 因屯斥丘, 以陶升爲建義中郎將.

六月, 紹乃出軍, 入朝歌鹿腸山蒼巖谷口, 討干毒. 圍攻五日, 破之, 斬毒及其衆萬餘級. 紹遂尋山北行, 進擊諸賊左髭丈八等, 皆斬之, 又擊劉石, 靑牛角, 黃龍, 左校, 郭大賢, 李大目, 于氐根等, 復斬數萬級, 皆屠其屯壁. 遂與黑山賊張燕及四營屠各, 鴈門烏桓戰於常山. 燕精兵數萬, 騎數千匹, 連戰十餘日, 燕兵死傷雖多, 紹軍亦疲, 遂各退. 鞠義自恃有功, 驕縱不軌, 紹召殺之, 而並其衆.

| 註釋 | ○上巳日(상사일) – 삼월 상순의 巳日. 不淨과 재앙을 씻어내는 (拂除不祥) 修禊(수계)라는 민속행사가 있었다. 魏 이후로는 巳日이 아닌 三月三日을 상사일이라 부르고 행사를 하였다. ○薄落津(박락진) – 今 河北省 邢台市 관할 鉅鹿縣 동남, 漳水의 나루터 이름. ○斥丘(척구) – 鉅鹿郡의 縣名. 今 河北省 남부 邯鄲市(한단시) 관할 成安縣. ○朝歌 – 河內郡의 현명. 今 河南省 북동부 鶴壁市 관할 淇縣. 한때 殷의 옛 도읍지.

[國譯]

三月 上巳日(상사일), 원소와 빈객과 무리 모두가 薄落津(박락진)에서 修禊(수계)하였다. 그때 魏郡의 군사가 반역하며 黑山賊 干毒(간독)의 무리 수만 명과 함께 鄴城(업성)을 점령하고 태수를 죽였다는 소식이 전해졌다. 좌중에 鄴縣에 사는 빈객은 모두 공포에 질려 자리를 벗어나 우는 자도 있었지만 원소의 모습을 태연자약하며 평상시와 다름이 없었다. 반적 무리 중 陶升(도승)이란 자는 '平漢將軍'

를 자칭했었는데, 여러 도적 무리와 달리 자기 무리를 거느리고 성의 서쪽을 넘어 관부의 문을 걸어 닫고, 짐수레를 준비하여 원소의 가족과 관리들을 태우고 직접 방어하면서 斥丘縣(척구현)으로 이동하였다. 원소는 돌아와 척구현에 주둔하면서 도승을 建義中郎將에 임명하였다.

6월, 원소는 군사를 내어 朝歌縣 鹿腸山 蒼巖(창암) 계곡에서 간독의 무리를 토벌하였는데 5일간 공격, 격파하면서 간독과 그 무리 1만여 명을 죽였다. 원소는 산을 수색하며 북행하여 여러 흑산 무리를 격파하고 左髥丈八(좌자장팔) 등을 참수하였다. 또 劉石(유석), 靑牛角(청우각), 黃龍(황룡), 左校(좌교), 郭大賢(곽대현), 李大目(이대목), 于氐根(우저근) 등의 무리를 공격하여, 다시 수만 명을 참수하였으며 그들의 근거지를 도륙하였다. 결국 黑山賊 張燕(장연)과 4개 진영을 거느린 (흉노족) 屠各(도각), 그리고 鴈門郡(안문군)의 오환족과 常山國에서 싸웠다. 장연의 수만 명 精兵과 1천여 기병과 10여 일을 싸웠는데 장연 군사도 많이 죽고 다쳤지만 원소군도 지쳐서 각자 퇴군하였다. 鞠義(국의)는 자신의 공적을 뽐내며 교만하고 불법을 저질렀는데 원소가 불러 죽여 버렸고 그 군사도 원소가 거느렸다.

原文

興平二年, 拜紹右將軍. 其冬, 車駕爲李傕等所追於曹陽, 沮授說紹曰,

"將軍累葉台輔, 世濟忠義. 今朝廷播越, 宗廟殘毀, 觀諸

州郡, 雖外托義兵, 內實相圖, 未有憂存社稷恤人之意. 且今州城粗定, 兵强士附, 西迎大駕, 卽宮鄴都, 挾天子而令諸侯, 稽士馬以討不庭, 誰能御之?"

紹將從其計. 潁川郭圖, 淳于瓊曰,

"漢室陵遲, 爲日久矣, 今欲興之, 不亦難乎? 且英雄並起, 各據州郡, 連徒聚衆, 動有萬計, 所謂秦失其鹿, 先得者王. 今迎天子, 動輒表聞, 從之則權輕, 違之則拒命, 非計之善者也."

沮授曰, "今迎朝廷, 於義爲得, 於時爲宜. 若不早定, 必有先之者焉. 夫權不失幾, 功不猒速, 願其圖之."

帝立旣非紹意, 竟不能從.

| 註釋 | ○曹陽 - 지명. 今 河南省 서쪽 三門峽市 부근. ○誰能御之 - 사실 晉 文公도 周 襄王을 끼고 霸業(패업)을 이룩했다. 원소가 기회를 놓치자 曹操가 바로 헌제를 許都로 영입하여 强者의 지위를 독점하였다. 결국 원소의 미래를 보는 안목이 조조만 못했기에 조조에게 패하였다고 볼 수 있다. ○郭圖 - 字 公則. ○秦失其鹿 - 鹿은 천하의 패권, 각 세력의 할거를 사냥으로 비유했다. 이는 본래 蒯通(괴통)의 말.

[國譯]

(獻帝) 興平 2년(서기 195), 원소에게 右將軍을 제수하였다. 그 겨울에 황제는 李傕(이각) 등에 협박을 당하며 曹陽(조양)에 머물렀는데, 沮授(저수)가 원소에게 말했다.

"장군께서는 여러 대에 걸쳐 재상직에서 충의로 보필하였습니다. 지금 황제는 옮겨다니고 종묘는 무너졌는데, 여러 州郡을 훑어보면 겉으로는 義兵을 내세우면서도 안으로는 서로 상대방을 공격하면서 사직을 보전하고 백성을 구제하려는 뜻이 없습니다. 지금 장군의 세력이 대체로 안정되었고 군사력은 강하고 士人이 귀의하고 있으니, 서쪽으로 나아가 황제를 영입하여 鄴縣에 도읍한다면 天子를 끼고 제후를 호령할 수 있고 군사와 마필을 비축하여 입조하지 않는 자를 토벌한다면 누가 이를 막을 수 있겠습니까?"

원소는 저수의 방책을 따르려 했다. 그러나 潁川郡 郭圖(곽도)와 淳于瓊(순우경)이 말했다.

"漢室이 붕괴된 지 오래 되었으니 지금 다시 일으키기가 어렵지 않겠습니까? 또 영웅이 한꺼번에 일어나 각 州郡에 할거하면서 무리를 모으며 온갖 계책을 다 시행하고 있으니 이른바 秦이 잃어버린 사슴을 먼저 잡는 자가 王이 될 것입니다. 지금 천자를 영입한다면 움직일 때마다 보고를 해야 하고, 황제의 뜻을 따르면 장군의 권위가 경시당하며, 뜻을 어긴다면 항명이니 좋은 계책이라 할 수 없습니다."

이에 저수가 말했다.

"지금 황제 영입은 대의의 선점이며 時宜에 따르는 것입니다. 만약 빨리 차지하지 않으면 반드시 먼저 차지하는 자가 있을 것입니다. 권력이란 기회를 놓치지 않는 것이며 일을 한다면 빠를수록 좋은 것이니 빨리 도모하십시오."

본래 황제 옹립은 원소의 뜻이 아니었기에 끝내 저수의 말에 따르지 않았다.

紹有三子, 譚字顯思, 熙字顯雍, 尙字顯甫. 譚長而惠, 尙少而美. 紹後妻劉有寵, 而偏愛尙, 數稱於紹, 紹亦奇其姿容, 欲使傳嗣. 乃以譚繼兄後, 出爲靑州刺史. 沮授諫曰, "世稱萬人逐兔, 一人獲之, 貪者悉止, 分定故也. 且年均以賢, 德均則卜, 古之制也. 願上惟先代成敗之誡, 下思逐兔分定之義. 若其不改, 禍始此矣."

紹曰, "吾欲令諸子各據一州, 以視其能." 於是以中子熙爲幽州刺史, 外甥高幹爲幷州刺史.

| **註釋** | ○沮授(저수, ?-200) - 鉅鹿 廣平人, 본래 韓馥(한복)의 관료, 후에 袁紹에 귀의, 袁紹의 謀臣으로 여러 방책을 건의했으나 채납되지 않았다. 원소가 패망하면서 曹操에게 사로잡혔으나 조조의 招降을 거부, 탈출하려다가 잡혀 죽었다. ○且年均以賢, ~ ~ 王后에게 嫡子가 없으면 연장자를, 연령이 같으면 德行을, 덕행이 비슷하면 점을 쳐서 결정한다고 하였다.

[國譯]

원소에게 아들이 셋인데 袁譚(원담)의 字는 顯思(현사)이고, 袁熙(원희)의 字는 顯雍(현옹), 袁尙의 字는 顯甫(현보)였다. 원담은 연장자로 총명하였고, 원상은 젊은 나이에 미남자였다. 원소의 후처 劉氏는 총애를 받으며 원상을 편애하여 원소에게 원상을 자주 칭찬하였는데, 원소 역시 원상의 용모를 기특하게 여기며 후계자로 생각하였다. 그래서 원담은 원소 형의 후사로 삼아 靑州刺史로 내 보냈다. 이에 저수가 바른 말을 하였다.

"세상에서는 萬人이 토끼를 쫓지만 한 사람이 잡으면 탐내던 사람이 모두 그만두는 것은 몫이 정해졌기 때문입니다. (적장자가 없으면, 나이를 보고) 나이가 같다면 현명함을 보고, 덕이 비슷하다면 점을 쳐서 후사를 정하는 것이 옛 제도입니다. 위로는 선대의 성패를 거울삼고, 아래로는 토끼를 쫓고 몫이 정해지는 이치를 살피시기 바랍니다. 만약 고치지 않는다면 온갖 환난이 여기서부터 생겨날 것입니다."

이에 원소가 말했다. "나는 아들에게 각자 一州를 맡겨 그 능력을 지켜볼 것이요." 그러면서 中子인 원희를 幽州刺史로, 생질인 高幹 (고간)을 幷州刺史로 삼았다.

原文

建安元年, 曹操迎天子都許. 乃下詔書於紹, 責以地廣兵多而專自樹黨, 不聞勤王之師而但擅相討伐. 紹上書曰,

「臣聞昔有哀歎而霜隕, 悲哭而崩城者. 每讀其書, 謂爲信然, 於今況之, 乃知妄作. 何者? 臣出身爲國, 破家立事, 至乃懷忠獲釁, 抱信見疑, 晝夜長吟, 剖肝泣血, 曾無崩城隕霜之應, 故鄒衍, 杞婦何能感徹. 臣以負薪之資, 拔於陪隸之中, 奉職憲臺, 擢授戎校. 常侍張讓等滔亂天常, 侵奪朝威, 賊害忠德, 扇動姦黨. 故大將軍何進忠國疾亂, 義心赫怒, 以臣頗有一介之節, 可責以鷹犬之功, 故授臣以督司, 諮臣以方略. 臣不敢畏憚強禦, 避禍求福, 與進合圖, 事無違異.

忠策未盡而元帥受敗, 太后被質, 宮室焚燒, 陛下聖德幼沖, 親遭厄困. 時進旣被害, 師徒喪沮, 臣獨將家兵百餘人, 抽戈承明, 竦劍翼室, 虎叱群司, 奮擊凶醜, 曾不浹辰, 罪人斯殄. 此誠愚臣效命之一驗也.」

| 註釋 | ○哀歎而霜隕 − 鄒衍(추연)은 燕 惠王에게 충성하였지만 참소를 받았는데 하늘을 보고 통곡하자 여름인 5월에 서리가 내렸다. 《淮南子》에 나오는 이야기. ○悲哭而崩城者 − 齊人 杞梁(기량)은 모친이 살아 있어 전쟁에 나가지 않아 모친의 꾸지람을 들었다. 모친이 죽자 莒國(거국) 원정에 나가 전사하였는데, 그 아내가 남편의 시신을 찾아 성 아래에서 7일간 통곡하자 성이 무너졌다고 한다. 《說苑》에 있는 이야기. ○負薪之資 − 負薪(부신)은 나뭇짐을 지다. 賤民. 다른 사람이 자식의 장성 여부를 물을 경우에 장성했으면 負薪할 수 있다고 말하고, 아직 어리면 '未能負薪'이라고 대답한다. ○陪隷 − 陪隷(배예)는 하인, 종. 陪僕, 陪臺와 同. 陪는 더하다. 겹치다(重也). ○奉職憲臺 − 憲臺는 어사대부의 異稱, 원소는 司隷校尉로 재직했다. ○浹辰之間 − 浹은 두루 미칠 협, 돌 협. 浹辰(협신)은 日辰이 子부터 亥에 이르는 날. 곧 12일.

【國譯】

  (獻帝) 建安 원년(서기 196), 曹操(조조)는 天子를 영접하여 許縣에 도읍케 하였다. 그리고 곧 원소에게 조서를 내려 넓은 땅에 많은 군사를 거느리고도 자기 세력 확장에만 힘썼으며, 勤王兵을 일으켰다는 말도 없었으며 상대를 토벌에만 열중했던 것을 책망하였다. 이에 원소가 상서하였다.

  「臣이 알기로, 옛날 鄒衍(추연)이 슬피 탄식하자 서리가 내렸고,

(齊 여인은 남편이 전사하자) 슬피 울어 성이 무너졌다고 하였습니다. 늘 그런 글을 읽을 때마다 그럴 수 있다고 생각했습니다만, 지금의 상황을 보면 멋대로 꾸며진 이야기라고 생각합니다. 왜 그렇겠습니까? 臣은 獻身報國하며 破家를 일으켜 세우려 애썼지만 忠心이나 시기를 당했고, 誠信으로 의심을 받아 밤낮으로 탄식하고 배를 가라 진심을 내보이고, 피눈물을 흘려도 성이 무너지거나 서리가 내리는 감응이 없었으니 鄒衍(추연)이나 杞梁 아내의 정성은 어찌 통했겠습니까? 臣은 나뭇짐이나 지는(賤民) 자질을 갖고 하인의 무리에서 뽑혔지만 憲臺(司隸校尉)에 재직하였고, 군사를 지휘하는 校尉를 역임하였습니다. 常侍 張讓(장양) 등이 天朝의 기강을 어지럽히고 천자의 권위를 침탈했으며 충량한 신하를 해치며 간당을 선동하였습니다. 故 大將軍 何進(하진)은 忠國하며 禍亂을 미워했고 義心으로 크게 분노하였는데, 臣이 오직 하나의 절개를 지키고 아랫사람으로서의 책무를 다할 수 있다고 하여 臣에게 감독의 책무를 맡겼고 저의 방략을 채택하였습니다. 臣은 강포한 자를 두려워하거나 재난을 피해 복록만을 구하지 않으면서 하진과 함께 도모하며 서로 어긋나지 않았습니다. 그러나 충량한 방책이 성공하기도 전에 元帥(何進)는 패망하였고, 何太后는 인질이 되었으며, 궁궐은 불탔고 폐하께서는 聖德으로 어린 나이이시나 몸소 곤경을 겪으셨습니다. 그때 하진은 이미 죽었고 군사는 사기를 잃었지만, 臣은 홀로 가병 1백여 명과 함께 承明臺(승명대)에서 창을 잡았고 側室에서 칼로 싸우며 여러 신료를 호통쳤고 격분으로 추악한 자를 격살하여 12일도 되지 않아 죄인(宦官)을 모두 제거하였습니다. 이는 실로 臣이 목숨을 바쳤다는 하나의 증거입니다.」

「會董卓乘虛, 所圖不軌. 臣父兄親從, 並當大位, 不憚一室之禍, 苟惟寧國之義, 故遂解節出奔, 創謀河外. 時卓方貪結外援, 招悅英豪, 故卽臣勃海, 申以軍號, 則臣之與卓, 未有纖芥之嫌. 若使苟欲滑泥揚波, 偸榮求利, 則進可以享竊祿位, 退無門戶之患. 然臣愚所守, 志無傾奪, 故遂引會英雄, 興師百萬, 飮馬孟津, 歃血漳河. 會故冀州牧韓馥懷挾逆謀, 欲專權勢, 絶臣軍糧, 不得踵係, 至使猾虜肆毒, 害及一門, 尊卑大小, 同日並戮. 鳥獸之情, 猶知號呼. 臣所以蕩然忘哀, 貌無隱戚者, 誠以忠孝之節, 道不兩立, 顧私懷己, 不能全功. 斯亦愚臣破家徇國之二驗也.」

| 註釋 | ○河外 – 河南. 기준이 어디냐에 따라 다르지만 冀州를 기준으로 보면 河北은 內이고, 河南은 河外이다. 전국시대 魏에서는 河南을 河外라 지칭. ○滑泥揚波 – 진흙을 휘젓고 파도를 일으키다. 滑은 미끄러울 활. 혼탁하다. ○歃血漳河 – 원소는 冀州 10郡의 守相과 군사 10만을 모아 놓고 등단하여 歃血(삽혈)하며 동탁 제거를 맹세하였다. ○貌無隱戚 – 隱은 숨길 은. 근심(憂也).

[國譯]

「그때 동탁은 국권의 허약을 틈타 大逆을 꾀하였습니다. 臣의 숙부와 堂兄과 친척은 모두 고위직에 있었습니다만, 臣은 全家가 파멸당한다는 것을 알면서도 국가 안정의 대의를 따라 부절을 걸어놓고 도성을 나가 河南에서 새로운 시도를 하였습니다. 그때 동탁은 외부 세력과 결탁하려고 영웅호걸을 불러들일 때라서 臣을 발해태수에 임명하며 장군의 직함을 내렸습니다. 臣은 동탁과 아무런 원한이 없었습니다. 만약 臣이 세속을 따라 부침하고 영화를 추구했다면 적극적으로 나서서 어떤 자리라도 얻을 수 있고 물러나더라도 가문에 아무런 화를 입지 않았을 것입니다. 그러나 臣은 우직하게 초심을 지켜왔고 뜻을 바꾸지 않았기에 영웅을 끌어들여 백만 대군을 모아 孟津(맹진)에서 군마가 물을 마시게 했고 漳河(장하)에서 피로 맹세를 하였습니다. 그때 冀州牧인 한복은 딴마음을 품고 역모를 꾀하며 권세를 독점하려고 臣의 軍糧 공급을 단절하며 신이 더 이상 전진하지 못하게 하였으며 교활한 무리를 시켜 生靈을 해치고 臣의 가문을 없애려 해서 尊卑와 大小를 막론하고 한 날에 모두 해악을 당했습니다. 새나 짐승일지라도 슬피 울고 부르짖었을 것입니다. 그러나 臣은 모든 슬픔을 잊고 아무런 슬픔도 모르듯 오직 忠孝의 지조뿐이었으며, 그런 邪道와 兩立할 수 없었고, 사익을 생각했다면 공을 이룰 수도 없었을 것입니다. 이 역시 愚臣이 破家하며 徇國했다는 두 번째 증거입니다.」

原文

「又黃巾十萬焚燒青,兗,黑山,張楊蹈藉冀城. 臣乃旋師, 奉辭伐畔. 金鼓未震, 狡敵知亡, 故韓馥懷懼, 謝咎歸土, 張楊,黑山同時乞降. 臣時輒承制, 竊比竇融, 以議郎曹操權領兗州牧. 會公孫瓚師旅南馳, 陸掠北境, 臣卽星駕席捲, 與

瓚交鋒. 假天之威, 每戰輒克. 臣備公族子弟, 生長京輦, 頗
聞俎豆, 不習干戈. 加自乃祖先臣以來, 世作輔弼, 咸以文
德盡忠, 得免罪戾. 臣非與瓚角戎馬之勢, 爭戰陣之功者也.
誠以賊臣不誅, 《春秋》所貶, 苟云利國, 專之不疑. 故冒踐
霜雪, 不憚劬勤, 實庶一捷之福, 以立終身之功. 社稷未定,
臣誠恥之. 太僕趙岐銜命來征, 宣明陛下含弘之施, 蠲除細
故, 與下更新, 奉詔之日, 引師南轅. 是臣畏怖天威, 不敢怠
慢之三驗也.」

| **註釋** | ○冀城 – 기주자사부의 치소는 본래 常山國 高邑縣이었으나
後漢 말기에는 鄴縣(업현, 魏郡의 치소, 今 河北省 邯鄲市 관할 臨漳縣)으로 옮겼
다. ○竇融(두융) – 두융이 西河五郡大將軍事를 대행하면서 梁統(양통)을
武威太守로 임명했었다. 23권, 〈竇融列傳〉 참고. ○生長京輦 – 京輦(경련)
은 京師와 同. 輦은 손수레 련. ○頗聞俎豆 – 俎豆(조두)는 祭器, 禮器. 제
사를 지냄. ○《春秋》所貶 – 趙盾(조순)은 주군을 시해한 범인을 추격하여
주살할 의무가 있지만 그러하지 않았기에 주군을 시해한 자와 똑같다고
폄하되었다. ○苟云利國 – 社稷에 도움이 된다면 소신껏 처분할 수 있다
는 뜻. ○引師南轅 – 回軍하여 南向하다. 공손찬과의 싸움을 중지하고 회
군하다.

[國譯]

「또 황건적 10만이 靑州, 兗州(연주)를 불태우고, 黑山賊과 張楊(장
양)의 무리가 冀城(鄴縣)을 짓밟았습니다. 臣은 곧바로 군사를 돌려
명을 받아 반역자를 토벌하였습니다. 징과 북이 울리기도 전에 교활

한 반적들은 멸망을 알았으며, 韓馥(한복)은 두려워 사죄하며 冀州 땅을 반환하였고, 張楊(장양)과 흑산의 무리는 함께 투항하였습니다. 臣은 폐하의 制書를 받고서 바로 저를 竇融(두융)에 견주어서 議郎 曹操(조조)를 임시로 兗州牧(연주목)을 관할케 하였습니다. 그때 공손찬의 군사가 남으로 치달아 (冀州의) 북쪽 땅을 약탈하였는데 臣은 곧 밤새워 달려가 공손찬과 겨뤘습니다. 하늘의 위엄을 받아 싸울 때마다 이겼습니다. 臣은 公族의 子弟로 京城에서 낳고 자랐으며 여러 의례를 배웠지만 干戈(간과, 전쟁)는 익숙지 않았습니다. 거기다가 臣의 선조 이후로 대대로 재상으로 황제를 보필하며 文德으로 충성을 다했기에 작은 허물은 죄를 받지 않습니다. 이처럼 臣은 공손찬과 군사적 힘을 겨루거나 戰陣의 무공을 놓고 다툴 처지가 아닙니다. 진정으로 賊臣을 죽이지 않는다면,《春秋》에서 (趙盾이) 폄하될 것이기에 나라의 이득을 생각하여 제 뜻을 의심치 않았습니다. 그래서 서리와 눈을 이겨내며 애써 고생을 마다하지 않았으며, 사실 이런 승리의 福運으로 필생의 공적을 이룩할 수 있다고 생각하였습니다. 臣은 사직의 불안은 참으로 부끄럽게 생각하였습니다. 太僕 趙岐(조기)가 폐하의 명을 받아 멀리 와서 폐하의 크신 은택을 널리 선포하면서 번쇄한 감정을 다 썼고 아랫사람과도 새롭게 하라는 뜻을 받은 그날에 臣은 바로 군사를 이끌고 남으로 내려왔습니다. 이는 臣이 천자의 권위를 두려워하며 감히 태만히 하지 않는다는 세 번째 증거입니다.」

原文

「又臣所上將校, 率皆淸英宿德, 令名顯達. 登鋒履刃, 死

者過半, 勤恪之功, 不見書列. 而州郡牧守, 競盜聲名, 懷持
二端, 優遊顧望, 皆列土錫圭, 跨州連郡, 是以遠近狐疑, 議
論紛錯者也. 臣聞守文之世, 德高者位尊, 倉卒之時, 功多
者賞厚. 陛下播越非所, 洛邑乏祀, 海內傷心, 志士憤惋. 是
以忠臣肝腦塗地, 肌膚橫分而無悔心者, 義之所感故也. 今
賞加無勞, 以攜有德, 杜黜忠功, 以疑衆望. 斯豈腹心之遠
圖? 將乃讒慝之邪說使之然也? 臣爵爲通侯, 位二千石. 殊
恩厚德, 臣旣叨之, 豈敢窺覦重禮, 以希彤弓玈矢之命哉?
誠傷偏裨列校, 勤不見紀, 盡忠爲國, 飜成重愆. 斯蒙恬所
以悲號於邊獄, 白起歔欷於杜郵也. 太傅日磾位爲師保, 任
配東征, 而耗亂王命, 寵任非所, 凡所擧用, 皆衆所捐弃. 而
容納其策, 以爲謀主, 令臣骨肉兄弟, 還爲讎敵, 交鋒接刃,
搆難滋甚. 臣雖欲釋甲投戈, 事不得已. 誠恐陛下日月之明,
有所不照, 四聰之聽有所不聞, 乞下臣章, 咨之群賢, 使三槐
九棘, 議臣罪戾. 若以臣今行權爲釁, 則桓,文當有誅絶之
刑, 若以衆不討賊爲賢, 則趙盾可無書弑之貶矣. 臣雖小人,
志守一介. 若使得申明本心, 不愧先帝, 則伏首歐刀, 褰衣
就鑊, 臣之願也. 惟陛下垂〈屍鳩〉之平, 絶邪謟之論, 無令
愚臣結恨三泉.」

| 註釋 | ○以攜有德 - 攜는 끌 휴. 떠나다(離也). ○讒慝之邪說 - 讒은
참소할 참. 慝은 사특할 특. ○窺覦重禮 - 분에 넘치는 대우를 바라다. 窺

는 엿볼 규. 覬는 바랄 기. ○希彤弓旅矢之命哉 – 彤弓(동궁)은 붉은 칠을
한 활. 彤은 붉을 동. 旅矢(노시)는 검은색 화살. 旅는 검을 로. 旅(나그네 여)
의 俗字. 彤弓旅矢는 천자가 제후에게 하사하는 예물. ○蒙恬(몽염) – 胡
亥(호해)가 사자를 보내 몽염에게 자살을 명하자, 몽염은 장성을 쌓으면서
곳곳의 지맥을 끊지 않을 수 없었으니 그 죄의 대가일 것이라고 탄식하며
독약을 마셨다. ○白起歔欷於杜郵也 – 白起는 秦의 명장. 歔欷(허희)는 흐
느끼다. 杜郵(두우)는 함양 서쪽 10리 밖 지명. 백기가 자결한 곳. ○馬日
磾(마일제) – 字 翁叔(옹숙), 馬融(마융)의 족손. 獻帝 때 太傅 역임. 袁術에
게 모욕을 당하고 분을 못 참아 죽었다. ○三槐九棘 – 三槐(삼괴)는 三公.
九棘(구극)은 卿大夫의 지위. ○垂〈屍鳩〉之平 –《詩經 曹風 屍鳩》. 屍鳩
(시구, 鳲鳩)는 뻐꾸기. 뻐꾸기가 새끼 7마리를 키우는데 모두 공평하게 기
르는 모양을 노래했다. 곧 淑人君子의 언행이 한결같다는 뜻. ○~恨三泉
– 三泉은 九泉. 黃泉. 三은 수의 작은 끝(數之小終). 여러 번.

[國譯]

「또 臣이 조정에 추천한 將校는 모두 청렴, 영명하고 노련, 유덕
한 자로 그들의 명성은 이미 잘 알려졌습니다. 창검의 위험을 무릅
쓰고 싸우다가 전사한 자가 절반이며 그들의 공훈은 기록되지도 많
았습니다. 그리고 州와 郡의 牧과 태수는 다투듯 명성을 추구하면서
이쪽저쪽을 유예 속에 눈치를 보다가 봉토를 받아 제후가 되었고,
그 봉토는 여러 주와 군에 널려 있기에 이를 본받아 원근을 막론하
고 狐疑(호의)하며, 이런저런 말만 많은 자들이었습니다. 臣이 알기
로, 守文하는 시대에는 덕이 높은 자가 존위에 오르고, 비상 시기에
는 공이 많은 자가 후한 상을 받아야 합니다. 폐하께서 正宮을 떠나
옮겨 다니시는 동안 낙양 종묘의 제사가 끊겨 백성들의 상심이 컸고

志士는 울분 속에 탄식하였습니다. 이 때문에 충신은 肝腦塗地(간뇌도지)하고, 살 껍질이 찢겨나가도 후회하지 않는 것은 대의에 감응했기 때문입니다. 지금은 아무런 공로도 없는 자가 후한 상을 받아 유덕자를 조정에서 떠나게 하고 충심의 유공자를 배척하니 많은 사람들의 의혹만 커졌습니다. 이런 것이 어찌 폐하 심복들의 원대한 뜻이라 하겠습니까? 이는 참소하고 사특한 邪說(사설)의 결과가 아니겠습니까? 臣의 작위는 通侯(열후)이고 지위는 2천석에 해당합니다. 특별한 恩情과 厚德을 臣은 이미 누렸는데, 어찌 또 감히 분에 넘치는 대우를 더 바라며 붉은 활과 검은 화살의 예물을 받는 대제후의 책명을 바랄 수 있겠습니까? 전투에서 부상당하는 여러 장교의 분투는 기록되지 않고 진충보국한 노력은 뒤바뀌어 큰 허물로 변했습니다. 이 때문에 蒙恬(몽염)은 변방의 감옥에서 통곡하였고, 白起(백기)는 杜郵(두우)에서 탄식하며 자결했습니다. (獻帝의) 太傅인 馬日磾(마일제)는 지위가 師保였는데 동쪽 순시의 임무를 띠고 나갔다가 王命을 더럽혔으며, 그가 믿고 등용한 자는 적임자가 아니었고 여러 사람으로부터 배척을 받았습니다. 그러나 그가 받아들인 방책의 주체가 되어야 했고, 骨肉 형제일지라도 원수가 되어 무기를 들고 싸웠으니 그런 재난은 실로 엄중한 것이었습니다. 臣이 비록 무기를 버렸지만 이는 부득이한 조치였습니다. 참으로 걱정되는 것은 폐하께서 日月처럼 명철하여도 비추지 못하는 곳이 있으며 사방의 소리를 들을 수 있는 총명에도 듣지 못하는 곳이 있습니다. 바라옵나니, 폐하께서는 臣의 상서를 공개하시어 여러 사람의 자문을 받아 보시고 3공과 9경이 臣의 죄를 논의하게 해주십시오. 만약 臣의 권한 행사가 잘못이라면, 곧 齊 桓公과 晉 文公일지라도 참수의 형벌을 받아야 할 것입니다. 만약 군사로 적을 토벌하지 않는 것이 현명한 처사라 한다면 趙盾(조순)이 弑君(시군)했다는 폄훼는 없어야 할 것입니다. 臣이 비록 小人이지만 지조는 하나만을 지켜왔습니다. 만약 제 본심을 다 설명하여 先帝에게도 부끄러움이 없기에, 저로 하여금 고개를 숙여 칼을 받고 옷을 걷어 끓는 물에 들어가라고 하여도 臣은 그대로 다를 것입니다. 폐하께서는 〈屍鳩〉의 공평함을 생각하시어 사악하고 아첨하는 의론을 배척하시어 愚臣이 三泉에 가서도 원한이 맺히지 않게 헤아려주시기 바랍니다.」

原文

於是以紹爲太尉, 封鄴侯. 時曹操自爲大將軍, 紹恥爲之下, 僞表辭不受. 操大懼, 乃讓位於紹. 二年, 使將作大匠孔融持節拜紹大將軍, 錫弓矢節鉞, 虎賁百人, 兼督冀, 青, 幽, 幷四州, 然後受之.

| 註釋 | ○大尉 - 본래는 大將軍보다 上位 職責이었다. 武帝는 衛青(위청)이 흉노 정벌에 공을 세우자 大將軍에 임명하였고 그 뒤에 더 총애하면서 大司馬의 官號를 머리에 붙여주었다. 이후 霍光(곽광)과 成帝 때 王鳳(왕봉) 역시 그러하였다. 후한에서 明帝는 동생인 東平王 劉蒼을 驃騎大將軍에 임명하였는데, 王이기에 공보다 상위였다. 和帝는 외숙 竇憲(두헌)이 흉노 정벌에 성공하자 大將軍으로 올리면서 삼공보다 상위 직책으로 인정하였다. 이처럼 勳戚(훈척)은 常例에 구속받지 않았다. ○虎賁百人 - 원소에게 九錫을 내린 것임. 虎賁 衛士는 정벌을 마음대로 할 수 있다는 뜻이며,

斧鉞(부월)은 뜻대로 처형할 수 있다는 특권을 의미한다.

[國譯]

이에 獻帝는 원소를 太尉에 임명하고 鄴侯(업후)로 바꿔 봉했다. 그때 조조는 스스로 大將軍이라 칭했는데, 원소는 하위 직위를 치욕으로 여겨 거짓 표문을 올려 사양하며 받지 않았다. 조조는 원소의 군사력이 두려워 원소에게 양보하였다.

(建安) 2년에, 將作大匠 孔融(공융)이 부절을 받아가지고 와서 弓矢와 부절과 도끼, 虎賁 위사 1백 명 등 九錫(구석)을 하사하고, 冀州, 靑州, 幽州, 幷州 등 4州의 병마를 감독케 하자 원소는 받아들였다.

原文

紹每得詔書, 患有不便於己, 乃欲移天子自近, 使說操以許下坏濕, 洛陽殘破, 宜徙都甄城, 以就全實. 操拒之. 田豐說紹曰, "徙都之計, 旣不克從, 宜早圖許, 奉迎天子, 動託詔令, 響號海內, 此筭之上者. 不爾, 終爲人所禽, 雖悔無益也." 紹不從.

四年春, 擊公孫瓚, 遂定幽土, 事在〈瓚傳〉.

| 註釋 | ○許下坏濕 − 許는 潁川郡의 현명. 今 河南省 중앙부 許昌市. 조조가 헌제를 영입하면서 許都로 개칭. 下濕은 낮고 습하다. 坏는 낮을 비. ○甄城(견성) − 鄄城縣. 전한의 현명. 戰國 名將 孫臏(손빈)의 고향. 今 山東省 서남부 菏澤市 관할 鄄城縣(견성현). 河南省 동북단 濮陽市와 접경.

甄은 질그릇 견. 밝다(明也).

[國譯]

원소는 조서를 받을 때마다 불편하다고 생각하여 天子를 자신 가까운 곳으로 옮기려고 사자를 보내 조조에게 許都는 지대가 낮아 습하며, 낙양은 완파되었기에 甄城(견성)으로 천도하는 것이 낫다고 설득하였다. 그러나 조조는 거절하였다.

田豐(전풍)이 원소에게 말했다. "천도하려는 계획은 이미 실현할 수 없으니 빨리 許縣을 공략하여 천자를 영입한 뒤, 詔令으로 천하를 호령하는 것이 상책입니다. 그렇지 않으면 결국 남에게 잡힐 것이니 후회해도 아무 소용이 없습니다."

그러나 원소는 따르지 않았다. (建安) 4년 봄, 공손찬을 공격하여 마침내 幽州를 차지하였는데, 이는 〈公孫瓚傳〉에 있다.

原文

紹旣並四州之地, 衆數十萬, 而驕心轉盛, 貢御稀簡. 主簿耿包密白紹曰, "赤德衰盡, 袁爲黃胤, 宜順天意, 以從民心." 紹以包白事示軍府僚屬, 議者以包妖妄宜誅. 紹知衆情未同, 不得已乃殺包以弭其多. 於是簡精兵十萬, 騎萬匹, 欲出攻許, 以審配, 逢紀統軍事, 田豐, 荀諶及南陽許攸爲謀主, 顏良, 文醜爲將帥.

沮授進說曰, "近討公孫, 師出歷年, 百姓疲敝, 倉庫無積,賦役方殷, 此國之深憂也. 宜先遣使獻捷天子, 務農逸人. 若不得通, 乃表曹操隔我王路, 然後進屯黎陽, 漸營河南, 益作舟船, 繕修器械, 分遣精騎, 抄其邊鄙, 令彼不得安, 我取其逸. 如此可坐定也."

| 註釋 | ○袁爲黃胤 – 袁氏는 舜의 후손이고 黃德이 赤德을 계승한다고 생각하였다.

[國譯]

원소가 4州의 땅을 병합하여 군사가 10만에 이르자 교만한 마음이 점차 커지면서 황제에게 보내는 공물도 점점 뜸해졌다. 主簿(주부)인 耿包(경포)가 은밀히 원소에게 말했다.

"赤德(漢朝)은 쇠퇴하여 滅盡할 것이고, 袁氏는 (舜의) 黃德의 후손이니 응당 天意와 민심의 기대에 부응해야 합니다."

원소는 경포의 건의를 軍府의 간부에게 보여주었는데 논자들은 경포는 요망한 사람이니 당연히 죽여야 한다고 말했다. 원소는 衆心이 자신의 속내와 다르다는 것을 알고 부득이 경포를 죽여 자기의 의중을 덮어버렸다. 원소는 이에 10만 정병과 1만 기병을 조련하여 허도를 공격할 계획을 세우고, 審配(심배)와 逢紀(봉기)에게 軍務를 총괄케 하고 田豐(전풍), 荀諶(순심) 및 南陽郡 사람 許攸(허유)를 策士로 삼았으며, 顔良(안량)과 文醜(문추)를 장수로 삼았다.

이에 沮授(저수)가 나서서 말했다.

"최근에 공손찬을 토벌하면서 해마다 군사를 동원하여 백성이 피폐하였으며 창고에 비축물자가 없고 부역이 크게 늘었으니, 이는 나라의 심각한 걱정거리입니다. 그러니 응당 먼저 사자를 보내 천자에게 승전을 보고하고 농사에 힘쓰며 백성을 쉬게 해야 합니다. 만약 천자와 소통이 되지 않으면 우리와 王路(왕도)를 조조가 막고 있다고 상주한 뒤에 군사를 출동하여 黎陽(여양)에 주둔 시키고 이후 점차 하남군으로 진군하되 배를 더 많이 만들고 여러 성곽과 器機를 정비하며 정예기병을 보내 許都 주변을 차지하여 적을 불안케 하면서 우리 힘을 비축해야 합니다. 이렇게 해야만 천하를 차지할 수 있을 것입니다."

原文

郭圖,審配曰, "兵書之法, 十圍五攻, 敵則能戰. 今以明公之神武, 連河朔之強衆, 以伐曹操, 其勢譬若覆手. 今不時取, 後難圖也."

授曰, "蓋救亂誅暴, 謂之義兵, 恃衆憑强, 謂之驕兵. 義者無敵, 驕者先滅. 曹操奉迎天子, 建宮許都. 今擧師南向, 於義則違. 且廟勝之策, 不在强弱. 曹操法令旣行, 士卒精練, 非公孫瓚坐受圍者也. 今弃萬安之術, 而興無名之師, 竊爲公懼之."

圖等曰, "武王伐紂, 不爲不義, 況兵加曹操, 而云無名! 且公師徒精勇, 將士思奮, 而不及時早定大業, 所謂 '天與不取, 反受其咎.' 此越之所以霸, 吳之所以滅也. 監軍之計, 在於持牢, 而非見時知幾之變也."

紹納圖言. 圖等因是譖沮授曰,

"授監統內外, 威震三軍, 若其浸盛, 何以制之! 夫臣與主同者昌, 主與臣同者亡, 此《黃石》之所忌也. 且御衆於外, 不宜知內."

紹乃分授所統爲三都督, 使授及郭圖,淳于瓊各典一軍, 未及行.

| 註釋 | ㅇ敵則能戰 – 敵은 상대할 만하다. 능력이 비슷하다. ㅇ其勢譬若覆手 – 覆은 뒤집을 복. 뒤집히다. ㅇ謂之驕兵 – 義兵은 王者가 되고, 할 수 없이 응전하는 應兵은 승리하며, 작은 분노를 참지 못해 일으킨 忿兵(분병)은 패전하고, 땅과 재물을 차지하려는 貪兵(탐병)은 破滅하며, 다수의 숫자만 믿고 적을 경시하는 驕兵은 必滅하는데, 이는 人事이면서 동시에 天道라고 하였다. ㅇ廟勝之策 – 廟堂에서 運籌(운주)하여 千里 밖에서 승리를 쟁취하다. ㅇ反受其咎 – 咎는 허물 구. 재앙. ㅇ《黃石》–《黃石公兵法》. 張良에게 下邳(하비)의 다리에서 노인이 건네 준 병법서.

[國譯]

이에 郭圖(곽도)와 審配(심배)가 말했다.

"병법서에서는 적의 10배가 되면 포위하고, 적의 5배가 되면 공격하며, 역량이 비슷하면 싸울 수 있다고 하였습니다. 지금 明公의 神武를 바탕으로 河水 북방의 강한 군사를 동원하여 조조를 치는 것은 손바닥 뒤집듯 쉬운 일입니다. 지금 치지 않으면 나중에는 힘들 것입니다."

그러자 저수가 말했다.

"혼란을 막고 폭도를 죽이는 군사를 義兵이라 하고 강한 힘만 믿는 군사를 驕兵(교병)이라 하는데, 의병에게는 맞설 자가 없고 교병은 먼저 멸망한다고 하였습니다. 지금 조조는 천자를 영입하여 許都에 궁궐을 짓고 있습니다. 지금 우리가 군사를 일으켜 남으로 진격한다면 대의에도 어긋납니다. 또 廟堂에 앉아 승리를 쟁취하는 일은 군사의 강약이 아닙니다. 조조는 이미 법령을 시행하고, 군사는 잘 훈련되었으니 공손찬과 같이 앉아서 격파당하는 무리와 다릅니다. 지금 우리가 가장 안전한 방책을 버리고 명분 없는 군사를 일으키는 것은 아마 장군에게도 걱정이 될 것입니다."

그러자 곽도 등이 말했다.

"武王이 紂王(주왕)을 정벌할 때 不義라 하지 않았으며, 또 조조를 치는 것이 어찌 명분이 없습니까! 또 우리 군사도 正名에 용맹할 뿐만 아니라 장졸이 모두 奮戰을 생각하고 있으니, 이때를 맞춰 대업을 추진하지 않는다면 이는 곧 '하늘이 주어도 받지 않는다면 도리어 죄를 받을 것' 입니다. 이는 越(句踐)이 흥기하여 패권을 잡고 吳(夫差)가 멸망한 원인입니다. 監軍(沮授)의 방책은 견고한 방어이지 때를 보아 응변하는 방략이 아닙니다."

원소는 곽도의 의견을 받아들였다. 곽도 등은 이후로 저수를 참소하였다.

"저수가 내외의 군사를 감독하면서 그 위세가 삼군에 떨치는데, 만약 저수의 권세가 점점 강대해 질 경우에 어떻게 통제하겠습니까! 신하가 주군과 동등한 자는 번창하지만 주군이 신하와 같은 힘이라면 망한다 하였으니, 이는 《黃石公兵法》에서도 꺼리는 것입니다. 또 밖에서 거느리는 군사를 안에서는 잘 알 수도 없습니다."

원소는 이에 저수가 삼군을 통솔 감독하는 권한을 분리하여 저수
와 곽도, 淳于瓊(순우경)이 각각 一軍씩 나누기로 하였으나 아직 실
행하지는 않았다.

五年, 左將軍劉備殺徐州刺史車冑, 據沛以背曹操. 操懼,
乃自將征備. 田豐說紹曰, "與公爭天下者, 曹操也. 操今東
擊劉備, 兵連未可卒解, 今擧軍而襲其後, 可一往而定. 兵
以幾動, 斯其時也." 紹辭以子疾, 未得行.

豐擧杖擊地曰, "嗟乎, 事去矣! 夫遭難遇之幾, 而以嬰兒
病失其會, 惜哉!"

紹聞而怒之, 從此遂疏焉.

"曹操畏紹過河, 乃急擊備, 遂破之. 備奔紹, 紹於是進軍
攻許. 田豐以旣失前幾, 不宜便行, 諫紹曰, "曹操卽破劉備,
則許下非復空虛. 且操善用兵, 變化無方, 衆雖少, 未可輕
也. 今不如久持之. 將軍據山河之固, 擁四州之衆, 外結英
雄, 內修農戰, 然後簡其精銳, 分爲奇兵, 乘虛迭出, 以擾河
南, 救右則擊其左, 救左則擊其右, 使敵疲於奔命, 人不得安
業, 我未勞而彼已困, 不及三年, 可坐克也. 今釋廟勝之策
而決成敗於一戰, 若不如志, 悔無及也."

紹不從. 豐强諫忤紹, 紹以爲沮衆, 遂械繫之. 乃先宣檄曰,

| 註釋 | ○ 紹辭以子疾, 未得行 – 원소는 풍채가 당당한 사람이었다. 외모 덕을 많이 본 사람은 속이 알차지 못한 병폐가 있다. 바로 원소가 그런 모양일 것이다. 아들이 아프다고 천재일우의 기회를 스스로 차버린 원소의 그릇을 짐작할 수 있다. ○ 分爲奇兵 – 正은 당당히 맞선 대결이고, 奇兵은 대비가 없을 때 공격하는 것이다.

[國譯]

(建安) 5년, 左將軍 劉備(유비)는 徐州刺史인 車冑(차주)를 죽이고 沛郡을 거점으로 曹操에 반기를 들었다. 조조는 걱정이 되어 직접 유비를 원정하였다. 이에 전풍이 원소를 설득하였다.

"지금 明公과 천하를 다투는 자는 조조입니다. 조조가 지금 동쪽으로 나와 유비를 치고 있는데, 쌍방이 빨리 끝낼 전쟁이 아니니 지금 군사를 동원하여 조조의 배후를 기습한다면 단 한 번으로 평정할 수 있습니다. 지금이 바로 군사를 동원할 적기입니다."

그러나 원소는 아들이 아프다고 군사를 움직이지 않았다. 전풍은 지팡이로 땅을 치며 말했다. "기가 막히나니, 이제 대사는 끝났다! 만나기 어려운 기회인데 어린애가 아프다고 기회를 놓치다니, 애석하도다!" 원소는 이를 알고 화를 내었고 이후 전풍을 멀리했다.

조조는 원소가 河水를 건널까 걱정하면서 유비를 서둘러 격파하였다. 유비는 원소에게 의탁했고, 원소는 그제야 허도를 향해 진군하였다. 전풍은 앞서 이미 기회를 놓쳤기에 지금 출병은 이롭지 않다 생각하여 원소에게 간언하였다.

"조조가 유비를 격파하였으니 許都 주변은 공백이 아닙니다. 또 조조는 用兵에 능하고 변화가 많으니 비록 군사가 적다 하여 경시할 수 없습니다. 지금은 그저 기다리는 것만 못합니다. 장군께서는 험고한 산하를 지키며 四州의 군사를 보유하고, 밖으로는 영웅과 연결하면서 안으로 농사와 훈련을 병행하며 정병을 선발하여 기습할 군사로 빈틈을 노렸다가 공격하여 河南 각지에서 소요를 일으키면, 조조가 우측을 구하면 좌측을 공격하고, 좌를 구원할 때 右를 공격한다면 적은 이리저리 뛰다 지치고 백성은 안정할 수가 없게 되니, 우리는 고생하지 않고 적을 지치게 만들어서 3년이면 가만히 앉아서 이길 수 있을 것입니다. 지금 묘당에서 장기적인 방책을 마련하지 않고 일전으로 성패를 결정할 경우, 만약 우리 뜻대로 되지 않을 경우 후회막급일 것입니다."

그러나 원소는 받아들이지 않았다. 전풍이 자꾸 강권하여 원소의 뜻을 거스르자, 원소는 군사를 저해한다 생각하여 전풍을 가둬놓았다. 원소는 우선 격문을 지어 말했다.

原文

「蓋聞明主圖危以制變, 忠臣慮難以立權. 曩者强秦弱主, 趙高執柄, 專制朝命, 威福由己, 終有望夷之禍, 污辱至今. 及臻呂后, 祿, 産專政, 擅斷萬機, 決事禁省, 下陵上替, 海內寒心. 於是絳侯, 朱虛興威奮怒, 誅夷逆暴, 尊立太宗, 故能道化興隆, 光明融顯. 此則大臣立權之明表也.」

| 註釋 | ○終有望夷之禍 – 始皇帝가 붕어한 뒤 胡亥가 즉위하고 趙高는 丞相이 되었다. 호해는 불길한 꿈을 꾸었다면서 涇水(경수)에 재앙을 씻

어내겠다고 望夷宮에 행차하여 齋를 지냈다. 그때 조고는 閻樂(염락)을 시켜 호해를 핍박했고 호해는 자살했다. ○~立權之明表也 - 呂后(재위, 서기 前 187 - 180년)가 붕어한 뒤에 絳侯 周勃과 朱虛侯(劉章, 前 200 - 176년. 高祖之孫, 齊悼惠王 劉肥의 아들)가 여씨 일족을 제거하고 文帝(廟號는 太宗)를 옹립한 일.

[國譯]

「대체로, 明主는 위기에 처해 갑작스런 변화를 제어하고, 忠臣은 난관을 당해 權變으로 대처한다고 하였다. 옛날 강력한 秦에 허약한 군주가 즉위하자 (환관인) 趙高(조고)는 권력을 잡고 朝命을 멋대로 발령하며 위세와 복록을 행사하였고, 끝내 望夷宮의 화를 일으켜 그 오명이 지금까지 내려오고 있다. (前漢) 呂后 때에 呂祿(여록)과 呂産(여산)이 정권을 쥐고 萬機를 멋대로 擅斷(천단)하고 궁궐에서 결정하며, 아래가 위를 능멸하자 海內가 이를 한심하게 여겼다. 이에 絳侯(강후, 周勃)와 朱虛侯(주허후, 劉章)가 분발하여 포악한 여씨 일족을 제거하고, 太宗(文帝)를 옹립하여 교화를 이루고 나라를 융성시킨 빛나는 업적을 이루었다. 이는 大臣이 상황에 따라 사안을 처리한 모범적 징표였다.」

原文

「司空曹操祖父騰, 故中常侍, 與左悺,徐璜並作妖孽, 饕餮放橫, 傷化虐人. 父嵩, 乞匄攜養, 因臧買位, 輿金輦寶, 輸貨權門, 竊盜鼎司, 傾覆重器. 操贅閹遺醜, 本無令德, 僄狡鋒俠, 好亂樂禍. 幕府董統鷹揚, 埽夷凶逆, 續遇董卓侵官暴國, 於是提劍揮鼓, 發命東夏, 廣羅英雄, 弃瑕錄用, 故遂與操參咨策略, 謂其鷹犬之才, 爪牙可任. 至乃愚佻短慮, 輕進易退, 傷夷折衄, 數喪師徒. 幕府輒復分兵命銳, 修完補輯, 表行東郡太守,兗州刺史, 被以虎文, 授以偏師, 獎就威柄, 冀獲秦師一克之報. 而遂乘資跋扈, 肆行酷烈, 割剝元元, 殘賢害善. 故九江太守邊讓, 英才儁逸, 以直言正色, 論不阿諂, 身被梟懸之戮, 妻孥受灰滅之咎. 自是士林憤痛, 人怨天怒. 一夫奮臂, 舉州同聲, 故躬破於徐方, 地奪於呂布, 彷徨東裔, 蹈據無所. 幕府惟强幹弱枝之義, 且不登畔人之黨, 故復援旍擐甲, 席捲赴征, 金鼓響震, 布衆破沮, 拯其死亡之患, 復其方伯之任. 是則幕府無德於兗土, 而有大造於操也.

|註釋| ○並作妖孽 - 妖孽(요얼)은 재앙, 재앙의 조짐. 孽은 첩의 자식 얼. ○饕餮放橫 - 饕餮(도철)은 재물과 음식을 탐하다. 흉악한 사람. 饕는 탐할 도(貪財). 餮은 탐할 철(貪食). ○乞匂攜養 - 乞匂는 빌어먹다. 匂은 빌 개(丐와 同). 애걸하다. 攜養(휴양)은 양자로 들어가다. 曹嵩(조숭)의 字는 巨高(거고). 조숭은 조등의 양자가 되었다가 靈帝 때 賣官으로 들어가 大司農과 大鴻臚를 역임하고 崔烈의 후임으로 太尉를 역임하였다. 曹嵩은 본래 夏侯氏(하후씨)로 夏候惇(하후돈)의 숙부. 조조와 하후돈은 사촌형제가 된다. ○贅閹遺醜 - 贅閹(쉐엄)은 환관. 贅는 혹 췌. 閹은 내시 엄. 遺醜(유추)는 추한 후손. ○儇狡鋒俠 - 儇는 가벼울 표(輕也). 剽(빠를 표)와 同. 財

物을 겁탈하다. 조조는 任俠放蕩(임협방탕)한 젊은이였다. 鋒俠(봉협)은 사나운 협객. ○埽夷凶逆 ─ 埽夷(소이)는 쓸어내다. 凶逆은 포악한 환관. 원소가 환관을 학살한 일. ○爪牙可任 ─ 爪牙는 무사. 나쁜 뜻으로는 앞잡이. 爪는 손톱 조. 牙는 어금니 아. ○愚佻短慮 ─ 어리석고 방정맞고 생각도 짧다. 조조의 결점을 폄하 강조한 말. 佻는 방정맞을 조. ○傷夷折衄 ─ 傷夷는 상처를 입다. 折衄(절뉵)은 얻어맞아 코피가 나다. 衄은 코피 뉵, 衂은 俗字. ○被以虎文 ─ 무장의 옷을 입혀주다. 虎賁將은 虎文의 單衣를 입었다. ○冀獲秦師一克之報 ─ 秦 穆公(목공)은 孟明視(맹명시), 西乞術(서걸술), 白乙丙(백을병)을 시켜 鄭을 치게 하였으나 晉 襄公(양공)에게 모두 패배하였다. 나중에 晉에서 석방되어 秦에 돌아왔는데 秦은 맹명시 등을 다시 등용하여 晉을 공격케 하였고 맹명시는 승전으로 보답하였다. ○割剝元元 ─ 割剝은 빼앗다. 해악을 저지르다. 元元은 백성 ○地奪於呂布 ─ 徐州牧인 陶謙과 조조의 전쟁에 이어 張邈(장막)과 陳宮(진궁)이 呂布를 영입하여 조조와 싸웠다. ○不登畔人之黨 ─ 登은 이룩하다. 조성하다(成也). 畔은 반역. ○復援旌擐甲 ─ 援은 당길 원. 도와주다. 旌은 깃발 정. 擐甲(환갑)은 갑옷을 입다. 군사를 도와주다. ○大造於操也 ─ 大造는 대성케 해주다. 造는 成也.

[國譯]

「司空 曹操(조조)의 祖父인 曹騰(조등)은 옛날에 中常侍로 左悺(좌관), 徐璜(서황)과 함께 재앙을 불러오고, 흉악 방종하여 교화를 해쳤으며 백성에게 포악하였다. 부친 曹嵩(조숭)은 조등의 양자로 입적하였고, 재물로 관직을 사서 금으로 장식한 수레를 타고 다녔으며, 權門에 뇌물을 써서 재상의 지위를 훔쳤으며 나라를 기울게 하였다. 조조는 환관의 추악한 후예로 본래 아무런 덕행도 없었으며 거칠고 거짓이 많으며, 또 흉악한 사람으로 禍亂을 일으키고 또 즐기는 사람이었다. 大將軍(袁紹)의 幕府에서는 흉맹한 사졸을 감독하며 흉악한 환관을 제거하였지만 이어서 董卓이 나라를 뒤흔들자, (원소는) 칼을 뽑아들고 북을 울리며 中華의 동쪽에서 동탁 토벌을 주창하며 영웅을 모을 때라서 작은 결함이 있더라도 이름을 올리게 하니, 마침내 조조는 그런 방책을 이용하여 사냥매나 사냥개와 같은 재주가 있기에 爪牙(조아, 군졸)가 될 수 있었다. 조조는 우매한데다가 방정맞고 생각도 짧아 쉽게 진퇴를 결정하였으며, 수시로 상처를 입고 (얻어맞아) 코피를 흘리며, 여러 번 군대에서 도주하였다. 대장군 막부에서는 그때마다 다시 군사를 나눠 부대를 보충해주었고, 표문을 올려 東郡太守와 兗州刺史에 임명하였으며, 武將의 호랑이 무늬 옷을 입혀주었고, 조조에게 개편한 부대를 주어 격려하며 지휘권을 행사하여 패전한 장수지만 다시 승리로 보답하길 기대했었다. 그런데도 조조는 이를 밑천으로 삼아 발호하면서 잔혹한 짓을 멋대로 저지르며 백성을 수탈하고 현량한 사람에게도 해악을 끼쳤다. 그래서 故 九江太守 邊讓(변양)은 英才로 탁월하였는데도 直言과 正色에 아첨하지 않는 언행 때문에 조조에게 참수 당하였고 처자까지 모두 도륙 당하였다. 이에 士林은 憤痛(분통)하였으며 天人이 모두 원한을 품고 분노하였다. 一夫가 팔을 걷어붙이자 온 州가 같은 목소리였으며, 그래서 조조는 徐州에서 패퇴하였고 지역 기반은 여포에게 빼앗기고 동쪽에서 방황하며 갈 데가 없었다. 이에 (袁紹의) 대장군 막부에서는 强幹弱枝의 大義와 反黨을 돕지 않는다는 뜻으로 다시 조조를 군사적으로 도와주어 잃은 땅을 회복하게 했고 징과 북을 울리며 여포의 군사를 격파하게 하였다. 이는 조조를 사경에서 건져준 것이며 지방 통치도 다시 맡겼다. 이는 대장군 막부는 兗州에서 아무런 도움도 받지 못하면서도 조조의 목숨을 다시 살려준 것이다.」

原文

「會後鑾駕東反, 群虜亂政. 時冀州方有北鄙之警, 匪遑離局, 故使從事中郎徐勳就發遣操, 使繕修郊廟, 翼衛幼主. 而便放志專行, 威劫省禁, 卑侮王僚. 敗法亂紀, 坐召三臺, 專制朝政. 爵賞由心, 刑戮在口, 所愛光五宗, 所怨滅三族. 群談者受顯誅, 腹議者蒙隱戮. 道路以目, 百辟鉗口. 尙書記期會, 公卿充員品而已.」

| 註釋 | ○匪遑離局 - 匪는 아닐 비(非 同), 대나무 상자 비. 遑은 겨를 황. 허둥대다. ○三臺 - 尙書를 中臺, 御史를 憲臺, 謁者를 外臺라 불렀다. ○五宗 - 高祖에서부터 孫子까지. ○三族 - 父族, 母族, 妻族. ○百辟鉗口 - 百辟은 모든 제후. 辟은 임금 벽. 제후. 법. 피할 피. 鉗은 칼 겸, 다물 겸. 鉗은 柑(다물 겸. 재갈 물릴 겸)과 通.

國譯

「그 뒤에 천자께서는 동쪽으로 돌아오셨지만 악인들은 국정을 어지럽혔다. 그때 冀州에는 북쪽 공손찬의 침입으로 대장군은 기주를 비울 수가 없어 從事中郎 徐勳(서훈)을 조조에게 보내 郊祭와 宗廟 시설을 보수하고 어린 황제를 보좌토록 하였다. 그러나 조조는 제

멋대로 방자하게 행동하며 조정의 관원을 협박하고 황제의 신료를 멸시하였다. 정치 기강을 어지럽히며 고위 직책을 차지하고 높은 자리에 앉아 三臺를 멋대로 소집하고 조정의 정사를 專制하였다. 작위와 시상을 마음 내키는 대로 내렸고, 형벌과 처형은 입에서 나오는 그대로 집행하여 좋아하면 그 五宗까지 빛내주고, 미워하면 三族을 멸족시켰다. 모여서 의론하는 자들을 모두 죽였고 비방할 사람이라 생각되면 은밀히 죽였다. 그래서 사람들은 길에서 눈짓으로 말했고 공경 대신은 모두 입을 다물었다. 尙書는 겨우 모임이나 기록했고 3公과 9卿은 숫자나 채울 뿐이었다.」

原文

「故太尉楊彪, 歷典二司, 元綱極位. 操因睚眦, 被以非罪, 箠楚並兼, 五毒俱至, 觸情放慝, 不顧憲章. 又議郎趙彦, 忠諫直言, 議有可納, 故聖朝含聽, 改容加錫. 操欲迷奪時明, 杜絶言路, 擅收立殺, 不俟報聞. 又梁孝王先帝母弟, 墳陵尊顯, 松栢桑梓猶宜恭肅. 操率將吏士, 親臨發掘, 破棺裸屍, 掠取金寶, 至令聖朝流涕, 士民傷懷. 又署發丘中郎將, 摸金校尉, 所過毀突, 無骸不露. 身處三公之官, 而行桀虜之態, 汚國虐民, 毒施人鬼. 加其細政苛慘, 科防互設, 繒繳充蹊, 阬穽塞路, 擧手掛網羅, 動足蹈機埳, 是以兗,豫有無聊之人, 帝都有呼嗟之怨.」

|註釋| ○二司 - 司空과 司徒. ○操因睚眦 - 睚眦(애자)는 눈을 홀기다. 사소한 감정. 太尉 楊彪(양표)는 袁術(원술)과 혼인 관계가 있어 조조가 대역으로 몰아 죽였다. ○笰楚並兼 - 笰은 매질할 방, 바구니 방. 楚는 매질할 초. ○梁孝王 - 孝文皇帝와 竇皇后의 소생. 景帝의 친동생. ○發丘中郎將 - 發丘는 무덤을 발굴한다는 뜻. ○摸金校尉 - 摸金은 金을 찾아내다. 옛 무덤을 발굴하여 金寶를 모으다. 摸는 찾을 모. ○有無聊之人 - 無聊(무료)는 근심 때문에 즐거움이 없다. 聊는 편안할 료, 안심할 료.

[國譯]

「故 太尉 楊彪(양표)는 二司를 역임했고, 국정을 총괄하는 최고직위였다. 그러나 조조는 사소한 감정으로 없는 죄를 만들어 마구 매질했고 온갖 고문을 자행하며 법도를 따르지 않았다. 또 議郞 趙彦(조언)은 忠諫과 直言을 자주 올려 그 건의가 채택되고 聖明한 천자도 수용하여 특별히 우대하고 상을 내렸었다. 그러나 조조는 조언이 세상을 현혹시키고 언로를 가로 막는다 하여 멋대로 잡아가둔 뒤 보고도 없이 바로 처형하였다. 또 梁 孝王은 先帝(景帝)의 同母弟로 그 능묘가 顯赫(현혁)하게 존귀하였고, 주변의 松栢과 桑梓(상재)가 아주 좋고 엄숙한 곳이었다. 조조는 직접 將卒을 이끌고 가서 능묘를 발굴하여 관을 부수고 시신을 훼손하면서 金寶를 掠取(약취)하니 천자는 눈물을 흘렸고 백성들은 가슴 아파 하였다. 또 發丘中郞將이나 摸金(모금) 校尉를 보내 가는 곳마다 무덤을 발굴하니 파헤쳐지지 않은 시신이 없었다. 조조는 그 자신이 三公의 자리에 있으면서 도적과 같은 행실로 나라를 더럽히고 백성을 학대하였으니 인간과 귀신 모두가 害毒을 입었다. 세밀하고 가혹한 법령으로 이리저리 얽어서, 마치 주살과 화살이 골목을 채웠고 길마다 함정을 파놓듯 하여 손을 들면 그물에 걸리고 발을 내디디면 함정에 빠졌다. 때문에 兗州와 豫州 일대에는 백성이 편히 살 수가 없고, 帝都에는 한숨과 원성이 가득했다.」

原文

「歷觀古今書籍所載, 貪殘虐烈無道之臣, 於操爲甚. 莫府方詰外姦, 未及整訓, 加意含覆, 冀可彌縫. 而操豺狼野心, 潛包禍謀, 乃欲橈折棟樑, 孤弱漢室, 除忠害善, 專爲梟雄. 往歲伐鼓北征, 討公孫瓚, 强禦桀逆, 拒圍一年. 操因其未破, 陰交書命, 欲託助王師, 以見掩襲, 故引兵造河, 方舟北濟. 會行人發露, 瓚亦梟夷, 故使鋒芒挫縮, 厥圖不果. 屯據敖倉, 阻河爲固, 乃欲運螳蜋之斧, 御隆車之隧. 莫府奉漢威靈, 折衝宇宙, 長戟百萬, 胡騎千群, 奮中黃, 育, 獲之士, 騁良弓勁弩之勢, 并州越太行, 青州涉濟, 漯, 大軍泛黃河以角其前, 荊州下宛, 葉而掎其後. 雷震虎步, 並集虜廷, 若舉炎火以焚飛蓬, 覆滄海而注熛炭, 有何不消滅者哉? 當今漢道陵遲, 綱弛網絕, 操以精兵七百, 圍守宮闕, 外稱陪衛, 內以拘質, 懼簒逆之禍, 因斯而作. 乃忠臣肝腦塗地之秋, 烈士立功之會也. 可不勗哉!」

| **註釋** | ○彌縫(미봉) - 꿰매다(補合也). 彌는 두루 미. 이리저리. 縫은

꿰맬 봉. ○橈折棟樑－橈折(요절)은 꺾다. 棟樑(동량)은 대들보. ○專爲梟
雄－梟雄(효웅)은 사납고 날쌔다. 梟는 올빼미 효. 어미를 잡아먹는 새. ○敖
倉(오창)－鴻溝(홍구)와 黃河의 합류지점인 滎陽城(형양성) 동북 敖山(오산)
에 있는 군량 창고, 今 河南省 鄭州市 관할 滎陽市 동북. 楚漢戰 당시는 물
론 後漢에서도 중요한 군량 창고였다. ○乃欲運螳蜋之斧－螳蜋(당랑)은
사마귀. 전진할 줄만 알고 후퇴를 모르는 곤충. ○御隆車之隧－당랑(螳螂,
사마귀)이 집게발로 수레바퀴를 막으려 하다.(螳螂拒轍). 상대방과 자신의
능력을 헤아리지 못하다. 隧는 길 수(道也). ○奮中黃,育,獲之士－분노한
中黃伯(중황백, 전설 속의 勇者), 夏育(하육, 춘추시대 衛나라의 力士), 烏獲(오획,
전국시대 秦나라의 力士)과 같은 용사. ○騁良弓勁弩之勢－騁은 달릴 빙. 良
弓은 强弓. 勁弩(경노)는 강한 쇠뇌. ○幷州越太行－幷州의 군사가 太行
山을 넘어와 도와주다. 당시 병주자사는 원소의 생질인 高幹(고간)이었다.
○靑州涉濟漯－원소의 장남 袁譚은 靑州刺史였다. 濟水, 漯水는 강 이름.
濟水는 四瀆(사독) 中 北瀆(북독)이라 칭했는데, 황하의 물길이 여러 번 바
뀌면서 濟水는 사라졌는데 지금의 黃河 하류가 원래 濟水의 물길이라고
한다. ○宛葉搤其後－宛, 葉은 荊州 南陽郡의 현명. 당시 형주목은 劉表.
유표는 원소와 친교가 있었다. 搤는 끌 기. 뒤에서 당기다. ○熛炭－숯불
의 불똥. 熛는 불똥 표. ○不可勗哉!－勗은 힘쓸 욱. 勖(힘쓸 욱)의 譌字(와
자). 이 격문은 陳琳(진림, 字 孔璋)이 지은 글로 알려졌다. 원소의 文士였으
니 원소의 일방적 주장을 담았지만 名文은 명문이다. 진림은 원소가 패망
한 뒤 조조에게 귀부하였다. 조조가 물었다. "그대가 옛날에 本初를 위해
격문을 지었을 때 나의 죄상을 지적한 것이야 그렇다 치지만 어찌 나의 父
祖까지 모욕했는가?" 그러자 진림은 '어쩔 수 없었다' 는 뜻으로 사죄하였
다. 조조는 진림의 재주가 아까워 살려주었다.

「고금 서적의 기록을 두루 훑어보아도 탐욕, 잔인, 가혹, 무도한 신하로는 조조가 가장 심했다. 대장군(袁紹)은 그동안 지방의 간악한 자를 問罪하느라고 조조를 懲治(징치)하거나 가르치지 못하고 어느 정도 용인하며 미봉이나마 좋아지기를 기대했었다. 그러나 조조는 豺狼(시랑, 승냥이)의 野心으로 재앙을 일으킬 마음을 품고서 나라의 대들보를 절단 내고, 漢室을 孤單, 孤立시킬 뜻으로 충량한 신하를 제거하며 흉악한 짓을 멋대로 저질렀다. 지난 날 북쪽으로 진군하여 공손찬을 토벌하는데 공손찬이 끝까지 저항하여 1년이나 포위하고 있었다. 조조는 공손찬이 망하지 않는 틈을 이용하여 은밀히 조서나 책명을 내어 王師를 돕는다는 핑계로 대장군을 엄습하였고 군사를 거느리고 河水에 진출하였으며 배로 건너 북으로 향했다. 마침 조조의 사자가 이를 폭로하였고 공손찬이 처형되면서 조조의 군사는 위축되어 회군하니 조조의 뜻은 좌절되었다. 조조는 敖倉(오창)에 주둔하고 河水를 방어막으로 삼으니, 이는 螳蜋(당랑, 사마귀)의 집게발로 큰 수레의 길을 막으려는 짓과 같다. 대장군은 漢室의 위엄을 받들고 천하의 질서를 지키려 백만 대군과 수만의 기병, 그리고 격분한 中黃伯(중황백), 夏育(하육), 烏獲(오획)같은 용사와 강궁과 강한 쇠뇌를 쏘는 군사를 동원할 것이다. 幷州(병주)의 군사가 太行山을 넘어와 돕고, 靑州의 군사는 濟水와 漯水(탑수)를 건넜으며, 大軍이 黃河를 올라가 전면에서 공격하면, 荊州의 군사는 宛縣(완현)과 葉縣(섭현)에서 진격하여 조조의 배후를 위협할 것이다. 천둥이 치듯, 호랑이가 걷듯 모두가 조조의 근거지를 공략할 것이니, 마치 횃불로 마른 쑥을 태우듯 滄海의 물을 숯불에 부어버릴 것이니 그 누가 소멸되지 않겠는가? 지금 비록 漢朝의 명운이 쇠약해져서 기강이 많이 풀어졌고 또 조조가 精兵 7백으로 궁궐을 지키게 하면서 겉으로는 궁궐을 호위한다지만, 안으로는 황제로 잡아 인질로 삼고 있어 언제 찬탈의 화를 당할지 모르기에 거병하노라. 지금이 바로 忠臣이 肝腦塗地(간뇌도지)할 때이고 烈士가 공을 세울 기회이니 누가 힘쓰지 않겠는가!」

原文

乃先遣顔良攻曹操別將劉延於白馬, 紹自引兵至黎陽. 沮授臨行, 會其宗族, 散資財以與之. 曰, "勢存則威無不加, 勢亡則不保一身. 哀哉!" 其弟宗曰, "曹操士馬不敵, 君何懼焉?" 授曰, "以曹兗州之明略, 又挾天子以爲資, 我雖克伯珪, 衆實疲敝, 而主驕將忕, 軍之破敗, 在此擧矣. 楊雄有言, '六國蚩蚩, 爲嬴弱姬' 今之謂乎!" 曹操遂救劉延, 擊顔良斬之. 紹乃度河, 壁延津南. 沮授臨船歎曰, "上盈其志, 下務其功, 悠悠黃河, 吾其濟乎!" 遂以疾退, 紹不許而意恨之, 復省其所部, 並屬郭圖.

│ 註釋 │ ○白馬 – 東郡의 현명. 당시는 황하의 남안, 今 河南省 동북 安陽市 관할 滑縣(활현). ○黎陽 – 冀州 관할 魏郡의 縣名. 今 河南省 북부 옛 黃河 북안, 鶴壁市 관할 濬縣(준현). ○主驕將忕 – 驕는 교만할 교. 忕는 방자할 태. ○六國蚩蚩, 爲嬴弱姬 – 蚩蚩(치치)는 소란한 모양(悖也). 無知한

모양. 嬴(영)은 秦의 國姓. 姬는 周의 國姓. 6국의 혼란으로 周室이 쇠약해져 결국 秦의 천하가 되었다는 뜻. ○擊顔良斬之 — 關羽(관우)가 안량을 단칼에 죽였다. ○壁延津南 — 壁은 보루를 만들다. 延津(연진)은 황하의 나루터. 今 河南省 북부 新鄕市 관할 延津縣 동남.

[國譯]

(원소는) 바로 먼저 顔良(안량)을 보내 조조의 별장인 劉延(유연)을 (東郡의) 白馬縣에서 공격하였으며, 원소는 군사를 이끌고 (魏郡) 黎陽縣에 도착했다. 沮授(저수)는 출발에 앞서 그 종족을 모아 놓고 집안의 재물을 분배하였다. 저수가 말했다. "만약 軍勢가 좋아 살아남는다 하여도 이미 권세를 잃었고, 패망한다면 내 일신을 보존하지 못할 것이니 슬프도다!" 그러자 동생 沮宗(저종)이 말했다. "조조의 군사가 상대가 안 될 것이라는데 무슨 걱정을 하십니까?" 그러자 저수가 말했다.

"조조는 현명한 지략에다가 또 천자를 바탕으로 끼고 있으며, 우리가 비록 伯珪(公孫瓚)을 이겼다지만 군사는 매우 지쳤고, 또 主君(袁紹)은 교만하고 장수는 방자하니 우리의 패전은 바로 이 때문일 것이다. 옛날 揚雄(양웅)이 '六國의 소란이 秦을 키웠고 周室을 약하게 했다.' 하였으니 지금의 우리를 말한 것이다."

조조는 유연을 구원하였고 안량을 공격하여 죽였다. 원소는 이에 하수를 건너 延津(연진) 남안에 보루를 국축했다. 저수가 배를 타고 건너며 탄식하였다.

"위에서는 큰 소리를 치고 아래에서는 공을 세우려 다투나니, 유유한 황하여, 내가 다시 건널 수 있겠는가!" 그리고는 병으로 물러나

려 하였지만 원소는 수락하지 않고 마음속으로 원한을 품고, 저수의
직책을 회수하여 부대 지휘권을 郭圖(곽도)에게 넘겨주었다.

原文

紹使劉備,文醜挑戰, 曹操又擊破之, 斬文醜. 再戰而禽二
將, 紹軍中大震. 操還屯官度, 紹進保陽武. 沮授又說紹曰,
"北兵雖衆, 而勁果不及南軍. 南軍穀少, 而資儲不如北. 南
幸於急戰, 北利在緩師. 宜徐持久, 曠以日月."

紹不從. 連營稍前, 漸逼官度, 遂合戰. 操軍不利, 復還堅
壁. 紹爲高櫓, 起土山, 射營中, 營中皆蒙楯而行. 操乃發石
車擊紹樓, 皆破, 軍中呼曰 '霹靂車'. 紹爲地道欲襲操, 操輒
於內爲長塹以拒之. 又遣奇兵襲紹運車, 大破之, 盡焚其穀
食.

| 註釋 | ○文醜(문추) −《魏書》에는 누구에게 죽었는지 기록이 없다.
《三國演義》에서는 문추가 顔良의 원수를 갚는다고 출전했다가 關羽(관우)
에게 斬殺된다. ○官度(관도) − 마을 이름. 지금은 보통 官渡로 표기. 今 鄭
州市 관할 中牟縣(중모현) 북쪽. 中牟臺(曹公臺)의 유적이 있다. ○陽武 −
河南郡(尹) 소속 현명. 今 河南省 新鄉市 관할 原陽縣. ○高櫓 − 櫓는 망
루로. 지붕이 없는 망루. ○霹靂車 − 抛車(포거). 霹靂(벽력)은 벼락. 천둥.

[國譯]

원소는 劉備(유비)와 文醜(문추)를 보내 도전케 하였는데 조조가

또 격파하면서 문추를 죽였다. 다시 싸워 2명의 장수가 생포되자 원소 軍中은 두려워 떨었다. 조조는 돌아와 官度(관도)에 주둔하였고, 원소는 전진하여 陽武에 주둔하였다.

이에 저수가 원소에게 건의하였다.

"우리 군사가 비록 다수이지만 용맹하기로는 남쪽 조조의 군사에 못 미칩니다. 南軍은 군량이 부족하고 군수물자는 우리만 못합니다. 그래서 조조는 急戰을 바라지만 우리는 지구전이 유리합니다. 천천히 지구전으로 이끌면서 세월을 보내십시오."

그러나 원소는 따르지 않았다. 원소는 군영을 연결시키면서 점차 전진하며 관도를 압박하였고 드디어 전투가 벌어졌다. 조조 군사는 불리하자 보루를 굳게 지켰다. 원소도 높은 망루를 만들고 土山를 쌓아 조조의 군영에 활을 쏘았다. 조조의 진영에서는 방패를 쓰고 다녀야만 했다. 조조는 이에 돌을 발사하는 수레를 만들어 원소군의 망루를 모두 부수었는데 조조 진영에서는 이를 霹靂車(벽력거)라고 불렀다. 원소가 땅굴을 파서 조조 진영을 급습하였는데 조조는 그때마다 地道 내에 긴 참호를 파서 막아내었다. 또 조조는 기습 병을 보내 원소의 군량 운반 수레를 급습하여 파괴하고 군량을 소각하였다.

原文

相持百餘日, 河南人疲困, 多畔應紹. 紹遣淳于瓊等將兵萬餘人北迎糧運. 沮授說紹可遣蔣奇別爲支軍於表, 以絶曹操之鈔. 紹不從. 許攸進曰, "曹操兵少而悉師拒我, 許下餘守勢必空弱. 若分遣輕軍, 星行掩襲, 許拔則操成禽. 如其未潰, 可令首尾奔命, 破之必也." 紹又不能用. 會攸家犯法, 審配收繫之, 攸不得志, 遂奔曹操. 而說使襲取淳于瓊等, 瓊等時宿在烏巢, 去紹軍四十里. 操自將步騎五千人, 夜往攻破瓊等, 悉斬之.

| 註釋 | ○別爲支軍於表 – 별도의 군사로 순우경을 더 지원하다. ○許攸(허유 ?-204년) – 字 子遠. 허유가 조조를 찾아오자 조조는 맨발로 달려 나와 맞이했다. 원소 격파와 귀주성 함락에 공을 세웠지만 그 공을 믿고 조조를 무시하다가 잡혀 처형되었다. ○烏巢(오소) – 烏巢澤. 地名. 今 河南省 북부 新鄉市 관할 原陽縣 동북. 원소의 군수물자 비축한 곳.

[國譯]

　서로 대치하기 1백여 일에 하남의 백성들은 시달림을 견디지 못하고 조조를 버리고 원소 진영에 많이 가담하였다. 원소는 淳于瓊(순우경) 등에게 1만여 병력을 거느리고 북쪽으로 가서 군량 운반을 돕게 하였다. 저수는 원소에게 蔣奇(장기)를 별도로 보내어 외부에서 더 지원하여 조조의 노략질을 예방해야 한다고 건의하였다. 그러나 원소는 따르지 않았다. 許攸(허유)가 원소에게 진언하였다.

　"조조의 군사는 적은데다가 모든 군사가 우리와 대치하고 있으니 許都 부근의 방어는 틀림없이 비었거나 허약할 것입니다. 만약 경무장 군사를 밤새워 행군시켜 엄습한다면 허도를 점령할 수 있고 조조는 포로가 될 것입니다. 설령 궤멸되지 않더라도 首尾에서 쫓긴다면 틀림없이 격파될 것입니다."

　그런데도 원소는 받아들이지 않았다. 그때 허유의 집안에서 범법

자가 있어 審配(심배)가 잡아가두었기에 허유는 뜻을 펼 수가 없자, 허유는 도망쳐 조조를 찾아갔다. 허유는 조조에게 순우경 등을 공격하라고 건의했는데 순우경은 원소의 군영에서 40리 떨어진 烏巢(오소)를 지키고 있었다. 조조는 보병과 기병 5천 명을 거느리고 밤에 오소에 가서 순우경 등을 격파하고 모두 죽여버렸다.

原文

初, 紹聞操擊瓊, 謂長子譚曰, "就操破瓊, 吾拔其營, 彼固無所歸矣." 乃使高覽, 張合等攻操營, 不下. 二將聞瓊等敗, 遂奔操. 於是紹軍驚擾, 大潰. 紹與譚等幅巾乘馬, 與八百騎度河, 至黎陽北岸, 入其將軍蔣義渠營. 至帳下, 把其手曰, "孤以首領相付矣." 義渠避帳而處之. 使宣令焉. 衆聞紹在, 稍復集. 餘衆僞降, 曹操盡坑之, 前後所殺八萬人.

| 註釋 | ○張合 - 字 儁文(준문). 河間國人. ○盡坑之 - 坑은 구덩이 갱. 구덩이에 묻다.

[國譯]

처음에, 조조가 순우경을 공격하고 있다는 소식을 들은 원소는 장자 원담에게 말했다. "조조가 순우경을 격파한다면 나는 조조의 본영을 점령할 것이니 조조는 돌아갈 곳이 없을 것이다." 그러면서 원소는 高覽(고람)과 張合(장합) 등을 보내 조조의 본영을 공격했지만 함락시키지 못했다. 두 장수는 순우경 등이 패망했다는 소식을 듣고 조조에게 투항하였다. 이에 원소의 군사는 놀라 소요하며 완전히 붕괴되었다. 원소와 아들 원담은 보통 두건에 말을 타고서 기병 8백 명과 함께 하수를 건너 북안의 黎陽縣(여양현)에 가서 그 將軍 蔣義渠(장의거)의 군영에 들어갔다. 원소는 휘장에 와서 장의거의 손을 잡고서 "나의 목숨을 장군에게 부탁하겠다"라고 말했다. 장의거는 帳幕(장막)을 내주어 거처케 하였다. 원소는 장의거에게 명령을 내게 하였다. 군사들은 원소가 있는 곳을 알아 점점 다시 모여들었다. 남은 군중은 거짓 투항이라고 생각한 조조는 전후에 걸쳐 약 8만 명을 묻어 죽였다.

▌原文

沮授爲操軍所執, 乃大呼曰, "授不降也, 爲所執耳." 操見授謂曰, "分野殊異, 遂用圮絶, 不圖今日乃相得也." 授對曰, "冀州失策, 自取奔北. 授知力俱困, 宜其見禽." 操曰, "本初無謀, 不相用計. 今喪亂過紀, 國家未定, 方當與君圖之." 授曰, "叔父, 母, 弟懸命袁氏, 若蒙公靈, 速死爲福." 操歎曰, "孤早相得, 天下不足慮也." 遂赦而厚遇焉. 授尋謀歸袁氏, 乃誅之.

| 註釋 | ○遂用圮絶 – 圮絶(비절)은 斷絶. 圮는 무너질 비(土변에 己). 圯(흙다리 이, 土에 巳)와 다른 글자. ○自取奔北 – 奔北(분배)는 전쟁에서 패주하다. 北는 달아날 배. ○喪亂過紀 – 12년을 1紀라 한다.

沮授(저수)는 조조 군사에게 생포되자 소리를 질렀다.

"저수는 투항한 것이 아니라 붙잡혔을 뿐이다."

조조가 저수를 보고 말했다.

"그간 분야가 달랐기에 왕래가 없었지만, 오늘 이렇게 만날 수 있으리라고는 생각하지 못했소."

그러자 저수가 대답하였다. "冀州(袁紹)는 失策하여 패주하였습니다. 나는 지략과 힘이 모두 부족했으니 생포될 수밖에 없었습니다." 이에 조조가 말했다. "本初(袁紹)가 無謀하여 당신의 계책을 채용하지 않았습니다. 지금 나라가 혼란에 빠진 지 1紀(12년)이 지났지만 여전히 안정되지 않았으니 당신과 함께 해결하고 싶습니다."

저수가 말했다. "叔父와 모친, 동생의 목숨이 원씨에게 매달려 있으니 만약 明公의 호의를 받는다면 빨리 죽는 것이 복입니다." 조조가 탄식하며 말했다. "내가 일찍 만날 수 있었다면 천하의 일은 걱정하지 않았을 것입니다."

조조는 저수를 사면하고 우대하였다. 저수는 원소에게 돌아가려 했기에 결국 처형되었다.

原文

紹外寬雅有局度, 憂喜不形於色, 而性矜愎自高, 短於從善, 故至於敗. 及軍還, 或謂田豐曰, "君必見重." 豐曰, "公貌寬而內忌, 不亮吾忠, 而吾數以至言迕之. 若勝而喜, 必能赦我, 戰敗而怨, 內忌將發. 若軍出有利, 當蒙全耳, 今旣敗矣, 吾不望生." 紹還, 曰, "吾不用田豐言, 果爲所笑." 遂殺之.

| 註釋 | ㅇ矜愎自高 - 矜은 불쌍히 여길 긍. 자랑하다. 愎은 괴팍할 퍅. 너그럽지 못함. 남의 말을 듣지 않다. 自高는 자신을 최고라 생각하다. ㅇ遂殺之 - 逢紀(봉기)는 원소에게 "전풍은 장군의 패망 소식에 박수를 치며 좋아했습니다."라고 참언을 했다. 조조는 전쟁 초기에 전풍이 출전하지 않았다는 말을 듣고 "원소는 必敗할 것이다."라고 말했다.

[國譯]

　원소의 외모로는 寬大 文雅하고 도량이 넓으며 근심이나 기쁨을 얼굴에 나타내지 않았지만, 본성은 교만하고 괴팍하며 콧대가 세었고 좋은 말도 따르지 않았기에 패전하였다. 원소의 군사가 회군하자 어떤 사람이 갇혀있는 田豐(전풍)에게 말했다. "君은 이번에 틀림없이 중용될 것입니다." 그러자 전풍이 말했다.

　"袁公의 외모는 관대하나 내심으로는 시기하여 나의 충언을 믿지 않았고 나는 여러 번 진심을 말해 그분 성질을 건드렸습니다. 만약 승전했다면 틀림없이 나를 사면하겠지만, 패전했으니 나를 원망하고 시기심이 발동할 것입니다. 만약 원정이 유리했다면 온전히 살 수 있으나 이미 패전했으니 살기를 바랄 수 없습니다."

　원소가 돌아와서 말했다. "내가 전풍의 말을 듣지 않았으니 틀림없이 나를 비웃었을 것이다." 그러면서 전풍을 죽였다.

官度之敗, 審配二子爲曹操所禽. 孟岱與配有隙, 因蔣奇
言於紹曰, "配在位專政, 族大兵强, 且二子在南, 必懷反
畔." 郭圖,辛評亦爲然. 紹遂以岱爲監軍, 代配守鄴. 護軍逢
紀與配不睦, 紹以問之, 紀對曰, "配天性烈直, 每所言行,
慕古人之節, 不以二子在南爲不義也, 公勿疑之." 紹曰,
"君不惡之邪?" 紀曰, "先所爭者私情, 今所陳者國事." 紹
曰"善." 乃不廢配, 配,紀由是更協.

冀州城邑多畔, 紹復擊定之. 自軍敗後發病, 七年夏, 薨.
未及定嗣, 逢紀,審配宿以驕侈爲譚所病, 辛評,郭圖皆比於
譚而與配,紀有隙. 衆以譚長, 欲立之. 配等恐譚立而評等爲
害, 遂矯紹遺命, 奉尙爲嗣.

| 註釋 | ○七年夏, 薨 – 원소의 정사가 너그러워 백성들은 원소의 죽음
을 매우 슬퍼했다. 원소의 처 劉氏는 질투가 심하여 원소를 입관하기도 전
에 소첩 5명을 다 죽였고, 사후에 저승에서 만날까 걱정하여 소첩의 얼굴
을 망가트리고 검을 칠을 한 뒤에 파묻었다고 한다.

[國譯]

官度의 패전에 審配(심배)의 두 아들은 曹操軍에게 생포되었다.
孟岱(맹대)와 심배는 평소 사이가 안 좋았는데 이를 두고 蔣奇(장기)
가 원소에게 말했다. "심배가 자리를 차지하고 專政한다면, 일족이
많고 군사가 강하며 또 두 아들이 남쪽에 있으니 틀림없이 모반할

것입니다." 郭圖(곽도)와 辛評(신평) 역시 그렇게 생각하였다. 이에 원소는 맹대를 監軍으로 삼아 심배를 대신하여 鄴縣(업현)을 수비케 하였다. 護軍인 逢紀(봉기)는 심배와 不睦하였는데 원소가 심배에 대하여 묻자, 봉기가 대답하였다.

"심배는 천성이 강렬, 정직하며 모든 언행에 古人의 지조를 흠모하는 사람이며 두 아들이 남쪽에 있다 하여 不義를 저지를 사람이 아니오니 공께서는 심배를 의심하지 마십시오."

원소가 물었다. "그대는 심배를 미워하지 않는가?" 이에 봉기가 말했다. "먼저 다툼을 한 것은 개인 사정이지만 지금 말씀드린 것은 나랏일입니다." 이에 원소는 "옳은 말이다."라고 말했다. 그러면서 심배를 내치지 않았고 심배와 봉기는 이후 다시 협조하였다.

冀州의 여러 성읍이 반기를 들었지만, 원소는 다시 공격 평정하였다. 원소는 패전 이후 발병하여 建安 7년(서기 202년)에 죽었다. 원소는 후사를 정하지 못했는데 봉기와 심배는 전부터 교만 사치하여 장자 袁譚(원담)이 꺼려하였으며, 신평과 郭圖(곽도)는 원담과 가까웠고 심배와 봉기와는 사이가 나빴다. 많은 사람들이 장자 원담을 옹립하려 했다. 그러나 심배 등은 원담이 후사가 되면 신평 등에게 피해를 당할 것이라 생각하여 원소의 遺命을 위조하여 袁尙(원상)을 후사로 받들었다.

❷ 袁譚

譚自稱車騎將軍, 出軍黎陽. 尙少與其兵, 而使逢紀隨之. 譚求益兵, 審配等又議不與. 譚怒, 殺逢紀. 曹操度河攻譚, 譚告急於尙, 尙乃留審配守鄴, 自將助譚, 與操相拒於黎陽. 自九月至明年二月, 大戰城下, 譚,尙敗退. 操將圍之, 乃夜遁還鄴. 操進軍, 尙逆擊破操, 操軍還許, 譚謂尙曰, "我鎧甲不精, 故前爲曹操所敗. 今操軍退, 人懷歸志, 及其未濟, 出兵掩之, 可令大潰, 此策不可失也." 尙疑而不許, 旣不益兵, 又不易甲. 譚大怒, 郭圖,辛評因此謂譚曰, "使先公出將軍爲兄後者, 皆是審配之所構也." 譚然之. 遂引兵攻尙, 戰於外門. 譚敗, 乃引兵還南皮.

| 註釋 | ○大戰城下 – 黎陽城의 서쪽에 또 다른 원담의 성이 있었다. ○戰於外門 – 외곽의 성문. ○南皮 – 渤海郡(勃海郡)의 현명. 今 河北省 동남 滄州市 관할 南皮縣.

[國譯]

袁譚(원담)은 車騎將軍을 자칭하며 군사를 거느리고 나가 黎陽(여양)에 주둔했다. 袁尙(원상)은 그 군사를 조금만 주었고 또 逢紀(봉기)를 수행케 하였다. 원담이 더 많은 군사를 요청했지만 審配(심배) 등은 논의한 뒤에 더 주지 않았다. 원담은 화가 나서 봉기를 죽였다.

曹操(조조)가 河水를 건너와 원담을 공격하자, 원담은 원상에게 위급을 알렸고 원상은 심배를 남겨 鄴縣을 지키게 하고 직접 군사를 거느리고 원담을 도와 黎陽(여양)에서 조조를 막았다. (建安 7년) 9월부터 다음 해 2월까지 성 근처에서 크게 싸웠는데 원담과 원상은 패하여 물러났다. 원소가 여양성을 포위하려 하자 밤에 원담과 원상은 업현으로 돌아왔다. 조조가 진군하자, 원상은 역습하여 조조를 물리쳤고 조조는 許都로 돌아가자 원담이 원상에게 말했다.

"나의 군사가 정병이 아니기에 앞서 조조에게 패전했다. 지금 조조의 군사가 퇴각하며 그 군사들이 돌아가고 싶은 마음뿐이나 아직 河水(하수)를 건너지 못했으니 출병하여 엄습한다면 적을 궤멸시킬 수 있으니 이 기회를 놓칠 수 없다."

그러나 원상을 의심하며 허락지 않았고 군사를 늘려주지도, 또 병기를 바꿔주지도 않았다. 원담이 대노하자 郭圖(곽도)와 辛評(신평)이 기회를 보아 원담에게 말했다.

"먼저 先公(袁紹)에게 강요하여 장군을(袁譚) 후사에서 뒤로 돌린 것은 모두 심배가 꾸민 짓입니다."

원담도 그렇게 생각했다. 원담은 군사를 이끌고 원상을 공격하며 外門에서 공격하였지만 원담은 패하여 군사를 이끌고 (勃海郡) 南皮縣으로 돌아갔다.

原文

別駕王修率吏人自青州往救譚, 譚還欲更攻尚, 問修曰, "計將安出?" 修曰, "兄弟者, 左右手也. 譬人將鬪而斷其右

手, 曰 '我必勝若', 如是者可乎? 夫弃兄弟而不親, 天下其
誰親之? 屬有讒人交鬪其間, 以求一朝之利, 願塞耳勿聽
也. 若斬佞臣數人, 復相親睦, 以御四方, 可横行於天下."
譚不從. 尙復自將攻譚, 譚戰大敗, 嬰城固守. 尙圍之急, 譚
奔平原, 而遣潁川辛毗詣曹操請救.

| 註釋 | ○別駕 − 州刺史, 州牧의 속관인 別駕從事史의 간칭. 자사의 최
고위 속리. 자사와는 별도로 군현을 순시. ○夫弃兄弟~ − 弃는 버릴 기.
棄의 古字. ○平原 − 郡, 國名明. 今 山東省 북부 德州市 平原縣. ○辛毗
(신비) − 潁川郡 陽翟縣人. 毗는 도울 비.

[國譯]

別駕從事인 王修(왕수)가 靑州에서 관리를 거느리고 와서 원담을
도왔는데, 원담은 다시 원상을 공격하려고 왕수에게 좋은 방책을 물
었다. 이에 왕수가 말했다.

"兄弟란 좌우의 양 팔과 같으니 양팔이 서로 싸우면서 오른팔을
자른 뒤 '내가 기어이 너를 이길 것이다' 라고 한다면 되겠습니까?
형제를 버리고 가까이하지 않는다면 천하의 누구를 가까이하겠습
니까? 속관 중에 아첨하는 무리가 그 틈을 파고들어 한때의 이득을
얻으려 할 것이니 귀를 막고 그런 말을 듣지 마십시오. 만약 아첨하
는 佞臣(영신) 몇 사람만 없앤다면 형제가 다시 친할 수 있고 사방을
다스려 천하를 활보할 수 있을 것입니다."

그러나 원담은 따르지 않았다. 원상은 군사를 거느리고 원담을
공격했고 원담은 대패한 뒤에 성을 순시하며 굳게 지켰다. 그러나

원상이 성을 포위하고 맹공하자, 원담은 平原郡(평원군)으로 도주했고 潁川人 辛毗(신비)를 조조에게 보내 구원을 청했다.

原文

劉表以書諫譚曰,

「天降災害, 禍難殷流, 初交殊族, 卒成同盟, 使王室震蕩, 彝倫攸斁. 是以智達之士, 莫不痛心入骨, 傷時人不能相忍也. 然孤與太公, 志同願等, 雖楚魏絶邈, 山河迥遠, 戮力乃心, 共獎王室. 使非族不干吾盟, 異類不絶吾好, 此孤與太公無貳之所致也. 功績未卒, 太公殂隕, 賢胤承統, 以繼洪業. 宣奕世之德, 履丕顯之祚, 摧嚴敵於鄴都, 揚休烈於朔土, 顧定疆宇, 虎視河外, 凡我同盟, 莫不景附. 何悟靑蠅飛於竿旌, 無忌游於二壘, 使股肱分成二體, 匈臂絶爲異身. 初聞此問, 尙謂不然, 定聞信來, 乃知閼伯,實沈之忿已成, 弃親卽讎之計已決, 旆旆交於中原, 暴屍累於城下. 聞之哽咽, 若存若亡. 昔三王,五伯, 下及戰國, 君臣相弑, 父子相殺, 兄弟相殘, 親戚相滅, 蓋時有之. 然或欲以成王業, 或欲以定霸功, 皆所謂逆取順守, 而徼富强於一世也. 未有弃親卽異, 兀其根本, 而能全於長世者也.」

| 註釋 | ㅇ彝倫攸斁 - 보통의 정상적 윤리도 무너졌다. 彝倫(이륜)은 常理. 彝는 떳떳할 리(이). 常也. 倫은 이치. 도리. 攸는 바 유(所也). 斁는 패

할 두. 무너지다. 싫어할 역. ㅇ太公 – 袁紹를 높인 호칭. 친구의 아들에게 보내는 글이라 우리말 번역에서는 卑稱(비칭)을 사용하였다. ㅇ雖楚魏絶邈 – 楚는 荊州. 魏는 冀州를 지칭. 邈은 멀 막. 멀다. ㅇ山河逈遠 – 逈遠(형원)을 멀리 떨어졌다. 逈은 멀 형. ㅇ共獎王室 – 獎은 돕다. ㅇ太公殂隕 – 殂隕은 죽다. 殂는 죽을 조. 隕은 떨어질 운. ㅇ宣奕世之德 – 奕은 겹칠 혁(重也), 클 혁. ㅇ履丕顯之祚 – 履은 밟을 이(리). 오르다. 丕顯(비현)은 아주 밝다. 훌륭한. 祚는 자리 조, 복 조. ㅇ何悟青蠅飛於竿旌 – 青蠅(청승)은 파리. 小人. 竿旌(간정)은 높은 장대에 매단 깃발. 竿旌은 袁譚을 의미. ㅇ無忌游於二壘 – 無忌(費無忌)는 楚의 平王의 간신. 태자를 모함했고 太子는 宋游으로 망명하였다. 二壘(이루)는 다른 보루. 袁尚을 지칭. ㅇ閼伯,實沈之忿已成 – 閼伯(알백)과 實沈(실침)은 高辛氏의 두 아들. 형제가 서로 싸웠다. ㅇ聞之哽咽 – 哽은 목멜 경. 咽은 목구멍 인. ㅇ欲以成王業 – 周公은 동생 管叔과 蔡叔을 죽였다. ㅇ兀其根本 – 兀은 움직이지 아니할 올, 위태로울 올, 우뚝할 올.

【國譯】

(荊州牧) 劉表(유표)가 서신을 보내 원담에게 충고하였다.

「하늘이 재해를 내려 환난이 크게 범람하는데, 結交할 때부터 성씨가 달랐지만 함께 同盟하였으며, 王室(漢室)은 크게 동요하고 倫常도 무너졌었다. 이에 智達之士는 뼈에 사무치도록 痛恨해 하지 않는 사람이 없었으며, 이 시대 사람들 모두가 서로 양보하고 참지 못하는 것을 마음 아파하고 있었다. 그러나 나는 자네의 부친(太公, 袁紹)과 뜻과 소원이 같았으며, 비록 여기 荊州와 冀州가 멀고 山河가 요원하여도 한마음으로 진력하여 왕실을 부축하려 했었다. 동족이 아닌 자가 우리의 맹서에 간여하지 못하게 했고 다른 부류가 우리의 우호를 단절하지 못하게 하였으니, 이는 나와 太公이 두 마음이 없었기 때문이었다. 큰일을 마치지 못하고 太公이 먼저 죽으니, 賢胤(현윤)이 물려받아 洪業을 계속한다는 소식을 들었네. (자네 선친은) 여러 대에 걸쳐 은덕을 베풀고 높은 자리에 올라 鄴都(鄴城)에서 강적을 무력으로 눌렀으며, 朔土(北方)에서 광대하고 융성한 치적으로 영역을 안정시키며 河南 일대를 웅시하니 나와 뜻을 같이 한사람으로 따르지 않는 사람이 없었네. 그러나 높은 장대 끝의 깃발에도 파리 같은 소인이 있고, (楚의) 費無忌(비무기) 같은 아첨꾼이 이쪽저쪽을 유세하여 팔과 다리가 나뉘지고 앞가슴과 등(背)이 떨어져 나갈 줄을 어찌 알았겠는가? 나는 처음이 이런 소식을 들었을 때 그럴리 없다고 생각하였지만 확실한 소식이 또 들려오자 (高辛氏의 두 아들) 閼伯(알백)과 實沈(실침)의 원한이 형성된 줄을 알았고, 血親을 버리고 원수를 찾아가 의지해야 할 상황이 되었으며, 양쪽의 깃발이 중원에 갈라졌고 성 아래에 시신이 쌓였다는 소식을 들었네. 그런 소식에 내 목이 메고 내가 살았는지 죽었는지를 알 수 없었다. 옛날 (夏, 殷, 周의) 三王과 五伯(오패, 五霸)에서 戰國(전국) 시대에 이르기까지 君臣이나 父子가 서로 죽이고, 형제와 친척이 서로를 없애려 싸운 것은 어느 시대나 있었다네. 그러나 그중에서도 혹 어떤 자는 王業을 이루었고, 또 혹자는 패업을 이루었으나 이 모두는 사실 逆으로 取했으나 正道를 지켰으며 나라를 부강하게 다스렸다. 하여튼 친형제를 버리고 다른 사람을 찾아가 자기 근본을 위태롭게 하면서 살아서 오래 보전한 사람은 없었다.」

「昔齊襄公報九世之讎, 士匄卒荀偃之事, 是故《春秋》美
其義, 君子稱其信. 夫伯游之恨於齊, 未若太公之忿於曹也,
宣子之臣承業, 未若仁君之繼統也. 且君子違難不適讎國,
交絶不出惡聲, 況忘先人之讎, 弃親戚之好, 而爲萬世之戒,
遺同盟之恥哉! 蠻夷戎狄將有誚讓之言, 況我族類, 而不痛
心邪!」

| 註釋 | ○襄公報九世之讎 - 齊 襄公의 먼 윗대(九代) 선조인 齊 哀公
이 周 夷王때 팽살되었는데, 이는 紀侯의 참소 때문이었다. 讎는 원수 수.
○士匄卒荀偃之事 - 士匄(사개)는 순연의 부장. 宣子. 荀偃(순언)은 晉의
大夫. 字는 伯游. ○君子違難不適讎國 - 違는 피해 달아나다(奔亡也).

[國譯]

「옛날 齊 襄公(양공)은 九世를 내려온 원수를 갚았고, 士匄(사개)
는 荀偃(순언)이 죽어갈 때 하려던 일을 잘 마쳤는데《春秋》에서는
그 대의를 높이 평가하고 군자들은 신의를 칭송하였다. 伯游(荀偃)
의 齊에 대한 여한은 아마 太公의 조조에 대한 원한만큼 심하지는
않았을 것이고, 宣子(士匄)는 그 아랫사람으로 뜻을 이어 실천하였
지만 仁君(袁譚)의 대통 승계와 같지는 않았을 것이다. 또 君子는
난을 당해 피하더라도 원수의 나라를 찾아가지 않는다 하였으며,
(燕, 樂毅는) 절교하더라도 악한 말은 하지 않는다고 하였으니, 이처
럼 先人의 원수를 잊어서도 또 형제나 친척의 우호를 버려서도 안
되며, 이는 萬代에 걸쳐 지켜야 할 계율이니 (자네 선친과) 동맹을

한 사람을 부끄럽게 할 수 있겠나! 蠻夷(만이)나 戎狄(융적)이라도 이를 비난할 것이니 하물며 나와 같은 사람들이 얼마나 마음이 아프겠는가!」

「夫欲立竹帛於當時, 全宗祀於一世, 豈宜同生分謗, 爭校得失乎? 若冀州有不弟之慠, 無懇順之節, 仁君當降志辱身, 以濟事爲務. 事定之後, 使天下平其曲直, 不亦爲高義邪? 今仁君見憎於夫人, 未若鄭莊之於姜氏, 昆弟之嫌, 未若重華之於象敖. 然莊公卒崇大隧之樂, 像敖終受有鼻之封. 願捐弃百痾, 追攝舊義, 復爲母子昆弟如初. 今整勒士馬, 瞻望鵠立.」

又與尙書諫之, 並不從.

| 註釋 | ○冀州有不弟之慠 — 冀州는 袁尙. 동생도 동생답지 않기에 冀州로 표기했을 것이다. ○鄭莊之於姜氏 — 鄭 武公이 申國에서 맞이한 아내가 武姜(무강)으로 莊公과 叔段(숙단)을 낳았다. 姜氏는 장공을 미워하고 숙단을 세우려 했으나 武公이 불허했다. 장공이 즉위한 뒤에도 姜氏는 장공을 증오했지만 장공은 잘 대우하여 결국 모자의 정을 회복하였다. ○重華之於象敖 — 舜의 이름은 重華(중화). 부친 瞽叟(고수)는 맹인이었고, 순의 모친은 이미 죽었다. 瞽叟(고수)가 후처를 맞이하여 象(상)을 낳았는데 부모와 이복동생이 순을 여러 차례 죽이려 했다. 舜은 즉위한 뒤에 象을 有鼻(유비)의 땅에 제후로 봉했다. ○捐弃百痾 — 捐弃(연기)는 버리다. 捐은 버

릴 연. 痼는 오래 된 병 아. 묵은 감정. ㅇ瞻望鵠立 - 瞻望(첨망)은 기다리다. 鵠立은 고니처럼 목을 빼고 서있다. 간절히 기다린다는 뜻.

[國譯]

「당대에 공을 세워 청사에 기록되거나 일생에 걸쳐 祖宗의 제사를 지키려는 사람이라면, 어찌 형제가 서로 비방을 하고 득실을 다툴 수 있겠는가? 만약 冀州(袁尙)가 동생으로서 오만하고 순종하지 않는 행실을 자행하더라도 자네는 응당 뜻을 낮춰 비록 욕되더라도 먼저 대업을 이루어야 할 것이다. 일이 끝난 뒤에 천하가 그 옳고 그름을 판단할 것이니 그것이 高義가 아니겠는가? 지금 자네가 모친(원소의 夫人)으로 받는 미움이 鄭 莊之이 姜氏로부터 미움과는 같지 않을 것이며, 형제간의 미움이 重華(舜)의 象敖(상오)와 같지 않을 것이다. 그렇지만 莊公은 (모친을) 大隧(대수)의 樂으로 모셨고 像敖(상오)는 나중에 有鼻(유비)의 제후가 되었다. 이제 온갖 미움을 다 버리고 옛 情誼(정의)를 생각하여 모자와 형제의 좋은 관계로 돌아가기 바라네. 지금 군사를 정비하면서 목을 늘려 소식을 기다리겠다.」

유표는 또 원상에게도 서신을 보내 충고하였지만 두 사람 다 충고를 받아들이지 않았다.

原文

曹操遂還救譚, 十月至黎陽. 尙聞操度河, 乃釋平原還鄴. 尙將呂曠, 高翔畔歸曹氏, 譚復陰刻將軍印, 以假曠, 翔. 操知譚詐, 乃以子整娉譚女以安之, 而引軍還.

[國譯]

　　조조는 군사를 거느리고 원담을 구원하여 10월에 黎陽(여양)에 도
착하였다. 원상은 조조가 河水를 건넜다는 소식을 듣자 平原郡의 포
위를 풀고 鄴縣으로 돌아갔다. 원상의 장수인 呂曠(여광)과 高翔(고
상)이 반기를 들고 조조에게 귀부하였는데, 원담은 조조 몰래 장군
의 직인을 새겨 여광과 고상에게 수여했다. 조조는 원담의 거짓을
알면서도 아들 曹整(조정)과 원담 딸의 혼인으로 원담을 안정시킨
다음 군사를 거느리고 돌아갔다.

原文

　　九年三月, 尚使審配守鄴, 復攻譚於平原. 配獻書於譚曰,
「配聞良藥苦口而利於病, 忠言逆耳而便於行. 願將軍緩
心抑怒, 終省愚辭. 蓋《春秋》之義, 國君死社稷, 忠臣死君
命. 苟圖危宗廟, 剝亂國家, 親疏一也. 是以周公垂涕以蔽
管, 蔡之獄, 季友歔欷而行叔牙之誅. 何則? 義重人輕, 事不
獲已故也. 昔先公廢黜將軍以續賢兄, 立我將軍以爲嫡嗣,
上告祖靈, 下書譜牒, 海內遠近, 誰不備聞! 何意凶臣郭圖,
妄畫蛇足, 曲辭諂媚, 交亂懿親. 至令將軍忘孝友之仁, 襲
閼, 沈之多, 放兵鈔突, 屠城殺吏, 冤魂痛於幽冥, 創痍被於

草棘. 又乃圖獲鄴城, 許賞賜秦胡, 其財物婦女, 豫有分數. 又云, '孤雖有老母, 趣使身體完具而已.' 聞此言者, 莫不悼心揮涕, 使太夫人憂哀憤隔, 我州君臣監寐悲歎. 誠拱默以聽執事之圖, 則懼違《春秋》死命之節, 詒太夫人不測之患, 損先公不世之業. 我將軍辭不獲命, 以及館陶之役. 伏惟將軍至孝蒸蒸, 發於岐嶷, 友於之性, 生於自然. 章之以聰明, 行之以敏達, 覽古今之擧措, 覩興敗之徵符, 輕榮財於糞土, 貴名位於丘岳. 何意奄然迷沈, 墮賢哲之操, 積怨肆忿, 取破家之禍! 翹企延頸, 待望讎敵, 委慈親於虎狼之牙, 以逞一朝之志, 豈不痛哉! 若乃天啓尊心, 革圖易慮, 則我將軍匍匐悲號於將軍股掌之上, 配等亦當敷躬布體以聽斧鑕之刑. 如又不悛, 禍將及之. 願熟詳吉凶, 以賜環玦.」

譚不納.

|註釋| ○垂涕以蔽管,蔡之獄 ─ 垂涕(수체)는 눈물을 흘리다. 周公은 管叔을 죽이고 蔡叔을 방축하였는데, 그것은 왕실의 일원이었기 때문이다. ○季友歔欷而行叔牙之誅 ─ 季友는 춘추시대 魯 桓公의 아들. 歔欷(허희)는 흐느끼다. 叔牙(숙아)는 魯 莊公의 동생. ○妄畫蛇足 ─《戰國策》에 수록된 우화. "楚에 어떤 사람이 제사를 지내고 그 舍人들에게 술 한 병을 내렸는데 여럿이 마시기에 부족하여 뱀을 먼저 그린 사람이 마시기로 했다. 어떤 사람이 제일 먼저 뱀을 그리고 왼손으로 술병을 잡고 '나는 다리도 그릴 줄 안다' 면서 사족을 그리는 동안 다른 사람이 '蛇는 無足인데 그대가 어찌 다리를 그릴 수 있는가?' 라면서 술병을 빼앗았다. ○館陶之役 ─ 館陶는 魏郡의 현명. 今 河北省 동남부 邯鄲市 관할 館陶縣. 役은 戰役. 소규모

의 전쟁. 관도에서 원담과 원상의 싸움. 여기서는 원담이 대패했다. ○至
孝蒸蒸 — 蒸蒸(증증)은 효성이 극진한 모양. 純一한 모양. 사물이 성하게
일어나는 모양. ○發於岐嶷 — 岐嶷(기억)은 어릴 때부터 뛰어남. 岐는 갈
림길 기, 자라는 모양 기. 嶷은 높을 억, 숙성할 억. 산 이름 의. ○翹企延
頸 — 翹企(교기)는 발돋움하고 기다리다. 延頸(연경)은 목을 늘려 간절히 기
다리다. 翹는 들 교. 들리다. 꼬리 깃털 교. 企는 발돋움할 기. 頸은 목 경.
○匍匐 — 기어가다. 匍는 기어갈 포. 匐은 엎드려 기어갈 복. ○以賜環玦
— 環은 둥글게 짝을 맞춘 옥. 玦(패옥 결)은 한 쪽이 없는 패옥. 사람의 요청
을 거절하는 뜻.

[國譯]

　(獻帝 建安) 9년(서기 204) 3월, 원상은 審配(심배)에게 鄴縣을 지
키게 하고 平原郡에서 원담을 공격하였다. 심배가 원담에게 서신을
보냈다.

　「양약은 입에 쓰나 병에 이롭고, 忠言은 귀에 거슬리나 행실에 도
움이 된다고 심배는 알고 있습니다. 장군께서는 편안한 마음으로 화
를 누르시고 어리석은 글이지만 끝까지 읽어주시기 바랍니다. 《春
秋》의 대의로도 國君은 사직을 위해 죽고, 충신은 國君의 명에 따라
죽어야 합니다. 진실로 종묘에 해를 끼치거나 나라를 뒤흔들기는 종
친이나 소원한 사람을 막론하고 똑같을 것입니다. 그래서 周公은 눈
물을 흘리며 (동생인) 管叔(관숙)을 죽이고 蔡叔(채숙)을 방축하였으
며, 季友(계우)는 흐느끼면서 叔牙(숙아)를 처형하였습니다. 왜 그러
했겠습니까? 大義는 소중하나 사람은 경미하고, 사정상 다른 방법
이 없었기 때문입니다. 앞서 先公(袁紹)께서 장군(袁譚)을 폐출하고
형의 뒤를 우리 장군(袁尙)이 잇는 嫡嗣(적사)로 삼아 조상의 혼령에

고하시고 문중의 족보에 기록하시었으니 海內 원근의 그 누구가 이를 몰랐겠습니까! 그러나 凶臣 郭圖(곽도)가 망령되이 이에 蛇足(사족)을 달고 사리에 어긋난 말과 아첨으로 至親 사이를 흔들 줄을 누가 생각이나 했겠습니까? 그래서 지금 장군께서는 효도와 우애의 仁心을 잊으셨고 (高辛氏의 두 아들) 閼伯(알백)과 實沈(실침) 형제의 다툼을 따라하면서 군사를 풀어 충돌하고 성을 도륙하며 관리를 죽이니 冤魂(원혼)은 幽冥(유명) 세계에서 통곡하고 부상자들은 가시덤불속에 누워있습니다. 이어 鄴城(업성)을 차지하려고 서쪽 秦 땅의 용사나 흉노족에게 많은 상을 내리고 재물과 부녀자를 미리 보내주기도 하였습니다. 또 어떤 자는 '나는 노모가 계시는데 모친이 그저 무사하기만을 바란다.'고 말하였습니다. 이 말을 듣고서 마음속으로 울지 않는 사람이 없었으니, 太夫人께서도 근심과 애통으로 번민하고 계시며, 우리 기주의 群臣 또한 비탄에 빠져 있습니다. 진실로 拱手(공수)한 채로 묵묵히 장군의 뜻하시는 바를 듣는다면,《春秋》의 사직을 위해 순절하는 대의에 어긋나고, 太夫人에게는 예측할 수도 없는 걱정을 끼치고 있으며, 先公(袁紹)의 非常한 대업을 훼손하고 있는 것입니다. 나의 將軍(袁尙)은 사양하며 장군(袁譚)의 허락을 받지 못했기에 그전에 館陶(관도)에서 戰役이 일었습니다. 臣이 생각할 때 將軍께서는 효행이 아주 지극하신데, 이는 어려서도 그러했으며 형제 우애의 천성도 함께 자라났습니다. 장군의 총명하신 才智가 보태지면서 영민하게 행동하셨으며, 장군께서는 고금 여러 사적을 널리 열람하셨고 홍성과 패망의 징조도 두루 살피셨으며, 그동안 영화나 재물을 흙처럼 경시하셨고 명예와 지위를 산처럼 귀하게 여기셨습니다. 그런데 갑자기 총명이 가려지고 미혹에 아주 깊게 빠져서 賢哲하신 지조를 포기하셨을 뿐만 아니라 원수를 대하는 분노에 휩싸여 破家의 재앙을 취하실 줄을 어찌 생각했겠습니까! 발돋움하고 목을 빼 기다리는 것이 원수와 적군이며, 慈親(母親)을 호랑이의 입에 넣어주는 것으로 하루 한때의 분노가 풀린다면 어찌 통탄스럽지 않겠습니까! 만약 하늘이 존엄한 뜻을 베풀어 장군의 마음을 완전히 바꾸게 해준다면 우리 장군께서도 장군의 품에 기어가 안기어 통곡할 것이며 臣 심배 역시 몸을 반듯하게 펴 장군이 내리는 도끼 처형을 따를 것입니다. 만약 장군께서 생각을 바꾸시지 않는다면 화가 닥치지 않겠습니까? 길흉을 심사숙고하시어 좋은 답신을 내려주시기 바랍니다.」

원담은 심배의 요청을 거절하였다.

▌原文

曹操因此進攻鄴, 審配將馮禮爲內應, 開突門內操兵三百餘人. 配覺之, 從城上以大石擊門, 門閉, 入者皆死. 操乃鑿塹圍城, 周回四十里, 初令淺, 示若可越. 配望見, 笑而不出爭利. 操一夜浚之, 廣深二丈, 引漳水以灌之. 自五月至八月, 城中餓死者過半. 尙聞鄴急, 將軍萬餘人還救城, 操逆擊破之. 尙走依曲漳爲營, 操復圍之, 未合, 尙懼, 遣陰夔‧陳琳求降, 不聽. 尙還走藍口, 操復進, 急圍之. 尙將馬延等臨陣降, 衆大潰, 尙奔中山. 盡收其輜重, 得尙印綬節鉞及衣物, 以示城中, 城中崩沮. 審配令士卒曰, "堅守死戰, 操軍疲矣. 幽州方至, 何憂無主!"操出行圍, 配伏弩射之, 幾中.
以其兄子榮爲東門校尉, 榮夜開門內操兵, 配拒戰城中, 生
獲配. 操謂配曰, "吾近行圍, 弩何多也?"配曰, "猶恨其
少."操曰, "卿忠於袁氏, 亦自不得不爾."意欲活之. 配意
氣壯烈, 終無撓辭, 見者莫不歎息, 遂斬之. 全尙母妻子, 還
其財寶. 高幹以幷州降, 復爲刺史.

| **註釋** | ○突門 – 성벽 1백 보마다 돌문을 만들어 수레나 사람을 통행
케 했고 거기에 여러 방어시설이 있었다. ○藍口 – 藍山(남산) 입구.

[國譯]

　조조는 이에 더 진군하여 鄴縣을 공격했고, 심배의 부장 馮禮(풍
례)가 내응하며 성의 突門(돌문)을 열어 조조의 군사 3백여 명을 들
어오게 했다. 심배가 이를 알고 성 위에서 큰 돌을 굴려 돌문이 닫히
자 성 안에 들어온 조조의 군사를 다 죽였다. 조조는 성 주변에 참호
를 파게 하였는데 둘레가 40리 정도 되었고 처음에는 낮게 팠기에
건너갈 수 있는 것처럼 보였다. 심배가 멀리서 보고는 웃고 성을 나
가 싸우지는 않았다. 그러나 조조는 하룻밤 사이에 깊게 파내고 漳
水(장수)의 물을 끌어들였다. 5월에서 8월까지 성 안에는 아사자가
절반이나 되었다. 원상은 업성이 위급한 것을 알고 군사 1만여 명을
거느리고 성을 구하려 달려왔으나 조조가 맞아 싸워 격파하였다. 원
상은 패주하여 강물이 굽이진 곳을 영채로 삼고 저항하자 조자가 다
시 포위하였다. 포위가 채 끝나기도 전에 원상은 두려워서 陰夔(음
기)와 陳琳(진림)을 보내 투항하려 했지만 조조가 받아들이지 않았

다. 원상은 藍口(남구)란 곳으로 돌아갔고 조조는 다시 진격하며 급하게 포위하였다. 원상의 부장인 馬延(마연) 등이 조조의 군진 앞에서 투항하자 부대가 크게 붕괴되면서 원상은 中山國으로 도주하였다. 조조의 군사는 원상의 치중물자를 모두 차지하였는데 원상의 인수나 부절, 斧鉞(부월) 및 의복 등을 업성에 보여주자 성 안의 군사들은 저절로 해체되었다. 심배는 사졸들에게 소리쳤다. "굳게 지키면서 죽을 때까지 싸우면 조조의 군사도 지칠 것이다. 幽州의 군사가 곧 도착할 것이니 주군이 없어도 걱정 없다!"

조조가 나가서 성을 포위하게 하자 심배는 쇠뇌를 매복시켰다가 응사하였고 조조는 거의 맞을 뻔하였다. 심배의 조카 審榮(심영)은 東門校尉였는데 심영이 밤에 성문을 열어 조조의 군사를 불러들였고 심배는 성 안에서 싸우다가 생포되었다. 조조가 심배에게 말했다.

"내가 성 가까이 갔을 때 쇠뇌를 어찌 그리 많이 쏘았는가?" 심배가 대답했다. "쇠뇌 화살이 적은 것이 한이었소." 조조가 말했다. "卿이 袁氏에게 충성했다지만 부득불 그랬을 것이다." 그러면서 심배를 살려주려고 했다. 그러나 심배의 의기는 장렬했고 조금도 굽히지 않아 이를 보며 탄식하지 않는 사람이 없었고, 결국 참수되었다. 원상의 모친과 처자식은 모두 살려주었고 재물도 돌려주었다. 高幹(고간)은 幷州를 들어 투항했고 다시 자사가 되었다.

原文

曹操之圍鄴也, 譚復背之, 因略取甘陵, 安平, 勃海, 河間,攻尙於中山. 尙敗, 走故安從熙, 而譚悉收其衆, 還屯龍湊.

十二月, 曹操討譚, 軍其門. 譚夜遁走南皮, 臨清河而屯.
明年正月, 急攻之. 譚欲出戰, 軍未合而破. 譚被髮驅馳, 追
者意非恒人, 趨奔之. 譚憧馬, 顧曰, "咄, 兒過我, 我能富貴
汝." 言未絶口, 頭已斷地. 於是斬郭圖等, 戮其妻子.

| 註釋 | ○故安 - 涿郡(탁군)의 縣名. ○龍湊(용주) - 지명. ○淸河國 -
治所는 甘陵縣, 今 山東省 직할 臨淸市(河北省과 접경) 동북. 桓帝 때 甘陵
國으로 개명. ○咄 - 꾸짖을 돌. 놀라 지르는 소리. 괴이하게 여겨 혀를 차
는 소리.

〔國譯〕

조조가 鄴城을 공격할 때, 원담은 다시 배반한 뒤에 연이어 甘陵,
安平, 勃海, 河間郡 등을 차지한 뒤에 中山郡에서 원상을 공격하였
다. 원상은 패전하여 故安縣(고안현)으로 달아나 袁熙(원희, 袁紹의 二
子)에게 의지했고, 원담은 원상의 군사를 모두 모아 돌아와 龍湊(용
주)에 주둔하였다.

12월, 조조가 원담을 토벌하면서 그 軍門을 점령했다. 원담은 밤
에 南皮縣으로 도망하여 淸河國 가까이에 주둔하였다.

명년(건안 10년, 서기 205) 정월, 조조는 원담을 맹공 했다. 원담
은 출전하려 했으나 군사를 정렬시키기도 전에 격파되었다. 원담은
머리를 묶지도 못한 채 말을 타고 도주하였는데 추격자는 못 보던
사람이라 생각하여 뒤쫓았다. 원담이 말에서 떨어지며 추격자를 보
고 말했다. "에이 참! 네가 나를 보내주면 너에게 부귀를 줄 수 있

다." 그러나 말이 채 끝나기도 전에 목이 땅에 떨어졌다. 이에 郭圖 (곽도) 등을 죽이고 그 처자를 도륙했다.

原文

熙,尙爲其將焦觸,張南所攻, 奔遼西烏桓. 觸自號幽州刺 史, 驅率諸郡太守令長背袁向曹, 陳兵數萬. 殺白馬盟, 令 曰, "違者斬!" 衆莫敢仰視, 各以次歃. 至別駕代郡韓珩, 曰, "吾受袁公父子厚恩, 今其破亡, 智不能救, 勇不能死, 於義 闕矣. 若乃北面曹氏, 所不能爲也!" 一坐爲珩失色. 觸曰, "夫擧大事, 當立大義. 事之濟否, 不待一人, 可卒珩志, 以 厲事君." 曹操聞珩節, 甚高之, 屢辟不至, 卒於家.

　高幹復叛, 執上黨太守, 擧兵守壺口關. 十一年, 曹操自征 幹, 幹乃留其將守城, 自詣匈奴求救, 不得, 獨與數騎亡, 欲 南奔荊州. 上洛都尉捕斬之.

| 註釋 | ○韓珩 – 字 子佩(자패). 珩은 노리개 형. ○壺口關(호구관) – 上 黨縣 壺山(호산) 입구의 관문. 今 山西省 동남부 長治市 관할 壺關縣. ○上 洛 都尉 – 上洛(상락)은 京兆尹 관하의 현명, 후국명. 今 陝西省 남동부 商 洛市 商州區. 상락현의 도위 이름은 王琰(왕염). 고간을 죽인 공로로 제후 에 봉해졌다. 이에 그 아내는 고간이 부귀해져서 첩실을 얻을 것을 걱정하 여 통곡했다고 한다.

　원희와 원상은 그 부장 焦觸(초촉)과 張南(장남)의 공격을 받자 遼西郡의 오환족에게 도주하였다. 초촉은 幽州刺史를 자칭하며, 여러 군의 태수와 현령, 현장을 모아놓고 원소를 배신하고 조조에 투항하겠다고 선언하며 수만 군사를 모았다. 초촉은 白馬를 죽여 맹서하며 "대항하는 자는 참수하겠다!"고 선언하자, 누구 하나 감히 똑바로 바라보지 못하고 차례대로 피를 마시며 맹세하였다. 그때 別駕인 代郡의 韓珩(한형)이 나와 말했다.

　"나는 袁公 부자의 후한 은덕을 입었지만 지금 그분이 패망했어도 구원할만한 지략이나 싸우다 죽은 용기도 없으나 의리상 버릴 수도 없습니다. 그러나 내가 조조의 신하가 되어 섬길 수는 없습니다!"

　좌중이 한형을 걱정하여 모두가 실색했다. 이에 초촉이 말했다.

　"큰일을 하려면 응당 대의를 내세워야 한다. 일이 성공 여부가 한 사람에게 달려있지는 않지만 한형의 대의도 지켜야 하니 힘써 事君하시오."

　조조는 한형의 지조를 전해 듣고 높이 평가하며 여러 번 관직에 불렀지만 출사하지 않았고 집에서 죽었다.

　(원소의 생질) 高幹(고간)이 또 배반하여 上黨 太守를 사로잡고 거병하여 壺口關(호구관)을 지켰다. (건안) 11년, 조조가 고간을 토벌하자 고간은 장수를 남겨 성을 지키게 하고, 고간이 직접 흉노를 찾아가 구원을 요청하였으나 구원병을 얻지 못하자 부하 기병 몇 명과 함께 남쪽 형주로 도주하였다. 그러나 (京兆의) 上洛縣 都尉에게 잡혀 죽었다.

十二年, 曹操征遼西, 擊烏桓. 尙,熙與烏桓逆操軍, 戰敗
走, 乃與親兵數千人奔公孫康於遼東. 尙有勇力, 先與熙謀
曰, "今到遼東, 康必見我, 我獨爲兄手擊之, 且據其郡, 猶
可以自廣也." 康亦心規取尙以爲功, 乃先置精勇於廏中, 然
後請尙,熙. 熙疑不欲進, 尙强之, 遂與俱入. 未及坐, 康叱伏
兵禽之, 坐於凍地. 尙謂康曰, "未死之間閒 寒不可忍, 可相
與席." 康曰, "卿頭顱方行萬里, 何席之爲!" 遂斬首送之.

| 註釋 | ○遼西郡 – 治所는 陽樂縣, 今 遼寧省 북부 阜新市(부신시). 내
몽고 접경. ○遼東郡 – 治所는 襄平縣, 今 遼寧省 중부 遼陽市. 遼東屬國
도 있었다. ○頭顱 – 머리. 顱는 머리뼈 노(로). 두개골.

[國譯]

(건안) 12년, 曹操는 遼西郡을 정벌하고 오환족을 공격하였다. 원
상과 원희는 오환족과 함께 조조를 맞아 싸웠지만 패주하게 되자,
수천 군사를 거느리고 公孫康(공손강)의 요동군으로 달아났다. 원상
은 본래 勇力이 있어 먼저 원희와 모의하였다.

"지금 요동군에 들어가면 공손강이 우리를 만나 줄 것이니, 내가
형을 위해 공손강을 죽이고 그 군을 차지하면 이후로 영역은 저절로
넓어질 것입니다."

그러나 공손강 역시 마음속으로 원상을 잡아 공을 세우려고 미리
마구간에 군사를 숨겨 놓은 뒤에 원상과 원희를 불렀다. 원희는 의
심하며 들어갈려 하지 않았지만 원상이 강요하여 함께 들어갔다. 자

리에 앉기도 전에 공손강이 원상을 질책하며 복병을 시켜 생포하였고 언 땅에 앉혀놓았다. 원상이 공손강에게 말했다.

"죽기도 전에 차가워서 견딜 수 없으니 깔 자리 좀 주시오." 그러자 공손강이 말했다.

"당신 머리가 이제 만 리 길을 가야 하는데 자리가 왜 필요하겠나?"

그리고는 바로 목을 잘라 낙양으로 보냈다.

原文

康, 遼東人, 父度. 初避吏爲玄菟小吏, 稍仕. 中平元年, 還爲本郡守. 在職敢殺伐, 郡中名豪與己夙無恩者, 遂誅滅百餘家. 因東擊高句驪, 西攻烏桓, 威行海畔. 時王室方亂, 度恃其地遠, 陰獨懷幸. 會襄平社生大石丈餘, 下有三小石爲足, 度以爲己瑞. 初平元年, 乃分遼東爲遼西, 中遼郡, 並置太守, 越海收東萊諸縣, 爲營州刺史, 自立爲遼東侯, 平州牧, 追封父延爲建義侯. 立漢二祖廟. 承制設壇墠於襄平城南, 郊祀天地, 藉田理兵, 乘鸞輅九旒旄頭羽騎. 建安九年, 司空曹操表爲奮威將軍, 封永寧鄕侯. 度死, 康嗣, 故遂據遼土焉.

| 註釋 | ○玄菟(현도) – 군명. 고을 이름 도. 토끼 토. 治所는 高句麗縣, 今 遼寧省 중북부의 審陽市 동쪽. ○因東擊高句驪 – 이때 고구려 도읍은

丸都城(환도성)이었다. ○襄平 - 遼東郡 치소.

[國譯]

公孫康(공손강)은 遼東郡 사람으로 부친은 公孫度(공손도)이다. 공
손도는 처음에 관리를 피해 玄菟郡(현도군)의 소리였는데 차츰 승진
하였다. (靈帝) 中平 원년(서기 184)에 돌아와 요동군 태수가 되었
다. 재직 중 과감하고 살벌하여 군내의 명문호족이나 이전에 자신에
게 은덕이 없었던 자를 1백여 명이나 죽였다. 그리고 동쪽으로 고구
려를 공격하고 서쪽으로 오손을 정벌하여 바닷가 지역에 위엄을 떨
쳤다. 그때 漢 황실이 혼란하자, 공손도는 그 지역이 멀리 떨어진 것
을 믿고 은밀히 요행을 기대하였다. 그때 (요동군 치소인) 襄平縣의
土地社에서 한 길이 넘는 큰 돌이 저절로 일어섰고, 아래에는 작은
돌 3개가 다리처럼 받치고 있었는데 공손도는 이것을 자신에 대한
祥瑞라고 생각하였다. (獻帝) 初平 원년에, 요동군을 나눠 遼西郡과
中遼郡으로 나누고 모두 太守를 임명하였고 바다를 건너 (今 山東
省 지역의) 東萊郡의 여러 현을 차지하고 營州刺史라고 자칭했다.
공손도는 자립하여 遼東侯에 平州牧을 칭하면서 부친 公孫延(공손
연)을 建義侯로 추봉하였다. 漢의 二祖(高祖, 光武帝 世祖)의 묘당을
세웠다. 황제의 명의로 襄平縣 성남에 단을 쌓고 천지신명에게 교제
를 지냈고 籍田을 두었고 군사제도를 정비하였으며 천자와 같은 수
레와 정기와 기병을 거느렸다. 建安 9년에, 司空 조조가 표문을 올
려 공손도에게 奮威將軍을 제수하고 永寧鄉侯에 봉했다. 공손도가
죽자 공손강이 후사가 되어 요동 일대를 차지하였다.

74 袁紹劉表列傳(下)
〔원소,유표열전(하)〕

❸ 劉表

原文

劉表字景升, 山陽高平人, 魯恭王之後也. 身長八尺餘,
姿貌溫偉. 與同郡張儉等俱被訕議, 號爲'八顧.' 詔書捕案
黨人, 表亡走得免. 黨禁解, 辟大將軍何進掾.

初平元年, 長沙太守孫堅殺荊州刺史王叡, 詔書以表爲荊
州刺史. 時江南宗賊大盛, 又袁術阻兵屯魯陽, 表不能得至,
乃單馬入宜城, 請南郡人蒯越,襄陽人蔡瑁與共謀畫. 表謂
越曰, "宗賊雖盛而衆不附, 若袁術因之, 禍必至矣. 吾欲徵
兵, 恐不能集, 其策焉出?" 對曰, "理平者先仁義, 理亂者先
權謀. 兵不在多, 貴乎得人. 袁術驕而無謀, 宗賊率多貪暴.

越有所素養者, 使人示之以利, 必持衆來. 使君誅其無道, 施其才用, 威德既行, 襁負而至矣. 兵集衆附, 南據江陵, 北守襄陽, 荊州八郡, 可傳檄而定. 公路雖至, 無能爲也." 表曰, "善." 乃使越遣人誘宗賊帥, 至者十五人, 皆斬之而襲取其衆. 唯江夏賊張虎,陳坐擁兵據襄陽城, 表使越與龐季往譬之, 乃降. 江南悉平. 諸守令聞表威名, 多解印綬去. 表遂理兵襄陽, 以觀時變.

| 註釋 | ○山陽高平人 – 山陽郡 치소는 治所 昌邑縣, 今 山東省 서남부 菏澤市 관할의 巨野縣. 高平縣은 今 山東省 서남부 濟寧市 관할 微山縣. ○恭王 – 景帝子, 名 劉餘(유여). ○八顧(팔고) – 黨錮의 피해를 입은 명사의 부류별 호칭. 67권, 〈黨錮列傳〉 서문에 유표는 팔고가 아닌 '八及'으로 분류되었다. 「張儉(장검), 岑晊(잠질), 劉表(유표), 陳翔(진상), 孔昱(공욱), 苑康(원강), 檀敷(단부), 翟超(적초)를 '八及(팔급)'이라고 불렀다. 及이란 능히 다른 사람을 이끌어 따라오게 할 사람이란 뜻이다.」 ○王叡(왕예) – 字 通曜(통요). ○宗賊 – 한 집안 사람들이(宗黨) 모두 도적인 집단. ○宜城(의성) – 南郡의 현명. 今 湖北省 襄陽市 관할 宜城市. ○蔡瑁(채모) – 劉表 繼妻 蔡氏의 동생. ○荊州八郡 – 형주 자사부의 치소는 武陵郡 漢壽縣, 今 湖南省 북부 常德市. 長沙郡, 零陵, 桂陽, 南陽, 江夏, 武陵, 南郡, 章陵郡 등을 관할.

[國譯]

劉表(유표)의 字는 景升(경승)으로, 山陽郡 高平縣 사람으로 魯 恭王의 손이다. 유표는 신장이 8尺이 넘고 용모가 온아하며 위엄이 있었다. 同郡의 張儉(장검) 등과 함께 비방을 당해 '八顧(팔고)'로 불렸다. 黨人을 체포하라는 조서가 내려오자 유표는 도주하여 체포를 면했다. 黨錮가 풀리자 부름에 응해 大將軍 何進의 掾吏(연리)가 되었다.

(獻帝) 初平 원년에, 長沙太守인 孫堅(손견)이 荊州刺史인 王叡(왕예)를 죽이자, 조서로 유표는 형주자사가 되었다. 그때 江南 일대에는 同族이 결성한 宗賊(종적)이 매우 많았고, 또 袁術(원술)이 魯陽(노양)에 주둔하고 있어 유표는 부임할 수가 없어 單馬로 宜城縣까지 갔다. 유표는 南郡 사람인 蒯越(괴월)과 (南郡) 襄陽縣 사람 蔡瑁(채모)와 함께 방법을 논의하였다.

유표가 괴월에게 말했다. "宗賊들이 많다지만 대중이 따르지는 않으나, 만약 그들이 원술 편이 된다면 그 재앙이 클 것이다. 내가 그들을 군사로 흡수하려지만 모이지 않을 것 같은데 어쩌면 좋겠는가?" 이에 두 사람이 말했다.

"平時에는 仁義를 내세워 다스려야 하지만, 난세에는 權謀를 우선해야 합니다. 병력은 많아야만 좋은 것이 아니니 得人이 중요합니다. 원술은 교만한데다가 무모하고 종적들은 대개 탐욕에 포악합니다. 이 괴월이 평소에 가까이 한 사람들을 불러 실리를 가지고 설득하면 분명 무리와 함께 모여들 것입니다. 使君(刺史)께서 그들 중 무도한 자를 제거하면 쓸모가 있을 것이고, 일단 威德이 통하면 백성들을 보따리를 싸들고 모여들 것입니다. 군사가 모이면 백성이 따를 것이니, 남으로는 江陵을 차지하고 북으로 襄陽(양양)을 지키면 荊州의 八郡은 격문을 보내 안정시킬 수 있습니다. 公路(袁術의 字)가 들이닥친다 하여도 어쩌지 못할 것입니다."

유표는 맞는 말이라고 했다.

그리고는 괴월을 시켜 宗賊의 우두머리를 초치하였는데 찾아온 15명을 모두 죽인 다음에 그 무리를 습격하여 차지하였다. 다만 江夏의 적 張虎(장호)와 陳坐(진좌)는 군사를 거느리고 襄陽城을 점거하고 있었는데, 유표는 괴월과 龐季(방계)를 보내 설득시키자 곧 투항하였다. 이에 江南이 모두 평정되었다. 많은 수의 태수나 현령이 유표의 威名을 듣고 인수를 풀어놓고 떠나갔다. 유표는 양양에서 군사를 조련하며 시대의 변이를 관망하였다.

原文

袁術與其從兄紹有隙, 而紹與表相結, 故術共孫堅合從襲表. 表敗, 堅遂圍襄陽. 會表將黃祖救至, 堅爲流箭所中死, 餘衆退走. 及李催等入長安, 冬, 表遣使奉貢. 催以表爲鎭南將軍, 荊州牧, 封成武侯, 假節, 以爲己援.

| 註釋 | ○襄陽 – 南郡 襄陽縣, 今 湖北省 북부 襄樊市(양번시) 襄陽區. 양양시로 통칭. ○堅爲流箭所中死 – 黃祖는 손견에게 패주하여 峴山(현산)에 숨어들었고, 손견이 추적하다가 황조의 부하 병사의 화살에 맞아 죽었다.

[國譯]

원술은 그 사촌 형인 원소가 사이가 안 좋았고, 원소는 유표와 친교가 있었기에 원술은 孫堅(손견)과 合從하여 유표를 기습 공격하였다. 유표는 패전했고, 손견은 襄陽을 포위하였다. 이때 유표의 부장 黃祖(황조)의 구원병이 도착했고, 손견은 流矢(유시)에 맞아 죽었고 나머지 무리는 퇴각하였다. 李傕(이각) 등이 長安에 들어왔고 겨울에 유표는 사자를 보내 헌제에게 공물을 바쳤는데, 이각은 유표를 鎭南將軍에 荊州牧에 임명하고 成武侯에 봉했으며 부절을 내려주며 자신의 후원세력으로 생각하였다.

原文

建安元年, 驃騎將軍張濟自關中走南陽, 因攻穰城, 中飛矢而死. 荊州官屬皆賀. 表曰, "濟以窮來, 主人無禮, 至於交鋒, 此非牧意, 牧受吊不受賀也." 使人納其衆, 衆聞之喜, 遂皆服從. 三年, 長沙太守張羨率零陵,桂陽三郡畔表, 表遣兵攻圍, 破羨, 平之. 於是開土遂廣, 南接五領, 北據漢川, 地方數千里, 帶甲十餘萬. 初, 荊州人情好擾, 加四方駭震, 寇賊相扇, 處處麋沸. 表招誘有方, 威懷兼洽, 其姦猾宿賊更爲效用, 萬里肅淸, 大小咸悅而服之. 關西,兗,豫學士歸者蓋有千數, 表安慰賑贍, 皆得資全. 遂起立學校, 博求儒術, 綦母闓,宋忠等 撰立五經章句, 謂之後定. 愛民養士, 從容自保.

| 註釋 | ○張濟(장제) - 董卓의 부장. 李傕(이각)과 같은 세력. ○穰城 - 南陽郡의 지명. 今 河南省 서남부 鄧州市 부근. 南陽郡도 형주목의 관할이

었다. ㅇ五領(오령) - 기록에 따라 차이가 있지만 大庾嶺(대유령), 始安, 臨賀, 桂陽, 揭陽嶺을 지칭한다. ㅇ關西,兗,豫學士歸者蓋有千數 - 당시 襄陽 일대로 전국 인재들이 모여들었으니 우선 劉表는 山東 高平人이었고 王粲(왕찬), 王凱(왕개), 뒷날 晉 太醫인 王叔和(왕숙화) 등도 모두 高平人이었다. 그밖에 古文 經學家인 穎川人 司馬徽(사마휘), 章陵 사람 宋忠(송충), 徐庶(서서)가 모두 당대의 준걸이었고, 諸葛亮 같은 사람도 南陽에 와서 살았다.

[國譯]

　(獻帝) 建安 원년(서기 196), 驃騎將軍 張濟(장제)가 關中에서 南陽郡으로 내려와 穰城(양성)을 공격하다가 流矢에 맞아 죽었다. 형주의 관속들이 모두 유표를 축하하였다. 이에 유표가 말했다.

　"장제가 궁지에 몰려왔다가 주인에게 무례했고 그러다가 싸우게 되었지만, 이는 나의 생각과는 다르기에 손님의 죽음에 조문을 받을 수는 있지만 축하받을 일은 아니다." 라고 말하면서 장제의 무리를 받아들이라 하자 그 잔당이 좋아하였고 모두 유표에게 기꺼이 복종하였다.

　(建安) 3년, 長沙 태수 張羨(장선)이 零陵, 桂陽郡과 함께 3郡이 유표에 반기를 들었는데 유표는 군사를 보내 장선을 격파 평정하였다. 이에 형주목의 관할 지역은 더 넓어져 남으로는 五領(오령)에 닿았고, 북으로는 漢川(漢水)까지 사방 수천 리였으며 무장 군사가 10여만 명이었다. 그전에 荊州의 민심은 소요를 잘 일으켰고, 사방에서 소요가 일어나면 적들이 서로 부채질을 하여 곳곳에서 죽 끓듯 하였다. 유표는 사방의 유력자를 초치하며 위엄과 은택으로 다스리자, 간사한 불법자나 숙적 세력도 유표에게 협조하게 되어 1만 리 넓은 지역이 안정되었고 크고 작은 세력들이 모두 복속하였다.

그리하여 關西지역이나 兗州, 豫州 일대의 學士로 형주에 들어온 사람들이 대략 1천여 명이나 되었는데, 유표는 그들을 위무하고 구제하여 모두 자산을 형성할 수 있었다. 그리하여 유표는 학교를 세우고 멀리까지 유학 인재를 찾아 모으자 綦母闓(기모개), 宋忠(송충) 등은 《五經》章句를 편찬하며, 이를 '後定'이라 불렀다. 유표는 愛民養士하며 조용히 자신의 세력을 지켰다.

原文

及曹操與袁紹相持於官度, 紹遣人求助, 表許之, 不至, 亦不援曹操, 且欲觀天下之變. 從事中郎南陽韓嵩, 別駕劉先說表曰, "今豪桀並爭, 兩雄相持, 天子之重在於將軍. 若欲有爲, 起乘其敝可也, 如其不然, 固將擇所宜從. 豈可擁甲十萬, 坐觀成敗, 求援而不能助, 見賢而不肯歸! 此兩怨必集於將軍, 恐不得中立矣. 曹操善用兵, 且賢俊多歸之, 其勢必舉袁紹, 然後移兵以向江漢, 恐將軍不能御也. 今之勝計, 莫若舉荊州以附曹操, 操必重德將軍, 長享福祚, 垂之後嗣, 此萬全之策也."

蒯越亦勸之. 表狐疑不斷, 乃遣嵩詣操, 觀望虛實. 謂嵩曰, "今天下未知所定, 而曹操擁天子都許, 君爲我觀其釁." 嵩對曰, "嵩觀曹公之明, 必得志於天下. 將軍若欲歸之, 使嵩可也, 如其猶豫, 嵩至京師, 天子假嵩一職, 不獲辭命, 則成天子之臣, 將軍之故吏耳. 在君爲君, 不復爲將軍死也.
惟加重思."

表以爲憚使, 强之. 至許, 果拜嵩侍中, 零陵太守. 及還, 盛
稱朝廷曹操之德, 勸遣子入侍. 表大怒, 以爲懷貳, 陳兵詬
嵩, 將斬之. 嵩不爲動容, 徐陳臨行之言. 表妻蔡氏知嵩賢,
諫止之. 表猶怒, 乃考殺從行者. 知無它意, 但囚嵩而已.

| 註釋 | ○韓嵩 – 字 德高, 義陽縣人, 少好學하였고 貧困에도 지조를 바
꾸지 않았다. ○劉先 – 零陵郡 출신. 字 始宗. 博學强記했고 黃老를 좋아
하였다. ○陳兵詬嵩 – 詬는 꾸짖을 후(罵也).

【國譯】

조조가 원소와 官度(官渡)에서 대치할 때, 원소는 사람을 보내 도
움을 청했고 유표는 수락했으나 군사를 보내지 않았고, 또 조조를
돕지도 않고 천하의 변화를 관망하였다. 從事中郞인 南陽 출신 韓嵩
(한숭)과 별가종사인 劉先(유선)이 유표에게 말했다.

"지금 호걸의 상호 다툼 속에 兩雄이 대치하면서 天子의 기대는
장군에게 쏠렸습니다. 만약 뜻이 있다면 이런 기회를 이용할 수 있
지만, 아니면 유리한 쪽을 골라 따라야 할 것입니다. 어찌 10만 군사
를 옹위하고 앉아서 성패를 관망하시거나 구원한다면서 돕지 않고,
유능한 것을 알면서도 협조하지 않을 수 있겠습니까! 이렇게 되면
필히 양쪽 원망이 장군에게 모일 것이고 중립을 지킬 수도 없을 것
입니다. 조조는 用兵에 능하고 유능한 인재들이 많이 모였으니 그
세력은 틀림없이 원소를 친 다음에 군사를 이쪽 漢水나 長江쪽으로

향할 것이니 장군께서 막기 어려울 것입니다. 지금 가장 좋은 방책은 형주를 들어 조조에 의지하는 것이며, 그렇게 되면 조조는 장군의 은덕을 중히 여겨 오랫동안 복록을 이어가며 후손에 전할 수 있으니 이것이 가장 안전한 대책일 것입니다."

괴월도 같은 말로 권했다. 그러나 유표는 狐疑(호의)하며 결단하지 못하더니 한숭을 조조에게 보내 허실을 관망하라고 시켰다. 유표가 한숭에게 말했다.

"지금 천하가 어떻게 돌아갈지 알 수가 없다. 조조는 천자를 끼고 허도에 있으니 그대가 나를 위해 그 허실을 알아보라."

이에 한숭이 말했다.

"저는 천하를 차지하려는 명철한 曹公의 뜻을 알고 있습니다. 장군께서 조조에게 귀부할 뜻이라면 저를 보낼 수 있지만, 유예한다면 제가 경사에 가서 천자로부터 새 직책을 받을 경우, 저는 사양할 수가 없으니, 천자의 신하가 되고 장군의 옛 신하가 됩니다. 천자의 신하가 되어 섬겨야 한다면 다시는 장군을 위해 죽을 수도 없으니 신중히 생각해 주십시오."

유표는 한숭이 出使가 싫은 것이라 생각하면서 강제로 보냈다. 허도에 도착한 한숭은 侍中을 제수 받고 零陵太守에 임명되었다. 한숭이 돌아와 조정에서 조조의 능력을 크게 칭송하면서 유표에게 아들을 보내 入侍할 것을 권유하였다. 유표는 대노하며 한숭이 딴 뜻을 품었다고 생각하며 병기를 잡고 한숭을 질책하며 참수하려 했다. 그러나 한숭은 안색을 바꾸지 않고 그간 다녀온 일을 진술하였다. 유표 아내 蔡氏는 한숭의 현명함을 알기에 유표를 제지하였다. 유표는 더욱 화를 내었고 한숭의 從者를 고문하여 죽였다. 유표는 한숭이 다른 뜻이 없음을 알고서 한숭을 가둬 두었다.

六年, 劉備自袁紹奔荊州, 表厚相待結而不能用也. 十三年, 曹操自將征表, 未至. 八月, 表疽發背卒. 在荊州幾二十年, 家無餘積.

二子, 琦,琮. 表初以琦貌類於己, 甚愛之, 後爲琮娶其後妻蔡氏之姪, 蔡氏遂愛琮而惡琦, 毁譽之言日聞於表. 表寵耽後妻, 每信受焉. 又妻弟蔡瑁及外甥張允並得幸於表, 又睦於琮. 而琦不自寧, 嘗與琅邪人諸葛亮謀自安之術. 亮初不對. 後乃共升高樓, 因令去梯, 謂亮曰, "今日上不至天, 下不至地, 言出子口而入吾耳, 可以言未?" 亮曰, "君不見申生在內而危, 重耳居外而安乎?" 琦意感悟, 陰規出計. 會表將江夏太守黃祖爲孫權所殺, 琦遂求代其任.

| 註釋 | ○疽發背卒 – 疽는 등창 저. 등(背)에 나는 악성 腫氣(종기). 지금은 종기라는 피부병을 거의 볼 수 없지만 위생상태가 불량했던 옛날에는 어른이나 아이 구분 없이 아주 흔한 피부병이었다. ○諸葛亮(제갈량, 181–234년) – 字 孔明, 蜀漢 丞相, 政治家, 전략가, 發明家, 걸출한 문인. 徐州 琅琊郡(낭야군) 출신. 청년시절 南陽에서 耕讀. 臥龍(와룡)이라 호칭. 건안 12년(丁亥, 서기 207년), 유비의 三顧草廬, 諸葛亮은 三分天下의 隆中對策을 건의, 유비의 軍師가 됨. 보통 칭호는 武侯, 공식 작위는 武鄕侯, 後

主 劉禪(유선)을 보필. 후세 중국인에게 忠臣이며 智者로 각인, 일상생활 속에 여전히 살아있는 제갈량으로 등장한다. ○不見申生~, 重耳居外~ - 申生은 晉 獻公의 太子, 麗姬(여희)의 참소를 받고 목매 자살했다. 重耳는 申生의 아우. 麗姬의 참소를 피해 망명했다가 獻公이 죽자 귀국하여 즉위하니, 이가 五霸의 한 사람인 晉 文公이다. ○江夏 - 荊州刺史部의 郡名. 治所는 西陵縣, 今 湖北省 동부 武漢市 新洲區.

[國譯]

(建安) 6년(서기 201), 劉備(유비)는 원소를 떠나 荊州로 도망 나왔고, 유표는 유비를 후대하며 교제하였지만 등용하지는 않았다. 13년 조조는 직접 유표 정벌에 나섰는데 아직 (형주 영내에) 진입하지는 못했다. 8월에, 유표는 등에 종기가 나서 죽었다. 유표는 형주에 20년 가까이 군림하였지만 집안에는 비축 재산이 없었다.

유표의 두 아들은 劉琦(유기)와 劉琮(유종)이었다. 유표는 처음에 유기가 자신을 닮았다 하여 매우 친애하였는데, (어린) 유종을 위해 蔡氏의 질녀를 후처로 맞이한 이후로, 채씨가 유종을 편애하며 유기를 미워하자, 유기를 헐뜯고 유종을 칭찬하는 말이 날마다 유표에게 들려왔다. 또 처제인 蔡瑁(채모)와 생질인 張允(장윤)도 유표의 신임을 받으면서 유종과 사이가 좋았다. 유기는 스스로 불안해하면서 琅邪(낭야) 출신 諸葛亮(제갈량)에게 자신을 지킬 방책을 물었다. 제갈량은 처음에 대답하지 않았다. 후에 유기는 제갈량과 함께 높은 누각에 올라가서 사다리를 치우게 한 뒤 제갈량에게 말했다.

"오늘은 이제 하늘로 올라갈 수도, 또 땅으로 내려갈 수도 없으며 당신 입에서 나온 말은 내 귀로 들어올 것인데 그래도 말씀 안 하시졌습니까?" 그러자 제갈량이 말했다.

"君께서는 申生(신생)은 안에 있었기에 위험했고, 重耳(중이)는 밖에 있었기에 안전했던 故事를 모릅니까?"

유기는 말뜻을 깨닫고 은밀히 밖으로 나갈 궁리를 했다. 마침 유표의 부장인 江夏 太守 黃祖(황조)가 孫權(손권)에게 피살되자 유기는 그 후임으로 나갈 수 있었다.

原文

及表病甚, 琦歸省疾, 素慈孝, 允等恐其見表而父子相感, 更有托後之意, 乃謂琦曰, "將軍命君撫臨江夏, 其任至重. 今釋衆擅來, 必見譴怒. 傷親之歡, 重增其疾, 非孝敬之道也." 遂遏於戶外, 使不得見. 琦流涕而去, 人衆聞而傷焉. 遂以琮爲嗣. 琮以侯印授琦. 琦怒, 投之地, 將因奔喪作難. 會曹操軍至新野, 琦走江南. 蒯越,韓嵩及東曹掾傅巽等說琮歸降.

琮曰, "今與諸君據全楚之地, 守先君之業, 以觀天下, 何爲不可?" 巽曰, "逆順有大體, 强弱有定勢. 以人臣而拒人主, 逆道也. 以新造之楚而御中國, 必危也. 以劉備而敵曹公, 不當也. 三者皆短, 欲以抗王師之鋒, 必亡之道也. 將軍自料何與劉備?" 琮曰, "不若也." 巽曰, "誠以劉備不足御曹公, 則雖全楚不能以自存也. 誠以劉備足御曹公, 則備不爲將軍下也. 願將軍勿疑."

| 註釋 |　○新野 – 今 河南省 南陽市 관할 新野縣.

[國譯]

유표의 병이 위독하자 유기는 부친을 문병하려 돌아왔는데, 이는 평소의 자애와 효심이었지만 장윤 등은 유표가 유기를 만나 부자간에 뜻이 통하거나 더 나아가 후사를 부탁할 수도 있다고 생각하여 유기를 제지하며 말했다.

"將軍(劉表)께서 江夏를 부탁하신 것은 그 임무가 막중하기 때문입니다. 지금 군사를 버려두고 마음대로 들어왔으니 틀림없이 분노하실 것입니다. 병중의 부친을 기쁘게 하려는 뜻이 병환을 악화시킬 것이니 효도와 공경의 길이 아닙니다."

결국 집 밖에서 막혀 뵙지도 못했다. 유기는 눈물을 흘리며 돌아섰고 백성들은 이를 듣고서 가슴 아파했다. 결국 유종이 후사가 되었다. 유종은 제후 인수를 유기에 보냈다. 유기는 화를 내며 인수를 땅에 던져버렸고, 분상을 기회로 큰일을 일으키려 했다. 마침 조조의 군사가 新野縣(신야현)에 들어오자 유기는 江南으로 피신하였다. 괴월과 한숭 및 東曹掾인 傅巽(부손) 등은 유종에게 투항할 것을 권유하였다.

유종이 말했다. "지금 여러분과 함께 옛 楚地를 바탕으로 先君의 대업을 이어가며 천하를 관망하려 하는데 왜 안 된다고 하는가?" 이에 부손이 대답했다.

"逆과 順에 大體가 있으며, 强과 弱에도 定勢가 있습니다. 人臣의 지위에서 人主에 항거하는 것은 逆道입니다. 楚地를 새로 이어 받은 것으로 中國을 휘둘러보겠다면 틀림없이 위태롭습니다. 劉備로 하여금 曹公을 대적케 하면 감당할 수가 없습니다. 이렇듯 3가지가 모두 부족한데, 王師의 칼끝에 항거한다면 틀림없는 멸망의 길 입니다. 장군 생각으로 유비에 비하면 어떻습니까?" 유종은 같지 못하다고 대답하였다. 이에 부손이 말했다.

"실제로 유비는 曹公을 막을 수 없습니다. 곧 楚地를 다 차지한다고 하여도 자립할 수 없습니다. 진실로 유비가 曹公을 막을 수 있다면 유비는 장군의 아래에 있지도 않을 것입니다. 장군께서는 의심치 마십시오."

原文

及操軍到襄陽, 琮擧州請降, 劉備奔夏口. 操以琮爲靑州刺史, 封列侯. 蒯越等候者十五人. 乃釋嵩之囚, 以其名重, 甚加禮待, 使條品州人優劣, 皆擢而用之. 以嵩爲大鴻臚, 以交友禮待之. 蒯越光祿勳, 劉先尙書令. 初, 表之結袁紹也, 侍中從事鄧義諫不聽. 義以疾退, 終表世不仕, 操以爲侍中. 其餘多至大官.

操後敗於赤壁, 劉備表琦爲荊州刺史. 明年卒.

| 註釋 | ○夏口 - 今 湖北省 武漢市(武昌, 漢口, 漢陽 合倂) 중 漢口, 漢水가 長江과 합류하는 곳. ○赤壁(적벽) - 今 湖北省 남부 咸寧市 관할 赤壁市(原名 蒲圻市, 1998년 개명). 建安 13년(서기 208)의 赤壁之戰은 魏와 吳의 싸움이었다. 형세가 약한 유비가 吳를 끌어들였다. 諸葛亮(孔明)이 孫權을 격분케 한 논쟁이나 孔明이 智激周瑜했다든지, 群英會, 孔明借箭

(草船借箭), 曹操賦詩, 諸葛祭風, 借東風, 連環計, 火燒赤壁, 雲長義釋曹操 등 수많은 얘깃거리를 제공했다.

[國譯]

　조조의 군사가 襄陽(양양)에 들어오자 유종은 형주를 들어 투항하였고 劉備는 夏口(하구)로 옮겨갔다. 조조는 유종을 靑州刺史에 임명하고 列侯에 봉하였다. 괴월 등 15명이 제후에 봉해졌다. 갇혀있던 한숭을 석방시키고 그 명성을 존중하여 특별히 우대하였으며, 형주인물의 우열을 조목별로 상신케 한 뒤에 발탁 등용하였다. 조조는 한숭을 大鴻臚(대홍려)에 임명하였고, 交友의 禮로 대우하였다. 괴월은 光祿勳, 유선은 尙書令이 되었다. 처음에 유표가 원소와 연맹하려고 할 때, 侍中從事인 鄧義(등의)가 제지하였으나 유표는 따르지 않았다. 등의는 병을 핑계로 물러난 뒤 유표가 죽을 때까지 다시 출사하지 않았는데 조조가 侍中에 임용하였다. 그 나머지도 높은 자리에 올랐다.

　조조는 뒷날 赤壁(적벽)에서 패전하였고, 유비의 표문으로 유기는 형주자사가 되었지만 다음 해에 죽었다.

原文

　論曰, 袁紹初以豪俠得衆, 遂懷雄霸之圖, 天下勝兵擧旗者, 莫不假以爲名. 及臨場決敵, 則悍夫爭命, 深籌高議, 則智士傾心. 盛哉乎, 其所資也! 韓非曰, "很剛而不和, 愎過而好勝, 嫡子輕而庶子重, 斯之謂亡徵." 劉表道不相越, 而欲臥收天運, 擬蹤三分, 其猶木禺之於人也.

| 註釋 | ○悍夫爭命 - 悍은 사나울 한. 용맹하다(勇也). ○韓非(前 281?-233년) - 전국시대 韓國人, 法家 사상의 대표적 인물. 法, 術. 勢 중 시. ○佷剛而不和 - 佷은 어그러질 한. 삐딱하다. ○愎諫而好勝 - 愎은 괴팍할 팍. ○嫡子輕而庶子重 - 嫡은 정실 적. 正妻. ○猶木禺之於人也 - 木禺는 刻木하여 만든 인형. 禺는 원숭이 우.

[國譯]

范曄(범엽)의 史論 : 袁紹(원소)는 처음에 豪俠(호협)으로 무리를 모 았고 천하제패의 뜻을 품었는데, 당시에 거병하며 깃발을 올린 자로 원소에게 의탁하지 않은 자가 없었다. 戰場에서 결전하면서 勇者는 목숨을 걸었고, 심오한 방략 논의에서 智士는 충심을 다하였다. 원 소의 바탕 세력은 참으로 융성했다. 韓非子가 말했다. "삐딱하게 억 세어 화합하지 못하고, 지나치게 까다롭고 이기려고 애쓰며, 嫡子를 경시하고 庶子를 중시하는 것이 바로 멸망의 징조이다."

劉表(유표)의 道德은 그 외모보다 못했고, 가만히 누워 천운을 기 다리면서 삼분천하를 그렸는데, 그저 나무를 깎아 놓은 인형과 같았 다.

原文

贊曰, 紹姿弘雅, 表亦長者. 稱雄河外, 擅强南夏. 魚儷漢 舳, 雲屯冀馬. 窺圖訊鼎, 禋天類社. 旣云天工, 亦資人亮.

矜彊少成, 坐談奚望. 回皇冢頤嬖, 身顇業喪.

| 註釋 |　○魚儷 - 물고기처럼 떼를 짓다. 舳은 고물 축. 배의 뒷부분.
○窺圖訊鼎 - 窺는 엿볼 규. 圖는 도참서. 訊鼎(신정)은 問鼎(문정)과 같음.
問鼎九鼎하다. 천하를 차지할 욕심을 갖다. 訊은 물을 신. 하문하다.　○禋
天類社 - 禋天(인천)은 하늘에 제사하다. 禋은 제사 지낼 인. 類는 제사 이
름 류. 出師하기 전에 지내는 제사. 四郊에서 日月星辰에게 올리는 제사.
社는 土地神 사.　○旣云天工, 亦資人亮 - 天工은 天官. 亮은 信義. 亮은 밝
을 량. 진실.　○矜彊少成, 坐談奚望 - 矜彊은 원소를 의미. 원소는 하북의
병마가 강대하다고 긍지만 강했지 성취가 없는 사람이라는 뜻. 坐談은 유
표를 지칭. 사람됨이 큰 뜻은 없고 손님과 좌담이나 즐기는 사람이라는 뜻.
○回皇冢頤嬖, 身顇業喪 - 回皇은 방황하다. 徊徨, 결단하지 못하다. 冢은
크다. 맏이, 正室(嫡室). 冢子. 嫡長子. 무덤 총. 嬖는 사랑할 폐(愛也).

【國譯】

　贊曰,
　원소는 관대 우아한 모습에, 유표 또한 長者의 풍모였다.
　河南北 지역의 英雄이었고, 중원 서남(荊州)의 强者였다.
　漢水에 戰船이 떼를 지었고, 冀州 兵馬는 구름과 같았다.
　圖書를 엿보아 제위를 꿈꾸고 天地에도 제사를 올렸다.
　하늘 뜻이라 하지만 이 또한 인간의 신의가 바탕이로다.
　强兵의 긍지는 성취가 없고, 좌담하면서 무얼 바라겠나?
　長子와 寵愛子에 헤매다가 一身과 大業을 모두 잃었다.

75 劉焉袁術呂布列傳
〔유언,원술,여포열전〕

❶ 劉焉

原文

劉焉字君郎, 江夏竟陵人也, 魯恭王後也. 肅宗時, 徙竟陵. 焉少任州郡, 以宗室拜郎中. 去官居陽城山, 精學敎授. 舉賢良方正, 稍遷南陽太守, 宗正, 太常.

時, 靈帝政化衰缺, 四方兵寇, 焉以爲刺史威輕, 旣不能禁, 且用非其人, 輒增暴亂, 乃建議改置牧伯, 鎭安方夏, 淸選重臣, 以居其任. 焉乃陰求爲交阯, 以避時難. 議未卽行, 會益州刺史郤儉在政煩擾, 謠言遠聞, 而幷州刺史張懿,涼州刺史耿鄙並爲寇賊所害, 故焉議得用. 出焉爲監軍使者, 領益州牧, 太僕黃琬爲豫州牧, 宗正劉虞爲幽州牧, 皆以本秩居職. 州任之重, 自此而始.

| 註釋 | ○劉焉 - 劉焉은 어찌 언, 어조사 언. 이에. 焉哉乎也. 문장을
마칠 때 쓰는 종결어미. ○江夏竟陵 - 江夏郡의 治所는 西陵縣, 今 湖北省
동부 武漢市 新洲區. 竟陵縣은 今 湖北省 중남부 직할 潛江市(잠강시). 荊州
市 동쪽. ○皆以本秩居職 - 13주의 자사의 질록은 比이천석으로 태수보
다 조금 적었다. 중앙 정부의 9卿의 질록은 中이천석으로 태수보다 많았
다. 이제 13州牧(牧은 간칭)의 질록을 9경과 동급으로 한다는 뜻. ○州任
之重 - 牧은 산하 여러 郡國에 대한 행정과 군사의 대권을 장악하였으니
태수와는 비교가 되지 않을 정도로 권한이 강대하였다.

[國譯]

　劉焉(유언)의 字는 君郎(군랑)으로 江夏郡 竟陵縣(경릉현) 사람으로
魯 恭王의 후손이다. 肅宗(章帝) 때 경릉현으로 이사했다. 유언은
젊어 州郡에서 근무했고, 宗室이라서 郎中이 되었다. 유언은 관직을
사임한 뒤 陽城山에 거처하며 학문에 전념하며 교수하였다. 賢良方
正의 인재로 천거되었고, 차츰 승진하여 南陽太守, 宗正, 太常을 역
임하였다.

　그때 靈帝의 정사와 교화가 붕괴되며 사방에서 兵禍가 있었는데,
유언은 刺史의 위엄이 없어 賊徒를 禁制할 수가 없으며, 또 무능력
자가 임무를 담당한 것이 폭정이 원인이라 생각하여 牧伯(州牧)을
모두 교체해야 하고, 한 지역을 다스리도록 重臣 중에서 적임자를
골라 앉혀야 한다고 주장하였다. 그러면서 유언은 은밀히 交阯(교지,
交州) 州牧을 얻어 난국을 피하려 했다. 유언의 주장에 대한 논의가
진행되지 않았는데, 마침 益州刺史 郗儉(치검)이 재직 중 폭정으로

謠言이 낙양까지 알려졌으며, 또 幷州刺史 張懿(장의), 涼州刺史 耿
鄙(추비) 등이 모두 도적 무리에게 피살당하자 유언의 주장을 논의
하였다. 이후 유언은 監軍使者가 되어 益州牧을 겸임하였고, 太僕
黃琬(황완)은 豫州牧, 宗正인 劉虞(유우)는 幽州牧이 되었는데 모두
前職의 질록으로 부임케 하였다. 州任(州牧)의 중직은 이때부터 시
행되었다.

■原文

是時, 益州賊馬相亦自號 '黃巾', 合聚疲役之民數千人,
先殺綿竹令, 進攻雒縣, 殺郗儉, 又擊蜀郡, 犍爲, 旬月之間,
破壞三郡. 馬相自稱 '天子', 衆至十餘萬人, 遣兵破巴郡, 殺
郡守趙部. 州從事賈龍, 先領兵數百人在犍爲, 遂糾合吏人
攻相, 破之, 龍乃遣吏卒迎焉. 焉到, 以龍爲校尉, 徙居綿竹.
撫納離叛, 務行寬惠, 而陰圖異計.

| 註釋 | ○綿竹 – 廣漢郡의 현명. 今 四川省 德陽市 관할 綿竹市. 天下
名酒 '劍南春'과 '綿竹大麯'의 산지. ○雒縣(낙현) – 廣漢郡의 현명. 益州
刺史部의 치소, 今 四川省 德陽市 관할 廣漢市. 成都市 북쪽.

[國譯]

이때, 益州의 反賊인 馬相(마상)은 '黃巾'이라 칭하면서 부역에
시달리는 백성 수천 명을 모아 먼저 綿竹(면죽) 현령을 죽이고, 雒縣
(낙현)을 침공하여 (益州자사) 郗儉(치검)을 죽였다. 또 蜀郡과 犍爲

郡(건위군)을 공격하여 한 달 사이에 3郡을 파괴하였다. 그러자 馬相은 '天子'를 자칭했고, 그 무리는 10여 만이나 되었으며, 군사를 보내 이웃 巴郡(파군)을 격파하고 郡守 趙部(조부)를 죽였다. 益州 從事인 賈龍(가룡)은 이전에 수백 명 군사를 거느리고 건위군에 주둔했었는데, 이에 관리와 백성을 모아 마상을 공격 격파하였다. 가룡이 이졸을 보내 유언을 맞이했다. 유언은 부임하며 가룡을 교위에 임명했고 면죽현에 옮겨 주둔케 하였다. 유언은 이반한 백성을 위무하여 받아들이며, 관대한 정사로 은택을 베풀면서 은밀히 다른 뜻을 품었다.

▌原文

沛人張魯, 母有姿色, 兼挾鬼道, 往來焉家. 遂任魯以爲督義司馬, 與別部司馬張脩將兵掩殺漢中太守蘇固, 斷絶斜谷, 殺使者. 魯旣得漢中, 遂復殺張脩而並其衆.

焉欲立威刑以自尊大, 乃托以佗事, 殺州中豪强十餘人, 士民皆怨. 初平二年, 犍爲太守任岐及賈龍並反, 攻焉. 焉擊破, 皆殺之. 自此意氣漸盛, 遂造作乘輿車重千餘乘.

焉四子, 范爲左中郎將, 誕治書御史, 璋奉車都尉, 並從獻帝在長安, 唯別部司馬瑁隨焉在益州. 朝廷使璋曉譬焉, 焉留璋不復遣. 興平元年, 征西將軍馬騰與范謀誅李傕, 焉遣叟兵五千助之, 戰敗, 范及誕並見殺. 焉旣痛二子, 又遇天火燒其城府車重, 延及民家, 館邑無餘, 於是徙居成都, 遂疽發背卒.

|註釋| ○斜谷 – 褒谷(포곡)과 斜谷(사곡)의 험로, 褒水(포수, 남쪽 漢水에 합류)와 斜水(사수, 북쪽 渭水에 합류)의 협곡을 褒斜谷(포사곡, '首尾 七百里')이라 하는데, 이곳을 통과하는 人工 棧道(잔도)로 南의 漢中郡 褒城(포성)에서 시작하여 雞頭關, 馬道, 武休關, 武關驛과 斜谷(사곡)을 거처 陝西省 眉縣(미현)에 이르는 길. ○叟兵 – 蜀兵, 매우 용맹하였다. 漢代에는 蜀을 叟라고도 불렀다. 叟는 늙은이 수. 종족 이름. 蜀의 별칭. ○成都 – 縣名. 蜀郡의 治所, 今 四川省 省都인 成都市.

[國譯]

　　沛郡(패군) 사람 張魯(장로)의 모친은 美色에 鬼神과 邪說을 알아 유언의 집에 출입하였다. 나중에 장로는 督義司馬가 되었는데, 別部司馬인 張脩(장수)와 함께 군사를 거느리고, 漢中太守 蘇固(소고)를 습격하여 죽이고서 斜谷(사곡)을 단절하였으며 조정의 사자도 죽였다. 장로는 漢中郡을 차지한 뒤에 다시 張脩(장수)를 죽이고 그 군사도 병합하였다.

　　유언은 엄격한 형벌로 권위를 세워 자존망대하면서 다른 일을 평계로 益州 내의 호족 10여 명을 죽였는데 이 때문에 백성의 원망을 샀다. (獻帝) 初平 2년(서기 191), 犍爲郡 太守 任岐(임기) 및 賈龍(가룡)이 함께 반기를 들고 유언을 공격하였다. 유언은 이들을 격파하여 모두 죽여버렸다. 이후로 유언의 기세는 점차 성대하여 결국 乘輿와 車重 1천여 대를 제조케 하였다.

　　유언에게 아들 넷이 있었는데, 劉范(유범)은 左中郞將이었고, 劉

誕(유탄)은 治書御史, 劉璋(유장)은 奉車都尉가 되어 헌제를 수행하여 長安에 있었으며, 다만 別部司馬인 劉瑁(유모)는 유언을 따라 益州에 있었다. 朝廷에서는 유장을 보내 유언을 타이르게 시켰는데, 유언은 유장을 익주에 데리고 있으며 다시 보내지 않았다. (獻帝) 興平 원년(서기 194), 征西將軍인 馬騰(마등)과 유범은 李傕(이각)을 죽이려 모의하였고, 유언은 蜀兵 5천을 보내 도왔으나 패전하면서 유범과 유탄이 모두 죽었다. 유언은 이미 두 아들을 잃은 데다가 벼락에 의한 화재(天火)로 城 안 관청과 거마, 중기를 모두 태우고 민가까지 번져 治所에 남은 것이 하나도 없어 成都(성도)로 이주하였으나 등창이 나서 죽었다.

原文

州大吏趙韙等貪璋溫仁, 立爲刺史. 詔書因以璋爲監軍使者, 領益州牧, 以韙爲征東中郎將. 先是, 荊州牧劉表表焉僭擬乘輿器服, 韙以此遂屯兵朐䏰備表.

初, 南陽,三輔民數萬戶流入益州, 焉悉收以爲衆, 名曰 ‘東州兵.’ 璋性柔寬無威略, 東州人侵暴爲民患, 不能禁制, 舊士頗有離怨. 趙韙之在巴中, 甚得衆心, 璋委之以權. 韙因人情不輯, 乃陰結州中大姓. 建安五年, 還共擊璋, 蜀郡, 廣漢,犍爲皆反應. 東州人畏見誅滅, 乃同心并力, 爲璋死戰, 遂破反者, 進攻韙於江州, 斬之.

| 註釋 | ○趙韙(조위) - 韙는 옳을 위(是也), 바를 위. ○江州 - 巴郡의 治所. 縣名. 今 重慶市 도심인 渝中區(투중구, 渝 本音 유)에 해당.

[國譯]

益州의 고위 관리 趙韙(조위) 등은 劉璋(유장)이 온순 인자한 성품이 좋다 하여 刺史로 옹립하였다. 조정에서는 유장은 監軍使者에 임명하여 益州牧을 대행케 하였고, 조위는 征東中郞將이 되었다. 이보다 앞서 荊州牧 劉表(유표)는 표문을 올려 유언이 乘輿와 여러 器服이 僭濫(참람)하다고 표문을 올렸는데, 조위는 이에 (巴郡의) 朐䏰(구인)이란 곳에 주둔하면서 劉表의 침입에 대비하였다.

그전에 南陽郡이나 三輔 지역의 백성 수만 호가 益州 지역으로 이주해왔는데, 유언은 그들을 군대로 편성하면서 '東州兵' 이라고 불렀다. 유장은 柔弱하고 관대한 성격에 위엄이나 책략도 없어서 동주병이 백성에 큰 피해를 입히는데도 금지하지 못하여 본토 백성들의 원성을 많이 샀다. 조위는 巴郡에 머물며 민심을 많이 얻었고, 유장은 그에게 권한을 일임하였다. 조위는 민심의 불화를 보고 익주의 大姓들과 결탁하였다. 建安 5년(서기 200)에, 조위는 大姓 土豪와 함께 유장을 공격하였는데 蜀郡과 廣漢郡, 犍爲郡에서도 모두 반기를 들었다. 그러자 東州兵들은 주살당할 것이 두려워 모두 한마음으로 협력하며 유장을 위하여 죽기를 작정하고 싸워 마침내 반군을 격파하고 조위를 江州에서 공격하여 참수하였다.

張魯以璋暗懦, 不復承順. 璋怒, 殺魯母及弟, 而遣其將
龐羲等攻魯, 數爲所破. 魯部曲多在巴土, 故以羲爲巴郡太
守. 魯因襲取之, 遂雄於巴漢.

十三年, 曹操自將征荊州, 璋乃遣使致敬. 操加璋振威將
軍, 兄瑁平寇將軍. 璋因遣別駕從事張松詣操, 而操不相接
禮. 松懷恨而還, 勸璋絶曹氏, 而結好劉備. 璋從之.

十六年, 璋聞曹操當遣兵向漢中討張魯, 內懷恐懼, 松復
說璋迎劉備以拒操. 璋卽遣法正將兵迎備. 璋主簿巴西黃
權諫曰, "劉備有梟名, 今以部曲遇之, 則不滿其心, 以賓客
待之, 則一國不容二主, 此非自安之道." 從事廣漢王累自倒
懸於州門以諫. 璋一無所納.

| **註釋** | ○張松(장송, ?－212) － 촉군 成都人, 益州牧 劉璋의 별가종사.
키도 작고 용모가 볼품없는 사람으로 묘사되었다. 《三國演義》에서는 張松
과 楊修(양수)가 지식을 자랑하는 이야기가 나온다. ○法正(법정, 176－220)
－ 字 孝直. 右扶風 郿縣 출신. 뒷날 蜀漢의 軍師. 曹操의 謀士 程昱(정욱)과
郭嘉(곽가)와 대등한 인물.

[國譯]

張魯(장로)는 劉璋(유장)이 우매 나약하다고 생각하여 고분고분하
지 않았다. 유장은 화를 내며 장로의 모친과 동생을 죽이고, 부장 龐
羲(방희) 등을 보내어 장로를 여러 번 공격하였지만 격파 당했다. 장

로의 부대에는 巴郡(파군) 출신이 많아 방희를 파군태수에 임명하였다. 장로는 기습하여 파군을 차지하여 장로는 파군과 漢中郡에 웅거하였다.

(建安) 13년(서기 208), 조조가 군사를 거느리고 형주를 원정하자, 유장은 사자를 보내 조조에게 경의를 표하였다. 조조는 유장을 振威將軍에, 유장의 형인 劉瑁(유모)를 平寇將軍에 임명하였다. 유장은 이에 別駕從事인 張松(장송)을 조조에게 사자로 보냈는데, 조조는 장송을 예를 갖춰 대우하지 않았다. 이에 장송은 감정을 품고 돌아와 유장에게 조조와 단절할 것과 유비와 좋게 지낼 것을 권장하였다. 유장은 장송의 말에 따랐다.

16년, 유장은 조조가 군사를 보내 漢中郡의 장로를 토벌한다는 소식을 듣고 두려워했는데, 이에 장송은 유장에게 유비를 영입하여 조조를 막아야 한다고 설득하였다. 이에 유장은 즉시 法正(법정)을 보내 군사를 거느리고 유비를 영입케 하였다. 이에 유장의 主簿인 巴西 출신 黃權(황권)이 제지하였다.

"劉備는 야심을 가진 사람인데 이번에 부하 장수로 대우하면 그 마음에 들지 않을 것이고, 손님으로 대우한다면 나라 안에 두 주인이 있을 수 없으니, 이는 나라의 안전을 지킬 방도가 아닙니다."

유종의 종사인 廣漢郡 사람 王累(왕루)도 자신의 몸을 익주 관아에 거꾸로 매달고 간언을 올렸지만, 유장은 하나도 받아들이지 않았다.

█原文

備自江陵馳至涪城, 璋率步騎數萬與備會. 張松勸備於會

襲璋, 備不忍. 明年, 出屯葭萌. 松兄廣漢太守肅懼禍及己,
乃以松謀白璋, 收松斬之, 敕諸關戍勿復通. 備大怒, 還兵
擊璋, 所在戰克. 十九年, 進圍成都, 數十日, 城中有精兵三
萬人, 穀支一年, 吏民咸欲拒戰.

　璋言, "父子在州二十餘歲, 無恩德以加百姓, 而攻戰三
載, 肌膏草野者, 以璋故也. 何心能安!" 遂開城出降, 群下
莫不流涕. 備遷璋於公安, 歸其財寶, 後以病卒.

| 註釋 | ○涪城(부성) – 지명. 今 四川省 북부 綿陽市. 涪는 물거품 부.
○葭萌(가맹) – 廣漢郡의 현명. 今 四川省 북부 廣元市 서남. 陝西省과 연
접. 葭는 갈대 가. ○公安 – 後漢 말에 현 설치, 今 湖北省 남부 荊州市 관
할 公安縣.

[國譯]

　유비가 江陵에서 달려와 涪城(부성)에 이르자, 유장은 보병과 기
병 수만 명을 거느리고 유비와 만났다. 장송은 유비에게 회합할 때
유장을 습격하라고 말했지만, 유비는 차마 그럴 수가 없었다. 다음
해, 유비는 葭萌(가맹)에 주둔했다. 장송의 형인 廣漢太守 張肅(장숙)
은 화가 자신에 미칠 것이 두려워 장송의 모의를 유장에게 말했고,
장송은 잡혀 처형되었으며 모든 관문에서 (유비의) 왕래를 금했다.
유비는 화가 나서 군사를 돌려 유장을 공격했고 가는 곳마다 이겼
다. (건안) 19년(서기 214), 유비는 成都城을 수십 일간 포위하였다.
성 안에는 3만 精兵과 1년을 지탱할 곡식이 있었고 관리와 백성이
모두 싸우려 했다. 그러나 유장이 말했다.

"우리 부자가 益州에 머물기 20여 년에 백성에게 은덕을 베푼 것도 없으며 3년을 싸우는 동안 초야에 죽은 시신은 모두 나 때문이다. 어찌 마음이 편하겠는가!"

그리고는 성문을 열고 나가 항복하였고 아랫사람 모두 눈물을 흘렸다. 유비는 유장을 (南郡) 公安縣으로 이주시켰고 그 재물도 모두 돌려주었는데, 유장은 나중에 병사했다.

❷ 張魯

▌原文

明年, 曹操破張魯, 定漢中.

魯字公旗. 初, 祖父陵, 順帝時客於蜀, 學道鶴鳴山中, 造作符書, 以惑百姓. 受其道者輒出米五斗, 故謂之 '米賊.' 陵傳子衡, 衡傳於魯, 魯遂自號 '師君.' 其來學者, 初名爲 '鬼卒', 後號 '祭酒.' 祭酒各領部衆, 衆多者名曰 '理頭.' 皆校以誠信, 不聽欺妄, 有病但令首過而已. 諸祭酒各起義舍於路, 同之亭傳, 縣置米肉以給行旅. 食者量腹取足, 過多則鬼能病之. 犯法者先加三原, 然後行刑. 不置長吏, 以祭酒爲理, 民夷信向. 朝廷不能討, 遂就拜魯鎭夷中郎將, 領漢寧太守. 通其貢獻.

▌註釋 ▌ ○張魯(장로, ? – 216년?, 245년?) – 五斗米道의 창립자 張陵(장릉,

張道陵)의 손자, 張衡(장형)의 아들. 天師道의 教主. 張道陵은 늘 호랑이를 타고 다녔으며 葛玄(갈현), 許遜(허손) 등과 함께 四大天師로 추앙된다. ○漢中 ─ 益州자사부 관할. 治所 南鄭縣, 今 陝西省 서남부 漢中市. ○鶴鳴山 ─ 四川省 成都市 大邑縣 소재. 도교의 성지. ○漢寧太守 ─ 漢寧郡은 건안 20년에 설치한 군.

[國譯]

다음 해(건안 20년, 서기 215), 曹操는 張魯(장로)를 격파하고 漢中郡을 평정하였다.

장로의 字는 公旗(공기, 公祺)인데 앞서 그의 조부 張陵(장릉)은 順帝 때 蜀으로 이주하였는데 鶴鳴山(학명산) 속에서 道를 배웠는데 符書를 조작하여 백성을 현혹하였다. 장릉의 道에 입교한 사람은 쌀 5斗를 바쳤기에 그들을 '米賊(미적)'이라고 불렀다. 장릉은 아들 張衡(장형)에게 전했고, 장형은 장로에게 전수하였는데 장로는 '師君'이라 自號했다. 장로를 따라 入教하는 자는 처음에 '鬼卒(귀졸)'로 불리다가 나중에 '祭酒(제주)'가 되고, 제주가 각 무리를 이끌었고 무리가 많으면 '理頭(이두)'라고 불렸는데, 서로 誠信을 바탕으로 생활하며 속임수나 허망한 일을 따르지 않았으며, 병이 나면 자신의 잘못을 고백하게 하였다. 여러 제주는 각지 길가에 義舍(의사, 구호소)를 지었는데, 이는 亭(정)이나 驛舍와 같은 것으로 쌀이나 고기를 지나는 행인에게 제공하였다. 여기서 먹는 자는 자기 양대로만 먹었는데 많이 가져가거나 먹으면 귀신이 병을 나게 한다고 말했다. 규칙을 어기는 자는 먼저 3번 용서하였고 다음에는 형벌을 가했다. 그들은 長吏를 두지 않고 祭酒가 다스렸지만 백성이나 소수민족들은 모두 믿고 따랐다. 조정에서는 이들을 토벌할 수가 없자 장로에게 鎭夷中郞將을 제수하고 漢寧太守를 대행케 하며 그 공물을 받아들였다.

原文

韓遂,馬超之亂, 關西民奔魯者數萬家. 時人有地中得玉印者, 群下欲尊魯爲漢寧王.

魯功曹閻圃諫曰, "漢川之民, 戶出十萬, 四面險固, 財富土沃, 上匡天子, 則爲桓,文, 次方竇融, 不失富貴. 今承制署置, 勢足斬斷. 遽稱王號, 必爲禍先." 魯從之.

魯自在漢川垂三十年, 聞曹操征之, 至陽平, 欲擧漢中降. 其弟衛不聽, 率衆數萬, 拒關固守. 操破衛, 斬之. 魯聞陽平已陷, 將稽顙歸降. 閻圃說曰, "今以急往, 其功爲輕, 不如且依巴中, 然後委質, 功必多也." 於是乃奔南山. 左右欲悉焚寶貨倉庫. 魯曰, "本欲歸命國家, 其意未遂. 今日之走, 以避鋒銳, 非有惡意." 遂封藏而去. 操入南鄭, 甚嘉之. 又以魯本有善意, 遣人尉安之. 魯卽與家屬出逆, 拜鎭南將軍, 封閬中侯, 邑萬戶, 將還中國, 待以客禮. 封魯五子及閻圃等皆爲列侯. 魯卒, 謚曰原侯. 子富嗣.

| 註釋 | ○韓遂(한수, ? - 215년) - 一名 韓約, 字 文約. 후한 말 涼州 출신 군벌의 한 사람. ○馬騰(마등, ? - 212) - 字 壽成, 馬援의 후손, 蜀漢 武將 馬

超(마초)의 부친. ○韓遂,馬超之亂 – 그전에 동탁이 (洛陽에서) 關中으로
들어올 때, 韓遂(한수), 馬騰(마등)을 맞이하여 함께 山東의 군사를 꺾으려
했었다. 한수와 마등도 천하가 한창 어지러운 것을 보고 동탁에 의지하여
기병하려고 했었다. (獻帝) 興平 원년(서기 194), 마등은 隴右(농우)에서 입
관하였고 나중에 이각과 교전하여 패퇴하였다. ○陽平(양평) – 陽平關, 今
陝西省 漢中市 관할 勉縣(舊稱, 沔縣). 漢中분지의 서쪽 문호. 四川과 關中
땅을 연결하는 교통 요지. 勉縣의 定軍山에 諸葛亮 出師를 기념한 武侯祠
가 있다.

[國譯]

　韓遂(한수)와 馬超(마초)의 亂 중에 關中 서쪽에서 장로의 漢中郡
지역으로 이주한 백성이 수만 호였다. 그때 어떤 자가 땅에서 玉印
을 발견하였는데 많은 사람들이 張魯를 漢寧王(한녕왕)으로 추대하
려고 했다. 장로의 功曹인 閻圃(염포)가 말했다.

　"漢水 지역에 백성은 10만 호에, 땅은 4면이 險固하고 재물이 풍
부한 지역이니, 위로 천자를 보필한다면 齊 桓公이나 晉 文公이 될
수 있고, 아니면 竇融(두융)처럼 富貴를 누릴 수 있습니다. 지금 명에
따른 관청으로도 살생을 뜻대로 할 수 있습니다. 갑자기 왕호를 쓴
다면 재앙이 먼저 닥칠 것입니다." 장로는 염포의 말에 따랐다.

　장로가 漢川(漢水) 일대를 차지한 지 30년이 가까이 되자, 조조가
장로를 토벌하려 陽平關(양평관)에 이르자 장로는 漢中을 들어 투항
하려 했다. 장로의 동생 張衛(장위)는 이에 반대하며 수만 명을 거느
리고 관문을 굳게 지켰다. 조조는 장위를 격파 참수하였다. 장로는
양평관 함락 소식을 듣고 투항하려 했다. 그러자 염포가 말했다.

　"지금 서둘러 가면 투항한 대가가 적으니 일단 巴郡의 산 중에 있

다가 예물을 보내면 대우가 달라질 것입니다."

이에 일단 南山으로 도주하였다. 측근들은 창고의 재물을 소각하려고 했다. 장로가 말했다. "본래 나라에 바치려 했던 목숨이나 그렇지 못했다. 오늘 도주하며 그 예봉을 피하지만 악의는 없다."

그리고는 창고를 봉하고 떠나갔다. 조조가 南鄭縣에 들어와 크게 칭송하였다. 또 장로가 본래 善意가 있다며 사람을 보내 장로를 안심시켰다. 장로는 즉시 가속을 거느리고 나와 조조를 영입하여 鎭南將軍에 임명되었고 閬中侯(낭중후)에 봉해졌는데 식읍은 1만 호였다.

조조는 중원으로 돌아가서도 장로를 손님으로 우대하였다. 장로의 아들 5인과 염포 등도 제후가 되었다. 장로가 죽자, 시호는 原侯였다. 아들 張富(장부)가 계승했다.

原文

論曰, 劉焉覩時方艱, 先求後亡之所, 庶乎見幾而作. 夫地廣則驕尊之心生, 財衍則僭奢之情用, 固亦恒人必至之期也. 璋能閉險養力, 守案先圖, 尙可與歲時推移, 而遽輸利器, 靜受流斥, 所謂羊質虎皮, 見豺則恐, 吁哉!

| 註釋 | ○財衍 – 衍은 넘칠 연. 풍족하다. ○羊質虎皮 – 바탕은 나약하나 겉으로 굳센 척하다. 羊質虎皮는 풀을 보면 좋아하나(見草而悅), 승냥이를 만나면 전율한다(見豺而戰). ○吁哉 – 吁는 탄식할 우. 한탄하는 모양.

范曄(범엽)의 史論 : 劉焉(유언)은 혼란한 상황을 목도하고 뜻을 세울만한 곳을 먼저 구했으나 결국은 망했는데, 이는 見機而作(견기이작)이라 할 수 있다. 대체로 넓은 땅을 차지하면 교만 자존의 마음이 일어나고, 재물이 풍족하면 분수를 모르거나 사치에 빠지는 것이 보통 사람의 境地이다. 劉璋(유장)은 험한 지세를 이용하여 힘을 길러 부친의 성치를 지키고, 시대에 따라 추이를 달리했어야 했지만 갑자기 통치권(利器)을 넘겨주고 조용히 밀려났는데, 이는 羊質에 虎皮라서 승냥이를 만나 전율한 것이니 통탄한 일이다.

❸ 袁術

|原文|

袁術字公路, 汝南汝陽人, 司空逢之子也. 少以俠氣聞, 數與諸公子飛鷹走狗, 後頗折節. 擧孝廉, 累遷至河南尹, 虎賁中郎將.

時, 董卓將欲廢立, 以術爲後將軍. 術畏卓之禍, 出奔南陽. 會長沙太守孫堅殺南陽太守張咨, 引兵從術. 劉表上術爲南陽太守, 術又表堅領豫州刺史, 使率荊, 豫之卒, 擊破董卓於陽人.

| 註釋 | ○袁術(? - 199) - 字 公路, 後漢末, 三國 형성기의 軍閥. 袁紹

(원소)의 사촌 아우. 亂世에 稱帝했다가 반년을 못 견디고 피를 토하고 죽었다. 董卓(동탁)만큼 흉포했다.   ○汝南汝陽 - 汝陽縣은 今 河南省 동부 周口市 관할 商水縣.   ○司空逢之子 - 袁逢(원봉)은 靈帝 光和 원년(서기 178)에 司空이 되었다.   ○豫州刺史 - 치소는 沛國 譙縣. 今 安徽省 북부의 亳州市(박주시). 潁川郡, 汝南郡, 梁國, 沛國, 陳國, 魯國을 감찰.   ○陽人 - 河南郡 梁縣의 陽人(양인) 마을, 陽人聚, 聚落(취락)의 이름. 今 河南省 平頂山市 汝州市의 臨汝鎭.

[國譯]

袁術(원술)의 字는 公路(공로)인데, 汝南郡 汝陽縣 사람으로 司空 袁逢(원봉)의 아들이다. 젊어 俠氣(협기)로 알려졌고 여러 公子들과 함께 자주 매나 사냥개로 사냥하며 놀았지만 뒷날 완전히 변했다. 孝廉으로 천거되었고 여러 번 승진하여 河南尹과 虎賁中郎將이 되었다.

그때 董卓(동탁)은 황제를 폐립할 뜻이 있어 원술을 後將軍에 임명하였다. 원술은 동탁에게 언제 화를 입을지 두려워 南陽郡으로 도주하였다. 그때 長沙太守인 孫堅(손견)이 南陽太守 張咨(장자)를 죽이고서 군사를 거느리고 원술을 추종하였다. 劉表는 원술을 南陽太守로 추천하였고, 원술은 또 손견을 豫州刺史 대행으로 천거하였는데 손견은 荊州와 豫州의 군사를 거느리고 동탁의 군사를 (河南郡 梁縣의) 陽人聚(양인취)란 곳에서 격파하였다.

原文

術從兄紹因堅討卓未反, 遠, 遣其將會稽周昕奪堅豫州.

術怒, 擊昕走之. 紹議欲立劉虞爲帝, 術好放縱, 憚立長君, 托以公義不肯同, 積此釁隙遂成. 乃各外交黨援, 以相圖謀, 術結公孫瓚, 而紹連劉表. 豪桀多附於紹, 術怒曰, "群豎不吾從, 而從吾家奴乎!" 又與公孫瓚書, 云紹非袁氏子, 紹聞大怒.

初平三年, 術遣孫堅擊劉表於襄陽, 堅戰死. 公孫瓚使劉備與術合謀共逼紹, 紹與曹操會擊, 皆破之. 四年, 術引軍入陳留, 屯封丘. 黑山餘賊及匈奴於扶羅等佐術, 與曹操戰於匡亭, 大敗. 術退保雍丘, 又將其餘衆奔九江, 殺楊州刺史陳溫而自領之, 又兼稱徐州伯. 李傕入長安, 欲結術爲援, 乃授以左將軍, 假節, 封陽翟侯.

| 註釋 | ○劉虞(유우) – 劉虞(유우)는 종실의 일원이었지만 유능하고 인자한 지방관으로 이민족에게도 관대하였다. 73권, 〈劉虞公孫瓚陶謙列傳〉立傳. ○紹非袁氏子 – 원소의 생모가 미천한 여인이었다. 그래서 원소를 家奴라고도 불렀다. ○封丘(봉구) – 陳留郡의 현명. 今 河南省 북부 新鄉市 관할 封丘縣. ○雍丘 – 陳留郡의 현명. 今 河南省 중동부 開封市 관할 杞縣(기현). 杞人憂天(기우)의 본고향. ○九江 – 군명. 治所는 陰陵縣, 今 安徽省 중동부 滁州市(저주시) 관할 定遠縣 서북. 今 江西省 九江市가 아님.

[國譯]

원술의 사촌 형인 원소는 손견이 동탁을 토벌한 뒤에 돌아오지 않고 먼 곳에 나가 있기에, 부장인 會稽(회계) 사람 周昕(주흔)을 보내 손견의 예주자사 대행 직책을 회수했다. 원술은 화를 내며 주흔을 공격하여 쫓아버렸다. 원소는 劉虞(유우)를 황제로 옹립할 논의를 하였는데, 원술은 본래 방종한데다가 나이 많은 사람을 옹립하는 것이 싫어 많은 사람의 의견이 같지 않다면서 반대하자 이 때문에 두 사람은 완전히 틈이 벌어졌다. 이에 각자 자기 무리를 끌어 모으면서 상대를 꺾으려 하였으니 원술은 公孫瓚과 결합하였고, 원소는 유표와 연합하였다. 많은 호걸들이 원소 편에 가담하자, 원술은 화를 내며 말했다.

"조무래기들이 나를 따르지 않고 우리 家奴를 따르는가!" 그러면서 공손찬에게 서신을 보내 '원소는 袁氏의 아들이 아니다.'고 말했다. 이를 원소가 전해 듣고 대노하였다.

(獻帝) 初平 3년(서기 192), 원술은 孫堅(손견)을 보내 유표를 襄陽(양양)에서 격파하였으나 손견은 戰死했다. 공손찬은 劉備와 원술과 함께 원소를 압박했고, 원소는 조조와 연합하여 이들을 맞아 모두 격파하였다.

(初平) 4년, 원술은 군사를 이끌고 陳留郡에 들어가 封丘(봉구)에 주둔하였다. 黑山賊의 잔당과 匈奴人 於扶羅(어부라) 등이 원술을 도와 조조와 匡亭(광정)에서 싸웠으나 원술은 대패, 후퇴하여 雍丘(옹구)를 지키면서 그 잔당을 九江郡에 보내 揚州(양주) 刺史 陳溫(진온)을 죽인 뒤 원술은 스스로 양주자사가 되었다. 원술은 또 徐州伯을 겸직하였다. 李傕(이각)이 장안에 들어와 원술을 자기편으로 삼고자 원술에게 左將軍을 수여하고 부절을 내렸으며 陽翟侯(양책후)에 봉했다.

原文

初, 術在南陽, 戶口尚數十百萬, 而不修法度, 以抄掠爲
資, 奢恣無猒, 百姓患之. 又少見讖書, 言'代漢者當塗高',
自云名字應之. 又以袁氏出陳爲舜後, 以黃代赤, 德運之次,
遂有僭逆之謀. 又聞孫堅得傳國璽, 遂拘堅妻奪之.

興平二年冬, 天子播越, 敗於曹陽. 術大會群下, 因謂曰,
"今海內鼎沸, 劉氏微弱. 吾家四世公輔, 百姓所歸, 欲應天
順民, 於諸君何如?" 衆莫敢對. 主簿閻象進曰, "昔周自后
稷至於文王, 積德累功, 參分天下, 猶服事殷. 明公雖奕世
克昌, 孰若有周之盛? 漢室雖微, 未至殷紂之敝也."

術嘿然, 使召張範. 範辭疾, 遣弟承往應之. 術問曰 "昔周
室陵遲, 則有桓,文之霸, 秦失其政, 漢接而用之. 今孤以土
地之廣, 士人之衆, 欲徼福於齊桓, 擬跡於高祖, 可乎?"

承對曰, "在德不在衆. 苟能用德以同天下之欲, 雖云匹
夫, 霸王可也. 若陵僭無度, 干時而動, 衆之所棄, 誰能興
之!" 術不說.

註釋 ○塗高(도고) – 塗高는 魏(위)를 뜻하는데, 원술은 자신의 字 公
路가 塗(길 도)와 같다고 생각하였다. ○袁氏出陳~ – 陳나라의 대부 轅濤
塗(원도도)가 원씨의 조상이다. ○傳國璽 – 손견이 말라버린 우물에서 건
져낸 것으로 '受命于天 旣壽永昌'이라는 글자가 쓰여 있었다. ○曹陽 –
지명. 今 河南省 서쪽 三門峽市 부근. ○嘿然 – 嘿은 고요할 묵. 침묵하다.

그전에, 원술이 南陽郡에 있을 때, 호구가 그래도 수십에서 1백만에 이르렀는데 원술은 법도를 지키지 않으면서 재물을 약탈하였고 방자한 짓을 서슴지 않아 백성들은 원술을 증오하였다. 그리고 도참서를 대충 읽어 '漢을 대신할 자는 응당 塗高(도고)이다.' 라는 말을 보고 자신의 이름과 字가 참서에 부합한다고 말했다. 또 袁氏는 舜의 후손인 陳(진)에서 나왔으며 황색이 적색을 대신하는 것은 五德의 운행 순차에 부합한다고 생각하여 마침내 僭逆(참역)을 모의하였다. 또 손견이 傳國의 國璽(국새)를 얻었다는 사실을 알고서는 손견의 아내를 감금하여 국새를 빼앗았다. 興平 2년 겨울, 천자가 장안성을 떠나 떠돌며 曹陽(조양)에서 곤경에 처했었다. 원술은 휘하의 여러 사람을 모아놓고 말했다.

"지금 海內가 물 끓듯 하고 劉氏는 미약하다. 우리 가문은 四世에 걸쳐 삼공을 역임하며 국정을 이끌었고 백성은 우리에 의존하였으니, 나는 지금 하늘의 소명에 따르고 백성의 기대에 부응하려는데 여러분의 뜻은 어떠한가?"

이에 대답하는 사람이 없었다. 主簿인 閻象(염상)이 한 걸음 나와 말했다.

"옛날 周나라는 后稷(후직)에서 文王에 이르기까지 덕을 베풀고 공적을 쌓았고 三分天下하고서도 殷에 복종하며 받들었습니다. 明公 가문이 여러 대에 걸쳐 빛나고 번성하였지만 어찌 周의 성대한 공적과 같겠습니까? 漢室이 비록 미약하다지만 아직 殷 紂王(주왕)처럼 나쁜 짓은 하지 않았습니다."

원술은 할 말이 없었다. 원술이 사자를 보내 張範(장범)을 불렀지만, 장범은 병이라며 사양하며 동생 張承(장승)을 보내 응답하게 하였다. 원술이 물었다.

"옛날 周室이 쇠약해지자 桓公과 文公 같은 패자가 나타났으며 秦이 失政하자 漢이 이어 정사를 담당했습니다. 지금 나의 토지가 광대하고 士人도 많으니, 齊나라 桓公(환공)의 복을 받고 高祖의 자취를 따르려 하는데 괜찮겠습니까?"

이에 장승이 대답했다. "제위는 德行이지 군사의 힘이 아닙니다. 진정으로 덕을 베풀어 천하를 차지하고 싶다면 비록 匹夫(필부)라도 霸者나 王者가 될 수 있습니다. 그러나 無道하고 참람하며 절제도 않고 시운을 어긴다면 백성이 먼저 버릴 것인데 누구와 같이 흥기하겠습니까!"

원술은 기분이 좋지 않았다.

原文

自孫堅死, 子策復領其部曲, 術遣擊楊州刺史劉繇, 破之, 策因據江東. 策聞術將欲僭號, 與書諫曰,

「董卓無道, 陵虐王室, 禍加太后, 暴及弘農, 天子播越, 宮廟焚毀, 是以豪桀發憤, 沛然俱起. 元惡旣斃, 幼主東顧, 乃使王人奉命, 宣明朝恩, 偃武修文, 與之更始. 然而河北異謀於黑山, 曹操毒被於東徐, 劉表僭亂於南荊, 公孫叛逆於朔北, 正禮阻兵, 玄德爭盟, 是以未獲從命, 櫜弓戢戈. 當謂使君與國同規, 而舍是弗恤, 完然有自取之志, 懼非海內

企望之意也. 成湯討桀, 稱, "有夏多罪." 武王討紂, 曰 "殷有重罰". 此二王者, 雖有聖德, 假使時無失道之過, 無由逼而取也. 今主上非有惡於天下, 徒以幼小脅於强臣, 異於湯, 武之時也. 又聞幼主明智聰敏, 有夙成之德, 天下雖未被其恩, 咸歸心焉. 若輔而興之, 則旦, 奭之美, 率土所望也. 使君五世相承, 爲漢宰輔, 榮寵之盛, 莫與爲比, 宜效忠守節, 以報王室. 時人多惑圖緯之言, 妄牽非類之文, 苟以悅主爲美, 不顧成敗之計, 古今所愼, 可不熟慮! 忠言逆耳, 駁議致憎, 苟有益於尊明, 無所敢辭.」

術不納, 策遂絶之.

| **註釋** | ○孫策(손책) – 興平 원년(서기 194)에 강동을 차지하였으나 건안 5년(서기 200)에 26세에 죽었다. 孫權의 형. ○楊州 – 揚州와 통용. 본래 치소는 九江郡 歷陽縣. 今 安徽省 馬鞍山市 관할의 和縣이었는데 후한 말기에 壽春(今 安徽省 壽縣)과 合肥(今 安徽省 合肥市) 등으로 옮겼다. ○江東 – 江左. 옛날에는 南面하는 황제가 볼 때 동쪽은 좌측이었다. 長江은 서에서 동쪽으로 흐르지만 일반적으로 南京 이후의 하류지역, 손권 吳의 통치 지역을 江東이라 통칭했다. ○播越 – 播는 옮겨가다(遷也). 越은 달아나다(逸也). 숨다. ○櫜弓戢戈 – 櫜은 전대 탁. 활 집. 戢은 그칠 집. 거두다. 戈는 창 과. ○有夙成之德 – 夙成은 早熟. 夙은 일찍 숙(早也). ○駁議致憎 – 駁議는 타인의 주장을 비난하다. 駁은 논박할 박, 맹수 이름 박. 범을 잡아먹는다는 상상의 맹수. 駮(얼룩말 박)과 通.

孫堅이 죽은 뒤(서기 193), 아들 孫策(손책)이 그 부대를 거느렸고, 원술은 손책을 보내 楊州(양주)자사 劉繇(유요)를 격파하게 하였는데 손책은 이로써 江東(강동)에 웅거하였다. 손책은 원술이 황제를 참칭하려 한다는 말을 듣고 서신을 보내 간언하였다.

「董卓이 無道하게 조정을 도륙했고 그 毒手가 太后까지 뻗쳤으며, 흉악하게도 弘農王(少帝, 劉辨)을 죽였으며, 天子께서는 정궁을 떠나야 했으며, 궁궐과 종묘가 불타버렸기에 호걸들이 발분하여 함께 일어났습니다. 그 뒤 元惡(동탁)은 죽었고, 幼主(獻帝)는 동쪽(낙양, 許都)으로 돌아와서 사자를 내보내고, 조정의 명령을 내리면서 조정의 은덕을 널리 선양하고, 전투를 그치고 文德을 닦게 하여 모두가 다시 새 출발을 하였습니다. 그렇지만 河北에도 黑山賊이 나쁜 마음을 가졌고, 曹操는 徐州의 동쪽에서 잔악한 행패를 부렸으며, 劉表는 남쪽 荊州에서 참람한 짓을 하고, 公孫瓚은 북쪽 땅에서 叛逆하였으며, 正禮(劉繇)는 무력으로 할거하고, 玄德(劉備)은 맹주가 되려 하기에 무기를 거두고 전쟁을 그치라는 조정의 명을 따를 수가 없습니다. 응당 使君(袁術을 지칭)도 국가를 위해 뜻을 같이 해야 할 것입니다. 당신은 조정을 생각하지 않고 백성을 긍휼히 여기지 않으며 혼자서만 차지하려는 욕심을 갖고 있으니, 이는 천하가 당신에게 기대하는 뜻이 분명 아닐 것입니다. 成湯(殷 湯王)이 桀王을 토벌하면서 "夏王은 죄가 많다."고 하였습니다. (周) 武王은 紂王을 토벌하며 "殷(은)은 큰 죄를 지었다."고 하였습니다. 이 두 王者는 비록 聖德이 있어도 그 당시의 천자가 正道를 벗어나지 않았다면 핍박하여 천하를 취하지 않았을 것입니다. 지금 主上은 천하에 대하여 잘못이 없고, 다만 어린 황제라서 强臣의 핍박을 받고 있을 뿐, 湯王이나 武王 때와 같지 않습니다. 또 幼主가 明智에 聰敏하여 夙成(숙성)한 德을 갖고 있다고 알려졌기에 천하가 아직 그 은덕을 입지 못했어도 온 천하가 기대를 갖고 있습니다. 만약 천자를 보필하여 융성시켜 周公 旦(단)과 召公(석)의 미덕을 이루기를 천하가 모두 明公에게 바라고 있습니다. 明公이 五世에 걸쳐 漢室의 재상으로 보필한다면 그 빛나는 영광은 다른 누구와도 비교할 수 없이 훌륭할 것입니다. 時人들이 말하는 도참이나 緯書(위서)의 내용은 명공을 기쁘게 하려고 억지로 끌어다 붙인 말이며, 성패를 생각하지도 않은 말이니, 고금의 모든 사람들이 신중히 생각하지 않을 수 없었습니다. 忠言은 귀에 거슬리고 여러 반대 의논은 싫어하겠지만 명공에게 유익한 것이기에 그만둘 수 없어 글을 올립니다.」

원술이 받아들이지 않자, 손책은 원소와의 관계를 단절했다.

原文

建安二年, 因河內張炯符命, 遂果僭號, 自稱 '仲家.' 以九江太守爲淮南尹, 置公卿百官, 郊祀天地. 乃遣使以竊號告呂布, 並爲子娉布女. 布執術使送許. 術大怒, 遣其將張勳,橋蕤攻布, 大敗而還. 術又率兵擊陳國, 誘殺其王寵及相駱俊, 曹操乃自征之. 術聞大駭, 卽走度淮, 留張勳,橋蕤於蘄陽, 以拒操. 操擊破斬蕤, 而勳退走. 術兵弱, 大將死, 衆情離叛, 加天旱歲荒, 士民凍餒, 江,淮間相食殆盡. 時, 舒仲應爲術沛相, 術以米十萬斛與爲軍糧, 仲應悉散以給饑民.
術聞怒, 陳兵將斬之. 仲應曰, "知當必死, 故爲之耳. 寧可
以一人之命, 救百姓於塗炭." 術下馬牽之曰, "仲應, 足下
獨欲享天下重名, 不與吾共之邪?"

| 註釋 | ○仲家 – 沖家. 朕(짐)이라는 자칭이 아닌 '仲家'. 仲은 버금 중.

[國譯]

建安 2년(서기 197), 河內郡 사람 張炯(장형)이 조작한 符命에 의
거 원술은 황제를 참칭하며 '仲家'라 자칭했다. 원술은 九江郡 太守
를 淮南尹이라 개명하고, 公卿과 百官을 임명했으며 천지신명에게
郊祀(교사)를 올렸다. 사자를 보내 呂布에게 참호(황제)를 통보하면
서 아들과 여포 딸의 혼사를 추진했다. 여포는 원술의 사자를 체포
하여 許都로 보냈다. 원술은 大怒하며 부장인 張勳(장훈), 橋蕤(교유)
를 시켜 여포를 공격했지만 대패하여 돌아왔다. 원술은 또 군사를
거느리고 陳國을 공격하여 그 왕 劉寵(유총)과 國相 駱俊(낙준)을 죽
이자 조조가 직접 원정에 나섰다. 원술은 이를 듣고 놀라 즉각 淮水
를 건너 도주하면서 張勳(장훈)과 橋蕤(교유)에게 蘄陽(기양)에서 조
조를 막게 하였다. 조조가 교유를 격파 참수하자 장훈은 퇴각하였
다. 원술의 허약한 군사는 대장이 죽자 모두가 이반하였으며, 거기
다가 가뭄에 흉년이 들어 관리와 백성이 모두 굶주렸고, 長江과 淮
水 일대에서는 사람이 사람을 먹었으며 양식은 이미 바닥이 났다.
그때 舒仲應(서중응)은 원술의 沛國(패국) 相이었는데 원술이 10만
斛(곡)을 군량으로 보내주자 서중응은 이를 굶주린 백성에게 모두

나눠주었다. 원술이 알고 화를 내며 서중응을 군사들 앞에서 참수하려고 했다. 이에 서중응이 말했다.

"당연히 처형될 줄 알고서 일부러 한 일이다. 나의 목숨 하나를 버려 백성을 도탄에서 구하려 했다."

그러자 원술이 말에서 내려 서중응을 붙잡고 말했다.

"仲應! 혼자 천하의 명성을 누리려 했는데 나와 같이 누리지 않겠는가?"

原文

術雖矜名尙奇, 而天性驕肆, 尊己陵物. 及竊僞號, 淫侈滋甚, 媵御數百, 無不兼羅紈, 厭粱肉, 自下飢困, 莫之簡恤. 於是資實空盡, 不能自立. 四年夏, 乃燒宮室, 奔其部曲陳簡, 雷薄於潛山. 復爲簡等所拒, 遂大困窮, 士卒散走. 憂懣不知所爲, 遂歸帝號於紹, 曰,

「祿去漢室久矣, 天下提挈, 政在家門. 豪雄角逐, 分割疆宇. 此與周末七國無異, 唯强者兼之耳. 袁氏受命當王, 符瑞炳然. 今君擁有四州, 人戶百萬, 以强則莫與爭大, 以位則無所比高. 曹操雖欲扶衰獎微, 安能續絶運, 起已滅乎! 謹歸大命, 君其興之.」

紹陰然其計.

| 註釋 | ○祿去漢室久矣 ─ 祿은 천명. 국록을 내릴 있는 권한. 久는 오

렐 구. ㅇ天下提挈 – 提挈은 자아 끌어주다. 손에 들다. 挈은 잡아 끌 설.
끊을 계. ㅇ四州 – 원소는 靑州, 冀州, 幽州, 幷州를 장악하고 있었다.

[國譯]

원술이 비록 가문의 명성에 자긍심을 갖고 있다지만 천성이 교만
방자하고 자신만을 높이며 남을 능멸하였다. 가짜 칭호를 사용하면
서 음란 사치는 더욱 심하였으니 姬妾(희첩) 수백 명이 모두 비단옷
을 입었으며, 맛있고 좋은 음식을 먹었지만 부하들의 굶주림을 보고
도 구휼하거나 돌보지 않았다. 충실했던 자산은 바닥나서 더 이상
자립할 수가 없었다.

건안 4년 여름, 화재로 궁궐이 불타자 원술은 潛山(잠산)이란 곳의
陳簡(진간)과 雷薄(뇌박)의 부대로 달아났다. 그러나 진간 등이 받아
주지 않자 원술은 곤궁하였고 사졸들은 모두 달아났다. 원술은 울분
속에 어찌 할 바를 모르고 허둥대다가 帝號를 원소에게 바쳤다.

「천명이 漢室을 떠난 지 오래 되었고 천하 통치는 이제 私門에 달
렸습니다. 영웅이 각축하며 지역은 분할되었습니다. 이런 상황은
東周 말기 七國과 다르지 않아 오직 강자만이 겸병할 수 있습니다.
袁氏는 천명을 받아 응당 王者가 되어야 하니 여러 符瑞도 뚜렷합니
다. 지금 君께서는 四州에 民戶가 백만이나 되니, 강대하기로는 누
구도 당할 수 없으며 도 높은 지위에 오를 자도 없을 것입니다. 조조
가 쇠미한 황실을 扶助한다지만 단절되고 멸망할 국운을 어찌 잇고
일으키겠습니까! 삼가 천명을 돌려보내니 가문을 홍기하십시오.」

원소는 은밀히 원술을 같은 생각을 가졌다.

術因欲北至靑州從袁譚, 曹操使劉備徼之, 不得過, 復走
還壽春. 六月, 至江亭. 坐簀床而嘆曰, "袁術乃至是乎!" 因
憤慨結病, 歐血死. 妻子依故吏廬江太守劉勳. 孫策破勳,
復見收視, 術女入孫權宮, 子曜仕吳爲郎中.

| 註釋 | ○壽春(수춘) – 九江郡의 縣名. 今 安徽省 중서부 六安市 관할
壽縣. 淮南市 서남. ○江亭 – 마을 이름. 今 河南省 駐馬店市 관할 正陽縣
남쪽, 淮水 북안. ○簀床 – 대나무로 만든 평상. 簀는 삼태기 궤.

[國譯]

원술은 이에 북쪽 靑州로 가서 원담에게 의지할 생각이었으나 조
조가 劉備로 하여금 원술을 막게 하여 갈 수가 없어 다시 壽春(수춘)
으로 돌아왔다. 6월에, 원술은 江亭(강정)이란 곳에 있었다. 대나무
평상에 앉았던 원술이 탄식했다.

"袁術이 이 지경이 되었구나!"

그리고는 분개하며 병이 되어 피를 토하고 죽었다. 처자는 옛 관
리였던 廬江(여강)太守 劉勳(유훈)을 찾아가 의지했다. 손책이 유훈
을 격파하자 다시 잡혔고 원술의 딸은 나중에 孫權(손권)의 後宮이
되었다. 원술의 아들 袁曜(원요)는 吳에서 郎中이 되었다.

論曰, 天命符驗, 可得而見, 未可得而言也. 然大致受大

福者, 歸於信順乎! 夫事不以順, 雖强力廣謀, 不能得也. 謀不可得之事, 日失忠信, 變詐妄生矣. 況復苟肆行之, 其以欺天乎! 雖假符僭稱, 歸將安所容哉!

| 註釋 | ○歸於信順乎 – 하늘의 도움을 받는 것이 順이고, 다른 사람의 도움을 받는 것이 信이다. 사람의 신뢰를 받을 수 있어야 하늘도 도와줄 것이라고 생각해야 한다. 날조된 符命을 바탕으로 삼은 것도 어리석지만 백성과 부하를 돌보지도 않으면서 황제를 참칭하면서 자신을 황제라고 생각한 원술은 그저 어리석을 뿐이다.

[國譯]

范曄(범엽)의 史論 : 天命의 징조나 應驗은 눈으로 볼 수 있지만 그 말을 들을 수는 없다. 그러나 천명의 큰 복을 불러 받는 자라면 응당 신의와 순응이 있어야 할 것이다. 순리에 따르지 않는 일을 비록 널리 강력하게 추진하여도 성공할 수 없을 것이다. 시도하여 성공할 수 없는 일은 날이 지나면서 忠心과 신의를 잃게 되고, 그러면 거기서 임시변통이나 거짓이 나오게 된다. 하물며 처음부터 억지로 꾸며 댄 일로 하늘을 속일 수 있겠는가! 비록 거짓 符命에 의거 참칭한다 하여 어디에서 누가 받아들여주겠는가?

❹ 呂布

原文

呂布字奉先, 五原九原人也. 以弓馬驍武給幷州. 刺史丁原爲騎都尉, 屯河內, 以布爲主簿, 甚見親侍. 靈帝崩, 原受何進召, 將兵詣洛陽, 爲執金吾. 會進敗, 董卓誘布殺原而並其兵.

卓以布爲騎都尉, 誓爲父子, 甚愛信之. 稍遷至中郎將, 封都亭侯. 卓自知凶恣, 每懷猜畏, 行止常以布自衛. 嘗小失卓意, 卓拔手戟擲之. 布拳捷得免, 而改容顧謝, 卓意亦解. 布由是陰怨於卓. 卓又使布守中閣, 而私與傅婢情通, 益不自安. 因往見司徒王允, 自陳卓幾見殺之狀. 時允與尙書僕射士孫瑞密謀誅卓, 因以告布, 使爲內應. 布曰, "如父子何?" 曰, "君自姓呂, 本非骨肉. 今憂死不暇, 何謂父子? 擲戟之時, 豈有父子情也?" 布遂許之, 乃於門刺殺卓, 事已見〈卓傳〉. 允以布爲奮威將軍, 假節, 儀同三司, 封溫侯.

| 註釋 | ○呂布(?-198년) - 中國人의 俗談에 '人中呂布 馬中赤兔'(사람은 呂布, 말은 적토마)라는 말이 있다. 呂布는 그만큼 잘난 美男子였다. 董卓은 丁原의 義子인 呂布에게 大敗한다. 董卓의 참모 李肅(이숙)은 呂布와 同鄕人이었다. 李肅은 呂布가 '勇而無謀하고 見利忘義하니' 金珠와 赤兔馬(적토마)로 회유할 수 있다고 말했다. 曹操는 '呂布는 狼子野心이라서 誠難久養'이라고 하였다. ○五原九原人也 - 五原은 군명, 九原은 縣名. 五

原郡의 治所, 今 內蒙古 包頭市 서북. 황하가 내몽고에서 ∩ 모양으로 흐르는 북안. ○并州(병주) - 并州刺史部 (治) 太原 晋陽縣. 今 山西省 太原市 서남. ○丁原 - 丁原의 字는 建陽(건양). 거칠지만 용기가 뛰어났고 활을 잘 쏘았다. 나중에 執金吾(집금오) 역임. ○因以告布, 使爲內應 -《三國演義》의 貂禪(초선)과 여포, 동탁과의 삼각관계와 질투는 모두 허구이다. ○〈卓傳〉 - 72권, 〈董卓列傳〉. ○儀同三司 - 儀同三司는 加官(加號)의 한 가지, 儀制同於三司의 뜻. 儀同으로도 간칭. 三司는 三公, 곧 太尉, 司徒, 司空. 여포가 奮威將軍이지만 三公(司徒, 司馬, 司空)과 같은 儀衛(의위, 儀仗 겸 수위)와 대우를 받는다는 뜻. ○溫侯 - 河內郡 溫縣, 今 河南省 북부 焦作市 관할 溫縣, 黃河 북안.

[國譯]

呂布(여포)의 字는 奉先(봉선)으로, 五原郡 九原縣 사람이다. 弓馬에 뛰어나고 용감하여 并州(병주)에서 근무하였다. 병주자사 丁原(정원)이 騎都尉가 되어 河內郡에 주둔하면서 여포를 主簿(주부)로 삼아 매우 아껴주었다. 靈帝가 붕어하자, 정원은 何進(하진)의 부름을 받아 군사를 거느리고 낙양에 들어갔고 執金吾가 되었다. 나중에 하진이 죽자, 동탁은 여포를 꾀어 정원을 죽이게 했고 정원의 군사를 차지하였다.

동탁은 여포를 騎都尉에 임명했고 父子 관계를 맹서한 뒤 매우 친애하며 신임하였다. 여포는 차츰 승진하여 中郞將이 되었고 都亭侯에 봉해졌다. 동탁은 자신의 포악하고 방자한 성질을 알고 늘 시기하고 의심하였는데 어디를 가든 여포가 지신을 호위하게 하였다. 한번은 여포가 동탁에게 작은 실수를 저질렀는데 동탁이 작은 창을 뽑아 여포에게 던졌다. 여포는 동작이 민첩하여 겨우 피한 뒤에 낮

빛을 바꿔 다시 사죄하자 동탁도 화를 풀었다. 여포는 이때부터 은밀히 동탁에게 원한을 품었다.

동탁은 또 여포에게 中閤門을 지키게 하였는데 몰래 여포의 婢女와 통정을 하여 더욱 불안해하였다. 여포가 다른 일로 司徒 王允(왕윤)을 만났고, 여포는 동탁에게 거의 죽을 뻔했던 일을 말했다. 그때 왕윤과 尙書僕射인 士孫瑞(사손서)는 비밀리에 동탁 제거를 모의하고 있었는데, 이를 여포에게 말해 여포에게 내응하라고 말했다. 여포가 "父子 관계를 어떻게 해야 하는가?"라고 묻자, 왕윤이 말했다.

"그대는 성이 呂씨로 본래 아무런 골육관계도 아니요. 지금 죽게 된 상황에서 무슨 父子인가? 동탁이 창을 던질 때 무슨 부자의 정이 있었는가?"

여포는 결국 허락했고 궁궐 문에서 동탁을 살해하였는데, 이는 〈董卓列傳〉에 수록했다. 왕윤은 여포를 奮威將軍에 임명하게 했고, 여포는 부절과 儀同三司의 加官을 받고 溫侯(온후)에 봉해졌다.

原文

允旣不赦涼州人, 由是卓將李催等遂相結, 還攻長安. 布與催戰, 敗, 乃將數百騎, 以卓頭繫馬鞍, 走出武關, 奔南陽. 袁術待之甚厚. 布自恃殺卓, 有德袁氏, 遂恣兵抄掠. 術患之. 布不安, 復去從張楊於河內. 時李催等購募求布急, 楊下諸將皆欲圖之. 布懼, 謂楊曰, "與卿州里, 今見殺, 其功未必多. 不如生賣布, 可大得催等爵寵." 楊以爲然. 有頃,布得走投袁紹, 紹與布擊張燕於常山. 燕精兵萬餘, 騎數千匹. 布常御良馬, 號曰赤菟, 能馳城飛塹, 與其健將成廉,魏越等數十騎馳突燕陣, 一日或至三四, 皆斬首而出. 連戰十餘日, 遂破燕軍.

布旣恃其功, 更請兵於紹, 紹不許, 而將士多暴橫, 紹患之. 布不自安, 因求還洛陽. 紹聽之, 承制使領司隷校尉, 遣壯士送布而陰使殺之. 布疑其圖己, 乃使人鼓箏於帳中, 潛自遁出. 夜中兵起, 而布已亡. 紹聞, 懼爲患, 募遣追之, 皆莫敢逼, 遂歸張楊. 道經陳留, 太守張邈遣使迎之, 相待甚厚, 臨別把臂言誓.

| 註釋 | ○乃將數百騎 - 將은 거느리다. 인솔하다. ○張燕 - 黑山賊의 우두머리는 博陵 사람 張牛角(장우각)이었는데, 장우각이 전사하면서 張燕(本姓은 褚)을 후계자로 지명하자 張氏를 칭하며 흑산적을 이끌었다. 장연은 '飛燕'이라는 별명으로 통하면서 常山國, 趙郡, 中山國, 上黨郡, 河內郡 山谷의 무리와 相通하면서 '黑山賊'으로 불렸다. ○鼓箏 - 箏(쟁)을 치다. 箏은 현악기 이름 쟁. ○號曰赤菟 - 赤菟馬(적토마). 菟는 토끼(菟), 兎는 菟의 俗字. ○張楊 - 河內太守.

[國譯]

왕윤이 涼州 출신 장졸의 죄를 사면하지 않았는데, 이 때문에 동탁의 부장인 李催(이각) 등이 서로 연합하여 군사를 돌려 장안을 공격하였다. 여포는 이각의 군사와 싸웠지만 패하자 수백 기병을 거느리고, 동탁의 머리를 말안장에 매단 채 武關(무관)을 빠져나가 南陽

郡으로 도주하였다. (남양군의) 원술은 여포를 아주 후대하였다. 여포는 동탁을 죽인 것은 袁氏에게 은덕을 베푼 것이라고 생각하여 군사를 풀어 멋대로 약탈을 자행하였다. 이에 원술을 여포를 골치 아프게 생각했다.

여포는 불안하여 원술을 떠나 河內郡의 태수 張楊(장양)을 찾아갔다. 그때 이각 등은 상금을 걸고 여포 체포를 서둘렀기에 장양 휘하의 여러 장수들은 여포를 죽이려 하였다. 이에 여포는 두려워 장양에게 말했다.

"나와 당신은 같은 고향 출신인데, 지금 나를 죽인다 하여도 별로 큰 득이 되지 못할 것이요. 그보다는 나를 산 채로 잡아 넘긴다면 이각의 신임을 크게 받을 것이요."

사실 장양도 그렇게 생각하고 있었다.

얼마 뒤, 여포는 달아나 원소를 찾아갔다. 원소와 여포는 常山國에서 張燕(장연)을 공격하였다. 장연은 1만여 정예 병력과 기병 수천 명을 거느렸다. 여포는 늘 赤菟(적토)라고 부르는 좋은 말을 탔는데 城을 달려 오르고 참호는 뛰어넘었으며, 건장한 부장인 成廉(성렴)과 魏越(위월) 등 기병 수십 명과 함께 하루에도 3, 4번씩 장연의 진영을 돌진하여 장졸을 참수하고 돌아왔다. 이렇게 10여 일을 계속하여 결국 장연의 군사를 격파하였다.

여포는 그런 공을 자랑하며 원소에게 군사를 더 달라고 요청하였으나 원소가 불허하자 여포의 군사는 더욱 횡포하였고 원소는 이를 걱정하였다. 이에 여포는 스스로 불안하여 낙양으로 돌아가려 했다. 원소는 수락하며 표문을 올려 여포를 사예교위 대행이 되게 하였고 건장한 부하들을 시켜 여포를 호위하다가 은밀히 제거하려 했다. 그러나 여포는 자신을 해치려는 뜻을 알고 사람을 시켜 휘장 안에서 箏(쟁)을 연주하며 노는 것처럼 위장한 뒤, 여포는 몰래 빠져나갔다. (원소의) 군사가 밤에 습격했지만 여포는 이미 떠난 뒤였다. 원소는 이를 보고받고 두려워하면서 상금을 걸고 여포를 추격했지만 감히 여포를 잡으러 나서는 자가 없었고, 여포는 張楊(장양)을 찾아가기로 했다. 여포는 가는 길에 陳留郡을 경유했는데, 진류 태수인 張邈(장막)이 사자를 보내 여포를 맞이하며 아주 후하게 대접하였다. 헤어지면서 서로 어깨를 감싸며 서약하였다.

邈字孟卓, 東平人, 少以俠聞. 初辟公府, 稍遷陳留太守. 董卓之亂, 與曹操共擧義兵. 及袁紹爲盟主, 有驕色, 邈正義責之. 紹旣怨邈, 且聞與布厚, 乃令曹操殺邈. 操不聽, 然邈心不自安. 興平元年, 曹操東擊陶謙, 令其將武陽人陳宮屯東郡. 宮因說邈曰,

"今天下分崩, 雄桀並起. 君擁十萬之衆, 當四戰之地, 撫劍顧眄, 亦足以爲人豪, 而反受制, 不以鄙乎! 今州軍東征, 其處空虛, 呂布壯士, 善戰無前, 迎之共據兗州, 觀天下形勢, 俟時事變通, 此亦從橫一時也."

邈從之, 遂與弟超及宮等迎布爲兗州牧, 據濮陽, 郡縣皆應之.

| 註釋 | ○張邈(장막, ?-195년) - 字 孟卓. 反 동탁군의 한 사람. 반복이 무상했다. 邈은 멀 막. ○東平 - 東平國, 治所 無鹽縣. 今 山東省 중부 泰安市 관할 東平縣. ○陶謙(도겸) - 73권, 〈劉虞公孫瓚陶謙列傳〉에 立傳. ○陳宮屯東郡 - 陳宮(진궁, ?-99년)의 字는 公臺(공대), 쫓기는 조조를 따라가려고 中牟(중모) 縣令의 관직을 버렸던 사람. 나중에 조조를 떠나 여포를 섬겨 여포의 책사였지만, 여포는 진궁의 말을 따르지 않았다. 東郡은 陳留郡의 북쪽에 연접. ○當四戰之地 - 진류군은 지대가 평지라서 受敵之地라는 뜻. ○善戰無前 - 여기서 前은 앞서다. ○兗州(연주) - 지금 山東省의 중서부 일대에 해당. 陳留郡, 東郡, 東平國, 任城國, 泰山郡, 濟北國, 山陽郡, 濟陰郡을 관할. ○濮陽(복양) - 兗州(연주) 관할 東郡의 治所, 今 河南省 동북 濮陽市.

[國譯]

張邈(장막)의 字는 孟卓(맹탁)으로 東平國人인데 젊어서는 義俠으로 소문났었다. 처음에 삼공부의 부름을 받았고 점차 승진하여 陳留太守가 되었다. 董卓의 난에 曹操와 함께 義兵을 일으켰다. 袁紹가 (反卓 義兵의) 盟主가 되었지만 교만하자 장막은 대의로 원소를 질책하였다. 원소는 장막에 원한을 갖고, 또 장막이 여포를 후대한다는 것을 알고 조조에게 장막을 제거하라고 명했지만 조조는 따르지 않았지만 장막은 불안했다.

(獻帝) 興平 원년(서기 194), 曹操는 동쪽으로 나아가 陶謙(도겸)을 공격하면서 부장인 武陽人 陳宮(진궁)을 東郡에 주둔시켰다. 이에 진궁이 장막을 설득했다.

"지금 천하가 나눠지고 붕괴되었으며 모든 영웅이 거병하였습니다. 지금 당신은 10만 군사를 보유하고 있으나, 진류군은 사방의 적을 상대해야할 곳이면서 칼을 뽑아들고 천하를 노릴 수도 있지만, 지금 당신은 반대로 다른 사람의 제약을 받고 있으니 창피한 일이 아닙니까! 지금 兗州(연주)의 군사가 동쪽(陶謙)을 원정 중이니 그 땅이 비어 있고, 呂布는 壯士로 그보다 더 잘 싸우는 사람이 없으니 여포를 영입하여 함께 兗州(연주)를 차지하고 천하 형세를 관망하고 時事의 변통을 기다린다면 이 시대에 천하를 휘저을 수도 있습니다.”

장막은 그 말에 따라 동생인 張超(장초) 및 陳宮 등과 함께 영포를 영입하여 兗州牧(연주목)을 자처하면서 濮陽(복양)에 웅거하니 군현이 모두 호응하였다.

原文

曹操聞而引軍擊布, 累戰, 相持百餘日. 是時, 旱, 蝗, 少穀, 百姓相食, 布移屯山陽. 二年間, 操復盡收諸城, 破布於鉅野, 布東奔劉備. 邈詣袁術求救, 留超將家屬屯雍丘. 操圍超數月, 屠之, 滅其三族. 邈未至壽春, 爲其兵所害.

時, 劉備領徐州, 居下邳, 與袁術相拒於淮上. 術欲引布擊備, 乃與布書曰,

「術擧兵詣闕, 未能屠裂董卓. 將軍誅卓, 爲術報恥, 功一也. 昔金元休南至封丘, 爲曹操所敗. 將軍伐之, 令術復明目於遐邇, 功二也. 術生年以來, 不聞天下有劉備, 備乃擧兵與術對戰. 憑將軍威靈, 得以破備, 功三也. 將軍有三大

功在術, 術雖不敏, 奉以死生. 將軍連年攻戰, 軍糧苦少, 今
送米二十萬斛. 非唯此止, 當駱驛復致. 凡所短長亦唯命.」

布得書大悅, 卽勒兵襲下邳, 獲備妻子. 備敗走海西, 飢
困, 請降於布. 布又恚術運糧不復至, 乃具車馬迎備, 以爲
豫州刺史, 遣屯小沛. 布自號徐州牧. 術懼布爲己害, 爲子
求婚, 布復許之.

[國譯]

　　조조는 소식을 듣자 군사를 이끌고 여포를 공격하여 여러 번 싸
우며 1백여 일을 대치하였다. 이때 가뭄과 황충 피해로 곡식이 부족
하여 사람이 사람을 먹었는데, 여포는 山陽郡으로 옮겨 주둔하였다.
2년 동안 조조는 (兗州의) 다른 여러 성을 평정하였고, 여포를 鉅野
(거야) 현에서 격파하자 여포는 동쪽으로 달아나 劉備(유비)에 의탁
하였다. 장막은 원술을 찾아가 도움을 청하였고, 장막은 (동생) 張超
에게 가속을 거느리고 雍丘(옹구)에 주둔케 하였다. 조조는 장초를
여러 달 포위 공격하여 도륙하면서 (장막의) 三族을 멸했다. 장막은
壽春(수춘)에 이르지도 못하고 그의 병졸에게 살해되었다.

　　그때 劉備는 徐州를 거느리며 下邳(하비)에 머물면서 袁術과 淮水

일대에서 대치하였는데, 원술은 여포를 끌어들여 유비를 공격케 하려고 여포에게 서신을 보냈다.

「나는 擧兵하여 궁궐에 갔어도 동탁을 죽이지 못했었습니다. 장군께서 동탁을 주살하여 나의 치욕을 갚아주었으니 이것이 첫 번째 공덕입니다. 그전에 金元休(金尚)이 남으로 封丘(봉구)에 왔으나 조조에게 패망하였습니다. 장군이 조조를 토벌하여 다시 나의 앞길을 멀리 볼 수 있게 하였으니 두 번째 공덕입니다. 나는 태어난 이후 천하에 유비란 사람이 있다는 말을 들어본 적이 없었는데, 유비는 거병하여 나와 싸웠습니다. 이번에 장군의 위엄으로 유비를 격파할 수 있었으니 3번째 공덕입니다. 장군은 나에게 3번이나 큰 공덕을 베풀어 주었으니, 내가 부족한 사람이지만, 그래도 목숨으로 장군을 받들고자 합니다. 장군께서 해마다 싸우느라고 군량이 부족할 것이니 이번에 군량 20만 곡을 보냅니다. 이것뿐만 아니라 연이어 더 보내 주겠습니다. 되는대로 그냥 받아주기 바랍니다.」

여포는 서신을 받고 크게 좋아하면서 즉시 군사를 동원하여 하비현의 유비를 공격했고, 유비의 처자를 잡았다. 유비는 패주하여 (廣陵郡) 海西縣으로 도주했지만 기아와 곤궁으로 어찌지 못하고 다시 여포에게 투항하였다. 여포는 원술이 더 이상 군량을 보내오지 않자 화를 내면서 거마를 보내 유비를 영입하여 豫州刺史로 삼아 小沛(소패)에 주둔하게 하였다. 여포는 徐州牧을 자칭했다.

원술은 여포가 자신을 공격할 것이 두려워 아들의 혼사를 추진하였는데, 여포는 (딸의) 혼사를 허락하였다.

術遣將紀靈等步騎三萬以攻備, 備求救於布. 諸將謂布
曰, "將軍常欲殺劉備, 今可假手於術." 布曰, "不然. 術若
破備, 則北連太山, 吾爲在術圍中, 不得不救也." 便率步騎
千餘, 馳往赴之. 靈等聞布至, 皆斂兵而止. 布屯沛城外, 遣
人招備, 並請靈等與共饗飲. 布謂靈曰, "玄德, 布弟也, 爲
諸君所困, 故來救之. 布性不喜合鬪, 但喜解鬪耳."

乃令軍候植戟於營門, 布彎弓顧曰, "諸君觀布射戟小支,
中者當各解兵, 不中可留決鬪." 布卽一發, 正中戟支. 靈等
皆驚, 言"將軍天威也". 明日復歡會, 然後各罷.

| 註釋 | ○正中戟支 – 戟은 찌르는 긴 날과 찍어 당기기 위한 작은 날이
붙어 있는데 찍어 당기는 작은 날을 정확히 맞추었다. 이는《三國演義》〈十
六回 呂奉先射戟轅門〉에 생생히 묘사되었다.

[國譯]

원술은 부장 紀靈(기령) 등을 보내 보병과 기병 3만을 거느리고 유
비를 공격케 하였고 유비는 여포에게 구원을 요청하였다. 여러 장수
가 여포에게 말했다.

"將軍은 평소에 늘 유비를 죽이려 했으니, 이번에 원술의 손을 빌
려 죽이는 것입니다."

그러나 여포는 "그렇지 않다. 원술이 유비를 격파한다면 북으로
는 泰山과 연접하게 되어 내가 원술에게 포위되는 것이니 구원하지

않을 수 없다."라고 말했다. 여포는 1천여 기병을 거느리고 즉각 출동하였다. 기령 등은 여포가 온다는 소식을 듣고 군사를 모으고 행군을 중지했다. 여포는 沛縣의 성 밖에 주둔한 뒤에 사람을 보내 유비를 초청하고 아울러 기령 등을 불러 같이 술자리를 만들었다. 여포가 기령 등에게 말했다.

"玄德은 나의 아우인데 여러분 때문에 곤경에 처했기에 내가 도와주러 왔소. 나는 싸움을 좋아하지 않고 다만 화해를 좋아할 뿐이요."

그리고는 軍吏를 시켜 營門에 갈라진 창(戟)을 세우게 한 뒤, 활을 당긴 채 여러 사람을 돌아보며 말했다.

"여러분은 내가 창의 작은 날을 쏘아 맞추면 각자 군사를 해산하고, 맞추지 못한다면 남아 싸워도 좋습니다."

그리고 여포는 1발을 쏘아 창은 작은 날을 정확히 맞추었다. 기령 등은 모두 놀라 말했다.

"將軍의 武勇은 하늘이 내었습니다."

그 다음 날도 다시 만나 즐긴 다음에, 각자 군대를 해산하였다.

原文

術遣韓胤以僭號事告布, 因求迎婦, 布遣女隨之. 沛相陳珪恐術報布成姻, 則徐,楊合從, 爲難未已. 於是往說布曰, "曹公奉迎天子, 輔贊國政, 將軍宜與協助同策謀, 共存大計. 今與袁術結姻, 必受不義之名, 將有累卵之危矣." 布亦素怨術, 而女已在塗, 乃追還絶婚, 執胤送許, 曹操殺之.

| 註釋 | ○累卵之危 - 춘추시대 晉의 靈公은 막대한 돈을 들여 9층 누대를 만들면서 이를 간하는 자는 죽이겠다고 공언하였다. 이에 孫息(손식)이란 사람이 영공을 만나 장기 말 위에 계란을, 다시 장기 말 위에 계란을 9층까지 쌓을 수 있다고 하였다. 1층을 쌓아보이자 영공이 위태롭다고 말했다. 이에 손식은 9층 누대를 짓는 것은 이보다 더 위태롭다고 말하자 영공을 공사를 중지하였다. 《說苑》에 나오는 故事.

[國譯]

원술은 韓胤(한윤)을 보내 황제 참칭을 알리고 여포 딸과 아들의 혼인을 희망했고, 여포는 딸을 한윤에게 딸려 보냈다. 沛國 相 陳珪(진규)는 원술과 여포의 혼인으로 徐州와 楊州가 합종하게 되면 災難이 끝이 없을 것이라 생각하여 여포를 찾아가 설득하였다.

"曹公은 天子를 영입하고 국정을 보좌하고 있으니, 장군은 당연히 曹公과 협조하며 공존할 수 있는 大計를 모색해야 합니다. 지금 원술과 혼인하게 되면 틀림없이 不義의 오명을 덮어쓰게 되고 이 때문에 累卵之危(누란지위)에 처할 것입니다."

여포 역시 평소에 원술을 미워했기에 딸이 원술을 찾아가고 있었지만 따라가서 혼인을 파기하며 한윤을 잡아 許都로 보냈고, 조조는 한윤을 죽였다.

| 原文 |

陳珪欲使子登詣曹操, 布固不許, 會使至, 拜布爲左將軍, 布大喜, 卽聽登行, 並令奉章謝恩. 登見曹操, 因陳布勇而

無謀, 輕於去就, 宜早圖之. 操曰, "布狼子野心, 誠難久養, 非卿莫究其情僞." 卽增珪秩中二千石, 拜登廣陵太守. 臨別, 操執登手曰, "東方之事, 便以相付." 令陰合部衆, 以爲內應. 始布因登求徐州牧, 不得. 登還, 布怒, 拔戟斫机曰, "卿父勸吾協同曹操, 絶婚公路. 今吾所求無獲, 而卿父子並顯重, 但爲卿所賣耳." 登不爲動容, 徐對之曰, "登見曹公, 言養將軍譬如養虎, 當飽其肉, 不飽則將噬人. 公曰, '不如卿言. 譬如養鷹, 飢卽爲用, 飽則颺去.' 其言如此." 布意乃解.

| **註釋** | ○飽則颺去 – 飽는 배부를 포. 颺은 날릴 양. 새가 날아오르다.

[國譯]

　　陳珪(진규)는 아들 陳登(진등)을 사자로 조조에 보내려 했지만 여포가 굳이 반대하였는데 마침 조정의 사자가 와서 여포를 左將軍에 임명하자, 여포는 아주 좋아하며 즉시 진등을 許都로 보내면서 서장을 갖고 가서 사은하게 하였다. 진등이 조조를 만나 여포는 용맹하나 무모하며 거취가 경박하니 빨리 제거하는 것이 좋을 것이라고 말했다. 이에 조조가 말했다.

　　"여포는 승냥이처럼 흉악한 야심을 갖고 있어 오래 두고 볼 수 없는데 경이 아니라면 여포의 동태를 알 수가 없을 것이다."

　　조조는 즉석에서 진규의 질록을 中二千石으로 올려주고 진등에게 廣陵太守를 제수하였다. 진등이 돌아올 때 조조가 손을 잡고 말했다. "東方의 일은 경에게 일임할 것이요."

그러면서 은밀히 무리를 모아 내응케 하였다.

처음에 여포가 진등을 통해 徐州牧의 자리를 원했지만 얻지 못했다. 진등이 돌아오자 여포는 화를 내며 창으로 책상을 치며 말했다.

"당신 부친이 나에게 조조와 협조하라면서 원술과 혼인을 그만두게 하였다. 지금 나는 아무것도 못 얻고 당신 부자는 높이 등용되었으니, 나만 당신에게 이용당한 것이다."

그러자 진등은 표정도 바뀌지 않고 천천히 대답하였다.

"제가 曹公을 만나 장군을 키워주는 것은 호랑이를 키우는 것과 같아 고기를 배불리 먹여야지 굶주리면 사람을 해친다고 말했습니다. 그러나 조공은 '그렇지 않소. 여포는 기르는 매와 같아 배고프면 사냥을 하지만 배가 부르면 날아가 버린다.' 고 하였습니다. 말이 그렇게 된 것입니다."

그러자 여포는 화를 풀었다.

┃原文┃

  袁術怒布殺韓胤, 遣其大將張勳,橋蕤等與韓暹,楊奉連勢, 步騎數萬, 七道攻布. 布時兵有三千, 馬四百匹, 懼其不敵, 謂陳珪曰, "今致術軍, 卿之由也, 爲之奈何?" 珪曰, "暹, 奉與術, 卒合之師耳. 謀無素定, 不能相維. 子登策之, 比於連雞, 勢不俱棲, 立可離也." 布用珪策, 與暹,奉書曰,

  「二將軍親拔大駕, 而布手殺董卓, 俱立功名, 當垂竹帛.

今袁術造逆, 宜共誅討, 奈何與賊還來伐布? 可因今者同力破術, 爲國除害, 建功天下, 此時不可失也.」

又許破術兵, 悉以軍資與之. 暹, 奉大喜, 遂共擊勳於下邳, 大破之, 生禽橋蕤, 餘衆潰走, 其所殺傷, 憧水死者殆盡.

[國譯]

원술은 여포가 韓胤(한윤)을 죽였다고 대노하며 그 대장인 張勳(장훈)과 橋蕤(교유), 韓暹(한섬)과 楊奉(양봉) 등의 군사를 모아 수만의 보병, 기병으로 7개 갈래로 여포를 공격케 하였다. 그때 여포는 겨우 병력 3천에 말 4백 마리 정도라서 상대가 되지 않아 두려워서 진규에게 말했다.

"이번에 원술의 군사를 불러들인 게 경 때문인데 어찌 해야겠나?"

진규가 말했다. "한섬과 양봉 및 원술은 오합지졸의 군사들입니다. 평소 방책이 정해진 것도 아니라서 오래갈 수도 없습니다. 내 아들이 그들에 대한 방책을 마련하였는데, 그들은 줄지어 늘어선 닭과 같이 함께 할 수도 없어 곧 흩어질 것입니다."

여포는 진규의 방책에 따라 한섬과 양봉에게 서신을 보냈다.

「두 분 장군이 친히 황제를 지켜내셨으니, 내가 동탁을 죽인 것과 같은 공명을 이루었으니 응당 靑史에 남아야 합니다. 지금 원술의 반역을 응당 토벌해야 하거늘 어찌 반적을 도와 여포를 치려 합니까?

지금이라도 함께 힘을 모아 원술을 격파하고 나라의 해악을 제거한다면 천하제일의 공을 세우는 것이니 이때를 놓칠 수 없습니다.」

또 원술을 격파하면 그 軍中의 자산을 모두 주겠다고 약속하였다. 한섬과 양봉은 크게 좋아하며 함께 진격하여 하비성에서 서훈을 공격, 대파하고 교유를 생포하자 나머지 군사는 모두 도주하였으며 죽고 다치거나 물에 빠져 죽어 전군이 모두 궤멸하였다.

原文

時, 太山臧霸等攻破莒城, 許布財幣以相結, 而未及送, 布乃自往求之. 其督將高順諫止曰, "將軍威名宣播, 遠近所畏, 何求不得, 而自行求賂. 萬一不克, 豈不損邪?" 布不從. 旣至莒, 霸等不測往意, 固守拒之, 無獲而還. 順爲人淸白有威嚴, 少言辭, 將衆整齊, 每戰必克. 布性決易, 所爲無常. 順每諫曰, "將軍擧動, 不肯詳思, 忽有失得, 動輒言誤. 誤事豈可數乎?"

布知其忠而不能從.

| 註釋 | ○莒城(거성) – 莒縣(거현), 今 山東省 동남 해안 日照市 관할 莒縣.

[國譯]

그때 泰山郡 사람 臧霸(장패) 등은 莒城(거성)을 공격 점령하고 여포와 재물을 나누기로 했는데 재물을 보내기도 전에 여포가 먼저 와서 요구하였다. 여포의 군사 감독인 高順(고순)은 이를 제지하며 말했다.

"將軍의 위명은 널리 알려졌고 원근 모두가 두려워하는데, 어찌 받을 수 없다고 직접 가서 재물을 달라 하십니까? 만일 받지 못하면 체면이 크게 깎이지 않겠습니까?"

그러나 여포는 듣지 않았다. 여포가 莒縣(거현)에 도착했지만 장패 등은 여포가 온 뜻을 모르고 성을 굳게 지키며 거절하여 얻은 것이 없이 돌아왔다.

고순은 사람이 청렴결백하고 위엄이 있으며 말 수가 적고 군사를 잘 관리하여 싸울 때마다 꼭 이겼다. 그러나 여포의 성격은 결정을 뒤집으며 행실이 무상하였다. 고순은 여포에게 자주 말했다.

"장군의 행동은 깊이 생각하지 않아 실수가 많고, 행동과 말이 다릅니다. 잘못된 일을 이루 다 셀 수나 있습니까?"

여포는 고간의 충성을 알면서도 실천하지 못했다.

原文

建安三年, 布遂復從袁術, 遣順攻劉備於沛, 破之. 曹操遣夏侯惇救備, 爲順所敗. 操乃自將擊布, 至下邳城下. 遣布書, 爲陳禍福. 布欲降, 而陳宮等自以負罪於操, 深沮其計, 而謂布曰, "曹公遠來, 勢不能久. 將軍若以步騎出屯於外, 宮將餘衆閉守於內. 若向將軍, 宮引兵而攻其背, 若但攻城, 則將軍救於外. 不過旬月, 軍食畢盡, 擊之可破也."

布然之. 布妻曰, "昔曹氏待公臺如赤子, 猶舍而歸我. 今將軍厚公臺不過於曹氏, 而欲委全城, 捐妻,子, 孤軍遠出乎? 若一旦有變, 妾豈得爲將軍妻哉!"

布乃止. 而潛遣人求救於袁術, 自將千餘騎出. 戰敗走還, 保城不敢出. 術亦不能救.

| 註釋 | ○夏侯惇(하후돈, ?-220) - 字 元讓(원양), 沛國 譙縣(今 安徽省 亳州市) 사람. 조조의 從兄弟. 조조가 가장 신뢰했던 사람. 조조 사후 몇 달 뒤 하후돈도 죽었다. 여포와 싸우면서 왼쪽 눈에 화살을 맞아 뒷날 '盲夏侯'로 불렸다. 《三國演義》 18회 〈夏侯惇拔矢啖睛〉에서는 "父精母血, 不可棄也!"라면서 자신의 눈알을 씹어 먹는 것으로 묘사되었다.

[國譯]

建安 3년(서기 198), 여포는 결국 다시 원술을 따랐고 여포는 高順(고순)을 보내 패현의 유비를 공격하여 격파하였다. 조조는 夏侯惇(하후돈)을 보내 유비를 구원하였지만 고순에게 패전했다.

이에 조조는 직접 여포를 치려고 하비성 근처에 도착하였다. 조조는 여포에게 서신을 보내 禍福을 설명하였다. 여포가 투항하려 하자 陳宮(진궁) 등은 전에 조조에게 지은 죄가 있어 여포의 투항을 아주 반대하며 여포에게 말했다.

"曹公은 멀리 왔기에 오래 버틸 수 없습니다. 장군께서 만약 보병과 기병을 거느리고 성 밖에 주둔하면 내가 나머지 군사로 성문을 닫고 지키겠습니다. 조공이 장군을 진공하면 내가 조공의 후방을 공격하고, 만약 성을 공격하면 장군께서 외부에서 구원하십시오. 그러

면 한 달이 지나지 않아 군량이 바닥날 것이고 그때 공격하면 격파
할 수 있습니다."

여포도 같은 생각이었다. 이에 여포의 처가 말했다.

"옛날 曹氏는 公臺(陳宮)를 어린 자식처럼 대우하였는데도 조씨
를 버리고 장군에게 왔습니다. 지금 장군은 公臺를 조씨만큼 후하게
대우하지도 않으면서 그 사람에게 온 성을 맡기는 것은 아내와 자식
을 버리는 셈인데, 어찌 적은 군사만을 거느리고 밖에 나가려 하십
니까? 만약 하루아침에 변란이라도 생기면 내가 어찌 장군의 처가
될 수 있겠나요!"

여포는 그만두었다. 그러면서 몰래 사람을 보내 원술에게 구원을
청하면서 1천여 기병을 거느리고 출전했다. 여포는 패전하여 돌아
왔고 성을 지킬 뿐 출격하지 못했다. 원술 역시 여포를 구원하지 못
했다.

原文

曹操塹圍之, 壅沂, 泗以灌其城, 三月, 上下離心. 其將侯
成使客牧其名馬, 而客策之以叛. 成追客得馬, 諸將合禮以
賀成. 成分酒肉, 先入詣布而言曰, "蒙將軍威靈, 得所亡馬,
諸將齊賀, 未敢嘗也, 故先以奉貢."

布怒曰, "布禁酒而卿等醞釀, 爲欲因酒共謀布邪?" 成忿
懼, 乃與諸將共執陳宮, 高順, 率其衆降. 布與麾下登白門
樓. 兵圍之急, 令左右取其首詣操. 左右不忍, 乃下降.

布見操曰, "今日已往, 天下定矣." 操曰, "何以言之?" 布曰, "明公之所患不過於布, 今已服矣. 令布將騎, 明公將步, 天下不足定也."

顧謂劉備曰, "玄德, 卿爲坐上客, 我爲降虜, 繩縛我急, 獨不可一言邪?" 操笑曰, "縛虎不得不急." 乃令緩布縛. 劉備曰, "不可. 明公不見呂布事丁建陽, 董太師乎?" 操頷之. 布目備曰, "大耳兒最叵信!"

操謂陳宮曰, "公臺平生自謂智有餘, 今意何如?" 宮指布曰, "是子不用宮言, 以至於此. 若見從, 未可量也." 操又曰, "奈卿老母何?"

宮曰, "老母在公, 不在宮也. 夫以孝理天下者, 不害人之親." 操復曰, "奈卿妻, 子何?" 宮曰, "宮聞霸王之主, 不絶人之祀." 固請就刑, 遂出不顧, 操爲之泣涕. 布及宮, 順皆縊殺之, 傳首許市.

| 註釋 | ○塹圍之 − 성 둘레에 참호를 파다. 塹은 구덩이 참. ○壅沂, 泗以灌其城 − 壅은 막을 옹. 沂水(기수), 泗水(사수). 灌은 물댈 관. ○操頷之 − 頷은 턱 함. 고개를 끄덕이다(搖頭也). ○大耳兒最叵信 − 大耳兒는 유비의 별명. 눈을 돌려 자기 귀를 볼 수 있었다고 한다. 最叵信는 정말 믿을 수가 없다. 叵는 불가능할 파, 어려울 파. 마침내. 叵는 '可'를 돌려 쓴 글자. 不可의 뜻.

[國譯]

曹操는 徐州城 둘레에 참호를 파고, 沂水(기수)와 泗水(사수)를 막아 성으로 물을 끌어들였다. 3개월이 지나면서 성 안의 상하 마음이 달라졌다. 여포의 부장인 侯成(후성)은 門客에게 그의 명마를 사육하게 했었는데, 객인이 사육하던 말을 몰고 도주하였다. 후성은 문객을 추격하여 말을 되찾았고, 여러 장수들이 찾아와 돈을 모아 후성을 축하해주었다. 이에 후성은 술과 고기를 준비한 뒤에 먼저 여포에게 가서 말했다.

"장군의 神威에 힘입어 잃었던 말을 되찾았고 여러 장수들이 축하한다 해서 먹기 전에 먼저 올리겠습니다."

그러자 여포가 화를 내며 말했다.

"내가 금주하라 했는데 그대들이 술을 빚어 마시며 술김에 나를 없앨 공모라도 하려는가?"

후성은 분하고 두려워 여러 장수와 함께 여포, 진궁, 고순 등을 모두 묶은 뒤, 다른 군사와 함께 투항하였다.

여포와 측근은 함께 白門樓(백문루, 徐州城 南門)에 끌려왔다. 병졸이 여포를 꽁꽁 묶고 측근을 시켜 머리를 잡아 조조에게 끌고 갔다. 여포 측근은 차마 더 볼 수가 없어 누각을 내려갔다. 여포가 조조를 보고 말했다.

"오늘 이후로 천하 평정은 아주 쉬울 것이요."

조조가 말했다. "무슨 말인가?" 이에 여포가 대답하였다.

"明公이 걱정했던 사람은 나 여포였는데 이제 항복하였습니다. 여포가 기병을 거느리고, 明公이 보병을 지휘한다면 천하는 틀림없이 평정될 것이요."

그리고 여포는 유비를 돌아보며 말했다.

"玄德! 경은 좌상의 손님이고 나는 항복한 포로이나 밧줄이 심하게 조이니 한마디 해줄 수 있지 않소?"

그러자 조조가 웃으며 말했다. "호랑이를 묶으려면 꽁꽁 묶지 않을 수 없지!" 그러면서 여포를 느슨하게 해주었다. 옆에서 유비가 말했다.

"안 됩니다. 明公은 여포가 丁建陽(丁原)과 董太師(董卓)을 어떻게 했는지 보지 않았습니까?"

이에 조조가 고개를 끄덕였다. 여포가 유비를 보며 말했다.

"저 大耳兒는 정말 믿을 수가 없군!"

조조가 陳宮에게 말했다. "公臺(陳宮)은 늘 지략이 많다고 말했는데 지금은 어떠한가?"

진궁이 여포를 돌아보며 말했다. "이 사람이 내 말을 믿지 않아서 이 지경이 되었소. 만약 내 말을 들어줬으면 어떻게 됐을지 모를 것이요." 조조가 또 물었다.

"경의 노모는 어찌할 것인가?" 진궁이 말했다.

"老母는 公의 손에 달렸지 나에게 있지 않습니다. 孝誠으로 천하를 다스리는 자는 남의 부모를 해치지 않습니다."

조조가 다시 물었다. "경의 처와 자식은 어찌해야 하는가?"

진궁이 말했다. "내가 듣기로, 霸業과 王道를 이룬 사람은 남의 제사를 끊지 않는다고 했습니다."

그러면서 진궁은 처형을 재촉했고, 끌려가면서 뒤돌아보지 않았으며, 조조는 진궁을 위해 눈물을 흘렸다. 여포와 진궁, 고순은 모두 絞殺(교살)되었고 그 수급은 許都에 보내졌다.

贊曰, <u>焉</u>作<u>庸</u>牧, 以希後福. 曷云負荷? 地墮身逐. <u>術</u>旣叨
貪, <u>布</u>亦翻覆.

| **註釋** | ○庸牧 – 益州牧. 왕망은 익주를 庸(용)이라 개칭했었다. ○曷
云負荷 – 曷은 어찌 갈. 의문사. ○叨貪 – 叨는 탐낼 도. 貪은 탐할 탐.

[國譯]

贊曰,

劉焉(유언)은 益州牧이 되어 후손의 복도 생각했다.

그 어찌 지나치지 않았는가? 땅도 몸도 다 잃었다.

袁術은 욕심으로 망했고, 呂布 역시 그래서 망했다.

76 循吏列傳
〔순리열전〕

原文

　初, 光武長於民間, 頗達情僞, 見稼穡艱難, 百姓病害, 至天下已定, 務用安靜, 解王莽之繁密, 還漢世之輕法. 身衣大練, 色無重采, 耳不聽鄭,衛之音, 手不持珠玉之玩, 宮房無私愛, 左右無偏恩.

　建武十三年, 異國有獻名馬者, 日行千里, 又進寶劍, 賈兼百金, 詔以馬駕鼓車, 劍賜騎士. 損上林池御之官, 廢騁望弋獵之事. 其以手跡賜方國者, 皆一札十行, 細書成文. 勤約之風, 行於上下. 數引公卿郎將, 列于禁坐. 廣求民瘼, 觀納風謠. 故能內外匪懈, 百姓寬息. 自臨宰邦邑者, 競能其官. 若杜詩守南陽, 號爲'杜母', 任延,錫光移變邊俗, 斯其績用之最章章者也. 又第五倫,宋均之徒, 亦足有可稱談.

然建武,永平之間, 吏事刻深, 亟以謠言單辭, 轉易守長.
故朱浮數上諫書, 箴切峻政, 鍾離意等亦規諷殷勤, 以長者
爲言, 而不能得也. 所以中興之美, 蓋未盡焉.

自章,和以後, 其有善績者, 往往不絶. 如魯恭,吳祐,劉寬
及潁川四長, 並以仁信篤誠, 使人不欺. 王堂,陳寵委任賢
良, 而職事自理, 斯皆可以感物而行化也. 邊鳳,延篤先後爲
京兆尹, 時人以輩前世趙,張. 又王渙,任峻之爲洛陽令, 明
發姦伏, 吏端禁止, 然導德齊禮, 有所未充, 亦一時之良能
也. 今綴集殊聞顯跡, 以爲〈循吏篇〉云.

| 註釋 | ○禁坐 - 御座. ○廣求民瘼 - 瘼은 병들 막. 民瘼은 백성의 고
통. ○杜詩守南陽 - 杜詩(두시)는 인명. 수력으로 움직이는 送風機를 발명
했고 虎符 제도를 부활케 하였다. 31권,〈郭杜孔張廉王蘇羊賈陸列傳〉에
立傳. ○最章章者也 - 章章은 밝게 빛나다. ○第五倫,宋均 - 第五倫(제오
륜, 第五는 複姓)은 성실한 원칙론자였다. 때문에 三公의 반열에 올랐다. 宋
均의 인덕에 호랑이도 타 지역으로 옮겨갔고 황충도 피해갔다. 41권,〈第
五鍾離宋寒列傳〉立傳. ○朱浮 - 33권,〈朱馮虞鄭周列傳〉에 立傳. ○鍾離
意(종리의) - 각박한 明帝에게 관용을 베풀고 기다리는 여유를 당부하였지
만 魯國의 相으로 밀려나 현지에서 임종했다. 41권,〈第五鍾離宋寒列傳〉
에 立傳. ○劉寬(유관) - 경학을 바탕으로 성실한 성품에 治民에도 관대 온
화한 모범 관리였다. 25권,〈卓魯魏劉列傳〉에 立傳. ○潁川四長 - 潁川郡
출신의 縣長 四人, 荀淑(순숙), 韓韶(한소), 陳寔(진식), 鐘皓(종호). ○王堂(왕
당) - 31권,〈郭杜孔張廉王蘇羊賈陸列傳〉에 立傳. ○陳寵(진총) - 나라의
잔혹한 법률 제도를 고치는데 주력하였다. 46권,〈郭陳列傳〉에 立傳. ○延

篤(연독) - 延篤(연독)은 《春秋》를 필사할 시간에 외워버린 사람이었다. 64
권, 〈吳延史盧趙列傳〉에 立傳. ○〈循吏篇〉 - 《史記》는 119권이 〈循吏列
傳〉이고, 《漢書》는 89권 〈循吏傳〉이다. 循吏는 법을 잘 지키며 열심히 일
하는 관리. 循은 좇을 순. 잘하다(善也).

[國譯]

　그전에, 光武帝는 백성과 함께 살면서 세상의 眞僞를 잘 알았고
농사의 어려움과 백성들의 疾苦(질고)를 직접 보았기에 천하를 평정
한 다음에 백성 생활의 안정에 주력하고, 王莽(왕망)의 번잡 세밀한
법을 제거하며, 漢代 초의 約法으로 돌아가려고 하였다. 광무제는
거친 비단으로 지은 옷을 입었고 두 가지 색 의상이 없었으며, 鄭(정)
과 衛(위)의 퇴폐적 음악을 듣지 않았고, 珠玉이나 노리개도 없었으
며 후궁을 특별히 총애하거나 편애하는 측근도 없었다.

　建武 13년(서기 37)년, 외국에서 하루에 천리를 달린다는 명마와
百金의 가치가 있는 보검을 헌상하였는데 조서로 명마는 북(鼓)을
실은 수레를 끌게 하였고 보검은 기사에게 하사하였다. 上林苑의 여
러 관원을 감원하였고, 유람이나 사냥 같은 행사도 폐지하였다. 황
제가 지방관이나 제후국에 내리는 조서는 1簡(간)에 10行이 들어가
는 작은 글씨로 썼다. 이처럼 검소의 기풍을 상하에서 실천하였다.
자주 불러보는 공경이나 郞將은 어좌 가까이 앉게 하였다. 백성의
고통을 널리 구제하면서 백성의 風謠(풍요)도 받아들였다. 그래서
조정 內外에 태만한 관리가 없었고 백성들은 여유 속에 살 수 있었
다. 또 지방관으로 나간 자는 서로 힘써 노력하였다. 남양태수인 杜
詩(두시)는 백성들이 '杜母'라고 불렀고, 任延(임연), 錫光(석광) 같은

사람은 변방의 풍속을 바꿨으니, 그들은 가장 빛나는 치적을 쌓았다. 또 第五倫(제오륜)과 宋均(송균) 같은 사람도 칭송을 받을 만하였다.

그러나 (광무제)의 建武, (明帝) 永平 연간의 정사는 매우 엄격, 세밀하였으니 떠도는 말이나 한마디 송사로도 지방관의 자리를 교체하였다. 그래서 朱浮(주부)는 자주 간쟁하는 글을 올려 지나치게 준엄한 정사를 정확하게 비판하였으며, 鍾離意(종리의) 등은 틈을 보아 은근히 간쟁하였는데 이들 長者의 관대한 건의는 다 채용될 수 없었다. 이처럼 중흥 시기의 훌륭한 정사도 미진한 부분이 있었다.

章帝와 和帝 재위 이후에도 훌륭한 치적을 거둔 관리는 계속 끊이지 않았다. 그리하여 魯恭(노공), 吳祐(오우), 劉寬(유관) 및 潁川郡 출신의 縣長 4인은 모두 인의와 신애, 그리고 독실한 성의로 백성들로 하여금 거짓을 모르게 다스렸으며 백성을 무시하지도 않았다. 王堂(왕당)이나 陳寵(진총)은 현량한 인재를 임용하였기에 업무실적도 좋았으니 이 모두가 감화와 교화의 결과였었다. 또 邊鳳(변봉), 延篤(연독) 등은 전후로 京兆尹이 되었는데, 그때 사람들은 前代(前漢)의 趙廣漢(조광한)이나 張敞(장창)과 같다고 하였다. 또 王渙(왕한)이나 任峻(임준)은 洛陽 縣令으로 간악한 자를 많이 적발하였고 관리의 불법행위도 근절시켰지만 德行으로 이끌고 禮度로 다스리지는 못했기에 한때의 유능한 관리에 그쳤다. 이에 특별한 평판이나 뚜렷한 치적을 골라 엮어 〈循吏篇〉이라 이름 지었다.

❶ 衛颯

||原文

衛颯字子産, 河內脩武人也. 家貧好學問, 隨師無糧, 常
傭以自給. 王莽時, 仕郡歷州宰. 建武二年, 辟大司徒鄧禹
府. 擧能案劇, 除侍御史, 襄城令. 政有名跡, 遷桂陽太守.
郡與交州接境, 頗染其俗, 不知禮則. 颯下車, 修庠序之敎,
設婚姻之禮. 期年間, 邦俗從化.

| 註釋 | ○衛颯 – 衛가 성씨. 颯은 바람소리 삽. ○河內脩武 – 脩武(修
武)는 현명. 今 河南省 북부 新鄕市 獲嘉縣. ○桂陽 – 군명. 治所는 郴縣(침
현), 今 湖南省 남부 郴州市(침주시). ○修庠序 – 庠序(상서)는 학교. 周代의
鄕學. 庠은 鄕의 교육기관. 序는 자연 마을(聚)의 학교, 또는 殷代의 鄕學.

[國譯]

衛颯(위삽)의 字는 子産(자산)으로 河內郡 脩武縣 사람이다. 家貧
하나 學問을 좋아했고, 배우는 동안 양식이 없어 늘 품팔이로 자급
했다. 왕망 시절에 郡이나 州에 출사하였다. (光武帝) 建武 2년(서기
26)에 鄧禹(등우)의 大司徒府의 부름을 받았다. 賢才를 천거하고 어
려운 업무를 잘 처리하여 侍御史가 되었다가, (潁川郡) 襄城(양성)현
령이 되었다. 치적이 좋아 桂陽 太守로 승진하였다. 郡이 交州와 접
경하여 야만인의 풍습에 많이 물들어 의례를 알지 못했다. 위삽은
부임하자 학교 교육을 실시하고 혼인의 예를 만들었다. 1년이 지나
자 지역 습속이 많이 교화되었다.

原文

先是, 含洭,湞陽,曲江三縣, 越之故地, 武帝平之, 內屬桂陽. 民居深山, 濱溪谷, 習其風土, 不出田租. 去郡遠者, 或且千里. 吏事往來, 輒發民乘船, 名曰 '傳役'. 每一吏出, 徭及數家, 百姓苦之. 颯乃鑿山通道五百餘里, 列亭傳, 置郵驛. 於是役省勞息, 姦吏杜絶. 流民稍還, 漸成聚邑, 使輸租賦, 同之平民. 又耒陽縣出鐵石, 佗郡民庶常依因聚會, 私爲冶鑄, 遂招來亡命, 多致姦盜. 颯乃上起鐵官, 罷斥私鑄, 歲所增入五百餘萬. 颯理恤民事, 居官如家, 其所施政, 莫不合於物宜. 視事十年, 郡內淸理.

| 註釋 | ○耒陽縣 - 今 湖南省 남부 衡陽市 관할 耒陽市. 耒는 쟁기 뢰. ○鐵官 - 철광산을 개발하고 철기를 제작하는 곳. 전한 무제 때 전국에 48개소에 철관을 두었다. 鐵官令과 丞을 두어 縣令처럼 관할 지역을 다스렸다. 소금을 제조하는 鹽官과 철관은 본래 대사농 소속이었으나 후한에서는 모두 郡縣의 소속으로 바꾸었다. 鹽官(염세 징수), 鐵官(철기 제조), 工官(工匠 管理 및 收稅), 都水官(水路관장, 漁稅 징수)의 경우 그 규모에 따라 令이나 長 또는 丞을 두었다. 그 업무량에 따라 관할 지역이 크거나 작았다. 염철관의 질록은 縣令, 縣長과 같았다.

[國譯]

앞서, 含洭(함광), 湞陽(정양), 曲江(곡강)의 3개 縣은 越人의 옛 땅으로 武帝 때 평정되어 계양군으로 편입되었었다. 백성이 심산과 계곡의 풍토에 적응하여 살면서 조세를 납부하지도 않았다. 郡에서 먼

곳은 혹 거의 천리나 되었다. 관리가 업무로 왕래하려면 백성의 배를 동원하였는데, 이를 '傳役(전역)' 이라고 했다. 관리 한 사람이 출장할 때마다 여러 家戶를 동원하여 백성의 고통이 많았다.

위삽은 산길 5백여 리를 뚫고 亭과 傳舍와 郵驛을 설치하였다. 이에 백성의 힘든 노역과 관리의 불법 수탈이 두절되었다. 유민이 점차 돌아왔으며 마을도 형성되고 조세와 부역도 부과되면서 보통 백성과 똑같았다. 또 耒陽縣(뇌양현)에서는 鐵鑛石이 산출되었는데 다른 군민들이 모여들어 사적으로 제철하면서 도망자를 불러들였고 간악한 도적이 많았다. 이게 위삽은 조정에 보고하여 鐵官을 설치하고 사적 제철을 금지하여 해마다 5백여 만전의 수입을 올렸다.

위삽은 백성을 위한 일을 많이 했고 백성을 긍휼히 살펴 마치 가사를 돌보듯 했으며 그의 시정은 모두가 매우 합리적이었다. 재직 10년에 군내가 태평하였다.

原文

二十五年, 徵還. 光武欲以爲少府, 會颯被疾, 不能拜起, 敕以桂陽太守歸家, 須後詔書. 居二歲, 載病詣闕, 自陳困篤, 乃收印綬, 賜錢十萬, 後卒於家.

南陽茨充代颯爲桂陽. 亦善其政, 教民種殖桑柘麻紵之屬, 勸令養蠶織履, 民得利益焉.

| 註釋 | ○桑柘麻紵 – 桑柘는 뽕나무. 桑은 뽕나무 상. 柘는 산뽕나무 자. 麻는 삼 마. 대마. 紵는 모시 저. ○織履(직리) – 신발을 만들다.

(건무) 25년, 조정의 부름으로 돌아왔다. 光武제는 위삽을 少府에 임명하려 했으나 위삽은 병으로 집무가 불가하여 칙명에 의거 계양태수의 직함을 가진 채 귀가하여 다음 명령을 기다리게 하였다. 2년이 지나 병을 안고 궁궐에 와서 자신의 병이 위독하다고 진술하여 인수를 회수하고 금전 십만을 하사하였다 뒷날 집에서 죽었다.

南陽 사람 茨充(자충)이 위삽의 후임으로 계양태수가 되었다. 자충 역시 선정을 베풀었는데, 백성에게 뽕나무와 삼(大麻), 모시(紵) 등을 재배하고 누에를 치며, 신발을 만들어 신게 하여 백성을 이롭게 하였다.

❷ 任延

原文

任延字長孫, 南陽宛人也. 年十二, 爲諸生, 學於長安, 明《詩》,《易》,《春秋》, 顯名太學, 學中號爲'任聖童'. 値倉卒, 避兵之隴西. 時隗囂已據四郡, 遣使請延, 延不應.

更始元年, 以延爲大司馬屬, 拜會稽都尉. 時年十九, 迎官驚其壯. 及到, 靜泊無爲, 唯先遣饋禮祠延陵季子. 時, 天下新定, 道路未通, 避亂江南者皆未還中土, 會稽頗稱多士. 延到, 皆聘請高行如董子儀,嚴子陵等, 敬待以師友之禮. 掾吏貧者, 輒分奉祿以賑給之. 省諸卒, 令耕公田, 以周窮急.

每時行縣, 輒使慰勉孝子, 就餐飯之.

| 註釋 | ○宛縣(완현) − 南陽郡의 治所, 今 河南省 서남부 南陽市 宛城區. ○隗囂(隗蹻, 외효, ?-33) − 왕망 말기 今 甘肅省 동부 일대에 웅거. 隗는 험할 외. 성씨. 囂는 떠드는 소리 효. 13권, 〈隗囂公孫述列傳〉에 입전. ○更始元年 − 서기 23년. 更始帝 劉玄, 稱帝, 入關, 왕망, 피살. 劉秀(光武帝) 거병. ○延陵季子(연릉계자) − 延陵은 지명. 吳王 壽夢의 아들인 季札(계찰)의 封地.

[國譯]

　　任延(임연)의 字는 長孫(장손)으로 南陽郡 宛縣 사람이다. 나이 12살에 태학생이 되어 長安에서 유학하였는데,《詩》,《易》,《春秋》에 밝아 太學 내에 이름이 났고, 태학에서는 '任聖童'으로 불렸다. 갑자기 난세를 당하여 隴西(농서, 隴右)로 피난하였다. 그 무렵 隗囂(외효)는 4개 군을 차지하고 있었는데, 사람을 보내 임연을 초빙하였으나 임연은 응하지 않았다.

　　更始 원년(서기 23), 임연은 大司馬의 관속이 되었다가 會稽 都尉를 제수 받았다. 時年 19세였는데 부임하자 사람들이 그 젊은 모습에 놀랐다. 부임 이후, 淸靜 無爲하면서 먼저 사람을 보내 延陵季子(연릉계자)의 사당에 제물을 올렸다. 그 무렵 천하가 겨우 진정되었지만 도로가 막혀 江南에 피난 왔던 사람들은 아직 中原으로 돌아가지 않아 회계군 지역에는 士人들이 많았다. 임연은 부임하여 董子儀(동자의)나 嚴子陵(엄자릉) 등 高行의 인사를 초빙하여 師友之禮로 공경하고 접대하였다. 가난한 掾吏(연리)들에게는 봉록을 나눠 구제하

였다. 여러 군졸을 감원하여 公田을 경작하며 가난에 대비하였다. 소속 현을 순찰할 때마다 효자를 찾아 위로하고 식사에 초대하였다.

原文

　吳有龍丘萇者, 隱居太末, 志不降辱. 王莽時, 四輔三公連辟, 不到. 掾史白請召之. 延曰, "龍丘先生躬德履義, 有原憲,伯夷之節. 都尉埽灑其門, 猶懼辱焉, 召之不可." 遣功曹奉謁, 修書記, 致醫藥, 吏使相望於道. 積一歲, 萇乃乘輦詣府門, 願得先死備錄. 延辭讓再三, 遂署議曹祭酒. 萇尋病卒, 延自臨殯, 不朝三日. 是以郡中賢士大夫爭往宦焉.

| 註釋 | ○龍丘萇(용구장) - 인명. 龍丘先生, 龍丘는 복성. ○太末 - 현명. 今 浙江省 서쪽 끝, 錢塘江 상류의 衢州市(구주시). ○四輔三公 - 四輔는 太師 太傅 國師 國將. 三公은 大司馬 司徒 司空. 왕망 시의 조정 고위직. ○原憲,伯夷之節 - 原憲은 魯人, 孔子弟子, 字는 子思, 淸約으로 守節하고 청빈하며 樂道했다.

[國譯]

　吳 땅에 龍丘萇(용구장)이란 사람은 太末縣에 은거하고 있었는데 자신의 지조를 굽히지 않았다. 왕망 시절에 四輔나 三公이 연이어 초빙하였으나 나가지 않았다. 임연의 掾吏가 용구장을 초청하겠다고 보고하자 임연이 말했다.

　"龍丘先生은 德義를 실천하면서 原憲(원헌)과 伯夷(백이)의 지조를 지키는 분이다. 都尉인 내가 가서 그 분 대문 앞을 청소한다면 오히려 두려움으로 욕을 뵈는 것인데 소환은 불가하다."

그리고는 功曹를 보내 알현하고 서신을 올리고 보약을 보내주었는데 사자가 길에 연이었다. 1년이 지나자 용구장이 輦(연)을 타고 郡府에 와서 죽기 전에 군의 관리로 이름을 올려달라고 하였다. 임연은 두 번 세 번 사양하다가 議曹 祭酒에 임명하였다. 곧 용구장이 병으로 죽자 임연은 직접 빈소에 조문하였고 3일간 집무하지 않았다. 이후 군내의 賢士나 大夫들이 郡에 와서 관직을 맡았다.

原文

　建武初, 延上書願乞骸骨, 歸拜王庭. 詔徵爲九眞太守. 光武引見, 賜馬雜繒, 令妻子留洛陽. 九眞俗以射獵爲業, 不知牛耕, 民常告糴交阯, 每致睏乏. 延乃令鑄作田器, 敎之墾闢. 田疇歲歲開廣, 百姓充給. 又駱越之民無嫁娶禮法, 各因淫好, 無適對匹, 不識父子之性, 夫婦之道. 延乃移書屬縣, 各使男年二十至五十, 女年十五至四十, 皆以年齒相配. 其貧無禮娉, 令長吏以下各省奉祿以賑助之. 同時相娶者二千餘人. 是歲風雨順節, 穀稼豐衍. 其産子者, 始知種姓. 咸曰, "使我有是子者, 任君也." 多名子爲'任'. 於是徼外蠻夷夜郞等慕義保塞, 延遂止罷偵候戍卒.

| 註釋 |　○九眞郡 - 교지군의 남쪽, 日南郡의 북쪽. 治所는 胥浦縣. 今

越南國 중부 清化省 서북 東山縣.　ㅇ告糴交阯 - 告糴은 곡식을 사오다.
糴은 쌀 사들일 적.　ㅇ駱越 - 南越.　ㅇ夜郎 - 西南夷 국가 이름. 今 貴州
省 서쪽, 雲南省 동북 일대에 분포. 漢의 牂柯郡(장가군) 지역.

[國譯]

　建武 초기에 임연은 사직하고 낙양에 들어가 배알하겠다고 상서
하였다. 조서를 내려 九眞郡 太守가 되었다. 광무제가 引見하며 말
과 여러 가지 비단을 하사하였고 처자는 낙양에 머물게 허락하였다.
구진군의 습속은 사냥이 본업이어서 농경을 알지 못했으며, 백성은
交阯郡(교지군, 今 越南國 북부)에 가서 곡식을 사다 먹었기에 늘 궁핍
하게 살았다. 임연은 농기구를 제작하여 개간과 농사를 백성에게 가
르쳤다. 경작지는 해마다 넓어졌고 백성은 자급하였다. 또 南越의
백성은 혼례의 법도가 없고 각자 좋은 대로 살면서 짝이 일정하지
않아 父子之性이나 夫婦之道를 몰랐다. 임연은 이에 속현에 문서를
보내 25세에서 50세에 이르는 남자와 15세에서 40세 사이의 여인을
나이에 맞춰 배필로 정해주게 했다. 그중에 가난하여 예물을 갖추지
못하는 자는 관리들이 각자 봉록을 줄여 도와주게 하였다. 이때 서
로 짝을 맞이한 백성이 2천여 명이었다. 이 해에 풍우가 순조로워
곡식이 풍년이었다. 그 해에 태어난 아들들은 비로소 성을 알게 되
었다. 백성들은 "우리가 이 자식을 가진 것은 任君의 덕분이다." 라
고 말하면서 아들 이름에 '任' 字을 많이 썼다. 이외에 국경 밖의 만
이인 夜郎人(야랑인)들도 예의를 흠모하며 국경을 수비하겠다 하여
임연은 정찰과 방수 군졸을 없앴다.

初, 平帝時, 漢中錫光爲交阯太守, 教導民夷, 漸以禮義, 化聲侔於延. 王莽末, 閉境拒守. 建武初, 遣使貢獻, 封鹽水侯. 領南華風, 始於二守焉.

延視事四年, 徵詣洛陽, 以病稽留, 左轉睢陽令, 九眞吏人生爲立祠. 拜武威太守, 帝親見, 戒之曰, "善事上官, 無失名譽." 延對曰, "臣聞忠臣不私, 私臣不忠. 履正奉公, 臣子之節. 上下雷同, 非陛下之福. 善事上官, 臣不敢奉詔." 帝嘆息曰, "卿言是也."

旣之武威, 時將兵長史田紺, 郡之大姓, 其子弟賓客爲人暴害. 延收紺繫之, 父子賓客伏法者五六人. 紺少子尙乃聚會輕薄數百人, 自號將軍, 夜來攻郡. 延卽發兵破之. 自是威行境內, 吏民累息.

| 註釋 | ○睢陽(수양) – 梁郡의 治所, 縣名. 今 河南省 동쪽 끝 商丘市 睢陽區. 睢는 '우러러 볼 휴', '눈 부릅뜰 휴', '땅 이름 수'에서 '睢陽'은 지명이기에 '수양'으로 읽어야 한다. ○武威郡 – 治所는 姑臧縣, 今 甘肅省 중부 武威市. ○累息 – 숨을 죽이다(累氣). 조심하다.

[國譯]

그전에, (前漢) 平帝 때, 漢中郡 사람 錫光(석광)이 交阯(교지) 태수가 되어 그곳 백성을 교도하여 점차 예의를 알게 되었는데, 그때 교화의 치적이 임연과 비슷하였다. 建武 초기에 사신을 보내 토산품을 바치고 鹽水侯(염수후)에 봉해졌다. 오령 산맥 남쪽의 중국 교화의 전파는 석광과 임연에서 비롯되었다.

임연은 4년간 재직하였고 부름을 받아 낙양에 왔다가 병으로 계속 머물렀는데 睢陽(수양) 현령으로 좌천되었고, 九眞郡의 관리와 백성은 살아있는데도 임연의 사당을 세웠다. 임연은 武威太守가 되었는데 광무제가 親見하면서 훈계하였다.

"上官을 잘 섬겨 名譽를 잃지 말라."

이에 임연이 대답하였다.

"臣이 알기로, 忠臣은 사인을 섬기지 않고 사적인 신하는 불충하다고 하였습니다. 정도를 지켜 나라를 받드는 것이 신하의 지조입니다. 상하가 雷同(뇌동)하는 것은 폐하의 복이 되지 않습니다. 상관을 잘 모시라는 분부는 받들지 못하겠습니다."

광무제는 "경의 말이 옳다"며 탄식하였다. 임연이 武威郡에 부임하였는데 將兵 長史인 田紺(전감)은 郡의 大姓으로 그 자제와 賓客들은 백성에게 해악을 끼치고 있었다. 임연이 전감을 잡아 가두었고, 父子와 빈객으로 처벌받은 자가 5, 6명이었다. 전감의 어린 아들 田尙(전상)은 곧 경박한 무리 수백 명을 모아 장군을 자칭하며, 밤에 郡 官府를 습격하자, 임연은 즉시 군사를 동원하여 격파하였다. 이후 위엄이 관내에 두루 통하며 관리와 백성이 숨을 죽였다.

原文

郡北當匈奴, 南接種羌, 民畏寇抄, 多廢田業. 延到, 選集武略之士千人, 明其賞罰, 令將雜種胡騎休屠黃石屯據要害, 其有警急, 逆擊追討. 虜恒多殘傷, 遂絶不敢出.

　河西舊少雨澤, 乃爲置水官吏, 修理溝渠, 皆蒙其利. 又
造立校官, 自掾史子孫, 皆令詣學受業, 復其徭役. 章句旣
通. 悉顯拔榮進之. 郡遂有儒雅之士. 後坐擅誅羌不先上,
左轉召陵令. 顯宗卽位, 拜潁川太守. 永平二年, 徵會辟雍,
因以爲河內太守. 視事九年, 病卒.

　少子愷, 官至太常.

| **註釋** | ○召(邵)陵(소릉) – 汝南郡의 현명. 今 河南省 중부 漯河市(탑하
시) 郾城區(언성구).

[國譯]

　武威郡의 북쪽은 흉노가 있고, 남쪽에는 羌族이 있어 많은 백성
들은 노략질이 두려워 농사를 짓지 않았다. 임연은 부임하여 무예가
뛰어난 백성 1천여 명을 모집하여 상벌을 분명히 시행하면서 雜種
흉노 기병인 休屠(휴도), 黃石(황석) 등과 함께 요지에 주둔케 하였다
가 경고가 있으면 침입자를 추격 토벌하였다. 적들은 죽고 다치는
자가 너무 많아 결국 함부로 침입하지 못했다.

　河西 일대는 예부터 비가 적게 내리는 곳이기에 置水 전담 官吏
를 두고 수로를 수리하여 백성에게 도움을 주었다. 또 學官을 임명
하고 연리의 자손은 모두 학교에 나와 학업을 받게 하고 대신 요역
을 면제하였다. 유학 경전에 통달하면 모두 높이 뽑아주고 승진시켰
다. 이에 군내에 박학다식한 유생이 존재하였다. 임연은 뒷날 보고
하지도 않고 강족을 마음대로 주살하였다 하여 召陵 縣令으로 좌천

되었다. 顯宗(明帝)가 즉위하며 潁川(영천) 太守을 제수하였다. 永平 2년(서기 59), 조정에 들어와 辟雍(벽옹)에서 알현하였고 이어 河內 太守가 되었다. 재직 9년에 병사하였다. 막내아들 任愷(임개)는 太常을 역임하였다.

❸ 王景

王景字仲通, 樂浪誹邯人也. 八世祖仲, 本琅邪不其人. 好道術, 明天文. 諸呂作亂, 齊哀王襄謀發兵, 而數問於仲. 及濟北王興居反, 欲委兵師仲, 仲懼禍及, 乃浮海東奔樂浪山中, 因而家焉. 父閎, 爲郡三老. 更始敗, 土人王調殺郡守劉憲, 自稱大將軍, 樂浪太守.

建武六年, 光武遣太守王遵將兵擊之. 至遼東, 閎與郡決曹史楊邑等共殺調迎遵, 皆封爲列侯, 閎獨讓爵. 帝奇而徵之, 道病卒.

| 註釋 | ○樂浪誹邯 – 樂浪은 군명. 治所는 朝鮮縣, 今 北韓 平壤市 大同江 남안. 誹邯(남함)은 현명. 今 평양시 서북. 誹은 고을 이름 남(諸甘反). 邯은 함(下甘反). 〈郡國志〉에 기록된 통계(順帝 永和 5년, 서기 140년)에 의하면, 낙랑군은 18城에 民戶가 61,492호 인구 25만7050명으로 이는 遼東郡과 비슷하였다.   ○琅邪不其 – 琅邪(낭야)는 군명. 治所 開陽縣,

今 山東省 남부의 臨沂市(임기시). 前漢 郡, 不其는 현명. 今 山東省 중부 해안의 靑島市 관할 卽墨市.

[國譯]

王景(왕경)의 字는 仲通(중통)으로 樂浪郡 詀邯縣(남함현) 사람이다. 八世祖인 王仲은 본래 琅邪郡 不其縣 사람이었다. 道術를 좋아했고 天文에 밝았다. (전한 초기) 呂氏 일족의 반란에, 齊 哀王 劉襄이 거병을 계획할 때 자주 유중에게 물었다. 나중에 濟北王 劉興居(유흥거)가 반역하면서 군사 지휘를 유중에게 맡기자, 유중은 화가 닥칠 것이 두려워 곧바로 바다를 건너 낙랑군의 산속으로 도주하였고 이어 거기서 살았다. 부친 王閎(왕굉)은 낙랑군의 三老였다. 更始帝가 패망할 때, 토착민인 王調(왕조)가 郡守 劉憲(유헌)을 죽이고 대장군과 낙랑태수를 자칭하였다.

建武 6년, 광무제가 太守 王遵(왕준)을 시켜 토벌케 하였다. 왕준이 요동군에 이르자 왕굉과 낙랑군의 決曹史인 楊邑(양읍) 등은 왕조를 죽이고 왕준을 영입하였는데, 모두 列侯에 봉해졌지만 왕굉만은 작위를 사양하였다. 광무제가 특이하게 여겨 왕굉을 불렀지만 왕굉은 가는 도중에 병으로 죽었다.

原文

景少學《易》, 遂廣窺衆書, 又好天文術數之事, 沈深多伎藝. 辟司空伏恭府. 時有薦景能理水者, 顯宗詔與將作謁者王吳共修作浚儀渠. 吳用景堰流法, 水乃不復爲害.

初, 平帝時, 河, 汴決壞, 未及得修. 建武十年, 陽武令張汜上言,

「河決積久, 日月侵毀, 濟渠所漂數十許縣. 修理之費, 其功不難. 宜改修堤防, 以安百姓.」

書奏, 光武卽爲發卒. 方營河功, 而浚儀令樂俊復上言,

「昔元光之間, 人庶熾盛, 緣堤墾殖, 而瓠子河決, 尚二十餘年, 不卽擁塞. 今居家稀少, 田地饒廣, 雖未修理, 其患猶可. 且新被兵革, 方興役力, 勞怨旣多, 民不堪命. 宜須平靜, 更議其事.」

光武得此遂止. 後汴渠東侵, 日月彌廣, 而水門故處, 皆在河中, 兗, 豫百姓怨嘆, 以爲縣官恒興佗役, 不先民急. 永平十二年, 議修汴渠, 乃引見景, 問以理水形便. 景陳其利害, 應對敏給, 帝善之. 又以嘗修浚儀, 功業有成, 乃賜景《山海經》,《河渠書》,《禹貢圖》及錢帛衣物. 夏, 遂發卒數十萬, 遣景與王吳修渠築堤, 自滎陽東至千乘海口千餘里. 景乃商度地勢, 鑿山阜, 破砥績, 直截溝澗, 防遏衝要, 疏決壅積, 十里立一水門, 令更相洄注, 無復潰漏之患. 景雖簡省役費, 然猶以百億計.

明年夏, 渠成. 帝親自巡行, 詔濱河郡國置河堤員吏, 如西京舊制. 景由是知名. 王吳及諸從事掾史皆增秩一等. 景三遷爲侍御史. 十五年, 從駕車巡狩, 至無鹽, 帝美其功績, 拜河堤謁者, 賜車馬縑錢.

| 註釋 | ○浚儀渠(준의거) – 黃河에서 陳留郡 浚儀縣(今 河南省 북동부 開封市)에 이르는 운하. 渠는 물도랑 거. ○堰流法 – 堰은 방죽 언. 堤과 同. 일종의 수중보와 같은 저수시설. ○汴 – 강 이름 변, 汴水, 汴河. 今 通濟渠(통제거)의 일부분. 今 河南省 開封市 일대를 지나는 강. ○陽武 – 河南尹의 현명. 今 河南省 북부 新鄕市 관할 原陽縣. ○瓠子 – 瓠子(호자)는 지명. 武帝 元光 3년(前 132)에 今 山東省 濮陽市 瓠子口(호자구)란 곳에서 황하 제방이 터졌는데 元封 2년(前 109)에 君臣이 함께 고생하여 무너진 제방을 다시 막고서 무제는 〈瓠子之歌〉를 지었는데, 그 가사는 《漢書 溝洫志(구혁지)》에 수록되었다. ○千乘 – 樂安國(千乘國)의 현명. 今 山東省 淄博市 관할 高靑縣. 前漢 天乘郡. ○洄注 – 물이 빙 돌아 흘러들다. 洄는 물이 거슬러 올라갈 회. ○無鹽 – 현명. 東平國의 治所, 今 山東省 泰安市 관할 東平縣. ○河堤謁者 – 질록 1천석.

[國譯]

왕경은 젊어 《易》을 공부했고 많은 서적을 두루 읽었으며, 또 天文이나 術數에 관한 일을 좋아하고 깊이 탐구하여 재주가 많았다. 伏恭(복공)의 司空府의 초빙을 받았다. 그때 왕경을 치수에 유능하다고 추천하는 자가 있어 顯宗(明帝)가 조서로 將作謁者인 王吳(왕오)와 함께 浚儀渠(준의거)를 수리하라고 명하였다. 왕오는 왕경의 堰流法(언류법)을 적용하여 공사하였는데 이후로 다시 수해가 없었다.

그전에 平帝 때 河水와 汴水의 제방이 터졌는데 수리를 하지 못했다. 建武 10년(서기 34)에 (河南尹) 陽武 현령 張汜(장사)가 건의하였다.

「황하의 제방이 붕괴된 지 오래나 세월이 지나며 더 피해가 커져서 濟渠(제거)가 10여 현을 침수시켰습니다. 수리 비용이 많거나 그 공사가 어렵지는 않습니다. 응당 제방을 개수하여 백성을 안주시켜야 합니다.」

상서가 보고되자 광무제는 즉시 장졸을 동원하였다. 제방공사가 시작되자 逡儀(준의) 현령인 樂俊(악준)이 다시 상서하였다.

「옛날 (武帝) 元光 연간(前 134 - 129년)에, 인구가 크게 늘고 河水 연안이 개간되어 농사지을 때 瓠子口(호자구)에서 황하의 제방이 무너졌고, 그 후 20여 년이 지나도록 다시 막지 못했습니다. 지금 주민은 희소하고 경작지는 넓고 비옥하나 아직 수리 되지 않아 그 환난은 마찬가지입니다. 거기다가 戰禍가 끝난 지 얼마 되지 않아 다시 백성을 공사에 동원해야 하니 힘들고 원성이 많으며 백성이 견딜 수 없으니 좀 안정된 뒤에 다시 공사를 논의해야 합니다.」

광무제는 상서를 받고 곧 중지하였다. 그 뒤로 汴渠(변거)의 피해 지역은 동쪽으로 확대되어 시간이 가며 더욱 넓어졌으며 수문이 있던 자리는 강의 중심이 되었고, 兗州와 豫州 백성의 원망과 탄식 속에서, 나라에서는 늘 다른 일에 요역을 동원하며 백성의 급한 일을 해결하지 않았다.

(明帝) 永平 12년(서기 69), 汴渠(변거) 제방 수리를 논의하며, 明帝는 왕경을 불러 치수 공사에 관하여 물었다. 왕경은 그 이해득실을 설명하였고 질문에 정확하게 대답하자 명제가 칭찬하였다. 또 逡儀渠(준의거) 보수를 성공적으로 마친 공로가 있기에 바로 왕경에게 《山海經》과 《河渠書》와 《禹貢圖》 및 비단과 의복 등을 하사하였다. 그 여름에 드디어 장졸 수십 만 명을 동원하였고 왕경과 王吳(왕오)를 보내 수로 보수와 滎陽(형양)에서 千乘郡의 바다까지 1천 리 제방

축조를 담당케 하였다. 왕경은 地勢를 헤아려 산과 언덕을 뚫고 바닥의 모래나 돌을 파내며, 물길을 바로잡고 흐름을 막는 장애를 제거하였으며, 10리마다 水門을 하나씩 만들어 서로 물을 돌려 이어지게 하여 제방이 다시 무너지는 일이 없게 하였다. 왕경이 비록 勞役과 비용을 줄이려 애를 썼어도 1백억 전 이상이나 되었다.

다음 해 여름 제방이 완성되었다. 明帝는 친히 제방을 순시하였고 조서로 하수 주변의 군국에서는 河堤員吏를 두게 조치하였는데, 이는 西京(前漢)의 舊制와 같았다. 왕경은 이 때문에 이름이 알려졌다. 왕오 및 종사했던 모든 掾史의 질록을 모두 1등급씩 올려주었다. 왕경은 3번 승진하여 侍御使가 되었다. (永平) 15년, 황제를 수행하여 巡狩(순수)하였는데 無鹽縣(무염현)에 이르자 명제는 왕경의 치적을 치하하며 河堤謁者를 제수하고 車馬와 비단과 금전을 하사하였다.

原文

建初七年, 遷徐州刺史. 先是杜陵杜篤奏上〈論都賦〉, 欲令車駕遷還長安. 耆老聞者, 皆動懷土之心, 莫不眷然佇立西望. 景以宮廟已立, 恐人情疑惑, 會時有神雀諸瑞, 乃作〈金人論〉, 頌洛邑之美, 天人之符, 文有可采.

明年, 遷盧江太守. 先是, 百姓不知牛耕, 致地力有餘而食常不足. 郡界有楚相孫叔敖所起芍陂稻田. 景乃驅率吏民, 修起蕪廢, 教用犁耕, 由是墾闢倍多, 境內豐給. 遂銘石刻誓, 令民知常禁. 又訓令蠶織, 爲作法制, 皆著於鄕亭, 廬江傳其文辭. 卒於官.

初, 景以爲《六經》所載, 皆有卜筮, 作事擧止, 質於蓍龜, 而衆書錯糅, 吉兇相反, 乃參紀衆家數術文書, 冢宅禁忌, 堪輿日相之屬, 適於事用者, 集爲《大衍玄基》云.

| 註釋 | ○杜陵 — 京兆尹의 현명. 본래 杜陵은 宣帝의 능, 능현 이름. 今 陝西省 西安市 동남. ○杜篤(두독) — 80권, 〈文苑列傳〉(上)에 입전. ○佇立西望 — 佇立은 우두커니 서있다. 佇는 우두커니 저. 오랫동안. ○會時有神雀諸瑞 — 章帝 때 神雀, 鳳凰, 白鹿 白烏 등이 출현하였다. ○廬江 — 군명. 治所는 舒縣, 今 安徽省 중서부 六安市 舒城縣. ○孫叔敖(손숙오) — 楚 莊王(前 614 – 591 재위)의 相. 매우 현명 인자하며 검소하였다. ○錯糅 — 서로 뒤섞이다. 서로 맞지 않다. 錯은 섞일 착. 糅는 섞을 유, 먹을 유. ○堪輿日相之屬 — 堪輿(감여)는 하늘과 땅. 堪은 견딜 감. 하늘. 참다. 받아들이다. 輿는 수레 여. 땅.

[國譯]

　(章帝) 建初 7년, 徐州 자사가 되었다. 이보다 앞서 杜陵縣 사람 杜篤(두독)이 〈論都賦〉를 올려 황제가 長安으로 다시 천도하기를 희망했다. 이를 알게 된 耆老(기로)들은 모두 옛 장안을 그리는 마음을 가지고서 우두커니 서쪽을 바라보지 않는 사람이 없었다. 이에 왕경은 궁궐과 종묘가 이미 갖추어졌으며, 민심은 혹 천도를 기대하고 있으며, 마침 神雀이 출현하는 등 상서가 나타나자 〈金人論〉을 지어 洛邑(雒陽)의 아름다움과 天人相應의 상서로움을 찬송하였는데

문장이 훌륭하였다.

다음 해, 廬江太守가 되었다. 전부터 그곳 백성은 牛耕을 알지 못하여 땅은 비옥하여도 늘 식량이 부족하였다. 郡 관내에 楚相이었던 孫叔敖(손숙오)가 만들었다는 芍陂(작파)의 논이 있었다. 왕경은 바로 관리와 백성을 동원하여 황폐한 경작지를 개간하고 소와 쟁기의 사용법을 가르쳤는데, 새로 개간한 땅이 두 배나 늘어나 군내 양식이 넉넉하였다. 그리고 지켜야 할 일을 돌에 새겨 백성으로 하여금 禁令을 알게 하였다. 또 양잠과 길쌈을 가르치고 백성을 위한 법제도 마련하여 모든 鄕亭에 부착했는데, 廬江郡에는 그 문장이 전해오며 재임 중에 죽었다.

예전에 왕경은 《六經》에 기록된 卜筮(복서)에 관한 여러 내용은 시초점이나 거북점(蓍龜)에 바탕을 둔 것이나 여러 책의 내용이 서로 착오가 있고 길흉 해석이 상반되었다고 생각하여 諸家의 術數에 관한 기록들을 참고하여 무덤과 주택 일상생활의 금기, 擇地, 曆象이나 점술에 관한 내용을 실생활에 적용할 수 있도록 《大衍玄基》라는 책으로 엮었다.

❹ 秦彭

■ 原文

　秦彭字伯平, 扶風茂陵人也. 自漢興之後, 世位相承. 六世祖襲, 爲潁川太守, 與群從同時爲二千石者五人, 故三輔號曰 '萬石秦氏'. 彭同産女弟, 顯宗時入掖庭爲貴人, 有寵. 永平七年, 以彭貴人兄, 隨四姓小侯擢爲開陽城門候.
十五年, 拜騎都尉, 副駙馬都尉耿秉北征匈奴.

建初元年, 遷山陽太守. 以禮訓人, 不任刑罰. 崇好儒雅,
敦明庠序. 每春秋饗射, 輒修升降揖讓之儀. 乃爲人設四誡,
以定六親長幼之禮. 有遵奉敎化者, 擢爲鄕三老, 常以八月
致酒肉以勸勉之. 吏有過咎, 罷遣而已, 不加恥辱. 百姓懷
愛, 莫有欺犯. 興起稻田數千頃, 每於農月, 親度頃畝, 分別
肥瘠, 差爲三品, 各立文簿, 藏之鄕縣. 於是姦吏踧踖, 無所
容詐. 彭乃上言, 宜令天下齊同其制. 詔書以其所立條式,
班令三府, 並下州郡.

在職六年, 轉潁川太守, 仍有鳳皇,麒麟,嘉禾,甘露之瑞,
集其郡境. 肅宗巡行, 再幸潁川, 輒賞賜錢穀, 恩寵甚異. 章
和二年卒. 彭弟惇,褒, 並爲射聲校尉.

| 註釋 | ○茂陵 – 前漢 武帝의 능. 漢 황제 능묘 중 최대 규모. 능 주변
에 전국의 부호를 이주시키면서 무릉현을 설치.(이를 陵縣이라 한다.) 今
陝西省 咸陽市 관할 興平市 소재. ○四姓 小侯 – 황제의 외척인 樊氏(번씨,
광무제의 외가), 郭氏, 陰氏, 馬氏 등 4성의 자제를 특별히 四姓小侯라 하였
다. 아직 나이가 어려 列侯(諸侯)가 아니기에 小侯라 하였다. ○開陽城門
候 – 開陽門은 도성 南面 성문 중 동쪽에서 첫 번째 성문. 門候는 질록 6
백석. ○駙馬都尉 耿秉 – 駙馬都尉는 武帝 때 처음 설치. 질록 比二千石.
皇帝 副車의 馬匹을 관리, 宗室이나 외척으로 充任. 魏晉 이래로 황제 사
위에 대한 별칭으로 사용. 耿秉(경병)은 19권, 〈耿弇列傳〉에 立傳. ○山陽
太守 – 山陽郡 治所는 昌邑縣, 今 山東省 서남부 菏澤市 관할의 巨野縣.

○姦吏踘踖 - 踘踖(국척)은 두려워하여 움츠리다. 踘은 구부릴 국. 踖은 살금살금 걷다.   ○射聲校尉 - 수도 방위를 담당하는 상비군인 北軍 5校尉(屯騎, 越騎, 步兵, 長水, 射聲校尉)의 하나. 射聲은 활솜씨가 뛰어나 야간에 소리를 듣고서 그 방향으로 화살을 쏘아 맞힌다는 뜻. 校尉는 장군 아래 직위, 단위 부대를 校라 하고 一校의 지휘관이 교위이다. 질록 比二千石. 교위 아래에 丞과 司馬 등 속관을 두었다.

[國譯]

秦彭(진팽)의 字는 伯平(백평)인데, 右扶風 茂陵縣 사람이다. 漢興 이후로 여러 대에 걸쳐 관직을 역임하였다. 6世祖인 秦襲(진습)은 潁川 太守였는데 여러 종형제가 동시에 5명이나 2천석 지위에 올랐기에 三輔 지역에서는 '萬石 秦氏'라고 불렸다. 진팽의 同母 女弟가 顯宗(명제) 때 掖庭(액정)에 들어가 貴人으로 총애를 받았다.

(明帝) 永平 7년, 진팽은 貴人의 오빠로 다른 四姓 小侯와 함께 발탁되어 開陽城門候가 되었다. (永平) 15년, 騎都尉가 되었고, 駙馬都尉 耿秉(경충)의 副職으로 흉노 원정에 참가했다.

(章帝) 建初 원년(서기 76), 山陽太守로 승진했다. 백성을 禮度로 이끌고 형벌로 다스리지 않았다. 진팽은 유학을 숭상하고 학교 교육을 제창하였다. 매년 春秋의 饗射禮에 들어오고 나가며 인사하고 사양하는 생활의례를 강조하였다. 백성을 위해 4가지 훈계를 제정하였고, 六親(부자, 형제, 부부)과 長幼의 예의 실천을 권장하였다. 어른을 잘 받들고 교화하는 사람을 鄕의 三老로 발탁하였고 매년 8월에 酒肉을 나눠주며 격려하였다. 관리가 잘못을 저지르면 파면할 뿐 모욕을 가하지는 않았다. 백성을 감싸고 친애하였고 무시하거나 권익을 침해하지 않았다. 稻田(도전, 논) 수천 頃(경)을 개간하였고 매년

농사철이 되면, 경작지를 측량하고 비옥 여부를 3등급으로 나눠 모두 문서로 작성하여 鄕과 縣에 보관하였다. 이에 관리의 불법과 거짓 행위가 없어졌다. 진팽은 천하가 이 제도를 모두 시행해야 한다고 상서하였다. 조서로 진팽의 방식을 조문화하여 모든 주군에 하달하였다.

在職 6년에 穎川太守로 전임하였는데, 鳳皇, 麒麟(기린), 嘉禾(가화), 甘露(감로) 등 상서로운 일이 영천 군내에 자주 나타났다. 肅宗(章帝)가 巡行하며 영천에 두 번이나 행차하였고 매번 금전과 곡식을 하사하는 등 은총이 특별하였다. (章帝) 章和 2년에 죽었다. 진팽의 동생 秦惇(진돈), 秦褒(진포)는 모두 射聲校尉였다.

❺ 王渙

│原文│

王渙字稚子, 廣漢郪人也. 父順, 安定太守. 渙少好俠, 尙氣力, 數通剽輕少年. 晚而改節, 敦儒學, 習《尙書》, 讀律令, 略擧大義. 爲太守陳寵功曹, 當職割斷, 不避豪右. 寵風聲大行, 入爲大司農. 和帝問曰, "在郡何以爲理?" 寵頓首謝曰, "臣任功曹王渙以簡賢選能, 主簿鐔顯拾遺補闕, 臣奉宣詔書而已." 帝大悅, 渙由此顯名.

州擧茂才, 除溫令. 縣多姦猾, 積爲人患. 渙以方略討擊, 悉誅之. 境內淸夷, 商人露宿於道. 其有放牛者, 輒云以屬

稚子, 終無侵犯. 在溫三年, 遷兗州刺史, 繩正部郡, 風威大
行. 後坐考妖言不實論. 歲餘, 徵拜侍御史.

| 註釋 | ○郪縣(처현) - 현명. 今 四川省 중앙부 綿陽市 관할 三臺縣.
○太守 陳寵(진총) - 뒷날 나라의 잔혹한 법률 제도를 고치는데 주력하였
다. 46권, 〈郭陳列傳〉 立傳. ○溫縣 - 今 河南省 焦作市 관할 溫縣, 黃河
北岸. ○侍御使 - 司空의 속관으로 관리의 불법행위를 규찰. 시어사 中
御使中丞은 황제 측근으로 服務.

[國譯]

王渙(왕환)의 字는 稚子(치자)로 廣漢郡 郪縣(처현) 사람이다. 부친
王順(왕순)은 安定 太守였다. 왕환은 젊어 好俠하고 氣力를 숭상하
여, 거칠고 경박한 젊은이와 자주 어울렸다. 늦게 지조를 바꿔 유학
에 뜻을 두고 《尙書》를 공부하고 律令를 배워 大義에 통했다. 太守
陳寵(진총)의 功曹가 되었는데 담당 직무처리에 지방 세력가를 봐
주지 않았다. 진총의 명성은 널리 알려졌고, 진총은 조정에 들어가
大司農이 되었다. 和帝가 물었다.

"태수로 재직하며 어떻게 다스렸는가?"

진총은 고개를 숙여 사양하며 말했다.

"臣은 功曹인 왕환에게 유능한 인물을 뽑아들이게 했고 主簿 鐔
顯(심현)에게는 부족한 일을 보완케 하였으며 臣은 조서를 받들어
널리 알렸을 뿐입니다."

화제는 크게 기뻐하였고, 왕환은 이 때문에 이름이 알려졌다.

益州에서 茂才로 천거되어 (河內郡) 溫縣 현령이 되었다. 縣에는

교활한 자들이 많아 오랫동안 백성에게 해악을 끼쳤다. 왕환은 법대로 그들을 격파하여 모두 처형했다. 현내가 깨끗해지자 상인들은 길에서 노숙해도 괜찮았다. 소를 방목하는 사람들은 늘 소떼는 稚子(王渙)의 것이라고 말해도 끝내 빼앗기지 않았다. 온현 현령으로 3년 재직한 뒤에 兗州(연주) 자사로 승진하였는데 소속 군을 바르게 감독하였으며 위엄과 명성을 크게 떨쳤다. 뒷날 妖言(요언)을 퍼트린 자를 사실대로 판결하지 못한 일에 연좌되었다. 일 년여 뒤에 조정의 부름을 받아 侍御史가 되었다.

原文

永元十五年, 從駕南巡, 還爲洛陽令. 以平正居身, 得寬猛之宜. 其冤嫌久訟, 歷政所不斷, 法理所難平者, 莫不曲盡情詐, 壓塞群疑. 又能以譎數發擿姦伏. 京師稱嘆, 以爲渙有神算. 元興元年, 病卒. 百姓市道莫不咨嗟. 男女老壯皆相與賦斂, 致奠醊以千數.

渙喪西歸, 道經弘農, 民庶皆設槃梜於路. 吏問其故, 咸言平常持米到洛, 爲卒司所抄, 恒亡其半. 自王君在事, 不見侵枉, 故來報恩. 其政化懷物如此. 民思其德, 爲立祠安陽亭西, 每食輒弦歌而薦之.

| 註釋 | ○致奠醊以千數 — 奠은 제물 올릴 전, 제물 전(祭需). 醊은 제사 이름 철. ○皆設槃梜 — 槃梜은 쟁반. 소반. 槃은 쟁반 반. 梜은 책상. 案과 同.

　　(和帝) 永元 15년(서기103), 황제의 남방 순시를 수행하고 돌아와 洛陽 縣令이 되었다. 왕환의 처세는 정직하였고 적절히 관용을 베풀거나 엄격하였다. 오랫동안 끌어온 소송 사건이나 여러 사람을 거치면서 결단을 미뤄온 사안, 또는 법리적으로 판결이 쉽지 않은 사건이라도 왕환은 진실과 거짓을 교묘히 파헤쳐 모든 사람의 의혹을 해소하며 문제를 해결하였다. 또 드러나지 않은 악인의 악행을 기묘한 방법으로 적발하였다. 이에 경사에서 칭송을 많이 들었으며 왕환에게는 神算이 있다고 생각하였다. (和帝가 붕어하는) 元興 원년(서기105)에 병으로 죽었다.

　　그의 죽음에 저자나 길 가는 사람들, 탄식하지 않는 사람이 없었다. 남녀 노유 모두가 서로 금전을 모아 제사상을 차려 놓은 곳이 1천여 곳이나 되었다.

　　왕환의 상여가 서쪽(蜀)으로 갈 때 弘農郡을 지나가는데 많은 백성들이 작은 소반에 제물을 길가에 차려놓았다. 관리가 그 까닭을 물었더니 평소에 쌀을 가지고 낙양에 들어가면 늘 관리들에게 그 절반을 빼앗겼는데 왕환이 재직할 때는 억울하게 빼앗긴 것이 없어서 이에 보은하는 것이라고 모두가 말했다. 왕환의 시정과 백성에 대한 감화가 이와 같았다. 백성들은 왕환의 덕을 기려 安陽亭 서쪽에 사당을 지었다. 해마다 악기를 연주하고 노래하며 제사를 지냈다.

原文

永初二年, 鄧太后詔曰,

「夫忠良之吏, 國家所以爲理也. 求之甚勤, 得之至寡. 故
孔子曰, '才難 不其然乎!'昔大司農朱邑, 右扶風尹翁歸, 政
跡茂異, 令名顯聞, 孝宣皇帝嘉嘆憫惜, 而以黃金百斤策賜
其子. 故洛陽令王渙, 秉淸修之節, 蹈〈羔羊〉之義, 盡心奉
公, 務在惠民, 功業未遂, 不幸早世, 百姓追思, 爲之立祠.
自非忠愛之至, 孰能若斯者乎! 今以渙子石爲郞中, 以勸勞
勤.」

延熹中, 桓帝事黃, 老道, 悉毀諸房祀, 唯特詔密縣存故太
傅卓茂廟, 洛陽留王渙祠焉.

| 註釋 | ○才難 不其然乎 － 「舜有臣五人而天下治. 武王曰, "予有亂臣
十人." 孔子曰, "才難, 不其然乎? 唐虞之際, 於斯爲盛. ~」《論語 泰伯》.
○〈羔羊〉－《詩經 召南 羔羊》. ○密縣 － 河南尹의 密縣, 今 河南省 鄭州市
관할 新密市. ○卓茂(탁무, ?-서기 28년) － 광무제와 同鄕의 학자. 광무제
즉위 때 늙어 이미 은퇴했었다. 늙은 나이에 현령이 되었지만, 그의 仁政
에 蝗蟲(황충)도 그 縣을 침범하지 않았다. 광무제가 太傅로 초빙했던 사람
이었다. 25권,〈卓魯魏劉列傳〉에 立傳.

[國譯]

(安帝) 永初 2년(서기 108), 鄧太后(和熹鄧皇后)가 조서를 내렸
다.

「忠良한 관리가 있어야 나라가 잘 다스려진다. 그래서 조정에서
충성하고 현명한 관리를 애써 구하지만 얻는 인재는 아주 적다. 그
러기에 孔子도 말했다. '인재는 얻기 어렵나니, 어찌 그렇지 않겠는

가!' 라고 말했다. 옛날(前漢) 大司農 朱邑(주읍)이나 右扶風인 尹翁歸(윤옹귀)의 치적이 뛰어나 그 명성이 뚜렷하게 전해졌는데 孝宣皇帝께서는 감탄하시고 애석히 여겨 그 아들에게 황금 1백 근을 하사했었다. 고인이 된 洛陽令 王渙은 청렴의 지조를 지키고《詩 召南羔羊》의 大義를 실천하며 정성을 다하여 奉公하고 힘써 백성에 혜택을 베풀었지만 대업을 다 마치지 못하고 불행히도 일찍 죽었는데, 백성이 追念하여 그의 사당을 세웠다. 이것이 바로 지극한 忠誠과 愛民의 정성이 아니라면 누가 이와 같을 수 있겠는가! 이제 왕환의 아들 王石(왕석)을 낭중에 임명하여 그 부친의 충성과 노고를 권장한다.」

延熹(연희) 연간에(서기 158 - 166년), 桓帝는 黃老의 道를 숭상하여 여러 사당을 모두 철폐하였지만 오직 (河南尹) 密縣(밀현)의 故太傅 卓茂(탁무)의 묘당과 洛陽에서는 왕환의 사당만 존치시켰다.

▌原文

鐔顯後亦知名, 安帝時爲豫州刺史. 時, 天下飢荒, 競爲盜賊, 州界收捕且萬餘人. 顯愍其困窮, 自陷刑辟, 輒擅赦之, 因自劾奏. 有詔勿理. 後位至長樂衛尉.

自渙卒後, 連詔三公特選洛陽令, 皆不稱職. 永和中, 以劇令勃海任峻補之. 峻擢用文武吏, 皆盡其能, 糾剔姦盜, 不得旋踵, 一歲斷獄, 不過數十, 威風猛於渙, 而文理不及之. 峻字叔高, 終於太山太守.

| 註釋 | ○鐔顯(심현) - 王渙이 太守 陳寵(진총)의 功曹일 때 主簿로 근무했던 사람. 鐔은 작은 칼 심(담). ○劇令 - 劇縣 현령. 北海郡(國)의 治所, 今 山東省 중부 濰坊市(유방시) 관할 昌樂縣.

[國譯]

鐔顯(심현)도 뒷날 이름이 알려졌는데, 安帝 때 豫州刺史가 되었다. 그때 온 천하에 크게 흉년이 들어, 백성이 다투어 도적이 되었는데, 豫州 관내에서 체포한 자가 거의 1만 명이었다. 심현은 백성이 곤궁하여 죄를 짓는 것을 불쌍히 여겨 매번 마음대로 사면하고 스스로 죄를 상주하며 사직하려 했다. 조서를 내려 사임을 수용하지 않았다. 뒤에 長樂 衛尉가 되었다.

王渙(왕환)이 죽은 이후 三公府에서 특별히 낙양령을 연달아 선발하였지만 모두가 적임자가 아니었다. (順帝) 永和 연간에(서기 136 - 141년), (北海郡) 劇縣 현령인 勃海郡 출신 任峻(임준)이 낙양령이 되었다. 임준은 文武吏를 발탁 등용하였는데 모두 제 몫을 다하여 간악한 자나 도적을 잡았고, 다시는 나쁜 짓을 못하게 하여 1년에 斷獄이 불과 수십 건에 불과하였으며, 그 위엄과 명성은 왕환보다 나았으나 文德으로 이끌기는 왕환에 못 미쳤다. 임준의 字는 叔高(숙고)로 太山(泰山) 太守를 역임했다.

❻ 許荊

　許荊字少張, 會稽陽羨人也. 祖父武, 太守第五倫舉爲孝
廉. 武以二弟晏,普未顯, 欲令成名, 乃請之曰, "禮有分異之
義, 家有別居之道." 於是共割財產以爲三分, 武自取肥田廣
宅奴婢强者, 二弟所得並悉劣少. 鄕人皆稱弟克讓而鄙武貪
婪, 晏等以此並得選擧, 武乃會宗親, 泣曰, "吾爲兄不肖,
盜聲竊位, 二弟長年, 未豫榮祿, 所以求得分財, 自取大譏.
今理產所增, 三倍於前, 悉以推二弟, 一無所留." 於是郡中
翕然, 遠近稱之. 位至長樂少府.

|註釋| ○會稽陽羨 – 會稽郡 치소는 治所 山陰縣, 今 浙江省 북동부 紹
興市. 陽羨縣은 今 江蘇省 無錫市 관할 宜興市 남쪽 太湖 서북 연안. 後漢
에서는 順帝 때 會稽郡을 분리한 吳郡 소속.

[國譯]

　許荊(허형)의 字는 少張(소장)으로, 會稽郡 陽羨縣(양선현) 사람이
다. 祖父 許武(허무)는 太守 第五倫(제오륜)에게 효렴으로 천거되었
다. 허무는 두 동생인 許晏(허안)과 許普(허보)가 알려지지 않았기에
이름나게 하려고 동생에게 말했다. "禮에도 헤어질 때의 의례가 있
고, 집안에서 別居의 도리가 있다." 그리고는 재산을 삼등분하면서
도 허무 자신은 비옥한 토지와 넓은 집, 힘센 노비를 소유하고 두 동
생 몫은 모두 열악하고 좁은 땅이었다. 이에 鄕人들은 모두 동생들

의 사양하는 마음을 칭송하고, 형 허무의 탐욕을 비난하였는데, 나중에 허안 등이 천거를 받자 허무는 일족을 모두 모아 놓고 울면서 말했다.

"내가 형으로서 못났기에 헛 명성에 자리나 탐하는 사람이었는데 두 동생이 다 장성하였지만 부귀를 얻을 수가 없어서 재물을 나누며 저 스스로 큰 비난을 받았습니다. 그동안 재산이 3배 정도 늘었으니, 이를 두 동생에게 모두 주고 하나도 남기지 않겠습니다."

이에 모두가 흡족하며 원근에서 다 칭송하였다. 허무는 長樂少府를 역임하였다.

荊少爲郡吏, 兄子世嘗報仇殺人, 怨者操兵攻之. 荊聞, 乃出門逆怨者, 跪而言曰, "世前無狀相犯, 咎皆在荊不能訓導. 兄旣早沒, 一子爲嗣, 如令死者傷其滅絶, 願殺身代之." 怨家扶荊起, 曰, "許掾郡中稱賢, 吾何敢相侵?" 因遂委去. 荊名譽益著. 太守黃兢擧孝廉.

和帝時, 稍遷桂陽太守. 郡濱南州, 風俗脆薄, 不識學義. 荊爲設喪紀婚姻制度, 使知禮禁. 嘗行春到耒陽縣, 人有蔣均者, 兄弟爭財, 互相言訟. 荊對之嘆曰, "吾荷國重任, 而敎化不行, 咎在太守." 乃顧使吏上書陳狀, 乞詣廷尉. 均兄弟感悔, 各求受罪. 在事十二年, 父老稱歌. 以病自上, 徵拜諫議大夫, 卒於官. 桂陽人爲立廟樹碑.

荊孫有彧, 靈帝時爲太尉.

| 註釋 | ○桂陽太守 – 治所는 郴縣(침현), 今 湖南省 남부 郴州市(침주시). ○風俗脆薄 – 脆薄(취박)은 취약하고 경박하다. 脆는 무를 취. 薄은 엷을 박.

[國譯]

許荊(허형)은 젊어 郡吏가 되었는데, 조카인 許世(허세)가 그전에 원수를 갚으며 살인하였고, 그 원한을 가진 사람이 병기를 들고 허세를 죽이겠다고 하였다. 소식을 들은 허형은 바로 문에 나와 그 사람들을 맞이하고서 무릎을 꿇고 말했다.

"조카인 허세가 전에 당신에게 무례한 짓을 하였는데 이 모두가 조카를 잘 가르치지 못한 나의 탓입니다. 형님이 일찍 돌아가신 뒤 아들 하나가 代를 이었지만 지금 조카가 죽거나 다치면 代가 끊기니 저를 죽여 대신하십시오."

그러자 그 사람이 허형을 일으켜 세우며 말했다. "당신은 郡에서도 현인이라 칭송을 듣는 분인데, 내가 어찌 당신을 해치겠습니까?"

그리고서는 그것으로 끝내었다. 이에 허형의 명성은 더욱 알려졌다. 太守인 黃兢(황긍)이 허형을 효렴으로 천거하였다.

和帝 때 허형은 점차 승진하여 桂陽太守가 되었다. 계양군은 남쪽 交州와 연접하여 풍속이 경박하고 학문과 의리도 알지 못했다. 허형은 백성에게 喪葬禮의 기간과 혼인 제도나 예와 법금을 가르쳤다. 일찍이 봄철에 未陽縣(뇌양현)을 순시하는데 형제가 재산을 가지고 다투면서 서로 소송하였다. 허형은 그들을 불러놓고 탄식하며 말

했다.

"내가 나라에서 중책을 받았지만 敎化가 통하지 않으니 모든 허물은 태수에게 있도다."

그리고 속리에게 사죄하는 글을 지어 廷尉에게 올리게 하였다. 형제는 이에 후회하면서 각자 벌을 자청하였다. 허형은 12년을 재직하였는데 父老들이 노래를 지어 칭송했다. 병으로 사임코자 했으나 부름을 받아 諫議大夫를 제수 받았고 재임 중에 죽었다. 계양군의 백성들은 묘당을 직고 비석을 세웠다.

허형의 손자 許彧(허욱)은 靈帝 때 太尉가 되었다.

❼ 孟嘗

|原文

孟嘗字伯周, 會稽上虞人也. 其先三世爲郡吏, 並伏節死難. 嘗少修操行, 仕郡爲戶曹史.

上虞有寡婦至孝養姑. 姑年老壽終, 夫女弟先懷嫌忌, 乃誣婦厭苦供養, 加鴆其母, 列訟縣庭. 郡不加尋察, 遂結竟其罪. 嘗先知枉狀, 備言之於太守, 太守不爲理. 嘗哀泣外門, 因謝病去, 婦竟冤死. 自是郡中連旱二年, 禱請無所獲. 後太守殷丹到官, 訪問其故, 嘗詣府具陳寡婦冤誣之事. 因曰, "昔東海孝婦, 感天致旱, 於公一言, 甘澤時降. 宜戮訟者, 以謝冤魂, 庶幽枉獲申, 時雨可期." 丹從之, 卽刑訟女而祭婦墓, 天應澍雨, 穀稼以登.

| 註釋 | ○上虞 – 현명. 今 浙江省 북동부 紹興市 上虞區.   ○東海孝婦
~ – 48권, 〈楊李翟應霍爰徐列傳〉의 〈霍諝傳(곽서전)〉참고.

[國譯]
　孟嘗(맹상)의 字는 伯周(백주)로, 會稽郡 上虞縣(상우현) 사람이다.
그의 선조는 三世에 걸쳐 郡吏였는데 모두 환난에 지조를 지키다가
殉節(순절)하였다. 맹상은 젊어서 몸가짐을 바로 하여 군의 戶曹史
로 일했다.
　상우현에 시어머니를 지성으로 모시는 효부가 있었다. 시어머니
가 늙어 죽었는데, 시누이는 전부터 혐오하던 감정으로 며느리가 시
어머니를 봉양하기 싫어 독살하였다고 무고하며 현에 대하여 소송
을 냈다. 郡에서는 상세히 조사하지도 않고 결국 며느리의 죄로 판
결했다. 맹상은 그 억울함을 알고 태수에게 상세한 전말을 보고하였
으나 태수는 다시 심리하지 않았다. 맹상은 태수부 外門에 읍소했으
나 결국 병을 핑계로 사직하였고 며느리는 끝내 원통하게 처형되었
다.
　이후로 군에는 2년 연속 큰 가뭄이 들었는데 기도를 올려도 아무
효험이 없었다. 후임 태수 殷丹(은단)이 부임한 뒤 가뭄의 연고를 물
었는데 맹상은 태수부에 가서 과부의 원통한 무고 내용을 설명하였
다. 그리고 이어 말했다.
　"옛날 東海郡 효부는 하늘을 감동시켜 가뭄이 심했으나 태수의
한 마디에 감우가 때맞춰 내렸습니다. 응당 소송한 자를 죽여 원귀

에게 사죄하면 아마 지하에서라도 원한이 풀려 감우를 기대할 수 있을 것입니다."

태수 은단은 그 말에 따라 즉시 소송한 시누이를 죽여 寃婦의 묘에 제사를 지내자 하늘이 감응하여 단비가 내렸고 곡식이 잘 여물었다.

原文

嘗後策孝廉, 擧茂才, 拜徐令. 州郡表其能, 遷合浦太守. 郡不産穀實, 而海出珠寶, 與交阯比境, 常通商販, 留糴糧食. 先時宰守並多貪穢, 詭人采求, 不知紀極, 珠遂漸徙於交阯郡界. 於是行旅不至, 人物無資, 貧者餓死於道. 嘗到官, 革易前敝, 求民病利. 曾未逾歲, 去珠復還, 百姓皆反其業, 商貨流通, 稱爲神明.

以病自上, 被徵當還, 吏民攀車請之. 嘗旣不得進, 乃載鄕民船夜遁去. 隱處窮澤, 身自耕傭. 鄰縣士民慕其德, 就居止者百餘家.

| 註釋 | ○徐縣 – 下邳國(前漢, 臨淮郡)의 현명. 今 江蘇省 북부 宿遷市 泗洪縣. ○合浦 – 군명. 治所는 合浦縣, 今 廣西壯族自治區 동남부 北海市 관할 合浦縣. 합포군 영역은 지금 廣東省, 廣西省의 연해 지역.

[國譯]

맹상은 뒷날 책서에 의거 효렴으로 관직을 받았고, 또 (근무 중)

茂才(秀才)로 천거되어 (下邳國) 徐縣 현령이 되었다. 州郡에서는 그 능력을 표창했고, 맹상은 合浦太守로 승진했다. 합포군에서는 곡식이 나지 않고 바다에서 眞珠 같은 珍寶가 산출되었는데, 交阯郡(교지군)과 접경하여 늘 상인들이 오가며 곡식을 사들였다. 맹상에 앞서 근무했던 합포태수는 모두가 탐욕과 부정이 많아 백성을 강요하여 진주 등을 수집했는데, 욕구가 끝이 없어 진주조개가 점차 교지군 쪽으로 이동하였다. 이에 합포군에는 상인들도 오지 않았고 백성은 물자가 없어 貧者들은 길에서 아사하였다.

맹상은 부임한 뒤로 이전의 폐단을 모두 혁파하면서 백성의 질고를 구원하고 이익을 지켜주자 사라졌던 진주조개가 다시 나타났으며, 백성들은 모두 본래의 일을 하면서 물건이 유통되자 백성은 맹상을 神明한 사람이라고 칭송했다.

맹상은 병으로 사직을 상서하였고 조정의 부름으로 돌아가야 했으나, 관리나 백성이 수레에 매달려 유임을 간청하였다. 맹상은 향민의 배를 빌려 타고 밤에 몰래 떠났다. 맹상은 궁벽한 소택지에 살며 직접 농사를 지었다. 인근 백성 중 맹상의 덕을 흠모하여 같이 거주했던 자가 1백여 호나 되었다.

原文

桓帝時, 尙書同郡楊喬上書薦嘗曰,

「臣前後七表言故合浦太守孟嘗, 而身輕言微, 終不蒙察. 區區破心, 徒然而已. 嘗安仁弘義, 耽樂道德, 清行出俗, 能幹絕群. 前更守宰, 移風改政, 去珠復還, 饑民蒙活. 且南海

多珍, 財産易積, 掌握之內, 價盈兼金, 而嘗單身謝病, 躬耕
壟次, 匿景藏采, 不揚華藻. 實羽翮之美用, 非徒腹背之毛
也. 而沉淪草莽, 好爵莫及, 廊廟之寶, 棄於溝渠. 且年歲有
訖, 桑楡行盡, 而忠貞之節, 永謝聖時.

  臣誠傷心, 私用流涕. 夫物以遠至爲珍, 士以稀見爲貴.
槃木朽株, 爲萬乘用者, 左右爲之容耳. 王者取士, 宜拔衆
之所貴. 臣以斗筲之姿, 趨走日月之側. 思立微節, 不敢苟
私鄕曲. 竊感禽息, 亡身進賢.」

  嘗竟不見用. 年七十, 卒於家.

| 註釋 | ○躬耕壟次 - 躬耕은 직접 경작하다. 壟次(농차)는 언덕백기.
壟은 언덕 롱. 밭이랑. ○羽翮之美用 - 羽翮(우핵)의 깃 날개의 털. 翮은 깃
촉 핵. ○桑楡行盡 - 桑楡는 뽕나무와 느릅나무. 석양. 暮年, 만년. ○斗
筲之姿 - 斗筲(두소)는 국량이 좁음. 능력이 모자람. 斗는 한 말들이. 筲(대
그릇 소)는 1斗2升의 분량. ○竊感禽息 - 竊은 훔칠 절. 헛되이. 몰래. 겸사
의 뜻으로 쓰임. 禽息(금식)은 秦 大夫. 百里奚(백리해)를 천거했으나 받아
들여지지 않자 秦 繆公(무공)이 외출할 때 수레에 이마를 부딪치며 강하게
백리해를 천거하였다.

[國譯]

  桓帝 때, 尙書인 同郡 출신 楊喬(양교)가 상서하여 맹상을 천거하
였다.

  「臣은 전후로 7번이나 전직 合浦太守 孟嘗(맹상)을 천거하였습니
다만, 제 관직이 낮고 언사가 미천하여 끝내 고려되지 않았고 區區

히 제 진심을 말씀드렸습니다만 아무 효과가 없었습니다. 맹상은 仁義에 安住하고 기꺼이 도덕을 실천하며, 청렴한 행실은 탈속하였고 그 능력은 누구보다도 탁월합니다. 전직 태수로 저속한 풍속을 바로 잡고 民政을 개혁하자, 사라졌던 진주조개로 다시 나타났고 굶주린 백성을 살렸습니다. 또 南海에 珍寶가 많아 財産을 쉽게 축적할 수 있고, 진주나 황금을 같은 가치로 수중에 잡을 수 있는 직위였지만 맹상은 單身으로 병 때문에 사직한 뒤에, 산속에서 직접 농사지으며 자신의 종적이나 모습을 숨겼고 재능을 발휘하지도 않았습니다. 쓰임새로 말한다면, 맹상은 큰 날개의 긴 털이지 결코 배(腹部)나 등에 있는 잔털이 아닙니다. 그가 초야에 묻혀 지내면서 중요 관직은 자신의 몫이 아니라 하지만, 이는 조정의 보물을 도랑에 버리는 것과 같습니다. 인간 수명도 한계가 있어 그도 만년이 가까우나 그 忠貞의 지조는 이런 聖明시대에도 오랫동안 버려졌습니다.

臣은 진심으로 마음이 아파 혼자 눈물을 흘릴 뿐입니다. 대체로 물건은 먼 곳에서 온 것이 진기하고, 인재는 흔히 볼 수 없어야 참으로 귀한 것입니다. 굽었거나 썩은 재목이 천자에 의하여 쓰이려면 먼저 측근에게 용납될 수 있어야 합니다. 王者가 인재를 등용하려면 응당 먼저 여러 사람에게 필요한 인재이어야 합니다. 臣은 아주 작은 능력이지만 그동안 日月의 곁에서 일했습니다. 생각해 보면, 보잘 것 없는 지조를 갖고 있어 제 고향 사람을 감히 천거할 수 없었습니다. 그러나 (秦 大夫) 禽息(금식)이 百里奚(백리해)를 천거한 故事에 힘입어 제 몸을 버릴지라도 賢才를 천거합니다.」

맹상은 끝내 등용되지 못하고 70세에 집에서 죽었다.

❽ 第五訪

原文

第五訪字仲謀, 京兆長陵人, 司空倫之族孫也. 少孤貧,
常傭耕以養兄嫂. 有閒暇, 則以學文. 仕郡爲功曹, 察孝廉,
補新都令. 政平化行, 三年之間, 鄰縣歸之, 戶口十倍.

遷張掖太守. 歲飢, 粟石數千, 訪乃開倉賑給以救其敝.
吏懼譴, 爭欲上言. 訪曰, "若上須報, 是棄民也. 太守樂以
一身救百姓!" 遂出穀賦人.

順帝璽書嘉之. 由是一郡得全. 歲餘, 官民並豐, 界無姦
盜. 遷南陽太守, 去官. 拜護羌校尉, 邊境服其威信. 卒於
官.

| 註釋 | ○第五訪 – 第五는 복성. ○京兆長陵 – 京兆尹 소속 長陵縣.
長陵은 高祖의 陵. 縣名. 今 陝西省 咸陽市 渭城區 正陽鎭 소재. 漢 高祖와
그 황후 呂雉(여치)의 同塋異穴의 合葬 陵園, 南北 길이 88m, 東西 816m.
高祖 봉분 높이 55m, 蕭何, 曹參, 周勃, 戚夫人 등 陪葬墓 63座가 있다.
○司空倫 – 司空인 第五倫, 41권, 〈第五鍾離宋寒列傳〉에 立傳. ○補新都
令 – 新都는 廣漢郡이 현명. 今 四川省 成都市 新都區. ○張掖太守 – 治所
는 觻得縣(역득현), 今 甘肅省 중부 張掖市(장액시).

[國譯]

第五訪(제오방)의 字는 仲謀(중모)로, 京兆尹 長陵縣 사람으로 司
空인 第五倫(제오륜)의 族孫이다. 제오방은 어려서 부친을 여의고 가

난했으며 늘 품팔이로 형수를 봉양했다. 한가한 틈에는 곧 글을 익혔다. 郡에 출사하여 功曹가 되었고, 孝廉(효렴)은 천거되어 (廣漢郡) 新都 현령이 되었다. 民政은 공정했고 교화가 이루어져 3년 동안에 이웃 현에서 백성이 이주하여 호구가 10배 늘었다.

張掖太守로 승진했다. 기근이 든 해에 곡식이 1석에 수천 전이 되자 제오방은 창고를 열어 피폐해진 백성을 구휼하였다. 관리들은 견책이 두려워 다투어 상부에 보고하려고 하였다. 이에 제오방이 말했다.

"조정에 보고하고 답신을 기다려야 한다면, 이는 백성을 버리는 것이다. 태수는 기꺼이 혼자라도 백성을 구제하겠다!"

그리고는 곡식을 풀어 나눠주었다. 順帝는 국새를 찍은 문서로 제오방을 칭찬하였다. 이 때문에 장액군의 백성이 모두 살아났다. 1년이 지나 관민 모두 풍년을 맞이했고, 군내에는 악한 도적이 없었다. 南陽太守로 승진했다가 사임하였다. 護羌校尉에 임용되자, 변경에서는 제오방의 권위와 신의에 복속했다. 재임 중에 죽었다.

❾ 劉矩

原文

劉矩字叔方, 沛國蕭人也. 叔父光, 順帝時爲司徒. 矩少有高節, 以父叔遼未得仕進, 遂絶州郡之命. 太尉朱寵,太傅桓焉嘉其志義, 故叔遼以此爲諸公所辟, 拜議郎, 矩乃擧孝廉.

稍遷雍丘令, 以禮讓化之, 其無孝義者, 皆感悟自革. 民有爭訟, 矩常引之於前, 提耳訓告, 以爲忿恚可忍, 縣官不可入, 使歸更尋思. 訟者感之, 輒各罷去. 其有路得遺者, 皆推尋其主. 在縣四年, 以母憂去官.

[國譯]

劉矩(유구)의 字는 叔方(숙방)으로 沛國(패국) 蕭縣(소현) 사람이다. 叔父인 光은 順帝 때 司徒였다. 유구는 젊어서도 지조가 높았으니 부친 叔遼(숙료)가 아직 출사하지 못했다 하여 州郡의 초빙을 모두 거절하였다. 太尉인 朱寵(주총), 太傅인 桓焉(환언)은 유구의 뜻을 가상히 여겼고, 부친 숙료는 삼공부의 초빙으로 議郎이 되자, 유구는 곧 효렴으로 천거 받았다.

차츰 승진하여 (陳留郡) 雍丘(옹구) 현령이 되어 예의와 겸양으로 백성을 교화하였는데, 불효, 不義한 자도 모두 감화되어 스스로 행실을 고쳤다. 백성이 소송을 하면 유구는 늘 앞에 불러다 놓고 작은 소리로 간절히 타일러 화를 가라앉히고 나라에 소송하기 전에 돌아가 깊이 생각하게 가르쳤다. 소송한 자들은 감동하여 모두 그만두었다. 길에서 물건을 주운 자는 모두 주인을 찾아 주었다. 4년간 재직하다가 모친상으로 사임하였다.

後太尉胡廣擧矩賢良方正, 四遷爲尙書令. 矩性亮直, 不
能諧附貴勢, 以是失大將軍梁冀意, 出爲常山相, 以疾去官.
時冀妻兄孫祉爲沛相, 矩懼爲所害, 不敢還鄕里, 乃投彭城
友人家. 歲餘, 冀意少悟, 乃止. 補從事中郞, 復爲尙書令,
遷宗正, 太常.

延熹四年, 代黃瓊爲太尉. 瓊復爲司空, 矩與瓊及司徒種
暠同心輔政, 號爲賢相. 時, 連有災異, 司隸校尉以劾三公.
尙書朱穆上疏, 稱矩等良輔, 以言殷湯,高宗不罪臣下之義.
帝不省, 竟以蠻夷反叛免. 後復拜太中大夫.

靈帝初, 代周景爲太尉. 矩再爲上公, 所辟召皆名儒宿德.
不與州郡交通. 順辭默諫, 多見省用. 復以日食免. 因乞骸
骨, 卒於家.

| 註釋 | ○種暠(종호) – 種이 성씨. 暠는 흴 호(고). (延熹) 6년(서기 163)
에 죽었다. ○宿德 – 오랜 기간 쌓은 덕망. 훌륭한 덕을 갖춘 노인. 宿은
오래되다.

[國譯]

뒷날 太尉 胡廣(호광)이 유구를 賢良方正한 인재로 천거하였고, 4
번 승진하여 尙書令이 되었다. 유구의 천성은 성실 정직하고 권세에
아부할 줄 몰랐기에 大將軍 梁冀(양기)의 뜻을 거슬러 常山國相으로
나갔다가 병으로 사임하였다. 그때 양기 처의 오빠 孫祉(손지)가 沛

國相이었는데 유구는 그의 가해가 두려워 고향으로 돌아가지 못하고 바로 彭城國에 있는 友人의 집으로 피신하였다. 일 년 뒤쯤 양기는 오해를 풀었다. 유구는 從事中郎에 임용되었다가 다시 尙書令이 되었고 宗正과 太常으로 승진하였다.

(桓帝) 延熹 4년(서기 161), 黃瓊(황경)의 후임으로 太尉가 되었다. 황경은 다시 司空이 되었는데, 유구는 황경 및 司徒인 種暠(종호)와 同心으로 輔政하여 賢相으로 칭송되었다. 그때 재해와 이변이 연속되었는데 司隸校尉는 이를 근거로 三公을 탄핵하였다. 尙書인 朱穆(주목)은 上疏하여 유구 등은 정사를 잘 보필한다면서 殷의 湯王이나 高宗은 신하의 도리를 징벌하지 않았다고 말했다. 그러나 환제는 깨닫지 못했는데 결국 만이의 반란을 이유로 면직되었다. 뒷날 다시 太中大夫가 되었다.

靈帝 初에 周景(주경)의 후임으로 太尉가 되었다. 유구는 다시 上公에 올랐는데, 그가 초빙하는 사람은 모두 名儒이거나 덕행이 뛰어난 사람이었다. 유구는 州郡에 지시하거나 요구하지 않았다. 온순한 말과 함축된 간언을 올려 많이 받아들여졌다. 日食이 일어나자 다시 면직되었다. 이어 사직하고 집에서 죽었다.

❿ 劉寵

原文

劉寵字祖榮, 東萊牟平人, 齊悼惠王之後也. 悼惠王子孝王將閭, 將閭少子封牟平侯, 子孫家焉. 父丕, 博學, 號爲通儒.

寵少受父業, 以明經舉孝廉, 除東平陵令, 以仁惠爲吏民
所愛. 母疾, 棄官去. 百姓將送塞道, 車不得進, 乃輕服遁歸.

| 註釋 | ○東萊 牟平(모평) – 東萊郡 治所는 黃縣, 今 山東省 동부 烟臺
市 관할 龍口市. 牟平(모평)은 현명. 今 山東省 煙臺市 福山區. ○齊悼惠王
– 고조의 庶 長子인 劉肥(유비). 고조가 呂雉(여치)와 결혼하기 전에 낳은
아들. 齊 悼惠王에 봉해졌다. ○東平陵 – 현명. 今 山東省 濟南市 관할 章
丘市. 濟南國의 치소. 桓帝(153년) 國除.

[國譯]

劉寵(유총)의 字는 祖榮으로 東萊 牟平(모평) 사람인데, 齊 悼惠王
의 후손이다. 悼惠王의 아들이 孝王 劉將閭(유장려)이고, 유장려의
막내아들이 牟平侯에 봉해졌고 자손들이 거기서 살았다. 父 劉丕(유
비)는 博學하여 通儒로 알려졌다.

유통은 어려서 부친에게 배웠고 경학에 밝아 孝廉으로 천거되어
東平陵 현령이 되었는데 仁政을 베풀어 관리와 백성의 존중을 받았
다. 모친의 병 때문에 관직을 사임하고 떠났다. 백성이 전송한다며
길을 메워 수레가 나갈 수 없자 간편복으로 샛길로 돌아왔다.

原文

後四遷爲豫章太守, 又三遷拜會稽太守. 山民愿朴, 乃有
白首不入市井者, 頗爲官吏所擾. 寵簡除煩苛, 禁察非法, 郡

中大化. 徵爲將作大匠. <u>山陰縣</u>有五六老叟, 厖眉皓髮, 自<u>若</u><u>邪</u>山谷間出, 人齎百錢以送<u>寵</u>. <u>寵</u>勞之日, "父老何自苦?"

對曰, "山谷鄙生, 未嘗識郡朝. 它守時吏發求民間, 至夜不絕, 或狗吠竟夕, 民不得安. 自明府下車以來, 狗不夜吠, 民不見吏. 年老遭値聖明, 今聞當見棄去, 故自扶奉送."

<u>寵</u>曰, "吾政何能及公言邪? 勤苦父老!" 爲人選一大錢受之.

| 註釋 | ○愿朴 − 솔직하고 꾸밈없다. 愿은 삼갈 원, 질박하다. 朴은 순박하다. 나무껍질. 樸(통나무 박). ○山陰縣 − 會稽郡 治所, 今 浙江省 북부 紹興市.

[國譯]

뒷날 4번 승진하여 豫章 太守가 되었고, 다시 3번 승진하여 會稽 太守가 되었다. 회계군 산골 백성은 늙도록 市井에 와본 경험도 없는 질박한 사람이나 관리들은 이들에게 괴로운 존재였다. 유총은 여러 가지 번거로운 규제를 없애고 불법행위를 단속하자 군민이 크게 교화되었다. 유총은 조정의 부름으로 將作大匠이 되었다. 山陰縣의 노인네 5, 6명이 신 눈썹에 흰머리를 날리며 若邪山(약야산) 골짜기에서 내려왔는데 그들은 돈 1백전씩을 가지고 와서 유총에게 주었다. 유총이 노인을 위로하며 말했다. "父老께서 어찌 이리 힘든 걸음을 하셨습니까?" 그들이 말했다.

"우리는 산골의 하찮은 백성이기에 郡府에 와본 적도 없습니다. 다른 태수는 관리를 마을에 보내어 밤에도 왕래하여 개들이 밤새 짖어 편히 잘 수도 없었습니다. 명공께서 부임하신 이후로 개가 밤에 짖지 않고 백성들은 관리를 보지 못했습니다. 이렇게 늙어 聖明한 시대를 만났는데 우리를 버리고 떠난다 하여 여비로 드리고자 합니다."

이에 유총이 말했다. "나의 정사가 어찌 노인의 말씀과 같았겠습니까? 父老께 고생만 끼쳤습니다!"

그리고는 노인의 성의를 생각하여 큰 돈 하나씩만 받았다.

原文

轉爲宗正, 大鴻臚. 延熹四年, 代黃瓊爲司空,以陰霧愆陽免. 頃之, 拜將作大匠, 得爲宗正. 建寧元年, 代王暢爲司空, 頻遷司徒,太尉. 二年, 以日食策免, 歸鄕里.

寵前後歷宰二郡, 累登卿相, 而淸約省素, 家無貨積. 嘗出京師, 欲息亭舍, 亭吏止之, 曰, "整頓灑埽, 以待劉公, 不可得止." 寵無言而去, 時人稱其長者. 以老病卒於家.

弟方, 官至山陽太守. 方有二子, 貸字公山, 繇字正禮. 兄弟齊名稱.

|註釋| ○陰霧愆陽 − 陰霧는 진한 안개. 愆陽은 양기를 막다. 愆은 허물 건. 어기다.

[國譯]

劉寵(유총)은 전근하여 宗正과 大鴻臚를 역임하였다. (桓帝) 延熹

4년(서기 161), 黃瓊(황경)의 후임으로 司空이 되었는데 陰霧(음무)가 양기를 가린다 하여 면직되었다. 얼마 뒤 將作大匠을 역임한 뒤 宗正이 되었다. (靈帝) 建寧 원년(서기 168), 王暢(왕창)의 후임으로 司空이 되었다가 자주 司徒와 太尉를 역임했다. 2년에, 日食이 발생하자 책서로 면직되어 향리로 돌아왔다.

유총은 그동안 2개 군 태수와 여러 卿과 재상을 옮겨 근무하였는데 청렴 검소하였으며 집안에는 비축된 자산도 없었다. 일찍이 낙양을 떠나 여행 중 亭에 들려 쉬려고 했는데, 亭의 관리자가 제지하며 말했다. "정돈하고 청소하여 劉公을 기다리고 있으니 들어갈 수 없습니다." 유총은 아무 말도 하지 않고 떠났는데 당시 사람들은 유총의 忠厚한 長者의 덕을 칭송하였다. 노환으로 집에서 죽었다.

동생인 劉方(유방)은 山陽 太守를 지냈다. 유방의 두 아들, 劉貸(유대)의 字는 公山(공산)이고, 劉繇(유요)의 字는 正禮(정례)인데 형제가 나란히 유명하였다.

原文

　董卓入洛陽, 岱從侍中出爲兗州刺史. 虛己愛物, 爲士人所附. 初平三年, 靑州黃巾賊入兗州, 殺任城相鄭遂, 轉入東平. 岱擊之, 戰死.

　興平中, 繇爲楊州牧, 振威將軍. 時袁術據淮南, 繇乃移居曲阿. 値中國喪亂, 士友多南奔, 繇攜接收養, 與同優劇, 甚得名稱. 袁術遣孫策攻破繇, 因奔豫章, 病卒.

| 註釋 | ○曲阿(곡아) – 吳郡의 현명. 今 江蘇省 長江 남안 鎭江市 관할 丹陽市. ○與同優劇 – 優劇은 어려움을 이기다. 고생을 같이하다. 劇은 심할 극, 어려울 극.

[國譯]

董卓(동탁)이 洛陽에 입성한 뒤, 劉岱(유대)는 侍中이었다가 兗州 刺史로 나갔다. 유대는 겸손하고 仁愛하여 많은 士人들이 따랐다. (獻帝) 初平 3년(서기 192), 靑州의 황건적이 연주에 침입하여 任城 國相 鄭遂(정수)를 죽이고 東平國을 침입하였는데 유대는 황건적을 토벌하다가 전사하였다.

(獻帝) 興平 연간에, 劉繇(유요)는 楊州牧에 振威將軍이 되었다. 그때 袁術(원술)을 淮南에 웅거했는데 유요는 곧 (吳郡) 曲阿縣(곡아현)으로 이사하였다. 중원의 혼란 시기에 많은 士友들이 남으로 이거하였는데 유요는 그들을 맞이하며 생활을 도와주면서 함께 난세를 이겨내어 칭송이 많았다. 원술이 孫策(손책)을 보내 유요를 공격하자, 유요는 豫章郡으로 피난했다가 병사하였다.

⓫ 仇覽

原文

仇覽字季智, 一名香, 陳留考城人也. 少爲書生淳默, 鄕里無知者. 年四十, 縣召補史, 選爲蒲亭長. 勸人生業, 爲制科令, 至於果菜爲限, 雞豕有數, 農事旣畢, 乃令子弟群居,還就黌學. 其剽輕游恣者, 皆役以田桑, 嚴設科罰. 躬助喪事, 賑恤窮寡. 期年稱大化. 覽初到亭, 人有陳元者, 獨與母居, 而母詣覽告元不孝.

覽驚曰, "吾近日過舍, 廬落整頓, 耕耘以時. 此非惡人, 當是教化未及至恥. 母守寡養孤, 苦身投老, 奈何肆忿於一朝, 欲致子以不義乎?"

母聞感悔, 涕泣而去. 覽乃親到元家, 與其母子飲, 因爲節人倫孝行, 譬以禍福之言. 元卒成孝子. 鄕邑爲之諺曰, '父母何在在我庭, 化我鳲梟哺所生.'

| 註釋 | ○仇覽(구람) – 仇는 원수 구. 짝. 성씨. ○考城縣 – 今 河南省 동부 商丘市 관할 民權縣. ○還就黌學 – 글방에서 공부하게 하다. 마을 단위 공부방에서 함께 모여 공부하게 한다는 뜻. 黌은 글방 횡. ○化我鳲梟哺所生 – 鳲梟는 올빼미〔鴟梟(치효)〕. 올빼미는 어미를 잡아먹는 惡鳥라고 생각했다. 鳲는 뻐꾸기 시. 梟는 올빼미 효. 哺는 먹을 포. 까마귀는 反哺(반포)하는 孝鳥이다.

[國譯]

仇覽(구람)의 字는 季智(계지)인데, 一名 香(향)이고 陳留郡 考城縣 사람이다. 젊어 순박하고 말수가 적은 書生이라서 향리에서 그를 알아주는 사람이 없었다. 나이 40에 縣에서 불러 縣吏에 보임했는데 나중에 蒲(포)의 亭長이 되었다. 구람은 사람들에게 생업을 권장하고 마을의 규칙 같은 것을 만들었는데 과일이나 채소 재배 면적이나 닭이나 돼지 사육 마리 수 등을 정했고, 또 농사철이 지나면 자제들을 모아 함께 거주하게 하면서 글방에서 공부하게 하였는데, 그들 중 사납고 놀기 좋아하고 방자한 아이는 모두 밭일이나 길쌈을 돕는 일을 시키면서 규정이나 징벌을 엄격히 시행하였다. 구람은 직접 喪事를 돕고 가난한 과부를 구휼하였다. 1년이 지나자 교화의 성과가 나타났다. 구람이 처음에 정장이 되었을 때 마을 사람 陳元(진원)은 모친을 모시고 홀로 살았는데, 그 모친이 구람을 찾아와서 진원이 불효한다고 말했다. 그러자 구람이 깜짝 놀라며 말했다.

"내가 며칠 전에 당신 집 앞을 지나가면서 보니 집이 잘 정돈되었고 때맞춰 농사일을 했더군요. 아들은 나쁜 사람이 아니나 가르침이 미치지 못했으니 제가 부끄럽습니다. 모친이 과부로 수절하며 아들을 키웠는데 힘들게 늙어가면서 왜 분을 참지 못하고 아들을 나쁜 사람으로 만들려 합니까?"

모친은 구람의 말을 듣고 눈물을 흘리며 돌아갔다. 이에 구람은 친히 진원의 집을 찾아가서 그 모자와 함께 술을 마시며, 왜 인륜을 지키고 효도해야 하는가를 禍福에 근거하여 설명해 주었다. 진원은 나중에 효자가 되었다. 이에 마을 사람들이 속담처럼 말했다.

'부모가 어디 계신가? 바로 내 집이니, 어미 잡아먹는 나쁜 새가 이제 어미를 봉양하네.'

原文

時考城令河內王渙, 政尙嚴猛, 聞覽以德化人, 署爲主簿. 謂覽曰, "主簿聞陳元之過, 不罪而化之, 得無少鷹鸇之志邪?" 覽曰, "以爲鷹鸇, 不若鸞鳳."

渙謝遣曰, "枳棘非鸞鳳所棲, 百里豈大賢之路? 今日太學曳長裾, 飛名譽, 皆主簿後耳. 以一月奉爲資, 勉卒景行."

| 註釋 | ○河內王渙 – 본권 5) 王渙(왕환, 字 稚子)가 아님. ○主簿(주부) – 문서 담당 縣吏. ○得無少鷹鸇之志邪 – 鷹鸇之志는 새매나 송골매가 새를 잡듯 맹위를 떨쳐보고 싶은 雄志. 鷹은 새매 응. 鸇은 송골매 전. ○不若鸞鳳 – 不若은 같지 않다. 못하다. 鸞鳳(난봉)은 鸞鳥와 鳳凰. 유덕한 군자. 英俊한 선비. ○枳棘非鸞鳳所棲 – 가시덤불은 난봉이 살만한 곳이 아니다. 枳棘은 가시나무. 枳는 탱자나무 지. 棘은 대추나무 극. 棲는 깃들 서. ○百里豈大賢之路 – 百里는 사방 둘에의 길이가 1백 리. 작은 현. 현령. 왕환은 현령이었다.

[國譯]

그때, 考城 현령은 河內郡 사람 王渙(왕환)으로 그 정사가 매우 엄격 철저하였는데, 구람이 은덕으로 교화한다는 말을 듣고 불러서 主簿(주부)로 임명했다. 왕환이 구람에게 물었다. "주부가 陳元의 잘못을 알고도 벌을 주지 않고 가르쳤는데, 매나 송골매처럼 한번 떨쳐보고 싶은 마음이 있는가?" 그러자 구람이 대답했다.

"새매는 鸞鳳(난봉)처럼 훌륭하지 않다고 생각합니다."

왕환은 구람에게 사례하고 보내며 말했다.

"가시덤불은 난봉이 살만한 곳이 아니며, 현령이 어찌 大賢이 나아갈 목표이겠는가? 오늘날 太學에서 긴 소매 옷을 입고 이름을 날리는 사람일지라도 모두 당신보다 아래일 것입니다. 나의 한 달 치 봉급을 학자금으로 드리오니 힘써 큰 뜻을 이루시오."

覽入太學. 時, 諸生同郡符融有高名, 與覽比宇, 賓客盈
室. 覽常自守, 不與融言. 融觀其容止, 心獨奇之, 乃謂曰,
"與先生同郡壤, 鄰房牖. 今京師英雄四集, 志士交結之秋,
雖務經常, 守之何因?" 覽乃正色曰, "天子修設太學, 豈但
使人游談其中!" 高揖而去, 不復與言. 後融以告郭林宗, 林
宗因與融齎刺就房謁之, 遂請留宿. 林宗嗟嘆, 下床爲拜.

覽學畢歸鄉里, 州郡並請, 皆以疾辭. 雖在宴居, 必以禮
自整. 妻子有過, 輒免冠自責. 妻子庭謝, 候覽冠, 乃敢升
堂. 家人莫見喜怒聲色之異. 後徵方正, 遇疾而卒.

三子皆有文史才, 少子玄, 最知名.

| 註釋 | ○郭林宗(곽림종) – 黨錮의 名士. 郭太(郭泰). 林宗은 그의 字,
名이 본래 '泰' 인데《後漢書》 저자 范曄(범엽)의 부친 이름이 '泰' 라서
'太' 로 표기. '泰(tài)' 나 '太(tài)' 음이 같기에 '郭太' 를 전부 '郭林宗' 으
로 기록했다. 68권, 〈郭符許列傳〉에 立傳.

[國譯]

구람은 太學에 입학했다. 그때 태학생 중에 同郡 출신 符融(부융)
의 명성이 높았는데, 구람과 나란한 건물이었고 거기는 늘 빈객이
가득했다. 구람은 늘 본분을 지켰고, 부융과 이야기하지 않았다. 부
융이 구람을 행동거지를 살펴본 뒤에 마음속으로 기이하다 여겨 구
람에게 말했다.

"先生과는 같은 郡이고 거처도 가깝습니다. 지금 경사에는 사방에서 영웅들이 모였고 志士가 서로 어울리는 때인데 비록 일과에 성실하시지만 어찌 홀로 지내십니까?"

그러자 구람이 정색하며 말했다.

"天子께서 어찌 이곳에서 담론이나 하라고 太學을 설치했겠습니까!"

그리고는 깍듯이 읍을 하고 나가 다시는 이야기하지 않았다. 뒷날 부옹은 이를 郭林宗(곽림종)에게 말했고, 곽림종은 부옹과 함께 명판을 가지고 구람을 찾아가 만났고, 유숙을 청했다. 나중에 곽림종은 찬탄하면서 의자에서 내려 구람에게 절하였다.

구람은 공부를 끝내고 향리로 돌아왔고, 州郡에서 모두 관직으로 초청했지만 병을 핑계로 모두 거절하였다. 비록 한가하게 지낼 때라도 꼭 예를 지켜 행실을 바로 했다. 아내나 자식이 잘못하면 바로 관을 벗어놓고 자책하였다. 처자가 뜰에 서서 사죄한 뒤에 구람이 관을 쓰면 자신의 방으로 들어갔다. 한 식구일지라도 喜怒에 따라 다른 목소리를 들어본 적이 없었다. 뒤에 방정한 인재로 부름을 받았지만 병으로 죽었다.

三子가 모두 文史의 재주가 있었는데 少子인 仇玄(구현)이 가장 유명하였다.

⓬ 童恢

原文

童恢字漢宗, 琅邪姑幕人也. 父仲玉, 遭世凶荒, 傾家賑恤, 九族鄉里賴全者以百數. 仲玉早卒.

恢少仕州郡爲吏, 司徒楊賜聞其執法廉平, 乃辟之. 及賜被劾當免, 掾屬悉投刺去, 恢獨詣闕爭之. 乃得理, 掾屬悉歸府, 恢杖策而逝. 由是論者歸美.

復辟公府, 除不其令. 吏人有犯違禁法, 輒隨方曉示. 若吏稱其職, 人行善事者, 皆賜以酒肴之禮, 以勸勵之. 耕織種收, 皆有條章. 一境清靜, 牢獄連年無囚. 比縣流人歸化, 徙居二萬餘戶. 民嘗爲虎所害, 乃設檻捕之, 生獲二虎. 恢聞而出, 呪虎曰, "天生萬物, 唯人爲貴. 虎狼當食六畜, 而殘暴於人. 王法殺人者死, 傷人則論法. 汝若是殺人者, 當垂頭服罪, 自知非者, 當號呼稱冤." 一虎低頭閉目, 狀如震懼, 即時殺之. 其一視恢鳴吼, 踊躍自奮, 遂令放釋. 吏人爲之歌頌. 青州舉尤異, 遷丹陽太守, 暴疾而卒.

弟翊字漢文, 名高於恢, 宰府先辟之. 翊陽瘖不肯仕, 及恢被命, 乃就孝廉, 除須昌長. 化有異政, 吏人生爲立碑. 聞舉將喪, 棄官歸. 後舉茂才, 不就. 卒於家.

|註釋| ○琅邪姑幕 - 琅邪(瑯邪, 낭야)郡(國)의 治所는 開陽縣, 今 山東省 남부의 臨沂市. 姑幕(고막)은 현명. 今 山東省 濰坊市 관할 諸城市 서

북. ㅇ司徒楊賜 – 楊賜(양사)는 다섯 번 三公의 자리에 올라 환난을 극복하고 나라의 안녕을 지켰다. 鷄肋(계륵)의 뜻을 풀이했던 楊脩(양수)의 할아버지. 54권, 〈楊震列傳〉立傳. ㅇ悉投刺去 – 悉은 다 실. 모구. 刺는 명함 내놓을 자, 찌를 자. ㅇ不其 – 琅邪郡의 현명. 今 山東省 중부 해안의 青島市 관할 卽墨市. ㅇ陽瘖(양음) – 거짓으로 병 때문에 말을 못하는 척하다. 陽은 거짓. 瘖은 벙어리 음(암). ㅇ須昌(수창) – 東平國의 현명. 今 山東省 泰安市 관할 東平縣.

[國譯]

童恢(동회)의 字는 漢宗(한종)으로, 琅邪郡(낭야군) 姑幕縣 사람이다. 부친 童仲玉(동중옥)은 흉년을 만나자 전 재산을 기울여 구휼하였는데 九族과 향리에 그 도움으로 살아난 자가 백여 명이었다. 동중옥은 일찍 죽었다.

동회는 젊어 州郡에 출사하여 관리가 되었다. 司徒 楊賜(양사)는 동회의 법 집행이 공평하다는 말을 듣고 관직에 초빙하였다. 나중에 양사가 탄핵을 당해 면직될 때 다른 掾吏(연리)들은 모두 명함을 던지고 떠나갔지만 동회는 홀로 궁궐에 나아가 양사를 변호하였다. 나중에 양사가 탄핵을 면한 뒤 다른 관리들은 사도부에 복귀했지만 동회는 지팡이를 짚고 떠나갔다. 이 때문에 논자들은 동회를 칭송했다.

다시 삼공부의 부름을 받아 (낭야군) 不其縣(불기현) 현령이 되었다. 관리가 법금을 어기면 즉시 타일렀다. 만약 관리가 업무를 잘 수행하거나 선행을 한 사람이 있으면 예에 맞게 술과 안주를 보내 격려하였다 농사와 길쌈과 파종과 수확에 일정한 법도를 따르게 했다. 현 경내가 청정했고, 해마다 옥에 죄수가 없었다. 이웃 현에서 백성이 흘러 들러왔는데 이주해 온 호구가 2만여 호나 되었다. 백성들은 그간 호랑이에게 피해를 입었는데 함정을 파서 호랑이 2마리를 생포하였다. 동회는 소식을 듣고 달려가 호랑이에게 주문을 말했다.

"하늘이 萬物을 내었지만 사람이 가장 귀하다. 호랑이라면 응당 六畜을 잡아먹어야 하거늘 사람을 해쳤다. 王法에도 사람을 죽인 자는 죽이고, 사람을 다치게 한 자는 법대로 처리해야 한다. 네가 만약 살인했다면 응당 머리를 숙여 죄를 말하고 사람을 해치지 않았다면 울부짖어 억울하다고 말하라."

그러자 한 마리는 고개를 숙이고 눈을 감아 두려워하는 형상이어서 즉시 죽여버렸다. 다른 한 마리는 동회를 바라보며 큰 소리로 울부짖으며 분에 겨워 뛰어오르는 것 같아 풀어주었다. 관리와 백성이 이를 보고 칭송하였고 靑州의 온 군현에서 특별하다고 말했으며, 동회는 丹陽 太守가 되었으나 갑작스런 병으로 죽었다.

동생 童翊(동익)의 字는 漢文(한문)인데, 동회보다 명성이 더 높았으며 먼저 재상부의 부름을 받았다. 동익은 거짓으로 벙어리인 척 출사하지 않으려 했으나 형 동회가 초빙을 받자 동익도 孝廉으로 천거되어 (東平國) 須昌(수창)의 縣長이 되었다. 치적이 훌륭하여 백성들이 생존 시에 비석을 세워 주었다. 동익은 자신을 천거했던 사람이 죽었다는 소식을 듣고 관직을 버리고 돌아왔다. 뒷날 다시 茂才로 천거되었으나 부임하지 않았다. 집에서 죽었다.

原文

贊曰, 政畏張急, 理善亨鮮. 推忠以及, 衆瘼自蠲. 一夫得情, 千室鳴絃. 懷我風愛, 永載遺賢.

|**註釋**| ○政畏張急 - 지나치게 엄격한 정치는 좋지 않다. 현악기의 줄을 너무 팽팽하게 조이면 끊어지는 것과 같은 이치이다. 張은 힘껏 당기다. ○理善亨鮮 - 잘 다스리는 것은 작은 물고기를 굽는 것과 같다. 너무센 불에 구우면 불타 버린다. 「治大國, 若烹小鮮. ~」《老子道德經》60장. ○衆瘼自蠲 - 瘼은 병들 막. 蠲은 제거할 견. 밝을 건. ○一夫得情 - 一夫는 지방관 태수나 현령. ○千室鳴絃 - 鳴絃(명현)은 彈琴(탄금)하다.

【國譯】

贊曰,

지나친 엄격도 안 좋고 작은 생선을 굽듯 다스려야 한다.

忠恕(충서)로 백성을 이끌면 모든 병폐도 사라진다.

한 지방관의 善政에 온 고을 백성이 彈琴하며 和樂한다.

나는 그들 선정을 기억하며 영원한 기록을 남기노라.

77 酷吏列傳
〔혹리열전〕

漢承戰國餘烈, 多豪猾之民. 其倂兼者則陵橫邦邑, 桀健者則雄張閭里. 且宰守曠遠, 戶口殷大. 故臨民之職, 專事威斷, 族滅姦軌, 先行後聞. 肆情剛烈, 成其不橈之威. 違衆用己, 表其難測之智. 至於重文橫入, 爲窮怒之所遷及者, 亦何可勝言. 故乃積骸滿阱, 漂血十里. 致溫舒有虎冠之吏, 延年受屠伯之名, 豈虛也哉! 若其揣挫强傷, 摧勒公卿, 碎裂頭腦而不顧, 亦爲壯也.

自中興以後, 科網稍密, 吏人之嚴害者, 方於前世省矣. 而閹人親婭, 侵虐天下. 至使陽球磔王甫之屍, 張儉剖曹節之墓. 若此之類, 雖厭快衆憤, 亦云酷矣! 儉知名, 故附〈黨人篇〉.

ㅣ註釋ㅣ ○〈酷吏列傳〉−《史記》와《漢書》에도〈혹리열전〉이 있다.《漢書》에는 郅都(질도), 甯成(영성) ~ 王溫舒, ~ 田延年과 嚴延年, 尹賞 등 13명을 입전했다. 대신〈循吏傳〉에는 6명이 입전되었다. 그만큼 前漢 시대에 혹리가 많았다는 반증이다. 酷은 독할 혹. 잔인하다. ○桀健者 − 桀은 빼어날 걸. 사납다. 거칠다. ○戶口殷大 − 전한 成帝(前 32 − 前 7년 재위) 때 전국의 戶口는 12,233,060戶에, 59,594,978명으로 알려졌다. ○不橈之威 − 橈는 꺾일 요(뇨). 屈也. ○違衆用己 − 衆人의 예상과 달리 자기 뜻대로 행동하다. 前漢의 嚴延年(엄연년)은 河南 태수로 재직 중에 처형할 사람은 모두 풀어주고, 살려야 할 사람은 처형하여 아래 관리들이 그 뜻을 알 수 없었다. 그래서 하남 사람들은 엄연년을 '屠伯(도백, 도살자 태수)'이라고 불렀다. ○重文橫入 − 重文은 法文을 준엄하게 적용하다. 重은 深也. 橫入(횡입)은 멋대로 적용하다. 橫은 枉(굽을 왕)의 뜻. ○積骸滿阱 − 阱은 구덩이. 허방다리. 토굴. 전한의 尹賞(윤상)은 長安令이었는데, 부임하여 큰 토굴을 파고 위법자를 집어넣고 큰 돌로 입구를 덮어 토굴 안에서 모두 죽게 하였다. ○漂血十里 − 漂는 떠돌 표. 물결에 떠서 흐르다. 전한의 河內 태수 王溫舒(왕온서)는 불량배들을 닥치는 대로 잡아 죽여 피가 10리에 걸쳐 흘렀다. 그 부하 관리들은 모두 '冠을 쓴 호랑이'처럼 무서웠다.《漢書》90권,〈酷吏傳〉참고. ○摧勒公卿 − 摧勒(최륵)은 꺾어 누르다. 摧는 꺾을 최. 부러트리다. 勒은 재갈 륵. 억지로 시키다. ○碎裂頭腦 − 碎裂(쇄열)을 부수고 찢다. 碎는 부술 쇄. 頭腦(두뇌)는 머리. 머리통. ○閹人親婭 − 閹은 내시 엄. 親婭는 황제 가까운 외척. 婭는 同壻(동서) 아. 사위끼리 상대방을 婭라 하였다. 알랑거리다. ○磔王甫之屍 − 磔은 책형 책. 사지를 찢어죽이다. ○張儉剖曹節之墓 − 張儉(장검)의 字는 元節(원절), 山陽郡 高平縣 사람으로 趙王 張耳(장이)의 후손이다. 67권,〈黨錮列傳〉에 입전. 曹節(조절)은《三國演義》에 나오는 十常侍의 한 사람. ○〈黨人篇〉−〈黨錮列傳〉.

[國譯]

漢은 戰國시대의 폐습을 승계하여 포악 교활한 백성들이 많았다. 그런 자들은 지방의 여러 성읍에 횡행하였고 사납고 힘센 자들은 마을에서 세력을 행사했다. 거기다가 지방관의 영역은 광대하였고 戶口(인구)도 매우 많았다. 그래서 백성을 다스리는 자는 마음대로 위세를 부릴 수 있었으니, 불법이라 하여 일족을 먼저 멸족시키고 사후에 보고하여도 괜찮았다. 이들의 교만한 뜻은 剛烈(강열)하여 그 위세는 누구도 꺾을 수 없었다. 衆人의 뜻과 다르게 고집을 부려서 아랫사람이 그 행동을 예측할 수도 없었다. 심지어 법률 조문을 멋대로 해석하여 죄명을 씌우니, 관리의 큰 노여움을 당한 백성이 어찌 하더라도 자신을 변호하여 벗어날 수가 없었다. 지방관에 의해 죽은 자의 뼈가 구덩이에 가득 차고, 피가 10리에 걸쳐 흘러내렸다. 王溫舒(왕온서)가 中尉였을 때 그 부하들은 모두 관을 쓴 호랑이였고, 嚴延年(엄연년)은 '屠伯(도백)' 이었으니 그것이 어찌 근거 없는 말이었겠는가! 어떤 자는 마음대로 힘쓰는 지방의 토호 세력을 꺾고 공경대신을 꺾어 눌렀으며, 백성들 머리통을 부수고 뒤돌아보지도 않을 정도로 권세를 부렸다.

中興 이후로도 법조문이 점차 세밀하여 백성에 대한 관리의 엄형은 前代에 비하여 줄어들었다. 그러나 환관과 외척의 세력이 온 나라의 백성을 침탈하였다. 陽球(양구)는 王甫(왕보)의 시신을 찢어버렸고, 張儉(장검)은 曹節(조절)의 묘를 파헤쳤다. 이런 행위가 많은 사람의 분노를 씻어주었다고 하지만 이 얼마나 잔혹한가! 장검은 잘 알려졌기에 〈黨錮列傳〉에 수록했다.

❶ 董宣

原文

董宣字少平, 陳留圉人也. 初爲司徒侯霸所辟, 舉高第,
累遷北海相. 到官, 以大姓公孫丹爲五官掾. 丹新造居宅,
而卜工以爲當有死者, 丹乃令其子殺道行人, 置屍舍內, 以
塞其咎.

宣知, 卽收丹父子殺之. 丹宗族親黨三十餘人, 操兵詣府,
稱冤叫號. 宣以丹前附王莽, 慮交通海賊, 乃悉收繫劇獄, 使
門下書佐水丘岑盡殺之. 靑州以其多濫, 奏宣考岑, 宣坐徵
詣廷尉. 在獄, 晨夜諷誦, 無憂色. 及當出刑, 官屬具饌送之,
宣乃厲色曰, "董宣生平未曾食人之食, 況死乎!" 升車而去.
時, 同刑九人, 次應及宣, 光武馳使騶騎特原宣刑, 且令還獄.

遣使者詰宣多殺無辜, 宣具以狀對, 言水丘岑受臣旨意,
罪不由之, 願殺臣活岑. 使者以聞, 有詔左轉宣懷令, 令靑
州勿案岑罪. 岑官至司隸校尉.

後江夏有劇賊夏喜等寇亂郡境, 以宣爲江夏太守. 到界,
移書曰,

「朝廷以太守能禽姦賊, 故辱斯任. 今勒兵界首, 檄到, 幸
思自安之宜.」

喜等聞, 懼, 卽歸降散. 外戚陰氏爲郡都尉, 宣輕慢之, 坐
免.

| 註釋 | ○陳留圉人 – 陳留郡의 治所는 陳留縣, 今 河南省 동부의 開封市. 圉(마부 어)는 현명. 今 河南省 開封市 관할 通許縣. ○司徒 侯霸(후패) – 26권, 〈伏侯宋蔡馮趙牟韋列傳〉에 立傳. ○五官掾 – 掾은 도울 연. 功曹가 부서 관리 중 수석, 五官掾은 서무 담당. ○劇(극) – 北海郡 縣名, 侯國名. 劇縣은 今 山東省 동부 維坊市 관할 壽光市. 劇縣의 감옥. ○水丘岑(수구잠) – 水丘(수구)는 복성. ○懷縣(회현) – 河內郡의 현명. 今 河南省 북부 焦作市 관할 武陟縣. ○江夏 – 군명. 治所는 西陵縣, 今 湖北省 동부 武漢市 新洲區.

[國譯]

董宣(동선)의 字는 少平으로, 陳留郡 圉縣(어현) 사람이다. 처음에 司徒 侯霸(후패)의 부름을 받았는데 우수 실적으로 천거되었고 점차 승진하여 北海國相이 되었다. 동선은 부임한 뒤, 大姓인 公孫丹(공손단)을 五官掾에 임용하였다. 공손단이 새 집을 지었는데 점쟁이(卜工)가 죽을 사람이 있을 것이라고 말하자, 공손단이 아들을 시켜 길 가는 사람을 죽여 그 시신을 집안에 두어 災殃(재앙)을 예방한다고 하였다.

동선이 이를 알고 공손단 父子를 불러 처형하였다. 공손단의 친척과 일당 30여 명이 병기를 들고 相府에 몰려와 원통하다며 소리를 질렀다. 그러나 동선은 공손단이 전에 왕망에게 아부하였고 해적과 왕래했다는 사실을 근거로 그들을 모두 잡아 劇縣(극현)의 옥에 잡아 가두고서 門下 書佐인 水丘岑(수구잠)을 시켜 모두 죽여버렸다. 감독 관청인 靑州자사가 동선의 濫刑(남형)을 조사해야 한다고 상주하자 동선은 廷尉에게 소환되었다. 獄에 갇힌 동선은 밤낮으로 경전을 읽으며 두려운 기색이 없었다. 불려나가 처형될 날에 官屬이 식사를 주자 동선이 엄숙한 표정으로 말했다.

"나 동선은 평생 동안 남이 먹던 음식을 먹지 않았는데 하물며 죽는 날에 먹겠느냐!" 그러면서 수레를 타고 형장으로 갔다. 그날 9명이 처형되는데 동선의 차례가 되었을 때 광무제가 말 탄 기병을 사자로 급히 보내 동선의 형을 사면하여 다시 옥으로 돌려보냈다.

사자가 동선이 무고한 백성을 많이 죽인 것을 문책하자, 동선은 사실대로 말하면서 수구잠은 자신의 명을 받아 집행하였을 뿐, 수구잠은 죄가 없으니 자신을 처형하더라도 수구잠을 살려주어야 한다고 말했다. 사자가 돌아가 이를 보고하자, 조서로 동선의 죄를 사면하면서 懷縣(회현) 현령을 제수하고 靑州자사에게는 수구잠의 죄를 벌하지 않게 하였다. 수구잠은 뒷날 司隸校尉가 되었다.

뒷날 江夏郡에 큰 도적 무리인 夏喜(하희) 등이 郡內를 뒤집고 다니자 동선은 江夏太守가 되었다. 임지에 도착하며 격문을 날렸다.

「조정에서는 太守가 도적 무리를 잡을 수 있다 생각하여 나에게 임무를 부여하였다. 지금 군사를 함께 부임하였으니 격문을 보거든 자신의 안위를 생각하기 바란다.」

하희 등은 두려워 즉시 투항한 뒤에 해산하였다. 외척 陰氏(음씨)가 郡의 도위였는데 동선은 도위를 무시했고, 그 때문에 면직되었다.

■ 原文

　後特徵爲洛陽令. 時湖陽公主蒼頭白日殺人, 因匿主家, 吏不能得. 及主出行, 而以奴驂乘, 宣於夏門亭候之, 乃駐車叩馬, 以刀畫地, 大言數主之失, 叱奴下車, 因格殺之. 主卽還宮訴帝, 帝大怒, 召宣, 欲箠殺之. 宣叩頭曰, "願乞一言而死." 帝曰, "欲何言?"

宣曰, "陛下聖德中興, 而從奴殺良人, 將何以理天下乎? 臣不須箠, 請得自殺." 卽以頭擊楹, 流血被面. 帝令小黃門持之, 使宣叩頭謝主, 宣不從, 强使頓之, 宣兩手據地, 終不肯俯.

主曰, "文叔爲白衣時, 臧主匿死, 吏不敢至門. 今爲天子, 威不能行一令乎?" 帝笑曰, "天子不與白衣同." 因敕强項令出. 賜錢三十萬, 宣悉以班諸吏. 由是搏擊豪强, 莫不震慄. 京師號爲'臥虎.' 歌之曰, '枹鼓不鳴董少平.'

在縣五年. 年七十四, 卒於官. 詔遣使者臨視, 唯見布被覆屍, 妻子對哭, 有大麥數斛, 敝車一乘. 帝傷之, 曰, "董宣廉潔, 死乃知之!" 以宣嘗爲二千石, 賜艾綬, 葬以大夫禮. 拜子並爲郎中, 後官至齊相.

│註釋│ ○湖陽公主蒼頭 – 湖陽公主는 光武帝의 누나. 이름은 黃(황). 湖陽長公主라 했는데 騎都尉 胡珍(호진)과 결혼했었다. 湖陽은 南陽郡의 현명. 今 河南省 南陽市 관할 唐河縣에 해당. 蒼頭는 하인. 본래 황후 소생의 공주 중 연장자를 長公主라 하였으나 황제의 자매 모두를 長公主라 통칭하며 맏이인 경우 大長公主라 칭했다. ○文叔爲白衣時 – 世祖 光武皇帝의 諱(휘)는 秀이고, 字는 文叔이다.

　뒤에 (조정의) 특별한 부름을 받아 洛陽令이 되었다. 그 당시 湖陽公主의 하인이 대낮에 살인하고서 공주의 집에 숨어있어 관리가 잡아낼 수가 없었다. 공주가 외출하면서 노비를 참승케 하였는데, 동선은 夏門亭이란 곳에서 공주를 기다렸다가 수레를 멈추게 하고, 말 앞에서 꿇어 엎드려 칼로 땅에 줄을 그어가면서 큰 소리로 공주의 잘못을 따진 뒤에, 노비를 수레에서 내리게 질책한 뒤 노비를 때려 죽여버렸다. 공주가 궁에 들어가 광무제에게 호소하자, 광무제는 대노하면서 동선을 소환하여 매를 때려죽이려 했다. 이에 동선이 머리를 숙이며 말했다. "죽기 전에 한 마디만 말씀드리겠습니다." "무슨 말을 하려는가?"라고 광무제가 물었다. 이에 동선이 말했다.

　"폐하께서는 聖德으로 中興하셨지만 노비 때문에 良吏를 죽인다면 앞으로 천하를 어떻게 다스리겠습니까? 臣이 맞아 죽기 전에 자살할 수 있게 해주십시오."

　그러면서 이마로 기둥을 들이받자 피가 얼굴에 흘렀다. 광무제는 小黃門을 시켜 동선을 끌어내게 하면서, 공주에게 고개 숙여 사죄하게 시켰지만, 동선은 양손으로 땅을 짚고 버티면서 끝까지 고개를 숙이지 않았다.

　이에 호양공주가 말했다. "文叔은 白衣였을 때는 도망자나 죽을 사람도 잘 숨겨주며 관리가 문에 들어오지도 못하게 하더니, 지금 천자가 되어서는 현령 하나를 마음대로 못하시나요?"

　그러나 광무제가 웃으면서 말했다. "天子는 평민과는 다릅니다."

　그러면서 뻣뻣한 현령을 끌어내게 하였다. 광무제는 동선에게 30만 전을 하사하였는데 동선은 그 돈을 여러 속리들에게 모두 나눠주었다. 이후로 힘쓰는 호족을 제재하자 두려워 떨지 않는 자가 없었다. 京師에서는 동선을 '臥虎(와호)'라고 불렀다. 그러면서 동선을 두고 '소리 안 나는 북채 같은 董少平(동소평)'이라고 칭송했다.

(낙양령으로) 5년간 재직했다. 나이 74세에 관직에 있으면서 죽었다. 조서로 사자를 喪家에 보냈는데, 이불로 시신을 덮어놓고 아내와 자식이 통곡할 뿐 집에는 보리쌀 몇 말과 낡은 수레 한 대 뿐이었다. 광무제가 동선의 죽음을 비통해 하면서 말했다.

"동선의 청렴결백을 죽은 뒤에야 알았구나!"

그러면서 동선이 2천석 태수를 역임하였기에 녹색 인수를 하사하고 大夫의 예로 장례를 치르게 하였다. 동선의 아들 董並(동병)을 낭중에 임용하였는데, 동병은 齊國相을 역임하였다.

❷ 樊曄

▌原文

樊曄字仲華, 南陽新野人也. 與光武少游舊. 建武初, 徵爲侍御史, 遷河東都尉, 引見雲臺. 初, 光武微時, 嘗以事拘於新野, 曄爲市吏, 餽餌一笥, 帝德之不忘, 仍賜曄御食, 及乘輿服物. 因戲之曰, "一笥餌得都尉, 何如?" 曄頓首辭謝.

及至郡, 誅討大姓馬適匡等. 盜賊清, 吏人畏之. 數年, 遷楊州牧, 教民耕田種樹理家之術. 視事十餘年, 坐法左轉軹長.

| 註釋 | ○樊曄(번엽) – 樊은 울타리 번. 성씨. ○南陽新野 – 今 河南省 서남부 南陽市 관할 新野縣. 湖北省과 접경. ○引見雲臺 – 雲臺는 南宮 내의 누대 이름. 明帝 때 제작한 建武 개국 공신 28인의 초상화가 있었다. ○餽餌一笥 – 餽餌(궤이)는 선물로 보내는 음식. 餽는 보낼 궤. 餌는 먹이 이. 음식. 笥는 대나무 상자 사. ○軹長 – 軹縣(지현)의 縣長. 河內郡의 縣 名. 今 河南省 洛陽市 북쪽 濟源市.

[國譯]

樊曄(번엽) 字는 仲華(중화)로, 南陽郡 新野縣 사람이다. 光武帝와 젊어서부터 교제한 友人이었다. 建武 초에 불러 侍御史가 되었고 河 東郡 都尉로 승진하였고 광무제가 불러 雲臺에서 만났다. 그전에 광 무제가 寒微했을 때, 사건에 연루되어 新野縣의 옥에 갇혔는데 번엽 은 市吏로 있으면서 음식 한 바구니를 보냈는데 광무제는 그를 고맙 게 여겨 잊지 않았고, 번엽을 불러 御食을 하사하고 수레와 의복 등 을 하사하였다. 그리고 농담으로 말했다. "한 바구니 음식으로 都尉 를 얻었는데 괜찮은가?" 번엽은 고개를 숙여 사례하였다.

번엽은 하동군에 부임하여 토호인 馬適匡(마적광) 등을 처형하였 다. 도적도 사라졌고 관리와 백성이 두려워했다. 몇 년 뒤 楊州자사 가 되었는데 백성에게 농사와 나무 심기와 집짓기 등을 가르쳤다. 재직 10여 년에 업무상 잘못으로 軹縣(지현) 縣長으로 좌천되었다.

原文

隗囂滅後, 隴右不安, 乃拜曄爲天水太守. 政嚴猛, 好申,韓法, 善惡立斷. 人有犯其禁者, 率不生出獄, 吏人及羌胡畏之. 道不拾遺. 行旅至夜, 聚衣裝道傍, 曰'以付樊公'. 涼州爲之歌曰, '遊子常苦貧, 力子天所富. 寧見乳虎穴, 不入冀府寺. 大笑期必死, 忿怒或見置. 嗟我樊府君, 安可再遭值!'

視事十四年, 卒官. 永平中, 顯宗追思曄在天水時政能, 以爲後人莫之及, 詔賜家錢百萬. 子融, 有俊才, 好黃,老, 不肯爲吏.

| 註釋 | ○隗囂(隗踂, 외효, ?-33) – 왕망 말기 今 甘肅省 동부 일대에 웅거. 隗는 험할 외, 성씨. 囂는 떠드는 소리 효. 13권, 〈隗囂公孫述列傳〉에 입전. 反 光武帝 세력으로 한때 天水郡에 웅거. ○好申,韓法 – 申不害와 韓非子의 法家 思想. ○以付樊公 – 樊公(樊曄)에게 맡겨 놓았다. 잃어버릴 걱정이 없다는 뜻. ○冀府寺 – 冀縣은 천수군의 치소. 今 甘肅省 天水市 관할의 甘谷縣. 天水郡은 和帝 때 漢陽郡으로 개명. 寺는 관청 건물.

[國譯]

隗囂(외효)가 멸망한 뒤, 隴右(隴西) 일대가 불안하자, 바로 번엽을 天水太守에 임명하였다. 번엽의 정사는 엄격하고 사나웠으며 申不害와 韓非子의 法家 思想을 좋아하였고 선악을 즉각 판단하였다. 법금을 어긴 자가 있으면 대개 살아서 감옥을 나오지 못하였기에 강족이나 흉노족, 관리와 백성이 모두 두려워하였다. 길에 떨어진 물건을 주워 갖는 자가 없었다. 길손이 밤에 길가에 옷이나 짐을 벗어 놓고는 '樊公에게 맡겨 놓았다.'고 말했다. 그래서 涼州 일대에서는 노래를 지어 번공을 칭송하였다.

'나그네는 늘 힘들게 고생하지만, 농부는 하늘이 낸 부자이네. 차라리 새끼 난 호랑이 만날지언정 天水郡 관아에는(冀府寺) 가지 말아야지. 태수가 大笑하면 꼭 죽지만 화를 낸다면 석방될 수 있지. 아! 우리의 樊 태수를 언제 다시 만날 수 있으리오!'

재직 14년에 관직에 있으면서 죽었다. (明帝) 永平 연간에, 明帝는 번엽이 天水郡에서 유능했지만 후임자가 그만한 사람이 없다고 생각하여 번엽의 집에 백만 전을 하사하였다. 아들 樊融(번융)은 俊才이었지만 黃老 사상을 즐겨 관리가 되려 하지 않았다.

❸ 李章

原文

李章字第公, 河內懷人也. 五世二千石. 章習《嚴氏春秋》, 經明教授, 歷州郡吏. 光武爲大司馬, 平定河北, 召章置東曹屬, 數從征伐.

光武卽位, 拜陽平令. 時趙,魏豪右往往屯聚, 淸河大姓趙綱遂於縣界起塢壁, 繕甲兵, 爲在所害. 章到, 乃設饗會, 而延謁綱. 綱帶文劍, 被羽衣, 從士百餘人來到. 章與對宴飮, 有頃, 手劍斬綱, 伏兵亦悉殺其從者, 因馳詣塢壁, 掩擊破之, 吏人遂安.

| 註釋 | ○懷縣(회현) - 今 河南省 북부 焦作市(초작시) 관할 武陟縣. ○《嚴氏春秋》 - 宣帝 때 박사 嚴彭祖가 전한 《春秋》. ○光武爲大司馬 - 光武(劉秀)가 기병한 이후 경시제한테서 받은 직함. 즉위 이전을 지칭. ○陽平 - 東郡의 縣名(侯國), 今 山東省 중서부 聊城市 관할 莘縣(신현). 山東, 河北, 河南 3省의 접경. ○大姓趙綱 - 大姓은 世家大族. 趙綱은 인명.

[國譯]

　李章(이장)의 字는 第公(제공)인데 河內郡 懷縣(회현) 사람이다. 五世에 걸쳐 二千石 고관을 지냈다. 이장은 《嚴氏春秋》를 전공했고 경학에 밝아 敎授하였으며 州郡의 관리를 역임하였다. 光武가 大司馬로 河北을 평정하면서 이장을 불러 東曹屬으로 삼았고, 이장은 여러 번 광무를 따라 정벌에 참여했다.

　光武帝가 즉위하고, 이장은 (東郡) 陽平 縣令이 되었다. 그때 趙나魏 지역의 토호들은 가끔 한데 모였는데 淸河郡의 世家大族인 趙綱(조강)은 거주지 현내에 城砦(성채)를 마련하고 병기를 수집하여 현지의 걱정거리였다. 이장은 부임하여 연회를 준비한 뒤에 조강을 초청하였다. 조강은 장식한 칼을 차고 신선처럼 깃털 장식한 옷을 입고 1백여 명의 從士를 거느리고 도착하였다. 이장은 함께 술을 마시다가 이내 칼로 조강을 참수하고 복병을 풀어 그 종사를 모두 죽이고 연이어 그 성채를 공격 파괴하자 관리와 백성이 모두 안정되었다.

原文

遷千乘太守, 坐誅斬盜賊過濫, 徵下獄免. 歲中拜侍御史,

出爲琅邪太守. 時北海安丘大姓夏長思等反, 遂囚太守處
興, 而據營陵城. 章聞, 卽發兵千人, 馳往擊之. 掾史止章曰,
"二千石行不得出界, 兵不得擅發." 章按劍怒曰, "逆虜無
狀, 囚劫郡守, 此何可忍! 若坐討賊而死, 吾不恨也." 遂引
兵安丘城下, 募勇敢燒城門, 與長思戰, 斬之, 獲三百餘級,
得牛馬五百餘頭而還. 興歸郡, 以狀上帝, 悉以所得班勞吏
士. 後坐度人田不實徵, 以章有功, 但司寇論. 月餘免刑,
歸. 復徵, 會病卒.

| 註釋 | ○千乘太守 – 뒷날 樂安國(千乘國). 治所는 臨濟縣, 今 山東省
淄博市(치박시) 관할 高靑縣. 前漢에서는 天乘郡. ○安丘 – 北海郡의 縣名.
今 山東省 濰坊市 관할 安丘市. ○司寇論 – 司寇(사구)는 변방 성곽에서 2
년간 적을 감시하는 형벌. 論은 평결하다.

[國譯]

李章은 千乘太守가 되었는데 도적 무리를 지나치게 처형하였다
하여 조정에 소환되어 하옥되었다가 면직되었다. 그 해에 다시 侍御
史가 되었다가 琅邪(낭야)太守로 나갔다. 그때 北海郡 安丘縣의 世
家大族인 夏長思(하장사) 등이 반역하여 북해태수 處興(처흥)을 잡아
가두고 營陵城에 웅거하였다. 이장은 소식을 듣고 즉각 군사 1천여
명을 동원 인솔하여 공격하였다. 掾史가 이장을 제지하며 말했다.
"二千石(太守)은 군계를 벗어날 수 없고 군사를 마음대로 동원할 수
없습니다." 이장이 칼을 뽑아들고 화를 내며 말했다.
"반역자가 악독하게 군수를 협박하고 있는데, 이를 어찌 참아야

하는가! 만약 반적을 토벌하다 죽는다면 나는 아무 여한이 없을 것이다."

이장은 안구성에 도착하여 성문을 공격할 용사를 모아 하장사와 싸워 참수하고 3백여 명을 생포하였으며 가축 5백여 마리를 잡아 군으로 귀환하였다. 이장은 조정에 보고하였고 노획물은 모두 군사들에게 나눠주었다. 뒷날 백성의 경작지를 정확하게 파악하지 못했다 하여 면직되었지만, 앞서 세운 공이 있어 변경에 보졸로 근무하라는 판결을 받았다. 한 달 뒤에 사면을 받아 돌아왔다. 다시 조정의 부름을 받았으나 마침 병으로 죽었다.

❹ 周紆

原文

周紆字文通, 下邳徐人也. 爲人刻削少恩, 好韓非之術. 少爲廷尉史.

永平中, 補南行唐長. 到官, 曉吏人曰, "朝廷不以長不肖, 使牧黎民, 而性讎猾吏, 志除豪賊, 且勿相試!" 遂殺縣中尤無狀者數十人, 吏人大震. 遷博平令. 收考姦臧, 無出獄者. 以威名遷齊相, 亦頗嚴酷, 專任刑法, 而善爲辭案條敎, 爲州內所則. 後坐殺無辜, 復左轉博平令.

| 註釋 | ○周紆 – 紆는 굽을 우. 굽히다. 굽다(曲也). ○下邳徐縣 – 前

漢의 臨淮郡, (明帝) 永平 연간에 下邳國으로 바뀜. 치소는 徐縣, 今 江蘇省 북부 宿遷市 관할 泗洪縣. ㅇ南行唐 - 常山郡의 현명. 行唐으로 간칭, 今 河北省 서남부 石家莊市 관할 行唐縣. ㅇ博平令 - 博平은 東郡의 현명. 今 山東省 북서부 聊城市 관할 茌平縣(치평현).

[國譯]

周紆(주우)의 字는 文通(문통)인데, 下邳國 徐縣 사람이다. 사람이 각박하고 인정이 없었으며 韓非의 術法을 좋아하였다. 젊어 廷尉史가 되었다. (明帝) 永平 연간에, 南行唐 縣長이 되었다. 부임해서 속관들에게 말했다.

"朝廷에서는 내가 불초하지만 백성을 다스리게 하였는데, 내 천성이 교활한 관리를 싫어하고 호족을 제거하는데 있으니 나를 떠보지 말라!"

그러면서 縣에 거주하는 악인 중 좀 더 악한 자 수십 명을 처형하자, 관리와 백성 모두가 두려워 떨었다. (東郡) 博平縣令으로 전근했다. 뇌물을 받은 불량 관리를 잡아 가두면 살아 나오는 자가 없었다. 위명을 날려 齊相으로 승진하였는데 여전히 엄격 잔혹하고 형벌을 위주로 다스렸고, 법조문 적용과 보고를 잘하여 靑州자사부의 모범이 되었다. 뒷날 무고한 백성을 죽인 죄로 다시 博平令으로 좌천되었다.

原文

建初中, 爲勃海太守. 每敕令到郡, 輒隱閉不出, 先遣使屬縣盡決刑罪, 乃出詔書. 坐徵詣廷尉, 免歸.

　紵廉潔無資, 常築墼以自給, 肅宗聞而憐之, 復以爲郎, 再遷召陵侯相. 廷掾憚紵嚴明, 欲損其威, 乃晨取死人斷手足, 立寺門. 紵聞, 便往至死人邊. 若與死人共語狀. 陰察視口眼有稻芒, 乃密問守門人曰, "悉誰載藁入城者?" 門者對, "唯有廷掾耳." 又問鈴下, "外頗有疑令與死人語者不?" 對曰, "廷掾疑君." 乃收廷掾考問, 具服 "不殺人, 取道邊死人." 後人莫敢欺者.

| 註釋 |　○常築墼以自給 – 墼은 굽지 않은 벽돌 격.　○廷掾 – 郡의 속리로 五官掾이 있고 縣에는 廷掾(정연)이 있었다.　○悉誰載藁入城者 – 悉은 다 실. 알다(知也).　藁는 볏짚 고.　○又問鈴下 – 鈴下는 門卒, 僕役(복역).

[國譯]

　(章帝) 建初 연간에, 勃海(발해) 태수가 되었다. 매번 敕令(칙령)이 郡에 내려오면 일단 숨겨두고 관리를 보내 먼저 군내 현을 돌며 조사를 시킨 뒤에 詔書를 공개하였다. 뒷날 업무상 정위에 불려갔고 면직되어 귀향하였다.

　주우는 청렴결백했고 기본 자산이 없어 늘 벽돌을 만들어 먹고 살았는데, 肅宗(章帝)가 이를 알고서 다시 낭관에 임용하였고 두 번 승진하여 召陵侯의 相이 되었다. 廷掾(정연)은 주우의 엄격한 감독이 싫어서 그 권위를 손상시키고자 새벽에 죽은 시신을 구해다가 손발을 자르고 관청 문 앞에 기대어 세워놓았다. 주우는 말을 듣고 바로 나가서 시신 주변을 왔다 갔다 했는데 마치 죽은 사람과 이야기하는 것 같았다. 주우가 은밀히 시신을 자세히 살펴보니 눈에 곡식 까끄라기가 있어 문지기에게 물었다.

"볏짚을 지고 성문을 들어온 사람이 누구인가?" 문지기는 "廷掾 (정연) 뿐입니다."라고 말했다. 다시 다른 문지기에게 물었다. "문 밖에서 내가 죽은 사람과 이야기하는 것 같다고 말한 사람이 있는 가?" 그러자 "나리가 이상하다고 廷掾(정연)이 말했습니다."

주우가 정연을 문초하자 사실을 고백하였다. "사람을 죽이지는 않았고, 길에서 죽은 사람이었습니다." 이후로 감히 주우를 속이려 는 사람이 없었다.

原文

徵拜洛陽令. 下車, 先問大姓名主, 吏數閭里豪强以對, 絿厲聲怒曰, "本問貴戚若馬, 竇等輩, 豈能知此賣菜傭乎?" 於是部吏望風旨, 爭以激切爲事. 貴戚跼蹐, 京師肅清.

皇后弟黃門郞竇篤從宮中歸, 夜至止姦亭, 亭長霍延遮止 篤, 篤蒼頭與爭, 延遂拔劍擬篤, 而肆罵恣口. 篤以表聞. 詔 召司隷校尉, 河南尹詣尙書譴問, 遣劍戟士收絿送廷尉詔 獄. 數日貰出. 帝知絿奉法疾姦, 不事貴戚, 然苛慘失中, 數 爲有司所奏, 八年, 遂免官.

| 註釋 | ○下車 – 부임하다. ○馬,竇等輩 – 明帝의 明德馬皇后나 章帝 의 章德竇皇后의 집안. ○竇篤(두독) – 두황후의 형제인 竇憲과 그 동생 竇

篤(두독)과 竇景(두경)은 뒷날 (和帝) 永元 4년(서기 92년), 권세를 잃고 封
國에 도착하면서 모두 자살하였다. ㅇ拔劍擬篤 - 칼을 빼들고 竇篤을 위
협하다. 擬는 본뜰 의. 흉내 내다. 향하다. ㅇ廷尉詔獄 - 廷尉(정위)는 9卿
의 하나. 詔命에 따른 獄案의 수사 및 재판 담당. 주요 獄案은 반드시 조정
에서 대질하여 공정히 처리한다는 뜻. 尉는 平也. 질록은 中二千石. 속관
廷尉正과 左, 右廷尉監은 질록 1천석. 詔獄(조옥)은 황제 명에 의한 체포와
재판, 집행을 담당 기관. 최고의 사법관은 廷尉(정위), 전한에서는 長安에
각 中都官(중앙의 관서)의 獄이 26개소나 있었다. 후한에서는 모두 폐지하
고 廷尉의 詔獄과 雒陽의 詔獄만 있었다.

[國譯]

주우는 조정의 부름을 받아 洛陽令이 되었다. 부임하면서 유명
世族의 이름을 물었는데, 속관이 마을의 세력가 이름을 말하자 주우
가 큰소리로 화를 내며 꾸짖었다.

"나는 馬氏나 竇氏 일족을 물었지, 내가 왜 채소 장수들 이름이나
알아야 하겠나?"

이에 낙양현 관리들은 주우의 눈치를 보아 경쟁하듯 열심히 엄격
하게 일을 처리했다. 이에 貴戚은 바짝 엎드렸고 경사가 조용하였다.

두황후의 동생인 黃門郞 竇篤(두독)이 궁중에서 나와 밤에 귀가하
다가 止姦亭(지간정)이란 곳에 왔을 때, 亭長인 霍延(곽연)이 두독의
길을 막고 제지하였는데, 두독의 하인과 말다툼을 하다가 곽연이 칼
을 빼들고 두독을 협박하며 분한 생각에 욕을 하였다. 두독은 이를
황제에게 보고하였다. 황제는 司隷校尉와 河南尹을 尙書府에 보내
문책케 하였고, 병기를 지닌 무사를 보내 주우를 체포하여 廷尉의
詔獄에 가두었다. 며칠 뒤에 주우는 사면을 받아 풀려나왔다. 황제

도 주우가 법을 받들며 위법자를 미워하며 귀척에 굽실거리지 않는 것을 인정했지만, 주우가 너무 가혹하여 中正을 잃었기에 담당자들의 상주가 여러 번 있었는데, (章帝) 建初 8년(서기 83년)에 결국 면직되었다.

原文

　後爲御史中丞. 和帝卽位, 太傅鄧彪奏紆在任過酷, 不宜典司京輦. 免歸田里. 後竇氏貴盛, 篤兄弟秉權, 睚皆宿怨, 無不僵仆. 紆自謂無全, 乃柴門自守, 以待其禍. 然篤等以紆公正, 而怨隙有素, 遂不敢害.

| 註釋 |　○不宜典司京輦 - 御史中丞은 御史大夫의 丞(副職). 관리의 불법행위를 감찰 고발. 후한에서 御史大夫가 司空이 된 뒤에 어사중승은 少府의 속관으로 경사의 관리 감찰과 탄핵을 주관했다. 질록 1千石. 질록 6백석의 治書御史와 侍御史 등 속관을 거느렸다. 광무제는 御史中丞(어사중승, 최고 감찰관), 司隸校尉(백관 규찰), 尙書令의 三官을 '三獨坐'라 호칭했는데, 이는 조회 시에 전용석에 혼자 앉는다는 뜻이다.

[國譯]

　뒷날 주우는 御史中丞이 되었다. 和帝 즉위 이후에, 太傅 鄧彪(등표)는 주우가 재임 중 지나치게 잔혹하여 경사의 관리를 감찰하는 어사중승으로서 적임자가 아니라고 상주하였다. 주우는 면직되어 향리로 돌아왔다. 이후 竇氏는 한창 권세를 부렸고 두독 형제가 권력을 장악하면서 눈을 흘겨 본 사소한 감정이 있는 모든 자가 바짝 엎드렸다. 주우도 자신이 온전치 못할 것이라며 사립문을 닫고 근신 하며 화가 닥칠 날을 기다렸다. 그러나 두독 등은 주우가 공정했으며 지난날의 그 숙원을 누구나 알고 있어 가해하지 않았다.

原文

永元五年, 復徵爲御史中丞. 諸竇雖誅, 而夏陽侯瓖猶尙 在朝. 紆疾之, 乃上疏曰,

「臣聞臧文仲之事君也, 見有禮於君者, 事之如孝子之養 父母, 見無禮於君者, 誅之如鷹鸇之逐鳥雀. 案夏陽侯瓖, 本出輕薄, 志在邪僻, 學無經術, 而妄搆講舍, 外招儒徒, 實 會姦桀. 輕忽天威, 侮慢王室, 又造作巡狩封禪上書, 惑衆 不道, 當伏誅戮, 而主者營私, 不爲國計. 夫涓流雖寡, 浸成 江河. 爝火雖微, 卒能燎野, 履霜有漸, 可不懲革? 宜尋呂産 專竊之亂, 永惟王莽簒逆之禍, 上安社稷之計, 下解萬夫之 惑.」

會瓖歸國, 紆遷司隷校尉. 六年夏, 旱, 車駕自幸洛陽錄 囚徒, 二人被掠生蟲, 坐左轉騎都尉. 七年, 遷將作大匠. 九 年, 卒於官.

|註釋| ○夏陽侯 竇瓖 – 夏陽侯 竇瓖(두괴)는 竇憲의 막냇동생. 竇篤(두독)은 特進에 올라 관리를 천거하였고 황제 알현도 三公의 예에 따랐다. 竇

景(두경)은 執金吾였고, 竇瓌(두괴)는 光祿勳이 되었다. 다만 두괴는 다른 형제에 비하여 행실이 그래도 좀 양호하였다. ○臧文仲(장문중) - 魯大夫. 장문중은 柳下惠가 현명한 줄 알면서도 등용하지 않았다. ○爝火雖微 - 爝火(작화)는 화톳불. 횃불. 爝은 횃불 작. ○呂産(여산) - 呂태후의 조카. 여태후가 죽은 뒤 呂祿(여록)과 함께 반역을 꾀했다.

[國譯]

(和帝) 永元 5년(서기 93), 다시 부름을 받아 御史中丞이 되었다. 두씨들이 죽었지만, 夏陽侯 竇瓌(두괴)는 조정에 재직하였다. 주우는 두괴를 미워하였기에 상서하였다.

「臣이 듣기로는, (魯의) 臧文仲(장문중)은 事君하면서 國君에게 예를 갖추는 자는 마치 효자가 부모를 섬기 듯했지만, 國君에 무례한 자는 마치 새매가 참새를 쫓아가 잡듯 하였습니다. 夏陽侯 瓌(괴)는 본래 경박한 출신으로 그 心志가 바르지 않고 사악하며 학문도 없으면서 함부로 강론하는 장소를 열어놓고 겉으로는 유생을 초치한다지만 사실을 간악한 자들을 모았습니다. 두괴는 폐하의 위엄을 경시하고 王室을 모욕하였으며 거기다가 天子의 巡狩(순수)와 封禪(봉선)에 관한 글을 지어 올리며 대중을 기만하고 반역을 획책하였으니 당연히 처형해야 하며 주무 담당관도 私利를 꾀하며 국가를 생각하지 않았습니다. 처음 흐르는 물이 연약하지만 나중에는 長江과 河水가 되어 흐릅니다. 화톳불이 미미하지만 끝내 들판을 태우고, 서리가 내리면서 점차 얼음이 두꺼워지는데 이를 징치하지 않을 수 있겠습니까? 응당 呂産(여산)의 국정 농단 혼란이나 왕망의 제위 찬탈하는 재앙을 생각하여 위로는 사직을 안정시키고, 아래로는 만 백성의 의

혹을 풀어주어야 합니다.」

그 무렵 두괴는 封國으로 돌아갔고 주우는 司隷校尉가 되었다. 永元 6년 여름 큰 가뭄이 들자, 洛陽縣에 나아가 죄수를 재심하였는데 죄수 2명의 매 맞은 상처에서 벌레가 기어 나왔고 주우는 이에 연좌되어 騎都尉로 좌천되었다. 7년, 將作大匠이 되었다. 9년(서기 97년)에 재직 중에 죽었다.

❺ 黃昌

###原文

黃昌字聖眞, 會稽餘姚人也. 本出孤微. 居近學官, 數見諸生修庠序之禮, 因好之, 遂就經學. 又曉習文法, 仕郡爲決曹. 刺史行部, 見昌, 甚奇之, 辟從事.

後拜宛令, 政尙嚴猛, 好發姦伏. 人有盜其車蓋者, 昌初無所言, 後乃密遣親客至門下賊曹家掩取得之, 悉收其家, 一時殺戮. 大姓戰懼, 皆稱神明.

|註釋| ○餘姚縣 - 今 浙江省 북동부 寧波市 관할 餘姚市. ○決曹 - 법률 집행 담당 관리. ○宛縣 - 南陽郡의 치소. 今 河南省 서남부 南陽市 宛城區.

[國譯]

黃昌(황창)의 字는 聖眞(성진)으로 會稽郡 餘姚縣(여요현) 사람이다. 본래 미천한 가문 출신이었다. 집이 學官 근처라서 여러 유생의 학교 예의를 보고 좋아하게 되어 경전을 학습하였다. 또 공문이나 법령을 익혀 郡의 決曹로 출사하였다. 楊州 자사가 관내를 순시하다가 황창을 보고 매우 기이하게 여겨 從事가 되었다.

뒤에 (南陽郡) 宛縣 현령이 되었는데 정사가 매우 엄격 가혹하였고 숨은 불법 행위를 잘 적발하였다. 어떤 자가 그의 수레 덮개를 훔쳐갔는데 황창은 아무 말도 하지 않다가 나중에 비밀리에 믿을 만한 관리를 도적 체포 담당 관원의 집에 보내 몰래 찾아낸 뒤에 그 집안을 샅샅이 뒤져 한꺼번에 처형해버렸다. 世家大族들이 두려워 떨었고 모두 神明하다고 칭송하였다.

朝廷擧能, 遷蜀郡太守. 先太守李根年老多悖政, 百姓侵冤. 及昌到, 吏人訟者七百餘人, 悉爲斷理, 莫不得所. 密捕盜帥一人, 脅使條諸縣强暴之人姓名居處, 乃分遣掩討, 無有遺脫. 宿惡大姦, 皆奔走他境.

初, 昌爲州書佐, 其婦歸寧於家, 遇賊被獲, 遂流轉入蜀爲人妻. 妻子犯事, 乃詣昌自訟. 昌疑母不爲蜀人, 因問所由. 對曰, "妾本會稽餘姚戴次公女, 州書佐黃昌妻也. 妾嘗歸家, 爲賊所略, 遂至於此." 昌驚, 呼前謂曰, "何以識黃昌邪?" 對曰, "昌左足心有黑子, 常自言當爲二千石." 昌乃出足示之. 因相持悲泣, 還爲夫婦.

| **註釋** | ○歸寧(귀녕) – 시집간 딸이 친정에 와서 문안을 드리다. 歸安, 近親.

[國譯]

朝廷에서는 유능한 관리로 발탁하여 황창은 蜀郡 태수가 되었다. 선임태수인 李根(이근)은 연로하여 잘못된 정사가 많았고 백성들의 원성이 많았다. 황창이 부임하자 군내에 밀린 송사가 7백여 명이나 되었는데 황창은 이를 처리하였으며 모두 바른 판결이었다. 황창은 비밀리에 체포한 도적 우두머리에게 각 현 별로 도적 두목의 이름과 거처를 말하게 한 뒤에 관리를 나눠 엄습하여 놓친 자 하나 없이 모두 잡았다. 오랫동안 악행을 저지른 자들은 다른 군으로 도주하였다.

그전에 황창이 揚州의 書佐였을 때, 그의 부인이 친정에 문안하러 갔다가 도적에게 잡혀갔는데 각지를 떠돌다가 촉군에 와서 남의 처가 되었다. 그 소생 아들이 죄를 지어 황창의 관부에 와서 억울하다고 소송하였다. 황창은 범인의 어미가 蜀郡 사람이 아닌 것 같아 경위를 물었다. 여인이 대답하였다.

"저는 본래 會稽郡 餘姚縣(여요현) 戴次公(대차공)의 딸인데 揚州 書佐인 황창의 처였습니다. 첩이 친정에 갔다가 도적에게 납치되었다가 여기까지 왔습니다."

황창이 놀라며 앞으로 불러 물었다. "황창을 어떻게 알아볼 수 있는가?"

"황창의 왼 발바닥 가운데 검은 점이 있고 늘 태수가 될 것이라고 말했습니다."

황창은 왼발을 내어 보여주었다. 그리고 서로 붙들고 슬피 울었고 다시 부부가 되었다.

原文

視事四年, 徵, 再遷陳相. 縣人彭氏舊豪縱, 造起大舍, 高樓臨道. 昌每出行縣, 彭氏婦人輒升樓而觀. 昌不喜, 遂敕收付獄, 案殺之. 又遷爲河內太守, 又再遷潁川太守. 永和五年, 徵拜將作大匠. 漢安元年, 進補大司農, 左轉太中大夫, 卒於官.

| 註釋 |　○陳國 – 治所는 相縣, 今 安徽省 북부 淮北市 관할 濉溪縣(수계현).

[國譯]

촉군 태수로 4년 재직하고, 조정에 들어갔다가 陳國相으로 승진하였다. 그곳 縣人 彭氏(팽씨)는 옛날 멋대로 횡포했던 사람이었는데 큰 집을 지어 누각에서 길을 내려다볼 수 있었다. 황창이 현에 행차할 때마다 그 부인이 누각에 올라 내려다보았다. 황창은 기분이 나빠 팽씨를 옥에 가두었다가 처형했다. 황창은 河內太守을 지내고 다시 潁川太守가 되었다. (順帝) 永和 5년(서기 140), 조정에 들어가 將作大匠이 되었다. (順帝) 漢安 원년(서기 142), 승진하여 大司農이 되었다가 太中大夫로 좌천되었고 재직 중에 죽었다.

❻ 陽球

陽球字方正, 漁陽泉州人也. 家世大姓冠蓋. 球能擊劍,
習弓馬. 性嚴厲, 好申,韓之學. 郡吏有辱其母者, 球結少年
數十人, 殺吏, 滅其家, 由是知名. 初舉孝廉, 補尙書侍郞,
閑達故事, 其章奏處議, 常爲臺閣所崇信. 出爲高唐令, 以
嚴苛過理, 郡守收舉, 會赦見原.

辟司徒劉寵府, 舉高第. 九江山賊起, 連月不解. 三府上
球有理姦才, 拜九江太守. 球到, 設方略, 凶賊殄破, 收郡中
姦吏盡殺之.

|註釋| ○漁陽泉州 – 漁陽은 군명. 泉州縣은 今 天津直轄市 중서부 武
淸區. 天津市는 2014년 人口 통계가 1,516만이니 서울시보다 훨씬 크다.
○閑達故事 – 閑達은 익숙하다. 閑은 익을 한(熟習), 틈 한. 故事는 옛 典
章法度. ○高唐 – 平原郡의 縣名. 今 山東省 북부 德州市 관할 禹城市.

[國譯]

陽球(양구)의 字는 方正(방정)으로 漁陽郡 泉州縣 사람이다. 대대
로 관직을 가진 大姓이었다. 양구는 검술에 능했고 기마궁술도 익혔
다. 성격은 엄격하고 사나웠으며 申不害와 韓非子의 학술을 좋아했
다. 郡의 관리 중 모친을 욕보인 자가 있었는데 양구는 십여 명의 젊
은이를 모아 관리를 죽이고 그 식구조차 모두 죽였는데 이 때문에
이름이 알려졌다. 처음에 효렴으로 천거되어 尙書侍郞이 되었고 옛

전장제도에 정통하였으며 그가 올리는 보고서나 판결에 관한 의견은 늘 臺閣의 신뢰를 받았다. 지방으로 나가 (平原郡) 高唐 縣令이 되었는데 지나치게 엄격 가혹하여 군수의 탄핵을 받았으나 마침 사면령이 내려 용서받았다.

劉寵(유총)의 司徒府에 부름을 받았고 근무실적 우수로 천거되었다. 九江郡에 산적들이 홍기했는데 몇 달 동안 진압하지 못했다. 三府에서는 양구가 불법자를 잘 처리한다 하여 九江太守를 제수하였다. 양구는 부임하면서 方略을 꾸며 흉악한 도적 무리를 모두 섬멸하였고 군내의 부정 관리들도 모조리 다 죽였다.

原文

遷平原相. 出敎曰,

「相前莅高唐, 志埽姦鄙, 遂爲貴郡所見枉擧. 昔桓公釋管仲射鉤之仇, 高祖赦季布逃亡之罪. 雖以不德, 敢忘前義. 況君臣分定, 而可懷宿者哉! 今一蠲往愆, 期諸來效. 若受敎之後而不改姦狀者, 不得復有所容矣.」

郡中咸畏服焉. 時, 天下大旱, 司空張顥條奏長吏苛酷貪汚者, 皆罷免之. 球坐嚴苦, 徵詣廷尉, 當免官. 靈帝以球九江時有功, 拜議郎.

| 註釋 | ○莅高唐 – 莅는 다스리다. 직무를 수행하다. 임할 리(이). ○一蠲往愆 – 蠲은 밝을 견. 제거하다. 愆은 허물 건.

陽球(양구)는 平原國相으로 승진했다. 양구가 공문을 보내 말했다.

「나는 앞서 高唐縣에 근무하면서 간악한 자 제거에 뜻을 두었는데 貴郡에 잘못 천거되었다고 생각할 것이다. 옛날 桓公은 원한으로 자신을 쏘았던 管仲(관중)을 석방하였고, 高祖께서는 도망쳤던 季布(계포)의 죄를 사면하셨다. 내가 不德하지만 前代의 대의를 잊지 않을 것이다. 하물며 君臣의 구분이 엄하니 감정을 묵힐 수 있겠는가! 지금 지난날의 허물은 모두 없애고 앞으로의 노력을 기대할 것이다. 만약 이번 지시를 받은 이후에 잘못을 고치지 않는 자가 있다면 다시는 용서받지 못할 것이다.」

郡內 모두가 두려워 굴복하였다. 그때 온 천하에 큰 가뭄이 들었는데 司空 張顥(장호)가 지방관 중 가혹하거나 탐욕, 부정한 관리를 조목별로 상서하여 모두 파면케 하였다. 양구는 嚴酷(엄혹)한 관리로 지목되어 정위에게 소환되어 면직되었다. 그러나 靈帝는 양구가 九江태수로 공을 세웠다 하여 議郎을 제수하였다.

遷將作大匠, 坐事論. 頃之, 拜尙書令. 奏罷鴻都文學, 曰,

「伏承有詔敕中尙方爲鴻都文學樂松, 江覽等三十二人圖象立贊, 以勸學者. 臣聞《傳》曰, ‘君擧必書. 書而不法, 後嗣何觀!’ 案松, 覽等皆出於微蔑, 斗筲小人, 依憑世戚, 附托權豪, 俯眉承睫, 微進明時. 或獻賦一篇, 或鳥篆盈簡, 而位

升郎中, 形圖丹靑. 亦有筆不點牘, 辭不辯心, 假手請字, 妖僞百品, 莫不被蒙殊恩, 蟬蛻滓濁. 是以有識掩口, 天下嗟嘆. 臣聞圖象之設, 以昭勸戒, 欲令人君動鑒得失. 未聞豎子小人, 詐作文頌, 而可妄竊天官, 垂象圖素者也. 今太學, 東觀足以宣明聖化. 願罷鴻都之選, 以消天下之謗.」

書奏不省.

| 註釋 | ○鴻都文學 – 鴻都宮(鴻都門) 내에 설치한 學堂. 鴻都宮은 본래 後漢 宮中 藏書 시설. 州郡에서 천거되었거나 三公의 추천으로 입학한 자가 1천여 명이었다. 靈帝 光和 원년(서기 178)에 처음 설치했다. 공문서 작성을 잘하거나, 辭賦에 능하거나, 篆書(전서)를 잘 쓰는 등 一藝만 있어도 학생으로 천거하였다. ○中尙方 – 少府의 속관으로 황제 소용의 刀劍이나 여러 기물 제조를 담당하는 관리. 질록 6백석. ○斗筲小人 – 斗筲(두소)는 국량이 좁음. 능력이 모자람. 斗는 한 말들이 그릇. 筲(대그릇 소)는 1斗2升의 분량. ○蟬蛻滓濁 – 蟬蛻(선태, 선세)는 매미가 허물을 벗음. 蟬은 매미 선. 蛻는 허물 벗을 세(태). 滓濁(재탁)은 찌꺼기. 滓는 찌끼 재. 앙금. 더러움. ○東觀 – 洛陽 南宮의 장서각, 觀은 누각 관. 동관에서 대를 이어 편찬한 後漢代 역사를《東觀記》로도 불렸는데 모두 143권이다. 기전체로 후한 光武帝에서 靈帝까지 역사를 서술한 官撰(관찬)의 當代史이다. 이는 후한 明帝 때 처음 편찬된 이후 章帝, 安帝, 桓帝, 靈帝, 獻帝 때까지 계속되었는데 本紀, 列傳, 表, 載記 등으로 구분 편찬하였고 각각의 기전에 서문이 있다. 이는 각 황제대의 起居注(황제의 언행에 관한 기록), 국가 문서나, 檔案(당안, 이민족과 왕래한 문서), 공신의 업적, 前人의 舊聞舊事, 私人의 저작물 등을 망라한 後漢 사료의 총집이라 할 수 있다. 이는 劉珍(유진) 등이 東觀에 설치한 修史館에서 편찬했다 하여《東觀記》라는 이름이 붙었다.

陽球(양구)는 將作大匠이 되었으나 업무상 죄를 지었다. 얼마 뒤 尙書令이 되었다. 양구는 鴻都(홍도)文學(門學)을 폐지해야 한다고 상주하였다.

「臣이 볼 때 조칙으로 中尙方에서 鴻都文學인 樂松(악송)과 江覽 (강람) 등 32인의 초상화를 제작하고 거기에 頌辭를 지어 학자에게 勸學하려 한다는 말을 들었습니다. 臣이 알기로, 《左傳》에 '國君의 거동은 꼭 기록되어야 한다. 기록하고도 본받지 않는다면 후사가 무엇을 볼 수 있겠는가!' 라고 하였습니다. 악송이나 강람을 살펴보면 모두 출신이 미천하며 재능이나 학식도 없는 소인으로 여러 대에 걸친 인척관계나, 權貴에게 부탁하거나 높은 사람의 안색이나 눈치를 보아 聖明한 시대에 임용되려는 작자들입니다. 어떤 자는 賦 1편을 지어 바치고, 혹은 鳥形 篆書(전서)나 한두 줄 써서 郎中 자리에 올라 丹靑이나 그리려는 자들입니다. 또 어떤 자는 붓을 들고도 글을 띄워 읽지도 못하고 말로 제 뜻을 펴지도 못하며 타인에게 대필을 부탁하면서 온갖 못된 짓을 꾸미는데 폐하의 특별한 은택이 없으면 미천한 지위를 결코 벗어날 수 없는 사람들입니다. 그래서 이들은 유식한 사람 앞에서는 입을 다물고 있어 천하가 이들을 보고 탄식을 합니다. 臣이 알기로, 圖象을 그려놓는 것은 사람들에게 득실을 확실하게 보여주려는 뜻입니다. 더벅머리 소인들이 거짓 꾸밈이나 공허한 소리로 망령되이 천자의 관직을 얻을 수 있다는 말을 들어본 적이 없거늘, 그런 자의 모습을 그려둘 수는 없습니다. 지금 太學과 東觀만으로도 조정의 교화를 능히 펼 수 있습니다. 鴻都門學의 학생 선발을 폐지하여 천하의 비방을 막아야 합니다.」

상서가 보고되었으나 답신은 없었다.

時, 中常侍王甫,曹節等姦虐弄權, 扇動外內, 球嘗拊髀發
憤曰,"若陽球作司隷, 此曹子安得容乎?"

光和二年, 遷爲司隷校尉. 王甫休沐里舍, 球詣闕謝恩,
奏收甫及中常侍淳于登,袁赦,封傷,中黃門劉毅,小黃門龐
訓,朱禹,齊盛等, 及子弟爲守令者, 姦猾縱恣, 罪合滅族. 太
尉段熲諂附佞幸, 宜並誅戮. 於是悉收甫,熲等送洛陽獄, 及
甫子永樂少府萌,沛相吉. 球自臨考甫等, 五毒備極. 萌謂球
曰,"父子旣當伏誅, 少以楚毒假借老父." 球曰,"若罪惡無
狀, 死不滅責, 乃欲求假借邪?" 萌乃罵曰,"爾前奉事吾父
子如奴, 如敢反汝主乎! 今日困吾, 行自及也!" 球使以土窒
萌口, 箠朴交至, 父子悉死杖下. 熲亦自殺. 乃僵磔甫屍於夏
城門, 大署榜曰'賊臣王甫.'盡沒入財産, 妻,子皆徙比景.

球旣誅甫, 復欲以次表曹節等, 乃敕中都官從事曰,"且先
去大猾, 當次案豪右." 權門聞之, 莫不屛氣. 諸奢飾之物,
皆各繊縢, 不敢陳設. 京師畏震.

| 註釋 | ○司隷校尉(사예교위) ─ 후한 三獨坐의 한 사람. 질록은 比二千
石. 武帝 때 처음 설치, 持節하고 百官과 京師 近郡의 犯法者를 처리하였
다. 전한 말에 폐지되었다가 후한 建武 연간에 다시 설치. 京畿 지역의 감

찰 담당. 都官從事, 功曹從事, 別駕從事, 簿曹從事, 兵曹從事, 郡國從事를 속관으로 거느렸다. 사예교위부는 치소는 河南 洛陽縣이고 河南尹, 河內郡, 河東郡, 弘農郡, 京兆尹, 左馮翊, 右扶風을 감찰하여 다른 12자사부보다 막강하였다. ○休沐(휴목) - 漢代의 관리는 5일마다 정기휴가를 받았다. 공휴일이 아님. ○五毒備極 - 다섯 가지 拷問 刑具, 鞭(편, 가죽 채찍), 棰(추, 매질), 灼(작, 불로 지지기), 徽(휘, 묶어놓기), 纆(묵, 노끈으로 조이기). 또는 4지와 몸뚱이에 가하는 고문. ○比景(비경) - 日南郡의 현명. 지금 越南國 중부지역. ○緘縢(함등) - 봉하다. 싸매두다.

[國譯]

이때, 中常侍 王甫(왕보)와 曹節(조절) 등은 간악하고 국정을 농단하며 조정 내외를 선동하였는데 양구는 허벅지를 치고 발분하며 말했다.

"만약 내가 사예교위였다면 이런 무리들이 어찌 남아있겠는가?"

(靈帝) 光和 2년(서기 179), 양구는 司隷校尉가 되었다. 王甫(왕보)가 시골에 휴가 간 사이에 양구는 입궐하여 사은하고 왕보 및 中常侍 淳于登(순우등), 袁赦(원사), 封羽(봉탑), 中黃門인 劉毅(유의), 小黃門인 龐訓(방훈), 朱禹(주우), 齊盛(제성)과 이들의 子弟로 지방 守令 중 교활 방자한 자들의 죄는 멸족에 해당하기에 체포하겠다고 상주하였다. 또 太尉인 段熲(단경)도 황제가 총행하는 자들에 아부하였으니 응당 함께 처형하겠다고 상주하였다. 그리고는 왕보, 단경 등을 체포하여 洛陽獄에 보내었고, 왕보의 아들인 永樂 少府 王萌(왕맹), 沛國相인 王吉(왕길)도 체포하였다. 양구는 왕보를 고문하는 자리에 나가 다섯 가지 형구를 모두 다 사용하였다. 이에 왕맹이 양구에게 말했다.

"父子가 어차피 처형당할 것이니 老父에게는 매질하지 마시오."

양구가 말했다. "너의 죄악은 끝이 없어 죽는다 하여 없어지지 않는데 어찌 매질을 안 할 수 있겠는가?" 이에 왕맹이 욕을 하였다. "너는 그전에도 노비처럼 우리 부자를 섬겼는데 어찌 네가 주인 노릇을 하려는가! 오늘 우리를 괴롭히지만 그대로 너에게 돌아갈 것이다!"

양구는 흙을 왕맹의 입에 쑤셔 넣고 교대로 매질을 하여 부자가 모두 매를 맞고 죽었다. 단경은 자살하였다. 이에 왕보의 시신을 夏城門 밖에 찢어 늘어놓고 '賊臣 王甫(왕보)'라고 팻말을 크게 써 놓았다. 그 재산을 모두 몰수하였고 아내와 자식은 모두 日南郡 比景縣(비경현, 비영현)으로 이주시켰다.

양구가 왕보를 주살한 뒤에 다시 曹節(조절) 등을 고발상주하려고 中都官從事에게 말했다. "일단 먼저 간악한 자를 제거한 뒤에 다음 권문세족을 처리할 것이다."

권세가들이 이를 듣고서는 숨을 죽이지 않는 자가 없었다. 모든 사치나 장식을 떼어 다시는 늘어놓지 못했다. 경사 모두가 두려워 떨었다.

原文

時, 順帝虞貴人葬, 百官會喪還, 曹節見磔甫屍道次, 慨然扙淚曰, "我曹自可相食, 何宜使犬舐其汁乎?" 語諸常侍, 今且俱入, 勿過里舍也.

節直入省, 白帝曰, "陽球故酷暴吏, 前三府奏當免官, 以九江微功, 復見擢用. 懲過之人, 好爲妄作, 不宜使在司隷,以騁毒虐."

帝乃徙球爲衛尉. 時, 球出謁陵, 節敕尙書令召拜, 不得稽留尺一. 球被召急, 因求見帝, 叩頭曰,

"臣無淸高之行, 橫蒙鷹犬之任. 前雖糾誅王甫, 段熲, 蓋簡落狐狸, 未足宣示天下. 願假臣一月, 必令豺狼鴟梟, 各服其辜."

叩頭流血. 殿上呵叱曰, "衛尉扞詔邪!" 至於再三, 乃受拜.

其冬, 司徒劉郃與球議收案張讓, 曹節, 節等知之, 共誣白郃等. 語已見〈陳球傳〉. 遂收球送洛陽 獄, 誅死, 妻, 子徙邊.

| 註釋 | ○曹節 – 78권, 〈宦者列傳〉에 입전. ○抆淚(문루) – 눈물을 닦다. 抆은 닦을 문. 문지르다. ○尺一 – 一尺의 목간에 쓴 詔書. 詔命의 뜻으로 통용. ○衛尉(위위) – 九卿의 한 사람. 궁궐을 수비하는 군사 지휘관. 질록 中二千石. 속관으로 丞(1인, 比千石), 南宮南屯司馬 등 궁궐 각문에 司馬가 있고, 公車司馬令, 衛士令 外 속관이 많았다. 長樂宮, 建章宮, 甘泉宮의 衛尉는 해당 궁궐의 수비를 담당하나 상설직은 아니었다. ○〈陳球傳〉 – 陳球(진구)는 환관의 횡포에 대항하여 정론을 폈고, 60이 넘어 환관 제거 계획을 주도했지만 그런 일을 小妻한테 말하여 탄로 났고 실패하였다. 56권, 〈張王種陳列傳〉 참고.

[國譯]

그때 順帝의 虞(우)貴人 장례에 백관이 모였다가 돌아오면서, 曹節(조절) 등은 왕보의 시신이 길가에 널려 있는 것을 보고 분개하여 눈물을 닦으며 말했다.

"우리들은 각자 제 밥을 먹지만 어찌하여 왕보의 살점을 개가 물어뜯게 해야 하는가?"

그리고는 여러 환관들에게 함께 입궁하고 각자 집에 들어가지 말라고 하였다. 조절 등은 바로 입궁하여 영제에게 말했다.

"양구는 옛날부터 혹리였기에 앞서 三公府에서도 면관시켜야 한다고 했으나 九江郡에서 조그만 공적이 있다 하여 다시 등용하였습니다. 양구처럼 죄가 크고 비위를 저지르는 자가 사예교위로 혹독한 짓을 자행하게 할 수는 없습니다."

이에 영제는 양구를 衛尉에 임명하였다. 그때 양구도 장례에 참석했는데 조절 등이 尙書를 재촉하여 즉시 입궁, 조서를 받으라고 전달케 하였다. 양구는 급한 부름을 받고 황제를 뵙고서 머리를 숙이며 말했다.

"臣이 淸高한 행실이 없다지만 매나 사냥개와 같은 소임을 받았습니다. 앞서 비록 왕보, 단경 등을 주살하였지만 이들은 겨우 여우나 삵에 불과하여 천하에 보여주기에는 부족합니다. 저에게 한 달의 기간을 더 주신다면 틀림없이 호랑이나 큰 솔개 같은 악인의 죄를 자복하게 만들겠습니다."

양구는 머리를 찧어 피가 흘렀다. 그러나 황제가 꾸짖었다. "衛尉는 명을 어기려는가!"

두 번 세 번 말하자, 양구는 詔命을 받았다. 그해 겨울 司徒 劉郃(유합)과 양구는 (환관) 張讓(장양)과 曹節(조절) 등을 체포 조사할 계획을 논의하였는데, 조절 등이 이를 알고 유합 등을 무고하였는데, 이는 〈陳球傳〉에 기록했다. 결국 양구 등을 洛陽의 獄에 보냈고, 양구는 처형되었으며 아내와 자식은 변방으로 이주되었다.

❼ 王吉

王吉者, 陳留浚儀人, 中常侍甫之養子也. 甫在〈宦者傳〉.
吉少好誦讀書傳, 喜名聲, 而性殘忍. 以父秉權寵, 年二十
餘, 爲沛相. 曉達政事, 能斷察疑獄, 發起姦伏, 多出衆議.
課使郡內各擧姦吏豪人諸常有微過酒肉爲臧者, 雖數十年
猶如貶棄, 注其名籍. 專選剽悍吏, 擊斷非法. 若有生子不
養, 卽斬其父母, 合土棘埋之. 凡殺人皆磔屍車上, 隨其罪
目, 宣示屬縣. 夏月腐爛, 則以繩連其骨, 周遍一郡乃止, 見
者駭懼. 視事五年, 凡殺萬餘人. 其餘慘毒刺刻, 不可勝數.
郡中惴恐, 莫敢自保. 及陽球奏甫, 乃就收執, 死於洛陽獄.

| 註釋 | ○浚儀縣(준의현) – 今 河南省 북동부 開封市. ○〈宦者傳〉–
78권, 〈宦者列傳〉. ○磔屍車上 – 磔屍(책시)는 시신을 찢다. 磔은 지체를
찢어죽일 책. 책형 책.

[國譯]

王吉(왕길)은 陳留郡 浚儀縣(준의현) 사람으로, 中常侍 王甫(왕보)
의 養子이다. 왕보는 〈宦者傳〉에 입전했다. 왕길은 젊어 여러 경전
을 통독했고 명성을 좋아하였지만 성격은 잔인하였다. 부친 왕보가
총애를 받으며 권력을 쥐자 나이 20세에 沛國相이 되었다. 政事에
밝았고 疑獄(의옥)을 명확하게 파악하여 결단하며 숨겨진 범죄도 잘
밝혀내었는데 여러 사람의 견해보다도 출중하였다. 관리들에게 악

인이나 부호들의 범죄를 밝혀내라고 하면 일반적으로 주육을 얻어 먹는 것보다 조금 더 심한 부정을 그것도 10여 년이나 지난 일을 적어 올리는 식이었다.

그러나 왕길은 전적으로 사나운 관리만을 골라서 불법을 캐내었다. 만약 자식을 낳았으나 기르지 않고 죽이면 그 부모를 즉각 참수한 뒤에 가시나무와 흙을 함께 묻어버렸다. 살인자는 수레에 매달아 찢어 죽이고 그 죄목을 써 붙여 각 현을 돌며 사람들이 보게 하였다. 여름철에 시신이 부패하면 새끼줄로 그 시신을 매어 군내를 다 돌아야만 그치니 보는 자가 두려워 떨었다.

재직 5년에 1만여 명을 죽였다. 그 외에 잔혹 참다한 방법은 이루 다 말할 수가 없었다. 군민이 두려워 떨며 자신의 안전을 믿을 수가 없었다. 양구가 왕보를 탄핵할 때 잡혀 들어가 낙양의 옥에서 죽었다.

原文

論曰, 古者敦厖, 善惡易分. 至於畫衣冠, 異服色, 而莫之犯. 叔世偸薄, 上下相蒙, 德義不足以相洽, 化導不能以懲違, 遂乃嚴刑痛殺. 隨而繩之, 致刻深之吏, 以暴理姦, 倚疾邪之公直, 濟忍苛之虐情. 漢世所謂酷能者, 蓋有聞也. 皆以敢捍精敏, 巧附文理, 風行霜烈, 威譽喧赫. 與夫斷斷守道之吏, 何工否之殊乎! 故嚴君蚩黃霸之術, 密人笑卓茂之政, 猛既窮矣, 而猶或未勝. 然朱邑不以笞辱加物, 袁安未嘗鞫人臧罪, 而猾惡自禁, 人不敢犯. 何者? 以爲威辟既用, 而苟免這行興, 仁信道孚, 故感被之情著. 苟免者威隙則姦起, 感被者人亡而思存. 由一邦以言天下, 則刑訟繁措, 可得而求乎!

| 註釋 | ○敦厖(돈방) - 인정이 많다(敦厚). 敦은 도타울 돈. 厖은 두터울 방. ○斷斷守道之吏 - 斷斷(단단)은 성실하고 專一한 모양. ○嚴君蚩黃霸之術 - 嚴君은 前漢의 河南太守 嚴延年(엄연년), 대표적인 혹리. 蚩는 어리석을 치. 업신여기다. 黃霸(황패)는 같은 시기의 潁川太守. 仁政을 베풀고 풍년이 들어 봉황이 자주 출현하였다는 기록이 있다. ○密人笑卓茂之政 - 卓茂(탁무)는 늙은 현령이었지만 蝗蟲(황충)도 그 縣은 침범하지 않았다. 광무제가 太傅로 초빙했던 사람. 25권, 〈卓魯魏劉列傳〉立傳. ○袁安未嘗鞫人臧罪 - 袁安(원안)은 汝南 袁氏로 후한의 名門世族이었다. 원안은 楚王 劉英의 반역 사건을 다스리며 은덕을 베풀었고 그 때문에 그 후손이 번성했다고 한다. 鞫은 국문할 국. 심문하다. 臧罪는 뇌물을 받은 죄. ○威辟既用 - 威辟은 위엄을 내세우는 법 집행. 辟은 법 벽. ○仁信道孚 - 孚는 미쁠 부. 믿음. 信實. 크게 믿다.

[國譯]

范曄(범엽)의 史論 : 옛사람은 인정이 많았고 선악을 쉽게 구분하였다. 심지어 의관에 어떤 표시를 하거나 옷 색깔을 달리 하여도 나쁜 짓을 하지 않았다. 그러나 후세에는 점차 각박해져서 상하가 서로 속이고, 도덕과 仁義가 부족하여 서로 화합하지 못했기에 교화로는 악행을 징벌할 수 없게 되어 결국 엄한 형벌이나 잔인한 처형을 집행하였다. 수시로 법에 의거 제재하고 냉혹한 관리가 잔인한 방법으로 처리하게 되면서 무섭고 사악한 방법이 공평이나 정직으로 통했고, 잔인 가혹한 학대가 세상에 널리 통하게 되었다.

漢世에 잔혹한 처리는 유능한 것으로 알려졌다. 혹리들은 모두 과감 잔혹하면서도 정밀하고 재빠르게 법 조항을 견강부회하였고, 바람처럼 빠르고 서리(霜)마냥 냉혹해야만 혁혁한 위엄과 칭송을 받았다. 그러하니 성실하게 正道를 지키는 관리가 어떻게 그들과 비교가 되며, 우열은 크게 차이가 나지 않겠는가! 그래서 (河南太守) 嚴延年(엄연년)은 (潁川太守) 黃霸(황패)의 仁政을 비웃었고, 密縣(밀현) 사람은 卓茂(탁무)의 恩政을 비웃었으니, 포악한 정치가 많았지만 성공한 사례는 없었다. 그러나 (前漢) 朱邑(주읍)은 사람이나 짐승에게도 매질을 하지 않았고, 袁安(원안)은 다른 사람의 뇌물죄를 심문하지 않았어도 교활한 악행은 저절로 사라졌고 백성은 죄를 짓지 않았다. 왜 그러했겠는가? 일단 법률의 권위를 내세우면 어떻게 해서든 빠져나가려 하지만, 인덕과 신의에 의한 설득은 사람의 마음속에 뚜렷하게 남아있기 때문일 것이다. 어떻게 해서든 빠져나간 자는 위세가 약간이라도 틈을 보이면 간악한 죄가 다시 싹트지만 백성의 마음에 남은 감화는 그 사람이 없어도 사람의 마음에 남아있게 된다. 한 지방을 가지고 천하를 말할 수도 있으니, 잦고도 번잡한 형벌과 소송으로 천하를 구제할 수 있겠나!

原文

贊曰, 大道旣往, 刑禮爲薄. 斯人散矣, 機詐萌作. 去殺由仁, 濟寬非虐. 末暴雖勝, 崇本或略.

○大道旣往 −「大道廢, 有仁義. 智慧出, 有大僞.~」《老子道德
經》18장. ○刑禮爲薄 −「夫禮者, 忠信之薄, 而亂之首.」《老子道德經》38
장. ○斯人散矣 −「曾子曰, "上失其道, 散久矣. ~."」《論語 子張》.

[國譯]

  贊曰,

  大道의 시대는 지났고, 형벌과 예법도 쇠퇴하였다.

  인심이 각박해 흩어지면 기교와 詐欺가 싹트게 된다.

  殺人이 아닌 仁德을, 잔학보다는 관용의 덕정을 베푼다.

  폭정이 아니어도 다스리나 근본도 가끔 소홀히 한다.

78 宦者列傳
〔환자열전〕

原文

《易》曰, '天垂象, 聖人則之.' 宦者四星, 在皇位之側, 故
《周禮》置官, 亦備其數. 閽者守中門之禁, 寺人掌女宮之戒.
又云 '王之正內者五人.'《月令》, '仲冬, 命閹尹審門閭, 謹
房室.'《詩》之〈小雅〉, 亦有〈巷伯〉刺讒之篇. 然宦人之在
王朝者, 其來舊矣. 將以其體非全氣, 情志專良, 通關中人,
易以役養乎? 然而後世因之, 才任稍廣, 其能者, 則勃貂, 管
蘇有功於楚, 晉, 景監, 繆賢著庸於秦, 趙. 及其敝也, 則豎刁
亂齊, 伊戾禍宋.

| 註釋 | ○《易》曰 -《易 繫辭》의 문장. ○閽者(혼자) - 閽은 문지기 혼.
○寺人(시인) - 寺는 절 사, 관청 사. 내시 시. ○正內者 - 正內는 황후의

거처(路寢). ○閹尹 – 환관의 감독자. 閹은 내시 엄. ○勃貂,管蘇有功於
楚,晉 – 勃貂(발초)는 晉 文公을 도운 환관. 管蘇(관소)는 楚의 환관. ○景
監,繆賢著庸於秦,趙 – 景監(경감)은 秦 孝公의 환관으로 商鞅(상앙)을 천거
하였고, 繆賢(무현)은 趙에서 藺相如(인상여)를 천거하였다.

[國譯]

《易 繫辭》에 말하기를, '하늘이 보여주는 현상을 聖人은 본받는
다.'고 하였다. 환관에 해당하는 별은 四星인데 황제 자리 곁에 있
기에 《周禮》에는 그 숫자만큼 관직을 배치하였다. 閹者(혼자)는 中
門의 출입을 단속하고, 寺人(시인)은 여인들의 거처를 지킨다. 또
'왕후의 거처를 지키는 者는 5인'이라고 하였다. 《月令》에는 '仲冬
(11월)에는 환관 중 궁중 문호를 지키는 우두머리에게 문단속을 조
심하라고 지시한다.'고 하였다. 《詩經》〈小雅〉의 〈巷伯(항백)〉은 참
소를 당한 환관의 풍자를 읊었다. 이처럼 환관이 왕궁에 근무한 유
래는 오래되었다.

환관은 그 신체가 온전하지 않기에 그 정서가 한결 같고 문을 왕
래하는 사람을 지켜주고 쉽게 부릴 수 있기 때문이 아니겠는가? 그
러나 후세에 내려오면서 그 임무가 차츰 확대되어, 환관 중 유능한
자로 勃貂(발초)와 管蘇(관소)는 晉과 楚에서 공을 세웠고, 景監(경감)
과 繆賢(무현)은 秦과 趙에서 인재를 천거하였다. 그러나 그 폐단으
로는 豎刁(수조)는 齊國을 혼란으로 몰았고, 伊戾(이려)는 宋國에 재
앙을 불러왔다.

漢興, 仍襲秦制, 置中常侍官. 然亦引用士人, 以參其選, 皆銀璫左貂, 給事殿省. 及高后稱制, 乃以張卿爲大謁者, 出入臥內, 受宣詔命. 文帝時, 有趙談,北宮伯子, 頗見親幸. 至於孝武, 亦愛李延年. 帝數宴後庭, 或潛游離館, 故請奏機事, 多以宦人主之. 至元帝之世, 史游爲黃門令, 勤心納忠, 有所補益. 其後弘恭,石顯以佞險自進, 卒有蕭,周之禍, 損穢帝德焉.

| 註釋 | ㅇ銀璫左貂 – 銀璫(은당)은 은으로 관 장식. 璫은 귀고리 옥. 左貂는 관의 왼쪽 장식. 貂는 담비 초. ㅇ石顯(석현) – 李延年과 함께《漢書》93권,〈佞幸傳〉에 立傳. ㅇ蕭望之 – 78권,〈蕭望之傳〉立傳.

[國譯]

漢 건국 이후, 秦制를 본떠 中常侍의 관직을 설치하였다. 그러나 士人을 임용하여 다른 중상시 선발에 관여하게 하였고 (중상시는) 모두 은제 관 장식에 왼편에 담비 꼬리 장식을 매달고 업무를 수행하였다.

高后(呂太后)가 稱制(칭제)하면서 張卿(장경)을 大謁者에 임명하여 후궁에 출입하며 詔命을 받아 전달케 하였다. 文帝 때에는 환관 趙談(조담)과 北宮伯子(북궁백자)가 신임과 총애를 받았다. 孝武帝 시대에는 李延年(이연년)이 총애를 받았다. 무제는 후궁에서 자주 연회를 즐기거나 몰래 별궁에 잠행하였기에 국가 기밀업무를 보고할 때 환관이 주로 담당하였다. 그러다가 元帝 시대에는 史游(사유)가 黃

門令이 되어 근면한 마음으로 충성을 다하며 정사를 보필하였다. 그 후에 弘恭(홍공)과 石顯(석현)은 아첨으로 승진하였고 결국 蕭望之(소망지)와 周堪(주감)이 화를 당하면서 황제의 덕을 크게 훼손시켰다.

原文

中興之初, 宦官悉用閹人, 不復雜調他士. 至永平中, 始置員數, 中常侍四人, 小黃門十人.

和帝卽祚幼弱, 而竇憲兄弟專總權威, 內外臣僚, 莫由親接, 所與居者, 唯庵宦而已. 故鄭衆得專謀禁中, 終除大憨, 遂享分土之封, 超登宮卿之位. 於是中官始盛焉.

| 註釋 | ○和帝卽祚幼弱 - 和帝(劉肇)는 10살에 즉위하였다. ○終除大憨 - 大憨(대대)는 大惡. 竇憲(두헌)을 지칭. 憨는 모진 사람 대. 악인. 원망할 대.

[國譯]

光武帝 中興 초기에 宦官 직무에 모두 내시를 등용하였고 다른 士人을 쓰지 않았다. (明帝) 永平 연간에, 처음으로 정원을 책정하였는데 中常侍는 4명, 小黃門은 10명이었다.

和帝는 어린 나이에 즉위하였고 竇憲(두헌) 형제가 권력을 총람하였는데, 황제는 內外의 臣僚(신료)와 친히 접촉하지 않았고 같이 생활하는 자는 오직 환관뿐이었다. 그래서 鄭衆(정중)이 궁중에서 정사를 이끌었고 결국 大惡(竇憲)을 제거했으며, 이어 봉토를 받아 제

후가 되었고 궁중의 卿相에 지위에 올랐는데 이때부터 환관이 크게
융성하기 시작했다.

|原文|

自明帝以後, 迄乎延平, 委用漸大, 而其員稍增, 中常侍至
有十人, 小黃門二十人, 改以金璫右貂, 兼領卿署之職.

鄧后以女主臨政, 而萬機殷遠, 朝臣國議, 無由參斷帷幄,
稱制下令, 不出房闥之間, 不得不委用刑人, 寄之國命. 手
握王爵, 口含天憲, 非復掖廷永巷之職, 閨牖房闥之任也.

其後孫程定立順之功, 曹騰參建桓之策, 續以五侯合謀,
梁冀受鉞, 迹因公正, 恩固主心, 故中外服從, 上下屛氣. 或
稱伊,霍之勳, 無謝於往載, 或謂良,平之畫, 復興於當今.

雖時有忠公, 而竟見排斥. 舉動回山海, 呼吸變霜露. 阿
旨曲求, 則光寵三族, 直情忤意, 則參夷五宗. 漢之綱紀大
亂矣.

|註釋| ○萬機殷遠 - 萬機는 국전 전반. 殷遠(은원)은 많고도 심원하
다. ○不得不委用刑人 - 刑人은 환관. ○掖廷永巷之職 - 掖廷(액정, 掖庭)
은 황궁 내 비빈이 거주하는 건물을 지칭. 椒房(초방)은 황후의 거처. 본래
永巷이라 하였는데 무제 때 掖庭으로 개칭. 후한에서는 掖庭과 永巷을 구
분하였다. 액정의 업무는 掖庭令이 담당. 질록 6백석. 환관이 담당. 액정
령 아래 많은 관원을 두었다. 永巷은 永巷署, 궁중의 婢女와 侍從에 관한

일을 담당. 永巷長이 우두머리. 질록 4백석. ○ 孫程(손정) – 환관 孫程, 王康 등 19명이 궁정정변을 일으켜 11세의 劉保(順帝)를 옹립, 환관 19명은 모두 제후에 봉해졌다. 온화하고 유약한 순제의 즉위는 환관의 작품이며 이후 환관과 외척은 정사에 깊이 관여하였다. ○ 參夷五宗 – 參夷는 삼족이 멸족되다. 五宗은 五服에 해당하는 친척.

[國譯]

明帝 이후, (殤帝) 延平(서기 106년)에 이르기까지 환관의 임무는 점점 늘었고 그 인원도 차츰 증가하여 中常侍는 10인, 小黃門은 20인에 이르렀고, 금제 冠 장식(金璫)에 오른쪽 담비 꼬리 관 장식으로 바뀌었으며, 卿의 직무를 대행하기에 이르렀다.

鄧后(和熹鄧皇后)가 (殤帝, 安帝 때) 女主로 臨政하면서 국정 업무가 많고도 중요했으며, 朝臣의 국정 논의가 후궁 내부에 들어가 진행될 수 없고, 稱制와 명령이 궁문 밖을 벗어날 수 없어 부득불 환관에게 국가의 운명을 맡기지 않을 수 없었다. 작위 수여가 환관의 손에 있었고, 환관의 입에 조정의 명령이 들어 있었으니, 후궁에 왕래할 수 있는 掖庭(액정)과 永巷에 일하는 환관이 아니고서는 태후의 권력을 전달받을 수가 없었다.

그 후 환관 孫程(손정)이 順帝를 옹립하는 공을 세웠고, 曹騰(조등)은 桓帝 옹립에 참여하였으며, 이어 五侯의 合謀로 梁冀(양기)를 처형하였는데 그 처리가 공정하여 황제의 절대적인 신임을 얻었고, 조정 내외 모두가 이들에게 복종하며 상하가 숨을 죽였다. 어떤 자는 伊尹(이윤)이나 霍光(곽광)에 비교되는 공적이라 자칭하면서 이전의 어느 공적에 손색이 없다고 하였으며, 혹은 張良(장량), 陳平(진평)의 책모가 다시 재현되었다고 하였다.

　당시 충성을 다하는 공경이 있었지만 끝내 배척되었다. 이들 환관의 일거일동에 山川이 움직였고 그들의 숨소리에 서리와 이슬이 바뀌었다. 이들 환관에게 아부하면 三族이 영광을 누렸지만, 곧은 뜻으로 뜻을 거스르면 三族五宗이 멸족되었다. 이로써 漢의 국가기강은 크게 혼란해졌다.

　若夫高冠長劍, 紆朱懷金者, 布滿宮闈. 苴茅分虎, 南面臣人者, 蓋以十數. 府署第館, 棋列於都鄙, 子弟支附, 過半於州國. 南金,和寶,冰紈,霧縠之積, 盈仞珍藏, 嬙媛,侍兒,歌童,舞女之玩, 充備綺室. 狗馬飾雕文, 土木被緹繡. 皆剝割萌黎, 競恣奢欲.

　構害明賢, 專樹黨類. 其有更相援引, 希附權强者, 皆腐身熏子, 以自衒達. 同敝相濟, 故其徒有繁, 敗國蠹政之事, 不可單書.

　所以海內嗟毒, 志士窮棲, 寇劇緣間, 搖亂區夏. 雖忠良懷憤, 時或奮發, 而言出禍從, 旋見孥戮. 因復大考鉤黨, 轉相誣染. 凡稱善士, 莫不離被災毒. 竇武,何進, 位崇戚近, 乘九服之囂怨, 協群英之勢力, 而以疑留不斷, 至於殄敗.

　斯亦運之極乎! 雖袁紹龔行, 芟夷無餘, 然以暴易亂, 亦何云及! 自曹騰說梁冀, 竟立昏弱. 魏武因之, 遂遷龜鼎. 所謂

'君以此始, 必以此終.' 信乎其然矣!

| 註釋 | ○苴茅分虎 – 苴茅(저모)는 제후가 되다. 제후를 봉할 때 封地 방위의 색에 해당하는 흙을 白茅(백모, 띠 풀)에 싸서 수여하였다. 苴는 꾸러 미 저. 풀 같은 것으로 감싸다. 茅는 띠 모. 잔디의 일종. 分虎는 虎符를 나 누다.　○棋列於都鄙 – 棋列은 장기 알처럼 줄을 지었다. 都鄙는 京師와 지방.　○皆腐身熏子 – 腐身은 腐刑을 받다. 熏子는 내시, 환관, 고자. 부형 을 받고 熏室(훈실)에 들어가 상처가 아물기를 기다렸다. 熏은 연기 낄 훈, 태울 훈.　○以自衒達 – 衒은 팔 현. 자랑하다.　○芟夷無餘 – 芟夷(삼이)는 풀을 베어내다. 芟은 벨 삼. 제거하다. 夷는 없애다. 평평하게 하다.　○魏 武因之 – 魏武는 曹操. 조조를 武帝로 추존하였다.　○遂遷龜鼎 – 龜鼎은 나라의 寶器. 元龜(원귀)와 九鼎(구정). 천자 지위의 상징.　○君以此始, 必 以此終 – 前漢 後漢 모두 환관을 중용하였으니 결국 환관으로 나라가 망 했다는 뜻.

[國譯]

　高冠을 쓰고 長劍을 찼으며, 허리에 붉은 띠를 매고 황금 인수를 품은 환관들이 궁정에 가득했다. 제후가 되고 虎符를 받고서, 南面 하여 신하를 거느린 자를 열(十) 단위로 세어야 했다. 환관들의 업 무 관부와 저택이 경사와 지방에 바둑돌처럼 즐비하였고 (환관의) 子弟나 一族이 州郡 지방관의 절반을 차지하였다. (환관 소유) 남방 산출의 금이나 和氏璧(화씨벽)과 같은 보물, 冰紈(빙환, 흰 비단), 霧縠 (무곡, 안개처럼 엷은 주름비단)이 집안에 가득 쌓였고, 嬙媛(장원, 美女), 侍兒(시아, 시녀), 歌單(가단, 가수), 舞女(무녀)들이 비단 장식한 방을 채웠다. 화려한 장식을 한 사냥개와 말이 있고, 흙담과 정원수를 비단으로 감아주었다. 이 모두가 백성을 수탈한 것이나 이들은 경쟁하듯 사치하며 욕구를 채웠다.

현명한 인재를 모함하고 박해하였으며 자기 黨人을 심었다. 그들은 서로를 이끌어 주면서 權貴나 강자에 매달려 腐刑을 받고 내시가 되어 출세하려 했다. 같은 잘못은 서로 구제하였기에 그 무리는 번창하였고 나라를 좀 먹고 망치는 일은 이루 다 기록할 수도 없었다.

천하가 환관의 폐단을 한탄하였고, 志士는 숨어버렸으며, 도적 무리는 그런 틈을 타서 산림에서 웅거하며 中原을 뒤흔들었다. 忠良한 인재가 울분을 품고 때로는 분발하였지만, 말을 하자마자 바로 재앙을 따라왔고, 둘러보는 사이에 처자식은 도륙을 당하였다. 黨人이라 하여 인재들을 잡아 고문하고, 연관된 사람들을 무고로 잡아들였다. 善士로 칭송을 듣는 많은 사람들이 모두 재앙이나 극심한 해악을 당했다. 竇武(두무)와 何進(하진)처럼 지위가 높은 외척들이 세상의 원성에 힘입고 여러 영웅의 세력을 모아서 환관을 처단하려 했지만 의심하고 미루며 결단하지 못하여 모두 참패하였다.

그러나 이런 상황은 결국 환관 세력의 極點이었다. 비록 袁紹(원소)가 환관을 급습하여 남김없이 제거하였지만, 폭력은 새로운 환란을 불러왔으니 이를 어떻다고 말해야 하는가! 曹騰(조등)이 (당시 권력을 쥔) 梁冀(양기)를 설득하여 결국 어리석고 나약한 황제(桓帝)를 옹립하였다. 魏武(曹操) 역시 그것을 답습하여 결국 漢의 제위를 탈취하였다. 이는 '君이 이렇게 시작하였으니 틀림없이 그처럼 끝난다.' 하였으니 참으로 맞는 말이다.

❶ 鄭衆

原文

鄭衆字季産, 南陽犫人也. 爲人謹敏有心幾. 永平中, 初給事太子家. 肅宗卽位, 拜小黃門, 遷中常侍. 和帝初, 加位鉤盾令.

時竇太后秉政, 后兄大將軍憲等並竊威權, 朝臣上下莫不附之, 而衆獨一心王室, 不事豪黨, 帝親信焉. 及憲兄弟圖作不軌, 衆遂首謀誅之, 以功遷大長秋. 策勳班賞, 每辭多受少. 由是常與議事. 中官用權, 自衆始焉.

十四年, 帝念衆功美, 封爲鄭鄕侯, 食邑千五百戶. 永初元年, 和熹皇后益封三百戶.

元初元年卒, 養子閎嗣. 閎卒, 子安嗣. 後國絶. 桓帝延熹二年, 紹封衆曾孫石讎爲關內侯.

| 註釋 | ○南陽犫縣 – 犫는 소가 헐떡거리는 소리 주. 현명. 今 河南省 중부 平頂山市 서남. ○小黃門 – 소부의 속관, 질록 6백석. 무 정원, 황제의 잔심부름 담당. ○中常侍(중상시) – 환관, 질록 千石. 無定員. 뒤에 比二千石까지 증액되었다. ○鉤盾令(구순령) – 少府의 속관. 苑囿 관리와 황제의 놀이 담당관. ○大長秋 – 長秋는 皇后宮. 景帝 때 大長秋라 개칭. 大長秋는 태후나 황후를 시중드는 환관. 후한에서는 환관으로 임용. 질록 이천석의 환관. 종친이 태후나 황후를 알현할 때 대장추를 경유. 종친에게 賞賜하는 일도 담당했다. ○紹封 – 적장손이 아닌 支孫을 끊어진 제후의 뒤를 잇게 하다. ○關內侯 – 漢의 평민이나 관리는 최하 1등급에서 20등급

(諸侯)까지 작위를 갖고 있었다. 관내후는 19등급. 작위를 받아 식읍을 소유하지만 통치 권한은 없는 작위. 前漢에서 제후는 주로 關東(山東)에 배치하였지만 관내후의 식읍은 關中에도 있었다.

[國譯]

鄭衆(정중)의 字는 季産(계산)으로, 南陽郡 犫縣(주현) 사람이다. 사람이 근면하고 영민하며 마음에 계책이 있었다. (明帝) 永平 연간에, 처음으로 太子家에서 일했다. 肅宗(장제)가 즉위한 뒤에 小黃門을 제수 받았고 中常侍로 승진하였다. 和帝 초에 鉤盾令(구순령)을 겸임하였다.

그때 竇(두)太后가 청정하면서 황후의 오빠인 大將軍 竇憲(두헌) 등이 그 아래서 권위와 권력을 행사하였는데 朝臣 상하 모두가 아부하지 않는 자가 없었지만, 정중만은 홀로 일심으로 왕실을 받들었고 두헌 일당을 따르지 않았기에 和帝도 정중을 신임하였다. 급기야 두헌 일당이 반역을 시도할 때 정중은 가장 먼저 두헌 제거를 획책하였기에 大長秋로 승진하였다. 정중은 공신이 되었고 특별한 은상을 받았지만 늘 사양하고 조금만 받았다. 이로부터 황제는 정중과 국사를 논의하였다. 이처럼 환관의 국정 관여는 정중에서 시작되었다.

(和帝 永元) 14년(서기 102), 和帝는 정중의 공덕을 훌륭하게 여겨 鄭鄕侯(소향후)에 봉하였는데 식읍은 1,500호였다. (安帝) 永初 원년(서기 107), 和熹(화희) (鄧)황후는 정중의 식읍을 3백호 늘려 주었다.

(安帝) 元初 원년(서기 114)에 죽었고 養子인 鄭閎(정굉)이 계승하였다. 정굉이 죽자, 아들 鄭安(정안)이 계승했다. 뒤에 나라가 끊겼다. 桓帝 延熹 2년(서기 159), 정중의 증손인 鄭石讎(정석수)를 關內

侯에 紹封(소봉)하였다.

❷ 蔡倫

蔡倫字敬仲, 桂陽人也. 以永平末始給事宮掖, 建初中, 爲小黃門. 及和帝卽位, 轉中常侍, 豫參帷幄. 倫有才學, 盡心敦愼, 數犯嚴顏, 匡弼得失.

每至休沐, 輒閉門絶賓, 暴體田野. 後加位尙方令. 永元九年, 監作秘劍及諸器械, 莫不精工堅密, 爲後世法.

自古書契多編以竹簡, 其用縑帛者謂之爲紙. 縑貴而簡重, 並不便於人. 倫乃造意, 用樹膚,麻頭及敝布,魚網以爲紙.

元興元年奏上之, 帝善其能, 自是莫不從用焉, 故天下咸稱 '蔡侯紙.'

| 註釋 | ○小黃門 – 질록, 6百石. 내외의 연락 담당. ○尙方令 – 少府의 속관, 궁중의 각종 생활용구 공급 담당부서의 長. 질록 6백석. ○紙(지) – 본래는 평평하고 매끄럽다는 뜻(砥, 숫돌 지). 糸에 氏가 본 글자. 실 부스러기라는 뜻. 紙는 通用字.

[國譯]

蔡倫(채륜)의 字는 敬仲(경중)으로 桂陽郡 사람이다. (明帝) 永平

말에 처음 궁궐에서 일했고, (章帝) 建初 연간에 小黃門이 되었다. 和帝가 즉위(서기 89년)하면서 中常侍가 되어 정사에 참여하였다. 채륜은 재주와 학문이 뛰어났고 성심을 다하고 근신하였으며, 황제에게도 바른 말을 자주 올리며 득실을 따지며 보필하였다.

채륜은 매번 休沐日에는 언제나 대문을 닫고 손님도 사절하며 논밭에서 직접 농사일을 하였다. 뒷날 尙方令의 직무도 겸임하였다. (和帝) 永元 9년(서기 97), 秘劍이나 여러 도구의 제작을 감독하였는데 정밀, 양호하고 견고하지 않은 것이 없어 후대에 모두 이를 모방하였다.

예로부터 모든 서적은 竹簡으로 만들었는데 비단으로 만든 서책은 紙(지)라고 불렀다. 縑(합사 비단 겸)은 비싸고 竹簡은 무거워서 모두가 불편하였다. 채륜은 새로운 것을 만들 생각을 했고 나무껍질과 삼(大麻) 및 헝겊, 漁網(어망) 등으로 종이를 제조하였다.

元興 원년(서기 105, 和帝 붕어한 해)에 이를 상주하였고, 화제는 효능을 칭찬하였으며 이후로 종이를 사용하지 않는 사람이 없었으니 세상 사람들은 이를 '蔡侯紙(채후지)'라고 불렀다.

原文

元初元年, 鄧太后以倫久宿衛, 封爲龍亭侯, 邑三百戶. 後爲長樂太僕. 四年, 帝以經傳之文多不正定, 乃選通儒謁者劉珍及博士良史詣東觀, 各讎校家法, 令倫監典其事.

倫初受竇后諷旨, 誣陷安帝祖母宋貴人. 及太后崩, 安帝

始親萬機, 敕使自致廷尉. 倫恥受辱, 乃沐浴整衣冠, 飲藥
而死. 國除.

| 註釋 | ○謁者(알자) – 光祿勳의 속관. 외빈 접대, 궁내 각종 업무, 심부
름, 문병 등을 담당. 謁者僕射(알자복야, 질록 比千石)의 지시 받음. 후한에서
의 정원은 30명, 常侍謁者, 給事謁者, 灌謁者郎中 등 직책에 따라 질록이
달랐음. ○劉珍(유진, ?-126?) – 一名 劉寶, 字 秋孫. 安帝 永初年間(107-
113)에 五經博士로 東觀校書로 근무했다.《建武以來名臣傳》과《東觀漢
記》22편을 편찬하였고, 侍中, 越騎校尉 및 延光 4년(125)에 宗正을 역임
했다. 그의《釋名》30편은 文字學의 중요 저술로 알려졌다. 劉珍은 80권,
〈文苑列傳〉(上)에 입전. ○博士良史 – 良史는 人名.

[國譯]

(安帝) 元初 원년(서기 114), 鄧太后는 채륜이 오랫동안 봉직하였
다 하여 채륜을 龍亭侯에 봉했는데 식읍은 3백 호였다. 뒤에 長樂
太僕이 되었다. 元初 4년, 황제는 經傳의 문장에 틀린 것이 많다 하
여 박식한 유생인 謁者 劉珍(유진)과 博士인 良史(양사)들이 東觀에
서 각 여러 경전을 교정케 하였는데, 이를 채륜이 주관하였다.

채륜은 그전에 竇황후의 지시에 따라 安帝의 祖母인 宋貴人을 모
함했던 일이 있었다. 두태후가 붕어하고 安帝가 萬機를 친람하자 채
륜에게 廷尉에게 가서 조사를 받으라고 명령했다. 채륜은 겪게 될
모욕을 부끄럽게 생각하여 목욕하고 의관을 바로 착용한 뒤에 약을
마시고 죽었다. 封國도 폐지되었다.

❸ 孫程

孫程字稚卿, 涿郡新城人也. 安帝時, 爲中黃門, 給事長樂宮.

時鄧太后臨朝, 帝不親政事. 小黃門李閏與帝乳母王聖常共譖太后兄執金吾悝等, 言欲廢帝, 立平原王翼, 帝每忿懼. 及太后崩, 遂誅鄧氏而廢平原王, 封閏雍鄕侯, 又小黃門江京以讒諂進, 初迎帝於邸, 以功封都鄕侯, 食邑各三百戶. 閏, 京並遷中常侍, 江京兼大長秋, 與中常侍樊豐, 黃門令劉安, 鉤盾令陳達及王聖, 聖女伯榮扇動內外, 競爲侈虐. 又帝舅大將軍耿寶, 皇后兄大鴻臚閻顯更相阿黨, 遂枉殺太尉楊震, 廢皇太子爲濟陰王.

| 註釋 | ○涿郡新城 − 涿郡의 新城縣은 北新城이라 통칭한다. 北新城縣은 今 河北省 중부 保定市 徐水區. 河南尹 소속 新城縣은 今 河南省 洛陽市 관할 伊川縣. ○中黃門 − 소부 속관, 환관, 질록 3백석. 황제 측근 환관인 中常侍와는 크게 다르다. 중상시는 황제의 고문에 응대하는 질록 천석의 고관(뒷날 비 이천석으로 증액). ○小黃門 李閏 − 李閏(이윤)은 安帝의 친정을 적극 주장하였기에 등태후가 죽은 뒤 安帝에 의해 雍鄕侯에 봉해졌다. ○平原王翼 − 平原王 劉翼, (安帝) 永寧(영녕) 원년(서기 120)에 河間王의 아들 劉翼(유익)이 平原王을 계승했었다. 왕에서 폐위되었다가 뒷날 蠡吾侯(여오후)가 되고 이 사람의 아들이 桓帝이다.

孫程(손정)의 字는 稚卿(치경)으로, 涿郡(탁군) 新城縣 사람이다. 安帝 때 中黃門이 되어 長樂宮에서 일했다.

그때 鄧太后가 臨朝하고 안제는 정사를 담당하지 않았다. 小黃門인 李閏(이윤)과 안제의 乳母인 王聖(왕성)은 늘 등태후의 오빠인 執金吾 鄧悝(등리) 등이 안제를 폐하고 平原王 劉翼을 왕으로 옹립하려 한다고 모함하였는데, 이에 안제는 울분에 휩싸였다. 등태후가 죽자(建光 원년, 서기 121), 안제는 등씨 일족을 주살하고 平原王을 폐위하였으며, 李閏(이윤)을 雍鄕侯에 봉하였다. 또 小黃門인 江京(강경)은 안제에 아부하였고 그전에 안제를 사저에서 영입한 공이 있다하여 그 공훈으로 都鄕侯가 되었는데 식읍은 각각 3백 호였다. 이윤과 강경은 中常侍로 승진하였고 강경은 大長秋를 겸임하였는데, 中常侍인 樊豐(번풍), 黃門令인 劉安(유안), 鉤盾令 陳達(진달), 그리고 유모 王聖(왕성), 왕성의 딸 伯榮(백영) 등은 內外에서 선동하며 경쟁하듯 사치와 탐욕을 부렸다. 또 안제의 외삼촌인 大將軍 耿寶(경보), 皇后의 오빠인 大鴻臚 閻顯(염현) 등은 서로 무리를 모아 太尉 楊震(양진)을 모함하여 죽이고, (안제의) 태자(劉保)를 폐위하여 濟陰王으로 강등시켰다.

原文

明年帝崩, 立北鄕侯爲天子. 顯等遂專朝爭權, 乃諷有司奏誅樊豐, 廢耿寶,王聖, 及黨與皆見死徙. 十月, 北鄕侯病篤. 程謂濟陰王謁者長興渠曰,

"王以嫡統, 本無失德, 先帝用讒, 遂至廢黜. 若北鄉疾不起, 共斷江京,閻顯,事乃可成."

渠等然之. 又中黃門南陽王康, 先爲太子府史, 自太子之廢, 常懷歎憤. 又長樂太官丞京兆王國, 並附同於程. 至二十七日,北鄉侯薨. 閻顯白太后, 徵諸王子簡爲帝嗣.

未及至, 十一月二日, 程遂與王康等十八人, 聚謀於西鐘下, 皆戴單衣爲誓. 四日夜, 程等共會崇德殿上, 因入章臺門. 時, 江京,劉安及李閏,陳達等俱坐省門下, 程與王康共就斬京,安,達, 以李閏權勢積爲省內所服, 欲引爲主, 因擧刀脅閏曰, "今當立濟陰王, 無得搖動." 閏曰, "諾." 於是扶閏起, 俱於西鐘下迎濟陰王立之, 是爲順帝. 召尙書令,僕射以下, 從輦幸南宮雲臺, 程等留守省門, 遮扞內外.

| 註釋 | ○太官丞 – 太官令은 황제나 황후의 식사 담당관. 丞은 부서의 副職이다. 太子府史의 史는 속관 사. 史官이 아니라 吏의 뜻. ○北鄉侯 – 章帝의 손자인 濟北 惠王 壽(수)의 아들인 北鄉侯 懿(의). 즉위한 그 해에 죽어 연호를 바꾸지도 못했다.

[國譯]

明年(서기 124)에 안제가 붕어하자 北鄉侯(劉懿)가 天子로 즉위하였다(少帝). 閻顯(염현) 등은 마침내 조정의 전권을 장악하였고 담당자에게 은근히 일러 상주하여 樊豐(번풍)을 주살하고, 耿寶(경보)를 파직하고 王聖(왕성)과 그 무리들을 모두 죽이거나 변경으로 강제 이주시켰다. 10월에, 北鄕侯(少帝)의 병이 위독하자 孫程(손정)은 濟陰王의 謁者 우두머리인 興渠(흥거)에게 말했다.

"제음왕은 (安帝의) 嫡統이고 본래 아무 잘못도 없이 결국 폐출되었다. 만약 北鄕侯의 병이 낫지 않는다면 우리가 함께 강과 염현 등을 처단하면 뜻을 이룰 수가 있다."

이에 흥거 등이 동조하였다. 또 中黃門인 南陽 사람 王康(왕강)은 이전에 太子府의 속리였는데 태자가 폐위되자 늘 울분 속에 탄식하고 있었다. 또 長樂宮 太官丞인 京兆人 王國(왕국)도 손정에게 동조하였다. 10월 27일에 北鄕侯가 죽었다. 염현은 太后에게 말하여 여러 왕의 아들 중에서 황제의 후사를 결정해야 한다고 말했다.

여러 왕의 아들이 낙양에 도착하기 전인 11월 2일, 손정은 마침내 왕강 등 환관 18명과 함께 서쪽 종각 아래 모여 모두 單衣의 소매를 잘라 맹서하였다. 12월 4일 밤, 손정 등은 모두 崇德殿에 모였다가 이어 章臺門으로 들어갔다. 그때 강경과 劉安(유안), 그리고 이윤, 陳達(진달) 등은 모두 宮省의 문 앞에 모여 있었다. 손정과 왕강 등은 함께 강경과 유안, 진달 등을 죽였는데 이윤은 권세가 높아 조정의 여러 사람이 존경하였기에 주동자로 내세우려고 칼로 이윤을 협박하며 말했다.

"지금 응당 濟陰王을 옹립하려 하니 동요하지 말라."

이에 이윤은 "좋다."고 말했다. 이에 이윤을 일으켜 세우고 함께 종각에서 제음왕을 맞이하여 옹립하니, 이가 順帝이다. 尚書令과 僕射(복야) 이하 속관을 불러 제음왕의 수레를 따라 南宮의 雲臺로 나아갔고 손정 등은 궁궐 문을 지켜 내외를 모두 막아버렸다.

　　閻顯時在禁中, 憂迫不知所爲, 小黃門樊登勸顯發兵, 以太后詔召越騎校尉馮詩, 虎賁中郎將閻崇, 屯朔平門, 以御程等. 誘詩入省, 太后使授之印, 曰, "能得濟陰王者封萬戶侯, 得李閏者五千戶侯." 顯以詩所將衆少, 使與登迎吏士於左掖門外. 詩因格殺登, 歸營屯守. 顯弟衛尉景遽從省中還外府, 收兵至盛德門. 程傳召諸尙書使收景. 尙書郭鎭時臥病, 聞之, 卽率直宿羽林出南止車門, 逢景從吏士, 拔白刃, 呼曰, "無干兵." 鎭卽下車, 持節詔之. 景曰, "何等詔?" 因斫鎭, 不中. 鎭引劍擊景墮車, 左右以戟叉其匈, 遂禽之, 送廷尉獄, 卽夜死. 旦日, 令侍御史收顯等送獄, 於是遂定. 下詔曰,

| 註釋 |　○省中 – 궁궐 안. 宮禁, 황제의 거처. 국사를 처리하는 공간이 아닌 생활공간의 범칭. 宮中의 禁衛가 삼엄한 곳.

[國譯]

　　그 무렵 閻顯(염현)은 궁궐 안에 있었는데, 걱정 속에 다급하여 어찌할 바를 몰라 허둥대었는데, 小黃門인 樊登(번등)이 염현에게 發兵하라고 권유하자, (염현은) 태후의 조서로 越騎校尉 馮詩(풍시)와 虎賁中郎將 閻崇(염숭)을 불러 朔平門에서 손정 등을 막게 하였다. 염현은 풍시를 거느리고 내궁에 들어가자, 태후가 풍시에게 인수를 주며 말했다.

"濟陰王을 생포하면 1만 호 제후를 봉하고, 이윤 등을 잡으면 5천 호 제후에 봉할 것이다."

염현은 풍시가 거느린 병력이 너무 적다고 생각하여 번등과 함께 左掖門 밖에서 군사를 더 모으려 하였다. 그러자 풍시는 틈을 보아 번등을 죽여 버리고 군영으로 돌아와 지켰다. 염현의 동생 衛尉인 閻景(염경)은 서둘러 궁궐에서 궁 밖 衛尉府로 돌아와 군사를 모아 盛德門으로 돌아왔다. 손정은 여러 상서들을 불러 모아 염경을 체포하게 시켰다. 그때 상서 郭鎭(곽진)은 와병 중이었지만 상서를 소집하자, 즉시 궁궐 羽林軍營 남쪽 문을 지나 수레를 멈추었는데 염경의 부하들이 곽진을 만나자 칼을 빼들고 "무기를 내려놓아라!" 하고 말했다. 곽진은 즉시 수레에서 내려 소환한다는 조서를 보여주었다. 이에 염경이 말했다?

"이게 무슨 조서인가?" 그러면서 곽진을 내리쳤으나 명중하지 못했다. 곽진이 칼을 뽑아 염경을 내리쳐 수레에서 떨어트렸고, 좌우에서 창으로 염경의 가슴을 눌러 생포하여 정위의 옥으로 보내 그날 밤에 바로 죽였다. 날이 밝자 侍御史가 염현 등을 잡아 옥에 가두면서 평정되었다. (順帝가) 조서를 내렸다.

原文

「夫表功錄善, 古今之通義也. 故中常侍長樂太僕江京,黃門令劉安,鉤盾令陳達與故車騎將軍閻顯兄弟謀議惡逆, 傾亂天下. 中黃門孫程,王康,長樂太官丞王國,中黃門黃龍,彭愷,孟叔,李建,王成,張賢,史汎,馬國,王道,李元,楊佗,陳予,趙

封,李剛,魏猛,苗光等, 懷忠憤發, 戮力協謀, 遂埽滅元惡, 以
定王室.《詩》不云乎, '無言不讎, 元德不報.' 程爲謀首, 康,
國協同. 其封程爲浮陽侯, 食邑萬戶, 康爲華容侯, 國爲酈
侯, 各九千戶, 黃龍爲湘南侯, 五千戶, 彭愷爲西平昌侯, 孟
叔爲中廬侯, 李建爲復陽侯, 各四千二百戶, 王成爲廣宗侯,
張賢爲祝阿侯, 史汎爲臨沮侯, 馬國爲文平侯, 王道爲范縣
侯, 李元爲襃信侯, 楊佗爲山都侯, 陳予爲下雟侯, 趙封爲析
縣侯, 李剛爲枝江侯, 各四千戶, 魏猛爲夷陵侯, 二千戶, 苗
光爲東阿侯, 千戶.」

　是爲十九侯. 加賜車,馬,金,銀,錢,帛, 各有差. 李閏以先不
豫謀, 故不封. 遂擢拜程騎都尉.

| 註釋 | ○《詩》不云乎 -《詩經 大雅 抑》.

[國譯]
　「공적과 선행을 기록 표창하는 것은 古今의 일관된 대의이다. 전
임 中常侍 長樂太僕 강경, 黃門令 유안, 鉤盾令 진달과 전임 車騎將
軍 염현 형제는 반역을 모의하여 천하를 혼란케 하였다. 中黃門인
孫程(손정), 王康(왕강), 長樂太官丞 王國(왕국), 中黃門 黃龍(황룡), 彭
愷(팽개), 孟叔(맹숙), 李建(이건), 王成(왕성), 張賢(장현), 史汎(사범), 馬
國(마국), 王道(왕도), 李元(이원), 楊佗(양타), 陳予(진여), 趙封(조봉), 李
剛(이강), 魏猛(위맹), 苗光(맹광) 등은 충성심에서 발분하여 함께 한마
음으로 계획을 세워 마침내 元惡을 제거하여 王室을 안정시켰다.

《詩》에서도 '응답이 없는 말이 없고, 큰 덕을 베풀면 꼭 보답이 있다.'고 말하지 않았는가? 손정은 계획의 주동자였고, 王康과 王國이 같이 협력하였다. 손정을 浮陽侯에 봉하고 食邑은 1만 호이며, 왕강은 華容侯, 왕국은 酈侯(역후)에 봉하고 식읍은 각 9천 호이며, 황룡은 湘南侯에 식읍 5천 호, 팽개는 西平昌侯, 맹숙은 中廬侯, 이건은 復陽侯로 봉하고 각 4천2백 호이며, 왕성은 廣宗侯, 장현은 祝阿侯, 사범은 臨沮侯(임저후), 馬國은 文平侯, 王道는 范縣侯, 이원은 襃信侯(포신후), 양타는 山都侯, 진여는 下雋侯(하준호), 조봉은 析縣侯, 이강은 枝江侯(지강후)에 각 4천 호, 위맹은 夷陵侯로 2천 호, 苗光(묘광)은 東阿侯로 봉하며 식읍은 1천 호로 정한다.」

이들이 19侯이다. 또 車馬와 金銀과 錢帛을 차등을 두어 하사하였다. 李閏(이윤)은 처음부터 참여하지 않아 제후가 되지 못했다. 그리고 손정을 騎都尉로 발탁하였다.

原文

　永建元年, 程與張賢,孟叔,馬國等爲司隸校尉虞詡訟罪, 懷表上殿, 呵叱左右. 帝怒, 遂免程官, 因悉遣十九侯就國, 後徙封程爲宜城侯. 程旣到國, 怨恨恚懟, 封還印綬,符策, 亡歸京師, 往來山中. 詔書追求, 復故爵士, 賜車馬衣物, 遣還國.

| 註釋 |　○永建 元年 - 순제 즉위 첫 연호. 서기 126년.　○怨恨恚懟 - 怨恨(원한)을 품고 성질을 부리다. 恚는 성낼 에. 懟는 원망할 대.

(順帝) 永建 원년, 손정이 장현, 맹숙, 마국 등과 함께 司隸校尉 虞
詡(우후)에 의해 탄핵되자, 표문을 가지고 전각에 올라 황제 측근들
에게 소리를 질렀다. 순제가 노하여 손정을 면직시켰고 이후 19侯
모두 자기 봉국으로 돌아가게 하였고, 손정을 宜城侯로 봉국을 바꿔
버렸다. 손정은 봉국에 도착해서 황제를 원망하며 인수와 부절을 걸
어놓고 몰래 경사로 되돌아와서 山中을 왕래하였다. 조서로 손정을
찾아 데려와 원래의 작위와 식읍을 회복시켜주었으며 거마와 의복
을 하사하여 봉국으로 돌려보냈다.

原文

三年, 帝念程等功勳, 悉徵還京師. 程與王道,李元皆拜騎
都尉, 餘悉奉朝請. 陽嘉元年, 程病甚, 卽拜奉車都尉, 位特
進. 及卒, 使五官中郎將追贈車騎將軍印綬, 賜諡剛侯. 侍
御史持節監護喪事, 乘輿幸北部尉傳, 瞻望車騎.

程臨終, 遺言上書, 以國傳弟美. 帝許之, 而分程半, 封程
養子壽爲浮陽侯. 後詔書錄微功, 封興渠爲高望亭侯. 四年,
詔宦官養子悉聽得爲後, 襲封爵, 定著乎令.

| 註釋 | ○奉朝請 – 제후가 봄에 입조하여 황제를 알현하는 것을 朝, 가
을에는 請이라 한다. 三公이나 外戚, 皇室(劉氏)이나 제후로 朝나 請에 참
여할 수 있는 사람을 奉朝請이라 한다. 그 서열은 三公의 다음이고 特進과
제후의 윗자리이다. 官職이 아니라서 정원도 없다. ○特進 – 官職名. 列

侯나 侯王, 공덕이 혁혁하거나 공로가 큰 원로 신하에게 내려주는 관직명.
三公의 아래에 해당. 황제가 내리는 은총의 하나.

[國譯]

(永建) 3년, 순제는 손정 등의 공훈을 생각하여 모두 낙양으로 불
러들였다. 손정과 王道, 李元은 모두 騎都尉를 제수 받았고 나머지
는 奉朝請이 되었다. 陽嘉 원년(서기 132), 손정의 병이 위독하자 곧
奉車都尉와 특진을 제수하였다. 손정이 죽자 五官中郞將을 보내 車
騎將軍 인수를 추증하고, 시호를 剛侯(강후)라 하였다. 侍御史가 부
절을 가지고 가서 喪事를 감독하였고, 황제는 北部尉의 傳舍에 나와
손정의 장례 행렬을 지켜보았다.

손정이 임종하면서 유언으로 상서하여 봉국을 동생 孫美(손미)에
게 물려주겠다고 청하였다. 황제가 수락하면서 손정의 봉국 절반을
나눠 손정의 양자 孫壽(손수)를 浮陽侯로 봉했다. 뒷날 조서로 모든
공적을 기록케 하여 興渠(흥거)를 高望亭侯에 봉하였다. (永建) 4년,
조서로 환관의 양자는 모두 그 후사가 되어 봉작을 세습할 수 있도
록 법령으로 정했다.

原文

王康,王國,彭愷,王成,趙封,魏猛六人皆早卒. 黃龍,楊佗,
孟叔,李建,張賢,史汎,王道,李元, 李剛九人與阿母山陽君宋
娥更相貨略, 求高官增邑, 又誣罔中常侍曹騰,孟賁等. 永和
二年, 發覺, 並遣就國, 減租四分之一. 宋娥奪爵歸田舍. 唯

馬國,陳予,苗光保全封邑.

初, 帝見廢, 監太子家小黃門籍建,傅高梵,長秋長趙熹,丞良賀,藥長夏珍皆以無過獲罪, 建等坐徙朔方. 及帝卽位, 並擢爲中常侍. 梵坐贓罪, 減死一等. 建後封東鄕侯, 三百戶.

賀淸儉退厚, 位至大長秋. 陽嘉中, 詔九卿擧武猛, 賀獨無所薦. 帝引問其故, 對曰, "臣生自草茅, 長於宮掖, 卽無知人之明, 又未嘗交知士類. 昔衛鞅因景監以見, 有識知其不終. 今得臣擧者, 匪榮伊辱." 固辭之. 及卒, 帝思賀忠, 封其養子爲都鄕侯, 三百戶.

| 註釋 | ○阿母山陽君宋娥 – 阿母는 유모. 山陽君은 작위. 宋娥는 인명. 순제 즉위에 공이 있다 하여 山陽君에 봉해졌다. ○朔方郡 – 治所는 臨戎縣(임융현), 今 內蒙古自治區 黃河 북안 巴彥淖爾市 서남부의 磴口縣(등구현). ○大長秋 – 長秋宮은 皇后가 거처하는 궁궐. 景帝 때부터 태후나 황후를 시중드는 환관을 大長秋라 하였다. 질록 이천석의 환관. 종친이 태후나 황후를 알현할 때 대장추를 경유. 종친에게 賞賜하는 일도 담당. ○衛鞅(위앙) – 商鞅, 상앙은 나중에 秦 惠王에 의해 車裂刑을 받았다.

[國譯]

王康, 王國, 彭愷, 王成, 趙封, 魏猛 등 6인은 모두 일찍 죽었다. 黃龍, 楊佗, 孟叔, 李建, 張賢, 史汎, 王道, 李元, 李剛 등 9인은 (순제의) 유모였던 山陽君 宋娥(송아)에게 뇌물을 주면서 고관의 지위와 식읍을 늘려 받으려 했으며, 또 中常侍 曹騰(조등)과 孟賁(맹분) 등을 무고하였다. 이런 일이 永和 2년(서기 137)에 발각되면서 모두 각자 봉국으로 돌아갔고 징수할 조세 4분의 1을 삭감하였다. 송아는 작위를 박탈당하고 고향으로 돌아갔다. 오직 馬國, 陳予, 苗光만이 봉읍을 보전하였다.

그전에 순제가 (태자에서) 폐위 당했을 때, 太子家를 지키는 小黃門 籍建(적건), 中傅(환관의 직책명)인 高梵(고범), 長秋宮 長인 趙熹(조희), 丞인 良賀(양하), 藥長이던 夏珍(하진) 등은 아무런 잘못도 없이 형벌을 받았고 적건 등은 朔方郡(삭방군)으로 강제 이주되었다. 순제가 즉위하면서 모두 발탁되어 中常侍가 되었다. 나중에 고범은 착복 죄를 지어 사형에서 1등급을 감형 받았다. 적건은 東鄕侯에 봉해졌는데 식읍은 3백 호였다.

양하는 청렴 검소하며 겸양할 줄도 알았는데 나중에 大長秋가 되었다. (順帝) 陽嘉 연간에, 조서로 九卿에게 무예와 용맹이 뛰어난 장수를 천거하게 하였는데 양하만은 아무도 천거하지 않았다. 순제가 그 이유를 묻자, 양하가 대답하였다.

"臣은 농가에서 태어나 궁궐에서 성장하여 사람을 보는 지혜가 없으며 또 한 번도 士類와 교제하지 못했습니다. 옛날 衛鞅(위앙, 商鞅)은 (秦의 환관) 景監(경감)을 통해 진왕을 만났지만 많은 사람이 상앙의 끝이 좋지 않을 것을 알았습니다. 지금 臣의 천거를 받는 사람은 아마 영광이 아니라 모욕이라고 생각할 수도 있습니다."

그러면서 굳이 사양하였다. 양하가 죽자, 順帝는 양하의 충성을 생각하여 그의 양자를 都鄕侯에 봉했는데 식읍은 3백 호였다.

❹ 曹騰

原文

曹騰字季興, 沛國譙人也. 安帝時, 除黃門從官. 順帝在東宮, 鄧太后以騰年少謹厚, 使侍皇太子書, 特見親愛. 及帝卽位, 騰爲小黃門, 遷中常侍. 桓帝得立, 騰與長樂太僕州輔等七人, 以定策功, 皆封亭侯, 騰爲費亭侯, 遷大長秋, 加位特進.

騰用事省闥三十餘年, 奉事四帝, 未嘗有過. 其所進達, 皆海內名人, 陳留虞放, 邊韶, 南陽延固, 張溫, 弘農張奐, 潁川堂谿典等. 時蜀郡太守因計吏賂遺於騰, 益州刺史種暠於斜谷關搜得其書, 上奏太守, 並以劾騰, 請下廷尉案罪. 帝曰, "書自外來, 非騰之過." 遂寢暠奏. 騰不爲纖介, 常稱暠爲能吏, 時人嗟美之. 騰卒, 養子嵩嗣. 種暠後爲司徒, 告賓客曰, "今身爲公, 乃曹常侍力焉."

嵩靈帝時貨賂中官及輸西園錢一億萬, 故位至太尉. 及子操起兵, 不肯相隨, 乃與少子疾避亂琅邪, 爲徐州刺史陶謙所殺.

| 註釋 | ○譙縣(초현) – 沛國 譙縣(초현)은 今 安徽省 북부의 亳州市(박주시). ○亭侯 – 제후 중 劉氏만 王이 되었고 나머지는 모두 列侯였는데 王은 郡 단위의 봉지를 받았고, 나머지는 공로에 따라 縣侯, 都鄕侯, 鄕侯, 都亭侯, 亭侯로 구분했다. 縣侯도 그 봉지를 國이라 표기하였지만 王과는 격

이 크게 달랐다. ○省闥 – 궁중. 省은 禁中, 또는 관아. 闥은 문 달. 궁중의 小路. ○計吏 – 上計吏. 각 郡國에서는 1년에 한 번씩 재정, 물가, 범죄자 숫자 등등 여러 치적을 통계로 작성하여 司徒府에 보고하고 심사를 받았다. 郡國의 재정 등 치적을 보고하러 장안에 보내는 관리를 上計吏라 하였고 군국에서 천거하는 인재도 同行 上京하게 하였다. ○種暠(종호) – 환제 延熹 4년(서기 161)에 사도가 되었다가 6년에 죽었다. ○西園 – 西邸(서저)로도 표기. (靈帝) 光和 원년(서기 178)에, 처음으로 西邸(서저)에서 賣官(매관)을 시작하였는데 關內侯로부터 虎賁과 羽林까지 금액에 각각 차이가 있었다. 질록 2천석 관직은 2천만 전, 4백석 관직은 4백만 전에 매관하였는데, (황제도) 비밀리에 左右의 측근을 통하여 公卿의 직위를 매관하였는데, 公은 1천만 전, 卿의 직위는 5백만 전이었다. 그 돈을 西苑(西園)에 큰 창고를 짓고 쌓아두었다고 한다. ○徐州刺史陶謙所殺 – 도겸이나 도겸의 관리가 죽인 것이 아니라 徐州 관내의 지방 관리가 조숭의 재물을 탐내어 살인했다. 조조는 도겸을 공격했고 서주 관내 몇 개 현의 백성을 모두 다 죽일 정도로 잔혹했다.

[國譯]

曹騰(조등)의 字는 季興(계흥)으로, 沛國 譙縣(초현) 사람이다. 安帝 때 黃門從官이 되었다. 順帝가 東宮에 있을 때, 鄧太后는 조등이 나이가 어린데도 근면 성실하다 하여 皇太子의 서적을 관리를 맡기며 특별히 친애하였다. 순제가 즉위하면서 조등은 小黃門으로 승진하였고 이어 中常侍가 되었다. 桓帝가 등극하자, 조등과 長樂 太僕인 州輔(주보) 등 7인은 국책을 결정한 공로로 모두 亭侯(정후)가 되었는데, 조등은 費亭侯에 봉해졌고 大長秋로 승진하였으며 관위는 特進이었다.

조등은 궁중에서 30여 년을 봉직하였는데 4명의 황제를 섬기며 과오가 없었다. 그리고 그가 천거하는 사람은 모두 海內의 名人이었으니 陳留郡의 虞放(우방)과 邊韶(변소), 南陽郡의 延固(연고)와 張溫(장온), 弘農郡의 張奐(장환), 穎川郡의 堂谿典(당계전) 등이었다. 그때 蜀郡太守는 上計吏를 통해 조등에게 뇌물을 보냈는데 益州刺史인 種暠(종호)는 斜谷關(사곡관)에서 그 서신을 압수하여 촉군 태수와 조등을 함께 탄핵하며 정위에게 보내 치죄해야 한다고 상주하였다.

이에 환제가 말했다. "그 서신은 밖에서 온 것이니 조등의 잘못이 아니다." 그러면서 종호의 상주를 묵살하였다. 조등은 사소한 일이라며 전혀 개의치 않고 늘 종호를 유능한 관리라고 칭송하였기에 당시 사람들은 감탄하며 조등을 칭송하였다.

조등이 죽자, 養子 曹嵩(조숭)이 계승했다. 種暠(종호)는 뒷날 司徒가 되었는데 늘 빈객에게 말했다. "내가 삼공에 오른 것은 曹常侍(曹騰)의 힘이다."

조숭은 靈帝 때 환관에게 뇌물을 주었고 西園에 一億錢을 납부하고 太尉에 올랐다. 조숭의 아들 曹操(조조)가 起兵하였지만 조숭은 함께 있지 않고 막내아들 曹疾(조질)과 함께 琅邪郡(낭야군)으로 피난하였다가 徐州刺史 陶謙(도겸)에게 살해되었다.

❺ 單超 等5人

|原文|

單超, 河南人, 徐璜, 下邳良城人, 具瑗, 魏郡元城人, 左

悺, 河南平陰人, 唐衡, 潁川郾人也. 桓帝初, 超,璜,瑗爲中常侍, 悺,衡爲小黃門史.

初, 梁冀兩妹爲順,桓二帝皇后, 冀代父商爲大將軍, 再世權威, 威振天下. 冀自誅太尉李固,杜喬等, 驕橫益甚, 皇后乘勢忌恣, 多所鴆毒, 上下鉗口, 莫有言者. 帝逼畏久, 恒懷不平, 恐言泄, 不敢謀之.

延熹二年, 皇后崩, 帝因如廁, 獨呼衡問, "左右與外舍不相得者皆誰乎?" 衡對曰, "單超,左悺前詣河南尹不疑, 禮敬小簡, 不疑收其兄弟送洛陽獄, 二人詣門謝, 乃得解. 徐璜, 具瑗常私忿疾外舍放橫, 口不敢道." 於是帝呼超,悺入室, 謂曰, "梁將軍兄弟專固國朝, 迫脅外內, 公卿以下從其風旨. 今欲誅之, 於常侍意何如?"

超等對曰, "誠國姦賊, 當誅日久. 臣等弱劣, 未知聖意何如耳." 帝曰, "審然者, 常侍密圖之." 對曰, "圖之不難, 但恐陛下復中狐疑." 帝曰, "姦臣脅國, 當伏其罪, 何疑乎!"

於是更召璜,瑗等五人, 遂定其議, 帝齧超臂出血爲盟, 於是超收冀及宗親黨與悉誅之. 悺,衡遷中常侍. 封超新豐侯, 二萬戶, 璜武原侯, 瑗東武陽侯, 各萬五千戶, 賜錢各千五百萬. 悺上蔡侯, 衡汝陽侯, 各萬三千戶, 賜錢各千三百萬. 五人同日封, 故世謂之'五侯'. 又封小黃門劉普,趙忠等八人爲鄉侯. 自是權歸宦官, 朝廷日亂矣.

| 註釋 | ○單超(선초) - 單은 성 선(音 常演切, 音 善). 參考 ; 지명으로는 單父(선보). 흉노왕 칭호인 單于(선우). ○左悺(좌관) - 悺은 근심할 관. ○爲順,桓二帝皇后 - 順帝의 順烈梁皇后와 桓帝의 첫 번째 황후 懿獻梁皇后. ○上下鉗口 - 鉗은 칼 겸. 목에 채우는 형구. 집게. 말을 안 하다. ○延熹二年, 皇后崩 - 懿獻梁皇后는 총애가 식었고 아들도 없어 근심과 분노 속에 죽었는데, 재위는 13년이었고 懿陵(의릉)에 장례하였다. ○外舍不相得者 - 外舍는 황후 일가.

[國譯]

單超(선초)는 河南尹 사람이고, 徐璜(서황)은 下邳國 良城縣 사람이며, 具瑗(구원)은 魏郡 元城縣 사람, 左悺(좌관)은 河南尹 平陰縣 사람, 唐衡(당형)은 潁川郡(영천군) 郾縣(언현) 사람이다. 桓帝 때에 선초, 서황, 구원은 中常侍였고, 좌관과 당형은 小黃門史였다.

전에, 梁冀(양기)의 두 여동생은 順帝와 桓帝의 皇后였으며 양기는 부친 梁商의 뒤를 이어 大將軍이 되어 두 대에 걸쳐 권위와 위세가 천하를 흔들었다. 양기는 太尉 李固(이고)와 杜喬(두교) 등을 죽인 뒤에 교만과 횡포가 더욱 심해졌고, 황후도 양기의 권세를 빙자하여 투기하며 많은 사람을 독살하자 상하 모두의 입을 다물어 감히 말하는 자가 없었다. 환제도 오랫동안 핍박 속에 두려워하며 늘 불평을 품었지만 누설될까 두려워하며 양기를 어떻게 하지 못했다.

(桓帝) 延熹 2년(서기 159), 梁皇后가 붕어했는데 환제가 변소에 가면서 혼자 있을 때 당형을 불러 물었다. "네 주변에 양황후 일가와 사이 안 좋은 자가 누구인가?" 그러자 당형이 대답하였다.

"선초와 좌관은 그전에 河南尹인 梁不疑(양불의)에게 갔다가 예의가 없다 하여 그 형제를 잡아 낙양 옥에 가두었는데 두 사람이 양불의의 집에 가서 사죄하여 겨우 풀려났습니다. 서황과 구원은 늘 외척 일가의 방종과 횡행에 불만을 품었지만 말을 못하고 있습니다."

그러자 환제는 선초와 좌관을 가까이 불러 말했다.

"梁장군 형제가 나라를 안팎에서 협박한 지 오래되었고 공경 이하 모두가 그 뜻을 따르고 있다. 이제 그들을 제거하고 싶은데 常侍의 생각은 어떠한가?"

이에 선초가 말했다. "그들은 정말로 나라의 간악한 도적이라 옛날에 죽였어야 합니다. 臣 등은 힘이 없지만 聖意가 어떠신지 모를 뿐입니다." 환제가 말했다. "정말 그러하다면 常侍가 비밀리에 처리하라." 이에 선초가 말했다. "없애는 것은 어렵지 않습니다만 폐하께서 유예하거나 뜻이 바뀔지 모르겠습니다." 환제는 "간신이 조정을 협박하여 응당 죄를 벌해야 하는데 무슨 의심을 하겠는가!" 라고 하였다.

이에 또 서황과 구원 등 5인을 불러 방책을 결정하였고 환제는 선초의 팔을 깨물어 피로 맹서를 하자, 선초 등은 바로 양기와 그 종친과 일당을 모두 죽여버렸다.

좌관과 당형은 중상시로 승진하였다. 선초는 新豊侯에 봉해졌고 식읍은 2만 호였으며, 서황은 武原侯, 구원은 東武陽侯로 각 1만5천 호였으며 각자에게 금전 1천5백만 전을 하사하였다. 좌관은 上蔡侯, 당형은 汝陽侯로 각 1만 3천 호에 금전 1천3백만 전을 하사하였다. 이 5인이 같은 날 제후에 봉해졌기에 세상에서는 이들을 '五侯'라고 불렀다. 또 小黃門인 劉普(유보), 趙忠(조충) 등 8인은 鄉侯가 되었다. 이때부터 나라 권력은 환관이 장악했고 조정은 날로 어지러웠다.

超病, 帝遣使者就拜車騎將軍. 明年薨, 賜東園秘器, 棺中玉具, 贈侯將軍印綬, 使者理喪. 及葬, 發五營騎士, 侍御史護喪, 將作大匠起冢塋.

其後四侯轉橫, 天下爲之語曰, '左回天, 具獨坐, 徐臥虎, 唐兩墮.' 皆競起第宅, 樓觀壯麗, 窮極伎巧. 金銀罽毦, 施於犬馬. 多取良人美女以爲姬妾, 皆珍飾華侈, 擬則宮人, 其僕從皆乘牛車而從列騎. 又養其疏屬, 或乞嗣異姓, 或買蒼頭爲子, 並以傳國襲封. 兄弟姻戚皆宰州臨郡, 辜較百姓, 與盜賊無異.

| 註釋 | ○東園秘器 – 少府 소속 東園에서 만든 능묘 내의 기물이나 葬具(이를 凶器라고도 한다). 東園은 능묘 내 기물이나 葬具를 만드는 부서 이름. ○具獨坐 – 具瑗(구원)은 교만하기가 그와 같은 사람이 없다는 뜻. ○唐兩墮 – 唐衡(당형). 兩墮(양타)는 이쪽저쪽에서 멋대로 행동하다. 墮는 떨어질 타. 墜와 同. ○金銀罽毦 – 罽는 그물 계, 담요 계. 毦는 깃털로 장식할 이, 모직물 이. ○辜較百姓 – 辜較(고계)는 대략. 辜는 허물 고, 찢어 발길 고. 較는 대강 교.

[國譯]

單超(선초)가 병이 들자, 환제는 사자를 보내 車騎將軍 職을 제수하였다. 선초는 다음 해에 죽었는데, 東園에서 제조한 秘器와 棺中의 玉具 및 侯將軍의 印綬를 하사하였으며 使者를 보내 喪事를 돕게 하였다. 葬禮에 五營의 騎士를 동원하였고 侍御史가 護喪하였으며,

將作大匠이 분묘 공사를 담당하였다.

그 뒤로 남은 四侯가 횡행하였는데 세상에서는 이를 두고 '좌관은 하늘을 움직이고, 구원은 교만 무쌍하며, 서황은 웅크린 호랑이고, 당형은 멋대로 날뛴다.' 라고 하였다. 모두가 경쟁하듯 저택을 지으면서 장대 화려한 樓觀에 온갖 사치를 다 하였다. 개나 말도 금은이나 모직물로 치장하였다. 여러 良人 美女를 데려다가 소첩을 삼았고 모두가 화려하고 사치한 것이 황제의 후궁과도 비슷하였으며, 그 하인이나 노비도 모두 소가 끄는 수레를 타거나 말을 타고 수종하였다. 또 그 먼 친척까지 먹여 살렸고 타성을 데려와 후사를 삼거나 하인을 사와 아들로 키워 봉국을 물려받게 하였다. 형제의 인척들도 모두 주군의 지방관이 되었는데 대개가 백성에게는 도적과 다름이 없었다.

原文

超弟安爲河東太守, 弟子匡爲濟陰太守, 璜弟盛爲河內太守, 悝弟敏爲陳留太守, 瑗兄恭爲沛相, 皆爲所在蠹害. 璜兄子宣爲下邳令, 暴虐尤甚.

先是, 求故汝南太守下邳李暠女不能得, 及到縣, 遂將吏卒至暠家, 載其女歸, 戲射殺之, 埋著寺內.

時, 下邳縣屬東海, 汝南黃浮爲東海相, 有告言宣者, 浮乃收宣家屬, 無少長悉考之. 掾史以下固諫爭. 浮曰, "徐宣國賊, 今日殺之, 明日坐死, 足以瞑目矣." 卽案宣罪棄市, 暴

其屍以示百姓, 郡中震慄. <u>璜</u>於是訴怨於帝, 帝大怒, 浮坐
髡鉗, 輸作右校.

五侯宗族賓客虐遍天下, 民不堪命, 起爲寇賊. 七年, <u>衡</u>
卒, 亦贈車騎將軍, 如<u>超</u>故事. <u>璜</u>卒, 賻贈錢布, 賜冢塋地.

| 註釋 | ○蠹害 – 蠹는 좀 두. 해충. ○埋著寺內 – 埋著는 묻다(埋着).
著은 다다를 착, 붙을 착. 어떤 동작이 끝나다. 寺는 관청 사. ○冢塋 – 무
덤. 冢은 무덤 총. 塋은 무덤 영.

[國譯]

　선초의 동생 單安(선안)은 河東太守가 되었고, 동생의 아들 單匡
(선광)은 濟陰太守였으며, 서황의 동생 徐盛(서성)은 河內太守, 좌관
의 동생 左敏(좌민)은 陳留太守, 구원의 형 具恭(구공)은 沛國 相이었
는데 모두가 任地에서 좀과 같은 해악을 저질렀다. 서황의 조카 徐
宣(서선)은 下邳(하비)의 현령이었는데 가장 포악하였다. 그보다 앞
서 서선은 전임 汝南太守였던 下邳(하비) 사람 李暠(이호)의 딸을 얻
으려다 얻지 못하였는데, 하비현에 부임해서는 吏卒을 거느리고 이
호의 집에 가서 그 집 딸이나 며느리를 실어다가 장난삼아 활로 쏘
아 죽인 다음에 하비현 현청 마당에 묻었다.

　그때 하비현은 東海國 소속으로, 汝南人 黃浮(황부)가 東海 國相
이었는데 어떤 사람이 서선의 범죄를 말해주자, 황부는 바로 서선과
가속을 잡아다가 어른 아이 가리지 않고 조사하였다. 황부의 속관이
이를 제지하였다. 그러자 황부가 말했다. "서선은 國賊이니, 오늘
서선을 죽이고 내일 그 때문에 내가 죽더라도 편히 눈을 감을 것이

다." 그리고 즉시 서선을 죽여 棄市(기시)하였고 시신을 백성에게 공개하자, 동해국내가 두려워 떨었다. 서황이 이를 황제에게 호소하자, 환제는 대노하였고, 황부는 머리를 깎고 노역에 종사하였다.

五侯의 일족이나 빈객들이 천하에 널려 백성에게 포악을 일삼자 백성은 견디지 못하고 도적 떼가 되었다.

(延熹) 7년에, 唐衡이 죽자 마찬가지로 車騎將軍을 추증하였고 單超(선초)의 전례에 따랐다. 徐璜이 죽었을 때도 錢布를 부의로 보내고 무덤 쓸 땅도 하사하였다.

|原文|

明年, 司隸校尉韓演因奏悺罪惡, 及其兄太僕南鄉侯稱請託州郡, 聚斂爲姦, 賓客放縱, 侵犯吏民. 悺,稱皆自殺. 演又奏瑗兄沛相恭臧罪, 徵詣廷尉. 瑗詣獄謝, 上還東武侯印綬, 詔貶爲都鄉侯, 卒於家. 超及璜,衡襲封者, 並降爲鄉侯, 租入歲皆三百萬, 子弟分封者, 悉奪爵土. 劉普等貶爲關內侯.

|註釋| ㅇ都鄉侯 – 縣侯, 鄉侯, 亭侯의 등급 중 都鄉侯와 鄉侯, 都亭侯와 亭侯의 구분이 있었다.

[國譯]

明年에, 司隸校尉 韓演(한연)이 좌관의 죄악과 그 형인 太僕 南鄉侯 左稱(좌칭)이 주군에 청탁하여 불법으로 착복하였고 그 빈객들이 방종하여 관리와 백성을 침탈하였다고 상주하였다. 이에 좌관과 좌칭은 모두 자살하였다. 한연은 또 구원의 兄인 沛相 具恭(구공)의 착복 죄를 고발하여 구공을 소환하여 정위의 옥에 가두었다. 이에 구원은 정위 옥에 가서 사죄하였고 東武侯의 인수를 반환하자, 桓帝는 구원을 都鄕侯로 격하시켰고, 구원은 집에서 죽었다. 선초와 서황, 당형의 작위를 세습한 자들은 모두 鄕侯로 강등되었는데, 그래도 일년 조세 수입이 모두 三百萬이나 되었고, 분봉된 자제들은 모두 작위와 토지를 빼앗겼다. 劉普(유보) 등은 關內侯로 강등되었다.

❻ 侯覽

原文

侯覽者, 山陽防東人. 桓帝初爲中常侍, 以佞猾進, 倚勢貪放, 受納貨遺以巨萬計. 延熹中, 連歲征伐, 府帑空虛, 乃假百官奉祿, 王侯租銳. 覽亦上縑五千匹, 賜爵關內侯. 又托以與議誅梁冀功, 進封高鄕侯.

| 註釋 | ○山陽郡 - 治所는 昌邑縣. 今 山東省 서남부 菏澤市 관할의 巨野縣. ○防東 - 山陽郡의 縣名. 今 山東省 서남부 菏澤市 관할 單縣.

[國譯]

侯覽(후람)이란 자는 山陽郡 防東縣 사람이다. 桓帝 初에 中常侍가 되었는데 아부를 잘하고 교활하여 중용되었는데, 권세에 따라 탐욕하고 방종하였으며 뇌물을 받아 거만의 재산을 만들었다. (桓帝)

延熹 연간에, 해마다 군사 원정이 있어 국고가 바닥나서 百官의 奉祿과 王侯의 租銳를 차용하였다. 후람은 나라에 비단 5천 필을 바치고 관내후의 작위를 받았다. 또 梁冀(양기)를 주살하는데 참여한 공적으로 승급하여 高鄕侯가 되었다.

原文

　　小黃門段珪家在濟陰, 與覽並立田業, 近濟北界, 僕從賓客侵犯百姓, 劫掠行旅. 濟北相滕延一切收捕, 殺數十人, 陳屍路衢. 覽,珪大怨, 以事訴帝, 延坐多殺無辜, 徵詣廷尉, 免. 延字伯行, 北海人, 後爲京兆尹, 有理名, 世稱爲長者.

　　覽等得此愈放縱. 覽兄參爲益州刺史, 民有豐富者, 輒誣以大逆, 皆誅滅之, 沒入財物, 前後累億計. 太尉楊秉奏參, 檻車徵, 於道自殺. 京兆尹袁逢於旅舍, 閱參車三百餘兩, 皆金銀錦帛珍玩, 不可勝數. 覽坐免, 旋復復官.

| 註釋 |　○濟陰郡 – 治所는 定陶縣, 今 山東省 서남부 菏澤市 定陶區. ○濟北國 – 治所는 盧縣, 今 山東省 濟南市 長淸區. 泰山郡을 분리한 제후국. ○旋復復官 – 旋은 빠를 선, 조금 선, 되돌아올 선. 復는 다시 부. 復官(복관)은 관직에 복귀하다.

[國譯]

　　小黃門인 段珪(단규)의 본가는 濟陰郡에 있어 侯覽(후람)과 농장을 같이 마련했는데, 그들 땅이 濟北郡과 접경했으며 그 노비나 빈객들은 백성 재산을 탈취하고 여행자를 겁탈하였다. 濟北國相 滕延(등연)은 그들을 모두 잡아 수십 명을 처형했으며 시신을 거리에 방치하였다. 이에 후람과 단규는 크게 원망하면서 황제에게 호소하자, 등연은 무고한 백성을 죽인 죄로 정위에게 불려갔고 면직되었다.

등연의 字는 伯行으로 北海郡 사람인데, 뒷날 경조윤을 역임했고 잘 다스린다는 명성을 누렸고 세상 사람들은 長者라고 칭송했다.

후람 등은 이후로 더욱 방종하였다. 후람의 형 侯參(후참)은 益州刺史가 되었는데 백성 중에 부자가 있으면 大逆했다고 무고한 뒤 모두 잡아 죽이고 그 재산을 몰수한 것이 전후 수억 전이었다. 太尉 楊秉(양병)이 후참을 탄핵하자 함거에 태워 조정에 이송하자 후참은 도중에 자살하였다. 京兆尹 袁逢(원봉)이 旅舍에서 후참의 수레 3백여 량을 검사하였는데 모두가 금은, 비단과 보물들로 이루 다 셀 수가 없었다. 후람은 이에 면직되었지만 곧 다시 복직하였다.

原文

建寧二年, 喪母還家, 大起塋冢. 督郵張儉因舉奏覽貪侈奢縱, 前後請奪人宅三百八十一所, 田百一十八頃. 起立第宅十有六區, 皆有高樓池苑, 堂閣相望, 飾以綺畫丹漆之屬, 制度重深, 僭類宮省. 又豫作壽冢, 石椁雙闕, 高廡百尺, 破人居室, 發掘墳墓. 虜奪良人, 妻略婦子, 及諸罪釁, 請誅之. 而覽伺候遮截, 章竟不上.

儉遂破覽冢宅, 藉沒資財, 具言罪狀. 又奏覽母生時交通賓客, 干亂郡國. 復不得御. 覽遂誣儉爲鉤黨, 及故長樂少府李膺, 太僕杜密等, 皆夷滅之. 遂代曹節領長樂太僕. 熹平元年, 有司舉奏覽專權驕奢, 策收印綬, 自殺. 阿黨者皆免.

| 註釋 | ㅇ督郵 – 督郵는 郡 太守의 속관, 관할 현의 업무를 감찰, 조세 납부 실적, 군사동원 관련 직무도 감사, 太守의 耳目 역할도 했다. ㅇ張儉 – 字는 符節(부절), 山陽郡 高平縣 사람으로 趙王 張耳(장이)의 후손이다. 67권, 〈黨錮列傳〉에 입전. ㅇ豫作壽冢 – 미리 자신의 무덤을 만들다. 壽冢(수총)은 살아 있을 때 만드는 무덤. 壽衣와 같은 의미가 있다. ㅇ罪釁 – 죄악. 釁은 죄과 혼, 틈 혼, 피바를 혼. ㅇ干亂郡國 – 干亂은 법을 어기다. 어지럽히다. ㅇ復不得御 – 御는 올리다. 보고되다(進也).

[國譯]

(靈帝) 建寧 2년(서기 169), 후람은 모친상을 당해 본가로 돌아와서 무덤을 크게 조성하였다. (山陽郡의) 督郵인 張儉(장검)은 후람의 수탈과 사치와 방종 및 전후에 백성의 집 381호, 전답 181頃을 탈취하였다고 상주하였다. 후람은 저택 16채를 지었는데, 모두가 높은 누각에 연못과 뜰이 있으며 건물들이 서로 이어졌고 비단과 그림, 단청으로 꾸몄으며, 그 규모가 매우 커서 궁궐이나 관청과 비슷하다고 하였다. 또 미리 자신의 무덤을 만들면서 石槨(석곽)에 쌍 기둥을 세우고 길이가 백 척이나 되는 큰 집을 지으면서 백성의 집을 부수고 분묘를 발굴하였다. 양인을 노비로 잡아들이고 남의 부녀자를 약탈하였으며 여러 죄상을 들어 주살해야 한다고 상주하였다. 그러나 후람은 사주한 것을 미리 알아 기다렸다가 중간에 가로채어 장

검의 상주는 끝내 보고되지 않았다.

이에 장검은 후람의 무덤과 저택을 부숴버리고 그 재산을 몰수한 뒤에 후람의 죄상을 다시 열거하였고, 후람의 모친이 살아서 빈객들과 왕래하며 군국의 업무를 방해하였다고 상주하였다. 그러나 이번에도 황제까지 올라가지 못했다. 이에 후람은 장검이 故 長樂少府 李膺(이응), 太僕인 杜密(두밀) 등과 같은 당인이라고 무고하여 모두 멸족되었다. 결국 후람은 曹節(조절)의 후임으로 長樂 太僕이 되었다. (靈帝) 熹平 원년(서기 172)에, 담당 관리가 후람의 전횡과 교만 사치를 상주하여 책서를 내려 후람의 인수를 회수하자, 후람은 자살하였다. 후람의 무리들은 모두 면직되었다.

❼ 曹節

│原文│

曹節字漢豐, 南陽新野人也. 其本魏郡人, 世吏二千石. 順帝初, 以西園騎遷小黃門. 桓帝時, 遷中常侍, 奉車都尉. 建寧元年, 持節將中黃門虎賁羽林千人, 北迎靈帝, 陪乘入宮. 及卽位, 以定策封長安鄕侯, 六百戶.

時, 竇太后臨朝, 后父大將軍武與太傅陳蕃謀誅中官, 節與長樂五官史朱瑀,從官史共普,張亮,中黃門王尊,長樂謁者騰是等十七人, 共矯詔以長樂食監王甫爲黃門令, 將兵誅武,蕃等, 事已具〈蕃〉,〈武傳〉. 節遷長樂衛尉, 封育陽侯, 增邑三千戸, 甫遷中常侍, 黃門令如故, 瑀封都鄕侯, 千五百戸, 普,亮等五人各三百戸, 餘十一人皆爲關內侯, 歲食租二千斛.

| 註釋 | ○曹節(조절) -《三國演義》에 등장하는 '十常侍'의 한 사람. 십상시는 張讓, 段珪, 趙忠, 封諝(봉서), 曹節, 侯覽, 蹇碩(건석), 程曠, 夏惲(하운), 郭勝 등이다. ○西園騎 - 西園 소속의 기병. 靈帝 中平 5년(서기 188)에 西園八校尉 설치 이전. 西園八校尉는 기존 군영을 증원하거나 보충하여 재편한 군영, 上軍校尉, 中軍校尉, 下軍校尉, 典軍校尉, 助軍左校尉, 助軍右校尉, 左校尉, 右校尉. 총지휘는 上軍校尉인 小黃門 蹇碩(건석)이었다. ○北迎靈帝 - 桓帝가 붕어하고 아들이 없자, 皇太后(桓思竇皇后)와 (태후의) 부친 城門校尉 竇武(두무)는 궁중에서 방책을 결정한 뒤, 光祿大夫 대행인 劉儵(유숙)에게 부절을 주어 좌우 羽林을 거느리고 河間國에 가서 (황제를) 맞이하게 시켰다. ○〈蕃〉,〈武傳〉 - 66권,〈陳蕃傳〉과 69권,〈竇武傳〉.

[國譯]

曹節(조절)의 字는 漢豐(한풍)으로, 南陽郡 新野縣 사람이다. 그는 본래 魏郡 사람이고 대대로 이천석 고관이었다. 順帝 초에 西園 소속의 기병에서 小黃門으로 승진하였다. 桓帝 때, 中常侍가 되어 奉車都尉로 승진하였다. (靈帝 첫 연호) 建寧 원년(서기 168)에 부절을 받아 中黃門 虎賁羽林軍 1千人을 거느리고 북쪽(河間國)에 가서 靈帝를 수레에 모시고 입궁하였다. 영제가 즉위한 뒤에 國體를 안정시킨 공로로 長安鄕侯가 되었는데, 식읍은 6백 호였다.

그때 (桓帝의) 竇太后가 臨朝하였고 태후의 부친 大將軍 竇武(두무)와 太傅 陳蕃(진번)은 환관을 제거할 모의를 꾸몄는데 조절과 長

樂五官史인 朱瑀(주우), 從官史인 共普(공보)와 張亮(장량), 中黃門인
王尊(왕존)과 長樂謁者인 騰是(등시) 等 17인은 함께 조서를 위조하
여 長樂食監인 王甫(왕보)를 黃門令에 임명하여 군사를 거느리고 두
무와 진번 등을 토벌하게 하였는데, 이는 모두 〈陳蕃傳〉과 〈竇武傳〉
에 기록하였다.

조절은 長樂衛尉로 승진하였고 育陽侯가 되었고 식읍 3천 호를
늘려 받았으며, 왕보는 中常侍로 승진하였고 黃門令은 마찬가지였
으며, 주우는 都鄕侯에 식읍 1천5백 호, 공보와 장량 등 5인의 각 3
백 호였으며, 나머지 11인은 모두 關內侯가 되었는데 1년간 걷을 수
있는 조세는 2千 斛(곡)이었다.

原文

先是, 瑀等陰於明堂中禱皇天曰, '竇氏無道, 請皇天輔皇
帝誅之, 令事必成, 天下得寧.' 旣誅武等, 詔令太官給塞具,
賜瑀錢五千萬, 餘各有差, 後更封華容侯.
二年, 節病困, 詔拜爲車騎將軍. 有頃疾瘳, 上印綬, 罷,
復爲中常侍, 位特進, 秩中二千石, 尋轉大長秋.

| 註釋 | ○秩中二千石 — 질록 中二千石은 三公 아래 9卿의 질록이다.

[國譯]

이보다 앞서 주우 등은 몰래 明堂에 들어가 皇天에 기도하며 말
했다. '竇氏가 無道하니 皇天께서는 皇帝를 보우하사 등씨 일족을

죽여주시기 바라오며, 일이 꼭 성공하여야 천하가 평안할 것입니다.' 두무 등을 죽인 이후에 조서로 太官令에게 명하여 제사 도구를 지급케 하였고, 주우에게는 5천만 전을 하사하였으며, 나머지에게도 차등을 두어 지급했는데, 주우는 나중에 다시 華容侯에 봉해졌다.

(建寧) 2년, 조절의 질병이 위독하자, 조서로 조절에게 車騎將軍을 제수하였다. 얼마 뒤에 조절의 병이 낫자, 조절은 인수를 반환하고 직책을 사임하였고, 조절은 다시 中常侍가 되었는데, 지위는 特進이었으며 질록은 中二千石이었고, 곧 大長秋로 전근되었다.

原文

熹平元年, 竇太后崩, 有何人書朱雀闕, 言 '天下大亂, 曹節,王甫幽殺太后, 常侍侯覽多殺黨人, 公卿皆尸祿, 無有忠言者.' 於是詔司隸校尉劉猛逐捕, 十日一會. 猛以誹書言直, 不肯急捕, 月餘, 主名不立. 猛坐左轉諫議大夫, 以御史中丞段熲代猛, 乃四出逐捕, 及太學游生, 繫者千餘人. 節等怨猛不已, 使熲以他事奏猛, 抵罪輸左校. 朝臣多以爲言, 乃免刑, 復公車徵之.

節遂與王甫等誣奏桓帝弟勃海王悝謀反, 誅之. 以功封者十二人. 甫封冠軍侯. 節亦增邑四千六百戶, 並前七千六百戶. 父兄子弟皆爲公卿列校,牧守令長, 布滿天下.

節弟破石爲越騎校尉, 越騎營五百妻有美色, 破石從求之, 五百不敢違, 妻執意不肯行, 遂自殺. 其淫暴無道, 多此類也.

| 註釋 | ○王甫 - 환관으로 十常侍는 아니지만 그 폐해가 많았다. 유명한 酷吏 陽球(양구)가 司隷校尉가 되자, 왕보를 잡아 하옥했고 왕보는 혹독한 고문을 받아 옥사하였다. 王甫의 養子 王吉(왕길)은 정말 가혹한 혹리였는데, 沛國相으로 5년간 재직하며 약 1만 명을 죽였다. 양구가 왕보를 죽일 때 왕길도 같이 죽였다. ○尸祿 - 俸祿만 탐내고 직무를 다하지 않다. 尸位素餐. 尸는 주검 시. 部首(주검시엄). ○主名不立 - 주범의 이름을 알지 못하다. 체포는 고사하고 주범이 누군지도 알 수 없었다는 뜻. ○冠軍侯 - 冠軍은 南陽郡 冠軍邑(縣), 今 河南省 南陽市 서남 鄧州市의 서북 張村鎭, 冠軍村 일대. 漢 武帝 때 霍去病(곽거병)이 흉노 원정에서 그의 전과가 '功冠諸軍'이라는 뜻으로 이곳을 봉읍으로 받아서 생긴 이름. ○越騎營五百妻有美色 - 越騎는 越人 騎兵. 월인 기병은 용감하였기에 그들만의 부대를 만들었다. 五百은 伍伯(오백)과 通. 길 안내자를 지칭한다는 주석에 따름.

[國譯]

(靈帝) 熹平 원년(서기 172), 竇太后(桓思竇皇后)가 붕어했는데 어떤 사람이 朱雀闕(주작궐) 문에 '天下가 大亂하니, 조절과 왕보가 (竇)太后를 가둬 죽이고, 常侍 후람은 黨人이라며 많은 사람을 죽였는데도, 公卿은 모두 하는 일 없이 녹봉이나 받고 忠言을 하는 자도 없다.'라는 글을 써 놓았다.

이에 司隷校尉 劉猛(유맹)에게 범인을 10일 이내에 체포하라고 명령하였다. 그러나 유맹은 비방 글이 바른 말이라 생각하여 서둘러 색출하지 않았고, 한 달이 넘도록 범인을 알 수도 없었다. 이에 유맹은 諫議大夫로 좌천되었고, 御史中丞인 段熲(단경)이 유맹의 후임이 되어 사방으로 범인 색출에 나섰는데 太學에 온 유학생 등 간힌 자만 1천여 명이 넘었다. 조절 등은 유맹이 색출하지 못한 것을 원망하면서 단경을 시켜 다른 일로 유맹을 탄핵 상주케 하여, 유맹을 (將作大匠의) 左校에 보내 노역에 종사케 하였다. 그러나 많은 朝臣이 유맹을 변호하여 곧 형이 면제되었고 다시 公車令의 부름을 받았다.

조절은 결국 왕보 등과 함께 桓帝의 동생인 勃海王 劉悝(유리)의 모반을 무고하여 죽게 하였다. 그리고 그 공로로 12인을 제후로 봉하였다. 왕보는 冠軍侯에 봉해졌다. 조절 역시 식읍 4천6백 호를 늘려 이전과 합하여 7천6백 호가 되었다. 父兄이나 子弟가 모두 公卿이나 여러 교위, 牧이나 太守, 縣令, 縣長이 되어 천하에 가득 널렸었다.

조절의 동생 曹破石(조파석)은 越騎校尉였는데, 월기 군영의 길 안내자(五百)의 아내가 제법 美色이 있어서 조파석이 달라고 요구하였고, 길 안내자는 감히 어길 수가 없었는데, 그 아내는 조파석에게 가지 않겠다고 고집을 부리다가 결국 자살하였다. 그 음란과 포악무도한 정도가 대개 이런 식이었다.

光和二年, 司隸校尉陽球奏誅王甫及子長樂少府萌,沛相吉, 皆死獄中. 時連有災異, 郎中梁人審忠以爲朱瑀等罪惡所感, 乃上書曰,

「臣聞理國得賢則安, 失賢則危, 故舜有臣五人而天下理, 湯擧伊尹不仁者遠. 陛下卽位之初, 未能萬機, 皇太后念在

撫育, 權時攝政, 故中常侍蘇康,管霸應時誅殄. 太傅陳蕃,
大將軍竇武考其黨與, 志清朝政. 華容侯朱瑀知事覺露, 禍
及其身, 遂興造逆謀, 作亂王室, 撞蹋省闥, 執奪璽綬, 迫脅
陛下, 聚會群臣, 離間骨肉母子之恩, 遂誅蕃,武及尹勳等.
因共割裂城社, 自相封賞. 父子兄弟被蒙尊榮, 素所親厚布
在州郡, 或登九列, 或據三司. 不惟祿重位尊之責, 而苟營
私門, 多蓄財貨, 繕修第舍, 連里竟巷. 盜取御水以作魚釣,
車馬服玩擬於天家. 群公卿士杜口吞聲, 莫敢有言. 州牧郡
守承順風旨, 辟召選擧, 釋賢取愚. 故蟲蝗爲之生, 夷寇爲
之起. 天意憤盈, 積十餘年. 故頻歲日食於上, 地震於下, 所
以譴戒人主, 欲令覺悟, 誅鉏無狀.

　昔高宗以雉雊之變, 故獲中興之功. 近者神祇啓悟陛下,
發赫斯之怒, 故王甫父子應時軄截, 路人士女莫不稱善, 若
除父母之仇. 誠怪陛下復忍孽臣之類, 不悉殄滅. 昔秦信趙
高, 以危其國, 吳使刑人, 身遘其禍. 虞公抱寶牽馬, 魯昭見
逐乾侯, 以不用宮之奇,子家駒以至滅辱. 今以不忍之恩, 赦
夷族之罪, 姦謀一成, 悔亦何及!

　臣爲郎十五年, 皆耳目聞見, 瑀之所爲, 誠皇天所不復赦.
願陛下留漏刻之聽, 裁省臣表, 埽滅醜類, 以答天怒. 與瑀
考驗, 有不如言, 願受湯鑊之誅, 妻子並徙, 以絶妄言之路.」

　章寢不報. 節遂領尙書令. 四年, 卒, 贈車騎將軍. 後瑀亦
病卒, 皆養子傳國. 審忠字公誠, 宦官誅後, 辟公府.

| 註釋 | ○舜有臣五人 － 禹, 后稷(후직), 契(설, 卨), 皐陶(고요), 伯益 등 五人. ○湯擧伊尹不仁者遠 － "~ 湯有天下, 選於衆, 擧伊尹, 不仁者遠矣." 《論語 顏淵》. ○撞蹋省闥 － 撞蹋(당답)은 때리고 짓밟다. 撞은 칠 당. 蹋은 밟을 답. 省闥(성달)은 朝廷. ○三司 － 三公. 곧 太尉, 司徒, 司空. ○盜取御水以作魚釣 － 御水는 궁궐이나 禁苑의 하천 또는 연못. 魚釣(어조)는 물고기를 잡다. ○應時誠截 － 때맞춰 처단하다. 誠은 벨 괵. 截은 끊을 절. ○孼臣之類 － 孼臣은 환관. 孼은 첩의 자식 얼.

[國譯]

(靈帝) 光和 2년, 司隸校尉 陽球(양구)의 탄핵 상주로 王甫(왕보)와 그 아들 長樂少府 王萌(왕맹)과 沛國相 王吉(왕길)이 모두 옥사하였다. 그때 재해와 이변이 연이었는데, 郎中인 梁國 사람 審忠(심충)은 朱瑀(주우) 등의 악행을 보고 느낀 바 있어 곧 上書하였다.

「臣이 알기로, 나라는 다스림에 賢才를 얻으면 안전하고 잃으면 위태롭다고 하였는데, 그래서 舜에게 5명의 賢人이 있어 천하가 잘 다스려졌으며, 湯王(탕왕)이 伊尹(이윤)을 등용하자 仁愛하지 않는 자들은 멀리 숨어버렸습니다. 폐하께서는 즉위 초기에 萬機를 친람할 수가 없어 皇太后(桓思竇皇后)께서 폐하를 훈육하는 뜻에서 일시적으로 섭정을 하였는데, 그때 中常侍인 蘇康(소강)과 管霸(관패) 등을 天時의 부응하여 처형하였습니다. 太傅 陳蕃(진번), 大將軍 竇武(두무)가 환관을 제거하려 했던 일은 朝政을 깨끗하게 하려는 뜻이었습니다. 華容侯 朱瑀(주우)는 이를 알아차리고 화가 자신에게 닥칠 것이라 생각하여 결국 역모를 꾸며 나라를 위태롭게 했고 조정을 짓밟았으며, 폐하를 협박하고 조정 신하를 모아놓고서 母子 골육의 정을 이간하였으며, 진번과 두무, 尹勳(윤훈) 등을 죽였습니다. 이어 그들은 나라와 성읍을 분할하여 스스로 제후가 되고 보상을 받았습니다. 그들의 父子兄弟가 모두 작위와 고위 관직을 차지했고 평소에 가까웠던 자들을 지방 州郡에 임명하였으며, 어떤 자는 九卿의 반열에 올랐고 혹은 三司의 자리도 차지하였습니다. 일당은 고급 직책의 책임을 다하지도 않았을 뿐만 아니라 각장 私門의 이익만을 챙겨 많은 재물을 모았고 거리 하나를 다 차지하는 대저택을 지었습니다. 그들의 宮園 연못의 물고기를 독차지 하였고, 車馬와 의복도 천자를 모방하였습니다. 그러나 여러 공경은 입을 막고 소리를 죽여 누구도 말을 하지 않았습니다. 州牧과 郡守들은 그저 윗사람의 뜻에 따라 인재를 모아 천거해야 했지만 현자를 버려두고 우매한 자를 택했습니다. 이러하니 蝗蟲의 피해를 당하고 도적 무리들이 일어났습니다. 하늘의 분노가 10여 년 쌓였습니다. 그래서 하늘에서 연이어 일식이, 땅에서는 지진이 발생하였으니, 이는 人主에게 天意를 깨달아 간악한 자를 제거하라는 견책이었습니다.

옛날 (殷) 高宗이 제사할 때 꿩이 鼎耳(정이)에 날아와 울자 (修德하여) 中興을 이루었습니다. 근자에 여러 신령의 계시가 폐하에게 내려졌고, 폐하께서는 분노하시어 王甫 父子를 때맞춰 처단하자 길을 가는 모두가 마치 부모의 원수를 죽인 것처럼 칭송하였습니다. 그러나 참으로 이해할 수 없는 일은 폐하께서 다시 환관의 무리를 받아들이며 완전히 없애지 않는 것입니다. 옛날 秦은 趙高(조고)를 신임하였기에 나라가 망했으며, 吳에서도 刑人(宦官)을 믿었다가 왕이 피살당하였습니다. (晉) 虞公(우공)은 보물과 말을 뇌물로 받고, 魯 昭公이 乾侯(건후)로 방출된 것은 모두 宮之奇(궁지기)와 子家駒(자가구)를 등용하지 않아 결국 멸망하고 치욕을 당했습니다. 지금

(폐하께서) 차마 끊어버리지 못하는 정이 있어 멸족해야 할 환관의 죄를 사면하고 간악한 모의를 성취하게 하셨으니 그 후회가 참으로 클 것입니다.

臣은 낭관으로 15년을 재직하면서 모두를 눈과 귀로 보고 들었습니다만, 朱瑀(주우)의 행위는 皇天이 결코 용서할 수 없는 죄입니다. 폐하께서는 잠깐이라도 시간을 내어 제가 올리는 글을 읽어보시고 醜類(宦官)를 쓸어버려 하늘의 분노에 부응하기 바랍니다. 주우를 문초하여 저의 말이 사실이 아니라면, 저를 끓는 물에 죽이고 처자를 변방으로 이주시켜 망언의 길을 막아주십시오.」

상주는 묵살되어 회답이 없었다.

曹節은 尙書令를 대행하였다. (光和) 4년에, 조절이 죽자 車騎將軍을 추증하였다. 뒷날 주우 역시 병으로 죽었고 모두 養子에게 封國을 물려주었다. 審忠(심충)의 字는 公誠(공성)인데, 宦官이 주살된 뒤에 三公府의 부름을 받았다.

❽ 呂强

原文

　呂强字漢盛, 河南成皐人也. 少以宦者爲小黃門, 再遷中常侍. 爲人淸忠奉公. 靈帝時, 例封宦者, 以强爲都鄕侯. 强辭讓懇惻, 固不敢當, 帝乃聽之. 因上疏陳事曰,

　「臣聞諸侯上象四七, 下裂王土, 高祖重約非功臣不侯, 所

以重天爵明勸戒也. 伏聞中常侍曹節,王甫,張讓等, 及侍中許相, 並爲列侯. 節等宦官祐薄, 品卑人賤, 讒諂媚主, 佞邪徼寵, 放毒人物, 疾妒忠良, 有趙高之禍, 未被轘裂之誅, 掩朝廷之明, 成私樹之黨.

而陛下不悟, 妄授茅土, 開國承家, 小人是用. 又並及家人, 重金兼紫, 相繼爲蕃輔. 受國重恩, 不念爾祖, 述修厥德, 而交結邪黨, 下比群佞. 陛下或其瑣才, 特蒙恩澤. 又授位乖越, 賢才不升, 素餐私幸, 必加榮擢. 陰陽乖刺, 稼穡荒蔬, 人用不康, 罔不由茲.

臣誠知封事已行, 言之無逮, 所以冒死干觸陳愚忠者, 實願陛下損改旣謬, 從此一止.」

| 註釋 | ○成皐縣(성고현) – 成皐(성고)는 河南郡의 현명. 今 河南省 鄭州市 관할 滎陽市 서북 汜水鎭. 교통요지, 전략 요충지.

[國譯]

呂强(여강)의 字는 漢盛(한성)으로, 河南尹 成皐縣(성고현) 사람이다. 젊어 환관으로 小黃門이 되었다가 두 번 승진하여 中常侍가 되었다. 사람이 청렴과 충성으로 奉公하였다. 靈帝 때, 관례에 따라 환관들을 봉하면서 여강을 都鄕侯에 봉하였다. 그러나 여강은 아주 간절하게 감당할 수 없다며 사양하자 靈帝도 승낙하였다. 그러자 여강이 상소하였다.

「臣이 알기로, 제후는 하늘의 四七(28宿)을 본떠 땅에서 王土를 나눠준 것이며, 高祖께서 공신이 아니면 제후가 될 수 없다고 분명히 약속한 것은 하늘의 작위를 중히 여기며 권면과 훈계를 겸한 것입니다. 臣이 듣기로, 中常侍 曹節(조절), 王甫(왕보), 張讓(장양) 및 侍中 許相(허상)이 모두 列侯가 되었습니다. 그러나 조절 등은 환관으로 타고난 복도 없고 인품도 비천하며, 윗사람에게 아첨하고 다른 사람을 모함하여 총애를 받고자 애쓰며 해악이나 끼치는 인물로, 충량한 인재를 질투하고 趙高(조고)와 같은 재앙을 불러올 사람이나 아직 車裂刑을 받지 않았기에 조정의 총명을 가리고 사적으로 무리를 모으는 자입니다.

그러나 폐하께서는 이를 깨닫지 못하셨기에 헛되이 茅土(모토)를 수여하여 제후로 봉하여 조절로 하여금 나라를 세워 가문을 이어가게 한 것은 소인을 높이 등용한 것입니다. 또 그 일족에게도 고급 관직을 수여하고 제후를 계승하게 인정하셨습니다. 나라의 큰 은덕을 받고도 그 조상을 생각하여 바른 인품을 닦을 생각을 하지 못할 뿐만 아니라 邪黨을 모으고 아첨하는 자들과 무리를 짓고 있습니다. 폐하께서는 그의 잔재주에 미혹되어 큰 은택을 베풀어주셨습니다. 또 조절 같은 자는 그 직무를 제대로 수행할 수도 없으며, 오히려 賢才의 길을 막고 하는 일도 없으면서 총애를 받아 영광된 자리에 발탁된 것입니다. 이러하니 陰陽의 질서가 어긋나고 농사에 흉년이 들며 백성의 생활이 불안정한 것은 모두가 이런 데서 시작합니다.

臣이 생각할 때 제후를 분봉하는 일이 이미 끝났기에 상서하여도 소용이 없으나, 그래도 죽음을 무릅쓰고 저의 愚衷(우충)을 말씀드리며 폐하의 뜻을 거스르는 것은 폐하께서 지난 일의 폐단을 고치시어 이번으로 끝나기를 바라기 때문입니다.」

「臣又聞後宮彩女數千餘人, 衣食之費, 日數百餘, 比穀雖
賤, 而戶有飢色. 案法當貴而今更賤者, 由賦發繁數, 以解
縣官, 寒不敢衣, 飢不敢食. 民有斯厄, 而莫之恤. 宮女無用,
填積後庭, 天下雖復盡力耕桑, 猶不能供. 昔楚女悲愁, 則
西宮致災, 況終年積聚, 豈無憂怨乎!

夫天生蒸民, 立君以牧之. 君道得, 則民戴之如父母, 仰
之猶日月, 雖時有徵稅, 猶望其仁恩之惠. 《易》曰, '悅以使
民, 民忘其勞, 悅以犯難, 民忘其死.' 儲君副主, 宜諷誦斯
言, 南面當國, 宜履行其事.」

| 註釋 | ○以解縣官 − 解는 보낼 해. 공급하다. 縣官은 나라. 때로는 황
제를 지칭하는 말로 쓰인다. ○《易》曰 −《易 兌卦》의 象辭(단사). ○儲君
副主 − 儲君은 태자. 예비 군주라는 뜻. ○南面當國 − 當國은 執政.

[國譯]

「또 臣이 듣기로, 後宮에 수천여 명을 뽑아 들였으니 그 의식의
비용도 날마다 수백만 전이니, 요즘 곡물 가격이 저렴하더라도 백성
들은 굶주리고 있습니다. 이치적으로 따지면 곡물 가격이 비싸야 하
나 저렴한 것은 나라의 다른 부세가 많아 나라에 물자를 바쳐야 해
서 백성은 추워도 옷을 못 입고 굶주리면서도 먹지 못하기 때문입니
다. 백성은 이처럼 困厄(곤액)을 당하고 있지만 아무도 백성을 구휼
하는 사람이 없습니다. 宮女는 나라에 無用하지만 後庭에 꽉 찼고,

세상 사람이 힘을 다해 경작하고 길쌈을 해도 나라의 수요를 채울 수가 없습니다. 옛날에 楚나라 여인의 비통이 사무쳐서 西宮(서궁)에 화재가 발생했다 하였는데, 하물며 이처럼 오랫동안 백성의 원한이 쌓였는데 어찌 그 원망을 걱정 안 할 수 있겠습니까!

하늘은 백성을 낳고 군왕을 세워 다스리게 하였습니다. 군왕이 바른 도리로 다스린다면 백성은 마치 부모처럼 모시고 日月처럼 우러러볼 것이며 비록 부세를 징수한다 하여도 마치 은혜에 대한 보답이라고 생각할 것입니다. 그래서 《易經》에서도 '백성이 기꺼이 일을 할 수 있다면 백성은 그 고생을 잊을 것이고, 기꺼이 난관을 극복코자 한다면 백성은 죽음도 두려워하지 않는다.' 고 하였습니다. 태자는 나라의 두 번째 주인이 되니, 응당 이 말을 외워 두었다가 南面하고 執政하면서 이를 실천해야 할 것입니다.」

原文

「又承詔書, 當於河間故國起解瀆之館. 陛下龍飛卽位, 雖從藩國, 然處九天之高, 豈宜有顧戀之意. 且河間疏遠, 解瀆邈絶, 而當勞民單力, 未見其便. 又今外戚四姓貴幸之家, 及中官公族無功德者, 造起館舍, 凡有萬數, 樓閣連接, 丹靑素堊, 雕刻之飾, 不可單言. 喪葬逾制, 奢麗過禮, 競相放效, 莫肯矯拂.

《穀梁傳》曰, '財盡則怨, 力盡則懟.' 《尸子》曰, '君如杅, 民如水, 杅方則水方, 杅圓則水圓.' 上之化下, 猶風之靡草.

今上無去奢之儉, 下有縱慾之敝, 至使禽獸食民之甘, 木土
衣民之帛. 昔<u>師</u>曠諫<u>晉平公</u>曰, "梁柱衣繡, 民無褐衣, 池有
棄酒, 士有渴死, 廐馬秣粟, 民有飢色. 近臣不敢諫, 遠臣不
得暢." 此之謂也.」

| **註釋** | ○河間 − 河間國은 河間郡, 渤海郡, 廣川國 등 今 河北省 남부
石家莊市 일원을 지배, 국도는 樂成縣, 今 河北省 滄州市 관할 獻縣. 靈帝의
諱는 宏(굉)으로 肅宗(章帝)의 玄孫이다. 曾祖父는 河間 孝王 劉開(유개)인
데 祖父부터 대대로 解瀆亭侯(해독정후)로 (靈帝도) 亭侯의 작위를 이어받았
다. 解瀆亭은 今 河北省 중부 保定市 관할 安國市. 安國市는 '藥都', '天下
第一藥市'로 알려졌다. ○丹青素堊 − 素堊(소악)은 하얀 벽. 堊은 백토 악.
白灰. ○《尸子》 − 전국시대 魯의 尸佼(시교)가 편찬한 책. 시교는 商鞅(상앙)
의 문객이었는데 그 영향을 받아 謀事와 입법으로 백성을 다스려야 한다는
강력한 法治를 주장. 秦에서 상앙이 죽음을 당하자 박해가 두려워 蜀으로
피난하여 거기서 완성한 책. 전 20편.《漢書 藝文志》에는 雜家로 분류. ○君
如杅 − 杅는 잔 우. 물그릇(盂). ○師曠諫晉平公 − 춘추시대 晉國의 大夫.
태어날 때부터 장님이었다(自稱 '盲臣'). 음악가. 琴曲을 지었다.

[國譯]

「또 조서를 보면, 河間故國의 解瀆館(해독관)을 다시 짓는다고 하
였습니다. 폐하께서는 (해독정후에서) 龍飛하여 즉위하셨고, 비록
藩國(번국) 출신이나 九天의 높은 자리에 등극하셨으니 어찌 되돌아
보며 연연하시겠습니까? 또 河間國은 소원하며, 解瀆亭은 먼 곳이
라서 백성을 동원할 때 그 고생만 많고 이득이 없을 것입니다. 또 지
금 外戚 四姓의 고귀한 가문이나 환관이나 황족으로 아무 공덕도 없

는 자의 대저택이 1만여 호나 되고 연이은 누각과 단청이나 백회 칠과 조각 장식의 화려함을 이루 다 말할 수가 없습니다. 喪葬禮에도 법제를 지키지 않고 지나치게 화려하며, 서로 경쟁하듯 자랑하며 아무도 고치려 하지 않습니다.

《穀梁傳》에서는 '재물을 다 빼앗기면 원한이 쌓이고, 노역을 다 하면 원망만 남는다.'고 하였습니다. 《尸子》에서는 '君主는 물그릇과 같고, 백성은 물과 같으니 물그릇이 사각이면 물도 사각이고, 물그릇이 둥글면 담긴 물로 둥글다.'고 하였습니다. 위에서 아래를 변화시키는 것이 마치 바람이 풀을 쓰러트리는 것과 같습니다. 지금 상층에서 사치하지 않는 검소한 본보기가 없으니 아래서도 욕망만을 따르는 폐단이 있으며, 금수가 백성이 먹어야 할 곡식을 먹고, 나무나 흙이 백성이 입어야 할 비단을 입고 있습니다. 옛날 師曠(사광)이 晉 平公에게 바른 말을 하였는데 "기둥에 비단을 입히면 백성은 삼베옷도 못 입고, 연못에 술을 쏟아 부을 때 士人은 갈증으로 죽으며, 마구간 말이 곡식을 먹을 때 백성은 굶주리게 됩니다. 이런 상황에서는 近臣은 諫言을 하지 않고, 遠臣은 하고 싶은 말도 못합니다."라고 하였으니, 바로 이를 지적한 것입니다.」

原文

「又聞前召議郎蔡邕對問於金商門, 而令中常侍曹節,王甫等以詔書喩旨. 邕不敢懷道迷國, 而切言極對, 毀刺貴臣, 譏呵豎宦. 陛下不密其言, 至令宣露, 群邪項領, 膏脣拭舌, 競欲咀嚼, 造作飛條. 陛下回受誹謗, 致邕刑罪, 室家徙放,老幼流離, 豈不負忠臣哉!

今群臣皆以<u>邕</u>爲戒, 上畏不測之難, 下懼劍客之害, 臣知朝廷不復得聞忠言矣. 故太尉<u>段熲</u>, 武勇冠世, 習於邊事, 垂髮服戎, 功成皓首, 歷事二主, 勳烈獨昭. 陛下旣已式序, 位登台司, 而爲司隸校尉<u>陽球</u>所見誣脅, 一身旣斃, 而妻子遠播. 天下惆悵, 功臣失望. 宜徵<u>邕</u>更授任, 反<u>熲</u>家屬, 則忠貞路開, 衆怨以弭矣.」

帝知其忠而不能用.

| 註釋 | ○蔡邕(채옹) – 蔡邕(채옹)은 後漢 末 才學을 겸비한 명사였다. 본 편에는 그의 심경을 알 수 있는 〈釋誨(석회)〉를 수록하였다. 靈帝에게 수차 바른 상소를 올렸지만 환관의 질시를 받아 변방으로 강제 이주되었다가 다시 강남 일대에서 12년을 숨어살아야 했다. 나중에 董卓의 인정을 받았지만 동탁이 피살된 뒤 옥사했다. 채옹도 음악적 재능이 뛰어난 천재였다. 60권, 〈馬融蔡邕列傳〉立傳. ○膏脣拭舌 – 膏脣은 입술에 침을 바르다. 말을 많이 하다. 拭舌은 혀를 닦다. 이리저리 비난하다. ○競欲咀嚼 – 詛嚼(저작)은 헐 뜯다. 詛는 저주할 저. 嚼은 씹을 작. ○造作飛條 – 飛條는 飛書. 익명의 투서. 모함하는 글. ○段熲 – 熲은 빛날 경. 65권, 〈皇甫張段列傳〉立傳.

[國譯]

「또 臣이 알기로, 전에 議郎 蔡邕(채옹)을 불러 金商門(금상문)에게 대책을 올리게 하였을 때, 中常侍인 조절과 왕보 등을 보내 조서의 뜻을 설명토록 하였습니다. 채옹은 正道를 품고서 혼미한 국정을 방치할 수 없어 절실한 극언의 대책을 올리면서 貴戚 近臣을 폄훼하고 환관 소인을 조소하고 질책하였습니다. 폐하께서는 그 대책을 굳게 지켜주지 못하고 알려지게 해서 사악한 소인들조차 목을 빼고 입술에 침을 바르면서 경쟁적으로 채옹을 씹고 익명의 투서로 모함케 하였습니다. 폐하께서는 그런 소인들의 비방을 수용하시어 채옹에게 벌을 내렸고 가족을 변방으로 강제 방출하여 老幼가 서로 헤어지게 하였으니, 이 어찌 충신을 버린 것이 아니겠습니까!

지금 모든 신하들은 채옹을 본보기로 삼아 위에서는 예측 못할 환난을 조심하고, 아래서는 검객의 살해를 두려워하고 있으니, 臣의 생각으로 앞으로 조정에서는 忠言을 다시 못 들을 것입니다. 전임 太尉 段熲(단경)은 武勇이 제일이었고 변방의 업무에 해박하며, 어려서부터 從軍하여 백발이 되도록 2명의 황제(桓帝 靈帝)를 모시면서 홀로 혁혁한 공을 세웠습니다. 폐하께서도 단경의 공적을 알고 계셨기에 그를 재상에 임명하였습니다만, 司隸校尉 陽球(양구)의 협박에 의해 자신의 몸을 버렸을 뿐만 아니라 처자까지 멀리 쫓겨났습니다. 세상 사람들이 모두 슬퍼하고 功臣은 실망하였습니다. 응당 채옹을 다시 불러 관직을 수여해야 하며 단경의 가족을 돌아오게 하여 忠貞의 길을 열어주어야 많은 원한이 사라질 것입니다.」

靈帝는 여강의 충정을 알았지만 받아들여 실천하지는 못했다.

原文

時, 帝多稸私臧, 收天下之珍, 每郡國貢獻, 先輸中署, 名 爲'導行費'. 强上疏諫曰,

「天下之財, 莫不生之陰陽, 歸之陛下. 歸之陛下, 豈有公私? 而今中尙方斂諸郡之寶, 中御府積天下之繒, 西園引司農之藏, 中廐聚太僕之馬, 而所輸之府, 輒有導行之財. 調廣民困, 費多獻少, 姦吏因其利, 百姓受其敝. 又阿媚之臣, 好獻其私, 容諂姑息, 自此而進.」

| 註釋 | ○先輸中署 – 中署는 內署. ○導行費 – 공헌하는 물건을 받아달라는 청탁을 위한 비용. ○中尙方 – 소부 소속 관청. 황제에게 소요되는 여러 기물을 제조하였다. 尙方令은 질록 6백석. ○中御府 – 前漢의 御府令. 궁중에서 필요한 의복이나 금전, 珍寶 등의 공급(납품)을 담당하는 관청. ○西園 – 전한 상림원과 같은 역할. 황실 재산 비축기지의 역할. 靈帝 때 西邸(서저)에서는 賣官한 금전을 저장하였다.

[國譯]

그때 靈帝는 사적 재물을 많이 비축하면서 천하의 보배를 거둬들였기에, 모든 군국에서는 공물을 헌상하였는데 먼저 中署(內署)에 보내는 물건을 '導行費'라고 불렀다. 呂强은 이에 상소로 간언하였다.

「세상의 재화는 음양의 조화에 의하여 만들어지고 폐하에게 귀속되지 않는 것이 없습니다. 모든 것이 폐하의 소유인데 거기서 무슨 公私 구분이 있겠습니까? 지금 中尙方에서는 각 郡國의 보배를 거둬들이고, 中御府에서는 천하의 비단을 비축하며, 西園(서원)에서는 大司農의 비축물자를 거둬들이고, 궁내의 마구간〔中廐(중구)〕에서는 太僕(태복)이 관장하는 馬匹(마필)을 인계받는데, 여기에 각 부서로 보내는 물건을 받아달라는 導行費가 있습니다. 천하에서 재물을 징발하여 백성을 곤궁하게 하지만 실제로 비용만 많이 들고 바치는 물건은 적으며, 거기에 간악한 관리는 私利를 채우고, 백성에게는 폐단만 돌아가게 됩니다. 또 아부하는 신하들은 개인 재물을 바쳐가며 굳이 아첨하며 이를 통해 승진하고 있습니다.」

原文

「舊典選擧委任三府, 三府有選, 參議掾屬, 咨其行狀, 度其器能, 受試任用, 責以成功. 若無可察, 然後付之尙書. 尙書擧劾, 請下廷尉, 覆案虛實, 行其誅罰. 今但任尙書, 或復救用. 如是, 三公得免選擧之負, 尙書亦復不坐, 責賞無歸, 豈肯空自苦勞乎!

夫立言無顯過之咎, 明鏡無見玼之尤. 如惡立言以記過, 則不當學也, 不欲明鏡之見玼, 則不當照也. 願陛下詳思臣言, 不以記過見玼爲責.」

書奏不省.

| 註釋 | ○明鏡無見玼之尤 – 明鏡은 사물을 비춰야 하나 사물의 흠결이 거울에 보이지 않는다는 뜻. 玼는 흉 자. 疵(흠 자)와 通. 고울 체. 尤는 허물 우, 나무랄 우, 더욱 우.

[國譯]

「옛 제도에 의하면, 관리의 선발과 임용은 三公府에 위임했고 삼공부의 선임에는 그 관속들이 협의하며 그 행동을 살피고, 그 능력을 헤아려 우선 임시로 채용하여 그 성취를 시험하게 됩니다. 만약 적임자라는 판단이 서지 않으면 이를 尙書에 이첩합니다. 상서는 천거한 자를 탄핵하여 정위에게 내려 보내고, 정위는 부실한 인재를 천거한 죄를 조사하여 처벌하였습니다. 그러나 지금은 상서에게 위임되었고 또는 칙명으로 임용됩니다. 이렇게 되자 삼공부에서는 인재선발의 부담이 없고, 또 상서는 인재 선발에 대하여 연좌 책임이 없어 결국 아무도 책임을 지지 않으니 누가 힘들여서 인재를 선발하려 하겠습니까!

대체로 어떤 저술에서도 뚜렷한 과오가 있어도 책임이 없고, 明鏡이라 하지만 뚜렷한 하자도 나타나지 않는 것과 같습니다. 만약 사악한 저술로 나쁜 뜻을 기록했다면 그것을 배우게 할 수 없으며, 하자가 있어도 볼 수 없는 거울이라면 굳이 거울을 통해 볼 필요가 없을 것입니다. 폐하께서는 臣의 상서를 심사하시어 잘못이나 하자가 있다면 죄를 물어주시기 바랍니다.」

그러나 上書가 올라갔어도 황제는 읽지 않았다.

| 原文 |

中平元年, 黃巾賊起, 帝問强所宜施行. 强欲先誅左右貪濁者, 大赦黨人, 料簡刺史, 二千石能否. 帝納之, 乃先赦黨人. 於是諸常侍人人求退, 又各自徵還宗親子弟在州郡者. 中常侍趙忠, 夏惲等遂共搆强, 云 '與黨人共議朝廷, 數讀〈霍光傳〉.

強兄弟所在並皆貪穢'.

帝不悅, 使中黃門持兵召強. 強聞帝召, 怒曰, "吾死, 亂起矣. 丈夫欲盡忠國家, 豈能對獄吏乎!" 遂自殺. 忠, 憚復譖曰, "強見召未知所問, 而就外草自屏, 有姦明審." 遂收捕宗親, 沒入財産焉.

| 註釋 |　○數讀〈霍光傳〉－ 霍光(곽광)은 昭帝 사후에 昌邑王을 황제로 옹립했다가 27일 만에 방출하고 宣帝를 옹립하였다. 곧 황제 폐립을 모의한다는 뜻. ○外草自屛 － 집 밖 들에서 자결하다. 屛은 병풍 병. 가리다. 죽이다.

[國譯]

(영제) 中平 원년(서기 184), 黃巾賊이 봉기하자, 靈帝는 呂强에 꼭 시행해야 할 방책을 물었다. 여강은 황제 측근의 탐욕하고 사악한 자를 먼저 주살하고, 黨人의 禁錮(금고)를 사면할 것과 刺史나 태수의 능력 여부를 가려내야 한다고 건의하였다. 영제는 여강의 말을 받아들여 먼저 당인의 금고를 모두 사면하였다. 이에 여러 常侍들이 스스로 물러나며 종친이나 자제로 주군의 지방관으로 근무하는 자를 불러들였다. 그때 중상시인 趙忠(조충)과 夏惲(하운) 등은 여강을 무고하였다. '여강은 당인들과 함께 조정을 비난하며 〈霍光傳〉을 자주 읽었습니다. 여강의 兄弟는 임지에서 모두 탐욕하고 부정을 저지릅니다.' 영제는 中黃門을 시켜 병기를 준비하게 한 뒤에 여강을 소환하였다.

여강은 황제가 소환한다는 말을 듣고 화를 내며 말했다. "내가 죽더라도 반란은 일어날 것이다. 장부가 국가에 충성을 다할 뿐 어찌 옥리 앞에 불려나가야 하겠는가!"

그리고서는 자살하였다. 이에 조충과 하운은 다시 여강을 참소하였다.

"여강은 불려 와서 무엇을 물어보게 될 지도 모르면서 먼저 자결한 것은 그 부정이 명확하기 때문입니다."

결국 여강의 종친을 체포하였고 그 재산을 몰수하였다.

原文

時, 宦者濟陰丁肅, 下邳徐衍, 南陽郭耽, 汝陽李巡, 北海趙祐等五人稱爲淸忠, 皆在里巷, 不爭威權. 巡以爲諸博士試甲乙科, 爭弟高下, 更相告言, 至有行賂定蘭臺漆書經字, 以合其私文者. 乃白帝, 與諸儒共刻《五經》文於石, 於是詔蔡邕等正其文字. 自後《五經》一定, 爭者用息.

趙祐博學多覽, 著作校書, 諸儒稱之. 又小黃門甘陵吳伉, 善爲風角, 博達有奉公稱. 知不得用, 常託病還寺舍, 從容養志云.

| 註釋 | ㅇ《五經》文於石 – 채옹은 직접 비석에 글을 써서 석공을 시켜 글자를 새겨 붉은색을 칠을 한 뒤 太學의 정문 밖에 세웠다.(熹平石經) 이에 後儒나 晚學들이 모두 正文을 배울 수 있었다. 60권, 〈馬融蔡邕列傳〉(下) 참고. ㅇ善爲風角 – 風角은 바람을 보고 길흉을 판단하는 점술.

이 무렵, 환관인 濟陰 출신 丁肅(정숙), 下邳(하비) 출신 徐衍(서연), 南陽 출신 郭耽(곽탐), 汝陽 출신 李巡(이순), 北海 출신 趙祐(조우) 등 5인은 청렴하고 충성하다는 칭송을 들었고 모두 보통 마을에 살면서 권위를 내세우지 않았다. 이순은 여러 박사를 시험하여 甲科와 乙科로 나누어 그 등급의 고하를 경쟁시켜야 하며, 뇌물을 주고 蘭臺(난대)의 옷 칠로 쓴 경전의 내용을 고쳐 私的인 학파의 내용과 일치하도록 개서하는 일을 고발해야 한다고 말했다. 그리고 여러 유생들이 함께 《五經》의 경문을 돌에 새겨두어야 한다고 영제에게 건의하였는데, 이에 蔡邕(채옹) 등에게 《오경》 경문을 바로잡으라고 명령하였다. 이후로 《五經》의 문구가 하나로 통일되었으며 논쟁이 종식되었다.

조우는 박학했고, 많은 책을 읽고 저작을 교정하여 여러 유생들의 칭송을 들었다. 또 小黃門인 甘陵 출신 吳伉(오항)은 길흉을 판단하는 風占에 능했고, 박학 통달할 뿐만 아니라 청렴하며 국가를 위해 헌신한다는 칭송을 들었다. 그러나 오항은 높이 등용될 수 없음을 알고 늘 병을 핑계로 관사에서 돌아와 집에서 조용히 養志했다.

❾ 張讓, 趙忠

原文

張讓者, 潁川人, 趙忠者, 安平人也. 少皆給事省中, 桓帝時爲小黃門. 忠以與誅梁冀功封都鄕侯. 延熹八年, 黜爲關內侯, 食本縣租千斛.

靈帝時, 讓,忠並遷中常侍, 封列侯, 與曹節,王甫等相爲表裏. 節死後, 忠領大長秋. 讓有監奴典任家事, 交通貨賂, 威形諠赫. 扶風人孟佗, 資產饒贍, 與奴朋結, 傾竭餽問, 無所遺愛. 奴咸德之, 問佗曰, "君何所欲? 力能辦也."

曰, "吾望汝曹爲我一拜耳." 時賓客求謁讓者, 車恒數百千兩, 佗時詣讓, 後至, 不得進, 監奴乃率諸倉頭迎拜於路, 遂共轝車入門. 賓客咸驚, 謂佗善於讓, 皆爭以珍玩賂之. 佗分以遺讓, 讓大喜, 遂以佗爲涼州刺史.

| 註釋 | ○安平國 – 治所는 信都縣, 今 河北省 衡水市 관할 冀州市. 前漢 信都郡(國) – 信都郡(後漢 23 – 72년) – 樂成國(72 – 122년) – 安平國(122 –)으로 명칭이 바뀜.

[國譯]

張讓(장양)은 潁川郡(영천군) 사람이고, 趙忠(조충)은 安平國 사람이다. 젊어서 모두 궁중에서 일했고 桓帝 때 小黃門이 되었다. 조충은 梁冀(양기) 주살에 공을 세워 都鄕侯가 되었다. (환제) 延熹 8년, 關內侯로 강등되어 1년에 본 현의 租 1천 斛(곡)을 받았다.

靈帝 때 장양과 조충은 나란히 中常侍로 승진했고 列侯가 되었는데 曹節, 王甫 등과 서로 表裏(표리) 관계였다. 조절이 죽은 뒤, 조충은 大長秋가 되었다. 장양은 가사를 전담하는 家奴를 두어 뇌물을 받아들이면서 위세를 떨쳤다. 右扶風 사람 孟佗(맹타)는 재산이 많

은 부호였는데, 장양의 가노와 친교를 맺고 재산을 기울일 정도로 많은 재물을 보내 위문하며 물건을 아끼지 않고 보냈다. 장양의 가노는 늘 고맙게 생각하며 맹타에게 물었다. "원하는 것은 무엇이든지 힘써 해결해 드리겠습니다."

그러자 맹타는 "자네들이 나를 위해 절을 한 번 해주면 된다."고 말했다. 그때 장양에게 부탁을 하러 온 사람들 수레가 언제나 수백에서 1천 량이나 되었는데, 장타가 장양을 찾아갔으나 늦게 와서 들어갈 수도 없었는데 장양의 노비 감독이 하인을 거느리고 나와 길에서 맹타에게 절을 올리고 함께 손수레를 밀고 문으로 들어갔다. 빈객들이 모두 놀랐고 맹타가 장양과 아주 가까운 줄로 알고 모두가 경쟁하듯 장타에게 보물을 뇌물로 바쳤다. 장타는 그것들은 나눠 절반을 장양에게 보냈다. 장양은 크게 좋아하며 맹타를 양주자사에 등용케 해주었다.

原文

是時, <u>讓</u>,<u>忠</u>及<u>夏惲</u>,<u>郭勝</u>,<u>孫璋</u>,<u>畢嵐</u>,<u>栗嵩</u>,<u>段珪</u>,<u>高望</u>,<u>張恭</u>, <u>韓悝</u>,<u>宋典</u>十二人, 皆爲中常侍, 封侯貴寵, 父兄子弟布列州郡, 所在貪殘, 爲人蠹害. <u>黃巾</u>旣作, 盜賊麋沸, 郎中<u>中山張鈞</u>上書曰,

「竊惟<u>張角</u>所以能興兵作亂, 萬人所以樂附之者, 其源皆由十常侍多放父兄,子弟,婚親,賓客典據州郡, 辜榷財利, 侵掠百姓, 百姓之冤無所告訴, 故謀議不軌, 聚爲盜賊. 宜斬

十常侍, 縣頭南郊, 以謝百姓, 又遣使者布告天下, 可不須師旅, 而大寇自消.」

天子以鈞章示讓等, 皆免冠徒跣頓首, 乞自致洛陽詔獄, 並出家財以助軍費. 有詔皆冠履視事如故. 帝怒鈞曰, "此眞狂子也. 十常侍固當有一人善者不?" 鈞復重上, 猶如前章, 輒寢不報. 詔使廷尉, 侍御史考爲張角道者, 御史承讓等旨, 遂誣奏鈞學黃巾道, 收掠死獄中. 而讓等實多與張角交通. 後中常侍封諝, 徐奉事獨發覺坐誅, 帝因怒詰讓等曰, "汝曹常言黨人慾爲不軌, 皆令禁錮, 或有伏誅. 今黨人更爲國用, 汝曹反與張角通, 爲可斬未?" 皆叩頭云, "故中常侍王甫, 侯覽所爲."

帝乃止.

| 註釋 | ○畢嵐(필람) – 인명. 畢은 마칠 필. 성씨. 嵐은 남기 남. 산속 아지랑이 같은 기운. ○辜榷財利 – 辜榷은 남의 장사를 방해하여 이익을 독점하다. 辜는 이익을 독점할 고, 허물 고. 까닭. 榷은 도거리 할 각. 독점하다. 외나무다리 각.

[國譯]

是時, 장양, 조충 및 夏惲(하운), 郭勝(곽승), 孫璋(손장), 畢嵐(필람), 栗嵩(율숭), 段珪(단규), 高望(고망), 張恭(장공), 韓悝(한리), 宋典(송전) 중 12명이 모두 中常侍였는데, 이들은 제후가 되었고 총애를 받으면서 그 父兄이나 子弟가 州郡의 지방관이 되어 임지에서 탐욕하고 잔악하여 백성들에게 해악을 끼쳤다. 황건적이 봉기한 뒤에 도적떼가 죽 끓듯하자 郎中인 中山國 사람 張鈞(장균)이 상서하였다.

「臣이 생각할 때 張角(장각)이 기병하여 반란을 일으킬 수 있었던 것은 백성이 기꺼이 한 편이 되었기 때문이니, 그 근원은 여러 십상시의 부형이나 자제, 인척이나 빈객들이 주군의 官長이 되어 財利를 독점하고 백성을 침탈하는데도 백성은 호소할 데가 없어 반역을 모의하게 되고 무리를 지어 도적질이 된 것입니다. 의당 십상시를 처단하여 그 머리를 南郊에 매달고 백성에게 사과하고, 또 사자를 보내 세상에 널리 알린다면 군사를 보내기도 전에 도적은 저절로 해산할 것입니다.」

천자가 장균의 상소를 장양 등에게 보여주자, 상시들은 모두 면관에 신발을 벗고 머리를 조아리며 용서를 빌고 낙양의 詔獄에 스스로 들어갈 것이며, 가재를 모두 털어 군비를 돕겠다고 말했다. 이에 영제는 관과 신발을 착용할 것과 전과 같이 근무하라고 명했다. 영제는 장균의 상서에 화를 내며 말했다.

"이 자는 정말 미친 사람이다. 십상시 중 어느 누구 하나 착하지 않은 사람이 있는가?"

그래도 장균은 거듭 같은 내용으로 상서를 올렸지만 모두 묵살되어 보고되지 않았다. 영제는 廷尉와 侍御史를 시켜 장각의 太平道를 따르는 사람을 조사하게 하였는데, 시어사는 장양 등의 지시를 받아 결국 장균이 黃巾道를 배웠다고 거짓 상주하며 장균을 체포 고문하여 옥사케 하였다. 그러나 실제로는 장양궁이 장각 무리와 왕래하고 있었다. 뒷날 中常侍 封諝(봉서), 徐奉(서봉) 등이 발각되어 모두 주살되었는데 영제가 화를 내며 장양 등을 질책하였다.

"너희들이 늘 黨人들이 불충한 짓을 한다 하여 모두 금고에 처하거나 처형하였다. 이제 당인들이 나라를 위해 일하나 너희들은 반대로 장각과 내통하고 있으니 처형당해야 되지 않겠는가?"

이에 모두 머리를 조아리며 말했다. "모두가 중상시 왕보와 후람이 한 짓입니다." 영제는 이에 그만두었다.

■原文

明年, 南宮災. 讓, 忠等說帝令斂天下田畝稅十錢, 以修宮室. 發太原, 河東, 狄道諸郡材木及文石, 每州郡部送至京師, 黃門常侍輒令譴呵不中者, 因强折賤買, 十分雇一, 因復貨之於宦官, 復不爲卽受, 材木遂至腐積, 宮室連年不成. 刺史, 太守復增私調, 百姓呼嗟. 凡詔所徵求, 皆令西園騶密約勅, 號曰 '中使', 恐動州郡, 多受賕賂.

刺史, 二千石及茂才孝廉遷除, 皆責助軍修宮錢, 大郡至二三千萬, 餘各有差. 當之官者, 皆先至西園諧價, 然後得去. 有錢不畢者, 或至自殺. 其守淸者, 乞不之官, 皆迫遣之.

| 註釋 | ○狄道 − 道는 縣級 행정 단위. 漢族과 이민족 혼합 거주지. 狄道(적도)는 隴西郡 治所, 今 甘肅省 定西市 관할 臨洮縣. 狄은 북방 오랑캐 적. 대체로 흉노를 지칭. ○十分雇一 − 雇는 가격을 지급하다. 雇는 품 살 고. ○西園騶 − 西園의 마부. 騶는 말 먹이는 사람 추. ○西園諧價 − 諧價는 가격을 조정하다.(平論하여 定價하다.) 諧는 조화할 해.

明年(中平 2년)에, 南宮이 불탔다. 장양과 조충 등은 영제에게 천하의 토지 1畝(무)에 10전의 稅를 더 징수하여 궁궐을 수리해야 한다고 설득하였다. 그러면서 太原郡, 河東郡, 狄道(적도, 隴西郡) 등 여러 군의 목재와 무늬가 있는 석재(文石)를 주군에서 京師로 운송케 하였는데, 黃門常侍는 번번이 규격에 미달한다고 질책하였으며 강제로 그 가격을 깎아 10분의 1을 지급하고 남는 재물은 환관들에게 상납하였으며, 거기다가 즉시 받아주지도 않아 목재가 쌓여 썩어서 궁궐은 몇 년이 지나도 완공되지 못했다. 자사나 太守도 거기에 자신의 이익을 챙겨 백성들만 울부짖고 탄식하였다. 조서로 징발하는 물자는 모두 西園의 마부와 밀약으로 결정되었는데, 이 마부를 '中使(궁궐 使者)'라 부르며, 그 위세가 주군에 진동하여 수많은 뇌물을 거두었다.

자사나 이천석(태수) 및 茂才(무재)나 孝廉으로 승진하거나 임명받으려는 사람은 모두 군비나 修宮錢을 바쳐야 했는데 그 액수가 大郡은 2, 3천만이었고 나머지는 각각 차이를 두었다. 임용되려는 자들은 먼저 西園에 가서 가격을 흥정한 뒤에 임지로 부임할 수 있었다. 금액을 다 납부하지 못하여 자살한 자도 있었다. 청렴한 뜻을 가진 자는 부임하지 않겠다고 애걸했지만 대개 강제로 (돈을 납부하고) 부임했다.

[原文]

時, 鉅鹿太守河內司馬直新除, 以有淸名, 減責三百萬.

直被詔, 悵然曰, "爲民父母, 而反割剝百姓, 以稱時求, 吾不忍也." 辭疾, 不聽, 行至孟津, 上書極陳當世之失, 古今禍敗之戒. 卽吞藥自殺. 書奏, 帝爲暫絶修宮錢.

又造萬金堂於西園, 引司農金錢繒帛, 仞積其中. 又還河間買田宅, 起第觀. 帝本侯家, 宿貧, 每嘆桓帝不能作家居, 故聚爲私藏, 復寄小黃門常侍錢各數千萬. 常云, "張常侍是我公, 趙常侍是我母." 宦者得志, 無所憚畏, 並起第宅, 擬則宮室. 帝常登永安候臺, 宦官恐其望見居外, 乃使中大人尙但諫曰, "天子不當登高, 登高則百姓虛散." 自是不敢復升臺榭.

| 註釋 | ○孟津(맹진) – 河水의 나루터 이름. 周 武王이 殷 紂王(주왕)을 토벌할 때 8백 제후가 모여 맹세한 곳. 今 河南省 洛陽市 북쪽의 孟津縣. ○仞積其中 – 仞積은 가득 쌓아두다. 仞은 가득 채우다(滿也). 한 길 인. 사람의 키 높이. ○中大人尙但 – 中大人은 관직명, 尙但(상단)은 인명. 尙이 성씨. ○臺榭 – 누대와 정자. 榭는 亭子 사.

[國譯]

그때, 河內郡 사람 司馬直(사마직)은 鉅鹿太守로 임명을 받았는데 평소 淸名이 있어 3백만 전으로 감해주었다. 사마직은 발령을 받고 슬퍼하며 말했다. "백성의 부모가 되어 도리어 백성을 해치면서 눈 앞의 요구를 맞추는 짓을 차마 못하겠다."

그러면서 병을 핑계로 사직했으나 허용되지 않자, 孟津(맹진)까지 와서 당시의 失政과 古今의 禍亂과 멸망의 교훈을 상세히 서술하여 상서한 뒤에 약을 마시고 자살하였다. 상소가 보고되자, 영제는 잠시 修宮錢 징수를 중단하였다.

영제는 또 西園에 萬金堂을 짓고 大司農이 관리하는 금전과 비단을 그 안에 쌓아두었다. 또 河間國에 田宅을 매입하고 저택을 지었다. 영제는 본래 제후로써 오랫동안 가난하였는데 桓帝가 거처를 늘리지 못하게 한 것을 늘 한탄하고 있었기에 사재를 모았고 小黃門과 常侍들로부터 각각 수천 만전을 기부받았다. 영제는 늘 "張常侍(張讓)는 나의 아버지이고, 趙常侍(趙忠)은 나의 어머니이다."라고 말했다. 이러니 환관들은 得志하여 아무 거리낌도 없이 궁궐과 비슷한 대 저택을 지었다.

영제는 가끔 永安宮 망루에 올랐는데 환관들은 자신의 저택을 황제가 바라볼 것이 두려워 中大人인 尙但(상단)을 시켜 "天子는 登高할 수 없으니 등고하면 백성이 줄어들고 흩어지게 됩니다."라고 말하게 하였다. 영제는 이후로 다시는 누각이나 정자에 올라가지 않았다.

▌原文

明年, 遂使鉤盾令宋典繕修南宮玉堂. 又使掖庭令畢嵐鑄銅人四列於倉龍, 玄武闕, 又鑄四鍾, 皆受二千斛, 縣於玉堂及雲臺殿前. 又鑄天祿蝦蟆, 吐水於平門外橋東, 轉水入宮. 又作翻車渴烏, 旋於橋西, 用灑南北郊路, 以省百姓灑道之費. 又鑄四出文錢, 錢皆四道. 識者竊言侈虐已甚, 形象兆

見,此錢成,必四道而去. 及京師大亂,錢果流布四海. 復以
忠爲車騎將軍,百餘日罷.

六年,帝崩. 中軍校尉袁紹說大將軍何進,令誅中官以悅
天下. 謀泄,讓,忠等因進入省,遂共殺進. 而紹勒兵斬忠,捕
宦官無少長悉斬之. 讓等數十人劫質天子走河上. 追急,讓
等悲哭辭曰,"臣等殄滅,天下亂矣. 惟陛下自愛!" 皆投河
而死.

| 註釋 | ○縣於玉堂 − 縣은 懸. 매달 현. ○天祿蝦蟆 − 蝦蟆(하마)는 두
꺼비. 蝦는 두꺼비 하. 蟆는 두꺼비 마. 두꺼비를 데리고 노는 신선 그림이
있다. 두꺼비는 長壽와 복록을 상징한다. ○翻車渴烏 − 물을 뿌리고(翻
車), 물을 끌어오는 장치(渴烏). 渴烏(갈오)는 曲筒(곡통). ○謀泄 − 泄은 샐
설. 누설하다. 사실 何進의 무능과 유예로 하진은 도리어 환관들에게 개죽
음을 당했다.

[國譯]

그 다음 해(中平 3년), 鉤盾令 宋典(송전)을 시켜 南宮의 玉堂을 지
었다. 또 掖庭令 畢嵐(필람)을 시켜 銅人을 주조하여 倉龍宮(東闕)과
玄武闕(北闕)에 4열로 세워놓게 했으며, 각각 2천 斛(곡) 용량의 鍾
4개를 주조하여 玉堂과 雲臺殿前에 매달았다. 또 天祿蝦蟆(천록하
마)를 주조하여 平門 밖, 교량의 동쪽에 설치하였고 물길을 돌려 궁
안으로 흐르게 하였다. 또 翻車(번거)와 渴烏(갈오)라는 장치를 다리
서쪽에 마련하여 南北의 큰 길을 돌며 물을 뿌리게 하여 백성들의
거리 청소 비용을 줄여 주었다. 또 四出文錢을 주조하였는데 동전에

4개의 줄이 있었다. 論者들은 사치와 학정이 너무 심하다고 비판하며 그 징조가 이를 통해 나타났으니, 이 돈은 통용되면서 틀림없이 사방으로 흩어질 것이라고 말했다. 실제로 낙양이 크게 혼란해지면서 이 동전은 사방으로 흩어졌다. 영제는 조충을 다시 車騎將軍에 임명했다가 1백여 일 만에 면직시켰다.

(中平) 6년(서기 189), 영제가 붕어했다. 中軍校尉 袁紹(원소)는 大將軍 何進에게 환관을 주살하여 민심을 기쁘게 해야 한다고 설득하였다. 그러나 계획이 누설되었고, 장양과 조충 등은 궁 안에서 하진을 살해하였다. 그러자 원소는 군사를 동원하여 조충을 斬殺하고 노소 환관을 불문하고 잡히는 대로 모두 다 죽였다. 장양 등 수십 명은 천자를 겁박하여 인질로 잡고 황하 쪽으로 도주하였다. 그러나 추격이 급박하자 장양 등은 울면서 천자(少帝)에게 하직 인사를 하였다.

"臣 등은 모두 죽게 될 것이고 세상은 뒤집혔습니다. 폐하께서는 自愛하십시오!"

그러면서 모두 강물에 빠져 죽었다.

■原文

論曰, 自古喪大業絶宗禋者, 其所漸有由矣. 三代以嬖色取禍, 嬴氏以奢虐致災, 西京自外戚失祚, 東都緣閹尹傾國. 成敗之來, 先史商之久矣. 至於釁起宦夫, 其略猶或可言. 何者?

刑餘之醜, 理謝全生, 聲榮無暉於門閥, 肌膚莫傳於來體,
推情未鑒其敝, 卽事易以取信, 加漸染朝事, 頗識典物. 故少
主憑謹舊之庸, 女君資出內之命, 顧訪無猜憚之心, 恩狎有
可悅之色. 亦有忠厚平端, 懷術糾邪. 或敏才給對, 飾巧亂
實, 或借譽貞良, 先時薦譽. 非直苟恣凶德, 止於暴橫而已.

然眞邪並行, 情貌相越, 故能回惑昏幼, 迷瞀視聽, 蓋亦有
其理焉. 詐利旣滋, 朋徒日廣, 直臣抗議, 必漏先言之間, 至
戚發憤, 方啓專奪之隙, 斯忠賢所以智屈, 社稷故其爲墟.
《易》曰, '履霜堅冰至.' 云所從來久矣. 今跡其所以, 亦豈
一朝一夕哉!

| 註釋 | ○三代以嬖色取禍 - 夏는 末嬉(말희), 殷은 妲己(달기), 周는 襃
姒(포사) 때문에 멸망했다. ○迷瞀視聽 - 迷瞀는 미혹하여 어둡게 하다.
瞀는 어두울 무. 눈 흐릴 막. ○《易》曰 - 坤卦(坤爲地)의 初六 爻辭.〈文言
傳〉坤卦 初六. 모든 나쁜 일이 일조일석이 이뤄지는 것이 아니라 쌓이고
쌓인 것이니 작은 일 하나라도 근신하지 않을 수 없다는 뜻.

[國譯]

范曄(범엽)의 史論 : 예로부터, 大業을 잃고 종족 제사가 끊어진 데
는 점차 그렇게 된 과정이 있었다. 三代(夏, 殷, 周)는 女色이 화를
불렀고, 嬴氏(영씨, 秦)는 사치와 학정으로 재앙을 초래했으며, 西京
(前漢)은 외척 때문에 帝位를 잃었고, 東都(後漢)는 閹尹(엄윤, 환관)
때문에 나라가 기울었다. 이런 성패의 유래는 前代의 史家들도 오래
전부터 생각하였다. 환관이 환란을 초래한 원인의 대략은 설명할 수

있다. 왜 그럴 수 있겠는가?

腐刑(부형)을 받은 사람은 신체가 완전한 사람에게 부끄럽고, 명성이나 영광이 그 문벌에 자랑이 될 수 없으며, 자신의 신체를 후손에 전할 수도 없지만, 자신의 뜻이 신체에 있지 않기에 일을 하더라도 쉽게 신임을 받을 수가 있으며, 점차 조정의 일에 몰두하고 많은 것을 알아 물건을 잘 관리할 수가 있었다. 그래서 어린 주군은 환관의 성실을 알고 어렸을 때부터 보아온 옛 정에 익숙하였고, 황후 등은 환관을 통해 내부의 뜻을 전달할 수 있고 정사가 돌아가는 정황을 기탄없이 물어볼 수도 있어서 총애와 신임을 베풀면 환관은 女主의 뜻을 맞춰 주었기에 서로가 필요했었다. 또 환관은 충성스럽고 온후하며 공평 단정하거나 학술이 깊어 잘못을 바로잡으려는 뜻을 가진 자도 있었다. 아니면 영민한 재능으로 일을 능숙하게 처리하거나 때로는 곧고 바른 인재를 천거하여 다른 사람보다 칭송을 듣기도 하였다. 환관이라 하여 모두가 멋대로 행동하거나 흉악하거나 포악한 것만은 아니었다.

그렇지만 眞誠과 邪惡이 공존하거나 情誼와 外貌와 서로 다를 수 있어 어리거나 어리석은 황제를 현혹케 하여 보고 듣는 것을 흐리게 하였으니, 이 또한 그만한 이유가 있었다. 거짓과 私利가 만연하기 시작하면 그런 무리들은 날로 늘어나고, 거기에 정직한 신하들이 항의하게 되면서 비밀리에 했던 말도 새어나가고, 가까운 종친은 발분하게 되어 전권을 쥐려는 환관과 정권을 유지하려는 士人과 틈이 벌어지게 되기에, 이 과정에서 忠臣賢才는 길이 막히게 되어 결국 사직은 무너지게 된다.

그래서 《易》에서도 '서리를 밟으면 곧 두꺼운 얼음이 언다.'고

하였으니, 이는 유래가 오래 되었다는 뜻이다. 지금 그 자취를 따져 본다면 이 어찌 一朝一夕이라 하겠는가!

原文

　贊曰, 任失無小, 過用則違. 況乃巷職, 遠參天機. 舞文巧態, 作惠作威. 凶家害國, 夫豈異歸!

| 註釋 |　○巷職 - 永巷의 직분. 환관.

[國譯]

　贊曰,
　用人의 실패나 무능자 重用은 그 폐단이 적지 않나니
　하물며 永巷의 직책이 天機를 어찌 관여할 수 있겠나?
　법규를 조작하고 아부로 위세를 부리고 부귀를 누렸다.
　가문과 나라에 해악을 끼치니 결과가 어찌 다르겠는가!

79 儒林列傳(上)
〔유림열전(상)〕

原文

　昔王莽,更始之際, 天下散亂, 禮樂分崩, 典文殘落. 及光武中興, 愛好經術, 未及下車, 而先訪儒雅, 采求闕文, 補綴漏逸. 先是, 四方學士多懷協圖書, 遁逃林藪. 自是莫不抱負墳策, 雲會京師, 范升,陳元,鄭興,杜林,衛宏,劉昆,桓榮之徒, 繼踵而集.

　於是立《五經》博士, 各以家法教授,《易》有施,孟,梁丘,京氏,《尙書》歐陽,大小夏侯,《詩》齊,魯,韓,《禮》大小戴,《春秋》嚴,顔, 凡十四博士, 太常差次總領焉.

註釋 ○王莽,更始之際 − 王莽(왕망, 莽은 풀 어거질 망)은 서기 8 - 25년 재위(新). 更始는 更始帝 劉玄(유현, 字 聖公, ?−서기 25, 南陽郡 蔡陽縣人)이다. 劉秀와 劉玄은 같은 항렬로 三從兄弟(8촌)이다. 劉玄은 앞서 平林의 무리

에 속해 있었다. 平林과 新市軍의 장수인 王常(왕상)과 朱鮪(주유) 등은 함께 劉玄을 황제로 옹립하였고, 유현은 연호를 更始(경시)라 했기에 보통 更始帝라 칭하며 서기 23-25년 재위했다. 이를 역사에서는 玄漢(현한)이라 통칭한다. 11권,〈劉玄劉盆子列傳〉에 입전. ○未及下車 - 下車는 부임하다. 취임하다. ○遁逃林藪 - 遁逃(둔도)는 달아나다. 林藪(임수)는 수풀. 山林. 藪는 늪 수. 덤불. ○繼踵而集 - 繼踵은 뒤를 잇다. 踵은 발꿈치 종. ○《五經》博士 - 博士는 太常의 속관, 박사는 弟子員(太學生)의 교육을 담당하고 나라에 疑事가 있을 경우, 황제나 三公九卿의 자문에 응대하였다(掌通古今), 질록 比 6백석, 정원 無. 많을 때는 수십 명에 달했다. 武帝 建元 5년(前 124) 처음 《五經》博士 설치. 後漢에서는 五經 분야별로 14명의 박사(〈易〉4人,〈尙書〉3人,〈詩〉3人,〈禮〉2人,〈春秋〉2人)를 두었다. 博士祭酒(前漢에서는 博士僕射)가 박사의 先任으로 代表格. 질록 六百石. 다른 박사는 질록 比六百石(前漢에서는 4百石, 宣帝 때 6백석으로 늘렸다). ○《魯詩》 - 申公(申培公)이 지은《詩經》의 傳(전)을《魯詩》라 한다. ○《韓詩》 - 燕人 韓嬰(한영)이 전한《詩》. ○凡十四博士 - 前漢 代 유학의 발전 과정과 학파와 그 인물에 대해서는《漢書 儒林傳》참고. ○太常差次總領焉 - 박사의 선임과 그 학식이나 근무를 감독 평가하는 직책은 太常(종묘 제사 담당)이다.

[國譯]

옛날 王莽(왕망)과 更始帝 시대에 천하는 흩어지고 혼란하였고 禮樂은 무너졌으며 경전은 없어지거나 누락되었다. 光武帝는 中興(서기 25년) 이후, 유학을 愛好하였는데 정식 즉위 전부터 이름난 유생을 방문하고 경전을 모으며 누락된 경문을 보완하였다. 이보다 앞서 사방의 學士들은 圖書(經典)를 가지고 산림에 은거했었다. (光武中

興) 이후로 많은 서책을 가지고서 경사로 모여들지 않는 이가 없었
으니, 范升(범승), 陳元(진원), 鄭興(정흥), 杜林(두림), 衛宏(위굉), 劉昆
(유곤), 桓榮(환영) 같은 유생들이 연이어 모여들었다.

　　이에《五經》의 博士를 두고 전승해온 내용으로 教授하게 하였는
데,《易》에는 施讎(시수), 孟喜(맹희), 梁丘賀(양구하), 京房(경방)의 학
파가 있고,《尙書》에서 歐陽生(구양생), 大小 夏侯氏(夏侯始昌, 夏侯
勝)의 학파가,《詩》에 齊詩(제시), 魯詩(노시), 韓詩(한시)가,《禮》에는
大戴(戴德)와 小戴(橋仁, 楊榮)의 구분이,《春秋》에는 嚴彭祖(엄팽조,
莊彭祖), 顔安樂(안안락)의 학파 등 총 14博士를 두었는데, 太常이 순
차에 의거 박사를 통솔하였다.

原文

　建武五年, 乃修起太學, 稽式古典, 籩豆干戚之容, 備之於
列, 服方領習矩步者, 委它乎其中. 中元元年, 初建三雍. 明
帝卽位, 親行其禮. 天子始冠通天, 衣日月, 備法物之駕, 盛
清道之儀, 坐明堂而朝群后, 登靈臺以望雲物, 袒割辟雍之
上, 尊養三老五更. 饗射禮畢, 帝正坐自講, 諸儒執經問難
於前, 冠帶縉紳之人, 圜橋門而觀聽者蓋億萬計. 其後復爲
功臣子孫, 四姓末屬別立校舍, 搜選高能以受其業. 自期門
羽林之士, 悉令通《孝經》章句, 匈奴亦遣子入學. 濟濟乎,
洋洋乎, 盛於永平矣!

| 註釋 | ○稽式古典 － 稽式(계식)은 고찰하여 모범으로 삼다. 法式. 古典은 고대의 典章, 制度. ○籩豆干戚之容 － 籩豆(변두)는 祭器. 제물을 올리는 각종 그릇. 대나무로 만든 것이 籩. 나무로 만든 제기는 豆이다. 干戚은 방패와 도끼. 舞者가 손에 쥐는 도구. 살상용 兵器가 아님. ○委它乎其中 － 委它(위타, 委佗)는 걸어가는 모양. 행진하다. ○中元 － 光武帝의 두 번째, 마지막 연호(서기 56 - 57년). ○三雍(삼옹) － 明堂, 靈臺, 辟雍. 明堂은 皇帝가 政教의 大典을 행하는 건물. 朝會, 祭祀, 慶賞, 養老, 教學 등의 행사를 집행하는 곳. 靈臺는 본래 周 文王 만들었다는 樓臺. 음양과 천문의 변화를 관측하는 곳. 3월과 9월에 鄉射禮를 거행했다. 누대의 높이 三丈, 12개의 문이 있으며 天子의 누대는 靈臺, 諸侯는 觀臺라고 했다. 辟雍(벽옹)은 본래 周代의 중앙교육기관. 太學이 소재한 곳. 전체적으로 둥근 모양(하늘을 상징)을 물(教化가 물처럼 흘러 널리 퍼지라는 뜻)이 두르고 있는 형상. 제후국의 교육기관은 泮宮(반궁)이라 했다. ○盛清道之儀 － 清道는 旄頭가 앞에서 길을 인도하다. ○雲物 － 구름(雲氣) 형상이나 빛깔. 雲象을 관측하여 길흉과 기후를 예측했다. ○尊養三老五更 － 三老는 國三老. 鄉官 三老가 아니고 존경받을 만한 최고 국가의 元老의 뜻. 보통 三公을 역임한 사람 중에서 선정하였다. 五更(오경)은 五叟로도 표기(叟는 늙은이 수). 五更은 연로하여 致仕하고 경험(곧 五事인 貌, 言, 視, 聽, 思)이 풍부한 사람이란 뜻으로, 보통 지팡이를 짚지 않아도 되는 公卿 중에서 고른다는 주석이 있다. 황제가 年老한 三老와 更事致仕한 사람을 모시는 예를 시행하는 것은 백성에게 孝悌를 널리 펴기 위한 뜻이다. ○四姓末屬別立校舍 － 황제의 외척인 樊氏(번씨, 광무제의 외가), 郭氏, 陰氏, 馬氏 등 4성의 자제를 특별히 四姓小侯라 하였다. 아직 나이가 어려 列侯(諸侯)가 아니기에 小侯라 하였고 그들을 위해 五經博士를 두었다. ○期門羽林之士 － 천자를 宿衛하는 광록훈의 속관을 期門郎이라 했다. 후에 虎賁郎으로 개칭. 羽林은 황제 숙위와 시종을 담당하는 護衛軍인 羽林騎士. 질록 3백석. 羽

林의 左, 右騎를 羽林左監(800명 지휘)과 右監(900명 지휘, 질록 6百石)이 각각 감독 지휘했다. ○濟濟乎, 洋洋乎 ─ 濟濟는 많고도 성한 모양, 엄숙하고 장엄한 모양. 洋洋은 성대한 모양, 득의한 모양, 의기가 드높은 모양. ○永平 ─ 명제의 연호(서기 58~75년).

[國譯]

(光武帝) 建武 5년(서기 29), 太學을 중건하였는데, 고대 典章의 법식에 의거, 禮器와 舞者의 干戚(간척)을 갖춰 줄을 짓게 하고, 方領의 옷을 착용하고 법도에 따라 걸음걸이를 익힌 유생들이 서서히 줄을 지어 들어왔다. 中元 원년(서기 56), 三雍을 처음 건립했다. 明帝 즉위(서기 58) 이후에 친히 그 예를 행했다. 天子는 처음으로 通天冠을 쓰고, 日月星辰이 그려진 옷을 입었으며, 法物을 모두 완비한 어가를 타고, 淸道의 儀式을 갖추었으며, 明堂에 좌정하여 群臣과 諸侯의 朝賀를 받았고, 靈臺에 올라 天上의 雲氣를 관망하였으며, 辟雍(벽옹)에서는 웃통을 벗은 자가 희생의 고기를 잘라 三老와 五更을 받들어 공양하였다. 饗射禮를 마치고 황제는 正坐하여 諸生에게 講學하였고, 諸儒는 經典을 들고 앞에 나와서 의문이 있는 내용을 질문하였으며, 冠帶를 갖춘 縉紳(진신)들은 벽옹으로 들어가는 교량 밖을 에워쌌는데, 이를 보고 구경하는 자가 아마 수만 명이었다. 그 뒤에 또 功臣의 자손, 四姓의 외척 자손을 위하여 별도로 학교를 세우고 재학이 우수한 자를 골라 수업을 진행하였다. 그리하여 황제를 숙위하는 期門이나 羽林의 騎士일지라도 모두 《孝經》의 章句에 통하였으며, 匈奴도 그 자제를 보내 입학시켰다. 참으로 성대하고 장엄하였도다! 永平 연간의 문물의 번성이여!

建初中, 大會諸儒於白虎觀, 考詳同異, 連月乃罷. 肅宗親臨稱制, 如石渠故事, 顧命史臣, 著爲通義. 又詔高才生受《古文尙書》,《毛詩》,《穀梁》,《左氏春秋》, 雖不立學官, 然皆擢高第爲講郞, 給事近署, 所以網羅遺逸, 博存衆家. 孝和亦數幸東觀, 覽閱書林. 及鄧后稱制, 學者頗懈. 時, 樊准, 徐防並陳敦學之宜, 又言儒職多非其人, 於是制詔公卿妙簡其選, 三署郞能通經術者, 皆得察擧. 自安帝覽政, 薄於藝文, 博士倚席不講, 朋徒相視怠散, 學舍頹敝, 鞠爲園蔬, 牧兒蕘豎, 至於薪刈其下. 順帝感翟酺之言, 乃更修黌宇, 凡所結構二百四十房, 千八百五十室. 試明經下第補弟子, 增甲乙之科員各十人, 除郡國耆儒皆補郞, 舍人. 本初元年, 梁太后詔曰,

「大將軍下至六百石, 悉遣子就學, 每歲輒於鄉射月一饗會之, 以此爲常.」

自是遊學增盛, 至三萬餘生. 然章句漸疏, 而多以浮華相尙, 儒者之風蓋衰矣. 黨人旣誅, 其高名善士多坐流廢, 後遂至忿爭, 更相信告, 亦有私行金貨, 定蘭臺泰書經字, 以合其私文. 熹平四年, 靈帝乃詔諸儒正定《五經》, 刊於石碑, 爲古文,篆,隸三體書法以相參檢, 樹之學門, 使天下咸取則焉.

| 註釋 | ○著爲通義 -《白虎通義》저술을 지칭. ○三署郞 - 三署는 光

祿勳의 속관 중 五官中郎將(中郎三將의 우두머리, 질록 比二千石, 황제의 고급 시종관), 右, 左中郎將(궁전 숙위, 질록 比二千石)을 말함. 郡國에서 孝廉으로 추천된 자는 처음에 이 三署의 낭관에 補任, 낭관은 中郎, 議郎, 侍郎, 郎中으로 구분, 無 定員. ○牧兒蕘豎 − 蕘豎(요수)는 땔나무를 구하는 더벅머리 아이들. ○更修黌宇 − 黌宇는 글방 건물. 기숙사. 黌은 글방 횡. ○每歲輒於鄕射月 − 향사례는 3월과 9월에 거행하였고 태학생이 행사에 참여하였다.

[國譯]

(章帝) 建初(서기 76 – 83년) 연간에, 모든 유생을 白虎觀에 모아서 경전의 同異를 상고하게 하여 몇 달 뒤에 끝냈다(建初 4년, 서기 79년). 肅宗(章帝)은 親臨하여 황제의 신분으로 경전을 확정하였으니, 이는 (宣帝의) 石渠閣(석거각)의 전례와 같았으며, 史臣(班固)에게 명하여 《白虎通義》를 저술하게 하였다. 또 재능이 뛰어난 자를 모아 《古文尙書》와 《毛詩》, 그리고 《穀梁春秋》와 《左氏春秋》를 배우게 하였는데 비록 學官을 두지는 않았지만, 수준이 높은 자를 뽑아 講郎에 임명하였고, 황제 측근 부서에 근무하게 시켰으니, 이는 흩어진 학자들을 모으고 각 학파의 학술을 광범위하게 보전시키려는 뜻이었다.

和帝도 자주 (藏書閣인) 東觀에 행차하여 보관 중인 서책을 열람하였다. 鄧太后(章德竇皇后)가 칭제하는 기간에 학자들은 많이 게을러졌다. 그때 樊准(번회)와 徐防(서방)은 나란히 학문 권장의 이로움을 진술하면서 儒職에 비 적임자가 많으니, 이에 조서에 의거 공경들이 그 선임을 담당하고, 三署의 郎官 중에서 경학에 밝은 자를 특별히 천거하여야 한다고 주장하였다. 安帝가 정치하면서 학문이 깊지 못했는데 博士들은 좌석에 기대앉아서 강의를 하지 않았고, 문도들도 태만하여 흩어졌으며, 學舍는 무너지고 황폐하여 목동이나 나무하는 아이들이 거기서 땔나무를 베었다. 順帝는 翟酺(적보)의 進言을 받아들여 다시 學舍를 수리하면서 240여 채에 1,850개의 방을 신축하였다. 明經으로 천거된 자 중에서 하급에 속하는 자는 박사의 제자로 배우게 하였고, 甲科 乙科의 정원을 10명 씩 더 늘렸으며, 각 郡國의 나이 많은 유생을 모두 郞官과 舍人을 제수케 하였다. (質帝) 本初 원년(서기 146), 梁太后(順烈梁皇后)가 조서를 내렸다.

「대장군 이하 六百石 관리는 모두 그 자제를 취학케 하고, 해마다 향사례를 거행하는 달에 향사례에 참가토록 하되 이를 常規로 시행토록 하라.」

이때부터 유학이 다시 성하여 태학생이 3만 명에 이르렀다. 그러나 儒學 章句 연구는 점점 소략하고 浮華한 풍조가 널리 퍼지면서 儒者의 학풍은 점차 쇠퇴하였다. 그러다가 (桓帝, 靈帝 때) 黨人이라 하여 유생을 주살하자 高名한 유생들이 많이 연관되어 흩어졌고 결국 분쟁으로 이어졌으며, 서로를 고발하기에 이르렀고 은밀히 뇌물을 주어 蘭臺(난대) 경전의 漆書(칠서) 문자를 자기 학파의 내용으로 고쳐 쓰는 일도 일어났다. (영제) 熹平(희평) 4년(서기 175), 靈帝는 여러 유생에게 조서를 내려 《五經》의 문자를 확정하고 이를 石碑에 새기게 하였는데(熹平石經), 이는 古文과 篆書(전서), 隷書(예서)의 三體 書法으로 쓰여 서로 참고 확인케 하였는데, 석경을 태학의 정문 앞에 건립하여 천하사람 모두가 이를 표준으로 삼게 하였다.

初, 光武遷還洛陽, 其經牒秘書載之二千餘兩, 自此以後, 參倍於前. 及董卓移都之際, 吏民擾亂, 自辟雍,東觀,蘭臺,石室,宣明,鴻都諸藏典策文章, 競共剖散, 其縑帛圖書, 大則連爲帷蓋, 小乃制爲縢囊. 及王允所收而西者, 裁七十餘乘, 道路艱遠, 復棄其半矣. 後長安之亂, 一時焚蕩, 莫不泯盡焉.

東京學者猥衆, 難以詳載, 今但錄其能通經名家者, 以爲〈儒林篇〉. 其自有列傳者, 則不兼書. 若師資所承, 宜標名爲證者, 乃著之云.

|註釋| ○縢囊 − 주머니. 縢은 봉할 등. 노끈, 주머니. ○莫不泯盡焉 − 泯盡(민진)은 모두 없어지다. 泯은 망할 민. ○師資所承 − 師資는 스승. 資는 도움.「~故善人者, 不善人之師, 不善人者, 善人之資. ~」《老子道德經》27장.

[國譯]

그전에, 光武帝가 낙양에 돌아와 定都할 때, 經典과 圖錄, 秘書를 수레 2천여 대에 싣고 왔었는데 그 이후로 이전보다 3배 가량 늘었다. 董卓이 장안으로 移都할 때, 吏民이 소요하면서 辟雍, 東觀, 蘭臺, 石室, (北宮의) 宣明殿, 鴻都宮 등 여러 곳에 보관 중이던 경전이나 策書나 文章을 모두 흩어버렸는데, 그중에서 비단에 쓰인 圖書로 큰 것은 이어서 수레의 덮개로, 작은 것은 오려서 주머니를 만들었다. 王允이 수합하여 장안으로 싣고 간 것은 수레 70여 대였지만 길이 험하고 멀어서 그중 절반은 버려졌다. 뒷날〔李催(이각)의〕長安

분탕질에 한꺼번에 불을 질러 모두가 사라졌다.

　東京(後漢)의 학자들은 너무 많아 상세하게 기록할 수 없어, 이번에 다만 경전에 능통했던 유명인만을 모아 〈儒林篇〉을 지었다. 그중 별도로 列傳이 있는 자는 다시 기록하지 않았다. 만약 스승의 학통을 이어받은 자는 확실한 경우에만 기록하였다.

❶ 劉昆

▌原文

　《前書》云, 田何傳《易》授丁寬, 丁寬授田王孫, 王孫授沛人施讎,東海孟喜,琅邪梁丘賀, 由是《易》有施,孟,梁丘之學. 又東郡京房受《易》於梁國焦延壽, 別爲京氏學. 又有東萊費直, 傳《易》, 授琅邪王橫, 爲費氏學. 本以古字, 號《古文易》. 又沛人高相傳《易》, 授子康及蘭陵毋將永, 爲高氏學. 施,孟,梁丘,京氏四家皆立博士, 費,高二家未得立.

| 註釋 | ○《前書》云 – 《漢書》 88권, 〈儒林傳〉. ○費直(비직) – 인명. 費가 성씨.

[國譯]

　《漢書 儒林傳》의 기록에 田何(전하)는 《易經》을 丁寬(정관)에게 전수하였고, 정관은 이를 田王孫(전왕손)에게 전하였으며, 전왕손은 이를 沛郡 施讎(시수), 東海郡 孟喜(맹희), 琅邪郡(낭야군) 梁丘賀(양구하)에게 전수하였기에 《易》에는 施讎, 孟喜, 梁丘의 학통이 성립했다고 하였다. 또 東郡의 京房(경방)은 《易》을 梁國의 焦延壽(초연수)에게 전수하여서 별도로 京氏學이 성립되었다. 또 東萊郡의 費直(비직)은 《易》을 琅邪郡(낭야군) 王橫(왕횡)에게 전수하여 費氏學이 성립하였다. 본래 古文字로 쓰어 있어 《古文易》이라 하였다. 또 沛郡人 高相(고상)은 《易》을 이들 高康 및 蘭陵(난릉)의 毋將永(무장영)에게 전수하여 高氏學이 성립되었다. 《易經》의 施讎, 孟喜, 梁丘, 京氏學의 四家는 모두 博士를 두었지만, 費直과 高氏學의 二家는 학관을 세우지 못했다.

原文

劉昆字桓公, 陳留東昏人, 梁孝王之胤也. 少習容禮. 平帝時, 受《施氏易》於沛人戴賓. 能彈雅琴, 知淸角之操. 王莽世, 教授弟子恒五百餘人. 每春秋饗射, 常備列典儀, 以素木瓠葉爲俎豆, 桑弧蒿矢, 以射 '菟首'. 每有行禮, 縣宰輒率吏屬而觀之. 王莽以昆多聚徒衆, 私行大禮, 有僭上心, 乃繫昆及家屬於外黃獄. 尋莽敗得免. 旣而天下大亂, 昆避難河南負犢山中.

建武五年, 擧孝廉, 不行, 遂逃, 教授於江陵. 光武聞之, 卽除爲江陵令. 時, 縣連年火災, 昆輒向火叩頭, 多能降雨止風. 徵拜議郎, 稍遷侍中, 弘農太守.

| 註釋 |　○梁孝王之胤 - 文帝의 아들, 景帝의 친동생. 胤은 이을 윤. 후손.　○少習容禮 - 容은 儀也. 儀禮.　○淸角之操 - 五音의 音律.　○菟首 - 《詩經 小雅 瓠葉》의 구절.「有菟斯首 炮之燔之. 君子有酒 爵言獻之~」.　○外黃(외황) - 陳留郡의 현명. 今 河南省 동부 開封市 蘭考縣 동남.　○江陵 - 南郡의 治所, 今 湖北省 남부 荊州市 江陵縣.

[國譯]

劉昆(유곤)의 字는 桓公(환공)으로, 陳留郡 東昏縣 사람으로 梁 孝 王의 후손이다. 젊어서 의례를 학습하였다. 平帝 때, 《施氏易》을 沛郡(패군)의 戴賓(대빈)으로부터 배웠고 雅琴을 잘 연주하였으며 五音의 음률에도 밝았다. 王莽(왕망) 시절에 가르침을 받는 제자가 늘 5백여 명이었다. 해마다 봄가을로 鄕射禮를 거행할 때 늘 의례에 따라 진설하면서 칠하지 않은 흰 나무바가지와 박 잎〔瓠葉(호엽)〕을 깔은 俎豆(조두)와 뽕나무 활과 쑥대 화살을 준비하였으며, 활을 쏠 때는 《詩經 小雅 瓠葉》의 '菟首(토수)' 구절을 읊게 하였다. 매번 의례를 행할 때 현령은 관리들을 인솔하고 와서 관람하였다.

왕망은 유곤이 많은 무리를 모으고 개인적으로 大禮를 거행하는 것은 윗사람을 참월하려는 뜻이라 하여 유곤과 그 가속을 (陳留郡) 外黃縣(외황현)의 옥에 가두었다. 그러나 곧 왕망이 패망하면서 풀려났다. 이어 천하가 크게 혼란하자, 유곤은 河南郡의 負犢山(부독산)으로 피난하였다.

建武 5년, 孝廉으로 천거되었지만 나가지 않다가 고향을 떠나 (南郡) 江陵(강릉)에서 문도를 교육하였다. 光武帝가 알고서는 즉시 江陵 縣令을 제수하였다. 그때 縣에서는 해마다 화재가 발생하였는데 유곤이 그때마다 불길을 향해 머리를 조아리면 비가 내리고 바람도 멈추었다. 조정에 들어와 議郞이 되었다가 점차 승진하여 侍中과 弘農太守를 역임하였다.

原文

　先是, 崤,黽驛道多虎災, 行旅不通. 昆爲政三年, 仁化大行, 虎皆負子度河. 帝聞而異之. 二十二年, 徵代杜林爲光祿勳. 詔問昆曰, “前在江陵, 反風滅火, 後守弘農, 虎北度河, 行何德政而致是事?” 昆對曰, “偶然耳.” 左右皆笑其質訥. 帝嘆曰, “此乃長者之言也.” 顧命書諸策. 乃令入授皇太子及諸王小侯五十餘人. 二十七年, 拜騎都尉. 三十年, 以老乞骸骨, 詔賜洛陽第舍, 以千石祿終其身. 中元二年卒.

　子軼, 字君文, 傳昆業, 門徒亦盛. 永平中, 爲太子中庶子. 建初中, 稍遷宗正, 卒官, 遂世掌宗正焉.

| 註釋 |　○崤,黽驛道多虎災 - 崤는 崤山(효산), 長安(今 陝西省 西安市)과 洛陽 사이의 험지, 函谷關과 함께 崤函(효함)으로 병칭, 軍事戰略重地. 黽은 黽池(민지), 弘農郡의 현명. 今 河南省 서북부, 黃河 남안, 三門峽市 관할 黽池縣. 虎災는 虎患.　○太子中庶子 - 太子少傅(질록 二千石)의 속관. 太子中庶子는 질록 六百石. 정원 五人, 황제의 侍中과 같은 직무를 수행.

[國譯]

　이보다 앞서 崤山(효산)과 黽池(민지)의 驛道에서는 虎患이 자주 있어 여행객이 끊기었다. 유곤이 弘農 郡守로 3년 재직하는 동안 인덕에 의한 교화가 크게 이루어져서 호랑이들이 모두 새끼를 데리고 河水를 건너갔다. 광무제는 이를 듣고서 기이하다고 여겼다. (建武) 22년에 조정에 들어가 杜林(두림)의 후임으로 光祿勳이 되었다.

광무제가 조서를 내리며 유곤에게 물었다. "전에 江陵(강릉)에서는 산불에 바람이 반대로 불어 저절로 진화되었고, 또 弘農 군수일 때는 호랑이들이 북으로 河水를 건너갔다는데, 무슨 德政을 폈기에 이런 일이 있었는가?"

이에 유곤이 대답하였다. "모두 우연입니다."

그러자 측근에서 그의 우둔한 답변에 모두 웃었다. 그러나 광무제는 감탄하며 말했다.

"이것이 바로 長者의 말이로다."

광무제는 이를 서책에 기록하라고 명했다. 그러면서 유곤에게 궁궐에서 皇太子와 여러 왕, 小侯 50여 명을 교수하게 하였다. (建武) 27년 騎都尉가 되었다. 30년, 노령으로 사직을 청하자, 조서로 낙양에 저택 한 채를 하사하였고, 질록 1천석을 종신토록 지급케 하였다. 유곤은 中元 2년(서기 57)에 죽었다.

아들 劉軼(유질)의 字는 君文(군문)인데, 유곤의 학문을 이었고 문도가 아주 많았다. (明帝) 永平 연간에, 太子中庶子가 되었다. (章帝) 建初 연간에, 점차 승진하여 宗正이 되었고 재직 중에 죽었는데 그 후손들도 종정을 역임하였다.

❷ 窪丹

原文

窪丹字子玉, 南陽育陽人也. 世傳《孟氏易》. 王莽時, 常避世敎授, 專志不仕, 徒衆數百人. 建武初, 爲博士, 稍遷, 十一年, 爲大鴻臚. 作《易通論》七篇, 世號《窪君通》. 丹學義硏深,《易》家宗之, 稱爲大儒. 十七年, 卒於官, 年七十.

時, 中山觟陽鴻, 字孟孫, 亦以《孟氏易》敎授, 有名稱, 永平中爲少府.

| 註釋 | ○窪丹 − 窪는 웅덩이 와, 맑은 물 와. ○育陽 − 湇陽(육양, 育陽)은 南陽郡의 縣(邑)名. 今 河南省 南陽市 관할 新野縣. 漢江의 지류인 淯水 (육수, 唐白河)의 북쪽. ○觟陽鴻 − 觟陽은 복성. 觟는 화살 이름 화. 해태 해 (獬와 同).

[國譯]

窪丹(와단)의 字는 子玉(자옥)으로, 南陽郡 育陽縣 사람이다. 대대로 《孟氏易》을 전수받았다. 왕망 때에, 늘 세상을 피해 훈도를 교육하며 출사하려 하지 않았는데, 문도가 늘 수백 명이었다. 建武 初에 博士가 되었고, 점차 승진하였고 11년에 大鴻臚(대홍려)가 되었다. 《易通論》은 7편을 저술하였는데, 시상에서는 이를 《窪君通》이라고 불렀다. 와단의 학문대의는 매우 깊었고 《易》家에서는 와단을 대종으로 삼으면서 大儒로 칭송하였다. (建武) 17년(서기 41), 재직 중에 죽었는데 나이는 70세였다.

그때 中山國 觟陽鴻(화양홍)의 字는 孟孫(맹손)인데,《孟氏易》을 教授하여 역시 명성이 있었는데 永平 연간에 少府를 역임하였다.

❸ 任安

|原文|

任安字定祖, 廣漢綿竹人也. 少游太學, 受《孟氏易》, 兼通數經. 又從同郡楊厚學圖讖, 究極其術. 時人稱曰, '欲知仲桓問任安.' 又曰, '居今行古任定祖.'

學終, 還家教授, 諸生自遠而至. 初仕州郡. 後太尉再辟, 除博士, 公車徵, 皆稱疾不就. 州牧劉焉表薦之, 時王塗隔塞, 詔命竟不至. 年七十九, 建安七年, 卒於家.

| 註釋 | ○綿竹 – 廣漢郡의 현명. 今 四川省 중앙부 德陽市 관할 綿竹市. 天下名酒 '劍南春'과 '綿竹大麯'의 産地.

[國譯]

任安(임안)의 字는 定祖(정조)인데, 廣漢郡 綿竹縣 사람이다. 젊어 太學에 遊學하였고 《孟氏易》을 전수받았으며, 겸하여 여러 경전에도 밝았다. 또 같은 군의 楊厚(양후)로부터 圖讖(도참)을 배워 그 학문에 능통하였다. 그때 사람들은 '仲桓(楊厚)의 학문을 알려면 任安에게 물어보라.'고 하였다. 또 '지금 세상에서 옛일을 아는 사람은 任

定祖(任安)이다.' 라고 말했다.

　배우기를 마치고 집에 돌아와 문도를 교육하자 먼 곳에서도 학생이 찾아왔다. 처음에는 廣漢郡에 출사하였다. 뒤에 太尉府에서 다시 불러 박사를 제수하였고, 公車令도 불렀지만 병을 핑계로 모두 부임하지 않았다. 益州牧인 劉焉(유언)이 표문을 올려 임안을 천거하였는데, 그때 낙양과 통하는 길이 막혀 詔命이 끝내 도착하지 못했다. 나이 79세인 建安 7년에 집에서 죽었다.

❹ 楊政

原文

　楊政字子行, 京兆人也. 少好學, 從代郡范升受《梁丘易》, 善說經書. 京師爲之語曰, '說經鏗鏗楊子行.' 敎授數百人.
　范升嘗爲出婦所告, 坐繫獄, 政乃肉袒, 以箭貫耳, 抱升子潛伏道傍, 候車駕, 而持章叩頭大言曰, "范升三娶, 唯有一子, 今適三歲, 孤之可哀." 武騎虎賁懼驚乘輿, 擧弓射之, 猶不肯去. 旄頭又以戟叉政, 傷胸, 政猶不退. 哀泣辭請, 有感帝心, 詔曰, "乞楊生師." 卽尺一出升, 政由是顯名.

　│註釋│ ○鏗鏗(갱갱) – 말이 우렁차고 힘 있는 모양. 금속이 울리는 소리. 鏗은 金玉의 소리 갱. ○乞楊生師 – 乞는 줄 기. 주다. 빌 개. ○尺一 – 一尺의 詔命을 쓴 木簡.

[國譯]

楊政(양정)의 字는 子行(자행)으로, 京兆 사람이다. 젊어 好學하였고 代郡 范升(범승)을 따라 《梁丘易》을 전수받았고 경서 강론에 능했다. 때문에 경사에서는 이를 두고 '경전을 힘차게 해설하는 楊子行'이라고 말했다. 양정은 수백 명을 교수하였다.

范升(범승)이 내쫓은 부인에게 고발당하여 옥에 갇혔는데, 양정은 웃통을 벗은 채 귀에 화살을 꿰어 매달고서 범승의 아들을 안고 길에 숨어 황제의 車駕를 기다려서 손에 상주문을 들고 큰 소리로 말했다. "범승은 아내를 세 번째 맞이하여 겨우 아들 하나를 얻어 이제 3살인데 너무 가련한 고아입니다."

虎賁衛의 기병은 어가의 말이 놀랄 것을 걱정하여 화살을 쏘았으나 양정은 움직이지 않았다. 깃발을 든 무사가 창으로 양정을 찔러 가슴에 상처가 났지만 양정은 물러서지 않았다. 양정이 슬피 울며 간청하자, 광무제도 감동하여 "楊生의 스승을 풀어주라."고 하였다. 즉시 조서로 범승이 풀려났는데 양정은 이 때문에 이름이 알려졌다.

原文

爲人嗜酒, 不拘小節, 果敢自矜, 然篤於義. 時, 帝婿梁松, 皇后弟陰就, 皆慕其聲名, 而請與交友. 政每共言論, 常切磋懇至, 不爲屈撓. 嘗詣楊虛侯馬武, 武難見政, 稱疾不爲起. 政入戶, 徑升床排武, 把臂責之曰, "卿蒙國恩, 備位藩輔, 不思求賢以報殊寵, 而驕天下英俊, 此非養身之道也.

今日動者刀入脅." 武諸子及左右皆大驚, 以爲見劫, 操兵滿
側, 政顔色自若. 會陰就至, 責數武, 令爲交友. 其剛果任情,
皆如此也. 建初中, 官至左中郞將.

| 註釋 | ○梁松 – 광무제의 舞陰長公主와 결혼, 광무제의 총행을 받아
太僕(태복)을 역임했으나 명제 때 조정을 비방한 죄로 옥사하였다.   ○陰就
(음취) – 인명. 광무제의 처남, 明帝의 외숙.   ○切磋 – 벗끼리 서로 격려하
다. 학문과 덕행을 힘써 닦다.   ○楊盧侯 馬武(마무) – 22권, 〈朱景王杜馬劉
傅堅馬列傳〉에 입전. 雲臺 28功臣의 한 사람.

[國譯]

　　양정은 사람됨이 술을 좋아하였지만 小節에 구애되지 않았고, 과
감하며 자긍심이 강했지만 대의를 잘 따랐다. 그때 광무제의 사위
梁松(양송), (광무제) 陰皇后의 동생 陰就(음취)는 양정의 명성을 흠
모하여 交友를 청했다. 양정은 그들과 담론을 하면 서로 격려하며
정성을 다했지만 결코 굽히지는 않았다. 한 번은 楊盧侯 馬武(마무)
의 집을 방문하였는데 마무가 양정을 만나기 싫어하며 병을 핑계로
누워있었다. 양정은 마무가 누워 있는 방에 들어가 마무를 침상에서
일으켜 세우고 그의 팔을 잡고서 질책하였다.

　　"당신은 國恩을 입어 제후의 자리에 올랐거늘, 賢才를 구하여 특
별한 황은에 보답할 생각을 하지 못하고 천하의 영웅들 앞에서 교만
하나니, 이는 養身之道가 아닙니다. 지금 손을 쓰려 한다면 이 칼이
당신 가슴을 찌를 것이요."

　　마무의 아들과 측근이 모두 놀랐고 마무가 협박당하는 것을 보고

병기를 든 사람이 가득 모였지만 양정은 안색이 변하지 않고 태연자약하였다. 그때 陰就(음취)가 도착해서 마무의 잘못을 말하면서 함께 사귈 것을 권했다. 양정의 굳세고 과감하며, 그 의협심이 대개 이런 식이었다. (章帝) 建初 연간에, 左中郎將을 역임했다.

❺ 張興

|原文|

張興字君上, 潁川鄢陵人也. 習《梁丘易》以教授. 建武中, 舉孝廉爲郎, 謝病去, 復歸聚徒. 後辟司徒馮勤府, 勤舉爲孝廉, 稍遷博士.

永平初, 遷侍中祭酒. 十年, 拜太子少傅. 顯宗數訪問經術. 旣而聲稱著聞, 弟子自遠至者, 著錄且萬人, 爲梁丘家宗. 十四年, 卒於官.

子魴, 傳興業, 位至張掖屬國都尉.

| 註釋 | ○馮勤(풍근) − 26권, 〈伏侯宋蔡馮趙牟韋列傳〉에 立傳. ○侍中祭酒 − 侍中은 황제의 近侍官, 前漢에서 侍中은 加官의 직명이었다. 後漢에서는 지위가 크게 상승하여 질록 比二千石의 實職으로 황제의 심복이었다. 顧問應對 담당. 무 정원, 그 우두머리가 侍中祭酒(시중제주, 비 상설직)이다. 어가 出行 시에 박식한 시중 1인이 황제 곁에 參乘, 나머지는 후미에 수행. 中常侍(宦者), 黃門侍郎, 小黃門 등을 거느렸다.

[國譯]

　　張興(장흥)의 字는 君上(군산)으로, 潁川郡(영천군) 鄢陵縣(언릉현) 사람이다. 《梁丘易》을 배워 교수하였다. 建武 연간에, 孝廉으로 천거되어 낭관이 되었지만 병으로 사직하고 고향에 돌아가서 문도를 모아 교육했다. 뒷날 馮勤(풍근)의 司徒府의 부름을 받았고, 풍근은 장흥을 孝廉으로 천거하였는데 장흥은 나중에 박사가 되었다.

　　(明帝) 永平 초년에 侍中祭酒가 되었다. 10년에, 太子少傅가 되었다. 顯宗(명제)가 자주 찾아와 경학에 관하여 물었다. 이미 장흥의 명성이 널리 알려졌기에 먼 곳에서 찾아온 제자나 명부에 오른 제자가 거의 1만 명에 가까웠고 梁丘易(양구역)의 家宗이 되었다. 14년에, 재임 중 죽었다.

　　아들 張魴(장방)은 부친 장흥의 학문을 전승받았는데 張掖屬國都尉를 역임하였다.

❻ 戴憑

原文

　　戴憑字次仲, 汝南平輿人也. 習《京氏易》. 年十六, 郡擧明經, 徵試博士, 拜郞中.

　　時, 詔公卿大會, 群臣皆就席, 憑獨立. 光武問其意. 憑對曰, "博士說經皆不如臣, 而坐居臣上, 是以不得就席."

　　帝卽召上殿, 令與諸儒難說, 憑多所解釋. 帝善之, 拜爲侍中, 數進見問得失.

帝謂憑曰, "侍中當匡補國政, 勿有隱情." 憑對曰, "陛下嚴." 帝曰, "朕何用嚴?" 憑曰, "伏見前太尉西曹掾蔣遵, 清亮忠孝, 學通古今, 陛下納膚受之訴, 遂致禁錮, 世以是爲嚴." 帝怒曰, "汝南子欲復黨乎?" 憑出, 自繫廷尉, 有詔敕出. 後復引見, 憑謝曰, "臣無謇諤之節, 而有狂瞽之言, 不能以屍伏諫, 偸生苟活, 誠慚聖朝." 帝卽敕尙書解遵禁錮, 拜憑虎賁中郞將, 以侍中兼領之.

正旦朝賀, 百僚畢會, 帝令群臣能說經者更相難詰, 義有不通, 輒奪其席以益通者, 憑遂重坐五十餘席. 故京師爲之語曰, '解經不窮戴侍中.' 在職十八年, 卒於官, 詔賜東園梓器, 錢二十萬.

時南陽魏滿字叔牙, 亦習《京氏易》, 敎授. 永平中, 至弘農太守.

|註釋| ○平輿縣 – 汝南郡 치소인 平輿縣, 今 河南省 駐馬店市 관할 平輿縣. ○膚受之訴 – 겉만 알고 깊은 뜻을 모르는 말. 피부로만 느껴지는 하소연. 「子張問明. 子曰, "浸潤之譖, 膚受之愬, 不行焉, 可謂明也已矣. ~」 《論語 顔淵》. ○謇諤之節 – 謇諤(건악)은 거리낌 없이 하는 말. 謇은 더듬거릴 건. 바른 말을 하는 모양. 諤은 곧은 말을 할 악. ○狂瞽之言(광고지언) – 뜻만 높고 실정을 모르는 말. 瞽은 소경 고. 소경.

戴憑(대빙)의 字는 次仲(차중)으로, 汝南郡 平輿縣 사람이다. 《京氏易》을 전공하였다. 나이 16세에 여남군에서 明經으로 천거하자 조정에 들어가 博士가 시험하여 郎中이 되었다.

그때 조서로 公卿을 다 모이게 했는데, 群臣이 모두 착석하였으나 대빙만 혼자 서 있었다. 광무제가 까닭을 물었다 이에 대빙이 말했다. "博士들이 경전 강설은 나만 못한데 모두 臣보다 상석에 앉아 있기에 뒷자리에 앉을 수 없습니다."

광무제가 大殿 위로 부른 뒤에 여러 유생과 논쟁을 시켰는데 대빙은 많은 부분을 설명하였다. 광무제는 칭찬하면서 侍中에 임명하였고, 자주 불러 정사의 득실을 물었다.

광무제가 대빙에게 물었다. "侍中으로서 정사를 보필하며 속마음을 숨기지 말라." 그러자 대빙이 말했다. "폐하께서는 너무 준엄하십니다." 광무제가 "어째서 준엄하다고 하는가?"라고 물었다. 이에 대빙이 말했다.

"신이 볼 때 앞서 太尉西曹掾인 蔣遵(장준)은 청렴공평하고 忠孝하며 고금에 두루 박통한 사람이지만, 폐하께서는 부실한 말을 들으시고 그를 금고에 처하였기에 준엄하다고 말씀드렸습니다." 그러자 광무제가 화를 내었다. "汝南의 어린애는 당인을 편드는가?"

대빙은 나가서 스스로 정위의 옥에 갇혔는데 조서로 출옥케 하였다. 뒤에 다시 불러 알현할 때 대빙이 사죄하였다.

"臣이 정직한 말을 올리는 지조도 없다거나, 뜻만 크고 실정을 모르는 말만 하거나, 죽음으로 바른 말을 하지 못하고 그저 목숨이나 유지하려 한다면, 이는 성명하신 폐하께 진정 부끄러운 일입니다."

광무제는 즉시 尙書에게 명하여 장준을 풀어주게 하였고 대빙에게 虎賁中郎將을 제수하면서 侍中으로서 겸임케 하였다.

정월 초하루 백관이 모두 모여 朝賀를 마친 뒤에, 광무제는 경전 강설에 밝은 자를 모아 서로 논쟁을 하면서 經義에 불통한 자는 그 깔개(방석)를 경전에 통한 자에게 넘겨주는 경쟁을 시켰는데 대빙은 혼자 50여 개를 차지하였다. 낙양에서는 이를 두고 '경전 해설에 막힘이 없는 侍中 대빙'이라고 하였다. 대빙은 재직 18년에 재임 중에 죽었는데, 조서로 東園에서 만든 관과 금전 20만을 하사하였다.

그때 南陽郡 魏滿(위만)의 字는 叔牙(숙아)였는데, 위만도 《京氏易》에 밝았고 문도를 교육하였다. (明帝) 永平 연간에, 弘農太守를 지냈다.

❼ 孫期

|原文|

孫期字仲彧, 濟陰成武人也. 少爲諸生, 習《京氏易》,《古文尙書》. 家貧, 事母至孝, 牧豕於大澤中, 以奉養焉. 遠人從其學者, 皆執經壠畔以追之, 里落化其仁讓. 黃巾賊起, 過期里陌, 相約不犯孫先生舍. 郡擧方正, 遣吏齎羊, 酒請期, 期驅豕入草不顧. 司徒黃琬特辟, 不行, 終於家.

|註釋| ○仲彧 – 仲은 버금 중. 가운데. 둘째. 彧은 문채날 욱. ○成武縣 – 현명. 今 山東省 서남부 菏澤市 成武縣.

孫期(손기)의 字는 仲彧(중욱)인데, 濟陰郡 成武縣 사람이다. 젊어 태학의 학생이 되었고 《京氏易》과 《古文尙書》를 전공하였다. 家貧하였지만 모친에게 효도를 다하였고 늪지에서 돼지를 키우면서 모친을 봉양하였다. 먼 곳에서 그를 따라 배우러 온 자들이 경전을 들고 밭두둑까지 따라와 물었고 마을에서도 그의 인애와 겸양에 감화되었다.

黃巾賊이 봉기했을 때 그 마을을 지나가면서 서로 손기의 집은 범하지 않겠다고 약조하였다. 나중에 군에서 方正한 인재로 천거하면서 양과 술을 보내 손기를 초빙하였으나 손기는 돼지를 몰고 들판에 숨으면서 돌아보지도 않았다. 司徒 黃琬(황완)이 특별히 불렀지만 부임하지 않았고 집에서 죽었다.

原文

建武中, 范升傳《孟氏易》, 以授楊政, 而陳元,鄭衆皆傳《費氏易》, 其後馬融亦爲其傳. 融授鄭玄, 玄作《易注》, 荀爽又作《易傳》, 自是《費氏》興, 而《京氏》遂衰.

| 註釋 | ○鄭衆(정중) − 36권, 〈鄭范陳賈張列傳〉에 立傳. ○馬融(마융) − 후한의 대표적인 유생으로 訓詁學의 대가. 60권, 〈馬融蔡邕列傳〉에 立傳. ○鄭玄(정현) − 後漢 말기 난세에 오로지 학문의 등불을 밝히려 애썼던 사람. 그는 벼슬길을 기웃거리지 않았고 학문의 길만을 걸었기에 명성을 얻었다. 35권, 〈張曹鄭列傳〉立傳. ○荀爽(순상) − 은거하며 저술에 전념

하다가 부름을 받고 나가 1백일도 안 돼 삼공의 지위에 올랐다. 62권, 〈荀韓鐘陳列傳〉에 立傳.

[國譯]

建武 연간에, 范升(범승)은 《孟氏易》을 전수받고서 이를 楊政(양정)에게 전수하였고, 陳元(진원)과 鄭衆(정중)도 모두 《費氏易》을 전수받았다. 그 뒤에 馬融(마융)도 《費氏易》을 전수받았다. 마융은 이를 鄭玄(정현)에 전수하였고, 정현은 《易注》를 저술했으며, 荀爽(순상)은 또 《易傳》을 지었다. 이로써 《費氏易》이 흥성하고 《京氏易》은 결국 쇠퇴하였다.

❽ 歐陽歙

原文

《前書》云, 濟南伏生傳《尙書》, 授濟南張生及千乘歐陽生, 歐陽生授同郡兒寬, 寬授歐陽生之子, 世世相傳, 至曾孫歐陽高, 爲《尙書》歐陽氏學. 張生授夏侯都尉, 都尉授族子始昌, 始昌傳族子勝, 爲大夏侯氏學. 勝傳從兄子建, 建別爲小夏侯氏學, 三家皆立博士. 又魯人孔安國傳《古文尙書》授都尉朝, 朝授膠東庸譚, 爲《尙書》古文學, 未得立.

| 註釋 | ○伏生 – 伏은 성씨. 이름은 勝(승). ○兒寬(예관) – 兒는 어릴

예, 성씨 예(倪 通). 아이 아. ○夏侯都尉 - 夏侯는 복성. 都尉(도위)가 이름. ○都尉朝(도위조) - 都尉는 복성. 朝가 이름.

[國譯]

《漢書 儒林傳》기록에는, 濟南의 伏生(복생)이 《尙書》를 전공하였는데, 이를 濟南의 張生(장생)과 千乘郡의 歐陽生(구양생)에게 전수하였고, 구양생은 이를 同郡의 兒寬(예관)에 전수하였고, 예관은 구양생의 아들에게 전수하여 대대로 전승되었다. 曾孫 歐陽高(구양고)에 이르러 《尙書》의 歐陽氏學이 성립되었다. 張生은 이를 夏侯都尉(하후도위)에게 전수하였고, 하후도위는 族子 夏侯始昌(하후시창)에게, 하후시창은 族子인 夏侯勝(하후승)에게 전수하여 大夏侯氏學이 성립되었다. 하후승은 이를 형의 아들 夏侯建(하후건)에게 전수하였는데 하후건에 의해 별도로 小夏侯氏學이 성립되어 三家가 모두 博士를 세웠다. 또 魯人 孔安國(공안국)은 《古文尙書》를 발굴하여 이를 都尉朝(도위조)에게 전수하였는데, 도위조는 이를 膠東(교동)의 庸譚(용담)에게 전수하여 《尙書》古文學이 성립되었지만 박사를 세우지는 못했다.

原文

歐陽歙字正思, 樂安千乘人也. 自歐陽生傳《伏生尙書》, 至歙八世, 皆爲博士.

歙旣傳業, 而恭謙好禮讓. 王莽時, 爲長社宰. 更始立, 爲原武令. 世祖平河北, 到原武, 見歙在縣修政, 遷河南都尉,

後行太守事. 世祖卽位, 始爲河南尹, 封被陽侯. 建武五年,
坐事免官. 明年, 拜楊州牧, 遷汝南太守. 推用賢俊, 政稱異
跡. 九年, 更封夜侯.

| 註釋 | ○千乘縣－前漢의 千承郡이 후한에서 樂安國으로 개칭. 치소
는 千乘縣, 今 山東省 淄博市(치박시) 관할 高靑縣. ○原武－河南尹의 현
명. 今 河南省 북부 新鄕市 관할 原陽縣. ○夜侯－東萊郡의 掖縣(액현), 今
山東省 烟臺市 관할 萊州市. 山東省 북쪽 해안 萊州彎.

【國譯】

　歐陽歙(구양흡)의 字는 正思(정사)로 樂安國 千乘縣 사람이다. 歐
陽生(구양생)이《伏生尙書》를 전수한 이후, 구양흡에 이르는 8代에
걸쳐 모두 博士가 되었다. 구양흡은 尙書를 전수 받았고 본래 恭謙
하고 禮讓을 실천하였다. 王莽(왕망) 때에는 長社의 현령이었다. 更
始帝가 옹립된 이후 原武 현령이었다. 世祖(光武帝)가 河北을 평정
하면서 原武縣에 와서 구양흡의 정사를 보고 河南都尉로 승진시켰
고 뒤에 태수 직무를 대행케 하였다. 광무제가 즉위하면서 최초로
河南尹이 되었고 被陽侯에 봉해졌다. 建武 5년, 업무상 과오가 있어
면직되었다. 다음 해에 楊州牧이 되었다가 汝南太守로 승진하였다.
현인과 준재를 천거하며 치적이 특별히 훌륭하였다. 건무 9년에, 다
시 夜侯(야후)에 봉해졌다.

歙在郡, 敎授數百人, 視事九歲, 徵爲大司徒. 坐在汝南
臧罪千餘萬發覺下獄. 諸生守闕爲歙求哀者千餘人, 至有自
髡剔者. 平原禮震, 年十七, 聞獄當斷, 馳之京師, 行到河內
獲嘉縣, 自繫, 上書求代歙死. 曰,

「伏見臣師大司徒歐陽歙, 學爲儒宗, 八世博士, 而以臧咎
當伏重辜. 歙門單子幼, 未能傳學, 身死之後, 永爲廢絶, 上
令陛下獲殺賢之譏, 下使學者喪師資之益. 乞殺臣身以代歙
命.」

書奏, 而歙已死獄中. 歙掾陳元上書追訟之, 言甚切至, 帝
乃賜棺木, 贈印綬, 賻縑三千匹. 子復嗣. 復卒, 無子, 國除.

濟陰曹曾字伯山, 從歙受《尙書》, 門徒三千人, 位至諫議
大夫. 子祉, 河南尹, 傳父業敎授.

又陳留陳弇, 字叔明, 亦受《歐陽尙書》於司徒丁鴻, 仕爲
蘄長.

| 註釋 | ○丁鴻(정홍) − 白虎觀에서 《五經》의 同異를 정리한 학자. 37
권, 〈桓榮丁鴻列傳〉에 立傳. ○蘄縣(기현) − 沛郡(國)의 현명, 今 安徽省
북부 宿州市.

[國譯]

歐陽歙(구양흡)은 郡에 재직하면서 문도 수백 명을 교육하였고, 9
년을 재직한 뒤에 조정의 부름을 받아 大司徒가 되었다. 그러나 汝

南郡에서 1천여만 전을 착복한 죄가 발각되어 하옥되었다. 제자들이 궁궐 문 앞에서 구양흡을 위해 목숨을 애걸하는 자가 1천여 명이었고 스스로 자신의 머리를 삭발하는 자도 있었다. 平原郡의 禮震(예진)은 나이 17세였는데 구양흡이 옥중에서 처형될 것이라는 소식을 듣고 낙양으로 달려오면서 河內郡 獲嘉縣(획가현)에 와서는 스스로 옥에 들어가서 구양흡을 대신하여 죽겠다고 상서하였다.

「臣이 볼 때, 臣의 사부인 大司徒 歐陽歙(구양흡)은 학문으로 儒家의 대종이면서 8대에 걸친 박사이나 착복의 죄로 중형을 판결 받았습니다. 구양흡 가문에 형제가 없고 아들은 어린데, 아직 학문을 전수받지 못하였으니 죽은 뒤에는 영원히 끊길 것입니다. 위로는 폐하께서 현인을 죽였다는 비난을 받을 것이고, 아래로는 학자들이 사부의 가르침을 받을 수가 없게 됩니다. 臣을 죽여서 구양흡의 목숨을 대신할 것을 애걸합니다.」

상서가 보고되었지만 구양흡은 이미 옥중에서 죽었다. 구양흡의 속리였던 陳元(진원)이 上書하여 구양흡을 위해 변호하였는데 그 문사가 매우 간절하여 광무제는 목관을 하사하고 인수를 추증하였으며, 비단 3천 필을 賻助(부조)하였다. 아들 歐陽復(구양복)이 계승하였다. 구양복이 죽자 아들이 없어 나라가 없어졌다.

濟陰郡 曹曾(조증)의 字는 伯山(백산)인데, 구양흡으로부터 《尙書》를 배웠는데 문도가 3천 명이나 되었고 관직은 諫議大夫였다. 아들 曹祉(조지)는 河南尹이었고 부친의 학업을 계승하여 문도를 가르쳤다.

또 陳留郡 陳弇(진엄)의 字는 叔明(숙명)인데, 역시 《歐陽尙書》를 司徒 丁鴻(정홍)에게 배웠고 출사하여 蘄縣(기현) 縣長이 되었다.

❾ 牟長

原文

牟長字君高, 樂安臨濟人也. 其先封牟, 春秋之末, 國滅, 因氏焉. 長少習《歐陽尙書》, 不仕王莽世. 建武二年, 大司空弘特辟, 拜博士, 稍遷河內太守, 坐墾田不實免. 長自爲博士及在河內, 諸生講學者常有千餘人, 著錄前後萬人. 著《尙書章句》, 皆本之歐陽氏, 俗號爲《牟氏章句》. 復徵爲中散大夫, 賜告一歲, 卒於家. 子紆, 又以隱居敎授, 門生千人. 肅宗聞而徵之, 欲以爲博士, 道物故.

| 註釋 | ○樂安臨濟 – 樂安은 국명. 臨濟는 前漢의 狄縣. 安帝 永初 연간에 개칭. 今 山東省 중부 淄博市(치박시) 관할 高靑縣. ○道物故 – 여행하는 길에서 죽다. 物은 無의 뜻. 故는 事의 뜻. 할 일이 없게 되다. 죽다.

[國譯]

牟長(모장)의 字는 君高(군고)인데, 樂安國 臨濟縣 사람이다. 그의 선조가 牟(모)에 봉해졌는데, 春秋 말기에 나라가 망하자 그대로 성씨로 삼았다.

모장은 젊어《歐陽尙書》를 전공하였지만, 왕망이 재위할 때는 출사하지 않았다. 建武 2년, 大司空 宋弘(송홍)이 특별히 불러 박사가 되었고 점차 승진하여 河內太守가 되었으나 개간한 토지를 부실하게 보고한 죄로 면직되었다. 모장은 박사였고 河內郡에 재직하였기에 유생으로 강학을 듣는 자가 늘 1천여 명이나 되었고 명부에 오른

자는 전후 1만 명에 가까웠다. 《尙書章句》를 저술하였는데, 모두가
歐陽氏를 바탕으로 했는데 세상에서는 《牟氏章句》라고 불렸다. 다
시 부름을 받아 中散大夫가 되었는데, 특별히 1년간 휴가를 받았지
만 집에서 죽었다. 아들 牟紆(모우) 역시 은거하며 문도를 교육하였
는데, 문생이 1천여 명이었다. 肅宗이 소문을 듣고 徵召하여 박사를
제수하려고 했지만 가는 길에 죽었다.

❿ 宋登

原文

　宋登字叔陽, 京兆長安人也. 父由, 爲太尉.
　登少傳《歐陽尙書》, 敎授數千人. 爲汝陰令, 政爲明能, 號
稱 ‘神父.’ 遷趙相, 入爲尙書僕射. 順帝以登明識禮樂, 使
持節臨太學, 奏定曲律, 轉拜侍中. 數上封事, 抑退權臣, 由
是出爲潁川太守. 市無二價, 道不拾遺. 病免, 卒於家, 汝陰
人配社祠之.

| 註釋 |　○汝陰 - 汝南郡의 현명. 今 安徽省 서북부 阜陽市(부양시). 安
徽省에서 人口 最多 도시.

[國譯]

　宋登(송등)의 字는 叔陽(숙양)으로, 京兆 長安縣 사람이다. 부친 宋

由(송유)는 太尉였다.

송등은 젊어 《歐陽尙書》를 전수받았는데 수천 명을 교육하였다. 汝陰 현령이 되어 치적이 훌륭하였기에 백성들이 '神父'라고 불렀으며, 趙國相으로 승진했다가 조정에 들어가 尙書僕射(상서복야)가 되었다. 順帝는 송등이 예악에 밝다 하여 부절을 주어 太學 관리를 주관케 하였는데 송등은 상서하여 典章과 율령을 제정하였다 侍中이 되었다. 여러 차례 封事를 올려 권신을 억제하거나 세력을 꺾으려 하였는데 이 때문에 지방관으로 나가 潁川太守가 되었다. 영천군에서는 시장의 물건 가격이 누구에게나 균일하였고 길에 떨어진 물건을 주워 갖는 사람이 없었다. 병으로 사직하고 집에서 죽었는데 汝陰縣 백성들은 土地神社에 송등을 配享(배향)하였다.

⑪ 張馴

原文

張馴字子儁, 濟陰定陶人也. 少游太學, 能誦《春秋左氏傳》. 以《大夏侯尙書》敎授. 辟公府, 擧高第, 拜議郞. 與蔡邕共奏定《六經》文字. 擢拜侍中, 典領秘書近署, 甚見納異. 多因便宜陳政得失, 朝廷嘉之. 遷丹陽太守, 化有惠政. 光和七年, 徵拜尙書, 遷大司農. 初平中, 卒於官.

| 註釋 | ○濟陰定陶 – 濟陰郡의 治所, 현명. 今 山東省 菏澤市 定陶區.

○大司農 - 국가의 穀物과 재화, 국가 재정 담당. 九卿의 하나. 질록 中二千石. 屬官으로 丞 1인 질록 比 千石, 部丞 1人, 6百石 外에 太倉令, 平準令, 導官令(각 질록 6백석)과 그 아래 丞을 두었다.

[國譯]

張馴(장순)의 字는 子儁(자준)인데, 濟陰郡 定陶縣 사람이다. 젊어 太學에 유학하며 《春秋左氏傳》을 암송할 수 있었다. 《大夏侯尙書》를 敎授하였다. 三公府의 부름을 받았고 근무 성적이 뛰어나 議郞이 되었다. 蔡邕(채옹)과 함께 《六經》 文字를 확정하였다. 발탁되어 侍中이 되었는데, 황제 측근 부서의 秘書를 관장하며 특별한 건의를 많이 하였다. 정사의 득실을 논하면서 국정에 도움이 되는 건의가 많아 조정에서도 칭송받았다. 丹陽 太守로 승진하였고 仁政을 베풀어 교화하였다. (靈帝) 光和 7년(서기 184, 中平 원년), 조정에 들어가 尙書가 되었다가 大司農으로 승진하였다. (獻帝) 初平 연간에, 재직 중 죽었다.

⓬ 尹敏

原文

尹敏字幼季, 南陽堵陽人也. 少爲諸生. 初習《歐陽尙書》, 後受《古文》, 兼善《毛詩》,《穀梁》,《左氏春秋》.

建武二年, 上疏陳〈洪範〉消災之術. 時, 世祖方草創天下, 未遑其事, 命敏待詔公車, 拜郞中, 辟大司空府. 帝以敏博

通經記, 令校圖讖, 使龔去崔發所爲王莽著錄次比. 敏對曰,
"讖書非聖人所作, 其中多近鄙別字, 頗類世俗之辭, 恐疑誤
後生." 帝不納. 敏因其闕文增之曰, "君無口, 爲漢輔." 帝
見而怪之, 召敏問其故. 敏對曰, "臣見前人增損圖書, 敢不
自量, 竊幸萬一."

帝深非之, 雖竟不罪, 而亦以此沈滯.

與班彪親善, 每相遇, 輒日旰忘食, 夜分不寢, 自以爲鍾
期,伯牙, 莊周,惠施之相得也. 後三遷長陵令. 永平五年, 詔
書捕男子周慮. 慮素有名稱, 而善於敏, 敏坐繫免官. 及出,
嘆曰, "喑聾之徒, 眞世之有道者也. 何謂察察而遇斯患乎?"
十一年, 除郎中, 遷諫議大夫. 卒於家.

| 註釋 | ○南陽 堵陽 – 南陽郡의 현명. 今 河南省 서남부 南陽市 관할
方城縣. ○諸生 – 前漢에서 박사의 제자를 諸生이라 불렀다. 後漢에서도
諸生, 또는 太學生이라 호칭했다. ○班彪(반표, 서기 3–54년) – 班彪의 고모
가 漢 成帝의 妃嬪인 班婕妤(반첩여), 班彪는 班固, 班超(반초), 班昭(반소)의
父親. 40권, 班彪列傳(上, 下)에 입전. 班昭는 《漢書》를 최후로 완성한 才
女이다. ○鍾期,伯牙 – 鍾子期(종자기)와 伯牙(백아), '伯牙絶絃', '知音'成
語의 주인공. ○莊周,惠施 – 莊周(장주, 莊子)와 惠施(혜시). ○男子周慮 –
男子는 각 家戶의 어른 가장. 秦漢代의 일반 백성(평민)은 신분상 등급이
있었는데 1등급(公士)에서부터 8등급(公乘 공승)까지는 일반 백성(男子)
의 등급이다. 周慮(주려)는 인명. ○喑聾之徒 – 벙어리와 귀머거리. 喑은
벙어리 음. 聾은 귀머거리 농(롱). ○察察 – 밝고 영특한 모양, 결백한 모
양. 엄격하게 살피다.

尹敏(윤민)의 字는 幼季(계유)인데, 南陽郡 堵陽縣(도양현) 사람이다. 젊어 태학생이 되었다. 처음에는 《歐陽尚書》를 전공했고 뒤에 《古文尚書》를 배웠는데, 아울러 《毛詩》, 《穀梁傳》, 《左氏春秋傳》에도 밝았다.

建武 2년에, 《洪範》의 재해를 소멸케 하는 방법을 진술하는 상소를 올렸다. 그때, 世祖(光武帝)는 건국한 초창기라서 그런 일을 생각할 겨를이 없었는데, 윤민을 待詔公車(대조공거)에 임명했는데, 윤민은 郎中이 되었다가 大司空府의 부름을 받았다. 광무제는 윤민이 경전에 박통하다 생각하여 圖讖書(도참서)를 교정케 하면서 崔發(최발) 등이 왕망을 위해 편찬한 저서 목록의 순차를 정리하라고 명하였다. 이에 윤민이 대답하였다.

"讖書(참서)는 성인의 저술이 아니고 참서 내용 중에는 근래의 비루하거나 세속적 내용이 많아 후대 사람들을 오도할까 걱정이 됩니다." 그러나 광무제는 받아들이지 않았다. 이에 윤민은 궐문을 보완하면서 '君은 無口하니 漢朝를 보필할 것이다.' 라는 내용을 보충하였다. 광무제가 보고서는 이상히 여겨 윤민을 불러 이유를 물었다. 이에 윤민이 대답하였다.

"臣이 볼 때 前人이 도서 내용을 가감하면서 대담하게도 자기 역량을 헤아리지 못하고 만분지일의 요행을 바란 것 같습니다."

광무제는 절대로 그렇지 않다 생각하면서도 윤민을 처벌하지는 않았지만, 이 때문에 윤민은 중용되지 못하였다.

윤민은 班彪(반표)와 아주 가까웠는데, 서로 만날 때마다 해가 기울도록 식사도 잊어버리고, 밤에는 잠을 자기 않고 어울렸는데, 스스로 鍾子期(종자기)와 伯牙(백아), 그리고 莊周(장주)와 惠施(혜시)가 만난 것처럼 좋아하였다. 뒷날 거듭 승진하여 長陵縣令이 되었다. (明帝) 永平 5년(서기 63), 詔書로 男子 周慮(주려)를 체포하라고 하였는데 주려는 평소 이름이 났었고 윤민과도 친했기에 윤민은 이에 연루되어 옥에 갇히고 면직되었다. 옥에서 풀려난 윤민이 탄식하며 말했다. "벙어리와 귀머거리가 진정 이 세상에 道가 뛰어난 사람일 것이다. 똑똑하다는 내가 어찌 이런 환난을 겪어야 했는가?"

(永平) 11년 郎中이 되었다가 諫議大夫로 승진하였다. 집에서 죽었다.

ⓗ 周防

原文

周防字偉公, 汝南汝陽人也. 父揚, 少孤微, 常脩逆旅, 以供過客, 而不受其報. 防年十六, 仕郡小吏. 世祖巡狩汝南, 召掾史試經, 防尤能誦讀, 拜爲守丞. 防以未冠, 謁去. 師事徐州刺史蓋豫, 受《古文尙書》. 經明, 擧孝廉, 拜郎中. 撰《尙書雜記》三十二篇, 四十萬言. 太尉張禹薦補博士, 稍遷陳留太守, 坐法免. 年七十八, 卒於家. 子擧, 自有傳.

| 註釋 | ○汝陽縣 – 汝南郡 현명. 今 河南省 동부 周口市 관할의 商水縣. ○常脩逆旅 – 逆旅는 객사. 逆은 迎(맞이하다)의 뜻. '夫天地者는 萬

物之逆旅이고, 光陰者는 百代之過客이라. 而浮生若夢이로다.' 李白의 〈春夜宴桃李園序〉의 名句로 잘 알려진 단어이다.   ㅇ謁去 – 사임을 소청하다. 아직 20세 이전이라서 면직을 요청했다는 뜻. 謁은 請하다. ㅇ周擧 – 인명. 周擧(주거)는 키도 작고 못생겼지만 경학에 통달한데다가 원칙에 충실하여 모범적인 관리라는 명성을 누렸다. 61권, 〈左周黃列傳〉에 立傳.

[國譯]

周防(주방)의 字는 偉公(위공)인데, 汝南郡 汝陽縣 사람이다. 부친 周揚(주양)은 젊어서 고아였고 가난하여 늘 객사에서 일하면서 過客을 도왔지만 과객의 다른 보답을 받지 않았다. 주방은 나이 16세에 여남군의 小吏가 되었다. 世祖(광무제)가 汝南郡을 순수하면서 掾史들어 모아 경전을 시험하였는데 주방이 특히 경전을 잘 외웠기에 태수의 副職에 임명하였다. 그러나 주방은 아직 20세 이전이라 사임을 청하였다. 주방은 徐州刺史 蓋豫(개예)를 스승으로 《古文尙書》를 전수받았다. 經明하여 孝廉으로 천거되어 郎中을 제수받았다. 주방은 《尙書雜記》 32篇, 40만언을 저술하였다. 太尉 張禹(장우)가 박사에 천거하여 보임되었고, 점차 승진하여 陳留太守가 되었으나 법을 어겨 면직되었다. 나이 78세에 집에서 죽었다. 아들 周擧(주거)는 별도로 입전했다.

⓮ 孔僖

|原文|

孔僖字仲和, 魯國魯人也. 自安國以下, 世傳《古文尚書》,
《毛詩》. 曾祖父子建, 少游長安, 與崔篆友善. 及篆仕王莽
爲建新大尹, 嘗勸子建仕.

對曰, "吾有布衣之心, 子有袞冕之志, 各從所好, 不亦善
乎! 道旣乖矣, 請從此辭." 遂歸, 終於家.

| 註釋 | ○崔篆(최전) − 52권, 〈崔駰列傳〉에 최전의 글 〈慰志〉가 수록
되었다. ○建新大尹 − 建新은 왕망이 千信國을 개명한 이름. 大尹은 太守
의 개칭. ○袞冕之志 − 곤룡포와 면류관. 천자를 섬기는 관직.

[國譯]

孔僖(공희)의 字는 仲和(중화)로, 魯國 魯縣 사람이다. 孔安國(공안
국) 이후로 대대로《古文尙書》와《毛詩》를 전수해왔다. 증조부인 孔
子建(공자건)은 젊어 長安에 유학하였는데, 崔篆(최전)이란 사람과 친
했다. 최전은 왕망 시대에 출사하여 建新大尹이 되었는데 공자건에
게 출사를 권유하였다. 이에 공자건이 대답하였다.

"나의 布衣의 심경이지만 당신은 관직에 뜻을 두고 있습니다. 각
자 좋은 대로 따르는 것도 좋지 않겠습니까? 길길이 이미 이처럼 다
르니 여기서 물러나겠습니다." 그리고는 돌아왔고 집에서 죽었다.

僖與崔篆孫駰復相友善, 同游太學, 習《春秋》. 因讀吳王
夫差時事, 僖廢書嘆曰, "若是, 所謂畫龍不成反爲狗者."
駰曰, "然. 昔孝武皇帝始爲天子, 年方十八, 崇信聖道, 師
則先王, 五六年間, 號勝文,景. 及後恣己, 忘其前之爲善."
僖曰, "書傳若此多矣!" 鄰房生梁郁儳和之曰, "如此, 武帝
亦是狗邪?" 僖,駰默然不對. 郁怒恨之, 陰上書告駰,僖誹謗
先帝, 刺譏當世. 事下有司, 駰詣吏受訊. 僖以吏捕方至, 恐
誅, 乃上書肅宗自訟曰,

| 註釋 | ○崔駰(최인) – 52권, 〈崔駰列傳〉에 立傳. 駰은 흰털이 섞인 말
인. ○儳和之曰 – 儳은 섞을 참. 말참견하다. 빠를 참, 어지러울 참.

[國譯]

　孔僖(공희)와 崔篆(최전)의 손자인 崔駰(최인)은 다시 벗이 되었고
함께 太學에 유학하며,《春秋》를 익혔다. 공희가 吳王 夫差(부차) 시
절의 사적을 읽다가 책을 덮고 탄식하였다. "정말 이와 같다면 이른
바 龍 그림이 개를 그린 그림이 된 것이다." 그러자 최인이 말했다.
"사실이요. 옛날 孝武皇帝가 처음 天子가 될 때 나이가 막 18세였는
데 聖道를 숭상하고 믿으며 선왕을 본받았으니 재위 5, 6년에 文帝
나 景帝보다 뛰어나다고 하였소. 그 후에 마음대로 정치를 하여 앞
서의 선정을 다 망각했습니다." 이에 공희가 말했다. "역사 기록에
이런 경우가 참 많습니다!" 그러자 옆방의 諸生인 梁郁(양욱)이 참견

하면서 맞장구를 쳤다. "그렇다면 武帝 역시 개가 아니겠습니까?" 공희와 최인은 입을 다물고 대답하지 않았다. 양욱은 이에 감정을 품고 몰래 상서하여 최인과 공희가 先帝를 비방하고 현재를 비꼰다고 참소하였다. 상소가 담당자에게 넘어갔고, 최인은 관리에게 불려가 조사를 받았다. 공희는 곧 관리가 체포하러 올 것이며 주살될 수 있다고 생각하여 肅宗(장제)에게 자신을 변호하는 글을 올렸다.

原文

「臣之愚意, 以爲凡言誹謗者, 謂實無此事而虛加誣之也. 至如孝武皇帝, 政之美惡, 顯在漢史, 坦如日月. 是爲直說書傳實事, 非虛謗也. 夫帝者爲善, 則天下之善咸歸焉, 其不善, 則天下之惡亦萃焉. 斯皆有以致之, 故不可以誅於人也. 且陛下卽位以來, 政敎未過, 而德澤有加, 天下所具也, 臣等獨何譏刺哉? 假使所非實是, 則固應悛改, 倘其不當, 亦宜含容, 又何罪焉?

陛下不推原大數, 深自爲計, 徒肆私忿, 以快其意. 臣等受戮, 死卽死耳, 顧天下之人, 必回視易慮, 以此事窺陛下心. 自今以後, 苟見不可之事, 終莫復言者矣. 臣之所以不愛其死, 猶敢極言者, 誠爲陛下深惜此大業. 陛下若不自惜, 則臣何賴焉? 齊桓公親揚其先君之惡, 以唱管仲, 然後群臣得盡其心. 今陛下乃欲以十世之武帝, 遠諱實事, 豈不與桓公異哉?

臣恐有司卒然見構, 銜恨蒙枉, 不得自敘, 使後世論者, 擅
以陛下有所方比, 寧可復使子孫追掩之乎? 謹詣闕伏待重
誅.」

帝始亦無罪僖等意, 及書奏, 立詔勿問, 拜僖蘭臺令史.

| 註釋 | ○不可以誅於人也 – 여기 誅는 탓하다. 책망하다.　○蘭臺令史
– 蘭臺는 漢代 궁중의 장서각, 御使中丞이 관리. 蘭臺令史는 질록 6백석.

[國譯]

「臣의 어리석은 생각이지만 誹謗(비방)이라는 것은 모두 사실이
그렇지 않은데도 거짓으로 그렇다고 말하는 것입니다. 孝武皇帝의
정치의 좋고 나쁜 것은 이미 漢의 역사에 日月처럼 뚜렷하고 명백합
니다. 이처럼 서책에 기록된 사실을 직접 거론하는 것은 근거 없는
비방이 아닙니다. 황제가 선정을 베풀면 천하의 모두 선행이 따라오
고, 선정이 아니면 천하의 모든 악이 따라 모이게 됩니다. 이는 모두
가 그만한 원인에서 유발된 것이니 남을 탓할 일이 아닙니다. 그리
고 폐하께서는 즉위 이래로 政教에 아무런 失政이 없고 백성에 대한
은덕을 베풀었고, 천하는 지금 은덕을 모두 입고 있는데 臣이 무슨
까닭으로 현세를 비방하겠습니까? 설령 臣이 실제 사실을 비방하였
다면 그에 따라 고치면 되고, 설령 부당한 비난이라도 수용하면 될
것이니 무슨 죄가 되겠습니까?

폐하께서는 근본을 따져 大計을 생각하고 좋은 방책을 따르시거
늘 남에 대한 원한을 갚는 식으로 마음을 달랠 수 있겠습니까? 臣
등이 처형을 받아 죽어야 한다면 죽겠지만, 천하 백성을 생각한다면

백성은 마음을 바꿔 이 사건으로 폐하의 본심을 엿볼 수 있을 것입니다. 그리하여 오늘 이후로 부당한 일에 대해서도 누구든 아무런 말도 하지 않을 것입니다. 臣이 목숨을 아끼지 않는 것은 아니지만, 이런 극언을 폐하께 올리는 것은 폐하께서 국가 대업을 진정 깊이 생각하시기를 원하기 때문입니다. 폐하께서 만약 깊이 사려하지 않으신다면 臣은 무엇에 의지하겠습니까? 齊 桓公은 친히 그 先君의 단점을 말하면서 管仲(관중)의 의논을 유발했기에 여러 신하의 충성을 끌어낼 수 있었습니다. 지금 폐하께서 十代祖인 武帝의 치적 중 사실을 감추려만 한다면 桓公의 행적과 같은 것이 무엇이겠습니까?

臣은 담당 관리가 갑자기 신의 죄를 얽어낸다면 억울한 원한을 품고서 제 마음을 풀지 못할 것이니, 후세의 識者로 하여금 폐하의 이러한 정사를 가지고 폐하를 비판할 것이니, 후손으로 하여금 외면하거나 덮어버릴 수 있겠습니까? 臣은 삼가 이 글을 올리고 궐문 앞에서 처형을 기다리겠습니다.」

황제는 본래 공희 등의 일을 문제 삼을 뜻이 없었기에 上書가 보고되자 즉시 불문에 부치라고 명하면서 공희에게 蘭臺令史를 제수하였다.

原文

元和二年春, 帝東巡狩, 還過魯, 幸闕里, 以太牢祠孔子及七十二弟子, 作六代之樂, 大會孔氏男子二十以上者六十三人, 命儒者講《論語》. 僖因自陳謝. 帝曰, "今日之會, 寧於卿宗有光榮乎?" 對曰, "臣聞明王聖主, 莫不尊師貴道. 今陛下親屈萬乘, 辱臨敝里, 此乃崇禮先師, 增輝聖德. 至於光榮, 非所敢承."

帝大笑曰, "非聖者子孫, 焉有斯言乎!" 遂拜僖郎中, 賜褒成侯損及孔氏男女錢, 帛, 詔僖從還京師, 使校書東觀.

冬, 拜臨晉令, 崔駰以《家林》筮之, 謂爲不吉, 止僖曰, "子盍辭乎?" 僖曰, "學不爲人, 仕不擇官, 凶吉由己, 而由卜乎?" 在縣三年, 卒官, 遺令卽葬.

| 註釋 | ○闕里(궐리) - 孔子 생전 시 거주지. 今 山東省 濟寧市 관할 曲阜市 闕里街. ○臨晉 - 左馮翊의 현명. 今 陝西省 남부 渭南市 관할 大荔縣.

[國譯]

(章帝) 元和 2년(서기 85) 봄, 章帝는 동쪽을 巡狩하고 환도하는 길에 魯國에 도착, 闕里(궐리)에 행차하여 太牢(태뢰)로 孔子와 72제자에게 제사를 지내고 六代之樂을 연주케 하였으며, 孔氏로 20세 이상 男子 63일을 모두 모아 유생을 시켜《論語》를 강의했다. 이에 공희가 직접 감사의 뜻을 표했다. 장제가 물었다.

"오늘의 이 행사가 경의 종친에게 영광이라고 생각할 수 있겠는가?"

공희가 답변하였다.

"臣이 알기로, 明王聖主라면 누구나 스승과 도덕을 받들지 않는 분이 없습니다. 지금 폐하께서는 만승천자의 지존으로서 영광되게 누추한 곳을 찾아주셨습니다. 이는 곧 先師에 대한 崇禮이며 성덕을

널리 베푸신 것입니다. 이러한 光榮을 저희가 감히 받을 수 없을 것
같습니다."

장제가 크게 웃으며 말했다.

"聖者의 자손이 아니라면 어찌 이런 말을 할 수 있겠는가!"

그리고서는 공희에게 郎中職을 제수하였고, 褒成侯 孔損(공연) 및
孔氏 남녀에게 금전과 비단을 하사하였고, 공희에게 어가를 수행하
여 낙양으로 돌아갈 것과 東觀에서 校書를 명했다.

겨울에, 공희는 臨晉 현령이 되었는데 최인은 家傳하는《易林》에
의거 점을 쳐보니 불길하다면서 공희를 만류하였다. "당신은 그래
도 부임하겠소?" 이에 공희가 말했다.

"학문은 남을 위해서가 아니며 출사에 관직을 고르지 않는다 하
였으니, 길흉은 자신 때문이지 어찌 占卜에 따라 달라지겠소?"

현령으로 재직 3년에 재임 중에 죽었는데 즉시 장례를 치루라고
유언하였다.

原文

二子, 長彦,季彦, 並十餘歲. 蒲坂令許君然勸令反魯. 對
曰, "今載柩而歸, 則違父令, 舍墓而去, 心所不忍." 遂留華
陰.

長彦好章句學, 季彦守其家業, 門徒數百人. 延光元年,
河西大雨雹, 大者如斗. 安帝詔有道術之士極陳變告, 乃召
季彦見於德陽殿, 帝親問其故. 對曰, "此皆陰乘陽之徵也.

今貴臣擅權, 母后黨盛, 陛下宜修聖德, 慮此二者."

帝默然, 左右皆惡之. 舉孝廉, 不就. 三年, 年四十七, 終於家.

初, 平帝時王莽秉政, 乃封孔子後孔均爲褒成侯, 追謚孔子爲褒成宣尼. 及莽敗, 失國.

建武十三年, 世祖復封均子志爲褒成侯. 志卒, 子損嗣. 永元四年, 徙封褒亭侯. 損卒, 子曜嗣. 曜卒, 子完嗣. 世世相傳, 至獻帝初, 國絶.

| 註釋 | ○蒲阪(포판, 蒲坂) – 河東郡의 현명. 今 山西省 運城市 관할 永濟市. ○華陰 – 縣名. 西嶽인 華山의 북쪽, 今 陝西省 동부, 渭河 하류, 今 陝西省 渭南市 관할 華陰市. ○追謚孔子爲褒成宣尼 – 順治 연간(1657年)에 淸 世祖가 추증한 시호 大成至聖文宣王과 民國(1935년)의 大成至聖先師가 가장 최근의 시호이다.

[國譯]

(孔僖의) 두 아들, 孔長彦(공장언)과 孔季彦(공계언)은 모두 10여 세였다. (河東郡) 蒲坂 현령 許君然(허군연)은 두 아들에게 魯國으로 돌아갈 것을 권유했다. 이에 말했다. "지금 우리가 운구를 모시고 돌아가는 것은 부친의 뜻을 어기는 것이고, 그렇다고 묘를 두고 가는 일을 차마 못하겠습니다." 그러면서 그대로 華陰縣에 눌러 살았다.

공장언은 章句의 학문을 좋아하였고, 공계언은 家學을 계승하였는데 門徒가 수백 명이었다. (安帝) 延光 원년(서기 122), 河西 일대에 큰 우박이 쏟아졌는데, 큰 것은 한 되쯤 되었다. 안제가 道術之士

를 불러 변이와 재해에 다해 모두 진술케 하였는데, 이에 공계언을
德陽殿으로 불러 연고를 물었다. 공계언이 대답하였다.

"이 모두가 陰氣가 陽氣를 누른다는 징조입니다. 지금 귀척의 신하
들이 권력을 행사하고 모후의 척당이 강성하기 때문이니, 폐하께서는
응당 성덕을 닦으시면서 권신과 모후의 세력을 생각해 보십시오."

安帝는 아무 말도 없었지만 좌우 측근은 모두 공계언을 증오하였
다. 공계언은 효렴으로 천거되었지만 나아가지 않았다. (延光) 3년
에, 나이 47세로 집에서 죽었다.

그전에 平帝 때 왕망이 정권을 장악하고서 孔子 후손 孔均(공균)
을 襃成侯(포성후)에 봉했고, 공자에게 시호 襃成宣尼公(포성선니공)
을 추증하였다. 왕망이 패망하며 失國하였다.

그 뒤 建武 13년(서기 37), 世祖 光武帝는 다시 공균의 아들 孔志
(공지)를 襃成侯에 봉했다. 공지가 죽고, 아들 孔損(공손)이 계승했
다. (和帝) 永元 4년, 襃亭侯(포정후)로 옮겨 봉했다. 공손이 죽고, 아
들 孔曜(공요)가 계승했다. 공요가 죽자, 아들 孔完(공완)이 계승했
다. 대대로 이어 계승되다가 獻帝 초에 나라가 끊겼다.

❶❺ 楊倫

原文

楊倫字仲理, 陳留東昏人也. 少爲諸生, 師事司徒丁鴻,
習《古文尙書》. 爲郡文學掾. 更歷數將, 志乖於時, 以不能
人間事, 遂去職, 不復應州郡命. 講授於大澤中, 弟子至千

餘人. 元初中, 郡禮請, 三府並辟, 公車徵, 皆辭疾不就.

後特徵博士, 爲淸河王傳. 是歲, 安帝崩, 倫輒棄官奔喪, 號泣闕下不絶聲. 閻太后以其專擅去職, 坐抵罪.

| **註釋** | ○東昏縣 – 今 河南省 동부 開封市 관할 蘭考縣. ○丁鴻(정홍) – 37권, 〈桓榮丁鴻列傳〉에 立傳. ○文學掾 – 郡의 교육 관련 업무 담당 관리.

[國譯]

楊倫(양륜)의 字는 仲理(중리)로, 陳留郡 東昏縣 사람이다. 젊어 太學生이었는데 司徒 丁鴻(정홍)을 師事하여《古文尙書》를 배웠다. 陳留郡의 文學掾(문학연)이 되었다. 將官(太守) 몇 사람을 겪으면서 그 뜻이 時流에 맞지 않아 백성의 일을 제대로 수행할 수도 없자 직책을 사임하고 다시는 州郡의 부름에 응하지 않았다. 양륜은 大澤 근처에서 경전을 강의하였는데 제자가 1천여 명이나 되었다.

(安帝) 元初 연간에, 태수가 예를 갖춰 초빙하였고 三府府에서는 동시에 양윤을 불렀으며, 公車令도 徵召하였지만 병을 핑계로 모두 응하지 않았다. 뒷날 博士로 특별히 불렀고 淸河王의 사부가 되었다. 이 해에 安帝가 붕어하자(서기 125년), 양륜은 관직을 버리고 낙양에 와서 奔喪(분상)하였는데 궐문 앞에서 계속 통곡하였다. 閻(염)태후는 제멋대로 관직을 버렸다며 유죄로 처리하게 하였다.

原文

順帝卽位, 詔免倫刑, 遂留行喪於恭陵. 服闋, 徵拜侍中.

是時, 邵陵令任嘉在職貪穢, 因遷武威太守, 後有司奏嘉臧罪千萬, 徵考廷尉, 其所牽染將相大臣百有餘人. 倫乃上書曰,

「臣聞《春秋》誅惡及本, 本誅則惡消, 振裘持領, 領正則毛理. 今任嘉所坐狼藉, 未受辜戮, 猥以垢身, 改典大郡, 自非案坐擧者, 無以禁絶姦萌. 往者湖陸令張疊, 蕭令駟賢, 徐州刺史劉福等, 釁穢旣章, 咸伏其誅, 而豺狼之吏至今不絶者, 豈非本擧之主不加之罪乎? 昔齊威之霸, 殺姦臣五人, 並及擧者, 以弭謗讟. 當斷不斷, 《黃石》所戒. 夫聖王所以聽僬夫匹婦之言者, 猶塵加嵩岱, 霧集淮海, 雖未有益, 不爲損也. 惟陛下留神省察.」

奏御, 有司以倫言切直, 辭不遜順, 下之. 尙書奏倫探知密事, 激以求直. 坐不敬, 結鬼薪. 詔書以倫數進忠言, 特原之, 免歸田里.

| **註釋** | ○恭陵 — 安帝의 능. 今 河南省 洛陽市 偃師市(언사시) 소재. ○服闋 — 闋은 문 닫을 결. 마치다. 탈상하다. 마칠 계. ○邵陵令 — 汝南郡의 현명. 今 河南省 중부 漯河市(탑하시) 郾城區(언성구). ○所坐狼藉 — 연루된 자가 많다. 狼藉는 흩어져 어지러운 모양. 이리가 풀을 깔고 잔 자리. ○辜戮 — 죄에 따라 처형하다. 辜는 허물 고. 죄. 戮은 죽일 륙. 戮屍(육시)하다. ○猥以垢身 — 猥는 함부로 외. 멋대로. 垢身은 더러운 몸. 不淨한 一身. ○釁穢旣章 — 釁은 피바를 흔. 결점, 과실. 죄. 穢는 더러울 예. ○以弭謗讟 — 弭는 그칠 미. 중지하다. 활고자. 謗讟(방독)은 원망. 謗은 비방할 방.

譸은 원망할 독. ㅇ僵夫匹婦 – 匹夫匹婦. 僵은 아이 동. 완고하다. 어리석
다. ㅇ塵加嵩岱 – 塵은 티끌 진. 嵩은 높을 숭. 北嶽인 嵩山. 岱는 東嶽인
泰山. ㅇ結鬼薪 – 結은 죄를 확정하다. 鬼薪은 3년간 종묘에 쓸 땔나무는
해 오는 형벌.

[國譯]

順帝 즉위 후, 조서로 양륜의 형을 면제시키자 양륜은 (安帝의)
恭陵(공릉)에 남아 복상하였다. 복상이 끝나자, 조정에서 불러 시중
을 제수하였다. 이때 (汝南郡) 邵陵 縣令인 任嘉(임가)는 재직 중 부
정 착복하고도 武威太守로 승진하였는데 나중에 담당 관리가 임가
의 착복한 죄가 천만 전에 이른다고 상주하여 정위에게 불려가 조사
를 받았고, 이 사건과 연루된 將相이나 대신이 1백여 명이나 되었
다. 이에 양륜이 상서하였다.

「臣이 알기로,《春秋》에도 악행의 근본을 주살한다 하였으니 근
본을 제거해야만 악행이 없어지고, 털 갖옷의 먼지를 털 때도 옷의
목 부분(領)을 잡고 털어야 모피도 바르게 됩니다. 이번에 임가의
행위에 연좌된 사람이 매우 많았는데도, 처벌받지 않고 더러운 몸으
로 大郡을 다스리게 하였는데, 그 천거한 자를 조사하지 않는다면
죄악의 싹을 禁絶할 수가 없을 것입니다. 종전에 湖陸 현령 張疊(장
첩), 蕭縣(소현) 현령 馴賢(사현), 徐州刺史인 劉福(유복) 등이 그 죄악
이 모두 밝혀져 처형되었는데도 이리와 같은 악독한 관리가 지금껏
근절되지 않는 것은, 그 이유가 처음 천거한 자를 처벌하지 않았기
때문이 어찌 아니겠습니까? 옛날 齊나라의 威王이 霸業을 이룩하면
서 姦臣 5인을 죽이면서 동시에 그들을 천거했던 자까지 처형하여

백성의 원성을 근본적으로 막았습니다. 응당 처단할 것을 처단하지 못하는 것을 《黃石公三略》에서도 경계하였습니다. 대체로 聖王이 僅夫匹婦의 말일지라도 경청하는 것은 嵩山(숭산)과 泰山에 티끌 하나를 더 보태는 것 같고 淮水나 바다에 짙은 안개가 낀 것처럼 아무 실익이 없을지라도 손해가 되지는 않기 때문입니다. 폐하께서는 유념하시어 살펴 주십시오.」

상주가 올라가자 담당자는 양륜의 건의가 매우 適宜하고 정직하지만 言辭가 불손하다며 상서를 돌려보냈다. 尙書는 양륜의 숨은 비밀을 캐내고 양륜이 격렬한 언사로 정직한 체 한다고 상주하였다 이에 양륜은 不敬罪에 해당하여 종묘에 땔감을 마련하는 형벌로 판결받았다. 순제는 양륜이 그간 忠言을 많이 상주했다 하여 특별히 사면하자 양륜은 면직되었고 고향으로 돌아왔다.

▌原文

陽嘉二年, 徵拜太中大夫. 大將軍梁商以爲長史. 諫諍不合, 出補常山王傅, 病不之官. 詔書敕司隸催促發遣, 倫乃留河內朝歌, 以疾自上, 曰, 「有留死一尺, 無北行一寸. 刎頸不易, 九裂不恨. 匹夫所執, 强於三軍. 固敢有辭.」

帝乃下詔曰, 「倫出幽升高, 寵以藩傅, 稽留王命, 擅止道路, 託疾自從, 苟肆狷志.」

遂徵詣廷尉, 有詔原罪. 倫前後三徵, 皆以直諫不合. 旣歸, 閉門講授, 自絶人事. 公車復徵, 遜遁不行, 卒於家.

| 註釋 | ○河內朝歌 − 朝歌는 현명. 今 河南省 今 河南省 북동부 鶴壁市 관할 淇縣. 한때 殷의 옛 도읍지.　○出幽升高 − 역경을 벗어나 출세하다. 幽는 깊은 골짜기. 幽深한 곳. 升高는 높은 나무에 오르다.　○苟肆猖志 − 恣意(자의)로 跋扈(발호)하다. 肆는 방자할 사. 猖志(견지)는 고집이 세다. 뜻이 너무 커서 일상 규칙을 따르지 않다. 狂猖(광견).

[國譯]

(順帝) 陽嘉 2년(서기 133), 조정의 부름을 받아 太中大夫가 되었다. 大將軍 梁商(양상)이 양륜을 長史로 삼았다. 양륜이 諫諍(간쟁)했지만 뜻이 맞지 않아 결국 常山王의 太傅로 발령이 났으나 병으로 부임하지 못했다. 조서로 司隸校尉를 보내 부임을 독촉하였는데 왕륜은 출발하여 河內郡 朝歌縣에 와서 병 때문에 上書하였다.

「여기 머물다 죽으면 한 자이나 북쪽으로 한 치도 가지 못할 것입니다. 목을 찔러 죽기도 쉽지 않지만 아홉 갈래로 찢겨 죽어도 여한이 없습니다. 어리석은 匹夫의 고집이 때론 三軍보다 강할 수도 있습니다. 진정 죽더라도 사직코자 합니다.」

이에 順帝가 조서를 내렸다.

「양륜은 역경을 이기고 높이 올랐고 신임을 받아 藩王의 사부가 되었는데, 왕명 실천을 미루고 길에서 멋대로 멈춰 병을 핑계로 하고 싶은 대로 하나니, 참으로 제멋대로 설치고 있도다.」

결국 廷尉에 불려갔으나 조서를 내려 죄를 사면하였다. 양륜은 전후 3차례나 부름을 받았지만 직간한 뜻이 상관과 늘 맞지 않았다. 귀향한 뒤로 폐문하고 오로지 문생을 교육하였다. 公車令이 다시 불렀으나 숨어버린 뒤 부름에 응하지 않다가 집에서 죽었다.

中興, 北海牟融習《大夏侯尙書》, 東海王良習《小夏侯尙
書》, 沛國桓榮習《歐陽尙書》. 榮世習相傳授, 東京最盛.

扶風杜林傳《古文尙書》, 林同郡賈逵爲之作訓, 馬融作
傳, 鄭玄註解, 由是《古文尙書》遂顯於世.

| 註釋 | ○牟融(모융) - 26권, 〈伏侯宋蔡馮趙牟韋列傳〉. ○東海王良과
扶風杜林 - 27권, 〈宣張二王杜郭吳承鄭趙列傳〉에 立傳. ○賈逵(가규) -
賈誼(가의)의 후손. 화려한 학문적 업적을 쌓은 천재. 36권, 〈鄭范陳賈張列
傳〉에 立傳. 逵는 한길 규(大路).

[國譯]

中興 이후에 北海郡의 牟融(모융)은《大夏侯尙書》를 전공했고, 東
海郡 王良(왕량)은《小夏侯尙書》를, 沛國 桓榮(환영)은《歐陽尙書》를
전수받았다. 환영이 대를 이어《歐陽尙書》를 전수하여 후한에서 가
장 융성하였다.

右扶風의 杜林(두림)은《古文尙書》를 전수받았는데, 두림과 同郡
의 賈逵(가규)가《古文尙書》의 뜻을 풀이하였고, 馬融(마융)이 傳을
지었으며, 鄭玄(정현)이 이를 주석하였는데, 이에《古文尙書》가 세상
에 널리 알려졌다.

79 儒林列傳(下)
〔유림열전(하)〕

原文

《前書》魯人申公受《詩》於浮丘伯, 爲作詁訓, 是爲《魯詩》, 齊人轅固生亦傳《詩》, 是爲《齊詩》, 燕人韓嬰亦傳《詩》, 是爲《韓詩》, 三家皆立博士. 趙人毛萇傳《詩》, 是爲《毛詩》, 未得立.

| 註釋 | ○浮丘伯 − 秦漢 교체기의 학자. 秦 통일 이전 荀卿(순경, 荀子)의 門人. 漢興 이후에도 《詩》를 전수. ○詁訓 − 經書의 문자에 대한 해석. ○毛萇(모장) − 전한의 학자. 毛亨(모형)이 전수한 《詩》를 모장이 후세에 전했다. 현존의 《詩經》은 《毛詩》이다. 모장은 河間 獻王의 박사였고 나중에 北海太守를 역임했다.

[國譯]

《漢書》에 의하면, 魯人 申公(신공, 申培)는 《詩經》을 浮丘伯(부구백) 한테서 전수 받아서 《詩經》의 문자를 해석하니 이것이 《魯詩》이고, 齊人 轅固生(원고생) 역시 《詩經》을 전수하니 이것이 《齊詩》이며, 燕人 韓嬰(한영) 역시 《詩經》을 전수하니 이것이 《韓詩》인데, 三家에 모두 博士官을 두었다. 趙人 毛萇(모장)도 《詩經》을 전수하여 이를 《毛詩》라 하는데 박사가 설치되지 못했다.

❶ 高詡

原文

高詡字季回, 平原般人也. 曾祖父嘉, 以《魯詩》授元帝, 仕至上谷太守. 父容, 少傳嘉學, 哀,平間爲光祿大夫. 詡以父任爲郎中, 世傳《魯詩》. 以信行淸操知名. 王莽簒位, 父子稱盲, 逃, 不仕莽世.

光武卽位, 大司空宋弘薦詡, 徵爲郎, 除符離長. 去官, 後徵爲博士. 建武十一年, 拜大司農. 在朝以方正稱. 十三年, 卒官, 賜錢及冢田.

| 註釋 | ○平原般 – 平原郡 般縣, 今 山東省 북부 德州市 관할 樂陵市. ○符離 – 沛郡(國)의 현명. 今 安徽省 북부 宿州市 동북.

　高詡(고후)의 字는 季回(계회)인데, 平原郡 般縣 사람이다. 曾祖父인 高嘉(고가)는 《魯詩》를 元帝에게 교수하였고 출사하여 上谷太守를 역임하였다. 부친 高容(고용)은 젊어 부친의 학문을 전수하였고 哀帝, 平帝 연간에 光祿大夫를 지냈다. 고후는 부친의 관직으로 郎中이 되었는데 대대로 《魯詩》를 전수했다. 고후는 信行과 淸操로 이름이 알려졌다. 왕망이 찬위하자, 父子는 눈이 안보이게 되었다며 도주하여 왕망 시대에는 출사하지 않았다.

　光武가 즉위하자 大司空 宋弘(송홍)이 고후를 천거하자 조정에서 들어가 낭관이 되었다가 (沛郡) 符離(부리) 縣長이 되었다. 관직을 떠났다가 뒤에 다시 부름을 받아 博士가 되었다. 建武 11년(서기 35년) 大司農이 되었다. 조정에서는 행실이 바르다는 칭송을 들었다. 건무 13년 재직 중에 죽었는데 금전과 무덤을 쓸 땅을 하사하였다.

❷ 包咸

　包咸字子良, 會稽曲阿人也. 少爲諸生, 受業長安, 師事博士右師細君, 習《魯詩》,《論語》. 王莽末, 去歸鄕里, 於東海界爲赤眉賊所得, 遂見拘執. 十餘日, 咸晨夜誦經自若, 賊異而遣之. 因住東海, 立精舍講授.

　光武卽位, 乃歸鄕里. 太守黃讜署戶曹史, 欲召咸入授其子. 咸曰, "禮有來學, 而無往敎." 讜遂遺子師之.

| 註釋 |　○曲阿縣 – 會稽郡의 治所는 山陰縣, 今 浙江省 북동부 紹興市.
曲阿縣은 今 江蘇省 長江 남안 鎭江市 관할 丹陽市. 순제 이후 吳郡의 현
명. 順帝 때 會稽郡을 분리한 군이 吳郡인데 吳郡의 治所는 吳縣, 今 江蘇
省 남부의 蘇州市. ○右師細君(우사세군) – 右師는 복성. 細君이 이름.

[國譯]

　　包咸(포함)의 字는 子良(자량)인데, 會稽郡(회계군) 曲阿縣(곡아현)
사람이다. 젊어 태학생이 되어 長安에 유학하였는데 博士 右師細君
(우사세군)을 師事하여《魯詩》와《論語》를 전공하였다. 왕망 말기에
고향으로 돌아오는데 그때 東海郡 지역에서 赤眉賊에게 사로잡혀
억류되었다. 갇혀 있는 10여 일 동안에 포함은 밤낮으로 경문을 외
우며 태연자약하여 도적 무리도 특별한 사람이라 여겨 보내주었다.
그래서 포함은 동해군에 머물면서 精舍를 짓고 문도를 교육했다.

　　光武帝가 즉위한 뒤에 포함은 향리로 돌아왔다. 太守인 黃讜(황
당)은 포함을 戶曹史에 임명하면서 포함에게 입주하여 아들을 가르
쳐 달라고 하였다. 포함은 "찾아와 배우는 것이 예이지, 찾아가서
가르치는 법은 없습니다."라고 말했다. 황당은 아들을 보내 배우게
했다.

原文

　　擧孝廉, 除郎中. 建武中, 入授皇太子《論語》, 又爲其章

句. 拜諫議大夫,侍中,右中郎將. 永平五年, 遷大鴻臚. 每進
見, 錫以几杖, 入屛不趨, 贊事不名. 經傳有疑, 輒遣小黃門
就舍卽問.

顯宗以咸有師傅恩, 而素淸苦, 常特賞賜珍玩束帛, 奉祿
增於諸卿, 咸皆散與諸生之貧者. 病篤, 帝親輦駕臨視. 八
年, 年七十二, 卒於官.

子福, 拜郞中, 亦以《論語》入授和帝.

| 註釋 | ○几杖 – 几는 안석 궤. 杖은 지팡이 장.

【國譯】

包咸(포함)은 孝廉으로 천거되어 郞中이 되었다. 建武 연간에, 궁
에 들어가 皇太子에게《論語》를 가르쳤고《論語》章句를 지었다. 諫
議大夫, 侍中, 右中郞將을 역임하였다. (明帝) 永平 5년, 大鴻臚가 되
었다. 황제를 알현할 때마다 안석과 지팡이를 내려 주었고, 황제 앞
에서 종종걸음으로 걷지 않고 행사를 하면서 집사자가 포함의 이름
을 부르지 못했다. 황제는 경전에 의문점이 있으면 小黃門을 집에
보내 물었다.

명제는 포함에게 사부의 은덕을 입었고, 포함이 평소 청렴하다고
생각하여 늘 특별한 하사와 보배나 비단을 하사하였고 봉록도 다른
卿보다 늘려 더 지급하였는데, 포함은 이를 태학생 중 가난한 자에
게 모두 나눠주었다. 병이 위독하자 명제가 친히 輦(연)을 타고 와서
문병하였다. (永平) 8년에, 나이 72세로 재직 중 죽었다.

아들 包福(포복)은 郎中이 되었고 입궁하여 和帝에게 《論語》를 교수하였다.

❸ 魏應

|原文|

魏應字君伯, 任城人也. 少好學. 建武初, 詣博士受業, 習《魯詩》. 閉門誦習, 不交僚黨, 京師稱之. 後歸爲郡吏, 擧明經, 除濟陰王文學. 以疾免官, 教授山澤中, 徒衆常數百人. 永平初, 爲博士, 再遷侍中. 十三年, 遷大鴻臚. 十八年, 拜光祿大夫. 建初四年, 拜五官中郎將, 詔入授千乘王伉.

應經明行修, 弟子自遠方至, 著錄數千人. 肅宗甚重之, 數進見, 論難於前, 特受賞賜. 時會京師諸儒於白虎觀, 講論《五經》同異, 使應專掌難問, 侍中淳于恭奏之, 帝親臨稱制, 如石渠故事. 明年, 出爲上黨太守, 徵拜騎都尉, 卒於官.

|註釋| ○上黨 – 治所는 長子縣, 今 山西省 동남부 長治市 관할 長子縣. ○騎都尉 – 騎兵都尉, 比二千石. 無 定員. 羽林 騎兵을 관리.

[國譯]

魏應(위응)의 字는 君伯(군백)으로, 任城郡(國) 사람이다. 젊어 好學했다. 建武 초기에 博士를 찾아와 受業하며 《魯詩》를 전공하였다. 폐문하고서 외우고 익혔으며 다른 臣僚와 교제하지도 않아 京師에서 칭송을 들었다. 뒷날 고향에 돌아와 郡吏가 되었는데, 明經으로 천거되어 濟陰王의 文學이 되었다. 질병으로 사직하고 산림에서 교수하였는데 문도가 수백 명이었다. 永平 초에 博士가 되었고 두 번 승진하여 侍中이 되었다. (永平) 13년에, 大鴻臚로 승진했다. 18년에, 光祿大夫가 되었다. (章帝) 建初 4년, 五官中郞將이 되었다가 조서를 받고 궁에 들어가 千乘王 劉伉(유항)을 가르쳤다.

위응은 경학에 밝고 행실이 반듯하여 먼 곳에서도 제자가 찾아왔는데 명부에 오른 자가 수천 명이었다. 肅宗(章帝)는 위응을 매우 존중하였고 위응도 자주 불려 알현하였는데, 어전에서 토론을 하면 특별히 상을 받았다. 그때 京師의 여러 유생을 白虎觀에 모아《五經》의 同異를 강론하면서 위응이 토론을 주관케 하였으며, 侍中 淳于恭(순우공)이 결론을 상주하면 章帝가 친히 백호관에 나아가 결재를 하였으니, 이는 (宣帝) 石渠閣의 전례와 같았다. 明年에 上黨 太守가 되었다가 조정에 들어와 騎都尉가 되었는데 재직 중에 죽었다.

❹ 伏恭

原文

伏恭字叔齊, 琅邪東武人, 司徒湛之兄子也. 湛弟黯, 字稚文, 以明《齊詩》, 改定章句, 作《解說》九篇, 位至光祿勳, 無子, 以恭爲後.

恭性孝, 事所繼母甚謹, 少傳黯學, 以任爲郞.

建武四年, 除劇令. 視事十三年, 以惠政公廉聞. 靑州擧爲尤異, 太常試經第一, 拜博士, 遷常山太守. 敦修學校, 教授不輟, 由是北州多爲伏氏學. 永平二年, 代梁松爲太僕. 四年, 帝臨辟雍, 於行禮中拜恭爲司空, 儒者以爲榮.

| 註釋 | ○東武 – 東武縣은 今 山東省 동부 濰坊市 관할 諸城市. ○司徒湛 – 司徒 伏湛(복침. 伏沈, ?-37),《尙書》를 전한 伏生의 후손이었다. 26권,〈伏侯宋蔡馮趙牟韋列傳〉에 立傳. 九世祖인 伏勝(복승)의 字는 子賤(자천), 伏勝이 바로 濟南(제남)의 伏生(복생)이다. 湛은 잠길 침. 맑을 잠, 깊을 잠. 즐길 탐(담). ○劇縣 – 北海郡(國)의 治所, 今 山東省 중부 濰坊市(유방시) 관할 昌樂縣. ○靑州 – 자사부 이름. 치소는 齊國 臨淄縣, 今 山東省 중동부 淄博市 臨淄區. 齊南國, 平原郡, 樂安國, 北海國, 東萊郡, 齊國 등을 관할. ○常山 – 治所는 元氏縣, 今 河北省 石家莊市 관할 元氏縣. 前漢의 眞定國 幷入. 明帝 永平 15년 이후 常山國. ○北州 – 幽州, 幷州 자사부의 관할 지역.

[國譯]

伏恭(복공)의 字는 叔齊(숙제)인데, 琅邪郡(낭야군) 東武縣 사람으로 司徒 伏湛(복침, 伏沈)의 兄子이다. 복침의 동생 伏黯(복암)의 字는 稚文(치문)인데《齊詩》에 밝았고, 그 章句를 개정하고《解說》九篇을 지었으며 光祿勳을 역임하였으나 無子하여 복공을 후사로 삼았다.

복공은 효성이 있어 繼母를 매우 잘 섬겼으며 젊어 伏闇(복암)의 학문을 전수받았으며 부친의 保任으로 낭관이 되었다.

建武 4년, (北海郡) 劇縣 현령이 되었다. 재직 13년에, 仁政과 공평, 청렴으로 소문이 났다. 청주자사가 치적 우수로 천거하였고 太

常의 경전시험에서 제일이어서 박사가 되었다가 常山太守로 승진했다. 학교를 잘 수리하고 교학을 그치지 않았기에 이후 北州에서는 많은 학자가 伏氏學을 전공하였다. (明帝) 永平 2년, 梁松(양송)의 후임으로 太僕이 되었다. 4년, 명제가 辟雍에 행차하여 예를 거행하면서 복공을 司空에 임명하니 儒者에게 영광이었다.

| 原文

初, 父黯章句繁多, 恭乃省減浮辭, 定爲二十萬言. 在位九年, 以病乞骸骨罷, 詔賜千石奉以終其身. 十五年, 行幸琅邪, 引遇如三公儀. 建初二年冬, 肅宗行饗禮, 以恭爲三老. 年九十, 元和元年卒, 賜葬顯節陵下. 子壽, 官至東郡太守.

| 註釋 | ○以恭爲三老 – 여기 三老는 國三老이다.

[國譯]

그전에, 부친 伏黯(복암)의 《齊詩》 章句가 번다 하였는데, 복공이 浮辭를 모두 생략하여 20여만 자로 확정하였다. (太僕으로) 재직 9년에, 질병으로 면직을 신청하자 조서로 종신할 때까지 1천석 질록을 하사하였다. (永平) 15년에, 명제가 琅邪郡에 행차하였는데 三公의 의례를 갖춰 복공을 불러 만났다. (章帝) 建初 2년 겨울에, 肅宗(章帝)이 饗宴의 禮를 베풀며 복공을 三老로 우대하였다. 나이 90세인 (章帝) 元和 원년(서기 84)에 죽었는데 (明帝) 顯節陵 아래에 장지를 하사하였다. 아들 伏壽(복수)는 東郡太守를 역임했다.

❺ 任末

任末字叔本, 蜀郡繁人也. 少習《齊詩》, 游京師, 教授十餘年. 友人董奉德於洛陽病亡, 末乃躬推鹿車, 載奉德喪致其墓所, 由是知名. 爲郡功曹, 辭以病免. 後奔師喪, 於道物故. 臨命, 敕兄子造曰, "必致我屍於師門, 使死而有知, 魂靈不慚, 如其無知, 得土而已." 造從之.

| 註釋 | ○蜀郡繁人 – 蜀郡 繁縣은, 今 四川省 中部 成都市 관할 彭州市. ○鹿車 – 작고 좁은 수레. 사슴 하나를 실을만한 수레.

[國譯]

任末(임말)의 字는 叔本(숙본)인데, 蜀郡 繁縣 사람이다. 젊어《齊詩》를 전공하였고, 京師에 유학하였으며 10여 년 문도를 교육했다. 友人 董奉德(동봉덕)이 낙양에서 병사하자, 임말은 직접 시신을 鹿車(녹거)에 싣고 그 묘소까지 운송했는데, 이에 이름이 알려졌다. 촉군의 功曹로 근무하다가 질병으로 사직했다. 뒷날 사부의 상에 奔喪(분상)하러 가다가 길에서 죽었다. 임종하기 전에 조카인 任造(임조)에게 말했다.

"나의 시신을 꼭 사부 문 앞까지 가져가서 만약 사부의 혼령이 인지하면 내 영혼도 부끄럽지 않을 것이고, 만약 고인이 모른다 하면 그냥 묻혀도 좋을 것이다."

임조는 유언대로 따랐다.

❻ 景鸞

景鸞字漢伯, 廣漢梓潼人也. 少隨師學經, 涉七州之地. 能理《齊詩》,《施氏易》, 兼受《河》,《洛》圖緯, 作《易說》及《詩解》, 文句兼取《河》,《洛》, 以類相從, 名爲《交集》. 又撰《禮內外記》, 號曰《禮略》. 又抄風角雜書, 列其占驗, 作《興道》一篇. 及作《月令章句》. 凡所著述五十餘萬言. 數上書陳救災變之術. 州郡辟命不就, 以壽終.

| 註釋 | ○梓潼(재동) - 廣漢郡의 縣名. 今 四川省 중동부 綿陽市 관할 梓潼縣.

[國譯]

景鸞(경란)의 字는 漢伯(한백)으로, 廣漢郡 梓潼縣(재동현) 사람이다. 젊어 사부를 따라 경학을 공부하려고 七州의 지역을 돌아다녔다. 《齊詩》와 《施氏易》에 능통했고 아울러 《河圖》,《洛書》의 도참과 緯書를 익혔으며,《易說》 및 《詩解》를 저술하였는데, 《河圖》와 《洛書》의 문구를 채용하였으며 비슷한 내용을 널리 모아 《交集》이라 이름 지었다. 또 《禮內外記》를 짓고 《禮略》이라고 불렀다. 또 風角과 雜書의 내용을 적당히 抄錄(초록)하여 점치는 실례를 설명한 《興道》 1편을 저술하였다. 또한 《月令章句》를 저술하였다. 그의 저서는 모두 50여만 자나 되었다. 여러 차례에 걸쳐 재해와 이변을 구제하는 방법을 상서하였다. 州郡에서의 부름에 응하지 않았으며 천수를 누렸다.

❼ 薛漢

原文

薛漢字公子, 淮陽人也. 世習《韓詩》, 父子以章句著名.
漢少傳父業, 尤善說災異讖緯, 敎授常數百人. 建武初, 爲
博士, 受詔校定圖讖. 當世言《詩》者, 推漢爲長. 永平中, 爲
千乘太守, 政有異跡. 後坐楚事辭相連, 下獄死. 弟子犍爲
杜撫, 會稽澹臺敬伯, 鉅鹿韓伯高最知名.

| 註釋 | ○淮陽 – 郡國名, 陳國으로 개칭. 治所는 陳縣, 今 河南省 동부
周口市 淮陽縣. ○楚事辭相連 – 광무제의 아들 楚王 劉英(유영)의 모친은
許氏로 광무제의 총애를 받지 못하여 유영은 가장 가난하고 좁은 楚王에 봉
해졌다. 黃老사상을 가졌고 불교를 믿었던 왕으로 사실 뚜렷한 반역 행동
도 없었다. 明帝 永平 13년에, 반역 사건이 일어났고 다음 해에 자살하였지
만 이 사건의 파장은 너무 심대했다. ○澹臺敬伯(담대경백) – 澹臺는 복성.

[國譯]

薛漢(설한)의 字는 公子(공자)로, 淮陽郡 사람이다. 대대로《韓詩》
를 전공하였고, 그 父子는 章句로도 이름이 났었다. 설한은 젊어 부
친의 학문을 계승하였는데 특히 災異나 讖緯說에 밝아 수백 명을 교
수하였다. 建武 초에 博士가 되어 조서를 받아 도참서를 교정하였

다. 당시에 《詩》를 논하는 자들은 설한을 제일로 쳤다. 永平 연간에, 千乘太守가 되었는데 치적이 우수하였다. 뒷날 楚王의 반역에 연루되어 옥사하였다. 제자로는 犍爲郡의 杜撫(두무), 會稽郡의 澹臺敬伯(담대경백), 鉅鹿郡의 韓伯高(한백고)가 가장 잘 알려졌다.

❽ 杜撫

原文

杜撫字叔和, 犍爲武陽人也. 少有高才. 受業於薛漢, 定《韓詩章句》. 後歸鄉里敎授. 沈靜樂道, 擧動必以禮. 弟子千餘人. 後爲驃騎將軍東平王蒼所辟, 及蒼就國, 掾史悉補王官屬, 未滿歲, 皆自劾歸. 時, 撫爲大夫, 不忍去, 蒼聞, 賜車馬財物遣之. 辟太尉府. 建初中, 爲公車令, 數月卒官. 其所作《詩題約義通》, 學者傳之, 曰《杜君法》云.

| 註釋 | ○武陽 – 犍爲郡의 治所, 今 四川省 중앙부 眉山市 彭山區. ○東平王 劉蒼 – 東平國은 兗州刺史部 관할. 治所는 無鹽縣, 今 山東省 泰安市 관할 東平縣. 蒼은 劉蒼(유창, ?-83)은 광무제의 아들. 건무 17년에 王에 봉해졌다. 명제 즉위 후 驃騎將軍이 되었다. 三公보다 상위직. 永平 5년에, 劉蒼이 파직되어 藩國(東平國)으로 돌아갔고, 章帝 建初 8년에 죽었다. 시호는 憲王. 42권, 〈光武十王列傳〉에 立傳.

　　杜撫(두무)의 字는 叔和(숙화)로, 犍爲郡 武陽縣 사람이다. 젊어서
부터 재능이 뛰어났다. 薛漢(설한)에게 배웠고《韓詩章句》를 확정하
였다. 뒤에 향리에 돌아와 문도를 교육했다. 침착 평온하고 樂道하
며 그 거동은 의례에 합당하였다. 제자가 1천여 명이나 되었다. 뒷
날 驃騎將軍 東平王 劉蒼의 부름을 받았는데 유창이 동평국에 부임
하면서 掾史를 모두 동평왕의 官屬으로 삼았다가, 1년이 안 되어 스
스로 관속을 모두 돌려보냈다. 그때 두무는 大夫로 차마 떠나질 못
하자 동평왕은 두무에게 車馬와 재물을 보내 주었다. 두무는 太尉府
의 부름을 받았다. (章帝) 建初 연간에, 公車令이 되었다가 몇 달 뒤
재직 중에 죽었다. 두무가 저술한《詩題約義通》은 학자들에게 전수
되었는데 보통《杜君法》이라고 불렸다.

❾ 召馴

　　召馴字伯春, 九江壽春人也. 曾祖信臣, 元帝時爲少府.
父建武中爲卷令, 俶儻不拘小節. 馴小習《韓詩》, 博通書傳,
以志義聞, 鄕里號之曰 '德行恂恂召伯春.' 累仕州郡, 辟司
徒府. 建初元年, 稍遷騎都尉, 侍講肅宗. 拜左中郎將, 入授
諸王. 帝嘉其義學, 恩寵甚崇. 出拜陳留太守, 賜刀劍錢物.
元和二年, 入爲河南尹. 章和二年, 代任隗爲光祿勳, 卒於

官, 賜冢塋陪園陵.

孫休, 位至靑州刺史.

|註釋| ○九江 壽春 – 九江郡 壽春縣, 今 安徽省 중서부 六安市 관할
壽縣. ○曾祖信臣 – 召信臣의 字는 翁卿, 南陽태수로 善政을 폈기에 백성
은 召父라 부르며 존중하였다. ○卷縣 – 卷縣은 河南尹의 縣名. 今 河南
省 북부 新鄕市 관할 原陽縣. ○倜儻不拘小節 – 倜儻(척당)은 재기가 높고
뛰어남. 倜은 뛰어날 척. 비로소 숙. ○德行恂恂 – 恂恂은 진실한 모양, 두
려워하고 조심하는 모양. 恂은 정성 순.

[國譯]

召馴(소훈)의 字는 伯春(백춘)으로, 九江郡 壽春縣 사람이다. 曾祖
인 召信臣(소신신)은 元帝 때 少府였다. 부친은 建武 연간에 (河南)
卷縣 현령이었는데, 才氣가 높았고 小節에 구애받지 않았다. 소훈은
젊어《韓詩》를 배웠고 여러 경전에 박통하였으며, 굳은 지조로 유명
하여 향리에서는 '진실한 덕행의 召伯春(소백춘)' 이라고 칭찬하였
다. 州郡에 여러 번 출사하였고 司徒府에 등용되었다. (章帝) 建初
원년(서기 76), 점차 승진하여 騎都尉가 되었고, 肅宗(章帝)에게 시
강하였다. 左中郎將이 되었고, 궁 안에서 여러 왕을 가르쳤다. 장제
는 소훈의 經義의 학문을 칭송하였고 은총이 매우 두터웠다. 지방관
으로 전출되어 陳留太守를 제수 받았는데, 章帝가 刀劍과 금전 등을
하사하였다. (章帝) 元和 2년(서기 85), 조정에 들어와 河南尹이 되
었다. (章帝) 章和 2년(서기 88, 章帝 붕어), 任隗(임외)의 후임으로
光祿勳이 되었고 재임 중에 죽었는데, 선대 황제의 園陵 곁에 葬地

를 하사하였다.

손자인 召休(소휴)는 靑州刺史를 역임했다.

⑩ 楊仁

楊仁字文義, 巴郡閬中人也. 建武中, 詣師學習《韓詩》, 數年歸, 靜居敎授. 仕郡爲功曹, 擧孝廉, 除郎. 太常上仁經中博士, 仁自以年未五十, 不應舊科, 上府讓選.

顯宗特詔補北宮衛士令, 引見, 問當世政跡. 仁對以寬和任賢, 抑黜驕戚爲先. 又上便宜十二事, 皆當世急務. 帝嘉之, 賜以縑錢.

| 註釋 | ○閬中(낭중) – 巴郡의 縣名. 今 四川省 동북부 南充市 관할 閬中市. ○自以年未五十 – 박사는 50세 이상에서 선임해야 한다는 규정이 있었다. ○北宮衛士令 – 질록 6백석의 직책.

【國譯】

楊仁(양인)의 字는 文義로, 巴郡 閬中縣(낭중현) 사람이다. 建武 연간에 스승을 따라 《韓詩》를 배웠고 몇 년 뒤 돌아가 조용히 지내며 제자를 교육했다. 郡에 출사하여 功曹가 되었고, 孝廉으로 천거 받아 낭관이 되었다. 太常은 양인이 경학의 박사로 적합하다고 올렸지만 양인은 자신이 50세가 안 되어 옛 기준에 미달한다 생각하여 태상에게 글을 올려 사양하였다.

顯宗(明帝)은 특별히 조서로 내려 양인을 北宮의 衛士令에 임명하고 불러 알현하며 당시 정사의 득실을 물었다. 양인은 관대온화한 정사와 賢才 선임, 그리고 교만한 인척의 배척을 우선해야 한다고 대답하였다. 또 국익에 도움 되는 12개 조항을 올렸는데 모두가 당시의 급선무였다. 명제는 양인을 칭송하여 비단과 금전을 하사했다.

||原文||

及帝崩, 時諸馬貴盛, 各爭欲入宮, 仁被甲持戟, 嚴勒門衛, 莫敢輕進者. 肅宗旣立, 諸馬共譖仁刻峻, 帝知其忠, 愈善之, 拜什邡令. 寬惠爲政, 勸課掾史弟子, 悉令就學. 其有通明經術者, 顯之右署, 或貢之朝, 由是義學大興. 墾田千餘頃. 行兄喪去官. 後辟司徒桓虞府. 掾有宋章者, 貪奢不法, 仁終不與交言同席, 時人畏其節. 後爲閬中令, 卒於官.

|註釋| ○什邡(십방) − 廣漢郡의 현명. 今 四川省 중부 德陽市 관할 什邡市. ○右署 − 上司.

[國譯]

명제가 붕어한 뒤에도 (외척) 馬氏는 극성하여 멋대로 궁궐을 출입하려 했지만, 양인은 갑옷에 창을 들고 궁문 衛士를 엄히 통솔하여 함부로 들어는 자가 없었다. 肅宗이 즉위한 뒤, 마씨들은 양인이 각박 준엄하다고 함께 참소하였지만, 장제는 그 충정을 알기에 더욱 신임하였고 (廣漢郡의) 什邡(십방) 현령을 제수하였다. 양인은 선정을 베풀었고 소속 관리를 격려하며 그들 형제나 자식을 취학케 하였다. 속관 중에서 경학에 밝은 자를 상위 부서에 배치하여 우대하거나 조정에 천거하였기에 경학이 크게 성행하였다. 1천여 경의 토지를 개간하였다. 형이 죽어 사직하였다. 뒷날 桓虞(환우)의 司徒府에 근무하였다. 속리 중 宋章(송장)이란 자는 불법에 사치하였는데 양인은 끝내 그와 교제하지 않았고 사람들은 양인의 지조를 두려워하였다. 뒤에 閬中(낭중) 현령이 되었다가 재임 중에 죽었다.

⑪ 趙曄

原文

趙曄字長君, 會稽山陰人也. 少嘗爲縣吏, 奉檄迎督郵, 曄恥於斯役, 遂棄車馬去. 到犍爲資中, 詣杜撫受《韓詩》, 究竟其術. 積二十年, 絶問不還, 家爲發喪制服. 撫卒乃歸. 州召補從事, 不就. 擧有道, 卒於家.

曄著《吳越春秋》,《詩細歷神淵》. 蔡邕至會稽, 讀《詩細》而嘆息, 以爲長於《論衡》. 邕還京師, 傳之, 學者咸誦習焉. 時, 山陽張匡, 字文通, 亦習《韓詩》, 作章句. 後擧有道, 博士徵, 不就. 卒於家.

| 註釋 | ○會稽 山陰 − 山陰縣은 會稽郡의 治所. 今 浙江省 북부 紹興市. ○犍爲 資中 − 犍爲郡의 치소는 武陽縣. 今 四川省 중앙부 眉山市 彭山區, 成都市의 남쪽. 資中은 현명. 今 四川省 동남부 內江市 관할 資中縣. ○蔡邕至會稽 − 蔡邕(채옹, 133−192년). 邕은 화할 옹. 음률에 정통, 박학했음. 名筆로 飛白書의 창시자. 채옹은 환관의 박해를 피해 會稽 땅에서 10여 년을 숨어 지낸 적이 있었다. ○《論衡》− 유학자 王充(왕충, 27−97년)은 後漢三賢(王充, 王符, 仲長統)의 한 사람. 《論衡》은 왕충의 저술. 49권, 〈王充王符仲長統列傳〉 참고.

[國譯]

趙曄(조엽)의 字는 長君(장군)으로, 會稽郡 山陰縣 사람이다. 젊었을 때 縣吏가 되었는데 격문을 받고 (군에서 파견한) 督郵(독우)를 영접하였는데, 조엽은 이런 일을 부끄럽게 여겨 수레와 말을 버리고 떠났다. 犍爲郡 資中縣으로 杜撫(두무)를 찾아가 《韓詩》를 배워 마침내 박통하였다. 조엽은 20년을 소식도 없이 돌아가지 않아 집에서는 發喪하여 상을 마쳤다. 두무가 죽자, 조엽은 본가로 돌아왔다. 익주의 자사가 종사로 불렀지만 응하지 않았다. 有道한 인재로 천거받았으나 집에서 죽었다.

조엽은 《吳越春秋》와 《詩細歷神淵》을 저술하였다. 蔡邕(채옹)이 會稽郡에 숨어 지내면서 조엽의 《詩細歷神淵》을 읽고 탄식하며, 《論衡》보다 우수하다고 생각하였다. 채옹이 낙양으로 돌아가 이를 알렸는데 많은 학자들이 이를 읽었다.

그때 山陽郡 張匡(장광)의 字는 文通(문통)인데, 역시 《韓詩》에 능통하였고 해설서를 지었다. 뒷날 有道한 인재로 천거 받아 박사를 제수 받았으나 응하지 않았고 집에서 죽었다.

⑫ 衛宏

|原文

　衛宏字敬仲, 東海人也. 少與河南鄭興俱好古學. 初, 九
江謝曼卿善《毛詩》, 乃爲其訓. 宏從曼卿受學, 因作《毛詩
序》, 善得〈風雅〉之旨, 於今傳於世. 後從大司空杜林更受
《古文尙書》, 爲作《訓旨》. 時濟南徐巡師事宏, 後從林受學,
亦以儒顯, 由是古學大興. 光武以爲議郞. 宏作《漢舊儀》四
篇, 以載西京雜事, 又著賦,頌,誄七首, 皆傳於世.

　中興後, 鄭衆,賈逵傳《毛詩》, 後馬融作《毛詩傳》, 鄭玄作
《毛詩箋》.

| 註釋 | ㅇ《漢舊儀》-《漢官舊儀》. 전한의 전례, 황제의 起居, 관제, 직
무, 中宮 및 태자 관련 내용, 20등 작위 등을 기록한 책. ㅇ誄(뢰) - 死者를
애도하는 글.《毛詩箋》의 箋은 찌지 전. 附箋, 箋註, 註解의 뜻.

[國譯]

　衛宏(위굉)의 字는 敬仲(경중)인데, 東海郡 사람이다. 젊어 河南의
鄭興(정흥)과 함께 古學을 좋아하였다. 그전에, 九江郡의 謝曼卿(사
만경)이 《毛詩》에 박통하여 모시를 訓釋했었다. 위굉은 사만경에게
배웠고 그러면서 《毛詩序》를 지었는데, 〈風과 雅〉의 핵심 뜻을 잘
파악한 책이라서 지금껏 전해오고 있다. 나중에 위굉은 大司空 杜林
(두림)으로부터 《古文尙書》를 배웠고 《訓旨》를 저술하였다. 그때 濟
南의 徐巡(서순)은 위굉을 모시고 배웠고 나중에 두림한테도 수학하

여 유학자로 잘 알려졌으며 이로부터 古文學이 크게 흥성하였다. 광무제는 위굉을 議郞에 임용했다. 위굉은 《漢舊儀》 4편을 저술하여 西京(前漢)의 여러 史蹟을 저술했으며, 또 賦, 頌, 誄辭(뇌사) 등 七首가 지금 전해오고 있다.

光武 中興 후에, 鄭衆(정중)과 賈逵(가규) 등이 《毛詩》를 전했는데, 뒷날 馬融(마융)은 《毛詩傳》을, 鄭玄(정현)은 《毛詩箋》을 저술했다.

原文

《前書》魯高堂生, 漢興傳《禮》十七篇. 後瑕丘蕭奮以授同郡后蒼, 蒼授梁人戴德及德兄子聖, 沛人慶普. 於是德爲《大戴禮》, 聖爲《小戴禮》, 普爲《慶氏禮》, 三家皆立博士. 孔安國所獻《禮》古經五十六篇及《周官經》六篇, 前世傳其書, 未有名家. 中興已後, 亦有《大戴》, 《小戴》博士, 雖相傳不絕, 然未有顯於儒林者. 建武中, 曹充習慶氏學, 傳其子襃, 遂撰《漢禮》, 事在〈襃傳〉.

| 註釋 | ○瑕丘(하구) - 山陽郡의 현명. 今 山東省 서남부 濟寧市 兗州區. ○〈襃傳〉 - 曹襃(조포)는 새로운 예악의 제정을 위해 노력했지만 章帝의 붕어로 결국 모두 수포로 돌아갔다. 35권, 〈張曹鄭列傳〉 立傳.

國譯

《漢書 儒林傳》에 魯의 高堂生(고당생)은 漢 건국 이후 《禮》 17편을 전했는데 뒷날 (山陽郡의) 瑕丘縣(하구현) 사람 蕭奮(소분)은 이를

同郡의 后蒼(후창)에게 전수하였고, 후창은 梁郡(國)人 戴德(대덕) 및 대덕의 조카 戴聖(대성)과 沛人 慶普(경보)에게 전수하였다. 이에 대덕이 전한 《大戴禮》와 대성의 《小戴禮》, 그리고 경보가 전한 《慶氏禮》가 성립되었고 三家에 모두 博士가 있었다. 孔安國(공안국)이 헌상한 《禮》의 古經 56편 및 《周官經》6편은 前漢 시대에 전수되었지만 名家(대가)가 없었다. 光武中興 이후에도 《大戴禮》와 《小戴禮》이 博士를 설치하여 서로 전수하며 단절되지는 않았지만 儒林 사이에 뚜렷한 학자가 없었다. 建武 연간에, 曹充(조충)이 慶氏學을 연구하여 아들 曹褒(조포)에게 전수하였고, 조포는 《漢禮》를 편찬하였는데, 이는 〈曹褒傳〉에 기록했다.

⑬ 董鈞

原文

董鈞字文伯, 犍爲資中人也. 習《慶氏禮》. 事大鴻臚王臨. 元始中, 擧明經, 遷稟犧令. 病去官. 建武中, 擧孝廉, 辟司徒府.

鈞博通古今, 數言政事. 永平初, 爲博士. 時草創五郊祭祀, 及宗廟禮樂, 威儀章服, 輒令鈞參議, 多見從用, 當世稱爲通儒. 累遷五官中郎將, 常教授門生百餘人. 後坐事左轉騎都尉. 年七十餘, 卒於家.

中興, 鄭衆傳《周官經》, 後馬融作《周官傳》, 授鄭玄, 玄作

《周官注》. <u>玄</u>本習《小戴禮》, 後以古經校之, 取其義長者, 故
爲<u>鄭氏</u>學. <u>玄</u>又注<u>小戴</u>所傳《禮記》四十九篇, 通爲《三禮》
焉.

| 註釋 | ○《周官經》－周官은《周禮》.《周官經》,《周官禮》는 별칭. 우리
가《禮》라면 연상되는 것은 儀禮, 또는 예의나 의식절차이나《禮》의 주요
한 영역은 나라의 제도에 관한 것이다. 이는 사회제도, 전장문물, 생활의
례, 工藝 기교 등을 모두 포함한다. 張衡의《周官訓詁》, 鄭玄의《周官注》
42권, 馬融의《周官傳》12권 외 많은 저술이 이어졌는데, 이런 대학자가
이러한 저술을 남겼다는 것은《周禮》가 학문적으로 매우 중요했다는 반증
이다.

[國譯]

董鈞(동균)의 字는 文伯(문백)으로, 犍爲郡 資中縣 사람이다.《慶
氏禮》를 전공하였다. 大鴻臚인 王臨(왕림)에게 師事했다. (平帝) 元
始 연간(서기 1 – 5년)에, 明經으로 천거되어 稟犧(품희) 현령이 되었
다. 질병으로 사직했다. 建武 연간에, 효렴으로 천거되어 司徒府에
근무했다.

동균은 古今에 박통하여 자주 정사에 관한 건의를 올렸다. (明帝)
永平 초에 博士가 되었다. 그때 처음으로 五郊의 郊祀와 宗廟의 禮
樂, 威儀와 章服을 처음 제정하였는데, 동균은 매번 그 의논에 참여
하였고 많은 의견이 채택되었기에 당시에 通儒라는 칭송을 들었다.
여러 번 승진하여 五官中郎將이 되었고 늘 門生 1백여 명을 가르쳤
다. 뒷날 업무상 과실로 騎都尉로 좌천되었다. 나이 70여 세에 집에

서 죽었다.

光武 中興 이후에, 鄭衆(정중)은 《周官經》을 전했고, 뒤에 馬融(마융)은 《周官傳》을 저술하여 鄭玄(정현)에게 전수하였으며, 정현은 《周官注》를 저술하였다. 정현은 본래 《小戴禮》를 전공하였고 뒷날 古經에 근거하여 이를 校註하여 그 바른 뜻을 취했기에, 이에 鄭氏學이 성립되었다. 정현은 또 小戴(戴聖)가 전한 《禮記》 49편을 주석하였는데, 이를 통상 《三禮》라고 불렀다.

▋原文

《前書》齊胡母子都傳《公羊春秋》, 授東平嬴公, 嬴公授東海孟卿, 孟卿授魯人眭孟, 眭孟授東海嚴彭祖, 魯人顔安樂. 彭祖爲《春秋》嚴氏學, 安樂爲《春秋》顔氏學, 又瑕丘江公傳《穀梁春秋》, 三家皆立博士. 梁太傅賈誼爲《春秋左氏傳訓詁》, 授趙人貫公.

| 註釋 | ○胡母子都 - 胡母는 複姓. 景帝 때 학자. 《公羊春秋》전공. 동중서의 선배.

[國譯]
《漢書 儒林傳》에 齊郡의 胡母子都(호모자도)는 《公羊春秋》를 연구하여 그 학문을 東平郡 嬴公(영공)에 전수하였고, 영공은 이를 東海郡 孟卿(맹경)에게, 맹경은 魯人 眭孟(휴맹)에 전수하였는데, 휴맹은 이를 東海郡 嚴彭祖(엄팽조)와 魯人 顔安樂(안안락)에게 전수하였다.

엄팽조는 《春秋》의 嚴氏學을, 안안락은 《春秋》의 顔氏學을 열었으며, 또 瑕丘縣의 江公(강공)은 《穀梁春秋》를 전수하여 三家가 모두 博士를 두었다. 梁國의 太傅인 賈誼(가의)는 《春秋左氏傳訓詁》를 저술하여, 이를 趙國의 貫公(관공)에게 전수했다.

⓮ 丁恭

原文

丁恭字子然, 山陽東緡人也. 習《公羊嚴氏春秋》. 恭學義精明, 教授常數百人, 州郡請召不應. 建武初, 爲諫議大夫, 博士, 封關內侯. 十一年, 遷少府. 諸生自遠方至者, 著錄數千人, 當世稱爲大儒. 太常樓望, 侍中承宮, 長水校尉樊儵等皆受業於恭. 二十年, 拜侍中祭酒, 騎都尉, 與侍中劉昆俱在光武左右, 每事諮訪焉. 卒於官.

| 註釋 | ○東緡 - 今 山東省 서부 濟寧市 관할 金鄕縣. ○侍中祭酒 - 侍中은 황제의 최측근 近侍官. 顧問應對 담당. 無 定員, 후한에서는 질록 比二千石의 實職. 그 우두머리가 侍中祭酒(시중제주, 비 상설직, 전한에서는 侍中僕射). 어가 출행 시에 박식한 시중 1인이 參乘, 나머지는 후미에 수행. 中常侍(千石, 宦者, 뒤에 比이천석으로 증액), 黃門侍郎(六百石), 小黃門(六百石, 宦者)을 거느림. 祭酒는 연장자의 뜻. 後漢에서 박사의 우두머리로 博士祭酒가 있었고, 三公府나 州牧의 祭酒는 참모직이면서 명예직이었다.

丁恭(정공)의 字는 子然(자연)으로, 山陽郡 東緡縣(동민현) 사람이다. 《公羊嚴氏春秋》을 전공했다. 정공은 학문이 정밀 명철하였고 늘 수백 명을 교수하였는데, 州郡에서 불러도 응하지 않았다. (광무제) 건무 초에, 諫議大夫와 博士를 역임하였고 關內侯에 봉해졌다. 건무 11년, 少府로 승진했다. 학생들이 먼 곳에서도 찾아왔고 명부에 오른 자가 수천 명이었기에 당세에 大儒라 칭송하였다. 太常인 樓望(누망), 侍中인 承宮(승궁), 長水校尉인 樊儵(번조) 등이 모두 정공에게 배웠다. 建武 20년, 侍中祭酒와 騎都尉를 역임하였으며 侍中(시중) 劉昆(유곤)과 함께 광무제의 측근으로 매사에 자문에 응했다. 재임 중에 죽었다.

⑮ 周澤

原文

周澤字穉都, 北海安丘人也. 少習《公羊嚴氏春秋》, 隱居教授, 門徒常數百人. 建武末, 辟大司馬府, 署議曹祭酒. 數月, 徵試博士. 中元元年, 遷黽池令. 奉公克己, 矜恤孤羸, 吏人歸愛之. 永平五年, 遷右中郎將. 十年, 拜太常.

澤果敢直言, 數有據爭. 後北地太守廖信坐貪穢下獄, 沒入財產, 顯宗以信臧物班諸廉吏, 唯澤及光祿勳孫堪, 大司農常沖特蒙賜焉. 是時京師翕然, 在位者咸自勉勵.

| 註釋 | ○黽池(민지) – 弘農郡의 현명, 今 河南省 서북부, 黃河 남안, 三門峽市관할 黽池縣. 黽은 힘쓸 민, 맹꽁이 민.

[國譯]

周澤(주택)의 字는 稺都(치도)로, 北海郡 安丘縣 사람이다. 젊어 《公羊嚴氏春秋》를 배웠고 은거하여 문생을 가르쳤는데 문도가 수백 명이었다. 建武 말기에, 大司馬府의 부름을 받아 議曹祭酒에 임명되었다. 몇 달 뒤에 시험을 거쳐 박사에 임용되었다. (광무제) 中元 원년, 黽池(민지) 현령이 되었다. 주택은 한마음으로 奉公하고 克己하였으며, 고아나 병약한 백성을 불쌍히 여겨 관리나 백성의 존경을 받았다. (명제) 永平 5년, 右中郎將으로 승진하였다. 10년에 태상이 되었다.

주택은 과감하게 直言하였고 여러 번 근거에 의거 논쟁을 벌였다. 뒷날 北地太守 廖信(요신)이 착복과 부정행위로 그 재산을 몰수하였고, 명제는 요신의 재산을 여러 청렴한 관리들에게 분배하였는데 주택과 光祿勳 孫堪(손감), 大司農 常沖(상충)은 특별한 하사를 받았다. 이때 경사의 사람들이 모두 기뻐하였고 재직자는 스스로 격려하였다.

⓰ 孫堪

原文

孫堪字子稺, 河南緱氏人也. 明經學, 有志操, 淸白貞正,

愛士大夫, 然一毫未嘗取於人, 以節介氣勇自行. 王莽末,
兵革並起, 宗族老弱在營保間, 堪常力戰陷敵, 無所迴避, 數
被創刃, 宗族賴之, 郡中咸服其義勇.

建武中, 仕郡縣. 公正廉潔, 奉祿不及妻子, 皆以供賓客.
及爲長吏, 所在有跡, 爲吏人所敬仰. 喜分明去就. 嘗爲縣
令, 謁府, 趨步遲緩, 門亭長譴堪御吏, 堪便解印綬去, 不之
官. 後復仕爲左馮翊, 坐遇下促急, 司隷校尉舉奏免官. 數
月, 徵爲侍御史, 再遷尙書令. 永平十一年, 拜光祿勳.

堪清廉, 果於從政, 數有直言, 多見納用. 十八年, 以病
乞身, 爲侍中騎都尉, 卒於官. 堪行類於澤, 故京師號曰
'二稺.'

| 註釋 | ○緱氏縣(구씨현) − 緱氏(구씨)는 현명, 今 河南省 洛陽市 관할
偃師市(언사시)의 緱氏鎭(구씨진). ○左馮翊 − 좌풍익은 右扶風, 京兆尹과
함께 지방관의 칭호이면서 동시에 행정구역(郡 단위) 이름이다. ○二稺
(이치) − 稺는 어린 벼 치, 어릴 幼也.

[國譯]
孫堪(손감)의 字는 子稺(자치)로, 河南 緱氏縣(구씨현) 사람이다. 經
學에 밝았고 지조를 지켰으며, 淸白吏로 행실이 곧았고 사대부를 애
호하였으며, 백성에게 조그만 것도 취하지 않았고 절개와 용기가 있
었다. 왕망 말기에 각지에서 군사가 일어났고 종족의 노약자들이 보
루 안에서 생활할 때 손감은 늘 힘껏 싸워 적을 패퇴시켰으며 전투

를 피하지 않아 여러 번 부상을 입었지만 일족은 손감을 신뢰했고 군민들은 그 용기에 감복했다.

建武 연간에, 郡縣에 출사했다. 公正하고 청렴하였으며 봉록으로 처자를 먹여 살리지 않고 모두 빈객 접대에 사용하였다. 그가 지방관으로 재직하며 임지에서 치적이 좋아 부하 관리와 백성의 존경을 받았다. 그는 매사에 거취가 분명하였다. 현령으로 재직할 때, 군의 태수를 알현할 때 천천히 걸어 들어갔는데, 문을 지키는 관리가 손감의 마부를 견책하였는데 손감은 즉시 인수를 걸어놓고 나와 다시는 돌아보지 않았다. 뒤에 다시 출사하여 左馮翊(좌풍익)이 되었다. 하급자를 난폭하게 대했다 하여 사예교위가 상주하여 면직되었다. 몇 달 뒤 조정에 들어가 시어사가 되었다가 다시 승진하여 尙書令이 되었다. (明帝) 永平 11년, 광록훈이 되었다.

孫堪(손감)은 청렴했고 정사에 결단성이 있고 자주 직언을 올려 많은 것이 채택되었다. (永初) 18년, 질병으로 사직하려 했으나 侍中으로 騎都尉가 되었는데 재임 중에 죽었다. 손감의 행실은 周澤(주택)과 유사하여 京師에서는 이들을 '二稺(이치)'라고 불렀다.

原文

十二年, 以澤行司徒事, 如眞. 澤性簡, 忽威儀, 頗失宰相之望. 數月, 復爲太常. 淸潔循行, 盡敬宗廟. 常臥疾齋宮, 其妻哀澤老病, 窺問所苦. 澤大怒, 以妻干犯齋禁, 遂收送詔獄謝罪. 當世疑其詭脆. 時人爲之語曰, '生世不諧, 作太

常妻, 一歲三百六十日, 三百五十九日齋.' 十八年, 拜侍中
騎都尉. 後數爲三老五更. 建初中致仕, 卒於家.

| 註釋 |　〇太常 - 太常은 종묘 제사와 황릉을 관리하는 직책인데 陵縣
도 감독 통솔했다. 박사의 선임과 그 학식이나 근무를 감독 평가도 태상의
직무였다.　〇五更 - 五更(오경, 五叟로도 표기. 叟는 늙은이 수)은 연로하여 致
仕한 경험(곧 五事인 貌, 言, 視, 聽, 思)이 풍부한 사람이란 뜻으로, 보통
지팡이를 짚지 않아도 되는 公卿 중에서 고른다는 주석이 있다. 황제가 年
老한 三老와 更事致仕한 五更을 모시는 예를 시행하는 것은 백성에게 孝
悌를 널리 펴기 위한 뜻이다.

[國譯]

　(永初) 12년, 周澤(주택)은 司徒 직무를 대리하다가 정식이 되었
다. 주택의 천성은 매우 소탈하여 권위를 소홀히 하여 재상으로서의
人望을 잃을 때가 많았다. 몇 달 뒤에 다시 太常이 되었다. 淸潔하고
성실하였으며 종묘를 극진히 돌보았다. 주택은 병이 들어 누워 있으
면서도 청결하게 제사를 받들었는데 그 아내가 늙고 병든 남편이 걱
정되어 은밀히 찾아가서 안부를 물었다. 그러자 주택은 대노하면서
아내가 齋宮의 금기를 범했다고 조옥에 데리고 가서 가둬놓고 사죄
하였다. 당시 사람들은 그를 일부러 그러는 행동이라고 의심하였
다. 그때 사람들이 이를 두고 말했다. '살아 가장 나쁜 일은 太常의
처가 된 것이니, 1년 360일 중 359일이 제사라네.' 라고 말했다. (永
平) 18년(서기 75)에, 侍中 겸 騎都尉가 되었다. 뒤에 여러 번 三老
와 五更이 되었다. (章帝) 建初 연간에, 致仕하고 집에서 죽었다.

❶ 鍾興

原文

鍾興字次文, 汝南汝陽人也. 少從少府丁恭受《嚴氏春秋》. 恭薦興學行高明, 光武召見, 問以經義, 應對甚明. 帝善之, 拜郎中, 稍遷左中郎將. 詔令定《春秋》章句, 去其復重, 以授皇太子. 又使宗室諸侯從興受章句. 封關內侯. 興自以無功, 不敢受爵. 帝曰, "生敎訓太子及諸王侯, 非大功邪?" 興曰, "臣師於恭." 於是復封恭, 而興遂固辭不受爵, 卒於官.

| **註釋** | ○汝南 汝陽 – 汝陽縣은, 今 河南省 동부 周口市 관할의 商水縣.

[國譯]

鍾興(종흥)의 字는 次文(차문)으로, 汝南 汝陽縣 사람이다. 젊어 少府인 丁恭(정공)에게 《嚴氏春秋》를 배웠다. 정공이 종흥을 學行이 高明한 인재로 천거했는데, 光武帝가 종흥을 불러 經義를 물어보자 응대가 매우 명확하였다. 광무제가 칭찬하면서 낭중을 제수하였고 종흥은 점차 승진하여 左中郎將이 되었다. 詔令으로 《春秋》章句를 교정하였는데 그 중복되는 구절을 삭제하였고, 이를 가지고 皇太子를 교수하였다. 또 종실제후들도 종흥에게 경전을 배웠다. 종흥을 關內侯에 봉했다. 종흥은 자신이 공이 없기에 작위를 받을 수 없다고 말했다. 이에 광무제가 말했다. "선생이 태자와 여러 제후 왕을 교육한 것은 큰 공이 아닌가?" 그러자 종흥이 말했다. "신은 사부

정공에게 배웠습니다." 이에 정공에 작위를 내렸으나 종흥은 끝까지 사양하며 작위를 받지 않았고 재직 중에 죽었다.

⓲ 甄宇

│原文│

　甄宇字長文, 北海安丘人也. 淸淨少欲. 習《嚴氏春秋》, 教授常數百人. 建武中, 爲州從事, 徵拜博士, 稍遷太子少傅, 卒於官.

　傳業子普, 普傳子承. 承尤篤學, 未嘗視家事, 講授常數百人. 諸儒以承三世傳業, 莫不歸服之. 建初中, 擧孝廉, 卒於梁相. 子孫傳學不絶.

│註釋│　○北海安丘 - 安丘縣, 今 山東省 중동부 濰坊市 관할 安丘市.

[國譯]

　甄宇(견우)의 字는 長文으로, 北海郡 安丘縣 사람이다. 淸淨하고 少欲하였다. 《嚴氏春秋》를 전공하였고 늘 수백 명을 가르쳤다. 建武 연간에, 州 자사의 從事가 되었다가 부름을 받아 박사가 되었고, 차츰 승진하여 太子少傅가 되었다가 재임 중 죽었다.

　견우는 학문을 아들 甄普(견보)에게 전수했고, 견보는 아들 甄承(견승)에게 전수하였다. 견승은 더욱 篤學하면서 가사를 돌보지 않고 늘 수백 명을 교수하였다. 유생들은 견승이 삼대에 가학을 계승했기에 찾아와 따르지 않는 사람이 없었다. (章帝) 建初 연간에, 孝廉으로 천거 받고 梁國相으로 재임 중에 죽었다. 그 子孫도 가학을 계승하여 끊이지 않았다.

⓳ 樓望

原文

樓望字次子, 陳留雍丘人也. 少習《嚴氏春秋》. 操節淸白, 有稱鄕閭. 建武中, 趙節王栩聞其高名, 遣使齎玉帛請以爲師, 望不受. 後仕郡功曹. 永平初, 爲侍中,越騎校尉, 入講省內. 十六年, 遷大司農. 十八年, 代周澤爲太常. 建初五年, 坐事左轉太中大夫, 後爲左中郞將. 敎授不倦, 世稱儒宗, 諸生著錄九千餘人. 年八十, 永元十二年, 卒於官, 門生會葬者數千人, 儒家以爲榮.

| 註釋 | ○雍丘 – 陳留郡의 현명. 今 河南省 중동부 開封市 관할 杞縣 (기현). 杞人憂天(杞憂)의 본고향. ○趙 節王 劉栩(유허) – 광무제 숙부 趙王 劉良의 아들.

[國譯]

樓望(누망)의 字는 次子(차자)인데, 陳留郡 雍丘縣 사람이다. 젊어

《嚴氏春秋》를 전공했다. 지조를 지키고 청렴하여 향리에서 칭송을 들었다. 建武 연간에, 趙 節王 劉栩(유허)가 누망의 높은 명성을 듣고 사자에게 玉과 비단을 보내 스승으로 초청하였으나 누망은 받지 않았다. 뒷날 郡에 출사하여 功曹가 되었다. (明帝) 永平 초기에, 侍中으로 越騎校尉가 되었고 궁에 들어와 시강하였다. (永平) 16년, 大司農이 되었다. 18년, 周澤(주택)의 후임으로 太常이 되었다. (章帝) 建初 5년, 업무상 과오로 太中大夫로 좌천되었다가 뒤에 左中郞將이 되었는데도, 문생 가르치기를 게을리하지 않았기에 세상에서는 儒宗이라고 칭송했다. 명부에 오른 유생이 9천여 명이나 되었다. 나이 80인 (和帝) 永元 12년(서기 100)에, 재임 중에 죽었다. 장례에 모인 문생이 수천 명이었기에 儒家에서는 영광으로 생각하였다.

❷⓪ 程曾

❘原文

程曾字秀升, 豫章南昌人也. 受業長安, 習《嚴氏春秋》, 積十餘年, 還家講授. 會稽顧奉等數百人常居門下. 著書百餘篇, 皆《五經》通難, 又作《孟子章句》. 建初三年, 擧孝廉, 遷海西令, 卒於官.

❘註釋❘ ○豫章 南昌 – 豫章郡의 治所, 南昌縣, 今 江西省 북부 南昌市 (江西省의 省會). ○海西 – 廣陵郡의 현명. 今 江蘇省 북단 連雲港市 관할 灌南縣 일대.

程曾(정증)의 字는 秀升(수승)으로, 豫章郡 南昌縣 사람이다. 長安
에서 수업하며《嚴氏春秋》를 10여 년간 전공하고 돌아와 제자를 가
르쳤다. 會稽郡의 顧奉(고봉) 등 수백 명이 늘 문하에 머물렀다. 저서
수백 편이 모두《五經》의 이해하기 어려운 부분에 관한 것이었으며
또《孟子章句》를 저술하였다. (章帝) 建初 3년, 孝廉으로 천거되었
고 (廣陵郡) 海西 현령이 되었는데 재직 중에 죽었다.

㉑ 張玄

原文

張玄字君夏, 河內河陽人也. 少習《顏氏春秋》, 兼通數家
法. 建武初, 舉明經, 補弘農文學, 遷陳倉縣丞. 清淨無欲,
專心經書, 方其講問, 乃不食終日. 及有難者, 輒爲張數家
之說, 令擇從所安, 諸儒皆伏其多通, 著錄千餘人.

玄初爲縣丞, 嘗以職事對府, 不知官曹處, 吏白門下責之.
時, 右扶風琅邪徐業, 亦大儒也, 聞玄諸生, 試引見之, 與語,
大驚曰, "今日相遭, 眞解矇矣!" 遂請上堂, 難問極日.

後玄去官, 舉孝廉, 除爲郎. 會《顏氏》博士缺, 玄試策第
一, 拜爲博士. 居數月, 諸生上言玄廉說《嚴氏》,《冥氏》, 不
宜專爲《顏氏》博士. 光武且令還署, 未及遷而卒.

| 註釋 | ○河內 河陽 - 河陽縣은, 今 河南省 북부 焦作市 관할 孟州市 서북. ○弘農文學 - 弘農郡의 교육 의례 담당 관리. ○陳倉 - 右扶風의 縣名. 今 陝西省 서부의 寶鷄市 陳倉區. 渭水 북안.

[國譯]

張玄(장현)의 字는 君夏(군하)로, 河內郡 河陽縣 사람이다. 젊어 《顔氏春秋》를 배웠고, 점술의 학문에도 통했다. 建武 초기에, 明經으로 천거되어 弘農郡 文學이 되었다가 陳倉縣 縣丞이 되었다. 淸淨하고 無欲하였으며 經書에만 전념하였는데, 강학 중 이해 못하는 내용이 있으면 종일 식사도 하지 않았다. 또 난해한 부분이 있으면 바로 여러 학자들의 설명을 종합하여 그중에서 합리적인 견해를 따랐기에 모든 유생이 장현의 주장에 悅服하였으며 이름을 올린 제자가 1천여 명이나 되었다.

장현은 처음에 縣丞(현승)이 되어 업무 관계로 郡府에 응대하면서 업무 분장이 어떻게 되었는지 몰랐기에 군부에서 문책한다고 속리가 보고하였다. 그때 右扶風은 琅邪郡(낭야군) 사람 徐業(서업)이었는데, 역시 大儒라서 장현의 제자들로부터 전해 듣고 장현을 불러 만나보고 이야기를 나눈 뒤에 크게 놀라며 "오늘에야 만났지만 정말 까막눈을 떴습니다!" 라고 말했다. 그리고 당상으로 모셔 종일토록 어려운 문제를 물었다.

그 뒤 장현은 사직했다가 다시 효렴으로 천거되어 낭관이 되었다. 마침 《顔氏春秋》의 박사가 결원이었는데 장현은 대책에서 제일이었기에 박사를 제수 받았다. 몇 달 뒤에 諸生은 장현의 학설이 《嚴氏春秋》와 《冥氏春秋》의 학설을 융합한 것으로 《顔氏春秋》의 박사로 부적합하다고 상주하였다. 이에 광무제는 장현을 본래 부서로 돌려보냈는데 임지에 가기 전에 죽었다.

㉒ 李育

■ 原文

　李育字元春, 扶風漆人也. 少習《公羊春秋》. 沉思專精, 博覽書傳, 知名太學, 深爲同郡班固所重. 固奏記薦育於驃騎將軍東平王蒼, 由是京師貴戚爭往交之. 州郡請召, 育到, 輒辭病去. 常避地敎授, 門徒數百. 頗涉獵古學. 嘗讀《左氏傳》, 雖樂文采, 然謂不得聖人深意, 以爲前世陳元, 范升之徒更相非折, 而多引圖讖, 不據理體, 於是作《難左氏義》四十一事.

　建初元年, 衛尉馬廖擧育方正, 爲議郎. 後拜博士. 四年, 詔與諸儒論《五經》於白虎觀, 育以《公羊》義難賈逵, 往返皆有理證, 最爲通儒. 再遷尙書令. 及馬氏廢, 育坐爲所擧免歸. 歲餘復徵, 再遷侍中, 卒於官.

| 註釋 | ○扶風漆人 – 右扶風의 漆縣(칠현), 今 陝西省 咸陽市 관할 彬縣(빈현). ○班固 – 右扶風 安陵縣 출신, 40. 班彪列傳(下)에 입전. ○馬廖(마료) – 馬援의 아들 24권, 〈馬援列傳〉에 附傳.

李育(이육)의 字는 元春(원춘)으로, 右扶風 漆縣 사람이다. 젊어서
《公羊春秋》를 전공하였다. 深思하고 專心으로 탐구하며 여러 경전
을 널리 보았기에 太學에 이름이 알려졌고, 같은 郡 출신의 班固(반
고)가 매우 아껴주었다. 반고는 추천서로 이육을 驃騎將軍인 東平王
劉蒼(유창)에게 소개하였는데, 이후 京師의 貴戚이 다투어 이육과 교
제하였다. 州郡에서 이육을 초빙했는데, 이육은 부임했다가 곧 병을
핑계로 사직하였다. 이육은 외진 곳에서 학문을 강의하였는데 문도
가 수백 명이었다. 이육은 古學을 많이 섭렵하였다. 전부터 《左氏
傳》을 읽으며, 그 문채를 즐기면서도 내용은 성인의 깊은 뜻을 파악
하지 못했다고 생각하였고, 前世의 陳元(진원)이나 范升(범승) 같은
사람도 《左氏傳》의 이러한 점을 비판하였지만 그들은 도참설을 많
이 채택했고 논리와 사실에 근거하지 않았다고 지적하면서 《難左氏
義》41장을 저술하였다.

(章帝) 建初 원년(서기 76), 衛尉인 馬廖(마료)가 方正한 인재로 이
육을 천거하여 이육은 議郎이 되었다. 뒤에 博士가 되었다. (建初) 4
년, 명을 받아 여러 儒者와 함께 白虎觀에서 《五經》의 同異를 토론
하였는데, 이육은 《公羊傳》의 의리로 賈逵(가규)를 힐난하였고 상대
방의 문제 제기에 대한 답변은 모두 근거를 제시하였기에 通儒로 알
려졌다. 거듭 승진하여 尙書令이 되었다. 馬氏 일족이 패망하면서
이육은 마씨의 천거를 받았다 하여 면직되자 고향에 돌아왔다. 일
년 뒤에 다시 부름을 받아 다시 侍中에 되었으나 재임 중에 죽었다.

㉓ 何休

何休字邵公, 任城樊人也. 父豹, 少府. 休爲人質樸訥口, 而雅有心思, 精研《六經》, 世儒無及者. 以列卿子詔拜郎中, 非其好也, 辭疾而去. 不仕州郡. 進退必以禮.

太傅陳蕃辟之, 與參政事. 蕃敗, 休坐廢錮, 乃作《春秋公羊解詁》, 覃思不窺門, 十有七年. 又注訓《孝經》,《論語》,風角七分, 皆經緯典謨, 不與守文同說. 又以《春秋》駁漢事六百餘條, 妙得《公羊》本意. 休善歷算, 與其師博士羊弼, 追述李育意以難二傳, 作《公羊墨守》,《左氏膏肓》,《穀梁廢疾》. 黨禁解, 又辟司徒. 群公表休道術深明, 宜侍帷幄, 幸臣不悅之, 乃拜議郎, 屢陳忠言. 再遷諫議大夫, 年五十四, 光和五年卒.

| 註釋 | ○任城 樊人 – 任城國 治所는 任城縣, 今 山東省 서남부 濟寧市. 東平國을 分離. 樊縣은, 今 山東省 서부 濟寧市 兗州區. ○陳蕃 – 강직하고 충성스런 대신. 66권,〈陳王列傳〉에 立傳. ○風角七分 – 風角은 사방의 바람을 보아 길흉을 예견하는 점. 구름의 형상과 빛깔을 보아 人事에 결부시켜 길흉을 예언하는 占卜인 望氣란 것도 성행했다. 七分도 점술의 한 분야. 六日이라는 점술도 있었다.

[國譯]

何休(하휴)의 字는 邵公(소공)으로, 任城國 樊縣(번현) 사람이다. 부친 河豹(하표)는 少府였다. 하휴는 사람이 질박하고 말을 더듬었지만 평소 생각이 깊고 《六經》을 탐구하여 世儒 중 따를 자가 없었다. 列卿의 아들은 조서에 의거 낭관이 되었는데, 하휴는 이를 좋아하지 않고 병을 이유로 사직한 뒤 주군에도 출사하지 않았다. 그 진퇴가 예에 맞았다.

太傅인 陳蕃(진번)의 부름을 받아 정사에 참여했다. 진번이 패망하면서 하휴는 연좌되어 금고에 묶였는데, 이에 《春秋公羊解詁》를 저술하였고 深思하여 문밖을 기웃거리지 않은 것이 17년이었다. 또 《孝經》과 《論語》를 주석하였고, 風角과 七分 등의 점술도 경전의 뜻으로 해석하면서 文意만을 그대로 풀이하지는 않았다. 또 《春秋》의 사실에 의거 漢事 6백여 조항을 반비판하였는데, 《公羊傳》의 本意를 잘 파악한 비판이었다. 하휴는 歷法(曆法)과 산술에도 조예가 있어 그 스승인 博士 羊弼(양필)과 함께 李育(이육)이 《春秋》의 二傳을 비판한 것처럼 《公羊墨守》와 《左氏膏肓》, 그리고 《穀梁廢疾》를 저술하였다. 黨錮가 해금되자 司徒府의 부름을 받았다. 여러 공경이 하휴의 도술이 심오하기에 응당 황제 측근으로 재직해야 한다며 천거하였지만 幸臣들은 하휴를 좋아하지 않아 議郎이 되어 여러 번 忠言을 올렸다. 거듭 승진하여 諫議大夫가 되었다가 나이 54세인 (靈帝) 光和 5년(서기 182)에 죽었다.

❷❹ 服虔

原文

服虔字子愼, 初名重, 又名祇, 後改爲虔, 河南滎陽人也.
少以淸苦建志, 入太學受業. 有雅才, 善著文論, 作《春秋左
氏傳解》, 行之至今. 又以《左傳》駁何休之所駁漢事六十條.
擧孝廉, 稍遷, 中平末, 拜九江太守. 免, 遭亂行客, 病卒. 所
著賦,碑,誄,書記,〈連珠〉,〈九憤〉, 凡十餘篇.

| 註釋 | ○服虔(복건) – 服이 성씨. 虔은 정성 건. ○滎陽(형양) – 滎陽은
옛 漢 고조와 항우의 격전지. 교통과 군사의 요지. 今 河南省 중부 鄭州市
관할 滎陽市.

[國譯]

服虔(복건)의 字는 子愼(자신)으로, 初名은 重(중), 또 다른 이름은
祇(기)였는데 뒤에 虔(건)으로 개명했는데 河南 滎陽(형양) 사람이다.
젊어 가난하였으나 큰 뜻을 세우고 太學에서 공부하였다. 우수한 재
능에 글 솜씨가 뛰어나《春秋左氏傳解》를 저술했는데 지금도 통용되
고 있다. 또《左傳》에 근거하여 何休(하휴)가 저술한 漢事 60개 조항
을 반박하였다. 孝廉으로 천거되었고 점차 승진하여 (靈帝) 中平 말
년에 九江太守가 되었다. 면직한 뒤에 난리를 만나 여러 곳을 떠돌다
가 병사하였다. 그가 지은 賦, 碑文, 誄辭(뇌사), 書記, 〈連珠〉, 〈九憤〉
등 총 10여 편이 있다.

㉕ 潁容

原文

潁容字子嚴, 陳國長平人也. 博學多通, 善《春秋左氏》, 師
傅太尉楊賜. 郡舉孝廉, 州辟, 公車徵, 皆不就. 初平中, 避
亂荊州, 聚徒千餘人. 劉表以爲武陵太守, 不肯起. 著《春秋
左氏條例》五萬餘言, 建安中卒.

| 註釋 | ○陳國 長平 – 陳國의 치소 陳縣, 今 河南省 동부 周口市 淮陽
縣. 前 淮陽國. 長平縣은, 今 河南省 周口市 西華縣. ○楊賜(양사) – 다섯
번 三公의 자리에 올라 환난을 극복하고 나라의 안녕을 지켰다. 鷄肋(계륵)
을 알았던 楊脩의 조부. 54권, 〈楊震列傳〉 立傳.

[國譯]

潁容(영용)의 字는 子嚴(자엄)으로, 陳國 長平縣 사람이다. 博學하
고 多通하였으며 《春秋左氏傳》에 밝았는데, 師傅는 太尉 楊賜(양사)
였다. 郡에 효렴으로 천거하였고, 豫州와 公車令 부름에도 모두 응
하지 않았다. (獻帝) 初平 연간에, 荊州에 피난하였는데 그 무리가 1
천여 명이었다. 형주의 劉表(유표)가 武陵太守에 임명하려 했지만
응하지 않았다. 《春秋左氏條例》 5만여 자를 저술하였고, (헌제) 建
安 연간에 죽었다.

㉖ 謝該

謝該字文儀, 南陽章陵人也. 善明《春秋左氏》, 爲世名儒, 門徒數百千人. 建安中, 河東人樂詳條《左氏》疑滯數十事以問, 該皆爲通解之, 名爲《謝氏釋》, 行於世.

仕爲公車司馬令, 以父母老, 託病去官. 欲歸鄉里, 會荊州道斷, 不得去. 少府孔融上書薦之曰,

「臣聞高祖創業, 韓, 彭之將征討暴亂, 陸賈, 叔孫通進說《詩》,《書》. 光武中興, 吳, 耿佐命, 范升, 衛宏修述舊業, 故能文武並用, 成長久之計. 陛下聖德欽明, 同符二祖, 勞謙厄運, 三年乃讙. 今尙父鷹揚, 方叔翰飛, 王師電鷙, 群凶破殄, 始有櫜弓臥鼓之次, 宜得名儒, 典綜禮紀. 竊見故公車司馬令謝該, 體曾, 史之淑性, 兼商, 偃之文學, 博通群藝, 周覽古今, 物來有應, 事至不惑, 清白異行, 敦悅道訓. 求之遠近, 少有疇匹. 若乃巨骨出吳, 隼集陳庭, 黃能入寢, 亥有二首, 非夫洽聞者, 莫識其端也. 雋不疑定北闕之前, 夏侯勝辯常陰之驗, 然後朝士益重儒術. 今該實卓然比跡前列, 間以父母老疾, 棄官欲歸, 道路險塞, 無自由致. 猥使良才抱樸而逃, 逾越山河, 沉淪荊楚, 所謂往而不反者也. 後日當更饋樂以釣由余, 剋像以求傅說, 豈不煩哉? 臣愚以爲可推錄所在, 召該令還. 楚人止孫卿之去國, 漢朝追匡衡於平原, 尊

儒貴學, 惜失賢也.」

　書奏, 詔卽徵還, 拜議郞. 以壽終.

| 註釋 | ○南陽郡 章陵縣 – 南陽郡의 37개 國, 縣의 하나. 今 湖北省 襄陽市(양양시) 관할 棗陽市(조양시)에 해당. 옛 春陵孝侯 劉仁(광무제의 큰 할아버지)이 이주해온 白水鄕을 春陵縣(용릉현)이라 했었다. 광무제는 조부와 부친의 묘를 昌陵이라 했다가 다시 章陵으로 개명하면서 용릉현을 장릉현으로 개명했다. ○公車司馬令 – 公車는 관직명. 궁전의 公車司馬門의 출입자를 단속 관장한다. 황제에게 上書할 사람이나 황제의 부름에 응하는 사람들이 대기하며 公車司馬令(약칭 公車令, 衛尉의 속관, 질록 6百石)의 지시를 받는다. 지방관이 보내오는 공물도 접수 관리하는 직책으로 丞과 尉 등 속관을 거느렸다. ○孔融(공융) – 공자의 후손. 70권, 〈鄭孔荀列傳〉에 立傳. ○吳,耿佐命 – 吳漢과 耿弇(경엄). 吳漢은 군사적으로 가장 화려한 전공을 세운 개국공신. 18권, 〈吳蓋陳臧列傳〉에 立傳. 耿弇(경엄)은 타고난 장수였고, 그 아버지와 아들 6형제 모두가 광무제의 충직한 신하였다. 19권, 〈耿弇列傳〉에 立傳. 佐命은 天命을 받은 사람을 돕다. 건국을 보좌하다. ○三年乃讙 – 靈帝가 붕어한 뒤, 3년이 지나 상복을 벗었다는 뜻. 讙은 시끄러울 환. 담소하다. ○尙父鷹揚 – 尙父(상보)는 文王의 太公. 鷹揚(응양)은 매처럼 날아오르다. ○方叔翰飛 – 方叔은 周 宣王의 賢臣, 荊蠻 땅을 원정했다. 翰飛는 높이 날아오르다. ○橐弓臥鼓 – 정벌을 멈추다. 橐弓(탁궁)은 활을 활집에 보관하다. 臥鼓는 戰鼓를 치지 않다. ○巨骨出吳 – 吳와 越을 공격하며 會稽(회계)를 함락시키며 인골이 가득한 수레를 찾아냈고 吳에서 사자를 보내 孔子에게 물었는데, 그 인골이 防風氏의 유골이라고 공자가 해석하였다. ○隼集陳庭 – 隼(새매 준)이 陳나라 궁정에 모여들었다가 죽었는데 陳에서 공자에게 사자를 보내 물었고, 공자는 그 사유를 설명해 주었다. 공자의 박식을 설명한 사례. ○黃能入寢

- 黃能은 黃熊. 발이 사슴의 발과 같다는 전설 속의 곰. 鄭子産이 晉에 사자로 갔을 때 晉侯가 병중에 있었는데 꿈에 누런 곰이 침실에 들어오는 꿈을 꾸었는데, 이를 子産이 해석해 주었다. ㅇ亥有二首 — 亥는 돼지 해. ㅇ雋不疑(준불의) — 전한 昭帝 때 경조윤. 어떤 사내가 나타나 자신은 무제의 죽은 아들 衛太子(위태자)라고 하자 대신들이 두려워 떨었다 그러나 준불의는 가짜임을 알고 그대로 포박하였다. ㅇ夏侯勝(하후승) — 前漢 昌邑王의 신하. ㅇ饋樂以釣由余 — 由余(유여)는 晉人인데 융적의 땅에 숨었다. 秦에서 戎王에게 女樂을 보내 설득했고 나중에 유여는 秦에 귀항하였다. ㅇ剋像以求傳說 — 傳說(부열)은 殷代 武丁(高宗)의 신하. 노예였다가 등용되었다. 무정이 꿈속에 본 사람의 얼굴을 그려 찾아내었다. 《尙書 說命》은 武丁과 傳說의 대화이다. ㅇ楚人止孫卿之去國 — 楚의 春申君은 孫卿(손경, 荀子, 荀況)을 초빙하여 蘭陵令으로 다시 임용하였다. 荀子(前 ? — 前 236년?). 宣帝를 피휘하여 荀을 孫으로 표기, 名 況(황). 卿은 존칭. ㅇ匡衡於平原 — 匡衡(광형)은 平原郡 文學인 하급 관리였다. 長安令 楊興의 천거로 조정에 근무케 하였다.

[國譯]

謝該(사해)의 字는 文儀(문의)로, 南陽郡˙ 章陵縣 사람이다. 《春秋左氏傳》에 아주 능통하여 세상 사람들이 名儒라 칭송했고, 그 門徒가 數 百 내지 1천 명이었다. (獻帝) 建安 연간에, 河東郡 사람 樂詳(낙상)이 《左氏傳》에서 막힌 곳 수십 가지를 물었고 사해가 모두 설명해주었는데, 이를 《謝氏釋》라고 하여 세상에 알려졌다.

사해는 출사하여 公車司馬令이 되었다가 부모가 노쇠하여 병을 핑계로 사직하였다. 고향으로 돌아가려 했지만 마침 荊州로 통하는 길이 막혀 갈 수가 없었다. 少府인 孔融(공융)이 상서하여 사해를 천거하였다.

「臣이 알기로, 高祖께서 창업하시자, 韓信과 彭越(팽월) 등은 군사를 거느리고 흉악한 잔당을 정벌하였고, 陸賈(육가)와 叔孫通(숙손통)은 《詩》와 《書》로 설득하였습니다. 光武中興에 吳漢(오한)과 耿弇(경엄)은 개국을 보좌하였고, 范升(범승)과 衛宏(위굉)은 예전의 학술을 강론하였기에 문무를 병용하며 장구한 대책을 이룩하였습니다. 폐하께서는 聖德과 聖明이 二祖(高祖, 世祖 光武帝)와 같으시며, 근로하고 겸양의 덕을 갖추고서 액운을 당해 3년이 지나서야 말씀을 하셨습니다. 지금 尙父(太公)와 같은 인재들이 매처럼 날아오르고, 方叔(방숙)과 같은 장수가 적진을 깊이 공격했으며, 천자의 군사가 번개처럼 재빨리 격파하여 群凶이 섬멸되었으니, 이제는 정벌을 멈추고 名儒를 얻어 예의와 기강을 총체적을 세울 때입니다. 臣이 볼 때 公車司馬令인 謝該(사해)는 曾參(증삼)과 史魚(사어)와 같은 훌륭한 품성을 갖추었고, 아울러 공자 제자 卜商(복상, 子夏, 孔門十哲之一)과 言偃(언언, 子游, 孔門十哲之一)처럼 문학적 재능이 뛰어나고 다른 학문에도 두루 통했으며, 고금의 서적을 두루 열람하였고 문제에 봉착하여 잘 대응하며, 사람됨이 淸白하고 품행이 남다르며 도덕의 가르침을 잘 따라 실천하는 사람입니다. 예로부터 지금 이 시대까지 이와 같은 인재는 거의 없었습니다. 이는 마치 巨骨이 吳땅에서 나왔고, 새매가 陳의 궁정에 모여들었으며, 누런 곰이 침실에 들어오는 꿈이나 머리가 둘 달린 돼지처럼 식견이 해박한 사람이 아니라면 알아낼 수 없는 일입니다. 雋不疑(준불의) 北闕에서 (衛太子를 사칭하는) 가짜를 판별하였고, 夏侯勝(하후승)은 계속되는 가뭄의 징조로 창읍왕에게 간언하였는데, 이후로 조정에서는 유학을 존중하게 되

었습니다. 지금 사해의 뛰어난 행적은 앞의 전례와도 같다고 할 수
있는데, 사해는 부모의 노환을 걱정하여 관직을 버리고 고향에 돌아
가려 했지만 길이 막혀 오가도 못하고 있습니다. 정말로 사해와 같은
훌륭한 인재가 옥돌을 안고 숨어버리거나 산천을 넘고 지나 형주나
남만의 땅에 은거한다면, 이는 한 번 가고 다시 돌아오지 못하는 길
입니다. 뒷날 (秦에서처럼) 女樂을 보내어 由余(유여)를 데려오고,
(殷 武丁처럼) 꿈에 본 사람을 그려서 傅說(부열)을 찾아낸다면 어찌
번거롭지 않겠습니까? 臣의 어리석은 생각이지만, 지금 사해가 머물
고 있는 곳에서 천거하게 하여 사해를 조정으로 데려와야 합니다. 楚
人(春申君)은 孫卿(荀子, 荀況)의 출국을 만류하였고, 漢朝에서는 匡
衡(광형)을 平原郡에서 천거하였으니, 이 모두가 유학자를 존중하고
학문을 귀히 여긴 것이며 賢人을 놓치지 않으려는 뜻이었습니다.」

　상서가 보고되자, 조서로 사해를 즉시 데려와 議郞을 제수하였
다. 사해는 천수를 누렸다.

原文

　建武中, 鄭興,陳元傳《春秋左氏》學. 時尙書令韓歆上疏,
欲爲《左氏》立博士, 范升與歆爭之未決, 陳元上書訟《左
氏》, 遂以魏郡李封爲《左氏》博士. 後群儒蔽固者數廷爭之.
及封卒, 光武重違衆議, 而因不復補.

| 註釋 |　○鄭興(정흥), 陳元(진원) – 36권, 〈鄭范陳賈張列傳〉에 立傳.　○重
違衆議 – 여기 重은 어려워하다. 꺼리다의 뜻. 중시하다는 뜻이 아님.

　(光武帝) 建武 연간에, 鄭興(정홍)과 陳元(진원)이《春秋左氏傳》學
文을 전했다. 이 무렵 尙書令 韓歆(한흠)이 상소하여《左氏傳》의 博
士를 세우려 했으나 范升(범승)과 한흠의 논쟁이 결판나지 않았지만,
진원이《左氏傳》을 변호하는 上書를 올려 결국 魏郡의 李封(이봉)을
《左氏傳》博士에 임명하였다. 그 뒤에도 고집이 완고한 유생들이 여
러 번 조정에서 이를 논쟁하였다. 그러다가 이봉이 죽자, 광무제는
衆意를 거스를 수 없어 다시 補任하지 않았다.

㉗ 許愼

原文

　許愼字叔重, 汝南召陵人也. 性淳篤, 少博學經籍, 馬融
常推敬之, 時人爲之語曰, '《五經》無雙許叔重.' 爲郡功曹,
擧孝廉, 再遷除洨長. 卒於家.
　初, 愼以《五經》傳說臧否不同, 於是撰爲《五經異義》, 又
作《說文解字》十四篇, 皆傳於世.

| 註釋 | ○汝南召陵 - 今 河南省 중부 漯河市(탑하시) 召陵區. ○《說文
解字》- 간칭《說文》, 中國 現存 最古의 字典. 540개 部首에, 9,353字를 설
명. 서기 100年(和帝 永元 12년) 경에 저술을 시작하여 安帝 建光 원년(서
기 121년)에 완성한 것으로 추정. 목록 1편과 正文 14편으로 구성. 원본은
전해오지 않으나 漢의 여러 저서에 인용되었고, 北宋에서 徐鉉(서현)이 雍

熙 三年(986년)에 간행된 판본이 현존한다.

[國譯]

許愼(허신, 서기 58?-146年?)의 字는 叔重(숙종)으로, 汝南郡 召陵縣 사람이다. 본성이 淳樸 敦篤하고 젊어 여러 경전을 널리 배웠으며, 馬融(마융)도 늘 허신을 존경하였기에 당시 사람들이 '《五經》에는 許叔重 만한 사람이 없다.' 고 하였다. 나중에 여남군의 功曹로 재직했고 孝廉으로 천거 받아 두 번 승진하여 (沛國의) 洨縣(효현) 縣長이 되었다. 집에서 죽었다.

그전에 허신은 《五經》의 전수하는 해설과 평가가 서로 다른 것을 보고 이에 《五經異義》를 저술했고, 또 《說文解字》14편을 저술하였는데 모두 지금까지 전해온다.

㉘ 蔡玄

原文

蔡玄字叔陵, 汝南南頓人也. 學通《五經》, 門徒常千人, 其著錄者萬六千人. 徵辟並不就. 順帝特詔徵拜議郎, 講論 《五經》異同, 甚合帝意. 遷侍中, 出爲弘農太守, 卒官.

| 註釋 | ○汝南南頓 - 南頓(남돈)은 豫州刺史部 관할 汝南郡의 縣名. 今 河南省 周口市 관할 項城市 서쪽. 광무제의 生父 劉欽(유흠)이 남돈 현령으로 있을 때 광무제를 출산. 남돈현 백성은 후한 건국 후에 특별한 우대를

받았다.

　蔡玄(채현)의 字는 叔陵(숙릉)으로, 汝南郡 南頓縣 사람이다.《五
經》에 두루 박통했고, 그 門徒가 늘 천 명이나 되었으며 명부에 오른
자가 1만 6천 명이나 되었다. 관직에 여러 번 천거되었지만 응하지
않았다. 順帝가 특별 명령으로 의랑을 제수하였고,《五經》의 異同을
강론하였는데, 그것이 순제의 마음에 들었다. 侍中으로 승진했다가
弘農太守가 되었고 재임 중에 죽었다.

原文

　論曰, 自光武中年以後, 干戈稍戢, 專事經學, 自是其風世
篤焉. 其服儒衣, 稱先王, 游庠序, 聚橫塾者, 蓋布之於邦域
矣. 若乃經生所處, 不遠萬里之路, 精廬暫建, 贏糧動有千
百. 其耆名高義開門受徒者, 編牒不下萬人, 皆專相傳祖,
莫或訛雜. 至有分爭王庭, 樹朋私里, 繁其章條, 穿求崖穴,
以合一家之說. 故楊雄曰, "今之學者, 非獨爲之華藻, 又從
而繡其鞶帨."

　夫書理無二, 義歸有宗, 而碩學之徒, 莫之或徙, 故通人鄙
其固焉, 又雄所謂 "譊譊之學, 各習其師"也. 且觀成名高
第, 終能遠至者, 蓋亦寡焉, 而迂滯若是矣. 然所談者仁義,
所傳者聖法也. 故人識君臣父子之綱, 家知違邪歸正之路.

| 註釋 | ㅇ干戈稍戢 - 干戈는 방패와 창. 兵器, 전쟁. 戢은 그칠 집. ㅇ聚橫塾者 - 聚는 모일 취. 橫塾은 黌塾(횡숙). 개인의 글방. 私學. ㅇ若乃經生所處 - 經生은 博士. ㅇ精廬 - 精舍. 학문을 강독하는 집. ㅇ繡其鞶帨 - 繡는 수놓은 옷. 鞶은 큰 띠 반. 帨는 수건 세. 文辭만 번잡하다는 뜻. ㅇ譊譊之學 - 시끄러운 학설. 譊는 떠들 뇨(요). 다투다. ㅇ迂滯若是矣 - 迂滯는 迂闊(우활)하고 정체되어 있다. 실정에 맞지 않고 늘 막혀있다.

[國譯]

范曄(범엽)의 史論 : 광무제 중반 이후에 전쟁은 점차 줄어들면서 황제는 경학에 큰 관심을 갖게 되었고, 이후 여러 代를 거치면서 더욱 돈독해졌다. 모두가 儒者의 옷을 입었고, 입으로는 先王의 道를 말하며, 교육기관을 찾고 글방에서 모이는 자들이 온 나라에 가득 차게 되었다. 만약 經生(博士)이 있는 곳이라면 천리 길을 멀다 않고 찾아갔으며, (박사가) 精舍(정사)를 세우고 잠간이라도 머물면 양식을 싸들고 모여드는 문도를 천이나 백 단위로 세어야 했다. 연로하며 명성이 났고 높은 의기를 가진 자가 문도를 받는다면 성명을 올리려는 제자들이 1만 명 이상이었으며, 모두가 祖師의 학문을 이어 전수하게 되어 거기에 다른 이론을 가미하는 자가 있을 수 없었다. 조정에서 서로 쟁론을 하게 되면 각자의 향리에서 형성된 붕당을 바탕으로 조목조목 번잡한 이론으로 아주 미세한 부분까지 캐면서 一家의 학설을 주장하였다. 그래서 楊雄(양웅, 揚雄)은 "지금 학자들은 그 문사가 매우 화려할 뿐만 아니라 비단 옷에 큰 띠를 매고 좋은 관을 착용한 것 같다."고 하였다.

대체로 경전의 文理는 서로 다른 것이 아니고 근본으로의 귀의가 그 宗旨이나 碩學의 문도들은 새로운 이론을 받아들이려 하지 않기에 학문이 깊은 사람은 그 고루한 주장을 낮게 평가하였으니, 이 때문에 양웅은 바로 "시끄러운 학설은 그 사부한테서만 얻은 것"이라고 말했다. 또 특별한 명성이 났거나 큰 학문적 성취를 이룬 사람은 역시 매우 드물고, 실제에 어긋났거나 정체된 사람들이 그러할 것이다. 그래도 그들이 말하는 것은 仁義之道이며 전수되는 것은 聖人의 法道이기에, 사람마다 君臣과 父子의 綱領을 알고 집집마다 사악을 버리고 정도에 귀의하게 된다.

原文

自桓,靈之間, 君道秕僻, 朝綱日陵, 國隙屢啓, 自中智以下, 靡不審其崩離. 而權强之臣, 息其窺盜之謀, 豪俊之夫, 屈於鄙生之議者, 人誦先王言也, 下畏逆順勢也.

至如張溫,皇甫嵩之徒, 功定天下之半, 聲馳四海之表, 俯仰顧眄, 則天業可移. 猶鞠躬昏主之下, 狼狽折札之命, 散成兵, 就繩約, 而無悔心. 曁乎剝橈自極, 人神數盡, 然後群英乘其運, 世德終其祚. 跡衰敝之所由致, 而能多歷年所者, 斯豈非學之效乎? 故先師垂典文, 褒勵學者之功, 篤矣切矣. 不循《春秋》, 至乃比於殺逆, 其將有意乎!

| 註釋 | ○君道秕僻 – 秕僻는 敗頹(패퇴)하다. 秕는 쭉정이 비. 僻은 후미질 벽. ○張溫,皇甫嵩 – 張溫은 여러차례 三公의 지위에 올랐다. 皇甫嵩

은 황건적 토벌에 공을 세웠다. 71권, 〈皇甫嵩朱儁列傳〉에 立傳. ㅇ跡衰
敝之所由致 – 跡은 자취 적. 자취를 따라가보다.

[國譯]

桓帝와 靈帝 재위 기간에 君道는 무너졌고 퇴락하였으며, 조정의
기강은 날마다 붕괴되었고, 국정에는 큰 구멍이 뚫려서 보통 상식을
가진 사람이면 누구나 나라의 붕괴를 걱정하지 않는 사람이 없었다.
그러나 막강한 권력을 가진 신하라도 제위를 넘겨다 볼 생각이 없었
고, 또 영웅호걸을 자처하는 자도 비루한 유생의 의논에 굴복하며
사람마다 선왕의 말씀을 외웠던 것은 순리를 거역하는 하층 백성의
힘이 두려웠기 때문이었다.

張溫(장온)과 皇甫嵩(황보숭) 같은 사람이 天下의 절반을 평정하는
공을 세웠고, 그 명성이 四海에 널리 알려졌기에, 하늘과 땅의 형세
를 보아 황제의 지위를 넘겨볼 수도 있는 그런 상황이었다. 그러나
이들은 우매한 황제 아래에 몸을 굽히며 낭패할 명령에 따라 군사를
해산하고 견제를 당하면서도 아무런 후회가 없었다. 漢의 쇠망이 거
의 극에 달해 백성이나 하늘의 기운이 다 사라진 것 같았어도 영웅
호걸들이 시운을 따랐고 그런 뒤에야 漢의 국운과 제위가 끝을 보았
다. 쇠퇴와 멸망의 원인을 거슬러 볼 때, 漢이 그렇게 오래 견뎌온
것은 아마 유학을 존숭한 효과가 아니겠는가? 그래서 先師들이 전
적을 지어 남겼고 학자들을 격려한 그 효과는 이처럼 돈독했다. 《春
秋》의 교훈을 따르지 않았다면 《春秋》의 기록과 같은 살인이나 찬
탈이 있었을 것이니, 이를 유념해야 할 것이다!

贊曰, 斯文未陵, 亦各有承. 塗方流別, 專門並興. 精疏殊
會, 通閡相徵. 千載不作, 淵原誰澂?

| 註釋 | ○斯文未陵 – 斯文은 儒學.「子畏於匡, 曰, "文王旣沒, 文不在
茲乎? 天之將喪斯文也, ~」《論語 子罕》. ○通閡相徵 – 通은 상통. 閡는 문
잠글 애. 不通. ○淵原誰澂 – 澂은 맑을 징. 맑게 하다. 천년에 걸친 연구
가 있어 聖人之道가 분명해졌다는 뜻.

[國譯]

贊曰,

유학의 학문은 쇠퇴하지 않고 학파로 전승 발전되었다.

유파에 따라 달랐어도 서로 다른 학설이 함께 흥했다.

정밀과 소략, 통달하고 막힘 속에 각자 발전해 왔다.

천 년간 발전이 없었으면 누가 연원을 밝히겠는가?

80 文苑列傳(上)
〔문원열전(상)〕

❶ 杜篤

原文

杜篤字季雅, 京兆杜陵人也. 高祖延年, 宣帝時爲御史大夫. 篤少博學, 不修小節, 不爲鄕人所禮. 居美陽, 與美陽令游, 數從請託, 不諧, 頗相恨. 令怒, 收篤送京師. 會大司馬吳漢薨, 光武詔諸儒誄之, 篤於獄中爲誄, 辭最高, 美帝之, 賜帛免刑.

篤以關中表裏山河, 先帝舊京, 不宜改營洛邑, 乃上奏〈論都賦〉曰,

| 註釋 | ○〈文苑列傳〉-《後漢書》의 〈文苑列傳〉은 史書에서 文學家 立傳의 先河가 되었다. 〈儒林傳〉이 經學에 관한 史料 정리라면, 〈文苑列

傳)은 文學人을 정리하였다. 이후로 房玄齡의《晉書 文苑列傳》과《新唐書 文苑列傳》,《舊唐書 文藝列傳》이 계속 이어졌다. ○杜陵縣 – 京兆尹 소속 현명. 본래 杜陵은 宣帝의 능, 능현 이름. 今 陝西省 남부 西安市 동남. ○美陽縣 – 美陽은 右扶風의 縣名. 今 陝西省 咸陽市 관할 武功縣. ○吳漢(오한) – 大司馬는 軍 최고 지휘관. 後漢에서는 太尉. 오한은 建武 20년, 서기 44년에 죽었다. 18권,〈吳蓋陳臧列傳〉에 立傳.

[國譯]

　杜篤(두독)의 字는 季雅(계아)로, 京兆 杜陵縣 사람이다. 고조부인 杜延年(두연년)은 宣帝 때 어사대부였다. 두독은 젊어 박학하였지만 小節에 마음 쓰지 않아서 鄉人의 존경은 받지 못했다. 美陽縣에 거처할 때, 美陽 縣令과 교유하면서 여러 번 청탁하였는데 마음이 맞지 않아 서로 원망하였다. 현령이 노하여 두독을 체포하여 낙양으로 압송했다. 그때 마침 大司馬 吳漢(오한)이 죽어서 光武帝는 여러 유생에게 오한을 弔喪(조상)하는 誄辭(뇌사)를 짓게 하였는데, 두독은 옥중에서 뇌사를 지어 바쳤는데 그 문장이 훌륭하여 광무제가 크게 칭찬하며 비단을 하사하고 사면하였다.

　두독은 關中은 여러 산과 河水가 안팎으로 하나이며, 先帝의 舊京이기에 낙읍에 새 도읍을 지을 필요가 없다고 생각하여 〈論都賦〉를 지어 상주하였다.

*〈論都賦〉- 杜篤

「臣聞知而復知, 是爲重知. 臣所欲言, 陛下已知, 故略其
梗槪, 不敢具陳. 昔般庚去奢, 行儉於亳, 成周之隆, 乃卽中
洛. 遭時制都, 不常厥邑. 賢聖之慮, 蓋有優劣, 霸王之姿,
明知相絶. 守國之勢, 同歸異術, 或棄去阻厄, 務處平易, 或
據山帶河, 倂呑六國, 或富貴思歸, 不顧見襲, 或掩空擊虛,
自蜀漢出, 卽日車駕, 策由一卒, 或知而不從, 久都墝埆. 臣
不敢有所據. 竊見司馬相如,楊子雲作辭賦以諷主上, 臣誠
慕之, 伏作書一篇, 名曰〈論都〉, 謹並封奏如左.」

│註釋│ ㅇ聞知而復知 – 知란 알고 있는 사실을 아는 것이 지식이 된
다.(知者知其所知, 乃爲知矣.) ㅇ略其梗槪 – 梗槪(경개)는 대강의 줄거리.
槪要. 梗은 대개 경. ㅇ般庚(반경) – 商의 도읍을 殷(은)으로 옮겨 중흥을
이룩했다. 재위 前 1401 – 1373년?《書 商書 般庚》(上, 中, 下) 참고. ㅇ富
貴思歸 – 項羽는 關中 定都보다는 '부귀하여 고향에 돌아가 않으면 錦衣
夜行과 같다.' 며 彭城(팽성)에 도읍하려 했고 漢王은 이를 추격했다. ㅇ策
由一卒 – 고조의 長安 천도는 戍卒인 婁敬(누경)의 건의와 張良의 찬동으
로 신속하게 결정하였다. ㅇ久都墝埆 – 광무제는 洛陽의 땅이 관중만큼
비옥하지 못하고 사방에서 적의 공격을 받을 수 있다는 사실을 알고 있었
다. 墝埆(요각)은 메마르고 돌이 많은 땅. 墝는 메마른 땅 요. 埆은 메마를
각. 가파르다.

「臣이 듣기로, 아는 것도 다시 확인하는 것이 진정한 지식이라 하였습니다. 臣이 말씀드리려는 것은 폐하께서도 알고 계시기에 일반적인 것은 생략하여 같이 말씀드리지는 않겠습니다. 옛날 (殷의) 般庚(반경)은 사치한 땅을 떠나 亳(박)에서 검소한 기풍을 진작시켰고, 周 成王의 융성은 中都인 洛陽에서 비롯되었습니다. 시대에 따라 定都는 했지만 늘 한 곳만은 아니었습니다. 賢聖의 생각으로 정도하는 곳마다 優劣(우열)의 차이가 있고, 霸者 또는 王者의 資質, 총명과 지혜에 따라 크게 차이가 났습니다. 국정 운영의 형세에 따라 목표는 같더라고 방법의 차이가 있었으니, 험한 지형을 버리고 평탄한 곳을 택하기도 하였으며, (秦은) 산악과 河水를 바탕으로 6국을 병합하였고, (項羽는) 富貴하여 고향에 돌아가려 했기에 추격당할 것을 생각하지 못했으며, (고조는) 세력 공백의 關中을 차지하려고 蜀漢(漢中)을 나와 (三秦을) 공격했으며, 당일에 천도를 결정한 것은 一卒의 건의에 따른 것이었으며, (폐하께서는) 현실을 알면서도 따르지 않고 척박한 땅에 오랫동안 도읍하셨습니다. 臣이 감히 어떤 근거가 있는 것은 아닙니다. 다만 司馬相如(사마상여)나 楊子雲(揚雄)이 辭賦를 지어 윗분을 일깨우려 했던 일을 본받아 臣이 진실 되게 흠모하기에 글 한 편을 지어 〈論都〉라고 지름을 지어 올리니 글은 아래와 같습니다.」

「皇帝以建武十八年二月甲辰, 升輿洛邑, 巡於西嶽. 推天

時, 順斗極, 排閶闔, 入函谷, 觀厄於崤, 黽, 圖險於隴, 蜀. 其
三月丁酉, 行至長安. 經營宮室, 傷愍舊京, 即詔京兆, 乃命
扶風, 齋肅致敬, 告覲園陵. 悽然有懷祖之思, 喟乎以思諸
夏之隆. 遂天旋雲遊, 造舟於渭, 北航涇流. 千乘方轂, 萬騎
駢羅, 衍陳於岐, 梁, 東橫乎大河. 瘞后土, 禮邠郊. 其歲四
月, 反於洛都. 明年, 有詔復函谷關, 作大駕宮, 六王邸, 高車
廐於長安. 修理東都城門, 橋涇, 渭, 往往繕離觀. 東臨霸, 滻,
西望昆明, 北登長平, 規龍首, 撫未央, 覘平樂, 儀建章.」

| **註釋** | ○여기서 부터는 杜篤(두독)이 客人에게 漢의 역사와 광무제의
방책을 설명하는 형식으로 長安이 수도로 적합하다는 사실을 逆으로 강조
하였다. 낙양이 부적하다는 말은 一句도 없지만 맨 끝에 장황한 설명을 들
은 客人이 長安을 버려두고 洛陽에 머무는 이유를 이해하지 못하겠다는
말로 자기주장의 결론을 대신했다. ○西嶽(서악) – 華山. 今 陝西省 渭南
市 관할 華陰市의 남쪽에 위치. 최고봉, 2,155m. 여기서는 화산 주변 지
역. ○排閶闔 – 閶闔(창합)은 天門. ○函谷關 – 函谷(함곡)은 谷名. 函谷關
(今 河南省 三門峽市 관할 靈寶市 동북)은 關東에서 關中에 들어가는 요해
지. 동 函谷關, 남 武關, 서 散關, 북 蕭關(소관)으로 둘러싸인 땅을 關中이
라 한다. ○北航涇流 – 航은 배로 건너다. 떼배 항. 方舟. 涇流는 涇河. 涇
河(경하)는 黃河의 가장 큰 支流인 渭河(위하)의 지류, 陝西省 西安市 高陵
區에서 渭河에 합류한다. ○衍陳於岐, 梁 – 衍陳은 布陳. 陣形을 갖추다.
岐山은 周族 古公亶父(고공단보)가 융적의 침입을 피해 옮겨온 곳. 많은 백
성이 고공단보를 따라와 마을을 이루었다. 뒷날 周 왕조의 발상지. 今 陝
西省 寶雞市 관할 岐山縣. 梁山은 左馮翊 夏陽縣의 산. 今 陝西省 중부 韓

城市 부근. 黃河 좌안. ○瘞后土 – 瘞는 제사 터 예. 묻다(埋也). 토지신 后
土(女神에 속함. 武帝 때 后土祠 건립)에 대한 제사. 武帝가 元鼎 4년 汾陰
縣(분음현, 今 山西省 運城市 북쪽 萬榮縣)의 黃土 臺地에 세운 북교의 后土祠를
나중에 成帝가 장안으로 옮겨 제사했었다. 광무제가 세운 后土祠가 어디
인지는 주석이 없다. ○禮邠郊 – 邠(빈)은 지명. 郊는 하늘에 올리는 郊祠.
○作大駕宮 – 大駕는 御駕, 천저 행행하며 머물 수 있는 궁궐. ○覛平樂 –
覛은 자세히 볼 맥. 얼핏 볼 맥. 平樂은 궁궐 이름.

[國譯]

「皇帝께서는 建武 18년 2월 甲辰日에, 洛邑을 출발하여 西嶽(서
악)을 순수하셨습니다. 天時를 계산하였고, 북두와 북극성의 운행을
따라서 天門을 밀쳐 열고, 函谷關(함곡관)을 지나 崤山(효산)과 黽池
(민지)의 험지를 둘러보셨으며, 隴山(농산)과 蜀地의 험고한 지형을
생각하셨습니다. 그 3월 정유일에 長安에 도착하셨습니다. 宮室을
수리케 하고, 舊京의 황폐에 마음 아파하셨으며, 즉시 京兆尹과 또
右扶風에 명령하셨고, 엄숙히 재계하고 공경한 마음으로 先代의 여
러 원릉을 참배하셨습니다. 先祖를 그리는 마음으로 슬퍼하셨고 諸
夏의 융성을 찬탄하셨습니다. 하늘이 서쪽으로 회전하는 것처럼 渭
河(위하)에 배를 띄우셨고, 북쪽으로 涇河(경하)를 건너셨습니다. 千
乘의 수레가 함께 나아가고 萬騎가 줄 지어 벌렸으며, 岐山(기산)과
梁山에 陣形을 갖추었고 동쪽으로 大河를 건넜습니다. 后土祠에 제
사하고, 邠縣(빈현)에서 하늘에 교사를 올렸습니다. 그해 4월에, 낙
양으로 환도하셨습니다. 다음 해, 函谷關을 복원케 조서를 내리셨
고, 長安에 행궁과 六王의 官邸, 高車廐를 짓게 하셨습니다. 都城 東
門을 수리하셨고 涇河와 渭河에 교량을 만들게 하셨으며 곳곳의 離

宮을 보수하셨습니다. 동쪽으로 霸水(패수)와 滻水(산수)에 행차하셨으며, 西쪽의 昆明池(곤명지)를 바라보았고, 북쪽으로 長平坂(장평판)에 건물을 지으셨으며, 龍首山의 未央宮을 둘러보셨고 平樂觀과 建章宮도 살펴보셨습니다.」

原文

「是時山東翕然狐疑, 意聖朝之西都, 懼關門之反拒也. 客有爲篤言, "彼坈井之潢汙, 固不容夫吞舟, 且洛邑之渟瀯, 曷足以居乎萬乘哉? 咸陽守國利器, 不可久虛, 以示姦萌." 篤未甚然其言也, 故因爲述大漢之崇, 世據雍州之利, 而今國家未暇之故, 以喩客意. 曰」

| 註釋 | ○翕然狐疑 – 翕然은 일치하는 모양, 모여드는 모양. ○彼坈井之潢汙 – 坈井(감정)은 구덩이. 坈은 구덩이 감. 潢汙(황오)는 고인 물, 더러운 물. 潢은 웅덩이 황. 汙는 더러울 오. ○吞舟 – 大魚. 吞은 삼킬 탄. ○渟瀯 – 작은 모양(小貌). 渟은 물 고일 정. 瀯은 물소리 영. ○雍州(옹주) – 禹貢 九州의 雍州는, 지금의 陝西省의 서쪽과 북쪽의 땅 전체를 의미. 상당히 포괄적 개념임. 여기서는 關中을 지칭.

[國譯]

「이때 山東에서는 많은 사람들이 의심하면서 聖代의 조정이 서쪽에 도읍할 것이라 생각하며, 함곡관의 재설치는 山東 세력을 막기 위한 것이라고 걱정하였습니다. 어떤 客人이 저에게(杜篤) 말했습니다.

　"물이 고인 조그만 웅덩이에 큰 물고기가 살 수 없고, 洛邑의 좁은 땅에 어찌 만승의 천자가 계실 수 있겠습니까? 咸陽은 나라를 지킬 땅인데 오래 비워둔다면 간악한 자가 세력을 키울 것입니다."

　臣 杜篤(두독)은 그 말을 믿지는 않았습니다만, 大漢의 흥륭하는 기상을 서술하며 雍州(옹주)에 웅거하는 이점과 지금 나라가 그럴 여가가 없는 상황을 설명하여 객인을 깨우치려고 말했습니다.」

原文

　「昔在强秦, 爰初開畔, 霸自岐,雝, 國富人衍, 卒以倂兼, 桀虐作亂. 天命有聖, 托之大漢. 大漢開基, 高祖有勳. 斬白蛇, 屯黑雲, 聚五星於東井, 提干將而呵暴秦. 蹈滄海, 跨崑崙, 奮彗光, 掃項軍, 遂濟人難, 蕩滌於泗,沂. 劉敬建策, 初都長安. 太宗承流, 守之以文. 躬履節儉, 側身行仁, 食不二味, 衣無異采. 賑人以農桑, 率下以約己, 曼麗之容不悅於目, 鄭,衛之聲不過於耳, 佞邪之臣不列於朝, 巧僞之物不鬻於市, 故能理昇平而刑幾措. 富衍於孝景, 功傳於後嗣.」

| 註釋 |　○爰初開畔 - 爰은 발어사. 이에, 이때. 畔은 영역. 疆界(강계). ○霸自岐,雝 - 岐山과 雍州. 雝은 화락할 옹.　○國富人衍 - 衍은 넘칠 연. 풍요롭다.　○桀虐作亂 - 桀虐은 桀王처럼 무도한 자.　○屯黑雲 - 雲氣가 모여 있다. 劉邦이 숨어 있는 곳에는 운기가 모여 있어 呂雉(여치, 呂后)가 그것을 보고 유방을 찾아내었다.　○聚五星於東井 - 漢王이 霸上에 주둔

했을 때, 五星이 東井의 자리에 모여 있었다.　○提干將而~ - 干將(간장)은 보검의 이름.　○蹈滄海, 跨崑崙 - 蹈는 밟을 도. 跨는 타 넘을 과. 뜻이 원대함.　○蕩滌於泗, 沂 - 蕩滌(탕척)은 씻어내다. 항우의 도읍 彭城은 泗水(사수)와 沂水(기수)에 가까웠다.　○劉敬建策 - 劉敬은 婁敬. 長安 천도 후 고조가 劉氏를 賜姓했다.　○曼麗之容 - 曼麗는 美麗.　○富衍於孝景 - 前漢의 昇平期는 文帝와 景帝 때였다.

[國譯]

「옛날 막강한 秦이 강역을 넓히기 시작하며, 岐山(기산)과 雍州(옹주, 雍州)의 패권을 장악하자, 나라와 백성은 부유했으며, 마침내 6國을 병합했지만 桀王(걸왕) 같은 폭군이 천하를 혼란에 빠트렸습니다. 天命은 聖明하시어 천하를 大漢에 맡기셨습니다. 大漢이 개국의 기초를 닦고 高祖께서는 공을 세우셨습니다. 白蛇를 죽이고 雲氣가 따랐으며, 五星이 東井에 모였고, 干將(간장, 寶劍)을 차고 포악한 秦을 멸망시켰습니다. 滄海를 밟고 곤륜산을 건너뛰었으며, 혜성처럼 項羽의 군사를 쓸어버렸고, 백성의 艱難(간난)을 구제하였으며, 泗水(사수)와 沂水(기수)의 일대를 청소하였습니다. 劉敬의 방책에 따라 장안에 도읍하셨습니다. 太宗(文帝)는 유업을 계승하여 文治로 守成하셨습니다. 몸소 절검을 실천하셨고 온 몸으로 仁을 실천하셨으니, 식사에 고기 반찬 두 가지가 없었으며 물들인 의복을 입지 않으셨습니다. 農桑으로 백성을 구제하셨고 아랫사람에게 솔선하며 자신을 통제하시어 눈에는 미려한 모습을 보지 않았고, 귀로는 鄭과 衛(위)의 음악을 즐기지 않았으며, 조정에는 아첨하는 신하가 없었고, 시장에서는 교묘하게 만든 기호품을 팔지 않았기에 승평시

대를 이루었고 형벌은 거의 쓰지 않았습니다. 景帝 때 부유한 여유
는 후손에게 전해졌습니다.」

■原文

「是時, 孝武因其餘財府帑之蓄, 始有鉤深圖遠之意, 探冒
頓之罪, 校平城之仇. 遂命票騎, 勤任衛青, 勇惟鷹揚, 軍如
流星, 深之匈奴, 割裂王庭, 席捲漠北, 叩勒祁連, 橫分單于,
屠裂百蠻. 燒罽帳, 繫閼氏, 燔康居, 灰珍奇, 椎鳴鏑, 釘鹿
蠡, 馳阬岸, 獲昆彌, 虜肅侲, 驅騕褭, 御宛馬, 鞭駃騠. 拓地
萬里, 威震八荒. 肇置四郡, 據守敦煌. 並域屬國, 一郡領
方. 立侯隅北, 建護西羌. 捶驅氐, 僰, 寥狼邛, 莋. 東摩烏桓,
蹂轔滅貊. 南羈鉤町, 水劍強越. 殘夷文身, 海波沫血. 郡縣
日南, 漂槩朱崖. 部尉東南, 兼有黃支. 連緩耳, 瑣雕題, 摧
天督, 牽象犀, 椎蚌蛤, 碎琉璃, 甲瑇瑁, 戕觜觿. 於是同穴
裘褐之域, 共川鼻飲之國, 莫不袒跣稽顙, 失氣虜伏. 非夫
大漢之世盛, 世借麗土之饒, 得御外理內之術, 孰能致功若
斯! 故創業於高祖, 嗣傳於孝惠, 德隆於太宗, 財衍於孝景,
威盛於聖武, 政行於宣, 元, 侈極於成, 哀, 祚缺於孝平. 傳世
十一, 歷載三百, 德衰而復盈, 道微而復章, 皆莫能遷於雍
州, 而背於咸陽. 宮室寢廟, 山陵相望, 高顯弘麗, 可思可榮,
羲, 農已來, 無茲著明.」

| 註釋 | ○府帑 – 府帑은 국가의 창고. 國庫, 帑은 금고 탕. 처자 노. ○冒頓 – 冒頓은 흉노 선우의 이름. 冒頓(묵독, 묵돌. 묵특, ?-前 174)은 흉노 최고 통치자인 單于(선우)의 이름. 冒頓은 (mò dú 墨毒)이라는 音讀에 의거 우리말은 '묵독'으로 표기한다. 자신의 아버지(頭曼)를 쏴 죽이고 선우의 자리에 올랐다. 漢 고조를 白登山에서 포위하여 곤경에 빠트렸던 인물. ○校平城之仇 – 校는 갚을 교. 平城은 鴈門郡(안문군, 鴈은 雁. 治所 善無縣)의 현명. 今 山西省 북부의 大同市. ○遂命票騎 – 票騎(驃騎) 장군은 霍去病(곽거병). ○衛靑(위청, ?-前 106) – 武帝 皇后 衛子夫의 異父弟, 大司馬 大將軍 역임, 匈奴 정벌의 명장. ○割裂王庭 – 王庭은 흉노 선우의 직할지. ○席捲漠北 – 漠은 사막 막. 몽고의 고비사막. ○叩勒祁連 – 叩勒은 재갈을 물리다. 叩는 두드릴 고. 勒은 재갈 륵, 굴레. 祁連(기련)은 흉노 땅의 山名. 내몽고 지역. ○燒蠲帳 – 燒는 불태울 소. 蠲帳(계장)은 모직으로 짠 휘장. 유목민족의 천막. 蠲는 絨緞(융단) 계. ○繫閼氏 – 繫는 사로잡다. 閼氏(연지, 烟支, yānzhī)는 흉노 통치자인 單于의 正妻에 대한 칭호. 선우의 생모는 母閼氏(모연지)라고 한다. 閼은 흉노 왕비 연. 가로막을 알. 氏는 支. 燕支, 燕脂로도 표기. 燕脂는 본래 여인의 화장품, 아내라는 뜻으로 사용. ○燔康居 – 燔은 구울 번. 불태우다. 康居(강거)는 지금의 중앙아시아 哈薩克斯坦(카자흐스탄). 大宛國(대원국)의 서북에 있던 나라. 국도는 樂越匿(낙월특)이다. 前漢 서역도호부에 복속하지 않았다. ○椎鳴鏑 – 소리 나는 화살촉을 부수다. ○釘鹿蠡 – 鹿蠡(녹리, 谷蠡, 音 鹿离 lùlí) 흉노 선우의 측근 관직명. 左, 右賢王과 左, 右谷蠡(우녹리)와 좌우 大將, 좌우 大都尉, 좌우 大當戶, 좌우 骨都侯(골도후), 昆邪王(혼야왕), 日逐王(일축왕) 등이 모두 선우 아래의 관직명이다. ○馳阬岸 – 馳는 달릴 치. 阬岸(갱안)은 높은 모래 언덕. ○獲昆彌 – 昆彌(곤미)는 烏孫(오손)의 왕 칭호. 烏孫은 西域의 투르크 계열 부족 이름. 新疆維吾爾自治區의 烏魯木齊市 서쪽에서 중앙아시아의 키르키즈스탄(吉爾吉斯斯坦)에 걸쳐 발전했던 나라. 국도는 赤谷城(今 新疆省 阿克

蘇市 부근) 국왕의 칭호는 昆莫(곤막), 또는 昆彌(곤미). ○虜肅侲 - 肅侲(숙
진)은 서역의 국명으로 추정. 肅特國일 것이라는 주석이 있다. ○驅騾驢 -
驅는 몰아갈 구. 몰아 달리게 하다. 騾驢(나려)는 노새. ○御宛馬 - 大宛國
(대원국)의 汗血馬(한혈마). 명마. ○鞭駃騠 - 鞭은 채찍 편. 駃騠(결제)는 잘
달리는 말. 번식을 못하는 버새. 駃은 준마 결. 태어난 지 7일이면 어미 말
보다 빨리 달린다는 말. ○肇置四郡 - 肇는 시작할 조. 酒泉, 武威, 張掖(장
액), 敦煌(돈황) 등 河西 四郡. 동쪽의 漢四郡이 아님. ○一郡領方 - 돈황태
수가 서역의 복속국을 관할하였다. 군수. ○建護西羌 - 護羌校尉가 西羌
종족을 통치하다. ○捶驅氐,僰 - 捶는 매질할 추. 氐는 氐族(저족), 僰(북)
은 서남이의 종족 이름. 僰은 오랑캐 북. ○寥狼邛,筰 - 寥狼(요량)은 호통
치다. 邛(공)과 筰(작)은 서남이의 종족 이름. ○蹂轔濊貊 - 蹂轔(유린)은
蹂躪(유린). 짓밟다. 濊貊(예맥)은 동이족의 이름. ○南羈鉤町 - 羈는 굴레
를 씌우다. 통제하다. 鉤町(구정)은 서남이의 종족 이름. ○水劍强越 - 海
路로 가서 강한 越人을 칼로 무찌르다. ○海波沫血 - 바다 물거품이 피로
물들다. ○郡縣日南 - 日南은 최남단의 군명. 지금 越南國 중부지방. 武
帝 元鼎 6년(前 111년). 남월을 평정하고 南海郡 등 9개 군을 설치하였다.
○漂槪朱崖 - 漂槪(표개)는 씻어내다. 朱崖(주애)는 군명. 지금 중국 남부
海南省(海南島). ○兼有黃支 - 黃支는 국명. ○連緩耳 - 緩耳(완이)는 귀를
꿰어 늘어뜨리다. 儋耳(담이). ○瑣雕題 - 瑣는 사슬 쇄. 사슬로 묶다. 이마
에 무늬를 그려 넣다. ○摧天督 - 摧는 꺾을 최. 天督은 天竺國(천축국). ○牽
象犀 - 牽은 잡아끌다. 象犀는 코끼리와 무소. ○椎蚌蛤 - 椎는 뭉치 추.
蚌蛤(방합)은 대합조개. ○甲玳瑁 - 甲 玳瑁(대모)는 큰 바다거북. 등껍질은
장식용. ○戕觜巂 - 戕은 죽일 장. 觜巂(자휴)는 큰 거북. 대모와 비슷한
것. 觜는 털 뿔 자. 巂는 뿔송곳 휴. ○同穴裘褐之域 - 同穴은 한 구덩이에
모여 살다. 挹婁人(읍루인)을 지칭. 裘褐(구갈)은 北狄을 지칭. ○共川鼻飮之
國 - 共川은 부자가 하천에서 같이 목욕하다. 鼻飮(비음)은 코로 액체를 들

이마시다. 駱越(낙월)의 풍속을 말함. ○莫不祖跣稽顙 - 祖跣(단선)은 항복하는 뜻으로, 웃통과 맨발을 벗다. 稽顙(계상)은 머리를 숙이다. 稽는 머무를 계. 땅에 닿다. 顙은 이마 상. ○嗣傳於孝惠 - 前漢 孝惠帝부터 황제 시호에 '孝'가 붙는 것은 '孝子로 부친의 뜻을 잘 이어가다(孝子善繼父志).'라는 뜻이다. ○歷載三百 - 고조에서 平帝까지는 214년. 2백 년은 넘었고 3백 년에 들어섰기에 三百이라 표현. ○德衰而復盈 - 呂氏의 난 이후 文帝의 즉위를 의미. ○道微而復章 - 昭帝 다음에 昌邑王을 폐하고 宣帝가 즉위한 일.

[國譯]

「이때, 孝武帝는 여분의 財用과 府庫의 비축을 이용하여 지배력을 먼 곳까지 확대하면서 흉노 冒頓(묵독) 선우의 죄를 따지고 (高祖가 당한) 平城(평성)에서의 원한을 갚겠다고 생각하였습니다. 그리하여 票騎將軍(霍去病)을 임용하고 衛靑(위청)에게 자주 임무를 주었는데, 군사는 날아오르는 매처럼 용맹하였고, 군사는 유성처럼 빠르게 이동하면서 흉노 땅 깊숙한 곳까지 진격하여 흉노왕 직할지를 점령하였고, 고비사막 북쪽 끝까지 석권하였으며 祁連山(기련산) 일대를 제압하고, 흉노 땅을 양분시켰고 모든 이민족을 도살하였습니다. 그리하여 흉노의 모직 천막을 불태우고, 선우의 正妻를 사로잡았으며, 康居國을 火攻으로 없애고 진기한 보물을 태워버렸으며, 그들의 소리 나는 화살을 부수고, (흉노의 관직) 鹿蠡王(녹리왕)을 처형하고, 흉노 땅 계곡을 치달려 昆彌(곤미)를 사로잡고, 肅愼國(숙진국)도 차지하였으며, 많은 가축을 빼앗고 大宛國(대원국)의 汗血馬(한혈마)와 명마를 획득하였습니다. 나라의 영역을 1만 리나 늘리고 위엄을 땅 끝 八荒(팔황)까지 떨쳤습니다. 비로소 酒泉郡 등 (河西) 四郡

을 처음 설치하였고 敦煌郡에서 서역을 지배하였습니다. 정복지를
속국으로 만들어 一郡(敦煌郡) 태수가 서방을 거느렸습니다. 변경
의 북방에 척후병을 두었고 西羌族(서강족)을 다스렸습니다. 그리하
여 氏人(저인)과 僰人(북인)을 공격하였고, 邛人(공인)과 笮人(작인)도
정복하였습니다. 동쪽으로는 烏桓(오환)을 없애 버렸고 濊貊(예맥)을
유린하였습니다. 남쪽으로는 鉤町王(구정왕)을 사로잡았고 海路로
越人을 공격하였습니다. 文身한 越人을 죽여 바다 물거품이 핏빛이
되었습니다. 日南 땅에도 군현을 설치하였으며 朱崖郡을 차지하였
습니다. 동남쪽에 東部都尉를 설치하고 黃支國도 차지하였습니다.
그리하여 귀를 늘어트리는 사람들을 연행했고 이마에 문신하는 자
들을 체포했으며, 天竺國(천축국)을 공격하자 그들이 코끼리와 무소
를 바쳤으며, 대합조개를 박살내고 琉璃(유리)를 부수고, 玳瑁(대모)
를 빼앗고, 觜觿(자휴, 큰 바다거북)도 잡았습니다. 이렇게 되자 한 구
덩이 속에 살며 털 갖옷을 입은 종족이나 하천에서 부자가 같이 목
욕하고 코로 물을 마시는 종족 등 모두가 웃통을 벗고 머리를 땅에
대면서 항복하면서 포로처럼 땅에 기며 투항하지 않은 종족이 없었
습니다. 大漢이 强盛하였기에 이런 융성을 이루었는데, 이는 雍州
(옹주)의 풍요에 힘입은 것이며 외부 민족을 지배하고 내부를 다스
리는 통치 등 무엇이 이처럼 성공을 거둘 수 있었겠습니까! 高祖는
개국하시고 나라의 기틀을 세우셨고 孝惠帝가 뒤를 이었으며, 太宗
(文帝) 때 도덕이 융성하였고 孝景帝 때 국부가 풍족하였으며, 武帝
때 국위를 크게 떨쳤고 (昭帝를 거쳐) 宣帝와 元帝 때 바른 정치를
폈으며, 成帝와 哀帝는 사치했고 국운은 孝平帝 때 기울었습니다.
11대에 걸쳐 3백 년에 접어드는 동안 德政은 쇠퇴했다가 다시 일어

났고, 도덕은 미약했다가 다시 빛이 났으니, 이 모두가 雍州에 도움하여 咸陽을 배후에 거느렸던 결과가 아닌 것이 없었습니다. 天子의 宮室과 陵寢(능침)과 祠廟(사묘)가 산 능선을 타고 서로 이어져 높고 크며 장려하여 그 번영을 생각게 하고 영광이었으니 伏羲(복희)와 神農 이래로 이렇듯 찬란했던 때가 없었습니다.」

原文

「夫廱州本帝皇所以育業, 霸王所以衍功, 戰士角難之場也. 〈禹貢〉所載, 厥田惟上. 沃野千里, 原隰彌望. 保殖五穀, 桑麻條暢. 濱據南山, 帶以涇, 渭, 號曰陸海, 蠢生萬類. 梗楠檀柘, 蔬果成實. 畎瀆潤淤, 水泉灌漑, 漸澤成川, 粳稻陶遂. 厥土之膏, 畝價一金. 田田相如, 鐇鑺株林. 火耕流種, 功淺得深. 旣有蓄積, 厄塞四臨, 西被隴, 蜀, 南通漢中, 北據谷口, 東阻嶔巖. 關函守嶢, 山東道窮, 置列汧, 隴, 廱偃西戎. 拒守襃斜, 嶺南不通, 杜口絶津, 朔方無從. 鴻渭之流, 徑入於河, 大船萬艘, 轉漕相過. 東綜滄海, 西綱流沙, 朔南曁聲, 諸夏是和. 城池百尺, 厄塞要害. 關梁之險, 多所衿帶. 一卒擧礌, 千夫沉滯, 一人奮戟, 三軍沮敗. 地勢便利, 介冑剽悍, 可與守近, 利以攻遠. 士卒易保, 人不肉袒. 肇十有二, 是爲膽胰. 用霸則兼併, 先據則功殊, 修文則財衍, 行武則士要. 爲政則化上, 簒逆則難誅, 進攻則百克, 退守則有餘. 斯固帝王之淵囿, 而守國之利器也.」

| 註釋 | ○帝皇所以育業 – 周 시조 后稷은 邰(태)에, 公劉는 豳(빈)에, 太王은 岐(기)에, 文王은 酆(풍)에, 武王은 鎬(호)에 자리 잡았으니 제업을 이룰 땅이라는 설명. ○濱據南山 – 濱은 부근. 연접하다. 가깝다. 南山은 보통 終南山, 또는 太乙山으로 통칭. 秦嶺(진령)산맥의 陝西省 부분을 지칭. ○蠢生萬類 – 蠢은 꿈틀거릴 준. ○楩楠檀柘 – 楩楠(편남, 녹나무), 檀(박달나무)와 柘(산뽕나무). ○畎瀆潤淤 – 畎은 밭도랑 견. 瀆은 물도랑 독. 淤는 진흙 어. 오랜 세월 퇴적된 앙금(澱滓)을 거름으로 사용했다. ○粳稻陶遂 – 粳稻(갱도)는 메 벼. 우리나라에서는 밭벼라고 하는데, 논벼보다 쌀의 품질이 크게 떨어져서 우리나라에서도 잘 재배하지 않는다. 陶는 왕성하다. 무성하다(暢也). 遂는 자라다. 성취하다. ○鐇钁株林 – 鐇은 도끼 번. 钁은 괭이 곽. ○火耕流種 – 농사짓는 방법에 대한 설명이다. 우선 벌판에 불을 질러 잡초나 어린나무를 태운 뒤에 씨를 뿌리고 물을 대면 곡식 종자가 먼저 싹이 터서 자란다. ○北據谷口 – 谷口는 雲陽縣의 깊은 계곡. ○東阻嶔岩 – 阻는 험할 조, 要害處. 의거하다. 嶔岩(금암)은 崤山(효산)의 지명. 嶔은 높고 험할 금. ○關函守嶢 – 함곡관과 (藍田縣 嶢山의) 嶢關(요관)을 지키다. ○置列汧,隴 – 汧水(견수)와 隴西(농수)에 군사를 배치하다. ○鄘偃西戎 – 西戎을 막다. 鄘은 甕(막을 옹)과 通. 偃은 넘어질 언. ○拒守褒斜 – 褒水(포수, 남쪽 漢水에 합류)와 斜水(사수, 북쪽 渭水에 합류)의 협곡을 褒斜谷(포사곡)이라 하는데 '首尾 七百里(250km)'라 했다. 이곳은 거의 人工 棧道(잔도)를 놓아 통행했다. ○西綱流沙 – 綱은 벼리 강. 그물을 이끄는 굵은 밧줄. 流沙는 사막을 뜻함. ○朔南暨聲 – 朔은 북방. 暨聲은 소리가 들리다. ○一卒擧礧 – 礧는 바위 뢰. 돌을 굴려 떨어트리다. ○介冑剽悍 – 介冑(개주)는 갑옷과 투구. 병졸. 剽悍(표한)은 표독하고 용맹하다. ○是爲瞻腴 – 瞻腴는 넉넉하고 기름지다. 瞻은 넉넉할 섬, 腴는 아랫배 살찔 유. 땅이 기

름지다.

「雍州(옹주, 雍州)는 본래 天子의 대업을 성취할 바탕이고, 霸王이 큰 공적을 세울 땅이며, 군사가 승부를 놓고 싸울만한 장소입니다. 《尙書 夏書 禹貢》에 옹주의 토지는 上에 上이라고 하였습니다. 沃野가 千里이며 벌판과 습지가 끝이 안 보입니다. 五穀 농사가 잘 되고 桑麻도 무성하게 자라는 곳입니다. 秦嶺(終南山)에 이어졌고 涇河(경하)와 渭河(위하)가 흐르는, 보통 陸海라 불리는 땅으로 온갖 물산이 나는 곳입니다. 녹나무, 박달나무와 산뽕나무가 잘 자라고 채소와 과일 농사가 잘 됩니다. 농토 사이의 도랑에는 거름이 될 진흙이 많고, 물이 솟아나 관개에 이용하며, 연못이나 하천이 되어 흐르며, 밭벼 농사도 잘 됩니다. 그 기름진 땅 1畝(무)의 가격이 一金(一斤金)에 해당합니다. 모든 경작지가 똑같이 비옥하며 도끼나 괭이로 나무를 베고 뿌리를 파내어 개간합니다. 들에 불을 지른 다음에 씨를 뿌리고 물을 대어 농사를 지으니 노력은 적고 수확은 많습니다. 이미 비축된 물자가 많은 데다가 사방이 험고하니 서쪽으로는 隴右와 蜀郡이 막아주고, 南으로는 漢中郡과 통하고, 북쪽에는 谷口(곡구)가, 동쪽에는 嶔巖(금암)이 막고 있습니다. 함곡관과 嶢關(요관)을 지키면 山東으로 가는 길이 막히고, 汧水(견수)와 隴西(농수)에 군사를 배치하면 西戎(서융)을 막을 수 있습니다. 褒斜谷(포사곡)을 지키면 嶺南과 不通하고, 谷口(곡구)의 나루를 막으면 朔方(삭방, 북방)에서 남하할 수가 없습니다. 洪大한 渭河가 흘러 河水에 합류하기에 大船 1만 척이 군량을 운송합니다. 동쪽으로 흘러가면 동해에 이르고, 서쪽을 향하면 사막을 제압할 수 있으며, 북쪽이나 남쪽으로 소리를 지르면 온 중국이 화답하게 됩니다. 1백 척 높은 성벽에 깊은 垓字(해자)가 있어 곳곳이 요해처입니다. 험고한 관문과 많은 교량은 옷의 허리띠와 같습니다. 그래서 一卒이 바위를 굴리면 1천 명의 군사가 막히고, 一人이 창을 휘두르면 三軍이 낙심하여 퇴각합니다. 유리한 지세에 용맹한 군사가 있어 가까운 적을 막기 쉽고 멀리까지 공격에도 유리합니다. 土卒을 쉽게 충원할 수 있고, 병사들은 투항하지 않습니다. 12개 州를 놓고 본다면 雍州가 가장 풍요로운 곳입니다. 패권을 다툰다면 천하를 차지할 수 있고, 이곳을 먼저 차지하면 큰 공을 이루기 쉬우며, 文治를 베푼다면 財用이 넉넉하고, 武力을 써야 한다면 장졸은 공을 세우려 분투할 것입니다. 政教를 베풀면 쉽게 교화할 수 있고, 찬탈한다면 복수가 어려운 곳이며, 공격한다면 누구든 이길 수 있고, 물러나 방어한다면 여유가 있습니다. 이러하니 진실로 제왕의 대업을 이룰 수 있는 근원이고, 나라를 보유할 수 있는 利器가 될 것입니다.」

原文

「逮及亡新, 時漢之衰, 偸忍淵囿, 簒器慢違, 徒以勢便, 莫能卒危. 假之十八, 誅自京師. 天畀更始, 不能引維. 慢藏招寇, 復致赤眉. 海內雲擾, 諸夏滅微. 群龍並戰, 未知是非. 于時聖帝, 赫然申威. 荷天人之符, 兼不世之姿. 受命於皇上, 獲助於靈祇. 立號高邑, 搴旗四麾. 首策之臣, 運籌出奇, 虓怒之旅, 如虎如螭. 師之攸向, 無不靡披. 蓋夫燔魚剸蛇, 莫之方斯. 大呼<u>山東</u>, 響動流沙. 要龍淵, 首鎭鋣, 命騰<u>太白</u>, 親發<u>狼,弧</u>. 南禽<u>公孫</u>, 北背强胡, 西平<u>隴,冀</u>, 東據<u>洛都</u>. 乃廓平帝宇, 濟蒸人於塗炭, 成兆庶之亹亹, 遂興復乎<u>大漢</u>.」

| 註釋 | ○偸忍淵囿 – 偸忍은 훔치다. 竊盜(절도). 淵囿는 근원. ○假之十八 – 王莽은 서기 6년 孺子 嬰(영)을 내세워 居攝(거섭, 황제 대행)의 지위에 올랐고, 서기 8년에 정식 등극하여 23년에 망했기에 총 18년이 된다. ○天畁更始 – 畁는 줄 비. 更始帝 劉玄은 서기 23 – 25년 재위. 이를 역사에서는 '玄漢'이라 하여 구분한다. 후한의 정식 건국은 서기 25년이다. ○立號高邑 – 광무제는 河北 일대를 평정하면서 서기 25년(31세)에 常山郡 鄗縣(호현)에서 즉위하고 연호를 建武, 國號를 漢(史稱 東漢, 後漢)으로 정했다. 鄗縣(호현)은 나중에 高邑縣으로 개칭했다.(今 河北省 서남부 石家莊市 관할 高邑縣.) ○虓怒之旅 – 虓는 울부짖을 효. 旅는 군사 려(여). ○如虎如螭 – 螭는 교룡 이(리). 짐승 형체의 山神인 螭魅. ○蓋夫燔魚剸蛇 – 燔은 구울 번. 剸은 벨 단. 剸蛇(단사)는 고조가 白蛇를 죽인 일. ○成兆庶之亹亹 – 亹亹(미미)는 힘쓰고 힘쓰다(勉也). 亹는 힘쓸 미.

[國譯]

「王莽(왕망)의 新에게 멸망할 즈음은 漢朝의 쇠퇴기였고, 왕망은 漢의 뿌리인 關中을 차지하고 함부로 제위를 찬탈하였는데 유리한 권세를 이용하였기에 漢室의 위기를 막을 수 없었습니다. 上天은 왕망에게 (雍州를) 18년간 맡겼지만 결국 왕망은 거기서 죽어야만 했습니다. 하늘은 更始(경시)에게 기회를 주었지만 경시는 기강을 잡

지 못했고 보관을 잘못했기에 도적을 불러들여 결국 赤眉(적미)에게
피살되었습니다. 海內가 구름처럼 모였다 흩어졌고 中原은 엎어져
죽을 듯 쇠약해졌습니다. 群龍이 모두 일어나 싸울 때 그 是非를 알
수 없었습니다. 이에 聖帝(光武帝)께서는 혁혁한 武威를 천하에 보
여주셨습니다. 上天과 인간의 符命을 받으셨고 不世出의 용기를 보
여주셨습니다. 上天의 명을 받으셨고 신령의 도움도 받으셨습니다.
高邑에서 황제를 칭하시고 사방에 기치를 휘날리셨습니다. 국가 방
책을 세우는 대신들이 훌륭한 방책을 세워 실천하였고 포효하는 군
사는 호랑이나 교룡과도 같았습니다. 군사가 가는 곳에 놀라 무너지
지 않는 적이 없었습니다. (周 武王)이 물고기를 구워 제사하고, (高
祖가) 백사를 죽였듯이 아무도 (光武帝에) 견줄만한 자가 없었습니
다. 山東에서 고함을 치자 中原의 서쪽 끝 사막까지 메아리쳤습니
다. (광무제는) 허리에 龍淵劍(용연검)을 차고, 머리에는 鎭鋣(막야)
의 창을 높이 들고 천명을 받아 (天將인) 太白(태백)처럼 내달렸으며,
狼星(낭성)과 弧星(호성) 같은 부장을 거느리셨습니다. 남으로는 公
孫述(공손술)을 잡아 죽였고, 北으로는 강한 흉노족을 패퇴시켰으며,
서쪽으로는 隴右(농우)와 (북으로) 冀州를 평정하고, 동쪽으로 나아
가 洛陽에 도읍하셨습니다. 이에 천하를 개척 평정하셨고 천하백성
을 도탄에서 구제하셨으며 백성을 위해 온갖 어려운 일을 다 하여
마침내 大漢을 다시 부흥하셨습니다.」

原文

「今天下新定, 矢石之勤始瘳, 而主上方以邊垂爲憂, 忿葭

萌之不柔, 未遑於論都而遺思酈州也. 方躬勞聖思, 以率海內, 屬撫名將, 略地疆外, 信威於征伐, 展武乎荒裔. 若夫文身鼻飮緩耳之主, 椎結左衽鑱鍋之君, 東南殊俗不羈之國, 西北絶域難制之鄰, 靡不重譯納貢, 請爲藩臣. 上猶謙讓而不伐勤. 意以爲獲無用之虜, 不如安有益之民, 略荒裔之地, 不如保殖五穀之淵, 遠救於已亡, 不若近而存存也. 今國家躬修道德, 吐惠含仁, 湛恩沾洽, 時風顯宣. 徒垂意於持平守實, 務在愛育元元, 苟有便於王政者, 聖主納焉. 何則? 物罔挹而不損, 道無隆而不移, 陽盛則運, 陰滿則虧, 故存不忘亡, 安不諱危, 雖有仁義, 猶設城池也.

客以利器不可久虛, 而國家亦不忘乎西都, 何必去洛邑之淳濚與?」

| 註釋 | ○矢石之勤始瘳 - 矢石之勤은 전쟁의 어려움. 고생. 瘳는 병 나을 추. 差度. ○愆葭萌之不柔 - 葭萌(가맹)은 먼 지방의 백성. 葭는 갈대 가. 멀 하(遐)와 通. 萌은 싹 맹. ○湛恩沾洽 - 湛은 담글 침, 잠길 침. 즐길 담. 沾은 더할 첨. 洽은 윤택할 흡. ○務在愛育元元 - 元元은 백성. 蒼生. ○物罔挹而不損 - 사물은 덜어내지 않으면 줄어들지 않다. 罔은 없다(無, 亡). 아니다(不). 그물 망. 挹은 (액체를) 떠내다. 뜨다. 덜다. ○何必去洛邑之淳濚與 - 淳濚은 작고 소소한 곳. 淳은 물 괼 정. 정지하다. 濚은 물이 졸졸 흐를 영.

[國譯]

「이제 천하가 겨우 안정되었고 전쟁의 어려움도 차츰 나아지고 있지만 主上께서는 변방을 걱정하시고, 변방의 백성이 유순하지 않아 분노하시기에 도읍에 관하여 토론하거나 雍州에 관하여 심사숙고할 겨를이 없을 것입니다. 황상께서는 노심초사하시면서 천하 백성을 이끌어 주시고 국경 밖에서 강역을 넓히는 여러 명장을 격려하셨으니 진정한 위엄으로 변방을 정벌하신 것입니다. 그리하여 문신을 하고 귀를 늘어트리는 이민족의 왕이나, 또는 상투를 틀고 옷깃을 좌측으로 여미는 우두머리나, 동남방에서 풍속이 다르며 교화할 수 없는 나라 또는 서북 외진 곳에 살기에 통제할 수 없는 사람들까지도 통역에 통역을 거치면서 공물을 바치며 藩臣(번신)을 되기를 청하지 않는 나라가 없습니다. 폐하께서는 그래도 겸양하시면서 정벌의 공을 자랑하지 않으셨습니다. 그러나 보통의 생각으로는 아무 쓸모도 없는 이민족 포로들이니 유용한 백성을 안정시키는 것만 못하고, 황량한 땅을 경략하는 것이 오곡을 심을 수 있는 땅을 개척하는 것만 못하며, 이미 멸망한 나라 사람들을 구원하는 것이 가까운 곳의 백성을 살리는 것만 못하다고 생각할 수도 있습니다. 지금 國家에서는 도덕을 실천하고 仁德을 베풀며 두터운 은택을 널리 베풀면서 때에 따라 바른 풍속을 보급하려 애쓰고 있습니다. 황상께서는 공평하고 실질적으로 백성 사랑의 뜻을 견지하시고 백성 愛育에만 힘쓰시면서 조정의 정사에 도움이 되는 일만 받아들이고 계십니다. 왜 그러하겠습니까? 사물은 덜어내지 않는다면 줄어들지 않고, 도덕은 융성하지 않으면 확산되지 않으며, 陽氣가 성하면 움직이고, 음기가 가득 차면 훼손되기 때문에 산 자를 지켜 亡者를 잊지 않으며, 안전하면서도 위기를 잊지 않으려는 뜻이니, 비록 仁義로 지키지만 그래도 성벽과 垓字(해자)를 설치하는 것과 같습니다.

그러나 客人은 利器는 오래 공허한 상태로 방치할 수 없다면서 國家가 西都(長安)를 두고 왜 하필 좁디좁은 洛邑(洛陽)에서 머무는 이유를 알지 못했다.」

原文

篤後仕郡文學掾. 以目疾, 二十餘年不窺京師. 篤之外高祖破羌將軍辛武賢, 以武略稱. 篤常嘆曰, "杜氏文明善政, 而篤不任爲吏, 辛氏秉義經武, 而篤又怯於事. 外內五世, 至篤衰矣!"

女弟適扶風馬氏. 建初三年, 車騎將軍馬防擊西羌, 請篤爲從事中郎, 戰沒於射姑山.

所著賦, 誄, 吊, 書, 贊, 〈七言〉, 〈女誡〉及雜文, 凡十八篇. 又著《明世論》十五篇.

子碩, 豪俠, 以貨殖聞.

| 註釋 | ○辛武賢 – 隴西郡 狄道人(今 甘肅省 臨洮縣). 漢 宣帝 때 酒泉 태수. 아들이 辛慶忌(신경기).《漢書》69권,〈趙充國辛慶忌傳〉에 입전. ○貨 殖 – 재산을 늘리다. 財貨. 殖은 번식할 식.

[國譯]

杜篤(두독)은 출사하여 郡의 文學掾(문학연)이 되었다. 그러나 눈병이 있어 20여 년간 낙양에 출입하지 않았다. 두독의 外高祖인 破

羌將軍인 辛武賢(신무현)은 武略으로 이름났었다. 두독은 늘 탄식하였다. "杜氏는 文明하고 善政을 베풀었는데, 나 杜篤은 관리도 못되었고, 외가 辛氏는 대의를 지키며 武臣으로 명성을 날렸지만 나는 전투를 두려워한다. 친가와 외가 5대가 나에 이르러 쇠퇴하는가!"

여동생이 右扶風의 馬氏에게 출가하였다. (章帝) 建初 3년, 車騎將軍 馬防(마방)이 西羌族을 원정하면서 두독을 從事中郞에 임용했는데 두독은 射姑山(사고산)이란 곳에서 전사했다.

두독이 지은 賦와 誄辭, 弔文과 書信, 贊(찬), 〈七言〉, 〈女誡〉 및 잡문 등 총 18편이 전한다. 또《明世論》15편을 저술했다.

아들 杜碩(두석)은 豪俠과 貨殖으로 알려졌다.

❷ 王隆

▌原文

王隆字文山, 馮翊雲陽人也. 王莽時, 以父任爲郞, 後避難河西, 爲竇融左護軍. 建武中, 爲新汲令. 能文章, 所著詩, 賦, 銘, 書凡二十六篇.

初, 王莽末, 沛國史岑子孝亦以文章顯, 莽以爲謁者, 著頌, 誄,〈復神〉,〈說疾〉凡四篇.

|註釋| ○雲陽縣 – 今 陝西省 咸陽市 관할 淳化縣 서북. ○竇融(두융) – 章帝 竇황후의 증조부. 23권,〈竇融列傳〉에 입전. ○河西 – 지역 이름, 今 甘肅省과 寧夏回族自治區를 흐르는 黃河의 서쪽, 곧 河西走廊 일대.

王隆(왕륭)의 字는 文山(문산)인데, 左馮翊 雲陽縣 사람이다. 왕망
시절, 부친의 보증으로 낭관이 되었는데 나중에 河西지역으로 피난
하였다가 竇融(두융)의 左護軍이 되었다. 建武 연간에, (潁川郡) 新
汲(신급) 현령이 되었다. 文章에 능하여, 그가 지은 詩, 賦, 銘, 書 등
26편이 전한다.

그전에 왕망 말기에, 沛國의 史岑(사잠, 字 子孝) 역시 문장으로 알
려졌는데 왕망의 알자가 되었는데 그가 지은 頌과 誄, 〈復神〉, 〈說
疾〉 4편이 있다.

❸ 夏恭

夏恭字敬公, 梁國蒙人也. 習《韓詩》,《孟氏易》, 講授門徒
常千餘人. 王莽末, 盜賊從橫, 攻沒郡縣. 恭以恩信爲衆所
附, 擁兵固守, 獨安全. 光武卽位, 嘉其忠果, 召拜郎中, 再
遷太山都尉. 和集百姓, 甚得其歡心. 恭善爲文, 著賦,頌,
詩,〈勵學〉凡二十篇. 年四十九卒官, 諸儒共諡曰宣明君.

子牙, 少習家業, 著賦,頌,贊,誄凡四十篇. 舉孝廉, 早卒,
鄉人號曰文德先生.

| 註釋 |　○梁國 蒙縣 – 今 河南省 동부 商丘市.　○太山都尉 – 泰山郡

都尉. 郡尉를 景帝 때 都尉로 개칭, 태수를 도와 郡의 군사 관련 업무를 담당. 질록은 比2천석.

[國譯]

夏恭(하공)의 字는 敬公(경공)으로, 梁國 蒙縣(몽현) 사람이다. 《韓詩》와 《孟氏易》을 전공했는데 수강하는 문도들이 늘 1천여 명이었다. 왕망 말기에 도적 무리들이 횡행하며 군과 현을 노략질했었다. 하공은 은애와 신의로 백성의 신임을 얻고 있어 병졸과 함께 도적을 막아 홀로 안전하였다. 光武가 즉위한 뒤에 그의 충성심과 결단을 높이 생각하여 불러 낭중을 삼았고 점차 승진하여 泰山郡 都尉가 되었다. 백성을 온화하게 대하여 백성의 환심을 샀다. 하공은 문장을 잘 지었는데 저술한 賦와 頌과 詩, 〈勵學文〉 등 20편이 있다. 나이 49세에 재임 중 죽었는데, 여러 유생이 함께 宣明君이라는 시호를 올렸다.

아들 夏牙(하아)는 젊어 가학을 전승하였는데 저술한 賦, 頌, 贊, 誄 등 40편이 있다. 효렴으로 천거 받았으나 일찍 죽었다. 鄕人들이 文德先生이라 호칭했다.

❹ 傅毅

▌原文

傅毅字武仲, 扶風茂陵人也. 少博學. 永平中, 於平陵習章句, 因作〈迪志詩〉曰,

*〈迪志詩〉- 傅毅

「咨爾庶士, 迨時斯勖. 日月逾邁, 豈云旋復!
哀我經營, 旅力靡及. 在茲弱冠, 靡所庶立.
於赫我祖, 顯于殷國. 二跡阿衡, 克光其則.
武丁興商, 伊宗皇士. 爰作股肱, 萬邦是紀.
奕世載德, 迄我顯考. 保膺淑懿, 纘修其道.
漢之中葉, 俊乂式序, 秩彼殷宗, 光此勳緖.」

| **註釋** | ○〈迪志詩(적지시)〉- 迪志는 자신의 뜻을 깨우치고 독려한다
는 뜻. 迪은 나아갈 적. 이끌다. ○咨爾庶士 - 咨는 탄식하다. 탄사. 爾는
너 이. ○迨時斯勖 - 迨는 미칠 태. 勖은 힘쓸 욱. 勗과 同. ○日月逾邁 -
逾邁(유매)는 지나가다(過行). 넘어가다. ○豈雲旋復 - 旋復은 다시 돌아오
다. ○哀我經營 - 經營은 자신의 행적. 살아온 자취. ○旅力靡及 - 旅力은
陳力. 힘쓰다. ○在茲弱冠 - 弱冠은 이십 세. 젊었을 때. ○於赫我祖 - 於
는 감탄사. 탄식할 오. ○顯于殷國 - 殷의 傅說(부열)을 말함. 傅說(부열)은
殷代 武丁(高宗)의 신하. 노예였다가 등용되었다. 무정이 꿈속에 본 사람의
얼굴을 그려 찾아내었다. 《尙書 說命》은 武丁과 傅說의 대화이다. ○二跡
阿衡 - 二跡은 부열과 이윤. 阿衡(아형)은 伊尹. ○克光其則 - 克光은 光大
하다. ○武丁興商 - 武丁은 殷王 高宗. ○伊宗皇士 - 伊는 오직(惟). 발어
사. 皇士는 美士. ○爰作股肱 - 爰은 이에. 발어사. 股肱(고굉)은 손발처럼
전심전력을 보필하는 신하. ○奕世載德 - 奕世는 여러 세대. 奕는 겹치다.
클 혁. 載德은 積德. 덕을 베풀다. ○迄我顯考 - 迄은 이를 흘. 顯考는 돌아
가신 부친. ○保膺淑懿 - 保膺은 가슴에 품다. 淑懿은 훌륭한 덕행. ○纘修
其道 - 纘은 이을 찬. ○漢之中葉 - 中葉은 宣帝의 中興. ○俊乂式序 - 俊

义(준예)는 재주와 지혜가 뛰어난 인물. 式序는 공적에 따라 논공행상하다.
○光此勳緖 – 傅毅의 선조로 傅喜(부희)는 대사마를 역임했고 傅晏(부안)과
傅商(부상), 후한 건무 연간에 傅俊(부준) 등이 모두 열후가 되었다.

[國譯]

　傅毅(부의)의 字는 武仲(무중)으로, 右扶風 茂陵縣 사람이다. 젊어
博學하였다. (明帝) 永平 연간에, (右扶風의) 平陵縣에서 문장을 공
부하였는데, 〈迪志詩(적지시)〉를 지어 뜻을 말했다.

「아! 너의 모두는 때맞춰 힘쓸지어다.

세월이 흘러가니 다시 돌아온다고 어찌 말하는가!

내 仁義의 행적이 서글프니 힘써도 미치지 못했다.

나이 20세가 되었지만 성취할 희망이 안 보인다.

아! 나의 훌륭하신 조상은 殷의 유명한 재상이었다.

傅說(부열)과 阿衡(이윤)의 자취는 治國의 準則이었다.

商을 중흥한 武丁이 의지하는 훌륭한 분이었다.

(武丁의) 股肱之臣이 되었고 온 나라의 기강이었다.

여러 대에 걸쳐 積德하여 나의 선친에 이르렀다.

미덕을 품고 근무했으며 도덕을 수양했다.

漢 宣帝 中興에 준걸을 공적대로 행상했는데

殷代 先烈의 업적대로 빛나는 공적을 성취했다.」

原文

「伊余小子, 穢陋靡逮. 懼我世烈, 自玆以墜.

誰能革濁, 淸我濯漑? 誰能昭暗, 啓我童昧?

先人有訓, 我訊我誥. 訓我嘉務, 誨我博學.

爰率朋友, 尋此舊則. 契闊夙夜, 庶不懈忒.

秩秩大猷, 紀綱庶式. 匪勤匪昭, 匪壹匪測.

農夫不怠, 越有黍稷, 誰能云作, 考之居息?

二事敗業, 多疾我力. 如彼遒衢, 則罔所極.

二志靡成, 聿勞我心. 如彼兼聽, 則溷於音.

於戲君子, 無恆自逸. 徂年如流, 鮮茲暇日.

行邁屢稅, 胡能有迄. 密勿朝夕, 聿同始卒.」

| 註釋 | ○穢陋靡逮 – 穢는 穢濁. 더러울 예. 陋는 淺陋(천루). 靡는 없다. 쓰러질 미. ○淸我濯漑 – 濯漑(탁개)는 씻어 헹구다. 漑는 물댈 개. ○啓我童昧 – 童昧(동매)는 어려서 아는 것이 없음. 童昏. ○我訊我誥 – 訊은 물을 신. 誥는 고할 고. 가르치다. ○誨我博學 – 誨는 가르칠 회. ○尋此舊則 – 尋은 찾을 심. 보통. ○契闊夙夜 – 契闊(결활)은 부지런히 노력하다. 어떤 일에 골몰하다. 契은 애쓸 결. 맺을 계. 闊은 트일 활. 넓다. 夙夜(숙야)는 낮과 밤. 晝夜. ○庶不懈忒 – 게으르고 나빠지다. 懈는 게으를 해. 忒은 변할 특, 어긋날 특. ○秩秩大猷 – 秩秩(질질)은 아름다운 모양. 大猷(대유)는 大道. ○紀綱庶式 – 庶는 많다. 衆庶. 式은 법. 법도. ○匪勤匪昭 – 匪는 아닐 비(非, 不). ○匪壹匪測 – 壹은 專一. 한 가지에 전념하다. ○越有黍稷 – 黍稷(서직)은 기장. 밭곡식 이름. ○如彼遒衢 – 遒는 따르다. 衢는 네거리 구. 도로. ○則罔所極 – 罔所極은 끝이 없다. ○二志靡成 – 靡는 쓰러질 미, 작을 미. 靡成을 이루지 못하다. ○聿勞我心 – 聿은 붓(筆) 율. 어조사. 마침내, 오직, 이에. 따르다. ○則溷於音 – 溷은 어지러울 혼. ○於戲

君子 – 於戲는 감탄사. 탄식하는 소리. ○徂年如流 – 徂는 갈 조. ○行邁
屢稅 – 行邁(행매)는 가다. 나아가다. 屢는 자주 루(누). 稅은 벗을 탈. 脫과
通. 수레의 멍에를 벗기고 쉰다는 뜻. ○胡能有迄 – 胡는 어찌 호. 어떻게.
○密勿朝夕 – 密勿은 노력하다. 힘쓰다. ○聿同始卒 – 始終如一. 聿은 따
르다. 卒은 마치다(終也).

[國譯]

「이 젊은 나는 보잘 것 없어 다른 사람만 못한데,

내 선조의 업적이 여기서 끊길지 두렵기만 하다.

혼탁한 나를 혁신시켜 깨끗하게 만들 사람 누구인가?

어둠을 밝혀 우매한 나를 깨우쳐 줄 사람 누구인가?

先人께서 교훈을 내려 나를 가르쳐 주셨도다.

나에게 즐겁게 노력하고 널리 배우라고 가르쳐 주셨다.

붕우와 함께 옛 선인의 자취를 찾아 배우라 하셨다.

밤낮으로 부지런히 애써 게으르지 말라고 하셨다.

아름답도다! 大道여! 모든 법도의 기강이로다.

근면해야 大道를 밝히고 전념해야 깊이 알 수 있다.

부지런한 농부가 좋은 곡식을 거둘 수 있다.

누가 할 일을 하며 쉬어도 거둘 수 있다고 하는가?

一心에 二事라면 실패하고 나의 기력만 소진한다.

그렇게 길을 간다면 언제 끝이 어딘지도 모르리라.

두 가지 뜻은 이룰 수 없고 다만 마음고생뿐이다.

異音을 같이 들으면 시끄러운 소리가 된다.

아! 군자여! 언제나 放逸해서는 안 될지니

지난 세월은 흘러간 물이니 한가할 틈이 없노라.
먼 길을 가면서 자주 쉰다면 언제 다 가겠는가?
아침저녁으로 애쓰고 始終如一 노력할지어라.」

毅以顯宗求賢不篤, 士多隱處, 故作〈七激〉以爲諷. 建初
中, 肅宗博召文學之士, 以毅爲蘭台令史, 拜郎中, 與班固,
賈逵共典校書. 毅追美孝明皇帝功德最盛, 而廟頌未立, 乃
依〈淸廟〉作〈顯宗頌〉十篇奏之, 由是文雅顯於朝廷. 車騎
將軍馬防, 外戚尊重, 請毅爲軍司馬, 待以師友之禮. 及馬
氏敗, 免官歸.

永元元年, 車騎將軍竇憲, 復請毅爲主記室, 崔駰爲主簿.
及憲遷大將軍, 復以毅爲司馬, 班固爲中護軍. 憲府文章之
盛, 冠於當世. 毅早卒, 著詩,賦,誄,頌,祝文,〈七激〉,連珠凡
二十八篇.

| 註釋 | ○賈逵(가규) - 賈誼(가의)의 후손. 화려한 학문적 업적을 쌓은
천재. 36권,〈鄭范陳賈張列傳〉에 立傳. 逵는 한길 규(大路). ○連珠 - 文
體의 한 종류. 物에 情을 가탁하여 假借(가차)로 諷諭하되 情理를 잘 묘사
한 것이 구슬을 꿴 것 같다 하여 連珠라 하였다. 前漢 말 揚雄(양웅)이 최초
의 작품을 남겼고 후한에서 문인들 사이에 크게 유행하였다. 현대어의 連
珠는 五目, 五子棋를 지칭하여 전혀 다른 뜻이다.

傅毅(부의)는 顯宗(明帝)이 현인을 얻는데 힘쓰지 않아 많은 士人들이 은거한다고 생각하여 〈七激(칠격)〉을 지어 이를 풍자하였다. (章帝) 建初 연간에, 장제는 文學之士를 널리 초빙하였는데 부의는 蘭臺令史가 되어 郎中을 제수 받고 班固(반고), 賈逵(가규) 등과 함께 여러 서적을 교정하였다. 부의는 孝明皇帝의 정치적 功德이 가장 훌륭하다고 생각하여 아직 廟頌이 확정되지 않았지만, 《詩 周頌》〈淸廟〉의 시를 본 떠 〈顯宗頌〉 10편을 지어 상주하였는데 이를 통해 조정에서 文雅하다고 존중받았다. 車騎將軍 馬防(마방)은 외척으로가 존중받았는데 부의를 초빙하여 軍司馬에 임용하며 師友의 예로 대우하였다. 그러다 馬氏들이 몰락하자 부의는 사직하고 귀향하였다.

(和帝) 永元 원년(서기 89), 車騎將軍 竇憲(두헌)이 다시 부의를 불러 主記室에, 崔駰(최인)은 主簿에 임용하였다. 두헌이 大將軍이 되면서 다시 부의를 司馬에, 班固는 中護軍에 임용하였다 두헌의 大將軍府가 文章으로 융성하기는 당세의 으뜸이었다. 부의는 일찍 죽었는데, 부의의 詩, 賦, 誄, 頌, 祝文, 〈七激〉와 連珠 등 총 28편이 있다.

❺ 黃香

黃香字文强, 江夏安陸人也. 年九歲, 失母, 思慕憔悴, 殆不免喪, 鄕人稱其至孝. 年十二, 大守劉護聞而召之, 署門下孝子, 甚見愛敬. 香家貧, 內無僕妾, 躬執苦勤, 盡心奉養.
遂博學經典, 究精道術, 能文章, 京師號曰 '天下無雙江夏
黃童.'

初除郎中, 元和元年, 肅宗詔香詣東觀, 讀所未嘗見書.
香後告休, 及歸京師, 時千乘王冠, 帝會中山邸, 乃詔香殿
下, 顧謂諸王曰, "此 '天下無雙江夏黃童' 者也." 左右莫不
改觀. 後召詣安福殿言政事, 拜尙書郎, 數陳得失, 賞賚增
加. 常獨止宿臺上, 晝夜不離省闥, 帝聞善之.

| **註釋** | ○江夏安陸 – 江夏郡 治所는 西陵縣, 今 湖北省 동부 武漢市 新
洲區. 安陸縣은 今 湖北省 중부 孝感市 관할 安陸市. ○千乘王 – 劉伉(유
항), 章帝의 아들. 20세에 加冠.

[國譯]
  黃香(황향)의 字는 文强(문강)으로, 江夏郡 安陸縣 사람이다. 9살
에 모친을 여의었는데 그리는 정에 초췌하여 복상도 마치지 못할 것
같아 鄕人들도 그의 至孝를 칭송하였다. 나이 12세에 江夏太守 劉
護(유호)가 듣고서는 불러 門下孝子에 임명하여 매우 아껴주었다.
황향은 家貧하여 집안에 일하는 여인이 없어 몸소 힘들게 일하면서
부친을 봉양하였다. 황향은 경전을 두루 공부하였고 道術도 연구하
여 정통하였으며 문장에도 능하여 낙양 일대에서도 '天下에 둘도
없는 江夏郡의 黃童' 이라고 불렀다.
  처음에는 郎中을 제수 받았고 (章帝) 元和 원년(서기 84)에, 장제

가 조서로 황향을 불러 東觀에 근무하게 하였는데 황향은 그동안 보지 못했던 책을 읽을 수 있었다. 황향은 휴가를 받았다가 낙양으로 돌아왔는데 그때 千乘王〔劉伉(유항)〕의 冠禮를 치루면서 장제가 中山王의 저택에서 황향을 전하에 불러놓고 좌우 여러 왕을 둘러보며 말했다. "이 사람이 바로 '天下無雙 江夏 黃童'이다." 측근들 모두가 황향을 다시 보았다. (章帝는) 뒷날 安福殿으로 불러 정사를 논의하고 尙書郎을 제수하였으며 자주 정치 득실을 물었고 많은 상을 하사하였다. 황향은 늘 홀로 상서대에서 숙직하면서 주야로 궁궐을 나가지 않았는데 장제가 알고서는 칭찬하였다.

原文

　永元四年, 拜左丞. 功滿當遷, 和帝留, 增秩. 六年, 累遷尙書令. 後以爲東郡太守, 香上疏讓曰,

「臣江淮孤賤, 愚矇小生, 經學行能, 無可算錄. 遭値太平, 先人餘福, 得以弱冠特蒙徵用, 連階累任, 遂極臺閣. 訖無纖介稱, 報恩效死, 誠不意悟. 卒被非望, 顯拜近郡, 尊位千里. 臣聞量能授官, 則職無廢事, 因勞施爵, 則賢愚得宜. 臣香小醜, 少爲諸生, 典郡從政, 固非所堪. 誠恐矇頓, 孤忝聖恩. 又惟機密端首, 至爲尊要, 復非臣香所當久奉. 承詔驚惶, 不知所裁. 臣香年在方剛, 適可驅使. 願乞餘恩, 留備冗官, 賜以督責小職, 任之宮臺煩事, 以畢臣香螻蟻小志, 誠瞑目至願, 土灰極榮.」

帝亦惜香幹用, 久習舊事, 復留爲尙書令, 增秩二千石, 賜
錢三十萬. 是後遂管樞機, 甚見親重, 而香亦祗勤物務, 憂
公如家.

[國譯]

(和帝) 永元 4년, 左丞이 되었다. 연공이 차서 승진하여야 하는데
和帝는 유임시키면서 질록을 늘려 주었다. 6년 거듭 승진하여 尙書
令이 되었다. 그 뒤에 東郡太守가 되었는데 황향은 사양하는 상소를
올렸다.

「臣은 江淮 지역에서 자란 미천하고도 어리석은 젊은 사람으로
經學이나 품행에서 특별히 기록될 만한 것도 없습니다. 태평성대를
만났고 先人의 餘福으로 弱冠의 나이에 특별히 부름을 받아 등용되
었고 연이어 승진하면서 마침내 尙書令까지 올랐습니다. 여태껏 아
주 작은 칭송도 듣지 못했으니 보은으로 죽어야 한다 하여도 진정으
로 다 갚지 못할 것이라 생각하고 있습니다. 죽을 때까지도 기대할
수 없는 가까운 군에 태수로 발령을 받았습니다. 臣이 알기로, 능력

에 따라 관직을 수여한다면 업무상 실패가 없고, 공로에 따라 작위를 내린다면 賢愚가 모두 제 몫을 받을 수 있다고 하였습니다. 臣 황향은 능력도 모자란 젊은이로 배워야 하는 학생이어야 하나 郡을 맡아 다스리는 것은 정말 감당할 수 없습니다. 진정 어리석기에 황상의 은전에 누만 끼칠 것입니다. 또 상서령은 조정 주요 업무의 단초이며 매우 중요한 요직이기에 이 또한 臣이 오랫동안 감당할 수도 없습니다. 조서를 받고 놀라고 두려워 어찌할 바를 모르겠습니다. 臣의 나이 이제 한창 장년이라서 나라 위해 일을 할 수 있습니다. 다만 성은의 끝에 그저 일의 적당 유무를 살필 수 있는 한직이나 궁궐의 번잡소소한 일을 맡아 臣의 보잘 것 없는, 마치 개미와 같은 작은 뜻을 맡을 수 있다면 눈을 감을 때까지 또 흙이나 재가 될 때까지 크나큰 영광일 것입니다.」

和帝 역시 황향의 재능을 아끼고 또 예전 담당 업무에 능숙한 것을 고려하여 다시 尚書令에 유임시키면서 대신 질록을 2천석으로 올려주고 금전 3십만을 하사하였다. 이후 황향은 조정의 주요 업무를 담당하면서 황제의 큰 신임을 받았으며 황향 역시 직무에 충실하였고 공무를 마치 가사처럼 걱정하였다.

十二年, 東平清河奏訞言卿仲遼等, 所連及且千人. 香料別據奏, 全活甚衆. 每郡國疑罪, 輒務求輕科, 愛惜人命, 每存憂濟. 又曉習邊事, 均量軍政, 皆得事宜. 帝知其精勤, 數加恩賞. 疾病存問, 賜醫藥. 在位多所薦達, 寵遇甚盛, 議者譏其過倖.

延平元年, 遷魏郡太守. 郡舊有內外園田, 常與人分種, 收穀歲數千斛. 香曰, "〈田令〉'商者不農', 〈王制〉'仕者不耕', 伐冰食祿之人, 不與百姓爭利." 乃悉以賦人, 課令耕種. 時被水年飢, 乃分奉祿及所得賞賜班贍貧者, 於是豐富之家各出義穀, 助官稟貸, 荒民獲全. 後坐水潦事免, 數月, 卒於家. 所著賦,箋,奏,書,令,凡五篇. 子瓊, 自有傳.

| 註釋 | ○〈田令〉－漢代 律令의 하나. 〈田律〉. 본래는 〈甲令〉이라 했다. ○伐氷－卿, 大夫 이상은 얼음을 떠서 상례에 쓸 수 있었다. 貴族, 豪門을 지칭. ○黃瓊(황경)－황경은 외척 梁冀에게 당당하였다. 61권, 〈左周黃列傳〉에 立傳.

[國譯]

(和帝) 永元 12년(서기 100), 東平國 淸河縣에서 卿仲遼(경중료) 등이 訞言(요언)을 퍼트린다고 상주하여 이에 연좌된 사람이 1천 명 가까이 되었다. 황향은 상주한 내용에 의거하여 풀어 살려준 사람이 매우 많았다. 각 郡國에서 올리는 의혹에 가까운 죄는 가볍게 처벌하여 人命을 소중히 여기며 대개 구제하는 쪽으로 처리하였다. 또 변방 관련 업무에 능숙하여 군량을 고르게 공급하였는데 그 처리가 매우 적의하였다. 和帝는 황향의 專心과 근면을 알고 자주 特別한 恩賞을 내렸다. 질병에는 사람을 보내 위문케 하였고 의약을 하사하였다. 재임 중 많은 인재를 천거하였으며 황제의 은총이 매우 많아 論者들은 지나친 총애를 비판하였다.

(殤帝) 延平 元年(서기 106), 魏郡 태수가 되었다. 郡에는 전부터 內外의 園田이 있어 늘 백성에게 나눠 농사짓게 하였고 1년에 거두는 곡식(소작료)이 수천 斛이나 되었다. 이에, 황향이 말했다.

"〈田令〉에 '상인은 농사를 지을 수 없다' 했고, 〈王制〉에 '출사하는 자는 경작할 수 없다.' 하였으며, 伐冰(벌빙)하며 녹을 받는 사람은 백성과 이득을 놓고 다툴 수 없다고 하였다."

그러면서 토지 전부를 백성에게 지급하였다. 그 무렵 수해로 흉년이 들자, 황향은 자신의 봉록을 나누고, 상으로 받은 몫도 가난한 백성을 도왔는데, 이에 부유한 가문에서도 義穀을 내어 나라에서 베푸는 구제를 도와 굶는 백성을 모두 살렸다. 뒤에 수해 관련 업무상 과오로 면직되었고 몇 달 뒤에 집에서 죽었다.

황향이 저술한 賦, 箋, 奏, 書, 令 등 5편이 전한다. 아들 黃瓊(황경)은 따로 입전하였다.

❻ 劉毅

原文

劉毅, 北海敬王子也. 初封平望侯, 永元中, 坐事奪爵. 毅少有文辯稱. 元初元年, 上〈漢德論〉並〈憲論〉十二篇. 時, 劉珍,鄧耽,尹兌,馬融共上書稱其美, 安帝嘉之, 賜錢三萬, 拜議郎.

| 註釋 | ○議郞 – 光祿大夫(질록 比二千石)의 속관인 모든 大夫나 議郞은 일정한 직무가 없고 수시로 황제의 명에 따라 업무를 처리한다. 太中大夫(질록 千石), 中散大夫, 諫議大夫, 議郞의 질록은 모두 6백석이고 정원이 없다.

[國譯]

劉毅(유의)는 北海 敬王의 아들이다. 처음에 平望侯에 봉해졌는데 (和帝) 永元 연간에 죄를 지어 작위를 박탈당했다. 유의는 젊어 문장과 변론으로 칭송을 들었다. (安帝) 元初 원년(서기 114), 〈漢德論〉과 〈憲論〉 12편을 지어 바쳤다. 당시, 劉珍(유진), 鄧耽(등탐), 尹兌(윤태), 馬融(마융) 등이 함께 상서하여 그 문장을 칭송하였는데 安帝도 가상히 여기며 금전 3만을 하사하고 議郞을 제수했다.

❼ 李尤

原文

李尤字伯仁, 廣漢雒人也. 少以文章顯. 和帝時, 侍中賈逵薦尤有相如, 楊雄之風, 召詣東觀, 受詔作賦, 拜蘭台令史. 稍遷, 安帝時爲諫議大夫, 受詔與謁者僕射劉珍等俱撰《漢記》. 後帝廢太子爲濟陰王, 尤上書諫爭. 順帝立, 遷樂安相. 年八十三卒. 所著詩,賦,銘,誄,頌,〈七嘆〉,〈哀典〉, 凡二十八篇.

尤同郡李勝, 亦有文才, 爲東觀郎, 著賦,誄,頌,論數十篇.

| 註釋 | ○廣漢雒人 – 廣漢郡 雒縣(낙현), 益州刺史部의 치소. 今 四川省 德陽市 관할 廣漢市. 成都市 북쪽. ○樂安相 – 화제 때 千乘國을 樂安國으로 개명, 治所는 臨濟縣. 今 山東省 淄博市 관할 高靑縣.

[國譯]

李尤(이우)의 字는 伯仁(백인)으로, 廣漢郡 雒縣(낙현) 사람이다. 젊어 文章으로 알려졌다. 和帝 때, 侍中인 賈逵(가규)가 司馬相如(사마상여)와 楊雄(양웅)의 풍모를 가졌다며 이우를 천거했고, 화제가 조서로 東觀에 불러 만나보고 賦를 짓게 한 뒤에 蘭台令史를 제수하였다. 이우는 차츰 승진하여 安帝 때 諫議大夫가 되었고 명에 의거 謁者僕射인 劉珍(유진) 등과 함께 《漢記》를 편찬하였다. 뒷날 안제가 태자를 폐위하여 濟陰王에 봉하자, 이우는 상서하여 간쟁하였다. 順帝가 즉위한 뒤에 樂安國相이 되었다. 83세에 죽었다. 이우가 지은 詩, 賦, 銘, 誄, 頌, 〈七嘆〉, 〈哀典〉 등 총 28편이 있다.

이우와 同郡인 李勝(이승) 역시 문재가 있어 東觀 郎이 되었고 賦, 誄, 頌, 論 등 수십 편을 지었다.

❽ 蘇順

原文

蘇順字孝山, 京兆霸陵人也. 和安間以才學見稱. 好養生

術, 隱處求道. 晩乃仕, 拜郞中, 卒於官. 所著賦,論,誄,哀辭,
雜文, 凡十六篇.

時, 三輔多士, 扶風曹衆伯師亦有才學, 著誄,書,論四篇.
又有曹朔, 不知何許人, 作〈漢頌〉四篇.

| 註釋 | ○霸陵(패릉) - 文帝의 능, 현명. 霸水 근처 산을 이용하여 능원
을 조성했고 薄葬(박장)했다. 패릉은 당시 장안성 未央宮에서 동남으로 57
km에 위치. 今 西安市 동쪽 白鹿原 부근. 宣帝의 능인 杜陵(두릉)과 함께
渭水 남쪽에 위치. 漢代의 다른 능은 위수 북쪽에 있다. 왕망 말기에 종묘
와 황릉이 모두 도굴되었는데 다만 文帝의 霸陵(패릉)과 宣帝의 杜陵(두릉)
만이 온전했다.

[國譯]

蘇順(소순)의 字는 孝山(효산)으로, 京兆 霸陵縣(패릉현) 사람이다.
和帝와 安帝 재위 연간에 才學으로 소문이 났었다. 養生術을 좋아하
였고 은거하며 求道하였다. 만년에야 출사하여 郞中이 되었다가 재
임 중에 죽었다. 소순이 지은 賦, 論, 誄, 哀辭, 雜文 등 16편이 전한
다.

그 무렵 三輔에 文士가 많았는데 右扶風의 曹衆(조중, 字 伯師) 역
시 재학이 있어 誄, 書, 論 4편을 지었다. 또 曹朔(조삭)은 어떤 사람
인가는 모르나 〈漢頌〉 4편을 지었다.

❾ 劉珍

原文

劉珍字秋孫, 一名寶, 南陽蔡陽人也. 少好學. 永初中, 爲謁者僕射. 鄧太后詔, 使與校書劉騊駼, 馬融及《五經》博士, 校定東觀《五經》, 諸子傳記, 百家藝術, 整齊脫誤, 是正文字. 永寧元年, 太后又詔珍與騊駼作建武已來名臣傳, 遷侍中, 越騎校尉. 延光四年, 拜宗正. 明年, 轉衛尉, 卒官. 著誄, 頌, 連珠凡七篇. 又撰《釋名》三十篇, 以辯萬物之稱號云.

| 註釋 | ○劉珍(유진, ?-126?) - 一名 劉寶, 字 秋孫. 安帝 永初年間(107?-113)에 東觀校書로 근무. 〈建武以來名臣傳〉와 《東觀漢記》22편을 편찬, 侍中, 越騎校尉 역임. (安帝) 延光 4년(125)에 宗正을 역임했다. ○南陽蔡陽 - 今 湖北省 襄陽市(양양시) 관할 棗陽市(조양시)에 해당. 光武帝의 본향. ○謁者僕射(알자복야) - 謁者(알자)는 光祿勳의 속관. 외빈 접대, 궁내 각종 업무, 심부름, 문병 등을 담당. 謁者僕射(알자복야, 질록 比千石)의 지시 받음. 후한에서의 정원은 30명, 常侍謁者, 給事謁者, 灌謁者郎中 등 직책에 따라 질록이 달랐다. 僕射(복야)는 본래 秦의 관제로(僕, 主也) 본래 弓射 관련 업무 담당자였는데, 복야는 주 담당자, 곧 우두머리란 뜻으로 각 분야별로 복야가 있었다. 侍中僕射, 尚書僕射, 謁者僕射 등이 그 예이다. 射는 벼슬 이름 야. ○《釋名》 - 본서에는 劉珍의 저술이나 일반적으로 유진의 《釋名》은 일찍 失傳되었고, 현재 전하는 《釋名》은 後漢 劉熙(유희, ?-216년, 又作 劉喜)의 저술로 알려졌다. 《釋名》은 만물의 이름과 그 뜻이나 연원을 해설한 것으로 文字學에서 매우 중요한 저술로 통한다. 보통 《釋名》과 《爾雅》, 《小爾雅》, 《廣雅》, 《埤雅(비아)》 등을 《五雅》로 통칭한다. 지금

은《三國志 吳書 20권》,《顏氏家訓 音辭篇》,《隋書 經籍志》등을 근거로
《釋名》은 劉熙의 저술로 통한다.

[國譯]

劉珍(유진)의 字는 秋孫(추손)으로, 一名은 寶(보)이며 南陽郡 蔡陽
縣 사람이다. 젊어서 호학하였다. (安帝) 永初 연간에 謁者僕射(알자
복야)가 되었다. 鄧(등)太后의 명으로 校書 劉騊駼(유도도), 馬融(마융)
및《五經》박사와 함께 東觀에 보관 중인《五經》과 諸子 傳記, 百家
藝術에 관한 책을 교정하여 오자와 탈자 등 문자를 바로잡았다. (安
帝) 永寧 元年(서기 120), 등태후는 또 유진과 유도도 등에게 명하여
建武 이래의 名臣傳을 저술케 하였고, 유진은 侍中겸 越騎校尉로 승
진하였다. (安帝) 延光 4년(서기 125), 宗正이 되었다. 다음해 衛尉
로 전직하여 재위 중 죽었다. 유진이 지은 誄, 頌, 連珠 등 총 7편이
전한다. 또《釋名》30편을 저술하여 萬物의 명칭을 설명하였다고
한다.

❿ 葛龔

葛龔字元甫, 梁國寧陵人也. 和帝時, 以善文記知名. 性
慷慨壯烈, 勇力過人. 安帝永初中, 擧孝廉, 爲太官丞, 上便
宜四事, 拜蕩陰令. 辟太尉府, 病不就. 州擧茂才, 爲臨汾
令. 居二縣, 皆有稱績. 著文,賦,碑,誄,書記, 凡十二篇.

[國譯]

葛龔(갈공)의 字는 元甫(원보)로, 梁國 寧陵縣(영릉현) 사람이다. 和帝 때 文記(문주)를 잘하여 이름이 알려졌다. 천성이 慷慨(강개)하고 壯烈하였으며 勇力이 過人하였다. 安帝 永初 연간에, 孝廉으로 천거되어 太官丞이 되었는데 국정에 도움이 되는 4가지 일을 건의하였고 (河內郡) 蕩陰 현령이 되었다. 太尉府의 부름을 받았으나 병으로 응하지 못했다. 州에서 茂才로 천거되어 (河東郡) 臨汾 현령이 되었다. 두 현에 재직하는 동안 치적이 훌륭하였다. 문장과 賦, 碑, 誄, 書記 등 12편의 글이 있다.

⑪ 王逸

原文

王逸字叔師, 南郡宜城人也. 元初中, 擧上計吏, 爲校書郎. 順帝時, 爲侍中. 著《楚辭章句》行於世. 其賦,誄,書,論及雜文, 凡二十一篇. 又作《漢詩》百二十三篇.

子延壽, 字文考, 有俊才. 少游魯國, 作〈靈光殿賦〉. 後蔡邕亦造此賦, 未成, 及見延壽所爲, 甚奇之, 遂輟翰而已. 曾有異夢, 意惡之, 乃作〈夢賦〉以自厲. 後溺水死, 時年二十餘.

| 註釋 | ○宜城縣 - 今 湖北省 襄陽市 관할 宜城市. ○〈靈光殿賦〉-
失傳. 靈光殿은 전한 경제의 아들 魯 恭王이 지은 건물.

[國譯]

王逸(왕일)의 字는 叔師(숙사)로, 南郡 宜城縣 사람이다. (安帝) 元
初 연간에 上計吏로 천거 받아 校書郎이 되었다. 順帝 때 侍中이 되
었고,《楚辭章句》를 저술하였는데 세상에 알려졌다. 그의 賦, 誄, 書,
論 및 雜文 등 총 21편이 있다 또《漢詩》123편이 있다.

아들 王延壽(왕연수)의 字는 文考(문고)로 俊才였다. 젊어 魯國을
유람하고 〈靈光殿賦〉를 지었다. 뒷날 蔡邕(채옹)도 이 賦을 지으려
했지만 미완이었는데 왕연수의 글을 읽어보고서는 매우 기특하게
여기면서 짓기를 그만두었다. 일찍이 이상한 꿈을 꾸었는데 매우 마
음이 편치 않아 〈夢賦〉를 지어 자신을 격려했다. 뒷날 익사했는데
나이 20여 세였다.

⑫ 崔琦

原文

崔琦字子瑋, 涿郡安平人, 濟北相瑗之宗也. 少遊學京師,
以文章博通稱. 初擧孝廉, 爲郞. 河南尹梁冀聞其才, 請與交.
冀行多不軌, 琦數引古今成敗以戒之, 冀不能受. 乃作〈外戚
箴〉. 其辭曰.

○梁冀(양기) – 대장군 梁商의 딸이 順烈梁皇后(순열양황후)이
다. 沖帝, 質帝, 桓帝를 옹립했다. 梁商(양상)은 선량하고 검소한 도덕군자
였지만 그 아들 梁冀(양기)는 악독포악한데다가 권력까지 휘둘렀으니 그
폐해는 이루 다 말할 수 없었다. 桓帝 첫 번째 懿獻梁皇后(의헌양황후)는 순
열양황후의 여동생이니 순제와 환제 때 양기의 권세는 하늘을 찌르고도
남았다. 양기와 그 아내 孫壽(손수)의 사치와 방종과 향락에 대한 상세한
묘사는 인간의 어리석음이 어느 정도인가를 설명하고 있다. 34권, 〈梁統
列傳〉立傳.

【國譯】

崔琦(최기)의 字는 子瑋(자위)로, 涿郡(탁군) 安平縣 사람이다, 濟北
國相 崔瑗(최원)의 일족이었다. 젊어 경사에 유학하였는데 문장과
박학통달로 소문이 났었다. 처음에 孝廉으로 천거되어 낭관이 되었
다. 河南尹인 梁冀(양기)가 최의의 재학을 듣고서 교제를 청하였다.
그러나 양기가 불법 행위를 많이 저지르자, 최기는 古今의 成敗를
인용하여 충고하였지만 양기는 받아들이지 않았다. 이에 〈外戚箴〉
을 지었다. 그 글은 아래와 같다.

*〈外戚箴〉- 崔琦

▌原文

「赫赫外戚, 華寵煌煌. 昔在帝舜, 德隆英,皇. 周興三母,
有莘崇湯. 宣王晏起, 姜后脫簪. 齊桓好樂, 衛姬不音. 皆輔

主以禮, 扶君以仁, 達才進善, 以義濟身.

爰曁未葉, 漸已隤虧. 貫魚不敘, 九御差池. 晉國之難, 禍起於麗. 惟家之索, 牝雞之晨. 專權擅愛, 顯已蔽人. 陵長間舊, 圮剝至親. 並后匹嫡, 淫女嬖陳. 匪賢是上, 番爲司徒. 荷爵負乘, 採食名都. 詩人是刺, 德用無憮. 暴辛惑婦, 拒諫自孤. 蝮蛇其心, 縱毒不辜. 諸父是殺, 孕子是刳. 天怒地忿, 人謀鬼圖. 甲子昧爽, 身首分離. 初爲天子, 後爲人螭.」

| 註釋 | ○德隆英,皇 – 舜은 堯의 두 딸인 娥皇(아황)과 女英을 아내로 맞이했다. ○周興三母 – 太王의 왕비 太姜은 太伯과 仲雍, 王季를 낳았다. 王季의 아내 太姙(태임)은 文王을 출산했다. 문왕의 왕비 太姒(태사, 文母)는 武王 등 10명의 아들을 낳았다. ○漸已隤虧 – 隤虧(퇴휴)는 쇠퇴하다. 隤는 쇠할 퇴. 穨와 同. 虧는 이지러질 휴. ○貫魚不敘 – 貫魚(관어)는 물고기를 차례대로 꿰어 엮다. 王者는 宮人을 거느리는데 순차로 돌아가며 편애하지 않는다는 뜻. ○九御差池 – 九嬪이 순차로 왕자를 모시는 질서가 없어졌다는 뜻. ○惟家之索 – 집안의 멸망. 索은 다할 삭(盡也). 힘이 다하여 멸망하다. 한 집안의 멸망. ○牝雞之晨 – 牝雞(빈계)는 암탉(雌 암컷). 晨은 새벽 신. 새벽을 알리는 것은 雄鷄인데, 이를 암탉이 빼앗으니 망하게 된다고 해설하였다. ○圮剝至親 – 圮는 무너질 비. 무너트리다. 剝은 벗길 박. ○德用無憮 – 덕인의 등용이 아무 효용도 없다. 憮는 어루만질 무, 기댈 무. ○暴辛惑婦 – 暴는 포악. 辛은 殷 紂王의 이름. 惑婦(혹부)는 주왕이 사랑한 왕비 妲己(달기)에 현혹되다. ○蝮蛇其心 – 蝠은 박쥐 복(蝙蝠), 박쥐 蝠은 발음이 福과 같고 거꾸로 매달린 형상이 하늘에서 내려주는 복이라 하여 중국인들에게 환영을 받는 동물이다. 여기서는 뜻이 蝮(독사 복)이어야 文理가 통한다. ○孕子是刳 – 孕子(잉자)는 태아. 孕은 아이

밸 잉. 刳는 가를 고. 임산부의 배를 가르다. ○甲子昧爽 - 周 武王이 紂王을 공격하자, 紂王은 甲子日 새벽의 寶衣를 입은 채로 불길 속에 뛰어들어 죽었다. ○後爲人螭 - 螭는 螭魅(이매). 산도깨비. 괴물.

[國譯]

「赫赫(혁혁)한 外戚(외척)은 화려한 은총으로 빛이 난다. 옛날 舜의 德은 女英(여영)과 娥皇(아황)으로 빛이 났고, 周는 세 분의 어머니로 흥기하였으며, 有莘氏(유신씨)는 (商) 湯王의 아내가 되어 섬기었다. (周) 宣王이 늦게 일어나자 姜后(강후)는 비녀를 뽑고 산발하여 사죄하였다. 齊 桓公이 好樂하였지만, 부인 衛姬(위희)는 鄭과 衛의 음악을 듣지 않았다. 주군을 禮義로 보좌하였고 仁德으로 도왔으며, 인재와 善人을 천거하였고 도의로 행실을 닦았다.

후대에 내려와 이런 기풍은 점차 쇠퇴하였다. (후궁이) 모시는 차례를 지키지 않았고, 女官의 등급도 없어졌다. 晉國의 禍難은 (獻公의) 麗姬(여희)로부터 시작되었다. 한 가문의 몰락은 암탉이 새벽에 울기 때문이다. 권력을 쥐고 총애를 독점하며 자신을 내세우고 남을 무시한다. 젊은이가 어른을 능멸하고 옛 신하를 이간질하고 至親을 꺾어 누르게 된다. 희첩과 왕후가 나란히 서고 서자와 嫡子(적자)가 맞먹으며, 음탕한 여인(陳 夏姬) 때문에 陳國은 멸망하였다. 현명하지 않은 사람이 윗자리에 오르니 이 때문에 (周 幽王의 외척인) 番(번)은 司徒가 되었다. (외척이) 작위를 받고 짐꾼이던 자가 수레를 타며, 큰 도성을 식읍으로 받는다. 그래서 詩人은 이러한 조정의 도덕적 타락을 풍자하였다. (殷) 紂王(주왕)은 妲己(달기)에 현혹되어 간언을 거부하고 스스로 고립되었다. 그 마음은 독사와 같아 무고한 사람에게 해독을 끼쳤다. 諸父(숙부, 王子比干)를 죽이고, 임산부의 배를 갈랐다. 이에 하늘과 땅이 분노했고, 백성과 귀신이 모두 紂王을 죽이려 했다. 甲子日 새벽에 몸뚱이와 머리가 분리되었다. 처음에는 천자였으나 끝에는 鬼魅(귀매, 山도깨비)가 되었다.」

原文

「非但耽色, 母后尤然. 不相率以禮, 而競獎以權. 先笑後號, 卒以辱殘. 國家泯絶, 宗廟燒燔. 末嬉喪夏, 褒姒斃周, 妲已亡殷, 趙靈沙丘. 戚姬人豕, 呂宗以敗. 陳后作巫, 卒死於外. 霍欲鴆子, 身乃罹廢. 故曰, 無謂我貴, 天將爾摧, 無恃常好, 色有歇微. 無怙常幸, 愛有陵遲, 無曰我能, 天人爾違. 患生不德, 福有愼機. 日不常中, 月盈有虧. 履道者固, 杖勢者危. 微臣司戚, 敢告在斯.」

| 註釋 | ○人豕(인시) - 呂后는 고조가 붕어한 뒤에 戚姬(척희)의 손발을 자르고 돼지우리에 넣고 人豕라 하였다. 결국 이를 본 惠帝는 충격으로 廢人이 되었고 呂后는 정권을 장악했다. ○色有歇微 - 미색은 사라지게 된다. 歇은 쉴 헐. 微는 쇠약해질 미.

[國譯]

「비단 여색을 탐하는 군주뿐만 아니라 母后도 더욱 그러했다. 서로 예의로 이끌지 못하고 권력을 가지려 다투었다. 황후가 되었다고 처음에는 웃었지만 나중에 재앙 속에 울었고 끝내 치욕 속에 죽었다. 나라는 없어졌고 종묘는 불타버렸다. 末嬉(말희)는 夏를 망쳤고, 褒姒(포사)는 西周를 피폐케 했으며, 姐己(달기)는 殷을 망쳤고, 趙의 靈王은 沙丘宮(사구궁)에서 죽었다. 戚姬(척희)를 人豕(인시)로 만들고, 呂氏 일족은 패망했다. (武帝의) 陳皇后는 巫蠱(무고)로 저주하다가 궁 밖에서 죽었다. 霍光(곽광)의 妻는 태자를 독살하려다가 벌을 받아 멸문되었다.

그래서 말하노니, 고귀하다고 말할 수 없으니 하늘이 당신을 꺾고, 늘 예쁠 것이라 뽐내지 말지니 미색은 쇠퇴한다. 언제나 총애를 받을 것이라 믿지 말지어니, 사랑은 식어 없어지며 유능하다고 말할 수 없으니 하늘과 백성이 망칠 것이로다. 환란은 不德에서 싹트고 亨福은 근신과 낌새를 알아 찾아야 한다. 태양은 늘 하늘 높이 떠 있지 않고, 달도 차고 기운다. 정도를 지키며 살면 안정되고, 권세에 기대는 자는 위태롭다. 미천한 사람이나 외척의 사례를 살펴 이에 고한다.」

原文

琦以言不從, 失意, 復作〈白鵠賦〉以爲風. 梁冀見之, 呼琦問曰, "百官外內, 各有司存, 天下云云, 豈獨吾人之尤, 君何激刺之過乎!"

琦對曰, "昔管仲相齊, 樂聞機諫之言. 蕭何佐漢, 乃設書過之吏. 今將軍累世台輔, 任齊伊,公, 而德政未聞, 黎元塗炭. 不能結納貞良, 以救禍敗, 反覆欲鉗塞士口, 杜蔽主聽,將使玄黃改色, 馬鹿易形乎?" 冀無以對, 因遣琦歸.

| 註釋 | ○〈白鵠賦〉 – 鵠은 고니 곡. ○黎元塗炭 – 黎元(여원)은 백성.
塗炭(도탄)은 몹시 고통스러운 상황. ○馬鹿易形 – 秦 二世皇帝와 환관 趙
高의 故事.

【國譯】

崔琦(최기)는 자신의 의견이 채납되지 않자 실의에 빠져 다시〈白
鵠賦〉를 지어 풍간하였다. 梁冀(양기)가 읽어보고서는 최기를 불러
물었다.

"百官은 내외에서 각자 맡은 일이 있는데, 천하를 두고 논하는 자
들은 모두 나의 허물이라 말하는데 자네도 왜 나를 이리 심하게 풍
자해야 하는가!"

이에 최기가 대답하였다.

"옛날에 管仲(관중)은 齊의 재상으로 아주 작은 일에 대한 충고도
즐겨 받아들였습니다. 蕭何(소하)는 漢을 보좌하면서 과오를 기록하
는 관리를 두었습니다. 지금 장군은 여러 대에 걸쳐 조정을 주관하
면서 임무는 伊尹(이윤)이나 周公(주공)과 같다고 말하지만 德政을
베풀었다는 말을 들을 수 없고 백성은 도탄에 빠졌습니다. 곧고 현
량한 사람을 등용하여 환란을 구하지는 못할지언정 오히려 士人의
입이나 막아 주군이 듣지 못하게 하니, 곧 黑과 黃色을 바꾸고 말과
사슴의 형체를 바꾸려고 준비하십니까?"

양기는 할 말이 없었고 이어 최기를 그냥 돌려보냈다.

後除爲臨濟長, 不敢之職, 解印綬去. 冀遂令刺客陰求殺
之. 客見琦耕於陌上, 懷書一卷, 息輒偃而詠之. 客哀其志,
以實告琦, 曰, "將軍令吾要子, 今見君賢者, 情懷忍忍. 可
亟自逃, 吾亦於此亡矣." 琦得脫走, 冀後竟捕殺之. 所著賦,
頌, 銘, 誄, 箴, 吊, 論, 〈九咨〉, 〈七言〉, 凡十五篇.

| 註釋 | ○臨濟 – 樂安國의 치소. 前漢의 狄縣(적현)을 安帝 永初 연간
에 개칭. 今 山東省 중부 淄博市(치박시) 관할 高靑縣. ○情懷忍忍 – 忍忍
은 不忍. 차마 못하겠다.

[國譯]

뒷날 최기는 (樂安國) 臨濟 縣長이 되었지만 부임할 상황이 아니
라서 인수를 풀어놓고 떠나갔다. 양기는 결국 자객을 시켜 몰래 최
기를 죽이게 시켰다. 자객은 최기가 밭에서 일하며 품에 책을 갖고
다니다가 쉴 때마다 기대어 읽는 것을 보았다. 자객은 그 뜻을 가상
히 여겨 최기에게 사실을 알려주며 말했다.

"장군은 나를 시켜 당신을 죽이라 했습니다. 지금 당신 같은 현자
를 보니 차마 죽일 수 없습니다. 빨리 도망치시고 나도 여기서 떠날
것입니다."

최기는 도망칠 수 있었지만, 양기는 끝내 최기를 잡아 죽였다. 최
기가 지은 賦와 頌, 銘, 誄, 箴, 吊, 論, 〈九咨〉, 〈七言〉 등 총 15편이
전한다.

⓭ 邊韶

原文

邊韶字孝先, 陳留浚儀人也. 以文章知名, 教授數百人.
韶口辯, 曾晝日假臥, 弟子私嘲之曰, "邊孝先, 腹便便. 懶讀
書, 但欲眠." 韶潛聞之, 應時對曰, "邊爲姓, 孝爲字. 腹便
便, 《五經》笥. 但欲眠, 思經事. 寐與周公通夢, 靜與孔子同
意. 師而可嘲, 出何典記?" 嘲者大慚. 韶之才捷皆此類也.

桓帝時, 爲臨潁侯相, 徵拜太中大夫, 著作東觀. 再遷北
地太守, 入拜尚書令. 後爲陳相, 卒官. 著詩, 頌, 碑, 銘, 書, 策,
凡十五篇.

| 註釋 | ○陳留浚儀 – 陳留郡 浚儀縣은, 今 河南省 동부 開封市. ○腹
便便 – 便便은 살찐 모양.

[國譯]

邊韶(변소)의 字는 孝先인데, 陳留郡 浚儀縣(준의현) 사람이다. 문
장으로 이름이 알려졌고 수백 명을 교수하였다. 변소는 구변이 아주
좋았는데 언젠가 낮에 잠시 누워 있었는데 제자들이 이를 보고서는
몰래 조롱하였다.

"邊孝先은 배가 빵빵하니 책 읽기가 싫어 그만 자고 싶을 거야."

변소가 그 말을 듣고서는 바로 말했다.

"邊이 성이고, 孝는 字이다. 배가 빵빵한 것은 《五經》이 들어서
그렇지. 잠깐 자려는 것은 경전을 생각하는 것이지. 잠이 들면 꿈속

에서 周公과 이야기하고, 조용히 앉아서는 孔子와 생각을 교환하는 것이지. 사부로 모시면서 조롱하는 것은 어느 경전에 있는가?"

조롱하던 자가 크게 부끄러워했다. 변소의 민첩한 재치는 대개 이런 식이었다.

桓帝 때 臨潁侯의 相이 되었다가 조정에 불려와 太中大夫가 되었고 東觀에서 저작에 종사했다. 다시 승진하여 北地太守가 되었다가 조정에 들어와 尙書令이 되었다. 뒤에 陳國相이 되었는데 재직 중에 죽었다. 변소가 지은 詩, 頌, 碑, 銘, 書, 策 등 15편이 있다.

80 文苑列傳(下)
〔문원열전(하)〕

❶ 張升

原文

張升字産眞, 陳留尉氏人, 富平侯放之孫也. 升少好學,
多關覽, 而任情不羈. 其意相合者, 則傾身交結, 不問窮賤,
如乖其志好者, 雖王公大人, 終不屈從. 常嘆曰, “死生有命,
富貴在天. 其有知我, 雖胡越可親, 苟不相識, 從物何益?”

仕郡爲綱紀, 以能出守外黃令. 吏有受賕者, 卽論殺之.
或譏, “升守領一時, 何足趨明威戮乎?” 對曰, “昔仲尼暫相,
誅齊之侏儒, 手足異門而出, 故能威震强國, 反其侵地. 君
子仕不爲己, 職思其憂, 豈以久近而異其度哉?” 遇黨錮去
官, 後竟見誅, 年四十九. 著賦,誄,頌,碑,書, 凡六十篇.

| 註釋 | ○陳留尉氏 － 尉氏는 縣名. 今 河南省 동부 開封市 관할 尉氏縣
(위씨현). ○富平侯放之孫也 － 전한 무제 때 혹리로 유명했던 張湯(장탕, ?－
前 115)의 후손이 成帝의 놀이 파트너였던 張放(장방)이다. 장방은 성제가
죽은 뒤에 통곡하다가 절명했다(前 7년). ○多關覽 － 關覽은 涉獵(섭렵)하
다. ○仕郡爲綱紀 － 綱紀는 主簿(주부, 職名). ○何足趣明威戮乎? － 趣는
서두르다. 재촉할 촉(促과 同). 달릴 추. ○昔仲尼暫相 － 魯 定公이 齊侯와
夾谷(협곡)에서 회담할 때(前 502), 공자는 재상의 직무를 수행하며(攝相
事), 정공을 수행하였는데 齊에서 侏儒(주유, 난장이)를 내보내 시끄럽게 하
자, 공자는 이들을 처형케 했다. ○職思其憂 － 職은 주관하다. 직무 수행
만을 걱정하다.

[國譯]

張升(장승)의 字는 産眞(산진)으로 陳留郡 尉氏縣 사람으로, (成帝
때) 富平侯 張放(장방)의 후손이다. 장승은 젊어 호학하여 많은 책을
읽었으며, 그 성정이 얽매이지 않았다. 그 의기가 相合하면 온 성의
를 다해 교제하였지만, 그 좋아하는 것이 서로 어긋나면서 비록 王
公이나 大人일지라도 끝내 뜻을 굽히거나 따르지 않았다. 장승이 일
찍이 탄식하였다.

"死生은 有命하고 富貴는 在天이다. 나를 알아주는 사람이라면
비록 흉노나 越人이라도 친할 수 있지만, 서로 이해하지 못한다면
부귀공명을 추구한들 무슨 이익이 있겠는가?"

郡에 출사하여 綱紀(主簿)가 되었는데 능력을 인정받아 임시 外
黃 현령이 되었다. 현의 관리 중 뇌물을 받은 자가 있어 판결 즉시
처형하였다. 이를 어떤 사람이 비판하였다.

"장승은 임시직을 맡았을 뿐인데, 어찌 위세를 부려 서둘러 사람

을 죽일 수 있는가?"

이에 장승이 대답하였다.

"옛날 仲尼가 魯에서 잠시 攝相事(섭상사) 할 때, 齊와 회동하며 齊의 侏儒(주유)를 처형하여 手足이 따로 떨어져 나갔는데, 이에 위세가 강국을 흔들었고 빼앗긴 땅을 돌려받았다. 군자가 출사하여 자신을 위하지 않는다면 그 직분만을 생각할 뿐이지, 어찌 임기의 길고 짧음에 따라 기준을 달리 할 수 있겠는가?"

黨錮(당고)로 몰려 면직되었고, 결국 나이 49세에 처형당했다. 그가 지은 賦, 誄, 頌, 碑, 書 등 총 60편이 있다.

❷ 趙壹

原文

趙壹字元叔, 漢陽西縣人也. 體貌魁梧, 身長九尺, 美須豪眉, 望之甚偉. 而恃才倨傲, 爲鄕黨所擯, 乃作〈解擯〉. 後屢抵罪, 幾至死, 友人救, 得免. 壹乃貽書謝恩曰,

「昔原大夫贖桑下絶氣, 傳稱其仁. 秦越人還虢太子結脈, 世著其神. 設曩之二人不遭仁遇神, 則結絶之氣竭矣. 然而糒脯出乎車輪, 針石運乎手爪. 今所賴者, 非直車輪之糒脯, 手爪之針石也. 乃收之於斗極, 還之於司命, 使乾皮復含血, 枯骨復被肉, 允所謂遭仁遇神, 眞所宜傳而著之. 余畏禁, 不敢班班顯言, 竊爲〈窮鳥賦〉一篇.」

其辭曰,

| 註釋 |　○漢陽西縣 – 西縣은, 今 甘肅省 남부 天水市 서남쪽.　○〈解擯〉
– 배척당함을 변명한다는 뜻. 擯은 물리칠 빈.　○原大夫 – 춘추시대 晉國
의 대부 趙盾(조순).　○秦越人 – 扁鵲(편작)의 성명. 秦이 성씨. 越人이 이
름.　○出乎車軨 – 車軨은 수레 바닥의 공간. 격자창. 밑바닥.　○還之於司
命 – 司命은 인간의 수명을 주관한다는 신.

[國譯]

趙壹(조일)의 字는 元叔(원숙)으로, 漢陽郡 西縣 사람이다. 체구가
크고 당당했으며 9척 신장에 멋진 수염과 굵은 눈썹으로 매우 위엄
이 있었다. 자신의 재능을 믿고 오만하여 鄕黨에서 배척당하자 조일
은 〈解擯(해빈)〉을 지었다. 뒷날 여러 번 법에 걸려 거의 죽일 지경
이었는데 友人의 구원으로 죽음을 면했다. 이에 조일은 서신을 보내
謝恩하였다.

「옛날 (晉의) 原大夫〔趙盾(조순)〕가 뽕나무 아래서 죽어가는 사람
을 살려주었는데, 그 인자한 은덕을 사람들이 칭송하였습니다. 秦越
人〔진월인, 扁鵲(편작)〕은 虢國(괵국) 太子를 진맥하여 살렸는데, 세상
에서는 神醫라고 칭찬을 합니다. 앞선 두 사람이 인자한 조순과 신
의 편작을 만나지 않았으면 막힌 기운으로 죽었을 것입니다. 그러했
던 것은 말린 식량(糒)과 肉脯(육포)가 수레에 준비되어 있었고, 針石
(침석)이 늘 손에 있었기 때문입니다. 지금 내가 도움을 받은 것은 단
지 수레의 말린 밥이나 육포, 손 안의 침이나 藥石이 아닙니다. 북극
성(帝王을 의미)에서 넘겨받아 인간 수명을 주관하는 神(司命)에게

건네준 것으로, 죽어가는 몸뚱이에 피를 돌게 하였고 枯死한 뼈에 살을 붙여주었으니, 진실로, 이른바 인애와 신의를 만난 것이니, 진실로 이를 널리 후손에 전하고 기록할 일입니다. 저는 法禁이 두렵지만 명명백백하게 말씀드리며 삼가 〈窮鳥賦〉 一篇을 지어 올립니다.」

그 글은 아래와 같다.

*〈窮鳥賦〉- 趙壹

原文

「有一窮鳥, 戢翼原野. 罼網加上, 機穽在下, 前見蒼隼, 後見驅者, 繳彈張右, 羿子彀左, 飛丸激矢, 交集於我. 思飛不得, 欲鳴不可, 擧頭畏觸, 搖足恐墮. 內獨怖急, 乍冰乍火. 幸賴大賢, 我矜我憐, 昔濟我南, 今振我西. 鳥也雖頑, 猶識密恩. 內以書心, 外用告天. 天乎祚賢, 歸賢永年, 且公且侯, 子子孫孫.」

| 註釋 | ○戢翼原野 - 戢翼(집익)은 날개를 접다. 戢은 그칠 집. 翼은 날개 익. 原野는 벌판. ○罼網加上 - 罼網(필망)은 그물. 罼은 토끼 그물 필. ○機穽在下 - 機는 덫. 穽은 함정. ○繳彈張右 - 繳은 주살 격. 彈은 쏘다. ○羿子彀左 - 羿子(예자)는 后羿(후예), 名弓으로 유명한 神話 속의 인물. 彀는 활을 당길 구. ○乍冰乍火 - 얼핏 얼음과도 같고, 얼핏 불과 같다. 乍

는 언뜻 사, 잠깐 사.

【國譯】

「지친 새 한 마리 벌판에서 날개를 접었다. 위에는 새 그물을 처 넣고, 아래에는 덫과 함정이 있으며, 앞에는 검은 매가, 뒤에는 몰이 꾼이, 오른쪽에서는 주살을 쏘고, 后羿(후예)는 왼쪽에서 활을 당기 니, 탄환과 화살이 날아오고 수많은 화살이 나에게 집중한다. 날아 갈 수도 없고 울어댈 수도 없으며, 고개를 들면 화살 맞을 것 같고 걸음을 떼면 추락할 것이다. 홀로 두려운 마음은 얼핏 얼음이고 불 덩이다. 행여 나를 불쌍히 여긴 大賢의 도움으로 전에는 남쪽으로 데려가더니 이번에 서쪽으로 인도하였네. 새야 본래 아는 것이 없다 지만 그래도 큰 은혜를 알고 있네. 속마음의 고마움을 글로 써서 하 늘에 고하였네. 하늘이시여! 이 현인에게 복을 주시고 長壽를 누리 며, 공경, 제후로 자자손손 번영케 하소서.」

＊〈刺世疾邪賦〉- 趙壹

原文

又作〈刺世疾邪賦〉, 以舒其怨憤. 曰,

「伊五帝之不同禮, 三王亦又不同樂, 數極自然變化, 非是 故相反駁. 德政不能救世混亂, 賞罰豈足懲時淸濁? 春秋時 禍敗之始, 戰國愈復增其荼毒. 秦,漢無以相逾越, 乃更加其

怨酷. 寧計生民之命, 唯利己而自足.

于茲迄今, 情僞萬方. 佞諂日熾, 剛克消亡. 舐痔結駟, 正色徒行. 傴僂名勢, 撫拍豪强. 偃蹇反俗, 立致咎殃. 捷懾逐物, 日富月昌. 渾然同惑, 孰溫孰涼? 邪夫顯進, 直士幽藏.」

| 註釋 | ○〈刺世疾邪賦〉- 세상을 풍자하고 邪惡을 질시한다는 뜻. ○伊五帝~ - 伊는 發語辭. ○荼毒 - 害毒. 荼는 씀바귀 도. 苦痛. 苦菜. ○于茲迄今 - 于는 어조사 우. 발어사. 茲는 이 자. 이곳. 이때. 迄은 이를 흘. 이르다. 도달하다. ○舐痔結駟 - 舐痔(지치)는 치질을 핥아주다. 아부의 극치. 舐는 핥을 지. 痔는 치질 치. 結駟(결사)는 수레에 맨 말 4마리. 호화마차. ○傴僂名勢 - 傴僂(구루)는 허리를 구부리다. 곱사등이. ○撫拍豪强 - 撫拍은 손바닥을 비비다. 아첨하다. ○偃蹇反俗 - 偃蹇(언건)은 교만하다. 거드름을 피우다. 여기서는 淸高한 사람. 偃은 누울 언. 교만하다. 蹇은 다리를 절 건. ○捷懾逐物 - 세상 물정을 재빨리 따라가다. 捷은 이길 첩. 재빠르다. 懾은 두려워할 섭. ○渾然同惑 - 渾然(혼연)은 하나가 되다. 同惑(동혹)은 무엇인지도 모르고 같이 휩쓸리다. ○孰溫孰涼 - 무엇이 따습고, 무엇이 차갑겠는가? 무엇이 이득이고, 무엇이 손해가 되는가? 孰은 누구 숙.

[國譯]

또 趙壹(조일)은 〈刺世疾邪賦(자세질사부)〉를 지어 자신의 원한과 분노를 표출하였다.

「五帝는 그 禮制가 같지 않고 三王 또한 그 禮樂이 다르며, 天數는 극도로 自然 變化하는데, 이는 일부러 서로 상반하지 않는다. 德政으로도 세상의 혼란을 구제할 수 없는데, 어찌 상벌로 시대의 청탁을 징계할 수 있겠는가? 春秋 시대는 禍亂의 시작이었고, 戰國 시대는 그 해악이 한층 더 심했다. 秦과 漢은 前代를 뛰어넘을 수 없었기에 백성들에게 한층 더 잔혹하였다. 그러니 차라리 백성의 생명을 구제하기보다는 자신의 이익을 챙겨 만족하는 것이 더 나았다.

지금에 이르도록 참(眞)과 거짓(僞)은 천만가지로 달랐다. 아첨은 날로 심해졌고 강직한 사람은 사라졌다. 치질을 핥아주는 아첨꾼은 네 마리 말을 맨 수레를 탔고, 정색으로 섬긴 사람은 걸어 다녔다. 허리를 굽혀 섬기는 자는 명성과 권세를 차지하고, 손바닥을 비비는 자는 豪門强族이 되었다. 淸高하여 세속에 당당한 사람은 즉각 재앙을 당했다. 재빨리 두려운 듯 세상 물정을 따라간 사람은 날마다 부유해지고 번창하였다. 한데 어울려 같이 휩쓸리나 무엇이 이득이고, 무엇이 손해가 되는가? 사악한 사내는 높이 출세하고 정직한 士人은 밀려나 처박힌다.」

原文

「原斯瘼之攸興, 實執政之匪賢. 女謁掩其視聽兮, 近習秉其威權. 所好則鑽皮出其毛羽, 所惡則洗垢求其瘢痕. 雖欲竭誠而盡忠, 路絕嶮而靡緣. 九重旣不可啓, 又群吠之狺狺. 安危亡於旦夕, 肆嗜欲於目前. 奚異涉海之失柂, 積薪而待燃? 榮納由於閃楡, 孰知辯其蚩姸? 故法禁屈撓於勢族, 恩澤不逮於單門. 寧饑寒於堯,舜之荒歲兮, 不飽暖於當今之豐年. 乘理雖死而非亡, 違義雖生而匪存.」

| **註釋** | ○原斯瘼之攸興 – 原은 찾을 원. 근본을 캐다. 瘼은 병들 막. 攸興은 흥기하는 원인. 이유. ○洗垢求其瘢痕 – 洗垢는 때를 벗기다. 垢는 때 구. 瘢痕(반흔)은 흉터. 瘢은 흉터 반. 痕은 흉터 흔. ○吠之狺狺 – 吠는 짖을 폐. 狺狺은 으르렁거리다. 狺은 으르렁거릴 은. ○奚異涉海之失柂 – 奚는 어찌 해. 涉海는 바다를 건너다. 柂는 옷걸이 횃대 이. 여기서는 배를 젓는 櫓(노)의 뜻. 쪼갤 치, 떨어질 치. ○榮納由於閃揄 – 榮納은 총애를 받음. 閃揄는 마음을 기울여 아첨하다. 閃은 엿볼 섬. 揄는 끌 유. 칭찬하다. ○孰知辯其蚩姸 – 蚩姸(치연)은 醜惡과 美好. 蚩는 어리석을 치. 추악. 姸은 고울 연.

[國譯]

「이런 병폐가 생기는 근본을 따져본다면 그 실상은 집정자가 현인이 아니기 때문이다. 후궁은 집정자가 보고 들을 바를 가로막고, 측근이 위세와 권력을 장악했다. 좋아하는 자라면 털처럼 살갗을 뚫고 나와도 괜찮지만, 미워하는 자는 흉터가 생기도록 때처럼 벗겨낸다. 비록 성실과 충성을 다하고자 하여도 길은 끊어질 듯 험하고 인연은 없다. 구중궁궐의 문은 열리지 않고 모든 개들은 미친 듯이 짖어댄다. 朝夕에 달린 나라의 안위는 돌보지 않고, 目前의 욕망만을 따라간다. 바다를 건너다가 노를 잃어버리고 장작을 쌓아 놓고 불길이 솟기를 기다리는 것과 어찌 다르겠는가? 총애를 받는 것은 온몸으로 아부한 것이거늘, 누가 그 추악과 선함을 구별하겠는가? 그래서 국법도 권문세족에게는 굴종하고 (황제의) 은총은 寒門에는 이르지 않는다. 차라리 요순시대 흉년에 춥고 배고플지언정 요즈음 시대 풍년에 배부르고 따뜻하기를 원치 않는다. 순리를 따른다면 죽어도 사라지는 것이 아니나, 대의에 어긋난다면 살아도

사는 것이 아니다.」

■原文

有秦客者, 乃爲詩曰,「河淸不可俟, 人命不可延. 順風激
靡草, 富貴者稱賢. 文籍雖滿腹, 不如一囊錢. 伊優北堂上,
抗髒倚門邊.」

魯生聞此辭, 繫而作歌曰,「勢家多所宜, 咳唾自成珠. 被
褐懷金玉, 蘭蕙化爲芻. 賢者雖獨悟, 所困在群愚. 且各守
爾分, 勿復空馳驅. 哀哉復哀哉, 此是命矣夫!」

| 註釋 | ○有秦客者 – 秦客은 다음의 魯生과 같이 가공의 인물이다.
○不如一囊錢 – 囊은 주머니 낭.   ○伊優(이우) – 굽실거리는 모양. 신음하
는 소리.   ○抗髒 – 따지며 완강하다. 髒은 꼿꼿할 장, 살찔 장.

[國譯]

옛 關中에서 온 손님(秦客)이 이에 시를 지었다.

「河水 맑기를 기다릴 수 없고 人命은 늘일 수 없도다.
順風하여 쓰러진 풀처럼 富貴한 자는 현명하도다.
학문이 뱃속에 가득해도 주머니 속 푼돈만 못하다.
소인은 北堂서 굽실대고 꼿꼿 인재는 사립문에 서있다.」

魯의 유생은 이 글을 읽고 노래를 지었다.

「권력자는 무엇이든 뜻대로 하니 가래침도 寶玉이 된다.

평민이 金玉을 품었어도, 난초 지초는 잡풀이 된다.

賢者는 홀로 깨쳤어도 愚者처럼 곤경에 빠지게 된다.

그러니 각자 분수인 냥 공연히 치닫지 말지어다.

슬프고 또 슬프니 이는 하늘이 내린 운명이리라!」

原文

光和元年, 擧郡上計, 到京師. 是時, 司徒袁逢受計, 計吏數百人, 皆拜伏庭中, 莫敢仰視. 壹獨長揖而已. 逢望而異之, 令左右往讓之, 曰, "下郡計吏而揖三公, 何也?"

對曰, "昔酈食其長揖漢王, 今揖三公, 何遽怪哉?" 逢則斂衽下堂, 執其手, 延置上坐, 因問西方事, 大悅, 顧謂坐中曰, "此人漢陽趙元叔也. 朝臣莫有過之者, 吾請爲諸君分坐."

坐者皆屬觀. 旣出, 往造河南尹羊陟, 不得見. 壹以公卿中非陟無足以託名者, 乃日往到門, 陟自强許通, 尙臥未起. 壹徑入上堂, 遂前臨之, 曰,

"竊伏西州, 承高風舊矣. 乃今方遇而忽然, 奈何命也!" 因擧聲哭, 門下驚, 皆奔入滿側. 陟知其非常人, 乃起, 延與語, 大奇之. 謂曰, "子出矣."

陟明旦大從車騎, 奉謁造壹. 時, 諸計吏多盛飾車馬帷幕,

而壹獨柴車草屛, 露宿其傍, 延陟前坐於車下, 左右莫不嘆愕. 陟邃與言談, 至薰夕, 極歡而去, 執其手曰, “良璞不剖, 必有泣血以相明者矣!” 陟乃與袁逢共稱薦之. 名動京師, 士大夫想望其風采.

| 註釋 | ○酈食其(역이기) - 漢王(劉邦)이 역이기를 무례하게 대하자, 역이기는 拜를 하지 않고 揖(읍)을 하였다. ○羊陟(양척) - 67권, 〈黨錮列傳〉에 立傳. ○乃今方遇而忽然 - 금방 만나 뵈었지만 작고하였다. 忽然(홀연)은 죽다. ○良璞不剖 - 璞은 옥돌 박. 아직 다듬지 않은 옥 돌. 피눈물을 흘리며 밝혀줄 사람이 있다는 것은 楚의 卞和(변화)의 和氏璧(화씨벽) 고사를 말한 것임.

[國譯]

(영제) 光和 원년(서기 178), 趙壹(조일)은 漢陽郡에서 上計吏로 천거되어 京師에 도착했다. 그때 司徒인 袁逢(원봉)인 각 군의 보고서를 받았는데 상계리 수백 명이 조정에 엎드려 절을 올렸는데 감히 바로 쳐다보는 사람이 없었다. 그런데 조일만은 혼자 길게 揖(읍)을 올렸다. 원봉이 바라보고서는 이상히 여겨 측근을 보내 따져 묻게 하였다.

“下郡의 計吏가 三公에게 읍을 한 이유가 무엇인가?”

그러자 조일이 대답하였다.

“옛날 酈食其(역이기)도 漢王에게 읍을 하였는데, 지금 삼공에게 읍을 했다 하여 무엇이 이상합니까?”

원봉은 즉시 옷깃을 여미고 당상에서 내려와 조일의 손을 잡고 맞이하여 상좌에 앉히고 西方 여러 군의 근황을 물어본 뒤에 크게 기뻐하며 좌중을 둘러보고 말했다.

"이 분이 바로 한양군의 趙元叔입니다. 朝臣 중에 이분보다 더 나은 사람이 없으니, 나는 이분을 여러분과 다른 자리에 모실 것입니다."

동석했던 모든 사람들이 이를 지켜보았다. 이야기를 끝내고 나와서 조일은 河南尹인 羊陟(양척)을 찾아갔으나 만나지 못했다. 조일은 공경 중에서 양척만큼 명성이 높은 사람이 없을 것이라 생각하여 대낮에 양척의 저택으로 찾아갔는데 양척은 마지못해 만나보겠다고 허락했지만 아직도 일어나지 않았었다. 이에 조일은 곧장 당상에 올라가 앞에 서서 말했다.

"삼가 西州에 살면서 고명한 명성을 오랫동안 들어왔습니다. 그러나 이렇게 절호의 기회를 만나 뵈었지만 돌아가셨다니 이 운명을 어찌하겠습니까!"

그러면서 조일은 큰 소리로 통곡하였는데, 문하에 사람들이 놀라 방 안으로 모여들었다. 양척은 조일이 보통 사람이 아니라는 것을 알고 일어나 맞이하고 함께 이야기를 하였는데 매우 기이하다고 생각하였다. 그리고는 조일을 일단 돌려보냈다.

양척은 다음 날 많은 수행원을 거느리고 조일을 찾아갔다. 그때 여러 계리들은 화려한 수레에 휘장을 둘러쳤지만 조일만은 작은 수레에 풀 덮개를 하고 있었는데, 조일은 그 옆에서 노숙하고 있었다. 조일은 양척을 맞이하여 수레 앞에 앉아 이야기를 나누자 좌우에서 놀라지 않는 사람이 없었다. 양척은 조일과 해가 질 무렵까지 이야기를 나누고 아주 흥겨워 돌아가면서 조일의 손을 잡고 말했다.

"좋은 옥돌은 쪼아보지 않더라도 피눈물을 흘려가며 밝혀줄 사람이 있을 것입니다!"

양척은 이에 원봉과 함께 조일을 칭송하며 함께 천거하였다. 그러자 조일의 명성은 경사를 흔들었고 사대부들은 조일의 풍채를 흠모하였다.

原文

及西還, 道經弘農, 過侯太守皇甫規, 門者不卽通, 壹遂遁去. 門吏懼, 以白之, 規聞壹名大驚, 乃追書謝曰,

「蹉跌不面, 企德懷風, 虛心委質, 爲日久矣. 側聞仁者愍其區區, 冀承淸誨, 以釋遙悚. 今旦, 外白有一尉兩計吏, 不道屈尊門下, 更啓乃知已去. 如印綬可投, 夜豈待旦. 惟君明睿, 平其夙心. 寧當慢傲, 加於所天. 事在悖惑, 不足具責. 倘可原察, 追修前好, 則何福如之! 謹遣主簿奉書. 下筆氣結, 汗流竟趾.」

| 註釋 | ○皇甫規 – 皇甫는 복성. 전형적인 山西 출신 武將, 65권, 〈皇甫張段列傳〉立傳. ○平其夙心 – 平은 용서하다. 夙心(숙심)은 오래전부터의 염원. 夙은 일찍 숙. 아침. 옛날의. ○倘可原察 – 倘은 혹시 당. 갑자기. 原은 용서하다. ○汗流竟趾 – 汗流는 땀이 흐르다. 부끄럽고 죄송한 마음이 가득했고 땀이 발까지 흘러내렸다는 謙辭. 趾는 발 지.

(趙壹이) 서쪽(漢陽郡)으로 돌아오면서 도중에 弘農郡을 지나오며 太守 皇甫規(황보규)를 만나려 했는데, 문지기가 즉시 통보하지 않자 조일은 그냥 떠나왔다. 門吏가 두려워 사실을 아뢰자, 황보규는 조일의 이름을 듣고 크게 놀라면서 급히 사람을 시켜 서신을 보내 사과하였다.

「일정에 蹉跌(차질)이 있어 상면하지 못하였지만 귀하의 인품과 덕행을 따르고 흠모하며 虛心으로 귀부한지 오래였습니다. 그동안 귀하께서 저를 생각해 주셨다니, 만나 뵙고 좋은 말씀을 들어야 했지만, 저의 송구한 마음을 용서하시리라 생각합니다. 오늘 아침 아랫사람이 말하기를, 尉官한 분과 計吏 두 분께서 미천한 이 사람을 찾아주셨다 하였고 이어 그냥 떠나셨다는 말을 하였습니다. (태수의) 인수를 버릴 수만 있었으며, 밤을 새워서라도 따라 갔으면 새벽에는 뵐 수 있었을 것입니다. 귀하께서도 잘 아실 터이니 제 진심을 용서바랍니다. 어찌 오만한 마음이 있었겠습니까? 일이 잘못되어 뵙지 못했다 하여 아랫사람을 책망할 것도 못됩니다. 만약 살펴 용서하시고 전처럼 좋게 봐 주신다면 이보다 더 큰 복이 무엇이겠습니까! 삼가 主簿를 보내 글을 올립니다. 下筆하며 한숨을 내쉬니 땀이 다리까지 흘렀습니다.」

原文

壹報曰,

「君學成師範, 縉紳歸慕, 仰高希驥, 歷年滋多. 旋轅兼道,

渴於言侍, 沐浴晨興, 昧旦守門, 實望仁君, 昭其懸遲. 以貴
下賤, 握髮垂接. 高可敷玩墳典, 起發聖意, 下則抗論當世,
消弭時災. 豈悟君子, 自生怠倦, 失恂恂善誘之德, 同亡國
驕惰之志! 蓋見機而作, 不俟終日, 是以夙退自引, 畏使君
勞. 昔人或歷說而不遇, 或思士而無從, 皆歸之於天, 不尤
於物. 今壹自譴而已, 豈敢有猜! 仁君忽一匹夫, 於德何損?
而遠辱手筆, 追路相尋, 誠足愧也. 壹之區區, 曷云量己? 其
嗟可去, 謝也可食, 誠則頑薄, 實識其趣. 但關節疢動, 膝炙
壞潰, 請俟他日, 乃奉其情. 輒誦來貺, 永以自慰.」

遂去不顧. 州郡爭致禮命, 十辟公府, 並不就, 終於家. 初
袁逢使善相者相壹, 云‘仕不過郡吏’, 竟如其言. 著賦,頌,
箴,誄,書,論及雜文十六篇.

| 註釋 | ○昭其懸遲 – 오랫동안의 흠모의 정을 드러내다. 懸은 매달 현,
遲는 늦을지. 기다리다.   ○握髮垂接 – 周公은 一沐하는 동안 세 번이나
머리카락을 움켜쥐고 나와 손님을 맞이하다. 손님이 기다리지 않게 한다
는 뜻, 또는 성심으로 현인을 맞이한다는 뜻을 말할 때 흔히 쓰는 말.   ○失
恂恂善誘之德 – 恂恂(순순)은 진실한 모양. 循循과 같음.   ○蓋見機而作~
–《易 繫辭》의 구절.   ○曷云量己 – 曷은 어찌 갈. 어느 때.   ○但關節疢動
– 但은 다만 단. 關節은 뼈의 관절. 疢은 열병 진.

[國譯]
   趙壹(조일)이 답서를 보냈다.

「태수의 학문과 인품은 모범이라서 사대부들이 귀부하고 흠모하며 오랫동안 우러러 존경하며 그 정은 해마다 더 많아졌습니다. 많은 사람들이 귀하를 만나려 수레를 돌리고 빨리 달려 귀하를 모시고자 원하며, 몸을 깨끗이 하고 아침에 일어나 저녁때가 되도록 문전에서 기다리면서 뵙기를 청한 것은 많은 사람들의 오랫동안 뵙기를 기다렸다는 뜻일 것입니다. 귀한 자리에 있으면서 아랫사람 대하기를 (周公이) 목욕 중에 머리를 움켜쥐고 나와 맞이하듯 하였습니다. 위로는 많은 전적을 읽어 聖意을 일깨우셨고, 아래로는 당세의 명사들과 담론으로 눈앞의 여러 폐단을 극복하셨습니다. 어찌 才德을 겸비한 군자가 태만한 마음을 갖거나, 진심으로 좋은 일을 권유하는 미덕을 잃거나, 나라를 소홀히 하는 교만한 뜻을 가졌다고 하겠습니까! 군자는 기미를 알아 일을 하되 다음 날을 기다리지 않는다고 하였기에 제 스스로 빨리 물러나오면서 귀하게 폐를 끼치지 않으려 했습니다.

옛날 공자께서는 여러 사람에게 유세하였지만 불우했고, 또 어떤 사람은(孟子) 알아주는 사람을 만났지만 따를 수 없었는데, 그런데도 하늘을 원망하지 않았고 그런 처지를 탓하지 않았습니다. 지금 저는 제 자신을 견책하지, 어찌 어떤 추측을 하겠습니까!

仁君이 匹夫 한 사람을 소홀히 했다 하여 그 대덕이 손상되겠습니까? 먼 곳까지 이렇게 직접 편지를 쓰시고 길을 달려 전해 주시니 참으로 부끄럽습니다. 저 부족한 조일이 어찌 저의 작은 도량을 안다고 하겠습니까?(분수를 모르고 찾아갔다는 뜻.) 한마디 질책에 떠나야 하고, 감사하면서 먹어야 하나니 (하급 관리로) 참으로 완고 각박하지만 세상의 추이를 그렇게 알고 있습니다. 다만 제 육신이 건강하지 못하고, 무릎이 부실하여 다른 어느 날 찾아뵐 수 있기를 청하며, 귀하의 각별하신 정을 받고자 합니다. 보내주신 서신을 잘 간직하겠사오며 언제나 오랫동안 영광으로 알겠습니다.」

조일을 떠나갔고 다시는 찾지 않았다. 州郡에서는 예를 갖춰 조일을 초빙하였고, 三公府에서 열 번이나 초빙하였지만 모두 응하지 않았고 집에서 죽었다. 그전에 袁逢(원봉)이 관상을 잘 보는 사람을 시켜 조일의 관상을 보게 하였는데, 관상가는 '출사하더라도 郡吏로 끝날 것' 이라 하였으니 관상가의 말 그대로였다.

조일의 저술로, 賦, 頌, 箴, 誄, 書, 論과 잡문 16편이 있다.

❸ 劉梁

原文

劉梁字曼山, 一名岑, 東平寧陽人也. 梁宗室子孫, 而少孤貧, 賣書於市以自資. 常疾世多利交, 以邪曲相黨, 乃著〈破群論〉. 時之覽者以爲, '仲尼作《春秋》, 亂臣知懼. 今此論之作, 俗士豈不愧心!' 其文不存. 又著〈辯和同之論〉. 其辭曰,

│註釋│ ○東平寧陽 – 今 山東省 泰安市 관할 寧陽縣. ○亂臣知懼 –「~周公兼夷狄驅猛獸而百姓寧, 孔子成《春秋》而亂臣賊子懼.」《孟子 滕文公下》.

[國譯]

劉梁(유량)의 字는 曼山이고 一名은 岑(잠)인데, 東平國 寧陽縣 사람이다. 梁國의 宗室 子孫이었으나 젊어 가난하였고 저잣거리에서 代筆하며 먹고 살았다. 세상 사람들이 이득으로 교제하고 부당하게 무리를 짓는 것을 늘 질시하여 〈破群論〉을 지었다. 그때 사람들이 보고서는 '仲尼가 《春秋》를 짓자 亂臣賊子들이 두려워했다. 지금 이 〈破群論〉를 지었으니, 세속 사인들이 어찌 부끄럽지 않겠는가!' 라고 말했다. 그 〈破群論〉은 지금 전하지 않는다. 유량은 또 〈辯和同之論〉를 지었다. 그 글은 아래와 같다.

*〈辯和同之論〉- 劉梁

原文

「夫事有違而得道, 有順而失義, 有愛而爲害, 有惡而爲美. 其故何乎? 蓋明智之所得, 暗僞之所失也. 是以君子之於事也, 無適無莫, 必考之以義焉.

得由和興, 失由同起, 故以可濟否謂之和, 好惡不殊謂之同. 《春秋傳》曰, '和如羹焉, 酸苦以劑其味, 君子食之以平其心. 同如水焉, 若以水濟水, 誰能食之? 琴瑟之專一, 誰能聽之?' 是以君子之行, 周而不比, 和而不同, 以救過爲正, 以匡惡爲忠. 經曰, '將順其美, 匡救其惡, 則上下和睦能相親也.'」

○無適無莫 ─ 無適은 옳다고 고집하지 않다. 無莫은 안 된다고
고집하지 않다. 「子曰, "君子之於天下也, 無適也, 無莫也, 義之與比."」《論
語 里仁》. ○酸苦以劑其味 ─ 酸은 신맛. 苦는 쓴맛. 劑는 약재 제. 조제하
다. 자를 자. ○周而不比, 和而不同 ─「子曰, "君子周而不比, 小人比而不
周."」《論語 爲政》. 忠과 信에 바탕을 두면 '周'이다. 이때 周는 신의가 있
을 주, 미쁠 주. 이익을 위한 阿黨은 '比'이다. 比는 아첨할 비, 친밀할 비.
또「子曰, "君子和而不同, 小人同而不和."」란 말도 있다.《論語 子路》 이때
同은 자신의 主觀을 버리고 '雷同(뇌동)하다'의 뜻.

[國譯]

「세상만사가 잘못된 일이나 도리에 맞고, 순응하였지만 대의를
잃는 것도 있으며, 좋아하나 해악인 것이 있고, 싫었지만 결과가 좋
은 것이 있다. 왜 이러하겠는가? 아마도 현명과 예지로 얻게 되고
우매와 거짓으로 잃기 때문일 것이다. 때문에 군자는 매사에 꼭 옳
은 것도, 꼭 안 되는 것도 없어야 하고, 마음으로 대의를 근거로 숙고
해야 한다.

조화를 이루면 얻을 수 있지만 雷同(뇌동)하면 잃게 되는데, 부족
한 것을 채워주는 것은 조화이고, 선악에 대한 구별이 없는 것은 뇌
동이라고 말할 수 있다. 그래서《春秋傳》에서는 '조화는 국(羹, 국
갱)과 같으니, 시고(酸) 쓴(苦)맛이 융화되어 새로운 맛을 만들어내
듯이 군자는 이를 맛보면서 마음의 평정을 얻게 된다. 그러나 아무
맛도 없는 물이라면 곧 물에 물을 탄다면 누가 그런 국을 먹겠는가?
琴(슬)과 瑟의 소리가 같다면 누가 그 음악을 듣겠는가? 이 때문에
군자의 행실은 성실하나 아첨하지 않고, 조화를 이루나 뇌동하지 않
아야 잘못을 고쳐 正으로 돌아가고 악행을 바로잡아 忠에 이르게 한

다. 그래서 경전에서도 '善美에 순응하여 악행을 바로잡는다면 상하가 화목하고 相親할 수 있다.'고 하였다.」

原文

「昔楚恭王有疾, 召其大夫曰, "不穀不德, 少主社稷. 失先君之緒, 覆楚國之師, 不穀之罪也. 若以宗廟之靈, 得保首領以歿, 請爲靈若厲." 大夫許諸.

及其卒也, 子囊曰, "不然. 夫事君者, 從其善, 不從其過. 赫赫楚國, 而君臨之, 撫正南海, 訓及諸夏, 其寵大矣. 有是寵也, 而知其過, 可不謂恭乎!" 大夫衆之. 此違而得道者也.

及靈王驕淫, 暴虐無度, 芊尹申亥從王之欲, 以殯於乾溪, 殉之二女. 此順而失義者也. 鄢陵之役, 晉楚對戰, 陽穀獻酒, 子反以斃. 此愛而害之者也.

臧武仲曰, "孟孫之惡我, 藥石也, 季孫之愛我, 美疢也. 疢毒滋厚, 石猶生我." 此惡而爲美者也.

孔子曰, "智之難也! 有臧武仲之智, 而不容於魯國, 抑有由也. 作不順而施不恕也." 蓋善其知義, 譏其違道也.」

|註釋| ○楚恭王(600 - 前 560년) - 楚 莊王之子. 나이 10세에 등극. 前575년, 楚와 晉의 中原 패권 싸움인 鄢陵(언릉)의 전투에서 패배했다. ○不穀不德 - 不穀(불곡)은 '不善'의 뜻. 王, 侯의 겸칭. 寡人. ○失先君之緖 - 緖는 업적. ○請爲靈若厲 - 謚法에 '亂而不損曰靈'이라 하였고, '殺戮不

皐曰厲'라고 하였다. 말하자면, 나쁜 시호를 지어달라는 부탁이었다. ○大夫許諸 – 諸는 之, 어조사 之於, 之乎의 뜻. ○其寵大矣 – 寵은 榮光. ○可不謂恭乎 – 시법에 '旣過能改曰 恭'이라 했다. ○美疢也 – 疢은 열병 진.

[國譯]

「옛날 楚 恭王(공왕)은 병이 들자 그 대부들을 불러놓고 말했다. "不穀(寡人)이 不德하여 어린 나이에 사직을 맡았다. 先君의 치적을 다 잃었고 우리 군사가 (晉에) 패전한 것은 모두 과인의 허물이다. 만약 종묘 신령의 도움으로 이 목숨을 부지하다가 죽는다면, 나의 시호를 靈(영)이나 厲(려)로 정하기 바란다." 大夫는 이를 따르겠다고 하였다.

왕이 죽자 (楚 令尹인) 子囊(자양)이 말했다. "그렇지 않습니다. 事君하는 者는 그 선행을 따르는 것이지 단점을 따를 수 없습니다. 혁혁한 楚國에 왕으로 군림하시면서 남해지역을 평정하시고 중원의 많은 땅을 복속케 하였으니 이는 큰 영광이었고, 자신의 잘못을 알고 있었으니 '恭'으로 정하지 않을 수 없을 것입니다!" 大夫들은 이에 따랐다. 이는 뜻을 어겼지만 도리에 맞은 것이다.

楚 靈王은 교만하고 황음 포악하여 무도했는데, 芋縣(우현)의 지방관인 申亥(신해)는 왕이 바랐던 그대로 乾溪(건해)에 장례를 치룬 다음에 그 두 딸을 순장케 하였다. 이는 지시에 순응하였지만 대의에 어긋난 일이었다. 鄢陵(언릉)의 전쟁에서 晉과 楚가 맞싸울 때 (下人인) 陽穀(양곡)이 술을 올렸는데 (술을 좋아하는) 司馬子反(사마자반)은 술에 취해 전사하였다. 이는 생각해 주었지만 그 때문에 해를 당한 것이었다.

(魯國 大夫) 臧武仲(장무중)이 말했다. "孟孫氏(맹손씨)가 나를 미워한 것은 나에게 藥石(藥과 針)이었지만, 季孫氏(계손씨)가 나를 애지중지한 것은 겉으로는 좋으나 속으로는 열병을 낳게 하였다. 열병이 심했지만 藥鍼(약침)이 나를 살렸다."고 말했다. 이는 미움을 받았지만 결과는 좋은 것이었다.

그래서 공자가 말했다. "지혜란 정말 알 수 없는 것이다! 臧武仲(장무중)의 지혜로도 魯國에서 용납되지 않았으니, 이는 그만한 연유가 있다. 그가 한 일은 도리에 맞지 않았을 뿐더러 仁愛도 베풀지 않았기 때문이다." 이는 아마 대의를 잘 알았지만 도리에 어긋난 것을 비판한 것이다.」

原文

「夫知而違之, 僞也, 不知而失之, 暗也. 暗爲僞焉, 其患一也. 患之所在, 非徒在智之不及, 又在及而違之者矣. 故曰 '智及之, 仁不能守之, 雖得之, 必失之' 也. 〈夏書〉曰, '念茲在茲, 庶事恕施.' 忠智之謂矣.」

| 註釋 | ○智及之, 仁不能~ −「子曰, "知及之, 仁不能守之, 雖得之, 必失之. 知及之, 仁能守之. ~《論語 衛靈公》.

[國譯]

「지혜가 大義에 맞지 않는다면, 이는 虛僞(허위)이고, 알지 못하기에 잃었다면, 이는 愚昧(우매)한 것이다. 우매나 허위의 폐해는 마찬

가지이다. 병폐가 있으면 지혜가 있어도 미치지 못할 뿐만 아니라, 미친다(及) 하더라도 어긋나게 된다. 그래서 '지혜가 미칠지라도 仁愛가 아니면 지킬 수 없고 비록 지킨다 하더라도 결국은 잃게 된다.'고 하였다. (書經) 〈夏書〉에서는 '이를 늘 마음속에 간직하고 모든 일을 관대하게 처리하라.'고 하였으니, 이는 忠과 智를 언급한 것이다.」

原文

「故君子之行, 動則思義, 不爲利回, 不爲義疚, 進退周旋, 唯道是務. 苟失其道, 則兄弟不阿, 苟得其義, 雖仇讎不廢. 故解狐蒙祁奚之薦, 二叔被周公之害, 勃鞮以逆文爲成, 傅瑕以順厲爲敗, 管蘇以憎忤取進, 申侯以愛從見退, 考之以義也.

故曰, '不在逆順, 以義爲斷, 不在憎愛, 以道爲貴.'《禮記》曰, '愛而知其惡, 憎而知其善.' 考義之謂也.」

| 註釋 | ○不爲利回 – 利는 私利. 回는 邪惡 도는 邪道. 正의 반대 개념이 邪이다. ○不爲義疚 – 大義에 부끄럽다. 疚는 오래된 병 구. ○進退周旋 – 進은 출사. 退는 퇴임. 退仕. 周旋(주선)은 交遊. 交際.

[國譯]

「그래서 君子의 일거일동에 大義를 생각하되 私利나 邪道를 따르지 않고 대의에 부끄럽지 않아야 하며, 出仕나 退仕, 交遊에 오직 대의를 힘써 지켜야 한다. 道義를 잃었다면 형제라도 가까워지지 않고, 대의를 지켰다면 원수라도 원한이 풀어질 것이다. 그래서 (晉) 解狐(해호)는 (원한관계이던) 祁奚(기해)의 천거를 받았고, 二叔(管叔과 蔡叔)은 (그 형인) 周公(주공)에 의해 처형되었으며, (晉의) 勃鞮(발제) (晉의) 文公(重耳)을 죽이려 했지만 나중에서 文公을 맞이하여 성공케 하였고, (鄭 大夫) 傅瑕(부하)는 厲公(여공)의 명을 따랐지만 敗死하였으며, (楚의) 管蘇(관소)는 (楚 恭王의) 미움을 받았지만 (공왕이) 죽은 뒤에 (공왕의 유언에 따라) 승진하였으며, 申侯(신후)는 (공왕이) 친애하였지만 (공왕이 죽은 뒤에 공왕의 말에 따라) 물러나야만 했다.

그래서 '매사가 거역이나 순응에 딸린 것이 아니라 대의에 의해 결정되며, 미움과 애정에 있지 않고 도덕을 얼마나 귀하게 실천하였느냐에 달려 있다.' 고 할 수 있다. 그래서 《禮記》의 '총애하더라도 그 병폐를 알고, 증오하더라도 그 善意를 알아야 한다.' 는 말은 대의를 고려하라는 뜻이다.」

桓帝時, 擧孝廉, 除北新城長. 告縣人曰, "昔文翁在蜀, 道著巴漢, 庚桑瑣隷, 風移碨磊. 吾雖小宰, 猶有社稷, 苟赴期會, 理文墨, 豈本志乎!"

乃更大作講舍, 延聚生徒數百人, 朝夕自往勸誡, 身執經卷, 試策殿最, 儒化大行. 此邑至後猶稱其敎焉. 特召入拜

尙書郞. 累遷, 後爲野王令, 未行. 光和中, 病卒. 孫楨, 亦以
文才知名.

| 註釋 | ○北新城長－涿郡의 北新城縣은, 今 河北省 중부 保定市 徐水
區. 河南尹 소속 新城縣은, 今 河南省 洛陽市 관할 伊川縣. ○文翁在蜀－
文翁(문옹)은 景帝 말기 蜀郡 태수, 재임 중에 학교를 짓고 교육하면서 우
수 인재를 長安에 유학시켰다. 武帝 때 각 郡國에 학교를 짓게 한 것은 모
두 文翁의 치적에서 비롯되었다. ○庚桑瑣隸－庚桑은 庚桑楚(경상초)는
人名. 老子의 학술과 사상에 정통했다. 瑣隸(쇄예)는 보통 백성. ○風移磈
礧－磈礧(외뢰)는 산 이름. ○試策殿最－殿은 최후. 실적이 가장 나쁨. 最
는 최우수. ○野王令－河內郡 野王縣, 今 河南省 焦作市 관할 沁陽市.

[國譯]

桓帝 때, 劉梁(유량)은 孝廉으로 천거되어 (涿郡) 北新城縣 현장이
되었다. 유량이 현의 백성들에게 말했다. "옛날에 文翁(문옹)이 蜀郡
태수로 제직할 때 그 도덕이 巴郡과 漢中郡까지 미쳤으며, 庚桑楚
(경상초)는 미천한 사람이었지만 磈礧山(외뢰산) 주변의 풍속을 바꾸
었다. 내가 비록 작은 현의 현장이지만, 그래도 지켜야 할 사직이 있
고 나의 부임을 기회로 정령을 시행하며 교육을 진흥시키는 것이 어
찌 내 뜻이 아니겠는가?"

그리고서는 학교 강의 건물을 크게 짓고 생도 수백 명을 불러 교
육시키면서 조석으로 직접 권학하고 훈계하였으며, 직접 경전을 교
육하였으며 시험을 쳐서 우수자와 가장 부진한 학생 등급을 판정하
니 유학에 의한 교화가 크게 성취되었다. 이곳에서는 그 이후에서
유량의 교화를 칭송하였다. 유량은 특별히 조정에 초빙되어 尙書郞

이 되었다. 여러 번 승진하여 뒷날 河南 野王 현령이 되었지만 부임하지 않았다. (靈帝) 光和 연간에 병사하였다. 손자인 劉楨(유정)도 문재로 유명했다.

❹ 邊讓

原文

邊讓字文禮, 陳留浚儀人也. 少辯博, 能屬文. 作〈章華賦〉, 雖多淫麗之辭, 而終之以正, 亦如相如之諷也. 其辭曰,

| 註釋 | ○司馬相如(179 - 前 117년) - 蜀郡 成都人. '漢賦四大家(司馬相如, 揚雄, 班固, 張衡)'의 한 사람. 대표작〈子虛賦〉,〈上林賦〉. 詞藻(사조)가 富麗하고 結構가 宏大하다. 후인들이 賦聖으로 호칭. 卓文君과 私奔(사분)은 그 당시 최고의 로맨스이며 최대의 스캔들이었다.

[國譯]

邊讓(변양)의 字는 文禮(문례)인데, 陳留郡 浚儀縣(준의현) 사람이다. 젊어서부터 달변에 박학하였고, 글을 잘 지어〈章華賦〉를 지었는데, 그 문장이 비록 浮華하고 艷麗(염려)하였지만 正道로 결론을 내었으니, 이 역시 司馬相如의 諷諭(풍유)와 비슷한 데가 있었다. 그 글은 다음과 같다.

*〈章華賦〉- 邊讓

原文

「楚靈王旣游雲夢之澤, 息於荊臺之上. 前方淮之水, 左洞庭之波, 右顧彭蠡之隩, 南眺巫山之阿. 延目廣望, 聘觀終日. 顧謂左史倚相曰, "盛哉斯樂, 可以遺老而忘死也!" 於是遂作章華之臺, 築乾谿之室, 窮木土之技, 單珍府之實. 舉國營之, 數年乃成. 設長夜之淫宴, 作北里之新聲. 於是伍舉知夫陳,蔡之將生謀也. 乃作斯賦以諷之.」

│註釋│ ○雲夢之澤 – 雲夢澤은 湖北省 江漢平原에 있던 중국 최대 담수호. 지금은 거의 메워져 육지가 되었고 湖北省 남부에 洪湖(홍호)가 조금 남았다. 漢王이 韓信을 잡을 때, 진평의 방책에 의거, 이곳에 유람한다 하여 한신을 속였다. ○前方淮之水 – 方淮는 淮水의 일정부분이 아니라 '북방의 淮水'라는 주석에 따름. ○洞庭之波 – 洞庭湖는 湖南省 북부, 長江과 연결된 담수호. ○彭蠡湖(팽려호) – 彭蠡湖(팽려호)는 鄱陽湖(파양호), 中國 최대 담수호, 江西省 북부, 長江 南岸에 위치. 사실 楚의 땅 어디서든, 아니면 하늘에서라도 동정호와 파양호는 한눈으로 볼 수 있는 거리가 아니다. 좌측에 ~, 우측에 ~라 한 것은 마음속의 생각이지 실제가 아니다. ○巫山(무산) – 지리적으로는 巫山山脈, 重慶市와 湖北省의 경계를 이루는 산맥. 최고봉은 重慶市 奉節縣의 烏雲頂, 해발 2,400m. 長江 三峽(삼협, Sānxiá) 절경의 일부. ○單珍府之實 – 單은 다하다. 모두 다 가져가다(盡也). ○北里之新聲 – 紂王의 酒池肉林의 놀이와 음악을 인용하여 그렇게 즐겼다는 뜻. ○伍舉(오거) – 楚의 대부.

「楚 靈王은 雲夢澤(운몽택)을 유람한 뒤에 荊臺(형대)에 올라 쉬고 있었다. 앞에는 方淮의 강물이, 좌측으로는 洞庭湖의 파도가 보이고, 우측으로는 彭蠡湖(팽려호)의 산을, 남쪽으로는 巫山(무산)의 언덕이 멀리 보였다. 靈王은 눈을 들어 사방을 둘러보며 하루를 유람했다. 영왕은 左史인 倚相(의상)을 돌아보며 말했다. "이 얼마나 멋진 유람인가? 늙어가고 죽어야 한다는 것을 잊을 수 있지 않은가!"

그리고는 그 자리에 章華臺(장화대)을 짓고 乾谿(건계)에 궁궐을 짓게 하였는데, 건축과 토목의 기술을 다 동원하였고 府庫의 각종 보배를 모두 가져다가 그 안을 채웠다. 온 국력을 모두 동원하여 경영하다 보니 몇 년이 걸려 완성되었다. 그리고 몇 날 밤을 지내며 淫佚(음일)한 연회를 벌렸으며 北里(북리)의 새 악곡을 지었다. 이에 (楚 大夫인) 伍擧(오거)는 (楚에 의해 멸망한) 陳國과 蔡國에서 반역이 일어났던 이유를 알게 되었다. 이에 賦를 지어 靈王을 諷諫(풍간)하였다.」

「胄高陽之苗胤兮, 承聖祖之洪澤. 建列藩於南楚兮, 等威靈於二伯. 超有商之大彭兮, 越隆周之兩號. 達皇佐之高勳兮, 馳仁聲之顯赫. 惠風春施, 神武電斷, 華夏肅清, 五服攸亂. 旦垂精於萬機兮, 夕回輦於門館. 設長夜之歡飲兮, 展中情之嬿婉. 竭四海之妙珍兮, 盡生人之秘玩.」

| 註釋 | ○胄高陽之苗胤兮 - 胄는 맏아들 주. 後嗣. 高陽은 帝 顓頊(전욱), 五帝의 한 사람. 楚王室의 선조. 苗胤(묘윤)은 苗裔(묘예). 먼 후손. 屈原의 《離騷》는 '帝高陽之苗裔兮, ~'로 시작한다. ○等威靈於二伯 - 二伯(이패)는 齊 桓公과 晉 文公. ○超有商之大彭兮 - 有商은 商朝. 有는 가질 유. 商은 지명. 지명은 국명으로 통용되었다. 大彭(대팽)은 인명. 商伯(상백). ○越隆周之兩虢 - 兩虢(양괵)은 周 文王의 이복동생 虢仲(괵중)과 虢叔(괵숙). ○達皇佐之高勳兮 - 達은 顯達. 皇佐는 文王의 신하였던 鬻熊(죽웅). 高勳은 큰 공적. ○馳仁聲之顯赫 - 仁聲은 인자한 명성. 顯赫(현혁)은 더 뚜렷함. ○華夏肅淸 - 華夏는 중국. ○五服攸亂 - 五服은 王畿 이외의 제후나 이민족의 거주지. 甸服, 侯服, 綏服(수복), 要服, 荒服. 攸亂은 治亂. 질서를 유지하다. 亂은 다스릴 란(理也), 어지러울 란(不治). ○旦垂精於萬機兮 - 垂精은 精力을 다하다. ○展中情之嬿婉 - 嬿婉(연완)은 미녀. 嬿은 아름다울 연. 편안하다. 婉은 예쁠 완. 온순하다.

[國譯]

「본래 高陽氏 먼 후손이니 聖祖의 洪澤을 이었도다.

南쪽 楚地의 藩國(諸侯)으로, 세력은 中原 二霸와 동등했다.

商朝의 大彭보다, 强한 周의 兩虢(양괵)보다 더 막강했다.

文王 신하보다 큰 공을 세웠고, 仁聲은 천하에 赫赫했다.

인자한 施惠는 春風처럼, 神武는 번개마냥 분명했다.

中原은 안정되었고, 五服의 땅도 질서가 있었다.

낮에는 萬機를 처리하고, 저녁엔 輦(연)을 타고 궁궐로 왔다.

밤새워 즐겨 마셨고 미인과 함께 편하게 마음을 풀었다.

四海의 귀한 보배를 모았고 모든 인생의 환락을 즐겼다.」

「爾乃攜窈窕, 從好仇, 徑肉林, 登糟丘, 蘭餚山竦, 椒酒淵流. 激玄醴於淸池兮, 靡微風而行舟. 登瑤臺以回望兮, 冀彌日而消憂. 於是招宓妃, 命湘娥, 齊倡列, 鄭女羅. 揚〈激楚〉之淸宮兮, 展新聲而長歌. 繁手超於〈北里〉, 妙舞麗於〈陽阿〉. 金石類聚, 絲竹群分. 被輕袿, 曳華文, 羅衣飄飄, 組綺繽紛. 縱輕軀以迅赴, 若孤鵠之失群, 振華袂以逶迤, 若游龍之登雲. 於是歡嬿旣洽, 長夜向半, 琴瑟易調, 繁手改彈. 淸聲發而響激, 微音逝而流散. 振弱支而紆繞兮, 若綠蘩之垂幹, 忽飄飄以輕逝兮, 似鸞飛於天漢. 舞無常態, 鼓無定節, 尋聲響應, 修短靡跌. 長袖奮而生風, 淸氣激而繞結. 爾乃妍媚遞進, 巧弄相加, 俯仰異容, 忽兮神化. 體迅輕鴻, 榮曜春華, 進如浮雲, 退如激波. 雖復柳惠, 能不咨嗟! 於是天河旣回, 淫樂未終, 淸籥發徵, 〈激楚〉揚風. 於是音氣發於絲竹兮, 飛響軼於雲中. 比目應節而雙躍兮, 孤雌感聲而鳴雄. 美繁手之輕妙兮, 嘉新聲之彌隆. 於是衆變已盡, 群樂旣考. 歸乎生風之廣夏兮, 修黃軒之要道. 攜西子之弱腕兮, 援毛嬙之素肘. 形便娟以嬋媛兮, 若流風之靡草. 美儀操之姣麗兮, 忽遺生而忘老.」

|註釋| ○爾乃攜窈窕, 從好仇 – 窈窕(요조)는 幽閑(유한). 窈窕淑女. 仇는 짝. 배필. ○徑肉林, 登糟丘 – 紂王의 주지육림을 말함. 糟丘(조구)는 酒

池가 있는 곳. ○蘭餚山竦, 椒酒淵流 - 蘭餚(난효)는 향기로운 안주. 佳餚
(가효), 山竦(산송)은 산처럼 많이 쌓여있다. 竦은 우뚝 솟을 송, 두려울 송.
椒酒(초주)는 山椒를 넣은 美酒. ○冀彌日而消憂 - 彌日(미일)은 終日. ○於
是招宓妃, 命湘娥 - 宓妃(복비)는 洛水의 神女, 湘娥(상아)는 堯의 二女, 娥皇
과 女英, 湘水의 여신. ○〈陽阿〉 - 옛 晉의 악곡. ○被輕袿, 曳華文 - 袿는
여인의 웃옷 규. 曳는 끌 예. 華文은 화려함 무늬의 치마. ○羅衣飄颻 - 飄
颻(표요)는 바람에 이리저리 나부끼는 모양. 繽紛(빈분)은 어지러이 흔들리
는 모양. ○振華袂以逶迤 - 華袂(화메)는 화려한 옷소매. 逶迤(위이)는 구불
구불 흔들리는 모양. ○振弱支而紆繞兮 - 紆繞(우요)는 흐느적거리는 모
양. ○天漢 - 雲漢. 은하수. ○修短靡跌 - 修短은 장단. 靡跌(미질)은 질탕
하다. 跌은 넘어질 질. 도가 지나치다. ○淸氣激而繞結 - 繞結(요결)은 얽
히다. ○雖復柳惠 - 魯國 大夫 柳下惠(유하혜). 본명. 展禽(전금), 식읍이 柳
下. 惠는 시호. ○比目應節而雙躍兮 - 比目은 比目魚. 雙躍(쌍약)은 쌍이
되어 도약하다. ○群樂旣考 - 旣考는 旣成. ○修黃軒之要道 - 黃軒은 黃
帝 軒轅氏. 要道는 房中術. 헌원씨는 玄女로부터 房中術을 터득하여 精氣
를 保養할 수 있어 長生했다. ○攜西子之弱腕兮 - 攜는 끌 휴. 携의 本字.
西子는 西施(서시). 弱腕(약완)은 연약한 팔뚝. ○援毛嬪之素肘 - 援은 끌
어안다. 毛嬪(모빈)은 毛嬙(모장). 《莊子》에 나오는 미인. 素肘(소주)는 하얀
팔. 肘는 팔꿈치 주. ○形便娟以嬋媛兮 - 形便은 자태. 몸매. 娟은 예쁠
연. 嬋은 고울 선. 媛은 미인 원.

[國譯]

「이에 숙녀의 손을 잡고, 뒤에 미인도 짝을 이룬다.

肉林을 거쳐 糟丘(조구)의 酒池에 가니

佳餚(가효)가 산처럼 쌓였고 美酒는 못에서 흘러내렸다.

연못 맑은 술 물결에 미풍은 酒池 수면을 저어간다

瑤臺(요대)를 둘러보며 종일 걱정 없기를 바란다.

洛水의 宓妃(복비), 湘水의 娥皇과 女英을 부르고

齊의 가수, 鄭의 舞女가 줄지어 섰다.

淸宮調 〈激楚〉곡을 新聲으로 길게 노래한다.

〈北里〉를 바꿔 부르고, 〈陽阿〉에 맞춰 춤을 춘다.

金石의 악기끼리, 絲竹의 악기가 함께 연주를 한다.

가벼운 저고리와 화려한 치마를 길게 차려입고

비단 옷자락이 나부끼고 비단 허리띠가 흔들린다.

날렵한 몸매가 재빨리 춤추니 무리 잃은 고니 같도다.

흔들리는 비단 소매, 마치 구름 타고 오르는 龍이다.

이에 한창 무르익은 환락에 긴긴 밤이 한창 깊었다.

琴瑟(금슬)의 가락이 바뀌며 손을 놀려 다시 탄금한다.

淸聲(청성)이 높아지고, 微音(미음)은 천천히 흩어진다.

섬세하고 가는 허리는 무성한 잎에 늘어진 줄기로다.

홀연 사뿐히 걷나니 은하수를 지나는 鸞鳥(난조)이어라.

계속 바뀌는 춤사위에 가락도 같이 달라지고,

소리 따라 울림이, 장단의 가락이 질탕하다.

긴소매 끝에 바람이 일고, 높고 격한 가락이 회오리친다.

미인들 연이어 차례로 들어와 몸짓 묘한 춤을 추고

얼굴 들고 숙이며 홀연히 신비한 자태로다.

날렵한 가벼운 기러기인 냥, 봄꽃마냥 화려하게

구름처럼 떠돌다가 격한 파도처럼 물러난다.

엄숙한 柳下惠(유하혜)라도 아니 감탄치 못하리라.

이제 은하가 기울었어도 淫樂은 끝이 없고,

피리가 높은 徵音(치음)으로 〈激楚〉를 연주한다.

이에 絲竹의 연주가 이어지며 가락은 구름에 닿는다.

가락 따라 比目魚(비목어)가 뛰고 외진 암컷 따라 수컷이 운다.

고운 손 가뿐히 뒤집히며 멋진 가락 새로 높아진다.

온갖 연주와 춤사위, 종종의 쾌락이 이제 끝나려 한다.

넓고 큰 건물 청량한 바람에 軒轅氏 要道를 수련한다.

西施 같은 가녀린 미녀와 毛嬙(모빈)의 흰 팔을 잡아본다.

곱고 날렵한 몸매는 바람에 쓰러지는 연약한 풀이로다.

고운 자태에 예쁜 짓거리, 살며 늙는 줄을 잊었도다.」

原文

「爾乃淸夜晨, 妙技單, 收罇俎, 徹鼓盤. 惘焉若醒, 撫劍而嘆. 慮理國之須才, 悟稼穡之艱難. 美呂尙之佐周, 善管仲之輔桓. 將超世而作理, 焉沈湎於此歡! 於是罷女樂, 墮瑤臺.

思夏禹之卑宮, 慕有虞之土階. 擧英奇於仄陋, 拔髦秀於蓬萊. 君明哲以知人, 官隨任而處能. 百揆時敍, 庶績咸熙. 諸侯慕義, 不召同期. 繼高陽之絶軌, 崇成,莊之洪基.

雖齊桓之一匡, 豈足方於大持? 爾乃育之以仁, 臨之以明. 致虔報於鬼神, 盡肅恭乎上京. 馳淳化於黎元, 永曆世而太平.」

| 註釋 | ○惘焉若醒 - 惘은 멍할 망. 醒은 숙취 정. ○焉沈湎於此歡 - 焉은 어찌 언. 沈湎(침면)은 주색에 빠져 헤어나지 못하다. ○有虞氏(유우

씨) – 有虞(유우)는 舜의 국호. 虞舜. ㅇ拔髦秀於蓬萊 – 髦秀(모수)는 빼어
난 인재. 蓬萊(봉래)는 草野. ㅇ百揆時敘 – 百揆는 모든 政務. 時敘는 때맞
춰 처리되다.

[國譯]

「이에 곧 청량한 새벽이 가까워 묘기도 다하고, 술독과 도마도 치
웠으며 악기와 탁자도 철수하였다. 숙취에 멍하다가 칼을 뽑아들고
탄식하였다. 치국에 필요한 인재를 생각하고 농사의 어려움을 깨달
았다. 呂尙(太公)의 天子 보필을 찬미하고, 管仲의 桓公 보필을 존중
하였다. 보통 때와 다르게 천하를 다스릴 준비를 해야 하는데, 어찌
이런 환락에 빠질 수 있겠는가! 이에 女樂을 없애고, 瑤臺(요대)를 헐
어버렸다.

夏 禹王의 낮은 궁궐을 생각했으며 有虞氏(유우씨, 舜)의 궁궐 흙
계단을 흠모하였다. 지위가 미천하나 기이한 인재를 천거케 하고 초
야에 묻힌 뛰어난 인재를 발탁하였다. 천자가 현명한 예지로 인재를
식별하자, 관리들도 임무에 따라 능력을 발휘하였다. 모든 政令이
때맞춰 시행되었고 모두 공훈을 세웠다. 諸侯는 대의를 흠모하고 부
름을 받지 않아도 때맞춰 입조하였다. 高陽氏의 먼 옛 자취를 이었
고 (楚) 成王과 莊王(장왕)의 튼튼한 기반을 계승하였다.

비록 齊 桓公이 한때 그 나라를 바로 세웠다지만, 천하를 오래 지
탱하는 것과 어찌 같겠는가? 이에 仁愛로 백성을 보살피고 명철한
지혜로 치국하였다. 경건하게 천지신명을 받들었으며, (周) 조정을
공경으로 받들었다. 백성을 힘써 淳化(순화)하니 오랜 세월에 걸쳐
태평하였다.」

　大將軍何進聞讓才名, 欲辟命之. 恐不至, 詭以軍事徵召. 既到, 署令史, 進以禮見之. 讓善占射, 能辭對. 時, 賓客滿堂, 莫不羨其風. 府掾孔融, 王朗並修刺候焉.

　議郎蔡邕深敬之, 以爲讓宜處高任, 乃薦於何進曰,

　「伏惟幕府初開, 博選清英, 華髮舊德, 並爲元龜. 雖振鷺之集西雍, 濟濟之在周庭, 無以或加. 竊見令史陳留邊讓, 天授逸才, 聰明賢智. 髫齔夙孤, 不盡家訓. 及就學廬, 便受大典. 初涉諸經, 見本知義. 授者不能對其問, 章句不能逮其意. 心通性達, 口辯辭長. 非禮不動, 非法不言. 若處狐疑之論, 定嫌審之分, 經典交至, 撿括參合, 衆夫寂焉, 莫之能奪也. 使讓生在唐, 虞, 則元, 凱之次, 運值仲尼, 則顏, 冉之亞, 豈徒俗之凡偶近器而已者哉! 階級名位, 亦宜超然. 若復隨輩而進, 非所以章瑰偉之高價, 昭知人之絶明也. 傳曰, '函牛之鼎以亨雞, 多汁則淡而不可食, 少汁則熬而不可熟.' 此言大器之於小用, 固有所不宜也. 邕竊惛邑, 怪此寶鼎未受犧牛大羹之和, 久在煎熬爨割之間. 願明將軍回謀垂慮, 裁加少納, 貢之機密, 展之力用. 若以年齒爲嫌, 則顏回不得貫德行之首, 子奇終無理阿之功. 苟堪其事, 古今一也.」

　讓後以高才擢進, 屢遷, 出爲九江太守, 不以爲能也. 初平中, 王室大亂, 讓去官還家. 恃才氣, 不屈曹操, 多輕侮之言. 建安中, 其鄉人有搆讓於操, 操告郡就殺之. 文多遺失.

○何進 - 69권, 〈竇何列傳〉에 立傳. ○署令史 - 대장군부에는
令史 및 御史를 31명까지 둘 수 있었다. ○修刺候焉 - 刺는 명함 자, 지를
자. ○王朗(왕랑) - 뒷날 曹魏에서 司徒 역임. ○並爲元龜 - 元龜(원귀)는
길흉을 알다. 謀士. ○雖振鷺之集西雍 - 鷺는 백로. 조행이 순결한 士人.
西雍(서옹)은 文王의 辟雍(벽옹). ○髫齓夙孤 - 髫齓(초친)은 어린 나이. 髫
는 다박머리 초. 齓은 이 갈 친. 젖니가 빠지고 영구치가 나오는 것을 말함.
夙은 일찍 숙. ○元,凱之次 - 八元과 八凱(팔개). 八元은 고대 高辛氏의 才
子 8인. 元은 善. 八愷(팔개)는 高陽氏의 才子 8인. 愷는 즐거울 개. 화평하
다. ○函牛之鼎以亨雞 - 소(牛)를 통째로 삶을 수 있는 많은 물이 담긴 큰
솥에 닭을 넣고 끓이다. 函은 容也. ○邑竊悁邑 - 悁邑(연읍)은 성내고 근
심하다. 悁悒(연읍)과 同. 悁은 성낼 연. ○久在煎熬臠割之間 - 煎熬(전오)
는 달이고 볶다. 臠割(연할)은 저민 고기. ○不得貫德行之首 - 孔門四科에
서 德行의 첫째 인물.《論語 先進》「德行, 顔淵, 閔子騫冉, 伯牛, 仲弓. 言
語, 宰我, 子貢. 政事, 冉有, 季路. 文學, 子游, 子夏.」《論語 先進》. ○子奇
終無理阿之功 - 子奇는 春秋 齊의 유능한 지방관(東阿令). 무기를 녹여 농
기구를 만들어 백성에게 분배했고, 창고를 열어 백성을 구휼했다. 子奇가
18세 때의 일이다.

[國譯]

　大將軍 何進(하진)은 邊讓(변양)의 才華와 명성을 듣고 불러 등용
하려 했는데, 혹시 오지 않을까 걱정하여 군중의 업무를 상의하려
한다고 불렀다. 변양이 도착하자 바로 令史에 임명하였고, 하진은
예를 갖춰 변양을 알현하였다. 변양은 응대를 잘했고, 辭令 문서 작
성에도 능했다. 그때 빈객이 滿堂했었는데 모두가 변양의 풍모를 칭
송하였다. 大將軍府의 孔融(공융)과 王朗(왕랑)도 명함을 가지고 변

양을 예방했다.

議郎인 蔡邕(채옹)은 변양을 아주 존경하면서, 변양이 높은 자리에 올라야 한다며 하진에게 천거하였다.

「臣이 생각할 때 大將軍府가 이제 막 설치되어 걸출한 인재를 널리 선발할 필요가 있는데, 덕행이 훌륭한 백발노인은 나라의 謀士가 되어야 합니다. 품행이 바르고 순수한 인재가 (文王의) 辟雍(벽옹)에 모여들었기에 周의 조정은 훌륭한 인재가 많았고 더 보탤 필요가 없었습니다. 臣이 볼 때 슈史인 陳留郡의 邊讓(변양)은 하늘이 내린 뛰어난 인재로, 총명하며 賢良한 智者입니다. 그가 어린 나이에 부친을 잃어 완전한 가정교육은 받지는 못했습니다. 學舍에 들어가서 주요 경전을 배웠습니다. 처음 경전을 접했지만 읽으며 대의를 알았습니다. 교수하는 자가 그의 질문에 대답을 못했고, 章句의 설명은 그의 뜻을 따라오질 못했습니다. 변양은 心性이 트였으며 구변도 훌륭하고 문사에도 뛰어납니다. 禮가 아니면 행하지 않고, 正法이 아니면 말하지 않습니다. 만약 여러 사람이 의견이 서로 다를 경우라서 의혹을 해결하고 확실한 판별해야 한다면, 변양은 경전의 여러 근거를 끌어다가 전체를 종합하기에 많은 사람들이 할 말이 없었으며 그의 견해를 반박할 수 없었습니다. 가령 변양이 堯舜 시대에 태어났다면 八元과 八凱(팔개)와 같았을 것이고, 만약 仲尼(孔子)에게 배울 수 있었다면 곧 顔回(안회)나 冉求(염구)의 다음은 되었을 것이니, 어찌 한낱 속인들의 평범한 인재와 짝이 될 수 있겠습니까! 계급과 名位를 당연히 뛰어넘어 등용해야 할 것입니다. 만약 변양이 다른 사람의 뒤를 따라 승진해야 한다면 이는 매우 비싼 값을 지닌 인재에 대한 대우가 아니며, 뛰어난 인재를 알아보는 식견이 없는 것입니다. 다른 서책에 '소를 삶을 수 있는 큰 솥에 닭을 삶는다면, 국물은 맛이 없어 먹을 수 없으며, 물을 적게 잡으면 타서 익힐 수가 없을 것이다.' 라고 하였습니다. 이는 大器를 小用한 것이니 정말 마땅치 않습니다. 저 채옹이 화가 나는 것은 이런 寶鼎(보정)에 희생으로 쓴 소(牛)를 삶아 맛있는 국물을 만드는 것이 아니라 그냥 조그만 고깃 덩어리를 달달 볶는 것입니다. 저는 장군께서 생각을 바꾸시어 조금 이라도 저의 건의를 받아들여 변양으로 하여금 국가 주요 업무를 담 당케 하여 능력을 발휘할 수 있게 하는 것입니다. 만약 변양의 나이 가 마음에 걸린다면, 顔回(안회)는 (孔門 四科에서) 德行의 첫째가 되 지 못했고, (春秋時代) 子奇(자기)는 끝내 東阿縣(동아현)을 다스린 공 을 세우지 못했을 것입니다. 그 일을 생각하면 예나 지금이나 마찬 가지입니다.」

변양은 나중에 재주가 뛰어나 약진하였고, 누차 승진하여 나중에 九江太守가 되었지만 유능하다는 말은 듣지 못했다. (獻帝) 初平 연 간에(서기 190-193년), 王室이 大亂하자 변양은 관직을 버리고 귀 향하였다. 변양은 才氣를 뽐내며 曹操(조조)에게 굽히지 않았고 무 시하는 말을 많이 했다. 建安 연간에, 그 鄕人이 조조에게 변양의 죄 를 얽어대자, 조조는 郡에 지시하여 변양을 죽이게 했다. 변양의 글 은 많이 유실되었다.

❺ 酈炎

原文

酈炎字文勝, 范陽人, 酈食其之後也. 炎有文才, 解音律,
言論給捷, 多服其能理. 靈帝時, 州郡辟命, 皆不就, 有志氣.
作詩二篇曰,

| 註釋 | ○范陽 – 涿郡(탁군) 范陽縣(國), 今 河北省 중부 保定市 관할 定
興縣. ○酈食其(역이기, 前 268 – 204) – 酈은 땅이름 역(력). 별명은 高陽酒
徒, 漢王 劉邦의 謀臣. 나중에 齊王 田廣에게 停戰토록 유세했고 성공했으
나 韓信이 공격해 오자 역이기는 팽살되었다. 食其(yì jī, 이기)는 '배불리 먹
는다'는 뜻. 食는 사람 이름 이. 辟陽侯 審食其(심이기)도 같은 경우.《漢
書》43권, 〈酈陸朱劉叔孫傳〉에 立傳. ○言論給捷 – 言論은 辯論, 談論. 給
捷은 말을 잘하다. 구변이 좋다. 給은 빠를 급. 제때에 대다. 捷은 이길 첩.

〔國譯〕

酈炎(역염)의 字는 文勝(문승)으로 (涿郡) 范陽縣 사람인데, 酈食其
(역이기)의 후손이다. 역염은 문재가 뛰어났고 音律에 밝았으며, 논
쟁을 잘하여 모두가 그 논리에 승복했다. 靈帝 때 州郡에서 불렀지
만 응하지 않았고 志氣를 지켰다. 詩 2편을 지었다.

原文

「大道夷且長, 窘路狹且促. 修冀無卑棲, 遠趾不步局. 舒

吾陵霄羽, 奮此千里足. 超邁絶塵驅, 倏忽誰能逐. 賢愚豈
常類, 稟性在清濁. 富貴有人籍, 貧賤無天錄. 通塞苟由已,
志士不相卜. 陳平敖里社, 韓信釣河曲. 終居天下宰, 食此
萬鍾祿. 德音流千載, 功名重山岳.」

| 註釋 | ○窘路狹且促 − 窘路는 막힌 길. 窘塞(군색). 窘은 막힐 군. ○遠
趾不步局 − 遠趾은 먼 길을 가다. 不步局의 局은 웅크리다. 局促(국축), 좀스
럽다. ○舒吾陵霄羽 − 陵霄(능소)는 하늘을 능가하다. 志氣가 장함. ○倏忽
誰能逐 − 倏忽은 갑자기. 빨리. 倏은 갑자기 숙. ○陳平敖里社 − 陳平(진평,
?−前 178)은 여러 번 奇計로 劉邦을 도왔다. '反間計', '離間計'가 그의 특
기. 陽武縣(今 河南省 開封市 동쪽 蘭考縣) 출신. 진평이 마을에서 토지신
에 대한 제사 뒤에, 제사 지낸 고기를 나누어 주었는데 아주 공평하여 마을
사람의 칭송을 들었고 진평도 말했다. "아! 내가 천하를 주무를 수 있다면
이 고기 나눠주듯 하리라!" ○韓信釣河曲 − 韓信(前 230−196)은 淮陰人
漢初三杰(한초삼걸)의 한 사람. 胯下之辱(과하지욕), 漂母進飯(표모진반), 國士
無雙, 多多益善, 鳥盡弓藏(조진궁장), '成敗一蕭何 生死兩婦人.' 成語의 주인
공. 《漢書》34권, 〈韓彭英盧吳傳〉에 입전.

【國譯】
「大道는 평탄하고 길지만, 막힌 길은 좁고 급하다.
큰 뜻에 낮은 데 아니 머물며, 먼 길에 주저하지 않으리.
하늘에 날아오를 나래 펴고 천리 길을 힘차게 가리라.
세속을 넘어서 빨리 달리려니 누가 나를 쫓아오리오?
賢愚가 어찌 같으리오? 품성의 清濁이 본래 다르다오.
富貴는 사람마다 다르고, 貧賤은 天錄이 없기 때문이다.

통달과 막힘이 나에 달렸고, 志士는 운명을 점치지 않는다.

陳平은 마을에서 당당했고, 韓信은 물가에서 낚시했었다.

끝내 천하를 주물렀으며 공적을 세워 큰 봉록을 받았다.

천년 명성이 이어졌으며, 功名은 山岳처럼 무거웠다.」

原文

「靈芝生河洲, 動搖因洪波. 蘭榮一何晚, 嚴霜瘁其柯. 哀哉二芳草, 不植太山阿. 文質道所貴, 遭時用有嘉. 絳,灌臨衡宰, 謂誼崇浮華. 賢才抑不用, 遠投荊南沙. 抱玉乘龍驥, 不逢樂與和. 安得孔仲尼, 爲世陳四科.」

註釋

○ 絳,灌臨衡宰 – 絳侯(강후) 周勃(주발)과 灌嬰(관영)의 文帝 때 좌우 승상으로 재직하며 젊은 박사 賈誼(가의, 前 200 – 168)의 개혁 주장에 반대하며, 가의가 浮華한 사람이라고 평가하였다. 결국 문제는 가의를 長沙王의 太傅를 내보냈다. 賈誼의 政論文으로는 〈過秦論〉, 〈論積貯疏〉, 〈論治安策〉이 유명하다. 辭賦로는 〈弔屈原賦〉, 〈鵩鳥賦〉, 〈惜誓〉 등이 잘 알려졌다. 《漢書》 48권. 〈賈誼傳〉에 입전. ○ 不逢樂與和 – 천리마를 잘 감식한 伯樂(백락)과 和氏璧을 찾아낸 卞和(변화). ○ 世陳四科 – 孔門十哲의 四分野. 곧, 德行, 政事, 文學, 言語.

[國譯]

「靈芝는 물가에 자라며 큰 물결에 흔들린다.

난초는 매서운 서리에 줄기가 시들며 꽃이 늦었다.

슬프다! 영지와 난초여! 泰山 기슭에 자라지 못했구나.
道에는 文彩와 바탕이 귀하니 때를 만나야 피어난다.
周勃(주발)과 灌嬰(관영)은 재상으로 賈誼가 浮華하다고 하였다.
賢才를 등용치 않고 멀리 荊州의 長沙로 방축하였다.
뛰어난 재능의 千里馬나 伯樂과 卞和(변화)를 못 만났다.
어떻게 仲尼를 만나 능력을 세상에 발휘할 수 있겠는가?」

原文

炎後風病慌忽. 性至孝, 遭母憂, 病甚發動. 妻始産而驚死, 妻家訟之, 收繫獄. 炎病不能理對, 熹平六年, 遂死獄中, 時年二十八. 尙書盧植爲之誄讚, 以昭其懿德.

| 註釋 | ○風病慌忽 – 風病은 中風. 慌忽(황홀)은 정신이 어지러움. 말을 못하거나 기억력의 상실. ○盧植 –《三國演義》를 통해 익숙한 이름이고, 文武兼全에 충량한 신하. 64권, 〈吳延史盧趙列傳〉에 立傳.

[國譯]

酈炎(역염)은 뒷날 中風에 걸려 정신이 오락가락했다. 천성이 至孝하여 모친상을 당해 병이 심하게 나타났다. 그때 아내가 처음으로 출산을 하다가 놀라 죽었고 처가에서 소송하여 역염은 옥에 갇혔다. 역염은 병 때문에 제대로 대처하지 못했고, (靈帝) 熹平 6년(서기 177)에 옥사했는데, 나이 28세였다. 尙書 盧植(노식)이 역염을 위한 誄辭(뇌사)를 지어 역염의 미덕을 알렸다.

❻ 侯瑾

侯瑾字子瑜, 敦煌人也. 少孤貧, 依宗人居. 性篤學, 恒傭
作爲資, 暮還輒蓺柴以讀書. 常以禮自牧, 獨處一房, 如對
嚴賓焉. 州郡累召, 公車有道徵, 並稱疾不到. 作〈矯世論〉
以譏切當時, 而徙入山中, 覃思著述. 以莫知於世, 故作〈應
賓難〉以自寄. 又案《漢記》撰中興以後行事, 爲《皇德傳》三
十篇, 行於世. 餘所作雜文數十篇, 多亡失. 河西人敬其才
而不敢名之, 皆稱爲侯君云.

| 註釋 | ○蓺柴以讀書 — 蓺柴는 燃柴. 蓺은 불태울 연(燃과 同). 柴는 나
뭇가지. 옛날에 등불 대신 싸리나무나 자작나무 가지를 태워 밝혔다. ○覃
思著述 — 覃思(담사)는 靜思.

[國譯]

侯瑾(후근)의 字는 子瑜(자유)로, 敦煌郡(돈황군) 사람이다. 어려 부
친을 잃고 가난하여 일가 집에 거처하였다. 천성이 篤學하여 늘 품
팔이로 살아가면서도 밤이면 나뭇가지로 불을 켜고 글을 읽었다. 늘
禮를 지켜 생활하였는데 방 안에 혼자 있을 때도 엄한 손님을 모시
는 듯하였다. 州郡에서 여러 번 초빙했으나 병을 핑계로 응하지 않
았다. 〈矯世論〉을 지어 당시 세상을 풍자하였고, 산속으로 이사하
여 조용히 생각하며 저술에 종사하였다. 세상 사람들이 알아주지 않
기에 〈應賓難〉을 지어 자신의 뜻을 나타내었다. 또 《漢記》를 읽고

中興 이후의 여러 치적을 엮어 《皇德傳》 30편을 저술하였는데 세상에 알려졌다. 나머지 다른 잡문 수십 편은 대부분 망실되었다. 河西 지역 사람들은 후근을 존중하여 감히 이름을 부르지 못하고 '侯君 (후군)' 이라고 말했다.

❼ 高彪

原文

高彪字義方, 吳郡無錫人也. 家本單寒, 至彪爲諸生, 游太學. 有雅才而訥於言. 嘗從馬融欲訪大義, 融疾, 不獲見, 乃復刺遺融書曰,

「承服風問, 從來有年, 故不待介者而謁大君子之門, 冀一見龍光, 以敍腹心之願. 不圖遭疾, 幽閉莫啓. 昔周公旦父文兄武, 九命作伯, 以尹華夏, 猶揮沐吐餐, 垂接白屋, 故周道以隆, 天下歸德. 公今養疴傲士, 故其宜也.」

融省書慚, 追謝還之, 彪逝而不顧.

|註釋| ㅇ吳郡無錫 – 吳郡은 會稽郡을 분할한 郡. 치소는 吳縣, 今 江蘇省 남부의 蘇州市. 無錫은 今 江蘇省 남부 太湖 북안의 無錫市. ㅇ垂接白屋 – 白屋은 匹夫.

　　高彪(고표)의 字는 義方(의방)인데, 吳郡 無錫縣 사람이다. 집안이 본래 고단하고 한미하였는데, 고표에 이르러 유생이 되어 太學에 유학하였다. 좋은 재능이었지만 말을 더듬었다. 일찍이 馬融(마융)을 찾아 經學의 대의를 묻고 싶었지만 마융이 병이라고 사양하여 만나질 못하자, 고표는 명함에 이어 서신을 보냈다.

　　「귀하의 風雅한 명성을 오랫동안 듣고 흠모하였습니다만, 소개하는 사람도 없이 위대하신 귀하에 대문에서 뵙기를 청하여 알현할 영광을 기대하며 그간 품은 뜻을 말씀드리고 싶었습니다. 그러나 뜻밖에도 편찮다 하시며 닫힌 문은 열리지 않았습니다. 옛날 周公 旦(단)의 부친은 文王이고 형은 武王이시며, 관작은 九州를 호령하는 上公으로 중원을 다스리면서도 목욕 중이나 식사 중이라도 손님을 맞았고 평민을 직접 만났기에 周道가 융성했고 천하가 周公의 덕을 입었습니다. 귀하는 지금 요양하며 士人에 오만하니 아마 그럴 수 있을 것입니다.」

　　마융은 서신을 읽고 부끄러워 고표를 불러 사과하려 했지만 고표는 돌아보지 않고 떠나갔다.

原文

　　後郡舉孝廉, 試經第一. 除郎中, 校書東觀. 數奏賦,頌,奇文, 因事諷諫, 靈帝異之.

　　時, 京兆第五永爲督軍御史, 使督幽州. 百官大會, 祖餞於長樂觀. 議郎蔡邕等皆賦詩, 彪乃獨作箴曰,

*〈箴文〉-高彪

「文武將墜, 乃俾俊臣. 整我皇綱, 董此不虔. 古之君子, 卽戎忘身. 明其果毅, 尙其桓桓. 呂尙七十, 氣冠三軍, 詩人作歌, 如鷹如鶡. 天有太一, 五將三門, 地有九變, 丘陵山川, 人有計策, 六奇五間. 總茲三事, 謀則諮詢. 無曰己能, 務在求賢, 淮陰之勇, 廣武是尊. 周公大聖, 石碏純臣, 以威克愛, 以義滅親. 勿謂時險, 不正其身. 勿謂無人, 莫識己眞. 忘富遺貴, 福祿乃存. 枉道依合, 復無所觀. 先公高節, 越可永遵. 佩藏斯戒, 以屬終身.」

邕等甚美其文, 以爲莫尙也.

後遷外黃令, 帝敕同僚臨送, 祖於上東門, 詔東觀畫彪像以勸學者. 彪到官, 有德政, 上書薦縣人申徒蟠等. 病卒於官, 文章多亡. 子岱, 亦知名.

| 註釋 | ○第五永 - 第五는 복성. 41권, 〈第五鍾離宋寒列傳〉의 第五倫 (제오륜) 참고. ○獨作箴 - 箴은 바늘 잠. 훈계, 경계하는 글. 箴言. ○乃俾俊臣 - 俾는 더할 비. 내려 보내다. 시키다. 俊臣은 준걸한 인재. ○董此不虔 - 董은 바로잡을 동. 董督하다. 不虔(불건)은 바르지 못함. ○尙其桓桓 - 桓桓은 힘세고 날랜 모양. 桓은 굳셀 환. ○五將三門 - 五將은 天目星門昌星 등의 星宿. 三門은 開門, 休門, 生門. ○六奇五間 - 진평의 六出奇計에 5가지가 反間計이다. ○總茲三事 - 이러한 三事(天, 地, 人事)를 총괄하다. ○石碏純臣 - 石碏(석작)은 춘추시대 衛國의 大夫. 齊의 公子 州

吁(주우)가 桓公을 살해했는데, 석작의 아들 石厚도 이에 관여했다. 석작은 주우와 석후를 陳國으로 유인했고, 陳에서 이들을 잡아 처단하였다. 석작은 대의에 바탕을 두고 아들을 죽였다.

[國譯]

뒷날 郡에서 孝廉으로 천거했고, 고표는 경전 對策에서 第一이었다. 郎中을 제수 받고 東觀에서 校書했다. 여러 번 賦, 頌, 奇文을 올려 諷諫하였는데 靈帝가 특별하게 생각하였다.

그때, 京兆 사람 第五永(제오영)이 督軍御史가 되어 幽州의 감독관으로 나가게 되었다. 백관이 모여 長樂觀에서 祖祭을 지내고 전별하였다. 議郎인 蔡邕(채옹) 등이 모두 詩를 지어 전별했지만, 고표는 혼자 箴(잠)을 지었다.

＊〈箴文〉

「文武之道가 타락할 것 같으면 (하늘에서는) 재능이 출중한 신하를 보냅니다. 우리 조정의 기강을 세우고 경건하지 않은 기풍을 바로잡아야 합니다. 古代의 君子가 軍務를 맡으면 일신의 안위는 잊어버렸습니다. 과단성 있고 굳은 의지로 상무의 위엄을 떨쳤습니다. 呂尙(여상, 太公望)은 70세에 그 기백이 三軍의 으뜸이어서 詩人은 '독수리와 같고 새 매와 같다.'고 노래하였습니다. 하늘에는 太一帝星(태일제성)이 있고, 五將에 三門이 있으며, 땅에서는 九變에 따라 용병해야 하며, 丘陵山川에 計策이 있으며, (陳平의) 6가지 奇計에 5

가지가 反間計였습니다. 이러한 天, 地, 人事의 三事를 총괄하면서 여러 참모의 자문이 있어야 합니다. 내가 유능하다는 말을 해서는 안 되고, 賢才를 얻는데 힘써야 하니, 淮陰侯(韓信)는 용감했지만 廣武君을 존중하였습니다. 周公은 大聖이었고, 石碏(석작)도 성실한 신하였지만 위엄을 지켜 親愛의 정을 극복하고 대의로 私親의 정을 끊었습니다. 시대 상황이 좋지 않아 자신의 처신을 바로잡지 못했다고 말하지 마십시오. 자신의 진실을 알아줄 사람이 없다고 말하지 마십시오. 부귀를 망각해야만 자신의 작록을 지킬 수 있습니다. 정도에 어긋나며 시대 풍조대로 흘러간다면 훌륭한 치적을 쌓지 못합니다. 공평과 지조를 앞세워야만 오래도록 존중받습니다. 이런 경계를 마음속에 간직하고 죽을 때까지 애써야 합니다.」

채옹 등은 고표의 글을 크게 칭송하였고 아무도 이보다 더 나을 수 없다고 생각했다.

뒷날 (陳留郡) 外黃(외황) 현령이 되었는데, 靈帝는 동료들이 전송하라고 명령하여 上東門에서 祖祭를 지냈으며, 조서로 東觀에 高彪(고표)의 초상을 그려두고 勸學케 하였다. 부임하여 德政을 폈으며, 上書하여 외황현 사람 申徒蟠(신도반) 등을 천거했다. 재임 중 병사했고 문장은 많이 망실되었다. 아들 高岱(고대) 역시 이름이 알려졌다.

❽ 張超

原文

張超字子並, 河間鄭人也, 留侯良之後也. 有文才. 靈帝時, 從車騎將軍朱儁征黃巾, 爲別部司馬. 著賦,頌,碑文,薦, 檄,箋,書,謁文,嘲, 凡十九篇. 超又善於草書, 妙絶時人, 世共傳之.

|註釋| ○河間鄚人 – 河間國 치소는 治所 樂成縣. 今 河北省 남동부의 滄州市 獻縣(헌현). 鄚(현 이름 막)은 今 河北省 직할 任丘市. 북경(京), 天津, 保定市의 접경. ○謁文, 嘲 – 謁文은 告謁이나 진술하는 내용의 글. 嘲는 嘲笑나 譏弄(기롱)하는 내용의 글.

【國譯】

張超(장초)의 字는 子並(자병)으로 河間國 鄚縣(박현) 사람인데, 留侯(유후) 張良(장량)의 후손이다. 문재가 뛰어났었다. 靈帝 때, 車騎將軍 朱儁(주준)을 따라 황건적을 토벌하였는데 別部司馬였다. 그가 지은 賦, 頌, 碑文, 薦, 檄, 箋, 書, 謁文, 嘲(조) 등 총 19편이 있다. 장초는 또 草書를 잘 썼는데 世人들이 妙絶하다고 생각하여 세상에 전해졌다.

❾ 禰衡

┃原文

禰衡字正平, 平原般人也. 少有才辯, 而尙氣剛傲, 好矯時慢物. 興平中, 避難荊州. 建安初, 來游許下. 始達潁川, 乃陰懷一刺, 旣而無所之適, 至於刺字漫滅. 是時, 許都新建, 賢士大夫, 四方來集. 或問衡曰, "盍從陳長文, 司馬伯達乎?" 對曰, "吾焉能從屠沽兒耶!" 又問, "荀文若, 趙稚長云何?" 衡曰, "文若可借面弔喪, 稚長可使監廚請客." 唯善魯國孔融及弘農楊脩. 常稱曰, "大兒孔文擧, 小兒楊德祖. 餘子碌碌, 莫足數也." 融亦深愛其才.

| 註釋 | ○禰衡(예형, 173 - 198) – 禰는 아비 사당 녜(예). 신주. 성씨. 曹操 앞에서 나체로 북을 친 사나이. 26세에 曹操에 이어 劉表에게 갔다가 다시 江夏太守 黃祖에게 피살. 羅貫中의 《三國演義》中 23회 〈禰正平裸衣罵賊 吉太醫下毒操刑〉 참고 바람. ○平原般 – 今 山東省 북부 德州市 臨邑縣. ○許都 – 許는 潁川郡의 현명. 今 河南省 중앙부 許昌市. 조조가 헌제를 영입하면서 許都로 개칭. ○盍從陳長文, 司馬伯達乎 – 盍은 어찌 아니할 합, 모일 합. 陳長文은 陳群(진군), 司馬伯達은 司馬朗(사마랑), 司馬防의 아들 司馬懿(司馬仲達)의 親兄. ○借面弔喪 – 얼굴이 그럴싸하니 문상을 대신 보낼 만하다는 뜻. ○監廚請客 – 趙融은 曹操와 함께 西園八校尉의 한 사람. 배가 뚱뚱하여 많이 먹으니 주방 요리사가 제격이라는 뜻. ○孔融 – 孔融(공융)은 공자의 후손. 70권, 〈鄭孔荀列傳〉에 立傳. ○楊脩 – 楊彪(양표)의 아들이 鷄肋(계륵)의 뜻을 풀이한 사람. 54권, 〈楊震列傳〉에 立傳.

[國譯]

禰衡(예형)의 字는 正平(정평)으로, 平原郡 般縣(반현) 사람이다. 젊어 재주가 많고 달변이었으며 의기를 높이 숭상했지만 거만하고 난체했으며 時俗을 거스르고 남과 교제에 오만불손하였다. (獻帝) 興平 연간에(194 - 195년) 荊州로 피난했었다. 建安에 許都 근처를 유람하였다. 예형이 처음 潁川(영천) 郡에 왔을 때 예형은 명함 하나를 갖고 있었지만, 이어 찾아갈만한 사람이 없다고 생각하여 명함의 글자를 모두 지워버렸다. 이때 許都가 새로 세워지면서 재덕을 갖춘 사대부들이 사방에서 모여들었다.

어떤 사람이 예형에게 물었다. "왜 陳長文(陳群)이나 司馬伯達(司馬朗, 사마의의 형)을 찾아보지 않습니까?" 그러자 예형이 대답했다. "내가 백정 아들을 만나 뭐하겠나!" 그가 다시 물었다. "荀文若(荀彧, 순욱)이나 趙稚長(趙融)은 어떻습니까?" 이에 예형이 말했다.

"文若(荀彧)은 問喪을 대신 보낼 만하고, 稚長(趙融)은 주방에서 손님을 접대할 만합니다."

예형은 오직 魯國의 孔融(공융)과 弘農郡의 楊脩(양수)만을 늘 칭찬하며 말했다.

"大兒는 孔文擧(孔融)이고, 小兒는 楊德祖(楊脩)이다. 나머지는 碌碌(녹록)한 사람이라 말할 필요도 없다."

공융도 예형의 재주를 아꼈다.

▌原文

衡始弱冠, 而融年四十, 遂與爲交友. 上疏薦之曰,

「臣聞洪水橫流, 帝思俾乂, 旁求四方, 以招賢俊. 昔孝武繼統, 將弘祖業, 疇咨熙載, 群士響臻. 陛下睿聖, 纂承基緒, 遭遇厄運, 勞謙日昃. 惟岳降神, 異人並出.

竊見處士平原禰衡, 年二十四, 字正平, 淑質貞亮, 英才卓礫. 初涉藝文, 升堂睹奧. 目所一見, 輒誦於口, 耳所瞥聞,

不忘於心. 性與道合, 思若有神. 弘羊潛計, 安世默識, 以衡准之, 誠不足怪. 忠果正直, 志懷霜雪. 見善若驚, 疾惡若仇. 任座抗行, 史魚厲節, 殆無以過也. 鷙鳥累百, 不如一鶚. 使衡立朝, 必有可觀. 飛辯騁辭, 溢氣坌涌, 解疑釋結, 臨敵有餘. 昔賈誼求試屬國, 詭係單于, 終軍欲以長纓, 牽致勁越. 弱冠慷慨, 前世美之.

　近日路粹, 嚴象, 亦用異才, 擢拜臺郎, 衡宜與爲比. 如得龍躍天衢, 振翼雲漢, 揚聲紫微, 垂光虹蜺, 足以昭近署之多士, 增四門之穆穆. 鈞天廣樂, 必有奇麗之觀, 帝室皇居, 必蓄非常之寶. 若衡等輩, 不可多得. 〈激楚〉,〈楊阿〉, 至妙之容, 臺牧者之所貪, 飛兔,騕褭, 絶足奔放, 良,樂之所急. 臣等區區, 敢不以聞.」

| 註釋 | ○帝思俾乂 – 俾는 하여금 비(使也). 乂는 다스릴 예(理也), 벨 예. ○疇咨熙載 – 疇는 누구 주, 밭두둑 주. 熙는 널리. 빛날 희. 載는 실행할 재, 일 재(事와 同), 실을 재. ○勞謙日昃 – 日昃(일측)은 해가 기울다. 게으름을 피우지 않다. ○英才卓礫 – 卓礫(탁락)은 뛰어난 모양. 卓은 높을 탁. 뛰어나다. 礫은 조약돌 력. 뛰어날 락. ○升堂睹奧 – 升堂은 昇堂入室. 睹奧(도오)는 深奧(심오)한 내용을 알다. 睹는 볼 도. 자세히 보다. 알다. 覩는 古字. ○耳所瞥聞 – 瞥聞(별문)은 얼핏 듣다. 瞥은 얼핏 볼 별. ○桑弘羊(상홍양) – 무제 때 국가 재정 강화 방안으로, 桑弘羊(상홍양)의 건의를 받아들여 상인의 鹽鐵 판매권을 박탈하여 국가 재정수입을 늘렸지만 온갖 폐단이 많았다. ○張安世(장안세, ?-前 62년) – 張湯(장탕)의 아들. 漢 武帝에서 昭帝, 宣帝에 이르는 三朝 重臣. 잃어버린 문서 3상자의 내용을 모두

외워 다시 만들 정도로 기억력이 비상하였다. ○史魚 - 史鰌(사추)의 字, 衛의 대부. 孔子도 그의 정직을 칭송했다. 子曰, "直哉史魚! 邦有道, 如矢, 邦無道, 如矢.《論語 衛靈公》. 鰌는 미꾸라지 추. ○鷙鳥累百 - 鷙는 맹금 지. ○不如一鶚 - 鶚은 물수리 악. ○溢氣坌涌 - 溢은 넘칠 일. 坌은 솟아 오를 분. 뿜어내다. 먼지 분. 涌은 샘솟을 용. ○終軍(종군, 前 133 - 112년) - 18세에 博士弟子로 뽑혔고, 漢武帝 元鼎 4년 南粵(南越國)에 파견할 사자를 구한다는 말을 듣고 자청하면서 "긴 밧줄(長纓)을 가지고 가서 남월왕을 묶어 바치겠다."고 하여 '請纓報國'이라는 成語의 주인공이 되었다. 그러나 南越相 呂嘉(여가)에게 피살되니, 겨우 20세였다.《漢書》64권, 〈嚴朱吾丘主父徐嚴終王賈傳〉(下) 참고. ○四門之穆穆 - 四門에 和氣가 넘치다. 穆穆은 온화한 모양, 아름답고 훌륭한 모양. ○鈞天廣樂 - 鈞天은 天空. 하늘. 廣樂은 仙樂. ○臺牧者之所貪 - 臺牧者의 뜻 미상. 문맥상 技藝를 감독, 또는 주관하는 사람으로 풀이할 수 있다.

[國譯]

禰衡(예형)은 그때 20세가 약간 지났고, 공융은 나이가 40이었지만 함께 교우하였다. 공융이 예형을 천거하였다.

「臣이 알기로, 洪水가 범람하자 천자는 누구를 시켜 홍수를 다스릴지 사방에서 인재를 구하고 賢才를 초빙하였습니다. 옛날 孝武帝가 즉위하고서 先祖의 대업을 잇고 功業을 이루고자 누구든지 널리 구하자 많은 인재들이 모여들었습니다. 폐하께서는 叡智에 聖明하시고 祖先의 기업을 계승하셨지만, 불운한 어려움을 만나시어 날마다 애쓰시며 謙恭하시고 계십니다. 지금 산악에서는 신령이 하강하고 異人이 곳곳에서 나오고 있습니다.

臣이 볼 때 處士인 平原郡의 禰衡(예형)은 나이가 24세로, 字는 正

平으로, 바탕이 우량하고 忠貞도 곧으며 英才가 특별하게 뛰어났습니다. 처음 六藝의 경서를 배울 때부터 升堂하여 가장 오묘한 경지에 이르렀습니다. 눈으로 한 번 본 것은 바로 외우고, 귀로 얼핏 들은 것도 잊어버리지 않습니다. 본성과 도덕이 相合하여 두뇌에 神靈이 있는 것 같습니다. 桑弘羊(상홍양)의 숨겨진 계산이나 張安世(장안세)의 비상한 기억력에 비교하면 예형도 똑같다고 하여도 조금도 이상하지 않습니다. 예형은 충성 과감하고 端正 충직하며 지향하는 바가 눈처럼 깨끗합니다. 선행을 보면 놀라 따르고, 악행은 마치 원수처럼 미워합니다. (魏 文侯의 신하) 任座(임좌)처럼 행실이 고상하며, (衛) 史魚(사어)의 엄격한 지조도 예형보다 더하지 않을 것입니다. 맹금 수백 마리는 한 마리 물수리만 못합니다. 예형이 조정에 출사한다면 틀림없이 볼만한 치적을 있을 것입니다. 비상하는 변론과 언사는 마치 넘치는 기운이 용솟음치듯 뿜어 나오고, 토론에서 의문을 풀어주고, 결론을 이끌어 論敵 앞에서도 여유가 있습니다. 옛날 賈誼(가의)는 변방 屬國을 시험 삼아 맡겨준다면 흉노 선우를 잡아오겠다고 하였으며, 終軍(종군)은 깃 밧줄로 강경한 南越王을 묶어오겠다고 하였습니다. 이러한 弱冠의 의기와 慷慨(강개)함은 前世에서도 칭찬하였습니다.

近日에 路粹(노수), 嚴象(엄상) 역시 보통 사람과 다른 재능이 있어 尙書郎으로 발탁되었습니다만, 예형 역시 이들에 견줄 만합니다. 만약 용과 같은 예형이 하늘의 네거리에 뛰어올라 날개로 雲漢(銀河)를 휘저으며 紫微宮에서 큰 소리를 내고 무지개와 같은 빛을 낼 수 있게 기회만 준다면, 조정의 여러 관서의 수많은 인재를 빛나게 할 것이며 사방에서 더 많이 공경할 것입니다. 하늘(釣天)의 仙樂(廣

樂)은 틀림없이 특별한 볼거리가 있으며, 帝室과 皇居에는 필히 비상한 보배가 있어야 합니다. 그렇지만 예형과 같은 인재는 많이 얻을 수가 없습니다. 〈激楚〉나 〈楊阿〉와 같은 지극히 훌륭한 악곡은 기예를 하는 사람이라면 누구나 연주하고 싶어 하며, 飛兎(비토)나 騕裏(요뇨) 같은 名馬는 王良(왕량)이나 伯樂(백락) 등이 정말로 갖고 싶어 합니다. 臣은 진정으로 이를 말씀드리지 않을 수 없습니다.」

原文

融旣愛衡才, 數稱述於曹操. 操欲見之, 而衡素相輕疾, 自稱狂病, 不肯往, 而數有恣言. 操懷忿, 而以其才名, 不欲殺之. 聞衡善擊鼓, 乃召爲鼓史, 因大會賓客, 閱試音節. 諸史過者, 皆令脫其故衣, 更着岑牟,單絞之服. 次至衡, 衡方爲〈漁陽〉參撾, 蹀蹋而前, 容態有異, 聲節悲壯, 聽者莫不慷慨.

衡進至操前而止, 吏呵之曰, "鼓史何不改裝, 而輕敢進乎?" 衡曰, "諾." 於是先解衵衣, 次釋餘服, 裸身而立, 徐取岑牟,單絞而着之, 畢, 復參撾而去, 顏色不怍.

操笑曰, "本欲辱衡, 衡反辱孤."

| 註釋 | ○更着岑牟,單絞之服 − 岑牟(잠모)는 鼓史의 투구. 고깔. 單絞之服은 蒼黃色(暗黃色)의 적삼. 絞는 검누른 색의 명주 교, 목맬 교, 염습할 효. ○參撾(참과) − 북 연주의 기법. 撾는 칠 과. 북채. 북채로 북 테두리

는 때리며 연주하는 기법. ○蹀躞(접답) – 잔걸음으로 앞으로 나가다. 蹀
은 밟을 접. 잔걸음으로 걷다. 躞은 밟을 답. 공을 차다. ○袑衣 – 袑은 일
상으로 입는 옷 일, 속속곳 일.

[國譯]

孔融(공융)은 禰衡(예형)의 재주를 아껴 조조에게 여러 번 칭찬하
였다. 조조가 예형을 만나보려 했는데, 예형은 평소에 조조를 경시
하고 미워하면서 미친병이 있다며 찾아가려 하지 않았고, 여러 번
방자한 말을 하였다. 조조는 화가 났지만 예형의 재주에 따른 명성
이 있어 죽일 생각은 아니었다. 조조는 예형이 북을 잘 친다는 말을
듣고 불러서 鼓史(고사, 掌鼓의 佐史)에 임명하고, 이어 여러 빈객을
많이 불러 鼓史들의 연주를 시험해 보려고 하였다. 순번대로 고사들
은 연주할 때 평상시 옷을 벗고서, 다시 고사의 고깔모자를 쓰고 암
황색의 홑적삼을 입게 하였다. 예형의 차례가 오자, 예형은 參撾(참
과)의 기법에 의거 〈漁陽〉의 곡을 연주하며 잔걸음으로 앞으로 나아
갔는데 예형의 그 표정이 특이하였고, 북 연주는 매우 비장하여 듣
고서는 슬퍼하지 않는 사람이 없었다. 예형이 나아가 조조 앞에서
멈추었는데, 다른 고사가 예형에게 따져 물었다.

"鼓史는 왜 옷을 갈아입지도 않고 경솔하게 앞으로 나아가는가?"

그러자 예형이 말했다. "옳은 말이요." 그리고 예형은 먼저 일상
복을 벗고, 다음으로 나머지 옷을 다 벗고 裸身(나신)으로 서 있다가
천천히 고사의 고깔을 쓰고 암황색 적삼을 다 입고서는, 다시 참과
의 기법으로 북을 치며 물러나왔는데 안색에 아무런 부끄러운 기색
이 없었다. 이에 조조가 웃으며 말했다.

"본래 예형을 욕보이려 했는데 예형이 반대로 나를 욕보였다."

原文

孔融退而數之曰, "正平大雅, 固當爾邪?" 因宣操區區之
意. 衡許往. 融復見操, 說衡狂疾, 今求得自謝. 操喜, 敕門
者有客便通, 待之極晏. 衡乃着布單衣, 疏巾, 手持三尺梲
杖, 坐大營門, 以杖捶地大罵. 吏曰, "外有狂生, 坐於營門,
言語悖逆, 請收案罪."

操怒, 謂融曰, "禰衡豎子, 孤殺之猶雀鼠耳. 顧此人素有
虛名, 遠近將謂孤不能容之, 今送與劉表, 視當何如." 於是
遣人騎送之. 臨發, 衆人爲之祖道, 先供設於城南, 乃更相
戒曰, "禰衡勃虐無禮, 今因其後到, 咸當以不起折之也."
及衡至, 衆人莫肯興, 衡坐而大號. 衆問其故, 衡曰, "坐者
爲冢, 臥者爲屍. 屍冢之間, 能不悲乎!"

| 註釋 | ㅇ數之曰 - 數는 책망할 수. 잘못을 하나하나 들어 책망하다,
數罪(수죄). ㅇ正平大雅 - 正平은 禰衡의 字. 大雅는 大正. 大雅君子로 꼭
그렇게까지 했어야 하는가? ㅇ三尺梲杖 - 3척의 지팡이. 梲은 지팡이 탈.

[國譯]

공융은 물러나와 예양의 잘못을 따졌다. "正平(禰衡)은 大雅君子
이면서 꼭 그렇게 해야 했는가?" 그러면서 공융은 조조의 진심이었

다고 설명하였다. 그러자 예형은 가서 사과하겠다고 말했다. 공융은 다시 조조를 만나보고 예형이 미친병이 발작했지만 제 스스로 찾아와 사과할 것이라고 말했다. 조조는 기뻐하면서 문지기에게 손님이 오면 통보하라고 하면서 오랫동안 기다렸다. 예형은 홑적삼에 조악한 천으로 만든 두건을 쓰고 손에 3尺의 막대 지팡이를 잡고 軍營의 정문 앞에 앉아 지팡이로 땅을 쳐가면서 욕을 했다. 문지기가 들어와 "밖에 미친 사람이 영문에 앉아 패악한 말을 하는데 잡아 처벌해야 합니다." 라고 보고하였다. 조조는 화가 나서 공융에게 말했다.

"내가 예형 같은 어린 애를 죽이기는 참새나 쥐새끼와 같다. 이 자가 평소에 헛 명성이 있어 원근에서 내가 관용하지 못한다고 말할 것이라서 이 자를 유표에게 보내, 유표인들이 어떻게 하나 보겠다."

그리고 사람을 보내 예형을 말에 태워 보내게 했다. 출발에 앞서 여러 사람이 길에서 祖祭를 지내려고 城南에 음식을 차려놓고 서로 다짐하였다.

"예형은 버릇없고 무례하니, 그가 올 때 앉아 있으면서 그 기세를 꺾어봅시다."

예형이 자리에 도착했지만 아무도 일어나지 않자, 예형은 자리에 앉아 큰 소리로 통곡했다. 사람들이 이유를 묻자, 예형이 말했다.

"앉아있는 것은 무덤이고 누운 것은 시체요. 시체와 무덤 사이에 어찌 슬프지 않겠는가!"

原文

劉表及荊州士大夫, 先服其才名, 甚賓禮之, 文章言議, 非衡不定. 表嘗與諸文人共草章奏, 並極其才思. 時衡出, 還見之, 開省未周, 因毀以抵地. 表憮然爲駭. 衡乃從求筆札, 須臾立成, 辭義可觀. 表大悅, 益重之.

後復侮慢於表, 表恥, 不能容. 以江夏太守黃祖性急, 故送衡與之, 祖亦善待焉. 衡爲作書記, 輕重疏密, 各得體宜. 祖持其手曰, "處士, 此正得祖意, 如祖腹中之所欲言也."

| 註釋 | ○因毀以抵地 － 抵는 던지다. 밀어젖히다. 거스를 저. ○憮然爲駭 － 憮然(무연)은 이상히 여기다. 멍한 모양, 失意한 모양. 憮는 어루만질 무. ○處士 － 才德이 있으면서도 은거하며 不仕하는 사람.

【國譯】

劉表(유표)와 荊州(형주)의 士大夫들은 처음에 예형의 재주와 명성을 알아 손님의 예를 아주 잘 갖춰 대우하였고, 문장이나 의논에서 예형이 아니면 결정하지 못했다. 어느 때, 유표가 여러 문인과 함께 상주할 문서의 초안을 잡으면서 모두가 재주와 학식을 다 동원하였다. 그때 예형은 외출에서 돌아와 초안을 보고서는 제대로 다 읽어보지도 않고 찢어 땅에 버렸다. 유표는 할 말이 없어 경악했다. 예형은 붓과 서찰을 얻어서 잠깐 만에 문장을 완성하였는데 그 뜻이 아주 훌륭했다. 유표는 크게 기뻐하며 더욱 예형을 존중하였다.

뒤에 예형이 유표를 무시하자, 유표는 치욕이라 여겨 용납할 수가 없었다. 江夏太守인 黃祖(황조)는 성격이 매우 급했는데 예형을 황조에게 보냈고, 황조 역시 예형을 잘 대우하였다. 황조는 예형을 書記에 임명하였는데, 크고 작은 일이나 쉽고 어려운 일을 모두 잘 처리하였다. 이에 황조는 예형의 손을 잡고 말했다.

"處士는 정말 내 마음을 잘 알아주니, 마치 내 마음속에 있는 말을 하는 것 같소이다."

原文

祖長子射, 爲章陵太守, 尤善於衡. 嘗與衡俱游, 共讀蔡邕所作碑文, 射愛其辭, 還恨不繕寫. 衡曰, "吾雖一覽, 猶能識之, 唯其中石缺二字, 爲不明耳." 因書出之, 射馳使寫碑, 還校, 如衡所書, 莫不嘆伏. 射時大會賓客, 人有獻鸚鵡者, 射擧卮于衡曰, "願先生賦之, 以娛嘉賓." 衡攬筆而作, 文無加點, 辭采甚麗.

後黃祖在蒙衝船上, 大會賓客, 而衡言不遜順, 祖慚, 乃呵之. 衡更熟視曰, "死公! 云等道?" 祖大怒, 令五百將出, 欲加箠. 衡方大罵, 祖恚, 遂令殺之. 祖主簿素疾衡, 卽時殺焉. 射徒跣來救, 不及. 祖亦悔之, 乃厚加棺斂. 衡時年二十六, 其文章多亡云.

│註釋│ ○長子射 - 射는 名. 음은 싫어할 역, 음률 이름 역. ○章陵太守 - 후한 말기 南陽郡 章陵縣을 章陵郡으로 개명, 치소는 章陵縣(今 湖北省 북부 襄陽市 관할 棗陽市). 후한 말에 長沙郡, 零陵郡, 桂陽郡, 南陽郡, 江夏郡, 武陵郡, 南郡을 荊州 八郡이라 통칭하였다. 蒯越(괴월)과 黃祖의 아들 黃射(황역)이 章陵 太守를 역임했다. 曹操가 형주를 차지한 뒤에 폐지

되어 남양군에 원래대로 편입되었다. ○蒙衝船 – 폭이 좁고 긴 배, 적의
배에 충돌하기 위한 배. ○五百 – 伍伯(오백)과 通. 관리 출장 시 길을 안내
하고 길을 치우는 吏卒.

[國譯]

　　黃祖(황조)의 長子인 黃射(황역)은 章陵太守였는데 예형과 아주 친
했다. 그전에 예형과 같이 유람하면서 蔡邕(채옹)이 지은 碑文을 함
께 읽었는데, 황역은 그 글을 좋아하였으나 돌아와서는 필사하지 않
은 것을 서운하게 생각했다. 이에 예형이 말했다.

　　"내가 한 번 읽어 아직 기억하고 있는데, 그 비문에 글자 두 자가
빠진 것 같은데 잘 모르겠습니다."

　　그러면서 비문을 써 주었는데, 황역이 사람을 보내 필사해 온 것
과 맞춰보니 예형이 써 준 그대로여서 탄복하지 않는 사람이 없었
다. 황역은 그 무렵 손님을 많이 초청하여 모임을 가졌는데 鸚鵡(앵
무)새를 헌상하는 사람이 있어 황역은 술잔을 들고 예형에게 말했
다.

　　"先生께서 賦를 지어 멋진 손님들을 즐겁게 해주십시오."

　　예형은 붓을 잡고 賦를 지었는데 문장에 글자 하나를 보탤 필요
도 없이 매우 아름다웠다.

　　그 뒤에 황조는 蒙衝船(몽충선)을 이어서 많은 빈객을 모아 잔치
를 벌였는데, 예형의 언사가 매우 불손하여 황조는 창피하게 여기며
예형을 질책하였다. 그러자 예형도 황조를 노려보며 말했다. "죽을
늙은이! 지금 무슨 말을 하는가?"

　　황조는 화가 나서 吏卒 五百(길 안내자)을 시켜 끌고 가서 매질을

하라고 했다. 그러나 예형이 한창 욕을 퍼붓자, 화가 난 황조는 예형을 죽이라고 명령하였다. 황조의 主簿(주부)는 평소 예형을 질시했는데 예형을 즉시 처형했다. 황역이 맨발로 달려와 구하려 했지만 때가 늦었다. 황조는 곧 후회하며 후하게 염을 하여 장례를 치러주었다. 그때 예형의 나이 26세였고, 그의 문장은 많이 망실되었다고 한다.

原文

贊曰, 情志旣動, 篇辭爲貴. 抽心呈貌, 非彫非蔚. 殊狀共體, 同聲異氣. 言觀麗則, 永監淫費.

| 註釋 | ○非彫非蔚 – 彫는 새길 조. 깎다. 꾸미다. 蔚는 초목이 무성할 위. 문채가 아름다운 모양. 빽빽할 울(鬱과 通).

[國譯]

贊曰,
感情과 心志가 발동해 지어진 문장을 귀하게 여긴다.
마음에 우러나 글로 드러나니 아니 꾸며도 모두 아름답다.
서로 다른 느낌과 함께 아름답고 同音이어도 氣가 다르다.
읽어 화려하고 법도가 있어 마음에 오래 남는 좋은 글이다.

81 獨行列傳
〔독행열전〕

原文

孔子曰, "與其不得中庸, 必也狂狷乎!" 又云, "狂者進取,
狷者有所不爲也." 此蓋失於周全之道, 而取諸偏至之端者
也. 然則有所不爲, 亦將有所必爲者矣, 旣云進取, 亦將有
所不取者矣. 如此, 性尙分流, 爲否異適矣.

│註釋│ ○與其不得中庸 − 與其는 ~하기 보다는. 일반적으로 '與其~不
如~', '與其~ 寧~'의 형태로 쓰인다. 例「禮, 與其奢也寧儉, 喪, 與其易也
寧戚.」《論語 八佾》. 禮는 사치하기보다는 검소한 것이 낫고, 喪은 간편하
게 처리하는 것보다 차라리 슬퍼하는 것이 더 낫다.
《中庸章句》에서는 「喜怒哀樂之未發을 謂之中이라 한다. 發而皆中節을 謂
之和」라고 하였다. 仲尼는 '君子는 中庸하고, 小人은 反中庸이라.'고 했
다. 中庸이란 어느 쪽에도 치우침이 없는 것(不偏不倚)이며, 過나 不及도

없이 平常의 도리이어서 君子는 이를 자연스럽게 지키고 실천하나 소인은 중용에 반한다고 하였다. 또 「子曰, "中庸之爲德也, 其至矣乎! 民鮮久矣."」라고 했다.《論語 雍也》. ○必也狂狷乎 – 狂狷(광견)은 이상만 높고 실천이 없으며 사려가 부족하고 완고하다. 狷은 성급할 견. 「子曰, "不得中行而與之, 必也狂狷乎! 狂者進取, 狷者有所不爲也."」《論語 子路》.

[國譯]

孔子는 "中庸(중용)을 얻지 못한다면, 틀림없이 지나치거나 성급할 것이다."라고 말했다. 또 "지나친 자는(狂者) 적극적으로 이루려 하지만, 성급한 자는 하지 못하는 것이 있다."고 말하였는데, 이는 아마도 전체를 다 챙겨야 하는 것에서 빠트리는 것이 있으며 한쪽으로 지나치게 치우침이 있다는 뜻일 것이다. 그러하기에 하지 못하는 것이 있고, 또한 반드시 하려는 것이 있을 것이며, 나아가 취한다(進取)는 것은 (동시에) 취하지 않고 버리는 것이 있다는 뜻이다. 그러하기에 숭상하는 것이 달라지거나, 아니면 취향이 완연히 달라진다.

原文

中世偏行一介之夫, 能成名立方者, 蓋亦衆也. 或志剛金石, 而克扞於强御. 或意嚴冬霜, 而甘心於小諒. 亦有結朋協好, 幽明共心, 蹈義陵險, 死生等節. 雖事非通圓, 良其風軌, 有足懷者. 而情跡殊雜, 難爲條品, 片辭特趣, 不足區別. 措之則事或有遺, 載之則貫序無統. 以其名體雖殊, 而操行俱絶, 故總爲〈獨行篇〉焉. 庶備諸闕文, 紀志漏脫云爾.

| 註釋 | ○中世 – 上古나 現在가 아닌 약간 오래 전이라는 뜻으로 쓰였고, 특별한 시대를 지칭하는 용어가 아니다. ○一介 – 一個. 介는 물건을 세는 단위. 낱. 个와 同. 个는 介의 俗字가 아닌 별개의 글자. 우리나라에서는 個를 주로 사용. ○克扞於强御 – 克扞은 이기다. 克은 이길 극. 扞은 막을 한. 막아내다. ○甘心於小諒 – 甘心은 고마워하다. 諒은 작은 일에도 성의와 진실을 다하는 감정. 하찮은 의리도 꼭 지키는 성실성. 어질다.

[國譯]

中世에 자신의 뜻을 바탕으로 행동하여 그 이름을 날린 사람은 아마 상당히 많을 것이다. 어떤 자는 그 뜻이 쇠나 돌보다 강하여 强暴한 세력을 꺾어 눌러 이겼다. 혹은 그 뜻이 겨울철 찬 서리보다도 더 엄격했지만 작은 신의도 꼭 지켰다. 또 어떤 사람은 친구와의 우정과 신의를 지켜 죽어서도 살았을 때와 같이 한마음으로 대의를 지키고 위험을 감수하며 死生의 지조를 지켰다. 비록 모든 일이 원만하게 해결되지는 못했어도, 그런 사람들의 높은 지조와 의리는 가슴에 충분히 새길 수 있었다. 그런 사람들의 행적이 제각각이기에 사례에 따라 품평하거나 언행의 일부나 풍모만으로 분류할 수는 없을 것이다. 그런 사람들을 제외시킨다면 사건이 묻혀버릴 수도 있고, 그런 상황을 다 수록한다면 체계를 바로잡기도 어려울 것이다. 그 명성이나 사례가 제각각이지만, 아주 특별한 사례를 모아 〈獨行篇〉으로 엮었다. 전후 생략 내용이나 다 설명하지 못한 뜻을 보충하여 생각하기 바란다.

❶ 譙玄

原文

譙玄字君黃, 巴郡閬中人也. 少好學, 能說《易》,《春秋》.
仕於州郡. 成帝永始二年, 有日食之災, 乃詔舉敦樸遜讓,有
行義者各一人. 州舉玄, 詣公車, 對策高第, 拜議郎.

帝始作期門, 數爲微行. 立趙飛燕爲皇后, 後專寵懷忌,
皇子多橫夭. 玄上書諫曰,

「臣聞王者承天, 繼宗統極, 保業延祚, 莫急胤嗣. 故《易》
有幹蠱之義,《詩》詠衆多之福. 今陛下聖嗣未立, 天下屬望,
而不惟社稷之計, 專念微行之事, 愛幸用於所惑, 曲意留於
非正. 竊聞後宮皇子, 産而不育. 臣聞之怛然, 痛心傷剝, 竊
懷憂國, 不忘須臾. 夫警衛不修, 則患生非常. 忽有醉酒狂
夫, 分爭道路. 旣無尊嚴之儀, 豈識上下之別! 此爲胡狄起
於轂下, 而賊亂發於左右也. 願陛下念天下之至重, 愛金玉
之身, 均九女之施, 存無窮之福, 天下幸甚.」

| 註釋 | ○巴郡 閬中 – 縣名. 今 四川省 동북부 南充市 관할 閬中市. ○始
作期門 – 期門은 郎官에 준하는 황제 호위병, 정원 無, 微行(미행)은 밤에 平
服으로 期門郎이나 私奴 몇 명만 데리고 외출하다. 武帝는 양가의 자제를
뽑아 궁궐 문에서 만나기로 기약하였는데, 이를 期門이라 하였다 무제는
期門을 거느리고 사냥이나 미행을 즐겼지만 成帝의 미행은 그 정도가 심했
다. 성제는 미행으로 陽阿(양아) 公主의 집에 들렀다가 趙飛燕을 보고 좋아
하여 궁으로 불러들여 크게 총애하였다. 조비연의 여동생도 이어서 불러

둘 다 첩여가 되었다. 成帝의 微行에 자주 동행한 사람은 張放(장방, 張安世의 玄孫)인데, 성제의 비호 하에 방자한 생활을 했다. 성제가 죽자 슬피 울다가 죽었다. ○趙飛燕(조비연, 45 - 前 1년) - 成帝의 2번째 황후. 哀帝 때 황태후. 能歌善舞, 소위 掌中舞했다는 설화가 있다. ○《易》有幹蠱之義 - '幹父之蠱(간부지고)'는 부친의 잘못을 바로잡는다는 뜻. 《易》山(☶)風(☴) 蠱(고), 〈蠱卦〉의 象辭에 나오는 말. ○《詩》詠衆多之福 - 《詩經 周南 螽斯(종사)》는 后妃가 많은 자손을 둔 것을 노래한 시이다. ○怛然 - 怛은 슬플 달. ○不忘須臾 - 須臾(수유)는 잠시. 잠간. 寸刻. ○均九女之 - 九女는 황제의 후궁에 대한 총칭. 황후나 후궁에게 애정을 고루 베풀어야 한다는 뜻.

[國譯]

譙玄(초현)의 字는 君黃(군황)으로, 巴郡 閬中縣(낭중현) 사람이다. 젊어 好學하였고 《易經》과 《春秋》의 講說을 잘했다. 州郡에 출사하였다. 成帝 永始 2년(前 15年)에 日食(日蝕)이 발생하자 바로 조서를 내려 敦樸하고 遜讓하며, 대의를 지켜 따르는 자를 각각 1인씩 천거하게 하였다. 益州에서는 초현을 천거하였고 초현은 公車에 와서 대책에 응시하였고 높은 등급을 받아 의랑에 임명되었다.

그때, 성제는 期門을 두고 자주 微行(미행)하였다. 趙飛燕을 황후로 삼았는데, 조비연은 총애를 독점하며 투기가 심하였으며 태어난 皇子들은 많이 횡사하였다. 이에 초현이 이를 간하는 상서를 올렸다.

「臣이 알기로, 王者는 上天의 뜻을 받아 大業을 유지하고 제위를 이어받아야 하기에 後嗣를 두는 것보다 더 시급한 일은 없습니다. 그래서 《易經》에 '부친의 잘못을 바로잡는다(幹父之蠱).' 라는 말이 있고, 《詩經》에는 자식을 많이 둔 복을 칭송하였습니다. 지금 폐하께서 아직 후사를 세우지 못하여 천하가 주목하고 기대하는데, 폐하께서는 사직을 위한 大計를 걱정하지 않고 微行(미행)에만 열중하시고 현혹된 여인만을 총애하시며 정도가 아닌 일에만 전념하고 계십니다. 臣은 後宮 소생의 皇子들은 출산되었지만 모두가 양육되지 못하고 죽었다고 알고 있습니다. 신은 그런 소식에 슬프고 살을 도려내듯 마음이 아프며 나라 걱정을 잠시도 잊을 수가 없습니다. 그리고 (황제에 대한) 警衛를 하지 않으면 비상 상황이 벌어질 것입니다. 갑자기 술에 취한 狂夫가 길에서 행패를 벌릴 수도 있습니다. 그런 자는 尊嚴之儀를 모르니 어찌 상하를 식별하겠습니까! 이는 흉노 같은 외적이 수레 가까이에 쳐들어온 것과 같고 좌우에서 도적떼가 일어난 것과 같습니다. 바라옵건대, 폐하께서는 천하의 막중한 존재임을 생각하시고 金玉 같은 옥체를 아끼시고 후궁 九女에 대한 사랑을 고르게 베푸시어 무궁한 복을 누리신다면 천하를 위해 다행일 것입니다.」

原文

時, 數有災異, 玄輒陳其變. 旣不省納, 故久稽郎官. 後遷太常丞, 以弟服去職.

平帝元始元年, 日食, 又詔公卿擧敦樸直言. 大鴻臚左咸擧玄詣公車對策, 復拜議郎, 遷中散大夫. 四年, 選明達政事, 能班化風俗者八人. 時並擧玄, 爲繡衣使者, 持節, 與太僕王惲等分行天下, 觀覽風俗, 所至專行誅賞. 事未及終, 而王莽居攝, 玄於是縱使者車, 變易姓名, 間竄歸家, 因以隱遁.

| 註釋 | ○繡衣使者(수의사자) − 御史大夫의 임시 속관. 武帝 때 처음 설치. 비 상설직. 지방을 순회하며 姦滑(간활)을 적발하며 처벌할 권한을 가졌다. ○縱使者車 − 縱은 버리다. 使者는 繡衣使者.

[國譯]

그때, 재해와 이변이 자주 발생하자 초현은 매번 그 변고에 관하여 상서하였다. 그러나 받아들여지지 않았고, 오랫동안 郞官에서 승진하지도 못했다. 뒷날 太常丞으로 승진하였지만 동생이 죽어 사직하였다.

平帝 元始 원년(서기 1년), 일식이 일어나자 또 공경에게 조서를 내려 敦樸(돈박)하고 直言할 인재를 천거케 하였다. 大鴻臚인 左咸(좌함)이 초현을 천거하였고, 초현은 公車에 가서 대책에 응시하여 다시 議郞을 제수 받았다가 中散大夫로 승진하였다. 元始 4년, 政事에 明達하고 풍속을 교화를 담당할 자 8인을 선발하였다. 그때 여러 사람이 초현을 천거하였고, 초현은 繡衣使者(수의사자)가 되어 부절을 받고서 太僕인 王惲(왕운) 등과 함께 천하를 나눠 순찰하며 風俗을 살폈으며, 가는 곳에서는 誅殺과 施賞을 전담하여 시행하였다. 그러나 업무를 다 마치기도 전에 王莽(왕망)이 居攝(거섭, 황제 대행)의 지위에 오르자, 초현은 수의사자의 수레를 버리고 성명을 바꿔 몰래 집에 들렀다가 은둔하였다.

原文

　後公孫述僭號於蜀, 連聘不詣. 述乃遣使者備禮徵之, 若玄不肯起, 便賜以毒藥. 太守乃自齎璽書至玄廬, 曰, "君高節已著, 朝廷垂意, 誠不宜復辭, 自招凶禍."

　玄仰天嘆曰, "唐堯大聖, 許由恥仕, 周武至德, 伯夷守餓.
彼獨何人, 我亦何人. 保志全高, 死亦奚恨!" 遂受毒藥.

　玄子瑛泣血叩頭於太守曰, "方今國家, 東有嚴敵, 兵師四
出. 國用軍資, 或不常充足. 願奉家錢千萬, 以贖父死." 太
守爲請, 述聽許之. 玄遂隱藏田野, 終述之世.

| 註釋 | ○公孫述(공손술, ?-36년) – 公孫은 복성. 字 子陽, 益州(巴蜀) 일
원을 차지하고 天子라 자칭, 國號 成家. 建武 12년(서기 36년), 장수 吳漢
(오한)의 공격을 받아 멸망. 13권, 〈隗囂公孫述列傳〉에 입전.

[國譯]

　뒷날 公孫述(공손술)이 蜀에서 황제를 참칭하면서 연이어 초현을
불렀다. 공손술은 사자를 보내 예를 갖춰 초빙하면서 만약 응하지
않는다면 바로 독약을 내리라 했다. 태수가 국새가 찍힌 문서를 갖
고 초현의 초가에 와서 말했다.

　"君의 高節은 이미 알려졌고 조정에서도 유념하고 있어 정말로
또다시 사양하여 흉악한 화를 자초할 수 없을 것입니다."

　초현은 하늘을 우러러 탄식하였다. "唐堯는 大聖인데도, 許由(허
유)는 출사를 부끄럽게 여겼고, 周 武王의 至德에도 伯夷(백이)는 지
조를 지켜 餓死하였다. 허유나 백이는 누구이고, 나는 어떤 사람인
가? 지조를 끝까지 지킬 수 있다면 죽어 무슨 여한이 있겠는가!"

　그러면서 독약을 넘겨받았다.

　초현의 아들 譙瑛(초영)이 피를 토하고 울고 머리를 조아리며 태

수에게 말했다.

"지금 나라 동쪽에는 강한 세력이 존재하고 사방에서 군사를 보내고 있습니다. 나라에 軍資가 필요하고, 혹 부족할 수도 있을 것입니다. 가문의 재산 1천만 전으로 부친의 죄를 代贖(대속)하겠습니다."

태수는 이를 주청하였고 공손술은 허락하였다. 초현은 결국 공손술의 시대가 끝날 때까지 산림에 은거하였다.

| 原文

時, 兵戈累年, 莫能修尙學業, 玄獨訓諸子勤習經書. 建武十一年卒. 明年, 天下平定, 玄弟慶以狀詣闕自陳. 光武美之, 策詔本郡祠以中牢, 敕所在還玄家錢.

時, 亦有犍爲費貽, 不肯仕述, 乃漆身爲厲, 陽狂以避之, 退藏山藪十餘年. 述破後, 仕至合浦太守. 瑛善說《易》, 以授顯宗, 爲北宮衛士令.

| 註釋 | ○合浦太守 – 관할 지역이 今 廣東省, 廣西省 일대의 해안 지방. 合浦郡 治所는 合浦縣. 今 廣西壯族自治區 동남부 北海市 관할 合浦縣. ○北宮 衛士令 – 질록 6백석.

[國譯]

그때 전쟁이 여러 해 계속되면서 학업을 숭상하는 사람이 없었지만 초현은 홀로 여러 자손에게 경학을 부지런히 가르쳤다. 초현은

建武 11년(서기 35)에 죽었다. 다음 해 천하가 평정되면서 초현의 동생 譙慶(초경)은 궁궐에 가서 상주문을 올렸다.

光武帝는 초현을 칭송하며 蜀郡에서 中牢(중뢰)로 제사하고 초현의 가산을 돌려주라고 명령했다.

그때 犍爲郡의 費貽(비이)란 사람도 공손술에게 출사하기를 거부하며 몸에 옻칠을 하여 (옻이 올라) 무서운 괴물처럼 되었고 거짓 미친 척하며 부름을 피해 산속에서 10여 년을 숨어 있었다. 공손술이 패망한 뒤에 출사하여 合浦太守를 역임하였다. (초현의 아들) 譙瑛(초영)은 《易經》 강독에 능하여 顯宗(明帝)에게 강론하였고 北宮 衛士令을 지냈다.

❷ 李業

原文

李業字巨游, 廣漢梓潼人也. 少有志操, 介特. 習《魯詩》, 師博士許晃. 元始中, 舉明經, 除爲郎. 會王莽居攝, 業以病去官, 杜門不應州郡之命. 太守劉咸强召之, 業乃載病詣門. 咸怒, 出教曰, “賢者不避害, 譬猶彀弩射市, 薄命者先死. 聞業名稱, 故欲與之爲治, 而反託疾乎?” 令詣獄養病, 欲殺之. 客有說咸曰, “趙殺鳴犢, 孔子臨河而逝. 未聞求賢而脅以牢獄者也.” 咸乃出之, 因舉方正. 王莽以業爲酒士, 病不之官, 遂隱藏山谷, 絶匿名跡, 終莽之世.

| 註釋 | ○廣漢梓潼 - 廣漢郡 治所 雒縣(낙현). 今 四川省 成都市 북쪽의 廣漢市. 梓潼縣은 今 四川省 중동부 綿陽市 관할 梓潼縣. ○介特(개특) - 지조를 지켜 세속에 영합하지 않다. 도와주는 사람이 없이 고립되다. ○趙殺鳴犢 - 공자가 列國을 주유할 때 衛에서 등용되지 않자, 서쪽으로 가서 晉의 趙簡子(조간자)를 만나려 하였다. 그러나 황하에 이르러 趙에서 竇鳴犢(두명독)이 죽었다는 소식을 듣고 孔子는 수레를 돌렸다. ○酒士 - 왕망은 술을 나라에서 專賣하였다. 이를 담당하는 관리를 酒士라 불렀다.

[國譯]

李業(이업)의 字는 巨游(거유)로, 廣漢郡 梓潼縣 사람이다. 젊어 큰 뜻을 품었고, 지조를 지켜 세속에 영합하지 않았다. 《魯詩》를 전공하였고 博士 許晃(허황)에게 사사하였다. (平帝) 元始 연간에, 明經으로 천거 받아 낭관이 되었다. 마침 王莽이 居攝이 되자, 이업은 병이라 사직한 뒤에 杜門하고 州郡의 부름에 응하지 않았다. (광한군) 太守인 劉咸(유함)이 억지로 징소하자, 이업은 병을 핑계대면서 郡府에 나아갔다. 그러자 유함은 대노하면서 이업에게 경고하였다.

"賢者라고 재해를 피할 수 없는 것은 사람이 많은 거리에서 사람에게 활을 쏘는 것과 같아 명줄이 짧은 사람이 먼저 맞아 죽는다. 이업 당신의 명성을 들었기에 함께 백성을 다스리려는 것인데 도리어 병을 핑계 대는가?"

그러면서 옥에 들어가 요양하라면서 이업을 죽이려 했다. 어떤 빈객이 유함을 설득하였다.

"옛날에 趙에서 竇鳴犢(두명독)을 죽이자, 공자는 河水에서 수레를 돌렸습니다. 求賢하면서 옥에 가두고 협박하는 일은 없었습니다."

이에 유함은 이업을 내보냈고 이어 方正한 인재로 천거하였다.

왕망은 이업을 酒士에 임명하였지만, 이업은 병을 핑계로 부임하지 않고 산속에 숨었고 왕망이 망할 때까지 종적을 숨겼다.

原文

及公孫述僭號, 素聞業賢, 徵之, 欲以爲博士, 業固疾不起. 數年, 述羞不致之, 乃使大鴻臚尹融持毒酒, 奉詔命以劫業, 若起, 則受公侯之位, 不起, 賜之以藥.

融譬旨曰, "方今天下分崩, 孰知是非? 而以區區之身, 試於不測之淵乎! 朝廷貪慕名德, 曠官缺位, 於今七年, 四時珍御, 不以忘君. 宜上奉知己, 下爲子孫, 身名俱全, 不亦優乎! 今數年不起, 猜疑寇心, 凶禍立加, 非計之得者也."

業乃嘆曰, "危國不入, 亂國不居. 親於其身爲不善者, 義所不從. 君子見危授命, 何乃誘以高位重餌哉?"

融見業辭志不屈, 復曰, "宜呼室家計之." 業曰, "丈夫斷之於心久矣, 何妻, 子之爲?" 遂飲毒而死. 述聞業死, 大驚, 又恥有殺賢之名, 乃遣使吊祠, 賻贈百匹. 業子翬, 逃避不受.

註釋

○危國不入, 亂國不居 - 「危邦不入, 亂邦不居. 天下有道則見, ~」《論語 泰伯》. ○君子見危授命 - 「子曰 "見利思義, 見危授命, ~」《論語 憲問》.

【國譯】

公孫述(공손술)은 제호를 참칭하였는데 평소 李業(이업)의 명성을 듣고 벼슬로 불러 박사를 삼으려 하였지만, 이업은 병이라면서 극력 사양하며 응하지 않았다. 몇 년 뒤 공손술은 이업을 불러들이지 못한 것을 부끄럽게 여겨, 곧 大鴻臚 尹融(윤융)을 시켜 毒酒를 가지고 이업을 협박하여 만약 부름에 응하면 公侯의 자리를 내리지만 응하지 않는다면 독주를 마시게 하라고 명령하였다. 윤융이 이업을 만나 회유하며 말했다.

"지금 천하가 분열되었으니 누군들 시비를 가릴 수 있겠습니까? 그저 미약한 육신으로 깊이를 모를 심연에 빠질 수 있겠습니까! 조정에서는 명성과 덕을 사모하여 자리를 비워놓고 기다린 지 벌써 7년이며 四季에 맞춰 귀한 물건을 보내며 귀하를 잊지 않고 있습니다. 응당 知己를 받들고, 아래로 자손을 위하며 일신과 명성을 보전하는 것이 낫지 않겠습니까! 지금 몇 년 동안 관직에 부임하지 않으니, 凶禍가 곧 닥칠 것이니 이러는 것은 좋은 방책이 아닙니다."

그러자 이업이 탄식하며 말했다.

"危國에 不入하며, 亂國에는 不居하는 것이요. 자기 몸을 아끼면서 不善을 행하는 자를 의리상 따를 수 없는 것이요. 또 君子는 見危授命 해야 하거늘, 어찌 고위의 관작으로 유인할 수 있겠습니까?"

윤융은 이업의 말을 듣고 뜻을 굽히지 않을 것 같아 다시 "응당 가족과 함께 의논해 보십시오."라고 말했다. 이에 이업이 말했다.

"대장부가 마음에 결단한 지 오래거늘 아내나 자식에 물어 어찌 하겠는가?"

그리고는 독약을 마시고 죽었다. 공손술은 이업이 죽었다는 소식에 놀라면서 현인을 죽였다는 평판이 두려워 사자를 보내 조문하고 비단 1백 필을 부조하였다. 이업의 아들 李翬(이휘)는 도피하며 받지 않았다.

蜀平, 光武下詔表其閭,《益部紀》載其高節, 圖畫形象.

初, 平帝時, 蜀郡王皓爲美陽令, 王嘉爲郎. 王莽簒位, 並棄官西歸. 及公孫述稱帝, 遣使徵皓,嘉, 恐不至, 遂先繫其妻,子. 使者謂嘉曰, "速裝, 妻,子可全." 對曰, "犬馬猶識主, 況於人乎!" 王皓先自刎, 以首付使者. 述怒, 遂誅皓家屬. 王嘉聞而嘆曰, "後之哉!" 乃對使者伏劍而死.

是時, 犍爲任永及業同郡馮信, 並好愛博古. 公孫述連徵命, 待以高位, 皆托青盲, 以避世難. 永妻淫於前, 匿情無言, 見子入井, 忍而不救. 信侍婢亦對信姦通. 及聞述誅, 皆盥洗更視曰, "世適平, 目卽淸." 淫者自殺. 光武聞而徵之, 並會病卒.

| 註釋 | ○美陽 – 美陽縣은 右扶風의 縣名. 今 陝西省 咸陽市 관할 武功縣. ○皆托靑盲 – 靑盲은 눈 뜬 장님. 갑자기 시력을 상실하여 눈을 뜨고 있지만 볼 수 없는 사람.

[國譯]

蜀이 평정되자, 光武帝는 조서로 그 마을에 旌表(정표)를 세우고《益部紀》에 그 지조를 기록하며 형상을 그려 보존케 하였다.

그전에, 平帝 때, 蜀郡의 王皓(왕호)는 (右扶風의) 美陽令이었고, 王嘉(왕가)는 낭관이었다. 왕망이 찬위할 때, 두 사람은 관직을 버리고 서쪽으로 귀향하였다. 공손술은 칭제하면서 사자를 보내 왕호와 왕가를 불렀는데 부름에 응하지 않을 것이라 예상하여 먼저 그 처와 자식을 잡아두었다. 사자가 와서 왕가에게 말했다.

"빨리 여장을 챙겨 가야만 처자를 살릴 수 있습니다."

그러자 왕가가 말했다. "견마도 주인을 알거늘, 하물며 사람이 모르겠는가!" 왕호가 먼저 목을 찔러 수급을 사자에게 가져가게 하였다. 공손술은 화가 나서 왕호의 가속을 모두 죽였다. 왕가는 이를 듣고 탄식하였다. "내가 늦었도다!"라며 사자 앞에서 칼을 안고 죽었다.

이때, 犍爲郡의 任永(임영)과 이업과 同郡 사람 馮信(풍신)은 둘 다 옛 지조를 지키며 살았다. 공손술이 연이어 고위직으로 불렀지만 두 사람 모두 눈 뜬 장님이 되었다면서 세상의 혼란을 피했다. 임영의 처는 임영의 면전에 음란했는데, 임영은 실정을 알고도 말할 수 없었고, 처가 아들을 우물에 던져버려도 임영은 차마 구할 수가 없었다. 풍신의 侍婢도 풍신의 면전에서 다른 사람과 간통했었다. 공손술이 주살 당했다는 소식을 듣고 임영과 풍신은 세수 그릇의 물로 눈을 씻은 다음에 말했다.

"세상이 평정되었으니 눈도 밝아졌다."

그러자 간음했던 자들은 모두 다 자살하였다. 광무제가 듣고서는 두 사람을 불렀지만 마침 병으로 둘 다 죽었다.

❸ 劉茂

原文

劉茂字子衛, 太原晉陽人也. 少孤, 獨侍母居. 家貧, 以筋力致養, 孝行著於鄉里. 及長, 能習《禮經》, 教授常數百人.
哀帝時, 察孝廉, 再遷五原屬國候, 遭母憂去官. 服竟後爲
沮陽令. 會王莽簒位, 茂棄官, 避世弘農山中教授.

| 註釋 | ○太原郡 – 治所 晉陽縣, 今 山西省 중부 太原市. ○五原屬國
– 五原郡의 속국. 五原郡의 治所는 九原縣, 今 內蒙古 包頭市(黃河 북안).
○沮陽 – 上谷郡의 치소. 今 河北省 북부 張家口市 관할 懷來縣.

[國譯]

劉茂(유무)의 字는 子衛(자위)로 太原郡 晉陽縣 사람이다. 젊어 부
친을 여의고 홀로 모친을 모시고 살았다. 家貧하여 품팔이로 봉양하
였고 효행은 향리에 잘 알려졌다. 성인이 되어《禮經》을 전공하였는
데 늘 수백 명을 가르쳤다. 哀帝 때 孝廉으로 천거되었고, 두 번 승진
하여 五原 屬國候가 되었지만 모친상으로 사직하였다. 복상이 끝난
뒤 (上谷郡) 沮陽(저양) 현령이 되었다. 그때 왕망이 찬위하자, 유무는
관직을 버리고 弘農郡의 산속으로 피난하여 문생을 교수하였다.

原文

建武二年歸, 爲郡門下掾. 時, 赤眉二十餘萬衆攻郡縣,
殺長吏及府掾史. 茂負太守孫福逾牆藏空穴中, 得免. 其暮,
俱奔盂縣. 晝則逃隱, 夜求糧食. 積百餘日, 賊去, 乃得歸
府. 明年, 詔書求天下義士. 福言茂曰,

「臣前爲赤眉所攻, 吏民壞死, 奔走趣山. 臣爲賊所圍, 命如絲髮, 賴茂負臣踰城, 出保盂縣. 茂與弟觸冒兵刃, 緣山負食, 臣及妻子得度死命, 節義尤高. 宜蒙表擢, 以厲義士.」

詔書卽徵茂, 拜議郎, 遷宗正丞. 後拜侍中, 卒官.

| 註釋 | ○長吏 – 질록 6백석 이상의 관리. 현의 縣長이나 丞처럼 4백석 관리도 때로는 長吏라 호칭했다. ○盂縣(우현) – 太原郡의 현명. ○宗正丞 – 황족을 관리하는 宗正의 副職. 질록 1천석.

[國譯]

建武 2년(서기 26년) 太原郡으로 돌아와 郡의 門下掾(문하연)이 되었다. 그때, 赤眉(적미) 무리 20여만 명이 군현을 노략질하며 官長과 官吏 및 郡府의 掾吏들을 죽였다. 유무는 太守인 孫福(손복)을 업고 담을 넘어 산속 암굴로 피신하여 겨우 죽음을 면했다. 그리고 날이 저물자 다시 盂縣(우현)으로 피신하였다. 낮에는 숨고 밤에는 양식을 구했다. 그렇게 1백여 일이 지나가 적미 무리가 흩어지자 다시 郡府로 돌아왔다. 다음 해에 조서를 내려 천하의 義士를 구하자 손복은 유무를 천거하였다.

「臣이 전에 赤眉 무리의 공격을 받아 관리와 백성이 다치고 죽을 때 달아나 산으로 피난하였습니다. 臣은 도적 무리에 포위되어 목숨이 매우 위태로웠는데, 유무의 도움을 받아 성을 넘었고 盂縣(우현)에서 목숨을 부지하였습니다. 유무와 그 동생은 적의 위협을 무릅쓰고 산속을 다니면서 식량을 구하여 臣과 처자가 죽음을 면할 수 있었으니, 그 절의가 매우 고상합니다. 응당 표창과 발탁으로 그 의기를 격려해야 합니다.」

조서로 즉시 유무를 불러 議郎을 제수하였고 나중에 宗正丞으로 승진하였다. 뒷날 侍中을 제수 받았고 재임 중에 죽었다.

|原文|

延平中, 鮮卑數百餘騎寇漁陽, 太守張顯率吏士追出塞, 遙望虜營煙火, 急趣之. 兵馬掾嚴授慮有伏兵, 苦諫止, 不聽. 顯慼令進, 授不獲已, 前戰, 伏兵發, 授身被十創, 歿於陣. 顯拔刀追散兵, 不能制, 虜射中顯, 主簿衛福, 功曹徐咸遽赴之, 顯遂墮馬, 福以身擁蔽, 虜並殺之. 朝廷愍授等節, 詔書褒歎, 厚加賞賜, 各除子一人爲郎中.

|註釋| ○漁陽 – 治所는 漁陽縣, 今 北京市 동북부 密雲區.

[國譯]

(殤帝) 延平(서기 106년) 연간에, 鮮卑族 수백여 騎兵이 漁陽郡을 노략질하자 태수 張顯(장현)은 관리와 사졸을 거느리고 추격하여 국경요새를 넘었는데, 멀리 적의 군영에서 연기와 불꽃이 솟자 급히 추격케 하였다. 兵馬掾인 嚴授(엄수)는 복병이 있을 수 있다고 멈춰야 한다고 애써 건의하였지만 태수는 따르지 않았다. 장현이 급히 진격하라 명령하자, 엄수는 부득이 앞서 싸웠고 적의 복병이 출동하자 몸에 10여 군데 상처를 입고 적진에서 죽었다. 장현은 칼을 뽑아 들고 흩어진 적을 추격했지만 제압하지 못했는데 적의 화살이 장현

을 맞추자 主簿인 衛福(위복), 功曹인 徐咸(서함)이 급히 달려갔고, 장현이 말에서 떨어지자 위복이 몸으로 장현을 엄폐하자 적은 두 사람을 모두 죽였다. 조정에서는 엄수 등의 충절을 높이 평가하여 조서로 포상하고 후한 상을 하사했으며, 각각 그 아들 한 명을 낭중에 임명하였다.

原文

永初二年, 劇賊畢豪等入平原界, 縣令劉雄將吏士乘船追之. 至厭次河, 與賊合戰. 雄敗, 執雄, 以矛刺之. 時小吏所輔前叩頭求哀, 願以身代雄. 豪等縱雄而刺輔, 貫心洞背卽死. 東郡太守捕得豪等, 具以狀上. 詔書追傷之, 賜錢二十萬, 除父奉爲郎中.

| 註釋 | ○劇賊 – 劇盜. 흉악한 도적. ○厭次河 – 厭次縣의 강. ○小吏所輔 – 所輔는 인명. 所가 성씨.

[國譯]

(安帝) 永初 2년(서기 108), 흉악한 도적 무리인 畢豪(필호) 등이 平原郡 지역에 침입하자, 현령인 劉雄(유웅)은 관리와 사졸을 거느리고 배를 타고 적을 추격하였다. 유웅은 厭次河(염차하)에서 적과 싸웠다. 유웅이 패전하자 유웅을 사로잡아 창으로 찔렀다. 그때 小吏 所輔(소보)가 앞에 나가 고개를 숙이며 자신이 유웅 대신 죽겠다고 애원하였다. 필호 등은 유웅을 풀어주면서 소보를 창으로 찔러 창이

등으로 나오면서 즉사하였다. 東郡 太守가 필호 등을 체포한 뒤에 사실을 보고하였다. 조서를 내려 소보의 충절을 추모하면서 금전 20만을 하사하였고 소보의 부친에게 낭중을 제수하였다.

❹ 溫序

原文

溫序字次房, 太原祁人也. 仕州從事. 建武二年, 騎都尉弓里成將兵平定北州, 到太原, 歷訪英俊大人, 問以策謀. 成見序奇之, 上疏薦焉. 於是徵爲侍御史, 遷武陵都尉, 病免官.

六年, 拜謁者, 遷護羌校尉. 序行部至襄武, 爲隗囂別將苟宇所拘劫. 宇謂序曰, "子若與我並威同力, 天下可圖也." 序曰, "受國重任, 分當效死, 義不貪生, 苟背恩德." 宇等復曉譬之. 序素有氣力, 大怒, 叱宇等曰, "虜何敢迫脅漢將!" 因以節檛殺數人. 賊衆爭欲殺之. 宇止之曰, "此義士死節, 可賜以劍." 序受劍, 銜鬚於口, 顧左右曰, "旣爲賊所迫殺, 無令鬚汚土." 遂伏劍而死.

| 註釋 | ○太原祁人 – 祁縣은, 今 山西省 중부 晉中市 관한 祁縣(기현). 唐의 詩佛인 王維(왕유), 晩唐詞人 溫庭筠(온정균), 《三國演義》의 羅貫中(나관중)이 모두 祁縣(기현) 출신이다. ○弓里成(궁리수) – 弓里는 복성. ○武

陵都尉 - 武陵郡 治所는 臨沅縣, 今 湖南省 북부 常德市 서쪽. ㅇ襄武縣 - 隴西郡 襄武縣, 今 甘肅省 남부 定西市 襄武縣. ㅇ隗囂(隗鄳, 외효, ?-33) - 왕망 말기, 今 甘肅省 동부 일대에 웅거. 隗 험할 외, 성씨. 囂 떠드는 소리 효. 한때 西州大將軍이었고, 公孫述과 한패가 되어 後漢 초의 골칫거리였다. 건무 9년에 병사했다. 13권, 〈隗囂公孫述列傳〉에 입전.

[國譯]

溫序(온서)의 字는 次房(차방)인데, 太原郡 祁縣(기현) 사람이다. 출사하여 (幷州, 병주) 刺史의 從事가 되었다. 建武 2년, 騎都尉 弓里戍(궁리수)가 군사를 거느리고 北州 일대를 평정하면서, 太原郡에 와서는 각지의 영걸이나 大人을 만나보며 策謀을 물었다. 궁리수는 온서를 보고 기특하게 여기며 상서하여 천거하였다. 이에 조정에서 온서를 불러 시어사에 임명하였고, 온서는 승진하여 武陵郡 都尉가 되었다가 병으로 사직하였다.

(建武) 6년(서기 30년), 謁者가 되었다가 護羌校尉로 승진하였다. 온서가 관할 지역을 순시하며 (隴西郡) 襄武縣에 왔다가 隗囂(외효)의 별장인 苟宇(구우)에게 구금되어 겁박 당하였다. 구우가 온서에게 말했다.

"당신이 만약 나와 군사를 합쳐 협력한다면 찬하를 도모할 수 있습니다." 그러자 온서가 말했다. "나라의 중임을 받았으니 직분상 응당 죽어야 하며 의리상 살려고 황제의 은덕을 배신할 수 없소."

구우 등이 다시 온서를 설득하였다. 온서는 평소에도 힘이 강하였는데 대노하면서 구우 등을 질책하였다. "도적 무리가 어찌 漢의 장수를 협박하는가!" 그러면서 부절의 채찍을 휘둘러 여러 명을 죽였다. 적도들이 서로 온서를 죽이려 했다. 구우가 이를 제지하며 말했다.

"이 사람은 義士이니 죽음으로 지조를 지키도록 칼을 주어야 한다."

온서는 칼을 받고 수염을 입에 물고서 좌우를 돌아보며 말했다.

"어차피 적도에게 죽어야 하나 흙으로 수염을 더럽힐 수야 없다."

그리고는 칼을 안고 죽었다.

原文

序主簿韓遵, 從事王忠持屍歸斂. 光武聞而憐之, 命忠送喪到洛陽, 賜城傍爲冢地, 賻穀千斛, 縑五百匹, 除三子爲郎中. 長子壽, 服竟爲鄒平侯相. 夢序告之曰, "久客思鄕里." 壽卽棄官, 上書乞骸骨歸葬. 帝許之, 乃反舊塋焉.

| 註釋 | ○舊塋 – 先塋. 塋은 무덤 영.

國譯

온서의 主簿인 韓遵(한준), 從事 王忠(왕충)은 시신을 모시고 돌아와 염을 하였다. 광무제가 소식을 듣고서는 불쌍히 여겨 왕충에게 낙양에 와서 장례를 치르게 하면서 洛陽城 근처에 장지를 하사하였고, 부의로 곡식 2천 곡과 비단 5백 필을 하사하였으며 아들 셋을 낭중에 임용하였다. 長子인 溫壽(온수)는 복상을 마치고 鄒平侯(추평후)의 國相이 되었다. 온수의 꿈에 온서가 나타나 말했다.

"오랫동안 객지에서 고향을 그리고 있다."

이에 온수는 즉시 관직을 사임하고 시신을 모셔 歸葬하겠다고 상서하였다. 광무제가 허락하자, 바로 고향 先塋(선영)으로 돌아갔다.

❺ 彭脩

原文

彭脩字子陽, 會稽毘陵人也. 年十五時, 父爲郡吏, 得休, 與脩俱歸, 道爲盜所劫. 脩困迫, 乃拔佩刀前持盜帥曰, "父辱子死, 卿不顧死邪?" 盜相謂曰, "此童子義士也, 不宜逼之." 遂辭謝而去. 鄕黨稱其名.

| 註釋 | ○會稽毘陵 – 會稽 毘陵縣은, 今 江蘇省 長江 남안의 常州市. 대운하 경유지. 國家歷史文化名城.

[國譯]

彭脩(팽수)의 字는 子陽(자양)인데, 會稽郡 毘陵縣(비릉현) 사람이다. 나이 15세 때 부친이 郡吏로 휴가를 받아 아들과 함께 귀향하는 길에 도적에게 사로잡혔다. 팽수는 협박을 당하다가 佩刀(패도)를 뽑아들고 도적의 무리에게 가서 말했다. "부친이 욕을 당한다면 아들은 당신을 죽일 것이니, 당신은 목숨이 아깝지 않은가?"

도적이 서로 말했다.

"이 아이는 義士이니 더 핍박할 수 없다."

그리고는 사과하면서 떠나게 하였다. 향당에서는 그 이름을 칭송하였다.

後仕郡爲功曹. 時, 西部都尉宰<u>鼂</u>行太守事, 以微過收吳
縣獄吏, 將殺之. 主簿<u>鍾離意</u>爭諫甚切, <u>鼂</u>怒, 使收縛<u>意</u>, 欲
案之, 掾史莫敢諫. <u>脩</u>排閣直入, 拜於庭, 曰, "明府發雷霆
於主薄, 請聞其過." <u>鼂</u>曰, "受敎三日, 初不奉行, 廢命不忠,
豈非過邪?"

<u>脩</u>因拜曰, "昔<u>任座</u>面折<u>文侯</u>, <u>朱雲</u>攀毀欄檻, 自非賢君,
焉得忠臣? 今慶明府爲賢君, 主簿爲忠臣." <u>鼂</u>遂原<u>意</u>罰, 貰
獄吏罪.

| 註釋 | ○西部都尉 – 변방이나 주요 군에는 도위가 배치되었지만 서남
지역 郡에는 여러 군에 도위 1인을 배치하였다. 都尉는 郡의 군사 관련 업
무 담당자, 郡尉. 질록 比二千石, 景帝 때부터 도위로 개칭. ○宰鼂(재조) –
인명. 鼂는 아침 조(朝와 通). ○鍾離意(종리의) – 인명. 鍾離는 복성. ○昔
任座面折文侯 – 任座(임좌)는 魏 文侯의 신하. 행실이 고상하였다. ○朱雲
攀毀欄檻 – 成帝 때 주운은 張禹(장우)를 죽여야 한다고 충언을 올리자 듣
기 싫어한 성제가 사람을 시켜 끌어내게 하였는데, 끌려가던 주운을 난간
을 붙잡고 매달리며 할 말을 계속하였다. 그러다가 어전의 난간을 부수었
다. 뒤에 난간을 수리하려 하자, 成帝는 주운의 충절을 생각하겠다며 수리
하지 못하게 했다.

[國譯]

(彭脩는) 뒤에 郡에 출사하여 功曹가 되었다. 그때 西部都尉인 宰
鼂(재조)가 태수 직무를 대행하였는데 작은 잘못 때문에 吳縣의 獄

吏를 잡아가두고 죽이려 했다. 主簿인 鍾離意(종리의)가 매우 간절하게 간언을 올렸지만, 재조는 분노하면서 종리의도 잡아 가두고서 유죄 판결을 내리려 하자, 掾吏 누구도 감히 바른 말을 올리지 못했다. 이에 팽수는 문을 열고 바로 들어가 뜰에서 절을 한 뒤에 말했다.

"明府께서 主薄에게 크게 화를 내셨다는데 그 잘못이 무엇인지 알고 싶습니다."

이에 재조가 말했다. "지시를 받은 지 3일이 지나도록 시행하지 않고 명령을 묵살하려 했으니 불충이며 이것이 죄가 아닌가?"

팽수가 배례하며 말했다.

"옛날 (魏) 任座(임좌)는 文侯의 면전에서 충언을 올렸고, (成帝 때) 朱雲은 매달려 버티다가 어진 난간을 부수었는데, 賢君이 아니라면 어찌 충신을 거둘 수 있겠습니까? 지금 명부께서는 현군이시고 주부는 충신이 되었음을 경하 드립니다."

재조는 종리의의 죄를 용서하고 옥리의 죄도 사면하였다.

原文

　後州辟從事. 時, 賊張子林等數百人作亂, 郡言州, 請脩守吳令. 脩與太守俱出討賊, 賊望見車馬, 競交射之, 飛矢雨集. 脩障扞太守, 而爲流矢所中死, 太守得全. 賊素聞其恩信, 卽殺弩中脩者, 餘悉降散. 言曰, "自爲彭君故降, 不爲太守服也."

| 註釋 |　○吳縣 – 會稽郡의 현명. 今 江蘇省 남부의 蘇州市. 나중에 회

계군을 분할하여 吳郡을 설치했는데 吳郡의 치소가 吳縣이었다.

[國譯]

팽수는 楊州刺史의 從事가 되었다. 그때 도적 무리인 張子林(장자림) 등 수백 명이 반란을 일으키자, 회계군에서는 양주자사에게 말하여 팽수를 임시 吳縣 현령으로 임명케 하였다. 팽수와 회계 태수는 함께 토벌작전에 출정하였는데 적도들은 멀리서 거마를 보고서는 비 오듯 화살을 쏘았다. 팽수는 방패를 들어 태수를 막아주다가 流矢(유시)에 맞아 전사하였고 태수는 무사했다. 도적 무리는 평소에 팽수의 은덕을 알고 있었기에 쇠뇌를 쏘아 팽수를 맞힌 자를 즉시 죽인 뒤에 모두 해산하였다. 그러면서 말했다.

"彭君 때문에 투항하는 것이지 태수에 복종하는 것은 아닙니다."

❻ 索盧放

原文

索盧放字君陽, 東郡人也. 以《尙書》敎授千餘人. 初署郡門下掾. 更始時, 使者督行郡國, 太守有事, 當就斬刑, 放前言曰, "今天下所以苦毒王氏, 歸心皇漢者, 實以聖政寬仁故也. 而傳車所過, 未聞恩澤. 太守受誅, 誠不敢言, 但恐天下惶懼, 各生疑變. 夫使功者不如使過, 願以身代太守之命." 遂前就斬. 使者義而赦之, 由是顯名.

建武六年, 徵爲洛陽令, 政有能名. 以病乞身. 徙諫議大夫, 數納忠言, 後以疾去. 建武末, 復徵不起, 光武使人輿之, 見於南宮雲臺, 賜穀二千斛, 遣歸, 除子爲太子中庶子. 卒於家.

| 註釋 | ○索盧放(삭로방) − 索盧(삭로)는 複姓.

[國譯]

索盧放(삭로방)의 字는 君陽(군양)으로, 東郡 사람이다. 《尙書》를 1천여 명에게 교수하였다. 처음에는 東郡의 門下掾(문하연)이 되었다. 更始帝 때, 使者가 각 군국을 감독하면서 태수에게 잘못이 있다 하여 참수하려 하자 삭로방이 앞으로 나가 말했다.

"지금 천하는 왕망의 학정에 시달렸기에, 漢 황실에 歸心하려는 것은 관대 인자한 정사를 바라기 때문입니다. 그러나 사자의 傳車가 지나는 곳에서 은택이 있었다는 말을 듣지 못하였습니다. 태수가 처형된다면 감히 말은 못하겠지만, 아마도 천하가 두려워 떨면서 의심으로 변란이 발생할 것입니다. 대체로 공훈을 세우도록 독려하는 것은 과오를 저지르지 않도록 하는 것만 못하니 이 몸으로 태수의 목숨을 대신하겠습니다."

그리고서는 앞으로 나아가 처형을 받으려 했다. 사자는 의로운 사람이라면서 사면하였고 이 때문에 이름이 알려졌다.

建武 6년(서기 30), 조정의 부름을 받아 洛陽 현령이 되었는데 정사에 유능하여 이름이 났다. 질병으로 사직하였다. 諫議大夫가 되어 자주 忠言을 올렸고 질병으로 퇴직하였다. 건무 말년에 다시 부름을 받았지만 부임하지 못했는데, 광무제가 사자를 보내 수레를 타고 南宮 雲臺에서 알현하였는데 광무제는 곡식 2천 곡을 하사하였고 귀향을 허락하면서 그 아들을 太子中庶子에 임명하였다. 삭로방은 집에서 죽었다.

❼ 周嘉

|原文|

周嘉字惠文, 汝南安城人也. 高祖父燕, 宣帝時爲郡決曹掾. 太守欲枉殺人, 燕諫不聽, 遂殺囚而黜燕. 囚家守闕稱冤, 詔遣復考. 燕見太守曰, "願謹定文書, 皆著燕名, 府君但言時病而已." 出謂掾史曰, "諸君被問, 悉當以罪推燕. 如有一言及於府君, 燕手劍相刃." 使者乃收燕繫獄. 屢被掠楚, 辭無屈橈. 當下蠶室, 乃嘆曰, "我平王之後, 正公玄孫, 豈可以刀鋸之餘下見先君?" 遂不食而死. 燕有五子, 皆至刺史, 太守.

| 註釋 | ○汝南 安城 – 安城은 후국명. 치소는 今 河南省 중서부 平頂山市 서북의 汝州市. ○高祖父燕 – 高祖父인 周燕(주연). 주연의 후손인 周燮(주섭)은 못생긴 외모였지만 학문과 행실이 바른 사람이었다. 환제 때 관직의 부름을 받았지만 결국은 사양하고 은거하였다. 53권, 〈周黃徐姜申屠列傳〉에 立傳. ○決曹掾 – 決曹掾은 죄수 판결 담당 관리. 掾(도울 연)은 掾吏. 한 부서의 실무 책임자.

[國譯]

　　周嘉(주가)의 字는 惠文(혜문)인데, 汝南 安城縣 사람이다. 高祖父
인 周燕(주연)은 宣帝 때 郡의 決曹掾이었다. 太守가 무고한 사람을
죽이려 하자 주연이 간언하였지만 따르지 않았고, 결국 죄수를 처형
하고서 주연을 방출하였다. 죽은 죄수의 가족이 대궐에 가서 억울함
을 호소하자 조서를 내려 재심을 명하였다. 이에 주연은 태수를 만
나보고 말했다.

　　"다시 문서를 검토하면서 모든 문서에 제 이름을 기록할 것이니,
태수께서는 그때 병중이었다고만 말씀하십시오."

　　그리고서는 연리들에게 말했다. "여러분들이 질문을 받으면 모
든 죄를 나에게 미루시오. 만약 한마디라도 태수에게 연관시킨다면
내 손의 검이 누구든 죽일 것이요."

　　조정의 사자가 와서 주연을 잡아 가두었다. 주연은 여러 번 매질
을 당하면서도 조금도 굽히지 않았다. 잠실에 보내 궁형을 받도록
판결이 나자, 주연이 탄식하며 말했다.

　　"나는 (周) 平王의 후손이며 正公의 玄孫인데 어찌 형벌을 받은
몸으로 선대 조상을 뵐 수 있겠는가?"

　　그리고서는 곡기를 끊고 죽었다. 주연의 아들 다섯은 모두 刺史
나 太守가 되었다.

原文

　　嘉仕郡爲主簿. 王莽末, 郡賊入汝陽城, 嘉從太守何敞討
賊, 敞爲流矢所中, 郡兵奔北, 賊圍繞數十重, 白刃交集, 嘉

乃擁敵, 以身扞之. 因呵賊曰, "卿曹皆人隷也. 爲賊旣逆, 豈有還害其君者邪? 嘉請以死贖君命." 因仰天號泣.

群賊於是兩兩相視, 曰, "此義士也!" 給其車馬, 遣送之.

| 註釋 | ○郡兵奔北 - 奔北(분배)는 전쟁에서 패주하다.

[國譯]

周嘉(주가)는 郡에 출사하여 主簿가 되었다. 王莽 말기에 군내의 도적들이 汝陽城에 난입하자, 주가는 太守 何敞(하창)을 따라 도적을 토벌하였는데, 하창이 流矢에 맞아 쓰러졌고 郡의 군사는 패주하였는데, 적도는 수십 겹으로 에워쌌고 창과 칼이 교차하는 중에 주가는 하창을 감싸 안고 몸으로 칼날을 막았다. 그러면서 적을 꾸짖었다.

"당신들도 모두 같은 사람이다. 도적이 되어 반역하면서 어찌 또 郡長까지 해치려 하는가? 내가 태수 대신 죽겠다."

그러면서 하늘을 보며 통곡하였다. 도적 무리들은 서로서로를 바라보며 말했다.

"이 사람은 義士이다!" 그러면서 거마를 내주며 돌려보냈다.

原文

後太守寇恂擧爲孝廉, 拜尙書侍郎. 光武引見, 問以遭難之事. 嘉對曰, "太守被傷, 命懸寇手. 臣實駑怯, 不能死難." 帝曰, "此長者也." 詔嘉尙公主, 嘉稱病篤, 不肯當. 稍遷零陵太守, 視事七年, 卒. 零陵頌其遺愛, 吏民爲立祠焉.

嘉從弟暢, 字伯持, 性仁慈, 爲河南尹. 永初二年夏, 旱,
久禱無應, 暢因收葬洛城傍客死骸骨, 凡萬餘人. 應時澎雨,
歲乃豐稔. 位至光祿勳.

| 註釋 | ○寇恂(구순) − 光武帝에게 蕭何(소하)와 같은 역할을 다하였다.
16권, 〈鄧寇列傳〉에 立傳. ○應時澎雨 − 澎雨는 큰 비. 澎은 물결 부딪치
는 소리 팽, 물소리 팽.

【國譯】

뒷날 太守 寇恂(구순)은 周嘉(주가)를 孝廉(효렴)으로 천거하였고,
주가는 나중에 尙書侍郞이 되었다. 광무제가 주가를 만나서 조난당
했던 일을 물었다. 그러자 주가가 대답하였다.

"태수가 상처를 입었을 때 목숨은 적도의 손에 달렸었습니다. 臣
은 사실 우둔하고 겁을 먹어 전사할 수도 없었습니다." 이에 광무제
가 말했다. "이 사람은 長者이다."

그러면서 주가에게 공주와 결혼하라고 하였는데, 주가는 병이 있
어 감당할 수 없다고 하였다. 주가는 점차 승진하여 零陵太守가 되
었고 7년을 재직하다가 죽었다. 零陵郡에서는 그의 은공을 칭송하
면서 관리와 백성들이 사당을 세웠다.

주가의 사촌 동생인 周暢(주창)의 字는 伯持(백지)인데 인자한 성
격에 河南尹이 되었다. (安帝) 永初 2년 여름에, 날이 가물었고 오랜
기도에도 응험이 없었는데, 주창이 낙양성 주변에서 객사한 해골을
1만여 명이나 거두어 장례를 치러주었다. 그러자 때맞춰 큰 비가 내
려 풍년이 들었다. 주창은 光祿勳을 역임하였다.

范式字巨卿, 山陽金鄕人也, 一名汜. 少游太學, 爲諸生,
與汝南張劭爲友. 劭字元伯. 二人並告歸鄕里. 式謂元伯曰,
"後二年當還, 將過拜尊親, 見孺子焉." 乃共剋期日. 後期
方至, 元伯具以白母, 請設饌以候之. 母曰, "二年之別, 千
里結言, 爾何相信之審邪?" 對曰, "巨卿信士, 必不乖違."
母曰, "若然, 當爲爾醞酒." 至其日, 巨卿果到, 升堂拜飮,
盡歡而別.

| 註釋 | ○范式(범식) – 인명. 范은 풀이름. 법 범(範과 通). ○山陽金鄕
– 山陽郡 金鄕縣, 今 山東省 서남 濟寧市 관할 金鄕縣. ○汝南 – 군명. 치
소는 平輿縣, 今 河南省 중남부 駐馬店市 관할 平輿縣.

范式(범식)의 字는 巨卿(거경)으로, 山陽郡 金鄕縣 사람이고 다른
이름은 汜(사)이다. 젊어 太學에 유학하여 諸生이 되었는데 汝南郡
의 張劭(장소)와 벗이 되었다. 장소의 字는 元伯(원백)이다. 두 사람
은 함께 고향 마을로 돌아갔다. 범식이 장소(원백)에게 말했다. "2
년 뒤에 꼭 찾아가서 尊親을 뵙고, 벗의 아들도 만나보겠습니다."
그리고는 함께 만날 날을 기약했다. 나중에 약속한 날이 가까워지자
원백은 그 모친에게 음식을 준비하고 벗을 기다리겠다고 말씀드렸
다. 모친이 말했다.

"2년 전에 헤어지면서 천리나 떨어진 약속인데 믿을 수 있다고 생각하느냐?"

"거경은 신의를 지키니 절대 어기지 않을 것입니다."

"그렇다면 너는 응당 술부터 빚어야 한다."

약속한 날에 거경은 예상대로 도착하여 입실하여 모친에 절을 하고 술을 마시며 마음껏 즐긴 다음에 헤어졌다.

原文

式仕爲郡功曹. 後元伯寢疾篤, 同郡郅君章, 殷子徵晨夜省視之. 元伯臨盡, 嘆曰, "恨不見吾死友!" 子徵曰, "吾與君章盡心於子, 是非死友, 復欲誰求?" 元伯曰, "若二子者, 吾生友耳. 山陽范巨卿, 所謂死友也." 尋而卒.

式忽夢見元伯玄冕垂纓屣履而呼曰, "巨卿, 吾以某日死, 當以爾時葬, 永歸黃泉. 子未我忘, 豈能相及?" 式悵然覺寤, 悲嘆泣下, 具告太守, 請往奔喪. 太守雖心不信而重違其情, 許之. 式便服朋友之服, 投其葬日, 馳往赴之. 式未及到, 而喪已發引, 旣至壙, 將窆, 而柩不肯進. 其母撫之曰, "元伯, 豈有望邪?" 遂停柩移時, 乃見有素車白馬, 號哭而來. 其母望之曰, "是必范巨卿也."

巨卿旣至, 叩喪言曰, "行矣元伯! 死生路異, 永從此辭." 會葬者千人, 咸爲揮涕. 式因執紼而引柩, 於是乃前. 式遂留止冢次, 爲修墳樹, 然後乃去.

ㅇ郡功曹 – 功曹는 군 태수나 현령의 보좌관, 군에는 功曹掾과 功曹史를 두었다. 鄕吏 중 首席, 태수 부재 시 직무대행. ㅇ死友 – 죽음을 아끼지 않는 절친한 친우. 生友는 같이 살아가며 도울 수 있는 친우. ㅇ旣 至壙, 將窆 – 壙은 뫼 구덩이 광. 관을 묻기 위해 한 자리, 관 넓이에 맞춰 판 구덩이. 窆은 下棺할 폄. ㅇ執紼(집불) – 상여 줄을 잡다. 紼은 상여 줄 불. 弔喪하는 사람이 상여 앞에 잡고 가는 상여와 연결된 줄.

【國譯】

범식은 출사하여 郡의 功曹가 되었다. 뒷날 元伯(張劭)의 병이 위독하자, 같은 汝南郡의 郅君章(질군장)과 殷子徵(은자징)이 밤낮으로 돌봐주었다. 원백이 죽기 전에 탄식하였다. "나의 死友를 못 보고 죽는 것이 한이로다!" 그러자 은자징이 물었다. "나와 군장이 그대에게 진심을 다하였으니 死友가 아닌가? 다른 누구를 보려 하나?"

이에 원백이 말했다. "둘은 나의 生友요, 山陽郡의 범거경이 死友라 할 수 있소."

그리고는 얼마 있다가 죽었다.

범식은 갑자기 꿈에 元伯이 검은 관에 갓끈을 늘어트리고 屣履(사리, 짚신)를 신고 나타나 부르며 말했다. "巨卿, 나는 며칠날 죽었으니 며칠날 묻혀 영원히 황천으로 돌아갈 것이요. 그대가 나를 잊지 않는다면 어찌 아니 오겠소?"

범식은 꿈을 깨고 멍하니 있다가 슬피 눈물을 흘렸고, 태수에게 친우를 위해 분상하겠다고 말했다. 太守는 마음속으로 믿을 수 없었지만 그 우정을 막을 수 없어 허락하였다. 범식은 친우를 위한 상복을 입고 장례 일에 맞추려고 서둘러 출발하였다. 범식이 도착하기 전에 상여는 이미 발인하였고, 관 구덩이까지 와서 하관하려 했으나 관이 움직이질 않았다. 그의 모친이 관을 어루만지며 말했다. "원백아, 아직도 기다리고 있느냐?"

결국 하관을 미루고 기다렸는데, 곧 흰 천을 두른 수레와 백마에 통곡하며 오는 사람이 보였다. 모친이 바라보고서 말했다. "틀림없이 범거경이다."

범거경이 와서는 관을 붙잡고 슬퍼하며 말했다. "원백이여, 이제 편히 가시오. 생사의 길이 다르니 여기서 헤어집시다." 장례에 모였던 1천여 명이 모두 눈물을 뿌렸다. 범식이 執紼(집불)하고 운구하자, 관이 움직였다. 범식은 무덤 곁에 머물면서 봉분을 가다듬고 봉분에 나무를 심은 뒤에 떠나갔다.

原文

後到京師, 受業太學. 時諸生長沙陳平子亦同在學, 與式未相見. 而平子被病將亡, 謂其妻曰, "吾聞山陽范巨卿, 烈士也, 可以托死. 吾歿後, 但以屍埋巨卿戶前." 乃裂素爲書, 以遺巨卿. 旣終, 妻從其言. 時式出行適還, 省書見瘞, 愴然感之, 向墳揖哭, 以爲死友. 乃營護平子妻兒, 身自送喪於臨湘. 未至四五里, 乃委素書於柩上, 哭別而去. 其兄弟聞之, 尋求不復見. 長沙上計掾史到京師, 上書表式行狀, 三府並辟, 不應.

[國譯]

　뒷날 范式(범식)은 경사 太學에서 수업했다. 그때 諸生 중에 長沙郡 사람 陳平子(진평자) 역시 함께 재학하였는데 범식과 알지는 못했다. 진평자가 병에 걸려 죽기 전에 그 아내에게 말했다.

　"내가 듣기로, 山陽郡의 범거경은 烈士(忠義之士)라 하니 내 죽음을 맡길 수 있을 거요. 내가 죽은 뒤에 내 시신을 범거경의 집 앞에 묻어주오." 그러면서 흰 천을 찢어 글을 써서 범거경에게 남겼다. 진평자가 죽자, 아내는 남편 말대로 따랐다.

　그때 범식은 출행했다가 막 돌아와서는 글을 읽고 또 새 무덤을 보고서는 매우 슬퍼하며 무덤 앞에 절을 하고 통곡하면서 마치 死友처럼 생각하였다. 진평자의 처자식을 돌봐주며 자신이 직접 (長沙郡) 臨湘縣(임상현)까지 운구하였다. 임상현 4, 5리 전에 오자, 범식은 진평자의 서신을 운구 앞에 놓고서 통곡한 뒤에 떠나갔다. 그 형제들이 찾아보았지만 다시 만나지 못했다. 長沙郡의 上計掾史가 京師에 와서는 범식의 행장을 글로 보고하였고, 삼공부에서는 범식을 초빙하였지만 범식은 응하지 않았다.

原文

　擧州茂才, 四遷荊州刺史. 友人南陽孔嵩, 家貧親老, 乃變名姓, 傭爲新野縣阿里街卒. 式行部到新野, 而縣選嵩爲導騎迎式. 式見而識之, 呼嵩, 把臂謂曰, "子非孔仲山邪?"
對之嘆息, 語及平生. 曰, "昔與子俱曳長裾, 游息帝學. 吾
蒙國恩, 致位牧伯, 而子懷道隱身, 處於卒伍, 不亦惜乎!"
嵩曰, "侯嬴長守於賤業, 晨門肆志於抱關. 子欲居九夷, 不
患其陋. 貧者士之宜, 豈爲鄙哉!" 式敕縣代嵩, 嵩以爲先僃
未竟, 不肯去.

　嵩在阿里, 正身屬行, 街中子弟, 皆服其訓化. 遂辟公府.
之京師, 道宿下亭, 盜共竊其馬, 尋問知其嵩也, 乃相責讓
曰, "孔仲山善士, 豈宜侵盜乎!" 於是送馬謝之. 嵩官至南
海太守.

　式後遷廬江太守, 有威名, 卒於官.

| 註釋 |　○擧州茂才 － 茂才(무재)는 孝廉(효렴)과 함께 選擧(선거, 인재 등
용) 과목의 하나. 前漢에서는 秀才, 後漢에서는 光武帝를 諱하여 茂才로 개
칭하였다.　○新野縣 － 南陽郡의 縣名. 今 河南省 서남부 南陽市 관할 新
野縣. 湖北省과 접경. 남양군은 형주자사부 소속이었다.　○侯嬴長守於賤
業 － 侯嬴(후영)은 魏(大梁)의 門卒이었다. 魏 公子 无忌(무기, 信陵君)의 존
경을 받았다.　○晨門肆志於抱關 － 晨門은 守晨(수신). 마을 문지기. 「子路
宿於石門. 晨門曰, "奚自?" 子路曰, "自孔氏, ~"」《論語 憲問》.　○子欲居
九夷, 不患其陋 － 「子欲居九夷. 或曰, "陋如之何? 子曰, "君子居之, 何陋之
有?"」《論語 子罕》.　○南海太守 － 南海郡 치소는 番禺縣(반우현). 今 廣東
省 중남부 廣州市. 香港의 서북.

[國譯]

범식은 兗州(연주)의 茂才(무재)로 천거되어 4차례 승진하여 荊州
刺史가 되었다. 友人인 南陽의 孔嵩(공숭)은 집이 가난하고 부모가
늙어서 성명을 바꾸고, 新野縣 阿里(아리)란 곳에서 街卒(가졸)로 근
무하고 있었다. 범식이 관내를 순찰하며 新野縣에 왔는데 신야현에
서는 공숭을 시켜 안내 기병과 함께 범식을 영접하게 하였다.

범식은 공숭을 알아보고 불러 공숭의 어깨를 껴안으며 말했다.
"그대 孔仲山이 아닌가?"

그러면서 탄식하며 그간 지나간 이야기를 하였다.

"옛날에 그대와 함께 긴 옷자락을 펄럭이며 경사의 태학에서 공
부했었지. 나는 국은을 입어 자사가 되었지만, 그대는 大道를 품고
서도 은신하여 이런 卒伍로 근무하니 어찌 아깝지 않은가!"

이에 공숭이 말했다. "(魏) 侯嬴(후영)은 賤業에 오랫동안 종사했
고, 晨門(신문)은 문지기 노릇을 하면서도 즐거웠으며, 공자는 九夷
(구이)의 땅에서 살더라도 누추한 것을 싫다 하지 아니하였소. 선비
야 본래 가난하거늘 어찌 비천하다 생각하겠소!"

범식은 신야현에 공숭의 직책을 바꿔주라고 하였지만, 공숭은 먼
저 계약이 끝나지 않았다며 떠나지 않았다. 공숭은 阿里街에 근무하
면서 바른 몸가짐과 행실로 그곳 자제들을 모두 감화시켰다.

공숭은 나중에 삼공부의 부름을 받았다. 공숭이 경사에 가면서
도중의 亭에 숙박했는데, 도둑이 그 말을 훔쳤는데 얼마 후 그 말이
공숭의 말이라는 것을 알고 도적이 서로 책망하였다. "孔仲山은 善
士인데 어찌 그분의 말을 훔칠 수 있겠나!" 그리고서는 말을 돌려주
며 사죄하였다. 공숭은 南海太守를 역임하였다. 범식은 나중에 廬

江(여강) 태수가 되어 위명을 떨쳤는데 관직에 있으면서 죽었다.

❾ 李善

原文

　李善字次孫, 南陽淯陽人也, 本同縣李元蒼頭也. 建武中疫疾, 元家相繼死沒, 唯孤兒續始生數旬. 而貲財千萬, 諸奴婢私共計議, 欲謀殺續, 分其財產. 善深傷李氏而力不能制, 乃潛負續逃去, 隱山陽瑕丘界中, 親自哺養, 乳爲生湩. 推燥居濕, 備嘗艱勤. 續雖在孩抱, 奉之不異長君, 有事輒長跪請白, 然後行之. 閭里感其行, 皆相率修義. 續年十歲, 善與歸本縣, 修理舊業. 告奴婢於長吏, 悉收殺之. 時鐘離意爲瑕丘令, 上書薦善行狀. 光武詔拜善及續並爲太子舍人.

| 註釋 | ○南陽淯陽 - 南陽郡 淯陽縣(육양현, 育陽)은 南陽郡의 현(邑)명. 今 河南省 南陽市 관할 新野縣. 漢江의 지류인 淯水(육수, 唐白河)의 북쪽. ○山陽郡 瑕丘縣 - 今 山東省 서남부 濟寧市 兗州區. ○乳爲生湩 - 乳頭에서 젖(湩, 乳汁)이 나왔다. 남자의 유두에서 乳汁젖이 나왔다는 뜻. 합리적 설명이 불가. ○太子舍人 - 질록 2백석. 정원 무.

[國譯]

　李善(이선)의 字는 次孫(차손)으로, 南陽郡 淯陽縣 사람으로 본래

同縣 李元(이원)의 家奴이었다. 建武 연간에, 疫疾(역질)이 퍼져 이원의 가족이 연이어 죽었는데 오직 태어난 지 수십 일 되는 고아 李續(이속)만 남았다. 가산이 1천만 전이나 되었기에 여러 노비들은 은밀히 공모하여 이속을 죽이고 재산을 나눠가지려 하였다. 이선은 이씨 일족의 죽음을 슬퍼하였지만 노비들을 제어할 수가 없자, 몰래 이속을 안고 도망하여 山陽郡 瑕丘縣(하구현)에 가서 직접 이속을 양육하며 젖을 얻어 먹이며 길렀다. 마른자리에 눕히고 (자신은) 진자리에 누웠으며 매우 고생이 많았다. 이속이 비록 어린아이였지만 마치 어른 상전을 모시 듯했으니 일이 있으면 무릎을 꿇고 아뢴 다음에 행하였다. 마을에서도 그 행실에 감동하여 이속에게 예의를 차렸다. 이속이 열 살이 되자, 이선은 이속과 함께 본 현으로 돌아와 옛 산업을 일으켰다. 그 노비들을 관가에 고발하여 모두 잡아 죽였다. 그때 鐘離意(종리의)가 瑕丘 현령이었는데 이선의 행적을 상서하였다. 광무제는 이선과 이속을 모두 太子舍人에 임명하였다.

原文

善顯宗時辟公府, 以能理劇, 再遷日南太守. 從京師之官, 道經淯陽, 過李元冢. 未至一里, 乃脫朝服, 持鋤去草. 及拜墓, 哭泣甚悲, 身自炊爨, 執鼎俎以修祭祀. 垂泣曰, "君夫人, 善在此." 盡哀, 數日乃去. 到官, 以愛惠爲政, 懷來異俗. 遷九江太守, 未至, 道病卒.

續至河間相.

| 註釋 | ○身自炊爨 – 炊爨(취찬)은 불을 때어 밥을 짓다. 炊는 불 땔 취, 爨은 불 땔 찬. ○鼎俎 – 鼎俎(정조)는 솥과 도마. 조리하다. 祭需(제수)를 장만하다. ○河間相 – 河間國의 治所는 樂成縣, 今 河北省 남동부의 滄州市 獻縣(헌현). 제후국의 國相은 郡 太守와 동급.

[國譯]

李善은 顯宗 때 公府의 부름을 받았고, 어려운 일을 잘 처리하였으며 두 번 승진하여 日南 太守가 되었다. 낙양에서 부임하는 길에 육양현 李元(이원)의 무덤에 들렸다. 도착하기 1리 전에 조복을 벗고서 호미를 들고 가서 무덤에 풀을 뽑았다. 아주 심히 슬피 울었고, 직접 밥을 짓고 제물을 차려 제사를 올렸다. 이선은 눈물을 흘리며 말했다. "어르신 내외분, 이선이 왔습니다." 슬피 울며 며칠을 지낸 뒤 떠나갔다. 부임하여 은애로 다스렸고 풍속을 순화하였다. 九江 太守로 승진하였지만 부임하지 못하고 길에서 죽었다.

李續(이속)은 河間國相이 되었다.

❿ 王忳

原文

王忳字少林, 廣漢新都人也. 忳嘗詣京師, 於空舍中見一書生疾困, 愍而視之. 書生謂忳曰, "我當到洛陽, 而被病, 命在須臾. 腰下有金十斤, 願以相贈, 死後乞藏骸骨." 未及問姓名而絶. 忳卽鬻金一斤, 營其殯葬, 餘金悉置棺下, 人無知者.

後歸數年, 縣署忳大度亭長. 初到之日, 有馬馳入亭中而止. 其日, 大風飄一繡被, 復墮忳前, 卽言之於縣, 縣以歸忳. 忳後乘馬到雒縣, 馬遂奔走, 牽忳入它舍. 主人見之喜曰, "今禽盜矣." 問忳所由得馬, 忳具說其狀, 並及繡被. 主人悵然良久, 乃曰, "被隨旋風, 與馬俱亡, 卿何陰德而致此二物?" 忳自念有葬書生之事, 因說之, 並道書生形貌及埋金處.

主人大驚, 號曰, "是我子也. 姓金名彥. 前往京師, 不知所在, 何意卿乃葬之. 大恩久不報, 天以此章卿德耳." 忳悉以被,馬還之, 彥父不取, 又厚遺忳. 忳辭讓而去. 時, 彥父爲州從事, 因告新都令, 假忳休, 自與俱迎彥喪, 餘金俱存. 忳由是顯名.

| 註釋 | ○王忳 – 인명. 忳은 근심할 돈. ○廣漢 新都 – 廣漢郡 治所는 雒縣(낙현), 今 四川省 成都市 북쪽의 廣漢市. 新都縣은 今 四川省 成都市 新都區. ○繡被(수피) – 수놓은 이불.

[國譯]

王忳(왕돈)의 字는 少林(소림)으로, 廣漢郡 新都縣 사람이다. 왕돈이 경사에 가는 길에 어떤 빈 집에서 한 서생이 병으로 누워 있어 왕돈은 불쌍히 여겨 돌봐주었다. 그 서생이 왕돈에게 말했다.

"나는 꼭 낙양에 가야 하는데 병에 걸렸고, 곧 명이 끊어질 것입니다. 허리에 10근의 황금이 있어 이를 줄 것이니 네 시신을 거두어

주시오."

그리고 이름을 묻지도 못했는데 절명하였다. 왕돈은 황금 1근을 팔아 장례를 치러주고 나머지 금은 관 안에 두었는데 아무도 몰랐다.

그리고 몇 년 뒤 고향에 돌아온 왕돈은 大度 亭長이 되었다. 처음 부임하는 날 어디선가 말 한 마리가 亭에 달려 들어왔다. 바로 그날 큰 바람에 수놓은 이불이 날려와 왕돈 앞에 떨어졌는데, 왕돈은 즉시 현에 이를 보고하였고, 현에서는 왕돈의 소유라 하였다. 왕돈은 뒷날 그 말을 타고 (廣漢郡 治所인) 雒縣(낙현)에 갔는데 말이 마구 달려 어느 집으로 들어갔다. 그러자 주인이 좋아하며 말했다. "이제야 도둑을 잡았다." 그러면서 말을 얻게 된 사유를 물었고, 왕돈은 전에 있었던 일과 아울러 수놓은 이불도 설명하였다. 주인은 한참 동안 슬퍼하다가 말했다.

"이불이 바람에 날려갔고 말도 함께 없어졌는데, 당신은 무슨 음덕을 베풀었기에 이 두 가지를 얻었습니까?"

왕돈은 자신이 서생의 장례를 치러준 일을 생각하여 모두 설명하면서 서생의 생김새와 황금을 묻은 곳도 말했다.

主人은 크게 놀라 울며 말했다.

"바로 내 아들입니다. 姓은 金에 이름은 彦(선비 언)입니다. 예전에 낙양에 갔지만 어디 있는지 알지 못하고 있는데 경이 장례를 치러준 일을 어찌 생각했겠습니까? 큰 은혜를 오랫동안 갚지 못했기에 하늘이 이번에 경의 은덕을 일러준 것입니다."

왕돈이 이불과 말을 돌려주었으나 김언의 부친은 받지 않고 왕돈에게 많은 사례를 하였다. 왕돈은 사양하고 떠났다. 그때 김언 부친은 益州자사의 從事였는데 바로 新都 현령에게 통고하여 왕돈에게 휴가를 주게 하였고 함께 가서 김언의 시신을 발굴하였고 묻었던 금은 그대로 있었다. 왕돈은 이 때문에 이름이 알려졌다.

原文

仕郡功曹, 州治中從事. 舉茂才, 除郿令. 到官, 至鬱亭. 亭長曰, "亭有鬼, 數殺過客, 不可宿也." 忱曰, "仁勝凶邪, 德除不祥, 何鬼之避!" 卽入亭止宿. 夜中聞有女子稱冤之聲. 忱呪曰, "有何枉狀, 可前求理乎?" 女子曰, "無衣, 不敢進." 忱便投衣與之.

女子乃前訴曰, "妾夫爲涪令, 之官過宿此亭, 亭長無狀, 賊殺妾家十餘口, 埋在樓下, 悉取財貨." 忱問亭長姓名. 女子曰, "卽今門下游徼者也." 忱曰, "汝何故數殺過客?" 對曰, "妾不得白日自訴, 每夜陳冤, 客輒眠不見應, 不勝感恚, 故殺之." 忱曰, "當爲汝理此冤, 勿復殺良善也." 因解衣於地, 忽然不見.

明旦召游徼詰問, 具服罪, 卽收繫, 及同謀十餘人悉伏辜. 遣吏送其喪歸鄉里, 於是亭遂淸安.

| 註釋 | ○治中從事 – 자사의 속리, 문서 및 서무 관련 업무를 담당. 자사의 심복. ○郿縣(미현) – 우부풍의 현명. 今 陝西省 寶雞市 郿縣. ○游徼(유요) – 중앙 정부의 관리는 현령까지만 파견된다. 縣 아래 기본 행정 단위는 鄉이다. 10里에 1亭, 10정을 1鄉이라 하고 鄉吏(향리)를 두었는데, 鄉吏

로는 교화를 담당하는 三老, 聽訟과 賦稅 징수를 돕는 嗇夫(색부), 순찰과 도적 체포를 담당하는 游徼(유요)가 있었다.

[國譯]

왕돈은 郡에 출사하여 공조가 되었고 益州자사의 治中從事가 되었다. 왕돈은 茂才로 천거되어 郿縣(미현) 현령이 되었다. 부임하며 斄亭(태정)에 도착했다. 亭長이 말했다. "亭에 귀신이 있어 과객을 여러 번 살해하였기에 묵을 수 없습니다." 이에 왕돈이 말했다. "인자하면 凶邪(흉사)를 이기고 은덕은 상서롭지 못한 일을 없앤다 했거늘 어찌 귀신을 피해야 하겠는가!" 그러면서 태정에 숙박하였다.

한밤이 되자 원한을 호소하는 여인의 목소리가 들려왔다. 그러자 왕돈이 주문을 외우듯 말했다. "무슨 억울한 일이 있다면 앞에 나와서 말하여라." 여인은 "옷이 없어 들어가지 못합니다." 라고 말했다. 왕돈은 바로 옷을 하나 던져주었다.

여인이 앞에 나와 말했다.

"소첩의 지아비가 (廣漢郡) 涪縣(부현) 현령이 되어 부임하면서 이 정에 머물렀는데, 정장이 악독하여 식구 10여 명을 다 죽여 누각 아래에 묻고 재물을 모두 탈취하였습니다."

왕돈이 정장의 이름을 물었다. 여인이 말했다 "지금 관내의 游徼(유요)로 근무하는 자입니다." 왕돈이 말했다. "너는 무슨 연고로 과객을 자주 죽였는가?" 그러자 귀신이 말했다.

"소첩이 낮에 억울함을 말할 수 없어 밤마다 원통함을 호소하였지만 객인들은 잠자느라고 듣지 못하기에 분한 마음을 참지 못하고 죽였습니다."

왕돈은 "너의 원한을 풀어줄 것이니, 다시는 선량한 사람을 죽이지 말라."고 말했다. 귀신은 마당에 옷을 벗어놓고 홀연히 사라졌다.

다음 날 왕돈이 유요를 불러 질책하자, 유요는 죄를 다 자복하였고, 즉시 잡아 가두면서 함께 모의 했던 10여 명도 모두 처형하였다. 왕돈이 사자를 보내 그 시신을 모두 鄕里로 보내자 태정은 이전처럼 평온하였다.

⑪ 張武

原文

張武者, 吳郡由拳人也. 父業, 郡門下掾, 送太守妻, 子還鄕里, 至河內亭, 盜夜劫之, 業與賊戰死, 遂亡失屍骸. 武時年幼, 不及識父. 後之太學受業, 每節, 常持父遺劍, 至亡處祭醊, 泣而還. 太守第五倫嘉其行, 擧孝廉. 遭母喪過毁, 傷父魂靈不返, 因哀慟絶命.

| 註釋 | ○吳郡 由拳縣 – 吳郡 由拳縣(유권현)은, 今 浙江省 북부 嘉興市. ○門下掾 – 州郡의 長과 특별히 가까운 掾吏. 掾은 도울 연. ○亡處祭醊 – 亡處는 사망한 곳. 祭醊은 제사 지내다. 醊은 강신할 철. 술을 땅에 붓고 제사 지낼 철. 제사 이름 철. ○太守第五倫 – 第五倫(제오륜)은 성실한 원칙론자였는데 三公의 반열에 올랐다. 41권, 〈第五鍾離宋寒列傳〉에 立傳.

[國譯]

　　張武(장무)란 사람은 吳郡 由拳縣(유권현) 사람이다. 부친 張業(장업)은 吳郡 門下掾으로 태수의 처와 아들을 향리로 호송하다가 河內郡의 어떤 亭에서 밤에 도적이 습격하자, 장업은 도적과 싸우다가 죽었는데 그 시신을 찾지 못했다. 장무는 그때 나이가 어려 부친의 얼굴을 기억하지 못했다. 뒷날 太學에서 수학하면서 매번 절기에 맞춰 부친이 남긴 칼을 가지고 부친이 죽은 장소에 가서 제사를 지낸 뒤 통곡하고 돌아오곤 하였다. 太守 第五倫(제오륜)은 그 행실을 가상히 여겨 孝廉으로 천거하였다. 모친상을 당하여 지나치게 슬퍼했고, 부친의 혼령도 돌아오지 않는다고 상심하여 애통하다가 절명하였다.

⑫ 陸續

原文

　　陸續字智初, 會稽吳人也. 世爲族姓. 祖父閎, 字子春, 建武中爲尚書令. 美姿貌, 喜着越布單衣, 光武見而好之, 自是常敕會稽郡獻越布.

　　續幼孤, 仕郡戶曹史. 時歲荒民飢, 太守尹興使續於都亭賦民饘粥. 續悉簡閱其民, 訊以名氏. 事畢, 興問所食幾何? 續因口說六百餘人, 皆分別姓字, 無有差謬. 興異之. 刺史行部, 見續, 闢爲別駕從事. 以病去, 還爲郡門下掾.

○賦民饘粥 – 饘粥은 죽. 饘은 죽 전, 粥은 죽 죽.

[國譯]

陸續(육속)의 字는 智初(지초)로, 會稽郡 吳縣 사람이다. 대대로 名望있는 大姓이었다. 조부인 陸閎(육굉)의 字는 子春(자춘)으로 建武연간에 尙書令이었다. 육굉은 용모가 준수한데다가 越布로 만든 單衣를 즐겨 입었는데, 광무제가 보고서는 좋아했기에 이후로 會稽郡에서는 越布를 헌상하라고 명령하였다.

육속은 어려 부친을 여의었는데 郡에 출사하여 戶曹史가 되었다. 그때 흉년이 들어 백성이 굶주리자, 태수 尹興(윤흥)은 육속을 시켜 都亭에서 굶주린 백성에게 죽을 공급하였다. 육속은 백성들을 살피면서 간단히 성명을 물어보았다. 업무를 마친 뒤 태수가 몇 명에게 죽을 먹였느냐고 묻자, 육속은 바로 6백여 명이라면서 성씨별로 숫자를 말했는데 차이가 없었다. 태수 윤흥은 기이하게 여겼다. 자사가 관내를 시찰하면서 육속을 만나보고서는 불러 別駕從事로 임명했다. 육속은 병으로 사직했다가 다시 郡의 門下掾이 되었다.

原文

是時, 楚王英謀反, 陰疏天下善士. 及楚事覺, 顯宗得其錄, 有尹興名, 乃徵興詣廷尉獄. 續與主簿梁宏, 功曹史駟勳及掾史五百餘人詣洛陽詔獄就考, 諸吏不堪痛楚, 死者大半. 唯續, 宏, 勳掠考五毒, 肌肉消爛, 終無異辭.

續母遠至京師, 覘候消息, 獄事特急, 無緣與續相聞. 母
但作饋食, 付門卒以進之, 續雖見考苦毒, 而辭色慷慨, 未嘗
易容, 唯對食悲泣, 不能自勝. 使者怪而問其故. 續曰, "母
來, 不得相見, 故泣耳." 使者大怒, 以爲門卒通傳意氣, 召
將案之.

續曰, "因食餉羹, 識母所自調和, 故知來耳. 非人告也."
使者問, "何以知母所作乎?" 續曰, "母嘗截肉, 未嘗不方,
斷蔥以寸爲度, 是以知之." 使者問諸謁舍, 續母果來, 於是
陰嘉之, 上書說續行狀. 帝卽赦興等事, 還鄉里, 禁錮終身.
續以老病卒.

長子稠, 廣陵太守, 有理名. 中子逢, 樂安太守. 少子褒,
力行好學, 不慕榮名, 連徵不就. 褒子康, 已見前傳.

| 註釋 | ○覘候消息 – 覘候(점후)는 남몰래 살펴보다. 覘은 엿볼 점(本
音 첨). 候는 기다릴 후. ○禁錮終身 – 종신토록 관직에 나아갈 수 없는 제
한 조치. 錮는 땜질할 고. 붙들어 매다. 가로 막다. ○已見前傳 – 陸康(육
강)은 31권, 〈郭杜孔張廉王蘇羊賈陸列傳〉에 입전. 육강의 막내아들 陸績
(육적)은 吳(孫權)를 섬겨 鬱林(울림) 태수가 되었는데 博學하고 善政으로
당대에 칭송을 들었다. 어린 6살에, 袁術(원술)을 배알할 때 귤을 숨겨 품었
다가 떨어트린 사람으로 명망이 높았다.

[國譯]

이 무렵, 楚王 劉英(유영)은 謀反을 계획하면서 은밀히 天下의 善

士들 명단을 작성했었다. 유영의 모반이 알려지면서 顯宗(明帝)은 그 기록을 입수했는데, 거기에 (太守) 尹興(윤흥)의 이름이 있어 윤흥은 정위의 詔獄에 불려갔다. 육속과 主簿인 梁宏(양굉), 功曹史인 駟勳(사훈) 및 掾史 등 5백여 명이 낙양의 詔獄에 불려가 고문을 받았는데, 많은 관리들이 그 고통을 견디지 못하고 죽는 자가 태반이었다. 오직 육속과 양굉, 사훈은 다섯 가지 형벌을 다 받으면서 살갗과 살점이 떨어져나가도 끝내 다른 말이 없었다.

육속의 모친은 멀리 낙양까지 와서 몰래 소식을 물었지만 옥사가 하도 엄중하여 육속을 만나볼 수도 없었다. 모친은 다만 음식을 만들어 門卒에게 부탁하여 들여보냈는데, 육속은 비록 심한 고문을 당하더라도 언사가 당당하며 얼굴 표정이 바뀐 적도 없었지만 음식을 보고서는 슬피 울며 견디질 못하였다. 이에 사자가 이상히 여겨 까닭을 물었다. 그러자 육속이 말했다. "모친이 오셨지만 만나볼 수도 없어 울었습니다." 그러자 사자가 대노하면서 문졸이 소식을 전해 준 것이라 생각하여 문졸을 불러 조사하려 했다.

이에 육속이 말했다.

"밥과 국을 먹으면서 모친이 조리하신 것을 알았고, 그래서 모친이 오신 것을 알았습니다. 누가 나에게 말하지 않았습니다."

사자가 물었다. "어떻게 모친이 준비한 음식인가를 알았는가?"
육속이 대답하였다. "어머니는 고기를 썰어도 반듯하게 썰지 않은 적이 없었으며, 파를 썰어도 1촌의 길이로 잰 듯 썰었기에 알았습니다."

사자가 사람을 시켜 알아보았더니 과연 육속의 모친이 왔다고 하자, 사자는 마음속으로 가상히 여겨 육속의 행장을 보고하였다. 이에 明帝는 즉시 윤홍 등의 사안을 사면하여 고향으로 돌아가게 하였고 종신토록 금고에 처했다. 육속은 노환으로 죽었다.

육속의 長子 陸稠(육조)는, 廣陵太守로 선정을 베풀어 유명했다. 中子인 陸逢(육봉)은 樂安太守였다. 少子 陸褒(육포)는 바른 행실에 好學하며, 영화나 명예를 추구하지 않아 연속 부름을 받았어도 응하지 않았다. 육포 아들 陸康(육강)은 다른 곳에 입전했다.

⓭ 戴封

原文

戴封字平仲, 濟北剛人也. 年十五, 詣太學, 師事鄭令東海申君. 申君卒, 送喪到東海, 道當經其家. 父母以封當還, 豫爲娶妻. 封暫過拜親, 不宿而去. 還京師卒業.

時同學石敬平溫病卒, 封養視殯斂, 以所齎糧市小棺, 送喪到家. 家更斂, 見敬平行時書物皆在棺中, 乃大異之. 封後遇賊, 財物悉被略奪, 唯餘縑七匹, 賊不知處, 封乃追以與之, 曰, "知諸君乏, 故送相遺." 賊驚曰, "此賢人也." 盡還其器物.

| 註釋 | ○濟北剛 − 濟北은 郡國名. 治所는 盧縣, 今 山東省 濟南市 長清區. 泰山郡을 분리. 剛縣은 今 山東省 중부 泰安市 관할 寧陽縣. ○溫病卒 − 溫病은 熱病.

戴封(대봉)의 字는 平仲(평중)으로, 濟北國 剛縣(강현) 사람이다. 나이 15세에 太學에 가서 (會稽郡) 鄮縣(무현) 현령이었던 東海郡 申君(신군)에게 사사하였다. 申君이 죽자, 대봉은 영구를 東海郡으로 운송하였는데 본가를 경유하는 길이었다. 부모는 대봉이 응당 돌아오리라 생각하여 결혼 준비를 미리 하였다. 그러나 대봉은 잠시 들려 부모에게 절을 한 뒤에 하루를 묵지도 않고 떠나갔다. 대봉은 경사로 돌아가 학업을 마쳤다.

그때 同學인 石敬平(석경평)이 열병으로 죽었는데, 태봉은 석경평의 시신을 염을 해줘야 한다고 생각하여 자신의 양식을 팔아 작은 관을 사가지고 靈柩(영구)를 본가에 호송하였다. 본가에서 다시 염을 하면서 보니 관 속에는 석경평이 출발할 때 갖고 갔던 물건이 모두 그대로 들어있어 크게 놀랐다.

태봉은 뒷날 다른 도적을 만났을 때, 재물을 모두 빼앗겼지만 그래도 비단 7필이 도적이 모르는 곳에 있었는데 대봉은 그 비단도 내주면서 말했다.

"당신들의 궁핍한 사정을 알았기에 주는 물건이요."

그러자 도적들이 놀라 말했다. "이 분은 현인이시다." 그러면서 약탈한 물건은 모두 대봉에게 돌려주었다.

原文

後舉孝廉, 光祿主事, 遭伯父喪去官. 詔書求賢良方正直言之士,有至行能消災伏異者, 公卿郡守各舉一人. 郡及大司農俱擧封. 公車徵, 陛見, 對策第一, 擢拜議郎. 遷西華令. 時汝,潁有蝗災, 獨不入西華界. 時督郵行縣, 蝗忽大至. 督郵其日卽去, 蝗亦頓除, 一境奇之. 其年大旱, 封禱請無獲, 乃積薪坐其上以自焚. 火起而大雨暴至, 於是遠近嘆服.

　遷中山相. 時諸縣囚四百餘人, 辭狀已定, 當行刑. 封哀之, 皆遣歸家, 與剋期日, 皆無違者. 詔書策美焉. 永元十二年, 徵拜太常, 卒官.

| 註釋 | ○對策第一 – 對策은 考試, 取士의 한 방법으로 政論이나 經義에 관한 제목에 응시자가 대답으로 작성하는 문장. 주관적 논술로 取士하였다.

[國譯]

　(戴封은) 뒷날 孝廉으로 천거되어 光祿主事가 되었지만 伯父의 喪으로 사직하였다. 조서로 賢良方正하거나 直言之士, 또는 돈독한 행실로 재해를 극복할 수 있거나 이변을 이겨낼 만한 인재를 公卿과 郡守가 각 1인씩 천거하게 하였다. 郡과 大司農이 함께 대봉을 천거하였다. 공거령의 부름으로 들어가 폐하를 알현하였고 대책에서 제일이어서 의랑으로 발탁되었다. (汝南郡) 西華 현령이 되었다. 그때 汝南과 潁川군에 황충의 피해가 많았는데 황충 피해가 서화현에는 없었다. 郡의 독우가 현을 시찰하면 황충이 홀연히 크게 몰려왔다. 독우가 그날 즉시 떠나가면 황충도 갑자기 없어졌기에 서화현 모두가 기이하게 여겼다. 그해에 날이 크게 가물었는데 대봉이 기우제를 지내도 비가 내리지 않자, 대봉은 장작더미 위에 앉아 불타죽으려

했다. 장작더미에 불이 붙자 갑자기 큰 비가 내렸고 원근 모두가 탄복하였다.

대봉은 中山國相이 되었다. 그때 여러 현에 죄수가 4백여 명이나 있었는데 진술과 판결이 이미 끝나고 처형을 기다리고 있었다. 대봉은 이를 애처롭게 여겨 모두 집에 다녀오게 하며 돌아올 기일을 정했는데 어기는 자가 없었다. 조서로 이를 칭송하였다. (和帝) 永元 12년(서기 100)에, 조정에 불려와 太常이 되었고 재임 중에 죽었다.

⑭ 李充

原文

李充字大遜, 陳留人也. 家貧, 兄弟六人同食遞衣. 妻竊謂充曰, "今貧居如此, 難以久安. 妾有私財, 願思分異." 充僞酬之曰, "如欲別居, 當醞酒具會, 請呼鄕里內外, 共議其事." 婦從充置酒晏客. 充於坐中前跪曰母曰, "此婦無狀, 而敎充離間母兄, 罪合遣斥." 便呵叱其婦, 逐令出門, 婦銜涕而去. 坐中驚肅, 因遂罷散. 充後遭母喪, 行服墓次, 人有盜其墓樹者, 充手自殺之. 服闋, 立精舍講授.

太守魯平請署功曹, 不就. 平怒, 乃援充以捐溝中, 因譎署縣都亭長. 不得已, 起親職役. 後和帝公車徵, 不行. 延平中, 詔公卿,中二千石各舉隱士大儒, 務取高行, 以勸後進, 特徵充爲博士. 時魯平亦爲博士, 每與集會, 常歎服焉.

○行服墓次 - 行服은 복상하다. 次는 가장자리. 주변.

[國譯]

　李充(이충)의 字는 大遜(대손)으로, 陳留郡 사람이다. 家貧하여 형제 6인이 함께 식사를 하고 옷을 교대로 입어야 했다. 이충의 처가 은밀히 말했다.

　"지금 이처럼 가난하게 살아야 하니 나중에도 편할 수가 없습니다. 나에게 私財가 있으니 형제들과 분가해서 따로 삽시다."

　그러자 이충은 거짓으로 응답하였다. "만약 별거하려면 응당 술을 빚고 향리 사람을 모두 모이게 한 다음에 논의를 해야 하오."

　아내는 이충의 말에 따라 술을 빚고 손님을 청했다. 이충은 한가운데 꿇어앉아 모친에게 말했다. "이 사람 마음이 고약하여 나에게 모친과 형제 사이를 이간하였으니 내쫓아야 합니다." 그러면서 아내를 꾸짖고 바로 쫓아버리자 아내는 눈물을 흘리며 떠나갔다. 좌중이 모두 놀라며 조용했다가 각자 흩어졌다.

　이충은 뒷날 모친상을 당하여 묘 곁에서 복상하였는데, 어떤 자가 묘의 나무를 훔치려 하자 이충은 손으로 직접 죽여버렸다. 복상을 마친 뒤에 精舍를 짓고 가르쳤다.

　太守인 魯平(노평)이 이충을 불러 功曹에 임명하려 했으나 이충은 응하지 않았다. 노평은 화가 나서 이충을 끌어다가 구덩이에 집어던졌다가 이어 꾸짖으면서 縣의 都亭長에 임명하였다. 이충은 부득이 나아가 職役을 맡았다. 뒤에 和帝가 公車令을 통해 불렀지만 응하지 않았다. (殤帝) 延平 연간에, 조서를 내려 公卿이나 中二千石에게 각각 隱士나 大儒, 품행이 高尙하고 후진을 권장하는 인재를 천거하게

하면서 특별히 이충을 불러 박사에 임명하였다. 그때 노평도 박사였
는데 매번 만날 때마다 늘 이충에게 탄복하였다.

原文

　充遷侍中. 大將軍鄧騭貴戚傾時, 無所下借, 以充高節,
每卑敬之. 嘗置酒請充, 賓客滿堂, 酒酣, 騭跪曰, "幸托椒
房, 位列上將. 幕府初開, 欲辟天下奇偉, 以匡不逮, 惟諸君
博求其器." 充乃爲陳海內隱居懷道之士, 頗有不合, 騭欲絶
其說, 以肉啖之. 充抵肉於地, 曰, "說士猶甘於肉!" 遂出,
徑去. 騭甚望之. 同坐汝南張孟擧往讓充曰, "一日聞足下
與鄧將軍說士未究, 激刺面折, 不由中和, 出言之責, 非所以
光祚子孫者也." 充曰, "大丈夫居世, 貴行其意, 何能遠爲
子孫計哉!" 由是見非於貴戚. 遷左中郎將, 年八十八, 爲國
三老. 安帝常特進見, 賜以几杖. 卒於家.

| 註釋 | ○鄧騭(등즐) - 인명. 개국공신 鄧禹의 손자. 鄧訓의 아들, 和帝
등황후의 친오빠. 騭은 오를 즐, 수말 즐. 말의 수컷. 16권, 〈鄧寇列傳〉에
입전. ○幸托椒房 - 椒房(초방)은 산초가루를 벽에 바른 방. 后妃의 처소.
산초나무는 열매가 많이 달린다. 온기를 유지하며 자식을 많이 생산하라
는 뜻. 황후를 지칭. 椒屋과 同.

[國譯]

　李充은 侍中이 되었다. 大將軍 鄧騭(등즐)은 貴戚으로 권력이 나

라를 흔들며 못하는 일이 없었지만, 지조가 높은 이충에게는 늘 자신을 낮추며 공경하였다. 일찍이 술자리를 마련하고 많은 빈객을 초청했는데, 술자리가 무르익자, 등즐은 무릎을 꿇고 말했다.

"저는 다행히 태후의 덕분으로 上將의 반열에 올랐습니다. 대장군의 막부를 처음 시작하였기에 천하의 특별한 인재를 초빙하여 부족한 부분을 채우고자 하오니 여러분께서는 그런 인재를 널리 구해주십시오."

이에 이충은 海內에 은거 중인 인재들에 대한 이야기를 계속했는데, (등즐의) 마음에 들지 않는 자들이 많아 이충의 말을 끊으려고 고기를 집어 먹었다. 그러자 이충은 고기 그릇을 바닥에 던지며 말했다. "선비에 대한 이야기는 고기보다 더 맛있습니다!"

그리고는 나가버렸다. 등즐은 이충을 심히 원망하였다. 같은 자리에 있던 汝南 사람 張孟擧(장맹거)가 이충을 찾아가서 책망했다.

"어제 鄧將軍에게 士人에 대한 이야기를 다 하지 못하고 격렬하게 면박을 주었지만, 이는 中和에서 나오지 않았고 말을 잘못한 것이니 자손에게 영광을 물려줄 수 없을 것이요."

이충이 말했다. "大丈夫가 한세상 살면서 생각대로 할 수 있어야 하거늘, 어찌 멀리 자손의 장래까지 걱정해야 하는가!"

이충은 이 때문에 권문세가의 배척을 받았다. 이충은 左中郞將이 되었고 나이 88세에는 國三老가 되었다. 安帝는 특별히 불러 알현하면서 안석과 지팡이를 하사하였다. 이충은 집에서 죽었다.

⑮ 繆肜

原文

繆肜字豫公, 汝南召陵人也. 少孤, 兄弟四人, 皆同財業.
及各娶妻, 諸婦遂求分異, 又數有鬪爭之言. 肜深懷憤歎,
乃掩戶自撾曰, "繆肜, 汝修身謹行, 學聖人之法, 將以齊整
風俗, 奈何不能正其家乎!"

弟及諸婦聞之, 悉叩頭謝罪, 遂更爲敦睦之行.

仕縣爲主簿. 時縣令被章見考, 吏皆畏懼自誣, 而肜獨證
據其事. 掠考苦毒, 至乃體生蟲蛆, 因復傳換五獄, 踰涉四
年, 令卒以自免.

| 註釋 | ○繆肜 – 인명. 繆는 얽을 무. 성씨. 肜은 융제사 융. ○汝南 召
陵 – 召陵縣은, 今 河南省 중부 漯河市(탑하시) 召陵區. ○自撾 – 스스로 종
아리를 치다. 撾는 칠 과. 매질하다. ○體生蟲蛆 – 구더기. 蛆는 구더기 저.

[國譯]

繆肜(무융)의 字는 豫公(예공)으로, 汝南郡 召陵縣 사람이다. 젊어
부친을 여의고 兄弟 4인이 재산을 공유하며 살았다. 각자 아내를 얻
으면서 며느리들이 따로 살기를 원했고 자주 싸우기도 하였다. 무융
은 마음속으로 깊이 부끄럽게 생각하며 탄식하였는데, 무융은 문을
닫고 자신을 매질하며 말했다.

"무융, 너는 수신하고 근행하고 성인의 법을 본받아 장차 풍속을
바로잡아야 하거늘, 어째서 집안도 다스리지 못하는가!"

이에 여러 동생과 며느리들이 모두 머리를 숙여 사죄하여, 이후로는 돈독하고 화목한 가정을 이루었다.

무용은 출사하여 현의 主簿가 되었다. 그때 현령이 고발에 의하여 고문을 당하였는데, 다른 관리들은 두려워 자기 변명을 하였지만 무용은 끝까지 태수가 무죄임을 입증하였다. 그러나 무용은 혹독한 고문을 받아 몸에서 구더기가 나왔고, 다시 5개 감옥을 전전하면서 4년이 지나 결국 면죄되었다.

原文

太守隴西梁湛召爲決曹史. 安帝初, 湛病卒官, 肜送喪還隴西. 始葬, 會西羌反叛, 湛妻,子悉避亂它郡, 肜獨留不去, 爲起墳冢. 乃潛穿井旁以爲窟室, 晝則隱竄, 夜則負土, 及賊平而墳已立. 其妻,子意肜已死, 還見大驚. 關西咸稱傳之, 共給車馬衣資, 肜不受而歸鄕里.

辟公府, 擧尤異, 遷中牟令. 縣近京師, 多權豪. 肜到, 誅諸姦吏及託名貴戚賓客者百有餘人, 威名遂行. 卒於官.

| 註釋 | ○遷中牟令 – 中牟는 현명. 今 河南省 중부 鄭州市 관할 中牟縣, 황하 남안.

[國譯]

(汝南) 太守인 隴西(농서) 출신 梁湛(양담)이 무용을 불러 決曹史에

임명하였다. 安帝 初에 양담이 재임 중 병사하자, 무융은 영구를 농서군으로 운송하였다. 장례를 마치자마자 마침 西羌(서강)족이 반란을 일으키자, 양담의 처와 자식은 다른 군으로 피난하였으니 무융은 혼자 남아 봉분을 만들었다. 무융은 몰래 구덩이를 파고 굴속에 살면서 낮에는 숨어 있다가 밤에 흙을 날랐는데 적도가 물러났을 때 봉분도 완성되었다. 양담의 처자는 무융이 죽었을 것이라 생각하고 돌아와 보고서는 크게 놀랐다. 關西 사람 모두가 무융을 칭송하였고, 거마와 의복과 노자를 주었지만 무융은 받지 않고 향리로 돌아왔다.

삼공부의 부름을 받고 특별한 인재로 천거되어 (河南) 中牟(중모) 현령이 되었다. 중모현은 낙양에서 가까워 권세가가 많았다. 무융은 부임하여 불법을 자행한 관리나 귀척의 이름을 빌려 행세하는 자 1백여 명을 처형하자 威名이 널리 알려졌다. 재임 중에 죽었다.

⑯ 陳重

原文

陳重字景公, 豫章宜春人也. 少與同郡雷義爲友, 俱學《魯詩》,《顔氏春秋》. 太守張雲擧重孝廉, 重以讓義, 前後十餘通記, 雲不聽. 義明年擧孝廉, 重與俱在郎署.

有同署郎負息錢數十萬, 責主日至, 詭求無已, 重乃密以錢代還. 郎後覺知而厚辭謝之. 重曰, "非我之爲, 將有同姓名者." 終不言惠. 又同舍郎有告歸寧者, 誤持鄰舍郎綈以去. 主疑重所取, 重不自申說, 而市綈以償之. 後寧喪者歸, 以綈還主, 其事乃顯. 重後與義俱拜尙書郎, 義代同時人受罪, 以此黜退. 重見義去, 亦以病免. 後擧茂才, 除細陽令. 政有異化, 擧尤異, 當遷爲會稽太守, 遭姊憂去官. 後爲司徒所辟, 拜侍御史, 卒.

| 註釋 | ○豫章宜春 – 豫章郡 치소는 南昌縣, 今 江西省 북부 南昌市(江西省의 省會). 宜春縣은 今 江西省 서부 宜春市. ○告歸寧者 – 告는 휴가를 받다. 歸寧은 고향에 가서 부모를 뵙다. 시집간 여자가 친정에 근친하다. 寧은 근친할 녕.

[國譯]

　陳重(진중)의 字는 景公(경공)으로, 豫章郡 宜春縣 사람이다. 젊어 同郡의 雷義(뇌의)와 벗이 되어 함께 《魯詩》와 《顔氏春秋》를 배웠다. 太守인 張雲(장운)은 진중을 孝廉으로 천거하였는데, 진중은 뇌의에게 양보하여 십여 차례 서신이 왕래하였는데 장운은 따르지 않았다. 뇌의는 그 다음 해에 효렴으로 천거되어 함께 낭관의 부서에 근무하였다.

　같은 부서에 근무하는 낭관이 수십만 전 부채가 있어 債主가 날마다 와서 심하게 독촉을 했는데, 진중은 몰래 그 돈을 갚아주었다. 낭관이 뒷날 이를 알고 진심으로 감사하였다. 그러나 진중은 "내가 한 일이 아니니, 아마 같은 이름을 가진 사람이 있는 것 같습니다." 라고 말하며 끝내 자랑하지 않았다. 또 같은 宿舍에 있는 낭관이 휴가를 받아 부모상을 치르러 가면서 잘못하여 옆 숙소 사람의 바지를 갖고 갔다. 그 주인이 진중이 가져갔다고 오해하자, 진중은 변명하지도 않고 시장에서 바지를 사다가 갚아주었다. 뒤에 상을 마치고 돌아와서 그 바지를 돌려주어 이런 일이 알려지게 되었다.

진중은 뒷날 뇌의와 함께 尙書郎이 되었는데, 뇌의가 같이 근무하는 사람 대신 문책을 받고 결국 퇴출되었다. 진중은 뇌의가 사직하자 병을 핑계로 사직하였다. 뒷날 다시 茂才로 천거 받아 (汝南郡) 細陽 현령이 되었다. 그 백성을 교화한 치적이 우수하여 특별한 인재로 천거되어 會稽太守로 승진해야 했으나 마침 누이 상을 당해 사직하였다. 뒤에 司徒所의 부름을 받아 시어사가 되었고 재임 중에 죽었다.

⑰ 雷義

原文

雷義字仲公, 豫章鄱陽人也. 初爲郡功曹, 嘗擢擧善人, 不伐其功. 義嘗濟人死罪, 罪者後以金二斤謝之, 義不受. 金主伺義不在, 默投金於承塵上. 後葺理屋宇, 乃得之. 金主已死, 無所復還, 義乃以付縣曹.

後擧孝廉, 拜尙書侍郎, 有同時郎坐事, 當居刑作. 義默自表取其罪, 以此論司寇. 同臺郎覺之, 委位自上, 乞贖義罪. 順帝詔皆除刑. 義歸, 擧茂才, 讓於陳重, 刺史不聽, 義

遼陽狂被髮走, 不應命. 鄉里爲之語曰, '膠漆自謂堅, 不如
雷與陳.' 三府同時俱辟二人. 義遼爲守灌謁者. 使持節督
郡國行風俗, 太守令長坐者凡七十人. 旋拜侍御史, 除南頓
令, 卒官. 子授, 官至蒼梧太守.

| 註釋 | ○豫章鄱陽 – 豫章郡 鄱陽縣, 今 江西省 직할 鄱陽縣. 江西省
최북단. 鄱陽湖 동쪽. 헌제 때 예장군을 나눠 파양군을 설치한 적도 있었
다. ○承塵 – 천정에서 떨어지는 먼지를 막기 위에 반자처럼 방 위에 설치
한 판자. ○守灌謁者(수관알자) – 守는 임시, 또는 대리의 뜻. 灌謁者는 謁
者 정원 35인 중, 직임을 담당한 지 만 1년이 안 된 자. ○南頓(남돈) – 汝
南郡의 縣名, 今 河南省 周口市 관할 項城市 서쪽. ○蒼梧太守 – 蒼梧郡의
治所는 廣信縣, 今 廣西省 동부 梧州市. 廣東省과의 접경.

[國譯]

　　雷義(뇌의)의 字는 仲公(중공)으로, 豫章郡 鄱陽縣 사람이다. 처음
에는 郡의 功曹였는데 일찍이 선한 사람을 등용케 하면서도 그 공을
자랑하지 않았다. 뇌의는 죽을죄를 지은 사람을 구제한 적이 있었는
데 그 죄인이 황금 2근으로 사례하였으나 뇌의는 받지 않았다. 그
사람은 뇌의가 집에 없는 틈을 집안 천장 板子(承塵) 위에 놓아두었
다. 뒷날 지붕을 수리하면서 발견하였다. 황금을 놓아두었던 주인
은 이미 죽어 다시 돌려둘 수가 없어 뇌의는 이를 현에 넘겨주었다.
　　뇌의는 나중에 효렴으로 천거되어 尙書侍郞이 되었는데, 그때 동
료 낭관의 일에 연좌되어 형벌을 받게 되었다. 뇌의는 묵묵히 죄를
받아들이자 변방에서 적을 감시하는 노역형 판결을 받았다. 상서대

낭관의 죄상이 밝혀지자, 그 낭관은 사임하면서 뇌의의 형을 대신 받겠다고 상서하였다. 順帝는 조서로 두 사람의 죄를 사면하였다. 뇌의가 돌아오자 茂才로 천거되었으나 천거를 陳重(진중)에게 양보 하였지만 자사가 따르지 않자, 뇌의는 거짓으로 미친 척하며 산발하고 뛰어다니면서 명에 따르지 않았다. 그래서 鄕里에서는 '아교와 옻칠이 아무리 견고히 붙는다 하여도 뇌의와 진중만 못하다.' 라고 말했다. 三公府에서는 두 사람을 함께 초빙하였다. 뇌의는 임시 灌 謁者(관알자)가 되어 부절을 받아 가지고 군국을 순행하면서 풍속을 순찰하여 太守나 현령, 현장 등 법을 어긴 자 70여 명을 적발하였다. 조정에 돌아와 侍御史를 제수 받았으며 (汝南郡) 南頓(남돈) 현령이 되었다가 재임 중에 죽었다. 아들 雷授(뇌수)는 蒼梧太守가 되었다.

⓲ 范冉

原文

范冉字史雲, 陳留外黃人也. 少爲縣小吏, 年十八, 奉檄 迎督郵, 冉恥之, 乃遁去. 到南陽, 受業於樊英. 又游三輔, 就馬融通經, 歷年乃還.

冉好違時絶俗, 爲激詭之行. 常慕梁伯鸞,閔仲叔之爲人. 與漢中李固,河內王奐親善, 而鄙賈偉節,郭林宗焉. 奐後爲 考城令, 境接外黃, 屢遣書請冉, 冉不至. 及奐遷漢陽太守, 將行, 冉乃與弟協步齎麥酒, 於道側設壇以待之. 冉見奐車

徒駱驛, 遂不自聞, 惟與弟共辯論於路. 奐識其聲, 卽下車
與相揖對. 奐曰, "行路倉卒, 非陳契闊之所, 可共到前亭宿
息, 以敍分隔."

冉曰, "子前在考城, 思欲相從, 以賤質自絶豪友耳. 今子
遠適千里, 會面無期, 故輕行相候, 以展訣別. 如其相追, 將
有慕貴之譏矣." 便起告違, 拂衣而去. 奐瞻望弗及, 冉長逝
不顧.

| 註釋 | ○范冉(범염) – 인명. 冉은 나아갈 염. ○樊英(번영) – 82권, 〈方
術列傳〉(上)에 立傳. ○馬融(마융, 79 - 166) – 伏波將軍 馬援(마원)의 侄孫,
將作大匠인 馬嚴(마엄)의 아들. 經學者로 유명, 60권, 〈馬融列傳〉立傳.
○梁伯鸞(양백란) – 부친이 죽자 자리(席)에 말아서 장례하였고, 자신이 죽
어서는 부친 묘소 곁에 묻어달라고 하지 않았다. ○郭林宗 – 郭太(郭泰).
林宗은 그의 字. 68권, 〈郭符許列傳〉에 立傳.

[國譯]

范冉(범염)의 字는 史雲(사운)으로, 陳留郡 外黃縣 사람이다. 젊어
현의 小吏였는데, 나이 18세에 격문을 받고 郡의 督郵(독우)를 영접
하러 나갔다가 부끄러운 일이라 생각하여 그대로 도망쳐 버렸다. 南
陽郡으로 가서 樊英(번영)에게 배웠다. 이어 三輔 지역을 유람하고
馬融(마융)에게 배우며 경전을 통독한 뒤 일 년이 지나 돌아왔다.

범염은 세속의 보통 관습을 따르려 하지 않았기에 다른 사람과
다른 특이한 일이 많았다. 범염은 梁伯鸞(양백란)이나 閔仲叔(민중숙)
같은 사람을 흠모하였다. 漢中郡의 李固(이고), 河內郡의 王奐(왕환)

등과 친했으며, 賈偉節(가위절, 賈彪), 郭林宗(곽림종, 郭太) 등을 낮게 평가하였다. 왕환은 나중에 (陳留郡) 考城 縣令이 되었는데, 外黃縣과 접경하였기에 여러 번 서신을 보내 범염을 초청하였지만 범염은 찾아가지 않았다. 나중에 왕환이 漢陽太守로 승진하여 떠날 즈음하여 범염은 동생 范協(범협)과 함께 보리를 빚어 만든 술을 가지고 걸어가서 길가에 차려놓고 왕환을 기다렸다. 범염이 보니 수레와 從者들이 끊임없이 왕래하여 범염을 부를 수가 없다 생각하여 아뢰지 않고 동생과 함께 길가에서 큰 소리로 토론을 하였다. 왕환이 지나다가 범염의 목소리를 알아듣고 수레에서 내려 서로 읍을 하였다. 왕환이 말했다.

"길을 떠나야 하는 창졸간이라서 회포를 나눌 자리를 마련하지 못하였으니 앞에 있는 亭에 함께 가서 잠시 쉬면서 별리의 정을 나누고 싶습니다."

이에 범염이 말했다.

"귀하가 앞서 考城縣에 재직하실 때 한번 찾아가려 했지만, 천한 바탕이라서 스스로 귀한 벗을 잃어버릴까 걱정이 되었습니다. 지금 귀하는 천리 먼 길을 가셔야 하니, 다시 만날 기약도 없을 것 같아 가벼운 차림으로 기다려 이별의 정을 나누려 했습니다. 바쁘신 귀하를 따라 숙식한다면 權貴들의 조롱거리가 될 것입니다."

그리고서는 일어나 헤어지겠다 말하고 옷깃을 떨치고 떠나갔다. 왕환은 오래 바라다보았고 범염은 가면서 뒤도 돌아보지 않았다.

桓帝時, 以冉爲萊蕪長, 遭母憂, 不到官. 後辟太尉府, 以
猖急不能從俗, 常佩韋於朝. 議者欲以爲侍御史, 因遁身逃
命於梁沛之間, 徒行敝服, 賣卜於市.

遭黨人禁錮, 遂推鹿車, 載妻子, 捃拾自資. 或寓息客廬,
或依宿樹蔭. 如此十餘年, 乃結草室而居焉. 所止單陋, 有
時糧粒盡, 窮居自若, 言貌無改. 閭里歌之曰, '甑中生塵范
史雲, 釜中生魚范萊蕪.'

及黨禁解, 爲三府所辟, 乃應司空命. 是時西羌反叛, 黃
巾作難, 制諸府掾屬, 不得妄有去就. 冉首自劾退, 詔書特
原不理罪. 又辟太尉府, 以疾不行.

| 註釋 | ○萊蕪長 – 泰山郡의 현명. 萊蕪縣은 今 山東省 중부 泰山 동쪽
萊蕪市(地級市). 縣長은 민호 1만 호 이하 작은 현은 縣令이 아닌 縣長을
내 보냈다. 현령의 질록은 1천석에서 6백석. 縣長의 질록은 5백석 – 3백석.
○捃拾自資 – 捃拾은 줍다. 捃은 주울 군. 拾은 주울 습.

[國譯]

桓帝 때 범엽은 (泰山郡) 萊蕪(내무) 縣長이 되었지만 모친상을 당
하여 부임하지 못했다. 뒷날 太尉府의 부름을 받았는데, 성질도 조
급하고 시속에 따르질 못하여 늘 가죽 혁대를 차고 입조하여 자신을
경계하였다. 議者들은 범엽이 侍御史가 되어야 한다고 논의하자, 범
엽은 등용을 피해 梁國과 沛國 사이에 숨어살며, 도보에 헌 옷을 입

고 저잣거리에서 점을 쳐주며 살았다.

黨人으로 禁錮를 당하자, 범염은 작은 鹿車(녹거)에 가족을 태우고 이삭을 주워 생활하였다. 어떤 때는 客店에 들고 때로는 나무 그늘에서 잠을 잤다. 이렇게 10여 년을 지내다가 초가를 짓고 정주하였다. 누추한 마을에 살면서 수시로 양식이 떨어지는 가난과 고생 속에서도 늘 自若(자약)하였으며 언사나 용모에 변함이 없었다. 그래서 마을에서는 '시루에 먼지가 쌓인 范史雲, 솥 안에 물고기가 사는 范萊蕪라.'고 노래했다.(史雲은 字, 萊蕪는 縣名).

당고의 禁이 풀리자 삼공부의 부름을 받았는데 司空府의 命을 따랐다. 그때 서강족의 반란과 黃巾賊의 亂(서기 184년)이 일어나자, 靈帝는 모든 부서의 관속은 마음대로 관직을 떠날 수 없다고 명령하였다. 그러나 범염은 스스로 자신의 무능을 탄핵하며 퇴직하였고, 조서로 범염의 죄를 문책하지 말라고 하였다. 다시 太尉府의 초빙을 받았지만 병으로 부임하지 못했다.

原文

中平二年, 年七十四, 卒於家. 臨命遺令敕其子曰,

"吾生於昏暗之世, 値乎淫侈之俗, 生不得匡世濟時, 死何忍自同於世! 氣絶便斂, 斂以時服, 衣足蔽形, 棺足周身. 斂畢便穿, 穿畢便埋. 其明堂之奠, 乾飯寒水, 飮食之物, 勿有所下. 墳封高下, 令足自隱. 知我心者, 李子堅, 王子炳也. 今皆不在, 制之在爾, 勿令鄕人宗親有所加也."

於是三府各遣令史奔吊. 大將軍何進移書陳留太守, 累行論諡, 僉曰宜爲貞節先生. 會葬者二千餘人, 刺史郡守各爲立碑表墓焉.

| 註釋 | ○明堂之奠 - 明堂은 神明이 머무는 집, 곧 壙中(광중, 관이 들어 갈 자리). 漢代 황릉에는 엄청난 양의 음식물을 묘안에 넣었는데, 이는 死者의 음식이라고 생각하였다. 범염은 말린 밥(乾飯)과 찬물 한 그릇이면 족하다고 유언하였다. ○貞節先生 - 諡法에 '淸白하고 守節하였으면 貞이고, 好廉하며 自剋하였으면 節이라.'고 하였다.

〔國譯〕

(靈帝) 中平 2년(서기 185), 74세에 집에서 죽었다. 임종에 앞서 아들들에게 유언으로 분부하였다.

"나는 昏暗(혼암)한 세상에 태어났고 음란 사치한 풍조를 만나, 살아서는 세상과 時俗을 바로잡지 못했으니 죽으면서 어찌 세속을 따를 수 있겠는가! 그러니 내 숨이 끊어지면 바로 입은 옷 그대로 염을 하되, 옷은 몸을 덮으면 되고 관은 시신이 들어가면 족할 것이다. 염이 끝나면 바로 구덩이를 파서 매장토록 하라. 죽은 제사상에 乾飯(건반)에 찬물 한 그릇이면 족하고 음식물을 무덤 속에 넣지 말라. 봉분의 높이는 사람이 안 보일 정도면 충분하다. 내 마음을 알아줄 사람은 李子堅(이자견, 李固)과 王子炳(왕자병)이었다. 지금 그들에겐 아무도 없으니 너희들이 할 일이지만 鄕人이나 宗親에게 부담을 주지 말라."

이에 三公府에서는 각각 令史를 보내 조문하였다. 大將軍 何進(하진)은 陳留 太守에게 공문을 보내 범염의 행적을 살펴 시호를 논의하게 하였는데 모두가 응당 貞節先生으로 정해야 한다고 말했다. 2천여 명이 장례에 참석하였고 자사나 태수가 비석과 墓表를 세웠다.

⑲ 戴就

原文

戴就字景成, 會稽上虞人也. 仕郡倉曹掾, 楊州刺史歐陽參奏太守成公浮贓罪, 遣部從事薛安案倉庫簿領, 收就於錢唐縣獄. 幽囚考掠, 五毒參至. 就慷慨直辭, 色不變容. 又燒鋘斧, 使就挾於肘腋. 就語獄卒, "可熟燒斧, 勿令冷." 每上彭考, 因止飯食不肯下, 肉焦毀墮地者, 掇而食之. 主者窮竭酷慘, 無復餘方, 乃臥就覆船下, 以馬通薰之. 一夜二日, 皆謂已死, 發船視之, 就方張眼大罵曰, "何不益火, 而使滅絶!" 又復燒地, 以大針刺指爪中, 使以把土, 爪悉墮落. 主者以狀白安, 安呼見就, 謂曰, "太守罪穢狼藉, 受命考實, 君何故以骨肉拒扞邪?"

就據地答言, "太守剖符大臣, 當以死報國. 卿雖銜命, 固宜申斷冤毒, 奈何誣枉忠良, 强相掠理, 令臣謗其君, 子證其父! 薛安庸駭, 忸行無義, 就考死之日, 當白之於天, 與群鬼殺汝於亭中. 如蒙生全, 當手刃相裂!"

安深奇其壯節, 即解械, 更與美談, 表其言辭, 解釋郡事.

徵浮還京師, 免歸鄉里. 太守<u>劉寵</u>擧<u>就</u>孝廉, 光祿主事, 病卒.

|註釋| ○會稽上虞 – 會稽郡 上虞縣, 今 浙江省 북동부 紹興市 上虞區 (상우구). ○又燒鎁斧 – 鎁斧는 쌍날의 도끼. 鎁는 쌍날의 가래 화. 가래는 삽보다 큰 농기구. 적어도 3인 1조가 되어야 사용할 수 있는 대형의 삽. ○挾於肘腋 – 挾은 낄 협. 肘는 팔꿈치 주. 腋은 겨드랑이 액. ○每上彭考 – 彭은 篣. 볼기를 치다. ○馬通薰之 – 馬通은 말똥(馬矢, 馬糞)薰은 熏蒸 (훈증)하다. ○薛安庸騃 – 庸騃는 어리석은 방법. 騃는 어리석을 애.

[國譯]

　　戴就(대취)의 字는 景成(경성)으로, 會稽郡 上虞縣 사람이다. 출사하여 회계군 倉曹掾이었는데, 楊州刺史 歐陽參(구양참)이 會稽太守 成公浮(성공부)의 착복 죄를 상주하면서 자사부의 從事 薛安(설안)을 보내 倉庫의 장부 기재를 조사한 뒤에 대취를 錢唐縣(전당현)의 獄에 가두었다. 대취는 갇힌 죄수로 고문을 당하였고 5종의 혹독한 형벌을 다 받았다. 대취는 강개한 언어로 바른 말을 하면서 안색을 바꾸지 않았다. 또 鎁斧(화부)를 불에 달궈서 대취의 팔꿈치나 겨드랑이를 지졌다. 대취는 옥졸에게 말했다. "지지는 도끼를 뜨겁게 달구고 식게 하지 말라." 매번 볼기 치는 고문을 당할 때마다 대취는 밥을 먹을 수도 없었으며, 살점이 물러 떨어지면 대취는 주워 씹어 먹었다. 고문하는 자가 참혹한 형벌을 다 사용하여 다른 방법이 없자, 엎어 놓은 배(覆船) 아래에 대취를 눕혀놓은 다음에 말똥을 태워 찜질을 하였다. 하룻밤 이틀 낮이 지나자, 모두가 이미 죽었을 것이라며 배를 들어보니 대취는 눈을 크게 뜨고 욕을 하였다. "왜 불을 더 때지 않고 꺼트리는가!"

또다시 땅에 불을 피운 다음에 큰 바늘을 손톱 밑에 찔러 넣고서 흙을 파내게 하자 손톱이 다 떨어져 나갔다. 고문 담당 관리가 이를 설안에게 보고하자, 설안이 대취를 불러 물었다.

"太守의 착복 소문이 낭자하여 나는 윗분의 명을 받아 사실을 묻는 것이거늘, 당신은 어찌하여 이를 몸으로 막으려 하는가?"

대취가 땅에 엎드린 채 말했다.

"太守는 부절을 받은 大臣으로 죽더라도 보국해야 합니다. 당신이 비록 명을 받았다지만 응당 억울한 일이 있는가를 밝혀야 하거늘, 무엇 때문에 충성하고 현량한 사람을 무고하고 구타하여 아랫사람이 상관을 비방하게 만들고 자식이 부친의 죄를 입증하라고 강요합니까! 설안 당신은 어리석고 추잡하며 대의도 없으니, 내가 고문으로 죽는 날에 하늘에 아뢰어서 여러 잡귀와 함께 당신을 후에서 죽일 것이요. 만약 살아난다면 내 손으로 당신을 죽일 것이요."

설안은 대취의 壯節을 기특하게 여겨 형구를 풀어주고 함께 담소를 나누었고, 대취의 진술을 보고하여 郡에서의 조사 업무를 마무리했다. 조정에서는 태수 성공부를 조정으로 불렀다가 면직시켜 귀향케 하였다. 태수 劉寵(유총)이 대취를 효렴으로 천거하였고, 대취는 光祿主事가 되었다가 병사하였다.

⑳ 趙苞

原文

趙苞字威豪, 甘陵東武城人. 從兄忠, 爲中常侍, 苞深恥其門族有宦官名勢, 不與忠交通. 初仕州郡, 擧孝廉, 再遷廣陵令. 視事三年, 政敎淸明, 郡表其狀, 遷遼西太守. 抗厲威嚴, 名振邊俗.

以到官明年, 遣使迎母及妻子, 垂當到郡, 道經柳城, 値鮮卑萬餘人入塞寇鈔, 苞母及妻子遂爲所劫質, 載以擊郡.

苞率步騎二萬, 與賊對陣. 賊出母以示苞, 苞悲號謂母曰, "爲子無狀, 欲以微祿奉養朝夕, 不圖爲母作禍. 昔爲母子, 今爲王臣, 義不得顧私恩, 毁忠節, 唯當萬死, 無以塞罪."

母遙謂曰, "威豪, 人各有命, 何得相顧, 以虧忠義! 昔王陵母對漢使伏劍, 以固其志, 爾其勉之."

苞卽時進戰, 賊悉摧破, 其母妻皆爲所害. 苞殯斂母畢, 自上歸葬. 靈帝遣策弔慰, 封鄃侯.

苞葬訖, 謂鄕人曰, "食祿而避難, 非忠也, 殺母以全義, 非孝也. 如是, 有何面目立於天下!" 遂歐血而死.

| **註釋** | ○甘陵東武城 – 甘陵은 현명. 前漢 淸河郡의 厝縣(조현)을 後漢에서 淸河國 甘陵縣으로 개명, 今 山東省 직할 臨淸市(聊城市의 북쪽, 河北省과 접경). 桓帝 때 청하국을 감릉국으로 개명. 東武城縣은 淸河國 소속, 今 河北省 邢台市 관할 淸河縣(山東省 접경 지역). 後漢에서는 폐현. 淸河縣. 東武陽縣〔東郡 소속, 今 山東省 聊城市(요성시) 관할 莘縣(신현), 山東, 河北, 河南 三省의 경계. 東武縣(琅邪國 소속, 山東省 동부 濰坊市 관할 諸城市)과 다름. ○趙忠(조충) – 靈帝가 '張常侍(張讓)는 나의 爸爸(파파, 아버지)이고 趙常侍(趙忠)은 나의 媽媽(마마, 어머니)'라고 말할 정도로 막강

한 권력을 쥐었다. 十常侍의 한 사람. 車騎將軍이 역임. ○廣陵令 - 廣陵
은 군국명. 치소는 廣陵縣, 今 江蘇省 서남 揚州市. ○遼西太守 - 遼西郡
治所는 陽樂縣, 今 遼寧省 북부 阜新市(부신시). 내몽고 접경. ○道經柳城
- 柳城은 현명. 遼西郡 西部都尉의 치소, 今 遼寧省 서부 朝陽市 남쪽, 後
漢末 廢縣. ○王陵 - 본래 沛縣의 호족. 相國 曹參 죽자, 王陵은 右丞相,
陳平은 左丞相이었다. 楚漢이 相爭할 때, 王陵의 母는 項羽에 잡혀있었다.
항우는 왕릉 모친을 통해 王陵의 투항을 유도하려 했다. 王陵 母는 漢의
사자가 왔을 때 왕릉이 한왕을 보필하라는 뜻으로 자결하였다.

[國譯]

趙苞(조포)이 字는 威豪(위호)인데, 甘陵國 東武城縣 사람이다. 從
兄인 趙忠(조충)은 中常侍였는데, 조포는 門族에 환관 권신이 있다는
사실을 부끄럽게 여겨 조충과는 왕래하지 않았다. 처음에는 州郡에
출사했다가 효렴으로 천거되었고 두 번 승진하여 廣陵 현령이 되었
다. 재직 3년에, 政教가 淸明하여 郡에서는 그 치적을 보고하여 遼
西太守로 승진하였다. 조포는 강직하고 위엄이 있어 이름이 변방에
알려졌다.

부임한 다음 해 사자를 보내 모친과 처자를 데려오게 하였는데
군 가까이 와서 柳城(유성)이란 곳을 지나는데, 鮮卑族 1만여 명이
국경을 넘어 노략질하면서 조포의 모친과 처자를 겁탈하여 앞세우
고 요서군을 공격해왔다. 조포는 보병과 기병 2만여 명을 거느리고
적과 마주 진을 쳤다. 건비의 도적 무리가 조포 모친을 끌어내 조포
에게 보여주자, 조포가 슬피 통곡하며 모친에게 말했다.

"아들이 되어 잘 모시지도 못했는데, 이제 봉록을 받아 조석으로
봉양하려 했는데 뜻밖에도 어머니에게 禍를 끼쳤습니다. 앞서는 어

머니 아들이었지만 지금은 나라의 신하이니 대의로 私恩 때문에 나라에 대한 忠節을 버릴 수 없으니 제가 1만 번 죽더라도 어머님께 대한 죄를 다 갚을 수 없을 것입니다."

그러자 모친도 멀리서 소리쳤다.

"아들아(威豪)! 사람마다 명이 다르거늘 어찌 다 챙긴다고 충의를 버릴 수 있겠느냐! 옛날 王陵(왕릉)의 어머니는 漢使(漢王이 보낸 사자) 앞에 칼을 품고 자결하여 아들을 결심케 하였느니, 너도 힘써 충의를 지켜라."

조포는 즉시 진격하여 적을 모두 격파하여 죽였고 모친과 처자는 적에게 죽음을 당했다. 조포는 모친을 염을 마친 뒤, 고향에 돌아가 장례하겠다고 상주하였다. 영제는 책서를 보내 조문하면서 鄃侯(유후)에 봉했다.

조포는 장례를 마친 뒤 鄕人에게 말했다.

"국록을 받으면서 국난을 외면한다면 충성이 아니고, 모친을 죽여가면서 忠義를 지킨다면 효도가 아니다. 이러하니 무슨 면목으로 세상을 살겠는가!"

조포는 결국 피를 토하고 죽었다.

㉑ 向栩

原文

向栩字甫興, 河內朝歌人, 向長之後也. 少爲書生, 性卓詭不倫. 恒讀《老子》, 狀如學道. 又似狂生, 好被髮, 著絳綃頭. 常於灶北坐板床上, 如是積久, 板乃有膝踝足指之處.
不好語言而喜長嘯. 賓客從就, 輒伏而不視. 有弟子, 名爲
‘顏淵’, ‘子貢’, ‘季路’, ‘冉有’之輩. 或騎驢入市, 乞丐於
人. 或悉要諸乞兒俱歸止宿, 爲設酒食. 時人莫能測之. 郡
禮請辟, 擧孝廉, 賢良方正, 有道, 公府辟, 皆不到. 又與彭城
姜肱, 京兆韋著並徵, 栩不應.

| 註釋 | ○向栩字甫興 － 向栩(상허), 向은 성 상. 栩는 상수리나무 허. 甫
는 클 보. ○河內 朝歌 － 朝歌는 河內郡의 縣名. 今 河南省 북부 鶴壁市 淇
縣 朝歌鎭. 商朝 말기 武乙(무을) 시대의 副都, 商의 중기 盤庚(반경)이 河南
安陽 小屯村 일대로 천도한 이후 멸망할 때까지를 殷(은)이라 한다. ○膝
踝足指 － 膝은 무릎 슬. 踝는 복숭아뼈 과. ○長嘯(장소) － 도사들의 養氣
방법의 하나. 길게 들이 쉬고 내쉬었다. 지금은 전해오지 않는다. 嘯는 휘
파람 불 소.

[國譯]

　　向栩(상허)의 字는 甫興(보흥)으로, 河內郡 朝歌縣 사람으로 (후한
초의 隱士) 向長(상장, 尙長)의 후손이다. 젊어 書生으로 性情이 다른
사람과 크게 달랐다. 늘《老子》를 읽었는데, 道士와 비슷하였다. 또
미친 서생과 비슷하여 즐겨 散髮하였고 眞紅色 두건을 착용했다. 그
는 늘 화덕의 북쪽 나무판자에 앉아 있었는데 너무 오래다 보니 널
판에 무릎과 복숭아뼈, 발가락과 손가락 닿는 곳의 표시가 생겼다.
거의 말을 하지 않았지만 숨을 길게 내시기를 좋아하였다. 賓客이
혹 찾아오면 상허는 엎드려 있어 얼굴을 볼 수 없었다. 제자들을 두

었는데, 이름을 '顏淵(안연)', '子貢(자공)', '季路(계로)', '冉有(염유)' 등으로 불렀다. 가끔 나귀를 타고 저자에 들려 지나는 사람에게 구걸하였다. 때로는 여러 거지 아이들을 불러 모아 함께 머물면서 술과 음식을 같이 먹었다. 당시 사람들은 아무도 그가 무엇을 할지 예측하지 못했다. 郡에서는 예를 갖춰 초빙했고, 孝廉과 賢良方正 아니면 有道한 인재로 천거하였으며, 삼공부에서 초빙하였지만 모두 응하지 않았다. 상허는 彭城의 姜肱(강굉), 京兆의 韋著(위저)와 함께 부름을 받았지만 상허는 응하지 않았다.

原文

後特徵, 到, 拜趙相. 及之官, 時人謂其必當脫素從儉, 而栩更乘鮮車, 御良馬, 世疑其始僞. 及到官, 略不視文書, 舍中生蒿萊. 徵拜侍中, 每朝廷大事, 侃然正色, 百官憚之. 會張角作亂, 栩上便宜, 頗譏刺左右, 不欲國家興兵, 但遣將於河上北向讀《孝經》, 賊自當消滅. 中常侍張讓讒栩不欲令國家命將出師, 疑與角同心, 欲爲內應. 收送黃門北寺獄, 殺之.

| 註釋 | ○蒿萊 – 蒿는 쑥 호. 萊는 명아주 래(내). ○侃然正色 – 侃然은 강직한 모양. 侃은 강직할 간, 화락할 간. ○黃門北寺獄 – 黃門署에 속한 獄. 和帝 때 처음 설치. 將相大臣의 죄를 조사하기 위한 옥. 漢代에는 옥이 병설된 관청이 많았다. 少府에 속한 若盧獄(약로옥)도 같은 경우이다.

　　뒤에 특별한 부름을 받아 궁궐에 도착했고 趙國相이 되었다. 상
허가 부임하는데 사람들은 틀림없이 검소할 것이라 생각하였지만
상허는 화려한 수레에 좋은 말을 몰았는데, 세상에서는 이전의 모습
은 허위라고 생각하였다. 부임해서는 거의 문서를 읽지 않았고 관사
안에는 쑥과 명아주가 자랄 정도였다. 조정에 들어가 侍中이 되었는
데, 조정에서 중대한 국사를 논의할 때면 강직하고 정색으로 논쟁하
여 百官이 꺼려 하였다. 그때 張角(장각)이 作亂(황건적의 난, 서기
184년)하자 상허는 시의에 적합한 건의를 했지만 황제 측근들을 비
난하였으며, 군사 동원을 원하지 않고 다만 장수를 보내 河水의 북
쪽을 향해 《孝經》을 읽으면 반적이 저절로 소멸할 것이라고 하였다.
中常侍 張讓(장양)은 상허가 나라에서 군사 동원하는 것을 반대하는
것은 아마 장각과 한마음이고 내응하려는 것이라고 모함하였다. 결
국 상허를 잡아 黃門北寺의 獄에 가두었다가 죽여버렸다.

㉒ 諒輔

　　諒輔字漢儒, 廣漢新都人也. 仕郡爲五官掾. 時夏大旱,
太守自出祈禱山川, 連日而無所降. 輔乃自暴庭中, 慷慨呪
曰, "輔爲股肱, 不能進諫納忠, 薦賢退惡, 和調陰陽, 承順
天意, 至令天地否隔, 萬物焦枯, 百姓喁喁, 無所訴告, 咎盡

在輔. 今郡太守改服責己, 爲民祈福, 精誠懇到, 未有感徹.
輔今敢自祈請, 若至日中不雨, 乞以身塞無狀."

於是積薪柴聚荻茅以自環, 搆火其旁, 將自焚焉. 未及日
中時, 而天雲晦合, 須臾澍雨, 一郡沾潤, 世以此稱其志誠.

| 註釋 | ○廣漢新都 – 廣漢郡 新都縣, 今 四川省 成都市 新都區. ○五
官掾(오관연) – 지방 태수의 屬吏. 춘추 제사 주관, 功曹 결원 시 功曹의 직
무를 수행. 서무 담당. ○荻茅 – 荻는 건초 교. 茅는 띠 모. 잔디. ○須臾
澍雨 – 須臾(수유)는 잠깐, 금새. 澍는 단비 주.

[國譯]

諒輔(양보)의 字는 漢儒(한유)로, 廣漢郡 新都縣 사람이다. 郡에 出
仕하여 五官掾이 되었다. 그 여름에 크게 가물자 태수는 산천에 기
도를 드렸지만 비는 내리지 않았다. 양보는 이에 府中 마당에서 웃
옷을 벗고 강개하게 주문을 말했다.

"저 양보가 태수의 속관으로 간언과 충언을 올리거나 현인을 천
거하고 악인을 물리치며 음양을 조화하고 하늘의 뜻을 이어 받들지
는 못했지만, 지금 天地가 否塞(비색)하고 만물이 말라죽으며 백성은
하늘만 쳐다보나 하소할 곳도 없으니, 모두가 이 양보의 탓입니다.
지금 郡 태수는 자신의 탓이라며 백성을 위해 복을 빌고 정성을 다
하였습니다만 아직 감응하지 못하고 있습니다. 지금 제가 기도를 올
립니다만, 만약 오늘 중으로 비가 내리지 않는다면 제 몸으로 나쁜
일을 다 막도록 하겠습니다."

그리고는 장작을 쌓고 주변에 건초를 모아 곁에서 불을 붙여 타

죽으려 하였다. 그러자 정오가 되기 전에 검은 구름이 모여들더니 곧 비가 내려 광한군을 모두 흡족히 적시었는데 세상에서는 이를 그의 큰 정성이라고 칭송하였다.

㉓ 劉翊

原文

劉翊字子相, 潁川潁陰人也. 家世豐産, 常能周旋而不有其惠. 曾行於汝南界中, 有陳國張季禮遠赴師喪, 遇寒冰車毀, 頓滯道路. 翊見而謂曰, "君愼終赴義, 行宜速達." 卽下車與之, 不告姓名, 自策馬而去. 季禮意其子相也, 後故到潁陰, 還所假乘. 翊閉門辭行, 不與相見.

| 註釋 | ○潁川潁陰 – 潁川郡 潁陰縣은, 今 河南省 중부 許昌市.

[國譯]

劉翊(유익)의 字는 子相(자상)으로, 潁川郡 潁陰縣 사람이다. 가세가 대대로 풍족하여 늘 다른 사람을 도왔지만 그 은혜를 자랑하지 않았다. 한 번은 汝南郡을 지나는데 陳國의 張季禮(장계례)라는 사람이 멀리서 사부의 장례에 분상하러 가다가 추위 속에 수레가 고장이 나서 길에 멈춰 있었다.

유익이 보고 말했다. "당신은 의리로 喪禮를 갖춰 행하려 하니 빨리 가야 합니다." 그러면서 자신의 수레는 내주면서 성명도 아니 말하고 말을 타고 떠나왔다. 장계례는 마음속으로 그 모습을 기억했고 뒷날 영음에 들려 빌린 수레를 돌려주려 했다. 그러나 유익은 폐문하고 밖에 나가지 않아 서로 만날 수 없었다.

原文

常守志臥疾, 不屈聘命. 河南<u>种拂</u>臨郡, 引爲功曹, <u>翊</u>以拂名公之子, 乃爲起焉. 拂以其擇時而仕, 甚敬任之. <u>陽翟</u><u>黃綱</u>恃<u>程夫人</u>權力, 求占山澤以自營植. 拂召<u>翊</u>問曰, "<u>程氏</u>貴盛, 在帝左右, 不聽則恐見怨, 與之則奪民利, 爲之奈何?" <u>翊</u>曰, "名山大澤不以封, 蓋爲民也. 明府聽之, 則被佞倖之名矣. 若以此獲禍, 貴子<u>申甫</u>, 則自以不孤也." 拂從<u>翊</u>言, 遂不與之. 乃擧<u>翊</u>爲孝廉, 不就. 後黃巾賊起, 郡縣饑荒, <u>翊</u>救給乏絶, 資其食者數百人. 鄉族貧者, 死亡則爲具殯葬, 嫠獨則助營妻娶.

| 註釋 | ○名公之子 ─ 种拂(충불)은 种暠(충호)의 아들. 种暠(충호)는 성실한 지방관으로 민심을 얻었고, 그 아들 种拂(충불)은 李傕(이각)의 난 중에 전사했으며, 충불의 아들은 이각의 잔당 곽사와 싸우다가 전사했다. 56권, 〈張王种陳列傳〉에 立傳. ○陽翟 ─ 陽翟縣(양책현)은 潁川郡의 치소, 今 河南省 許昌市 관할 禹州市. ○程夫人 ─ 靈帝의 측근, 한때 오백만 전을 내어 崔烈(최열)을 司徒에 임명케 하였다. ○嫠獨則助營妻娶 ─ 嫠는 과부 리(이). 獨은 늙어 자식이 없는 사람. 홀아비.

(劉翊은) 늘 志向을 견수하며 병중이라 핑계 대며 부름에 응하지 않았다. 河南尹의 种拂(충불)이 영천군에 부임하여 유익을 불러 功曹에 임명하였는데, 유익은 충불이 名公의 아들이기에 부름에 응하였다. 충불은 유익이 때를 골라 출사한다고 생각하여 매우 존경하고 신임하였다. 陽翟縣(양책현)의 黃綱(황강)은 程夫人의 권력을 믿고 山澤을 점거하여 종종의 이권을 얻으려 했다. 충불이 유익을 불러 물었다.

"程氏가 총애를 받고 황제의 측근으로 세력을 행사하고 있으니, 요구를 들어주지 않으면 원망할 것이고 들어준다면 백성이 수탈당할 것이니 어쩌면 좋겠는가?"

그러자 유익이 말했다.

"名山大澤으로 제후에 봉하지 않는 것은 모두 백성을 위한 것입니다. 태수께서 수락한다면 아첨했다고 이름이 남을 것입니다. 만약 이 때문에 화를 당한다 하여도 貴子 申甫(신보)가 부친을 여의지는 않을 것입니다."

충불은 유익의 말을 듣고 황강의 요청을 거부하였다. 그러면서 유익을 효렴으로 천거하였지만 유익은 응하지 않았다. 뒷날 黃巾賊이 봉기하자 郡縣에 큰 흉년이 들었는데, 유익은 양식 없는 사람을 구제하였고 그 양식으로 살아난 자가 수백 명이었다. 향인이나 일족 중 가난한 자가 죽으면 관을 준비하여 묻어주었고 과부나 홀아비는 짝을 얻도록 도와주었다.

獻帝遷都西京, 翊擧上計掾. 是時寇賊興起, 道路隔絶, 使驛稀有達者. 翊夜行晝伏, 乃到長安. 詔書嘉其忠勤, 特拜議郎, 遷陳留太守. 翊散所握珍玩, 唯餘車馬, 自載東歸. 出關數百里, 見士大夫病亡道次, 翊以馬易棺, 脫衣斂之. 又逢知故困餒於路, 不忍委去, 因殺所駕牛, 以救其乏. 衆人止之, 翊曰, "視沒不救, 非志士也." 遂俱餓死.

| 註釋 | ○獻帝遷都西京 – 初平 원년(서기 190).

[國譯]

獻帝가 西京(장안)으로 강제 천도한 뒤에 유익은 上計掾으로 천거되었다. 이때 각처에서 도적들이 일어나 길이 막혀 역마로도 도착하는 자가 거의 없었다. 유익은 밤에 길을 가고, 낮에는 숨으면서 결국 長安에 도착하였다. 조서로 유익의 충성을 가상히 여겨 특별히 의랑을 제수하였고, 유익은 나중에 陳留郡 太守가 되었다. 유익은 가진 모든 재물을 모두에게 나눠주고 오직 거마만을 남겨 직접 수레를 몰고 동쪽으로 출발하였다. 관문을 나서 수백 리를 가면서 사대부가 길가에 병으로 죽은 것을 보고, 유익은 말을 팔아 관을 샀고 옷을 벗어 염을 해 주었다. 또 아는 사람이 길에서 굶주리는 것을 보면 그냥 두고 갈 수가 없어 수레를 끄는 소를 잡아 그 궁핍을 해결해 주었다. 많은 사람이 이를 제지하자, 유익이 말했다.

"죽어가는 것을 보고 구하지 않는다면 志士가 아니다."

결국 유익도 함께 굶어 죽었다.

㉔ 王烈

王烈字彦方, 太原人也. 少師事陳寔, 以義行稱鄉里. 有
盜牛者, 主得之. 盜請罪曰, "刑戮是甘, 乞不使王彦方知
也." 烈聞而使人謝之, 遺布一端. 或問其故, 烈曰, "盜懼吾
聞其過, 是有恥惡之心. 旣懷恥惡, 必能改善, 故以此激之."

後有老父遺劍於路, 行道一人見而守之, 至暮, 老父還尋,
得劍. 怪而問其姓名, 以事告烈. 烈使推求, 乃先盜牛者也.
諸有爭訟曲直, 將質之於烈, 或至塗而反, 或望廬而還. 其
以德感人若此.

| 註釋 | ○陳寔(진식) – 陳寔(진식)은 밤손님(도둑)을 '梁上君子'라고 불
러준 사람인데, 훌륭한 덕행은 그 아들 陳紀(진기)에게 이어졌다. 62권, 〈荀
韓鐘陳列傳〉立傳. ○遺布一端 – 포목 1端. 端은 포목 길이 단위. 18尺 또
는 20척.

[國譯]

王烈(왕렬)의 字는 彦方(언방)인데, 太原郡 사람이다. 젊어 陳寔(진
식)에게 師事하였는데 향리에서 義行으로 칭송을 들었다. 어떤 소도
둑이 있었는데 주인에게 잡혔다. 그 도둑이 죄를 받겠다며 말했다.
"나를 죽여도 달게 받겠습니다만, 제발 王彦方(王烈)이 알지 못하게
해 주십시오."

왕렬이 이를 듣고서는 사람을 보내 사죄하며 소도둑에게는 포목

1端(단)을 주었다. 어떤 사람이 까닭을 묻자, 왕렬이 말했다.

"도둑이 내가 알게 되는 것을 두려워했다면 이는 그 마음에 악행을 부끄러워하는 마음이 있는 것입니다. 이미 악행을 부끄러워한다면 틀림없이 선한 사람이 될 것이기에 그를 격려하였습니다."

뒤에 어떤 노인이 길에서 칼을 잃어버렸고, 길을 가던 사람이 발견하고서는 그 칼을 지켰는데, 저녁 무렵 그 노인이 되돌아와서 칼을 찾았다. 노인은 이상이 여겨 그 이름을 물어 왕렬에게 알려 주었다. 왕렬이 사람을 시켜 알아보니 바로 전날의 소도둑이었다.

옳고 그르다며 소송하려는 사람은 왕렬을 찾아가 대질하였는데 어떤 사람은 길에서 되돌아가고, 또 어떤 이는 왕렬의 집을 보고서는 되돌아갔다. 왕렬은 이렇듯 덕행으로 사람을 감화시켰다.

原文

察孝廉, 三府並辟, 皆不就. 遭黃巾,董卓之亂, 乃避地遼東, 夷人尊奉之. 太守公孫度接以昆弟之禮, 訪州政事, 欲以爲長史. 烈乃爲商賈自穢, 得免. 曹操聞烈高名, 遣徵不至. 建安二十四年, 終於遼東, 年七十八.

| 註釋 | ○察孝廉 - 察은 察擧. 살펴 천거하다. 천거 받다. ○公孫度(공손도) - 玄菟郡(현도군) 출신. 73권, 〈劉虞公孫瓚陶謙列傳〉 참고.

[國譯]

(王烈은) 孝廉으로 천거되었고, 三府에서 동시에 불렀지만 모두